W0291808

FACHBUCHREIHE
für wirtschaftliche Bildung

Betriebswirtschaftslehre mit Rechnungswesen

Berufsoberschule und Fachoberschule Bayern

1. Auflage

von

Dietrich Claus, Theo Feist, Viktor Lüpertz und Stefan Schellenberger
unter Mitarbeit von Susanne Buch-Wendler

VERLAG EUROPA-LEHRMITTEL
Nourney, Vollmer GmbH & Co. KG
Düsselberger Straße 23
42781 Haan-Gruiten

Europa-Nr.: 26101

EUROPA LEHRMITTEL

Verfasser:

Dietrich Claus	StD, Augsburg
Theo Feist	Prof., Dipl.-Kfm., Ringsheim
Viktor Lüpertz	Prof. Dr., Dipl.-Volksw., Oberried
Stefan Schellenberger	OStR, Rosenheim

Lektorat:

Viktor Lüpertz

Verwendete Symbole:

BGB § 1	Hinweis am Seitenrand auf gesetzliche Grundlagen. Abweichend von der wissenschaftlichen Zitierweise wird wegen der besseren Lesbarkeit zuerst das Gesetz genannt. Dann folgen die Nummern der Paragraphen. Sofern Absatznummern angegeben werden, stehen diese in Klammern. Alle angeführten Paragrafen sind in der Textsammlung „Wirtschaftsgesetze", Verlag Europa Lehrmittel (Best. Nr. 94810) enthalten.
Aufg. 1.1.1, 1.1.2 u. 1.1.3	Verweis am Seitenrand der Sachdarstellung auf die Nummer einer thematisch zugehörigen Aufgabe am Ende des jeweiligen Kapitels
PDF	Hinweis an Seitenrand bei einzelnen Aufgaben. Für diese Aufgaben enthält die Begleit-CD zum Lehrerhandbuch Dateien mit Kopiervorlagen für Arbeitsblätter zur Aufgabenlösung.
LA	Hinweis am Seitenrand bei einzelnen Aufgaben. Bei diesen Lehraufgaben handelt es sich um einführende Aufgaben mit didaktisch gestuften Problemsituationen, die sich für die systematische Erschließung von Unterrichtsinhalten eignen.
	Hinweis am Seitenrand bei einzelnen Aufgaben. Für die Lösung dieser Aufgaben bietet sich eine Gruppenarbeit an.
www	Hinweis am Seitenrand bei einzelnen Aufgaben. Für die Lösung dieser Aufgaben ist eine Internetrecherche nötig.
Vor-klasse	Hinweis, dass diese Lehrplaninhalte nur die Vorklasse betreffen.

Stand der Gesetzgebung: 1. Juni 2017

Falls für dieses Buch Aktualisierungen oder Korrekturen nötig werden sollten, finden Sie diese unter dem Auswahlpunkt Aktualisierungen/Korrekturen auf http://www.europa-lehrmittel.de/26101

1. Auflage 2017

Druck 5 4 3 2 1

Alle Drucke derselben Auflage sind parallel einsetzbar, da bis auf die Behebung von Druckfehlern untereinander unverändert.

ISBN 978-3-8085-2610-1

Alle Rechte vorbehalten. Das Werk ist urheberrechtlich geschützt. Jede Verwertung außerhalb der gesetzlich geregelten Fälle muss vom Verlag schriftlich genehmigt werden.

© 2017 by Verlag Europa-Lehrmittel, Nourney, Vollmer GmbH & Co. KG, 42781 Haan-Gruiten
http://www.europa-lehrmittel.de

Gestaltung, Umschlag und Satz: Punkt für Punkt GmbH · Mediendesign, 40549 Düsseldorf
Umschlagmotiv: © sarka – fotolia.com
Umschlagkonzept: tiff.any GmbH, 10999 Berlin
Druck: Konrad Triltsch Print und digitale Medien GmbH, 97199 Ochsenfurt-Hohestadt

Informationen zu diesem Buch

Inhalt

Diesem Lehr- und Aufgabenbuch liegt der ab dem Schuljahr 2017/2018 gültige Lehrplan

Betriebswirtschaftslehre mit Rechnungswesen

für die **Berufliche Oberschule** (Berufs- und Fachoberschule) in **Bayern** zugrunde.

Wegen der unterschiedlichen Eingangsqualifikation der Schülerinnen und Schüler ist der Lernbereich 4 als systematischer Einführungskurs in die **Geschäftsbuchführung** konzipiert. Zum besseren Verständnis der Zusammenhänge gehen die Inhalte dieses Abschnitts daher an einigen Stellen über die Lehrplanvorgaben hinaus. Weitergehende Übungsaufgaben zum Buchführungsteil befinden sich auf der Begleit-CD (s. u.).

Gliederung

Entsprechend den Lehrplanvorgaben ist das Buch in neun Lernbereiche eingeteilt, die farblich voneinander abgehoben sind. Innerhalb dieser Lernbereiche sind die Kapitel wie folgt gegliedert:

- **Überblick und Kompetenzerwartungen**

Mindmaps mit den Kompetenzerwartungen des Lehrplans und den zugeordneten Gliederungspunkten des Lernbereichs geben einen ersten Überblick über Inhalte und Anforderungsniveau.

- **Sachdarstellung**

Die Sachdarstellung wird durch zahlreiche Grafiken, Schaubilder, Übersichten, Tabellen und farblich hervorgehobene Beispiele ergänzt und veranschaulicht. Wichtige Definitionen und Merksätze sind fett gedruckt und farbig unterlegt. Alle verwendeten Formeln sind zusätzlich in der Formelsammlung am Ende des Buches systematisch dargestellt.

- **Zusammenfassende Übersichten**

Die Übersichten am Ende eines jeden Kapitels dienen der Veranschaulichung der Strukturzusammenhänge. Sie liegen auch als PDF vor (Begleit-CD zum Lehrerhandbuch).

- **Wiederholung des Grundwissens**

Zu jedem Kapitel gehört ein umfangreicher Fragen- und Aufgabenkatalog zur Selbstkontrolle des Grundwissens. Die Lösungen ergeben sich unmittelbar aus der jeweils vorangehenden Sachdarstellung. Auf diesem Grundwissen bauen die im Lehrplan formulierten Kompetenzen auf.

- **Aufgaben zum Erwerb und zur Kontrolle von Kompetenzen**

Die zahlreichen realitätsbezogenen Aufgaben am Kapitelende decken unterschiedliche Schwierigkeitsgrade und Anforderungsbereiche ab. Neben der Anwendung und dem Erwerb von Kompetenzen ermöglichen sie auch die Einübung unterschiedlicher Arbeitstechniken und Lösungsverfahren sowie die Förderung von Sozial- und Methodenkompetenz.

- **Selbsteinschätzung zum Kompetenzerwerb**

Am Ende eines jeden Lernbereichs befindet sich eine Tabelle mit den im Lehrplan formulierten Kompetenzerwartungen. Verweise auf einzelne Kapitel und Aufgaben, durch deren Bearbeitung die entsprechenden Kompetenzen erworben werden können, ermöglichen eine Selbstkontrolle.

Buchungsregeln, Formelsammlung und Kontenrahmen

Am Ende des Buches befinden sich eine Übersicht mit den Buchungsregeln der doppelten Buchführung, eine Zusammenfassung aller im Buch verwendeten Formeln sowie ein Schulkontenrahmen.

Begleit-CD für Lehrkräfte

Ergänzend zu diesem Lehr- und Aufgabenbuch liegt eine Begleit-CD für Lehrkräfte mit Materialien im PDF-Format vor (Best.-Nr. 26118). Sie enthält u. a. ausführliche Lösungen zu den Aufgaben, Kopiervorlagen für Arbeitsblätter zur Aufgabenlösung, die zusammenfassenden Übersichten aus dem Lehrbuch und weitere Übungsaufgaben zum Lernbereich 4 Geschäftsbuchführung.

Verfasser und Verlag sind für Verbesserungsvorschläge dankbar.

Oberried, Sommer 2017

Die Verfasser
E-Mail: luepertz@t-online.de

Inhaltsverzeichnis

Jahrgangsstufe 11

Lernbereich 3: Personal (zukunftsgerecht) beschaffen und einsetzen und (differenziert) beurteilen

Jahrgangsstufe 11

Lernbereich 4: Mithilfe der Geschäftsbuchführung das Gesamtergebnis einer Unternehmung ermitteln

Jahrgangsstufe 11

Lernbereich 5: Mithilfe der Vollkostenrechnung Angebotspreise und das Betriebsergebnis ermitteln

Jahrgangsstufe 12

Lernbereich 6: Entscheidungen mithilfe der Teilkostenrechnung vorbereiten und begründet treffen

Jahrgangsstufe 12

Lernbereich 7: Marketingprozesse planen und steuern

Jahrgangsstufe 12
Lernbereich 8: Jahresabschlussarbeiten durchführen

Jahrgangsstufe 12

Lernbereich 9: Finanzierungs- und Investitionsvorgänge analysieren, liquide Mittel beschaffen und Investitionen tätigen

Jahrgangsstufe 11

Lernbereich 1: Sich im Unternehmen orientieren und betriebliche Zielsetzungen überprüfen

1 Aufgaben und Ziele von Unternehmen

Kompetenzerwartungen und Gliederung zum Lernbereich 1

Lernbereich 1: Sich im Unternehmen orientieren und betriebliche Zielsetzungen überprüfen
Kapitel 1: Aufgaben und Ziele von Unternehmen

Kompetenzen:
- *Den Industriebetrieb als Organisation beschreiben, in der durch das Zusammenwirken der Funktionsbereiche die betrieblichen Produktionsfaktoren im Sinne einer Leistungserstellung kombiniert werden.*

1.1 Betrieblicher Leistungsprozess

Kompetenzen:
- *Unternehmensziele und deren Zielbeziehungen identifizieren.*
- *Bei Zielkonflikten begründete Prioritäten setzen.*
- *Erreichung operationalisierter Ziele mittels ausgewählter Kennzahlen überprüfen.*

1.2 Unternehmensziele

1.1 Betrieblicher Leistungsprozess

1.1.1 Unternehmen und Betriebe: Abgrenzung – Merkmale – Typen

Unternehmen – Betrieb – Firma

Im täglichen Sprachgebrauch werden die Begriffe Unternehmen, Betrieb und Firma häufig so benutzt, als ob sie gleichbedeutend wären. Eine Abgrenzung dieser Begriffe lässt ich wie folgt vornehmen[1]:

Unternehmen	Betrieb	Firma
Wirtschaftliches und rechtliches Entscheidungszentrum, das mehrere Betriebe (Produktionsstätten) umfassen kann.	Produktionsstätte für Waren und Dienstleistungen (= örtlich begrenzte technisch-organisatorische Einheit)	Name eines Kaufmanns (Unternehmens), mit dem er im Handelsregister eingetragen ist und unter dem er seine Geschäfte betreibt
Adidas als weltweit tätiges Unternehmen hat seinen Unternehmenssitz in Herzogenaurach (Bayern)	Fabrik: Produktionsstätte eines Industriebetriebs, (Laden-) Geschäft: Produktionsstätte eines Einzelhandelsbetriebs	G. Klein e. K. *(e. K.: eingetragener Kaufmann)* Robert Bosch GmbH Volkswagen AG

1 Trotz dieser Abgrenzungsmöglichkeit hat sich aber in der Betriebswirtschaftslehre eine einheitliche Definition zur Unterscheidung der Begriffe Unternehmen (Unternehmung) und Betrieb nicht durchgesetzt. Beide Begriffe werden vielmehr häufig gleichbedeutend verwendet.

Betriebstypen

Entsprechend den verschiedenen Produktionsstufen in einer Volkswirtschaft lassen sich Betriebe wie folgt einteilen:

Aufg. 1.1 S. 27
LA
Aufg. 1.2 S. 28

Produktionsstufen in einer Volkswirtschaft			
Primärer Sektor	**Sekundärer Sektor**		**Tertiärer Sektor**
Sachleistungsbetriebe			**Dienstleistungsbetriebe**
Urproduktion (Gewinnung von Rohstoffen)	Be- und Verarbeitungsbetriebe		
	Veredlungsbetriebe	Fertigungsbetriebe	
Land- und Forstwirtschaft, Fischerei, Bergbau	Bearbeitung von Rohstoffen (z. B. Kornmühle)	Herstellung von Erzeugnissen (z. B. Autos)	Groß- und Einzelhandel, Banken, Versicherungen, Werbeagenturen, ...
Sachgüter (= materielle Güter)			**Dienstleistungen (= immaterielle Güter)**

! Die Aufgabe eines Industriebetriebes besteht in der Gewinnung, Bearbeitung und Verarbeitung von Sachgütern.

1.1.2 Einsatz betrieblicher Produktionsfaktoren

Die für die betriebliche Leistungserstellung (z. B. Gewinnung, Bearbeitung und Verarbeitung von Sachgütern) benötigten Einsatzmittel werden als **Produktionsfaktoren** bezeichnet.

! Zur betrieblichen Leistungserstellung werden Produktionsfaktoren eingesetzt (Input), um mit deren Hilfe Halb- oder Fertigerzeugnisse herzustellen (Output).

Die betrieblichen Produktionsfaktoren lassen sich wie folgt einteilen:

Einsatz der betrieblichen Produktionsfaktoren				
	INPUT		**Industriebetrieb**	**OUTPUT**
betriebliche Produktions-faktoren	▪ **ausführende Arbeit**	→	Kombination der betrieblichen Produktionsfaktoren im Leistungsprozess	→ **Sachgüter**
	▪ **Materialien**	→		
	▪ **Betriebsmittel**	→		
	▪ **leitende Arbeit** (dispositiver Faktor)	→		

Ausführende Arbeit, **Materialien** und **Betriebsmittel** werden als **Elementarfaktoren** bezeichnet, weil sie *unmittelbar* am Leistungsprozess beteiligt sind. Die **Materialien** werden beim Produktionsprozess verbraucht, müssen also regelmäßig neu beschafft werden. Demgegenüber stehen **Betriebsmittel** dem Unternehmen für längere Zeit zur Verfügung. Der **dispositive Faktor** beschäftigt sich mit der Leitung und Lenkung der betrieblichen Vorgänge, entscheidet also über den Einsatz der Elementarfaktoren (z. B. Geschäftsleitung).

Aufg. 1.3 S. 29

LA

Betriebliche Produktionsfaktoren bei der Herstellung eines Autos

Elementarfaktoren	▪ **ausführende Arbeit**	Arbeiten in Verwaltung und Produktion	▪ ausführende Arbeit: Materialien einkaufen, Blech zuschneiden
Elementarfaktoren	▪ **Materialien**	Produktmaterial (Werkstoffe): Rohstoffe, Hilfsstoffe, Fremdbauteile Betriebsmaterial: Betriebsstoffe, Reparaturmaterialien	▪ Materialien: Blech, Schrauben, Autoreifen, Motor, Strom für Maschinen
Elementarfaktoren	▪ **Betriebsmittel**	z. B. Gebäude, Maschinen Werkzeuge	▪ Betriebsmittel: Stanzmaschine, Industrieroboter, Förderband
	▪ **leitende Arbeit** (dispositiver Faktor)	Planung, Organisation, Kontrolle	▪ leitende Arbeit: Autotyp festlegen, Produktionsfolge festlegen

1.1.3 Grundphasen des Leistungsprozesses in einem Industriebetrieb

Zur Erfüllung des betrieblichen Leistungsprozesses wird in den meisten Unternehmen eine innerbetriebliche Arbeitsteilung nach dem **Funktionsprinzip** vorgenommen. Es lassen sich drei **Grundphasen** (Hauptphasen) unterscheiden, die auch als **Funktionsbereiche** des betrieblichen Leistungsprozesses bezeichnet werden.

Aufg. 1.4 S. 29

Grundphasen (Funktionsbereiche) der betrieblichen Leistungserstellung

Beschaffung	Produktion (Fertigung)	Absatz
Die Beschaffung ist für die Bereitstellung (Beschaffung, Lagerung, Transport) der für die betriebliche Leistungserstellung benötigten Produktionsfaktoren zuständig.	In der Produktion werden die betrieblichen Produktionsfaktoren zum Zweck der Herstellung von Sachgütern kombiniert (= Leistungserstellung).	Der Absatz hat die Aufgabe, die hergestellten Sachgüter am Markt gegen Entgelt zu verwerten (= Leistungsverwertung).

Grundphasen der betrieblichen Leistungserstellung in einer Möbelfabrik

Beschaffung	Produktion (Fertigung)	Absatz
im engeren Sinn ▪ Einkauf von Holz, Nägeln, Leim ▪ Lagerhaltung und Transport der Materialien *im weiteren Sinn* Beschaffung von ▪ Maschinen (Anlagegütern), ▪ Personal ▪ Finanzmitteln	Herstellung von Tischen und Stühlen: Bei unterschiedlichen Kombinationsmöglichkeiten der Produktionsfaktoren ist diejenige zu wählen, mit der das Produkt am kostengünstigsten hergestellt werden kann **(optimale Kombination).**	▪ Verkauf der Tische und Stühle, ▪ Marktforschung, ▪ Produkt- und Sortimentspolitik, ▪ betriebliche Preispolitik, ▪ Werbepolitik

Aufg. 1.5 S. 30

Nachfolgende Übersicht zeigt den Zusammenhang zwischen den **Funktionsbereichen** Beschaffung, Produktion, Absatz und den sich daraus ergebenden **betrieblichen Leistungsprozess**.

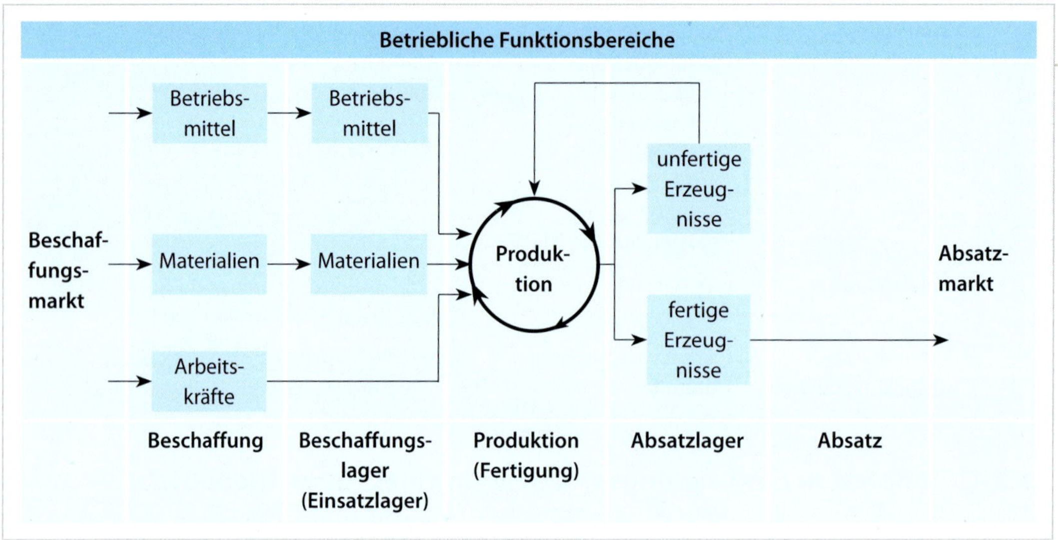

Daneben gibt es in den meisten Unternehmen Abteilungen mit bereichsübergreifenden Funktionen.

Bereichsübergreifende Funktionen			
Finanzierung	**Personalwesen**	**Rechnungswesen**	**Controlling**
Beschaffung, Verwendung (= Investition) und Rückzahlung finanzieller Mittel	Maßnahmen, die sich auf die Mitarbeiter des Unternehmens beziehen	Buchhaltung (= externes Rechnungswesen) sowie Kosten- und Leistungsrechnung (= internes Rechnungswesen)	Planung, Überwachung, Steuerung und Informationsbereitstellung in enger Zusammenarbeit mit dem Rechnungswesen

1.2 Unternehmensziele

1.2.1 Überblick

Zielbereiche

Neben den **wirtschaftlichen Unternehmenszielen** (z. B. Gewinnmaximierung) gewinnen **ökologische** und **soziale Ziele** zunehmend an Bedeutung. Die drei **Zielbereiche** werden auch mit den Begriffen „Profit, People, Planet“ umschrieben.

Aufg. 1.6 S. 31

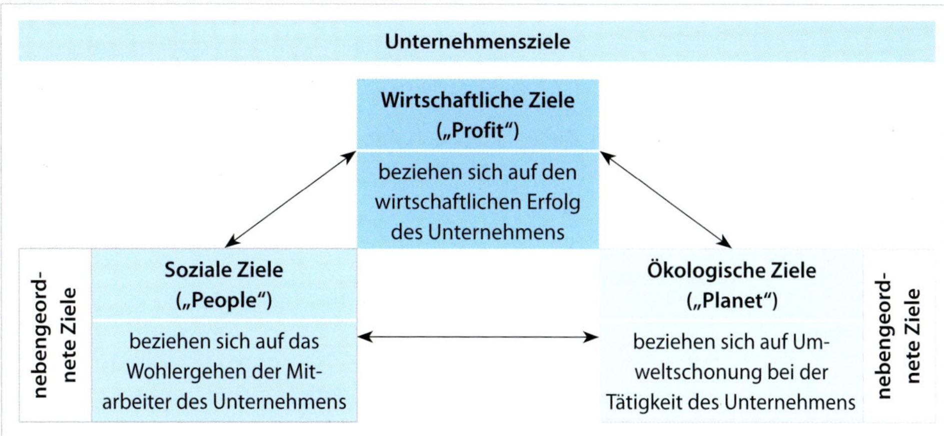

! Oberziel erwerbswirtschaftlich orientierter Unternehmen ist die Erwirtschaftung eines maximalen (oder zumindest eines angemessenen) Gewinns.

! Soweit sich die sozialen Ziele eines Unternehmens auf die Mitarbeiter beziehen, stehen Arbeitsplatzerhaltung und die Gewährung freiwilliger Sozialleistungen im Vordergrund (= nebengeordnete Ziele).

! Ökologische Ziele eines Unternehmens bestehen darin, in allen betrieblichen Bereichen Umweltbelastungen auszuschließen oder auf ein Mindestmaß zu begrenzen (= nebengeordnete Ziele).

Operationalisierte Ziele

Um die Erreichung von Zielen kontrollieren zu können, müssen diese **Ziele operationalisiert** werden, d. h. sie müssen eindeutige Angaben über den

Aufg. 1.7 S. 31

- **Inhalt des Ziels** (z. B. Kostensenkung)
- **Erfüllungsgrad** (z. B. Senkung um 5 %)
- **Erfüllungszeitraum** (z. B. innerhalb des nächsten Geschäftsjahres)

enthalten. Andernfalls handelt es sich um übergeordnete (strategische) Unternehmensziele.

Operationalisiertes Ziel

(mit Zielinhalt, Zielzeit und Erfüllungsgrad) Senkung der Materialkosten im Produktionsbereich A im nächsten Geschäftsjahr um 5 % bei gleicher Produktionsmenge wie im laufenden Jahr (**operatives** Ziel).

Nicht operationalisiertes Ziel

(ohne eindeutigen Zielinhalt, Zielzeit und Erfüllungsgrad) Beispiel: Erhöhung der Wettbewerbsfähigkeit (**strategisches** Ziel).

1.2.2 Wirtschaftliche Ziele – Kennzahlen zur Zielerreichung

Ober- und Unterziele

Die Bereiche der **wirtschaftlichen Ziele** lassen sich wie folgt in Ober- und Unterziele einteilen:

Oberziel	**Gewinnerzielung**			
Unterziele	monetäre (in Geld messbare) Unterziele		nichtmonetäre (nicht in Geld messbare) Unterziele	
	Erhöhung des **Umsatzes** Erhöhung der **Wirtschaftlichkeit**	Senkung der **Kosten** Erhöhung der **Produktivität**	Erhöhung des **Marktanteils** Erhöhung der **Qualität**	Erhöhung der **Marktmacht** Erhöhung der **Kundenzufriedenheit**
Nebenbedingung:	Aufrechterhaltung der **Liquidität** (Das Unternehmen muss jederzeit in der Lage sein, den fälligen Zahlungsverpflichtungen nachkommen zu können)			

Kennzahlen zur Überprüfung der Zielerreichung quantitativer Ziele

Umsatz

Aufg. 1.8 S. 31

LA

Ziel:	**Der Umsatz ist der Wert der von einem Unternehmen verkauften Gütermenge.**
Erhöhung des **Umsatzes** **(= Erlös)**[1] in EUR	**Umsatz = Absatzmenge · Verkaufspreis je Stück**
	In der Schreinerei Storz wird ein bestimmter Typ eines Holzregals hergestellt. Im letzten Monat wurden 500 Regale zum Stückpreis von 180 EUR an Möbelgroßhändler verkauft. **Umsatz = 500 Stück · 180 EUR/Stück = 90.000 EUR**

Kosten

Ziel:	**Kosten sind der in Geld bewertete Verbrauch an Produktionsfaktoren (Gütern), der für die betriebliche Leistungserstellung erforderlich ist.**
Senkung der **Kosten** in EUR	**Gesamtkosten = Kosten je Stück · Produktionsmenge**
	In der Schreinerei Storz fallen für die Herstellung von Regalen u. a. folgende Kosten an: Materialkosten für Holz, Personalkosten für Mitarbeiter, Reparaturkosten für Maschinen und Fuhrpark, Versicherungsprämie für die Feuerversicherung, ... Im letzten Monat wurden 500 Regale hergestellt. Die Kosten je Regal betrugen 130 EUR. **Gesamtkosten = 130 EUR/Stück · 500 Stück = 65.000 EUR**

1 Die Begriffe Umsatz und Erlös werden gleichbedeutend verwendet. Im betrieblichen Rechnungswesen wird in diesem Zusammenhang von Umsatzerlösen gesprochen.

Gewinn

Ziel: Erhöhung des **Gewinns** in EUR	**Der Gewinn ist die Differenz zwischen dem erzielten Umsatz und den für die verkauften Erzeugnisse entstandenen Kosten.**[1]
	Gewinn = Umsatz – Kosten
	Die Schreinerei Storz hat im letzten Monat einen Umsatz in Höhe von 90.000 EUR erzielt. Die Gesamtkosten beliefen sich in diesem Zeitraum auf 65.000 EUR. **Gewinn = 90.000 EUR – 65.000 EUR = 25.000 EUR**

Eigenkapitalrentabilität

Ziel: Erhöhung der **Eigenkapitalrentabilität** (in Prozent)	Die Eigenkapitalrentabilität ist das Verhältnis von Gewinn zu eingesetztem Eigenkapital in Prozent. Sie gibt an, mit wie viel Prozent sich das eingesetzte Eigenkapital verzinst hat.
	$\textbf{Eigenkapitalrentabilität} = \frac{\textbf{Gewinn}}{\textbf{Eigenkapital}} \cdot 100$
	Schreinermeister Storz hat aus eigenen Mitteln 800.000 EUR in sein Unternehmen investiert (= Eigenkapital). Der Gesamtgewinn im letzten Jahr betrug 120.000 EUR. $\textbf{Eigenkapitalrentabilität} = \frac{\textbf{120.000 EUR}}{\textbf{800.000 EUR}} \cdot 100 = 15\,\%$ Die Verzinsung des Eigenkapitals betrug im letzten Jahr 15 %.

Umsatzrentabilität

Ziel: Erhöhung der **Umsatzrentabilität** (in Prozent)	Die Umsatzrentabilität ist Verhältnis von Gewinn zu Umsatz in Prozent. Sie gibt an, wie viel Euro Gewinn bei einem Umsatz von 100 EUR erzielt wurde.
	$\textbf{Umsatzrentabilität} = \frac{\textbf{Gewinn}}{\textbf{Umsatz}} \cdot 100$
	Die Schreinerei Storz hat im letzten Jahr einen Umsatz in Höhe von 2,4 Mio. EUR und einen Gewinn in Höhe von 120.000 EUR erzielt. $\textbf{Umsatzrentabilität} = \frac{\textbf{120.000 EUR}}{\textbf{2.400.000 EUR}} \cdot 100 = 5{,}0\,\%$ Von Umsatzeinnahmen in Höhe von 100 EUR entfielen im letzten Jahr 5,00 EUR auf den Gewinn.

1 Diese Definition gilt streng genommen nur für den Fall, dass das Unternehmen alle Erzeugnisse verkaufen kann (= Absatzleistung) und keine Erzeugnisse auf Lager genommen werden müssen (= Lagerleistung).

Marktanteil

Ziel: Erhöhung des **Marktanteils** (in Prozent)	Als Marktanteil wird der prozentuale Anteil des Unternehmens an der Absatzmenge oder am Umsatz der gesamten Branche (= Marktvolumen) bezeichnet. $$\textbf{Marktanteil} = \frac{\textbf{Absatzmenge des Unternehmens in Stück o. Ä.}}{\textbf{Gesamtabsatzmenge der Branche (Marktvolumen)}} \cdot 100$$ Die Schreinerei Storz hat im letzten Jahr im Absatzgebiet Südbayern 6.000 Regale verkauft. Das gesamte Marktvolumen für Regale diesen Typs wir in dieser Region auf 50.000 Stück geschätzt. $$\textbf{Marktanteil} = \frac{\textbf{6.000 Stück}}{\textbf{50.000 Stück}} \cdot 100 = 12\,\%$$ Die Schreinerei Storz hat bei dem von ihr hergestellten Regaltyp in Südbayern einen Marktanteil von 12 %.

Wirtschaftlichkeit

Aufg. 1.9 S. 32

LA

Ziel: Erhöhung des **Wirtschaftlichkeit** (Verhältnis zweier Wertgrößen)	Die Wirtschaftlichkeit ist das Verhältnis zwischen betrieblicher Leistung (in EUR) und den bei der Leistungserstellung entstandenen Kosten. Die betriebliche Leistung wird häufig der Einfachheit halber mit dem Umsatz gleichgesetzt. Dabei werden die Lagerbestandsveränderungen vernachlässigt. $$\textbf{Wirtschaftlichkeit} = \frac{\textbf{Leistung (Umsatz) in EUR}}{\textbf{Kosten in EUR}}$$ Die Schreinerei Storz hat im letzten Monat mit dem Verkauf einer bestimmten Sorte von Holzregalen einen Umsatz in Höhe von 90.000 EUR erzielt. Die während dieses Zeitraums angefallenen Kosten betrugen 65.000 EUR. $$\textbf{Wirtschaftlichkeit} = \frac{\textbf{90.000 Stück}}{\textbf{65.000 Stück}} = 1{,}38$$ Die Wirtschaftlichkeit beträgt 1,38. Die Umsatzerlöse sind 1,38-mal so hoch wie die Kosten. Ist die Kennzahl der Wirtschaftlichkeit positiv, liegt ein Gewinn vor.

Produktivität

Ziel: Erhöhung der **Produktivität** (Verhältnis zweier Mengengrößen)	Die Produktivität ist das Verhältnis zwischen dem mengenmäßigen Produktionsergebnis (Output) und der Menge der eingesetzten Produktionsfaktoren (Input). Wird das Produktionsergebnis auf die Einsatzmenge des Faktors Arbeit bezogen, weist das Ergebnis die **Arbeitsproduktivität** aus. $$\textbf{Produktivität} = \frac{\textbf{Produktionsergebnis in Mengeneinheiten (Output)}}{\textbf{Menge der eingesetzten Produktionsfaktoren (Input)}}$$ Die Schreinerei Storz hat im letzten Monat durch eine Verbesserung der Arbeitsorganisation bei einem unveränderten Arbeitseinsatz von 250 Stunden die Zahl der hergestellten Regale von 500 Stück auf 525 Stück steigern können. $$\textbf{Arbeitsproduktivität}\text{ (vorher)} = \frac{\textbf{500 Stück}}{\textbf{250 Arbeitsstunden}} = \textbf{2 Stück pro Stunde}$$ $$\textbf{Arbeitsproduktivität}\text{ (nachher)} = \frac{\textbf{525 Stück}}{\textbf{250 Arbeitsstunden}} = \textbf{2,1 Stück pro Stunde}$$ Die Arbeitsproduktivität beträgt jetzt 2,1 Stück pro Stunde. Sie ist um 5 % gestiegen.

Nichtmonetäre Unterziele

Neben dem **Oberziel der Gewinnmaximierung** verfolgen private Unternehmen auch nicht direkt in Geld messbare (nichtmonetäre) weitere Ziele, die als Unterziele (Subziele) der Erreichung des Oberziels dienen.

nicht (unmittelbar) in Geld messbare Ziele (nicht) unmittelbare monetäre Ziele)			
markt- und wettbewerbsbezogene Ziele	**kundenbezogene Ziele**	**produktbezogene Ziele**	**mitarbeiterbezogene Ziele**
▪ Erhöhung des Marktanteils und der Marktmacht ▪ Marktführer werden ▪ Image verbessern und Bekanntheitsgrad steigern	▪ Gewinnung neuer Kunden ▪ Erhöhung der Kundenzufriedenheit	▪ Erhöhung der Produktqualität ▪ Entwicklung neuer (umweltfreundlicher) Produkte	▪ Verbesserung des Betriebsklimas ▪ Erhöhung der Mitarbeiterzufriedenheit ▪ Förderung/ Weiterbildung der Mitarbeiter ▪ Arbeitsplatzsicherung

1.2.3 Ökologische Ziele

Angesichts der zunehmenden Umweltbelastung nehmen immer mehr Unternehmen den **Umweltschutz** als ein dem Gewinnstreben nebengeordnetes zusätzliches Ziel in ihr Unternehmensleitbild auf.

Aufg. 1.10 S. 32

! Die ökologische Zielsetzung eines Unternehmens besteht darin, in allen betrieblichen Bereichen Umweltbelastungen auszuschließen oder auf ein Mindestmaß zu begrenzen.

umweltorientierte Beschaffung	umweltorientierte Produktion	umweltorientierter Absatz
▪ Einkauf umweltverträglicher Materialien ▪ Bevorzugung von ökologisch orientierten Zulieferern ▪ kurze Transportwege und umweltverträgliche Transportmittel für die Materialbeschaffung ▪ umweltgerechte Lagerung gefährlicher Materialien	▪ Bevorzugung erneuerbarer Materialien als Rohstoffe ▪ Produktionsverfahren mit möglichst geringem Schadstoffausstoß ▪ Rückführung von Produktionsrückständen in den Produktionsprozess (betriebsinternes Recycling) ▪ umweltgerechte Entsorgung unvermeidbarer Produktionsabfälle ▪ Herstellung umweltfreundlicher und recyclingfähiger Produkte	▪ umweltverträgliche Gestaltung der Verpackungsmittel ▪ Verringerung der Verpackungsmenge ▪ umweltschonende Transportwege und Transportmittel für den Versand der Produkte ▪ Werbung mit der Umweltverträglichkeit der Produkte

1.2.4 Soziale Ziele

! Soweit sich die sozialen Ziele eines Unternehmens auf die Mitarbeiter beziehen, stehen Arbeitsplatzerhaltung und die Gewährung freiwilliger Sozialleistungen im Vordergrund.

Bei den **mitarbeiterbezogenen sozialen Zielen** kann es sich im Verhältnis zu dem wirtschaftlichen Oberziel der Gewinnmaximierung um Unterziele oder nebengeordnete Ziele handeln. Folgende Absichten stehen bei diesen sozialen Zielen im Vordergrund:

- Steigerung der **Leistungsfähigkeit** der Mitarbeiter durch Maßnahmen, die über die gesetzlichen Vorschriften zum Arbeits- und Unfallschutz hinausgehen.
- Steigerung der **Leistungswilligkeit** der Mitarbeiter durch übertarifliche Bezahlung und Zulagen sowie Gewährung von Mitspracherechten.
- Erhöhte **Bindung** der Mitarbeiter an das Unternehmen **(Loyalität)** durch Verbesserung des Betriebsklimas
- **Imageverbesserung** des Unternehmens, um auch für künftige Mitarbeiter attraktiv zu werden.

Durch gezielte Beteiligung der Unternehmung in verschiedenen gesellschaftlichen Bereichen soll zum Ausdruck gebracht werden, dass die Unternehmung ein Teil der Gesamtgesellschaft ist. Letztlich wird mit diesen Aktivitäten die Verantwortung der Unternehmung aufgezeigt und das Image in der Öffentlichkeit verbessert.

1.2.5 Zielbeziehungen

Zielharmonie und Zielkonflikt

Jedes Unternehmen verfolgt eine Vielzahl von Zielen. Zwischen den einzelnen Zielen können verschiedenartige Beziehungen bestehen.

Aufg. 1.11 S. 33

Komplementäre Ziele liegen vor, wenn Maßnahmen zur Erreichung eines Ziels gleichzeitig auch die Erreichung eines anderen Ziels fördern. Zwischen den Zielen besteht Zielharmonie.

Komplementäre Ziele

Senkung der Kosten bei gleich bleibenden Umsatzerlösen bringt eine Erhöhung des Gewinns mit sich.

Konkurrierende Ziele liegen vor, wenn Maßnahmen zur Erreichung eines Ziels gleichzeitig die Erreichung eines anderen Ziels behindern. Zwischen den Zielen bestehen Zielkonflikte.

Konkurrierende Ziele

- Sinkende Umweltbelastung und Produktionssteigerung.
- Erhöhung der Aufwendungen (Werbung), um den Marktanteil zu vergrößern, und kurzfristige Erhöhung des Gewinns.

Zielkonflikt zwischen Rentabilität und Liquidität

Auch bei den Zielen **Rentabilität** und **Liquidität** handelt es sich um **konkurrierende Ziele**, weil eine hohe Liquidität in der Regel die Rentabilität mindert und umgekehrt. Ziel der **Finanzplanung** muss es daher sein, den zeitlichen Anfall von Ein- und Auszahlungen so zu planen, dass die Zahlungsfähigkeit zu jedem Zeitpunkt gewährleistet ist.

! **„So viel Rentabilität wie möglich und so viel Liquidität wie nötig."**

Zweck-Mittel-Verhältnis (Zielhierarchie)

Ziele, die nicht auf der gleichen Ebene stehen, können durch ein Über- bzw. Unterordnungsverhältnis gekennzeichnet sein **(Zielhierarchie)**. Die einzelnen Ziele stehen in einem **Zweck-Mittel-Verhältnis**. Zwischenziele sind Mittel zur Erreichung des Oberziels und Unterziele sind wiederum Mittel zur Erreichung des Zwischenziels. An der Spitze betriebswirtschaftlicher Zielhierarchien stehen üblicherweise Gewinn und Rentabilität.

Zielhierarchie (Zweck-Mittel-Verhältnis)

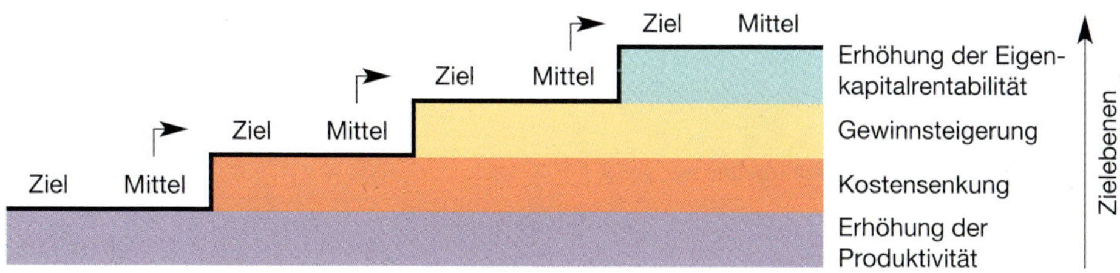

Zusammenfassende Übersicht zu 1: Aufgaben und Ziele von Unternehmen

Betrieblicher Leistungsprozess

Begriffe		
Unternehmen	**Betrieb**	**Firma**
Entscheidungszentrum	Produktionsstätte	Name des Kaufmanns

Betriebstypen		
Wirtschaftssektoren		
Primär	**Sekundär**	**Tertiär**
Rohstoffgewinnung	Be- und Verarbeitung	Dienstleistung

Betriebliche Produktionsfaktoren			
Elementarfaktoren			**leitende (dispositive) Arbeit**
ausführende Arbeit	Materialien	Betriebsmittel	

Betriebliche Funktionsbereiche			
Controling			
Planung	Überwachung	Steuerung	Informationsbereitstellung
Rechnungswesen			
Buchhaltung		Kosten- und Leistungsrechnung	
Personalwirtschaft			

Beschaffungsmärkte → **Beschaffung** (■ Einkauf ■ Lagerhaltung) → **Produktion** → **Absatz** → **Absatzmärkte**

Finanzwirtschaft	
Finanzierung	**Investition**

Unternehmensziele		
Operationalisierung von Zielen		
Inhalt	Erfüllungsgrad	Zeit

Arten von Zielen		
quantitative Ziele		**qualitative Ziele**
Gewinnmaximierung Eigenkapitalrentabilität		markt- und wettbewerbsbezogene Ziele
Umsatzsteigerung	Kostensenkung	kundenbezogene Ziele
Produktivität $\frac{\text{Output}}{\text{Input}}$		produktbezogene Ziele
Wirtschaftlichkeit $\frac{\text{Leistung (Ertrag)}}{\text{Kosten (Aufwand)}}$		mitarbeiterbezogene Ziele

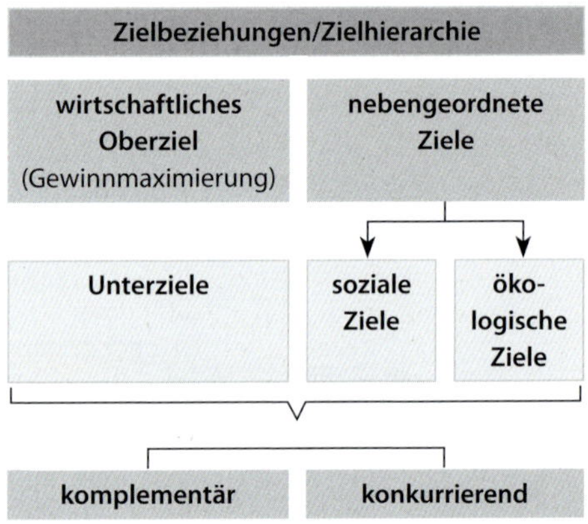

WIEDERHOLUNG DES GRUNDWISSENS

1 Aufgaben und Ziele von Unternehmen

1.1 Betrieblicher Leistungsprozess

1. Unterscheiden Sie die Begriffe Unternehmen, Betrieb, Firma.
2. Nennen Sie Einteilungsmöglichkeiten für Betriebstypen.
3. Nennen Sie die betrieblichen Produktionsfaktoren.
4. Beschreiben Sie, was unter dem „dispositiven Faktor“ zu verstehen ist.
5. Nennen Sie die Grundphasen des betrieblichen Leistungsprozesses.
6. Skizzieren Sie die Aufgaben der betrieblichen Funktionsbereichen „Beschaffung“, „Produktion (Fertigung)“ und „Absatz“.
7. Nennen Sie bereichsübergreifende Funktionsbereiche und deren Aufgaben.

1.2 Unternehmensziele

1. Unterscheiden Sie verschiedene Bereiche unternehmerischer Ziele anhand der Begriffe Profit, People, Planet.
2. Geben Sie die Voraussetzungen an, die eine Zielformulierung erfüllen muss, wenn das Ziel kontrollierbar sein soll (Zieloperationalisierung).
3. Nennen Sie quantitative (monetär messbare) Unternehmensziele.
4. Nennen Sie qualitative Unternehmensziele.
5. Geben Sie das Hauptziel (Oberziel) an, das privatwirtschaftliche Unternehmen normalerweise verfolgen.
6. Zeigen Sie an Beispielen den Zusammenhang zwischen einem Ober- und einem Unterziel.
7. Erläutern Sie die Begriffe Absatz, Umsatz (Erlös), Kosten.
8. Stellen Sie dar, wie der Umsatz (Erlös) berechnet wird.

9. Stellen Sie die Berechnungsweise der folgenden betriebswirtschaftlichen Größen dar und geben Sie an, was diese Größen jeweils aussagen:
   a) Gewinn,
   b) Eigenkapitalrentabilität,
   c) Umsatzrentabilität
10. Erläutern Sie die Begriffe Produktivität und Wirtschaftlichkeit. Wodurch unterscheiden sich diese beiden Größen?
11. Erläutern Sie, warum Liquidität nicht als Ziel, sondern als Nebenbedingung unternehmerischen Handelns anzusehen ist.
12. Nennen Sie Beispiele für ökologische Ziele eines Unternehmens. Unterscheiden Sie dabei zwischen Beschaffungs-, Fertigungs- und Absatzbereich.
13. Formulieren Sie soziale Ziele, die ein Betrieb verfolgen kann. Handelt es sich dabei um nebengeordnete Ziele oder um Unterziele im Verhältnis zum Oberziel?
14. Geben Sie die Merkmale von Zielkonflikten an und nennen Sie Beispiele.
15. Geben Sie die Merkmale von Zielharmonien an und nennen Sie Beispiele.
16. Erläutern Sie den Zielkonflikt zwischen Liquidität und Rentabilität.
17. Erläutern Sie das Zweck-Mittel-Verhältnis unternehmerischer Ziele (Zielhierarchie) unter Verwendung folgender Begriffe: Gewinnsteigerung, Erhöhung der Produktivität, Erhöhung der Eigenkapitalrentabilität, Kostensenkung, Erhöhung der Wirtschaftlichkeit.

AUFGABEN ZUM ERWERB UND ZUR KONTROLLE VON KOMPETENZEN

1 Aufgaben und Ziele von Unternehmen

1.1 Die Stellung des Betriebs im gesamtwirtschaftlichen Produktionsprozess – Sachleistungsbetriebe – Dienstleistungsbetriebe – Volkswirtschaftliche Arbeitsteilung

LA

PDF

Das Arbeitsblatt zeigt die Stellung eines Papierherstellers zwischen Vorlieferanten und Verbrauchern in einer arbeitsteiligen Wirtschaft. Das Unternehmen stellt verschiedene Sorten Papier und Pappe her: feines Briefpapier, Schreibpapier, Buchdruckpapier und Packpapier.

Zur Herstellung des Papiers werden je nach Papiersorte folgende Materialien verwendet: Holzschliff (zerkleinertes Holz), Zellstoff, Lumpen, Altpapier, Kreide, Gips, Porzellanerde, Leimstoffe und Farbstoffe. Außerdem werden elektrischer Strom, Wasser, Werkzeuge und andere Hilfsmittel benötigt.

Alle Materialien kommen von Vorbetrieben: (1) Holzschleiferei, (2) Zellstoffwerk, (3) Leimfabrik, (4) Farbenfabrik, (5) Kaolingrube (Porzellanerde), (6) Elektrizitätswerk, (7) Werkzeugfabrik.

Mit Ausnahme des Elektrizitätswerkes und der Kaolingrube haben alle oben genannten Vorbetriebe ebenfalls wieder Zulieferer: Die Holzschleiferei und das Zellstoffwerk beziehen vom Sägewerk, die Leimfabrik vom Schlachthof, die Farbenfabriken von der Kokerei. Das Sägewerk erhält das Holz aus der Forstwirtschaft. Der Schlachthof hat als Vorlieferer die Landwirtschaft. Die Kokerei bezieht vom Kohlenbergbau. Die Werkzeugfabrik erhält ihre Rohstoffe vom Stahlwerk, das Stahlwerk erhält sie von den Eisenhütten und diese erhalten sie wiederum vom Erzbergbau.

1. Tragen Sie in das Schaubild auf dem Arbeitsblatt die oben genannten Betriebe in die entsprechenden Felder ein.
2. Abnehmer der Papierfabrik sind die verschiedenen papierverarbeitenden Industrien, z. B. Buntpapierfabriken, Gummieranstalten (Herstellung von Aufklebern und Etiketten), Tütenfabriken, Kartonagenfabriken und Druckereien. Aber auch die genannten Empfänger des Papiers geben dieses nach seiner Be- und Verarbeitung an Nachbetriebe weiter, bis es endgültig zum Verbraucher gelangt.
   Tragen Sie die Abnehmer der Papierfabrik in die Felder des Schaubildes ein.

3. Stellen Sie fest: Welche der im Schaubild dargestellten Betriebe sind Sachleistungsbetriebe (unterteilt nach Urproduktionsbetrieben, Produktionsmittelbetrieben und Kosumgüterbetrieben) und welche sind Dienstleistungsbetriebe?

4. Geben Sie zu jeder Gruppe von Betrieben ein weiteres Beispiel an.

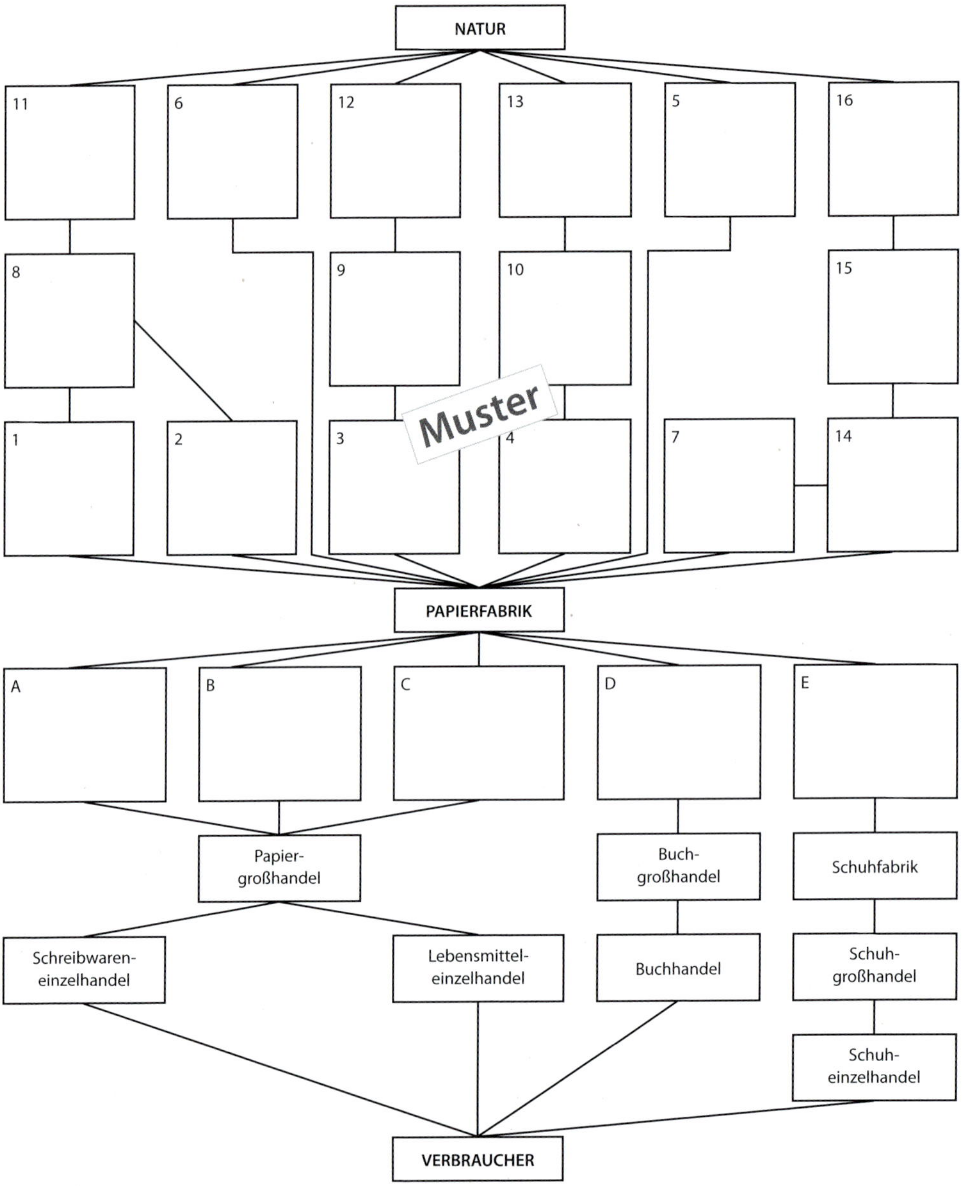

1.2 Begriff und Arten betrieblicher Leistungserstellung – Betriebstypen

PDF

Die betriebliche Leistungserstellung umfasst

- die Gewinnung von Rohstoffen (Gewinnungsbetriebe),
- die Herstellung von Erzeugnissen (Fertigungsbetriebe),

- die Bearbeitung von Rohstoffen (Veredlungsbetriebe),
- die Ausführung von Dienstleistungen (Dienstleistungsbetriebe).

In der Betriebswirtschaftslehre werden diese Vorgänge häufig auch als Produktion bezeichnet.

Ordnen Sie die folgenden Betriebe bzw. Tätigkeiten den vier Oberbegriffen nach folgendem Muster zu:

Gewinnungsbetriebe	Fertigungsbetriebe	Veredlungsbetriebe	Dienstleistungsbetriebe

a) Autofabrik, b) Bergwerk, c) Spedition, d) Kornmühle, e) Bank, f) Friseur, g) Immobilienmakler, h) Bauunternehmung, i) Versicherung, j) Schnapsbrennerei, k) Steuerberatungsbüro, l) Privatschule, m) Rechtsanwaltskanzlei, n) Fischfang, o) Werbeagentur, p) Kohlekraftwerk, q) Schreinerei, r) Tankstelle mit Reparaturwerkstatt, s) Kiosk, t) Hotel u) Omnibusbetrieb, v) Reisebüro, w) Versandhaus, x) Supermarkt.

1.3 Betriebliche Produktionsfaktoren – Betrieblicher Leistungsprozess

LA

Die folgende Abbildung zeigt den Leistungsprozess in einer Margarinefabrik

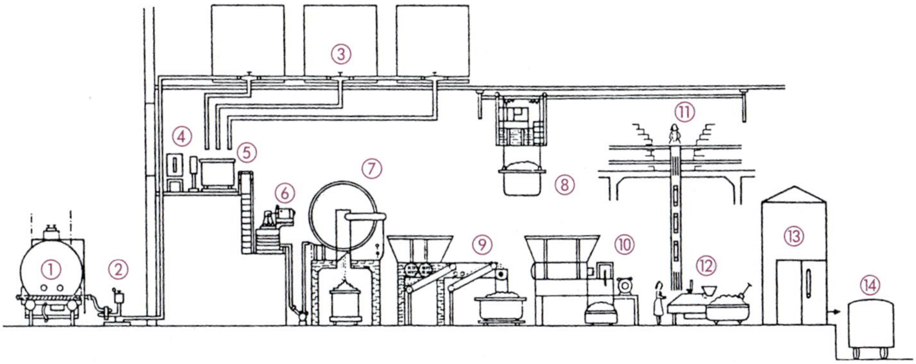

① Rohwareneingang
② Pumpe zum Entleeren der Kesselwagen
③ Öltanks
④ Butterfarbe und Zutatenlager
⑤ Mischbottich
⑥ Rührmaschine
⑦ Kühltrommel
⑧ Transportkran
⑨ Multiplex-Knetmaschine
⑩ Endzusammenstellung der Mischung in der Mischmaschine
⑪ Kartonsteckerei
⑫ Packmaschine
⑬ Kühlhaus
⑭ Abtransport der Ware

1. Erläutern Sie anhand der Abbildung die betrieblichen Funktionsbereiche Beschaffung, Einsatzlager, Fertigung, Absatzlager und Absatz.
2. Stellen Sie anhand der Abbildung fest,
   - welche Betriebsmittel eingesetzt werden,
   - welche Materialien (Werkstoffe) eingesetzt werden,
   - wo im Leistungserstellungsprozess der Margarinefabrik unfertige Erzeugnisse entstehen.
3. Welcher weitere elementare Produktionsfaktor wird neben Betriebsmitteln und Materialien (Werkstoffen) eingesetzt?
4. Zeigen Sie an Beispielen aus der Margarineproduktion den Unterschied zwischen ausführender und dispositiver Arbeit.

1.4 Grundphasen des betrieblichen Leistungsprozesses

PDF

1. In welcher Grundphase des betrieblichen Leistungsprozesses werden folgende Tätigkeiten ausgeübt?
   a) Ermittlung des Materialbedarfs
   b) Lagerung der Fertigerzeugnisse
   c) Bearbeitung von Kundenreklamationen
   d) Festlegung der Fertigungstermine für einen Kundenauftrag
   e) Lagerung der Materialien

2. Wodurch unterscheidet sich der betriebliche Leistungsprozess in einem Industriebetrieb von dem in einem
a) Handelsbetrieb b) Reisebüro c) Transportbetrieb
d) Bankbetrieb e) Versicherungsbetrieb f) Steuerberatungsbüro
g) Bauunternehmen h) T-Shirt-Veredelungsbetrieb

Benutzen Sie für Ihre Lösung eine Tabelle nach folgendem Muster:

Art des Betriebs	Beschaf-fung/ Material-wirtschaft	Einsatz-lager	Fertigung	Ausführung von Dienstleis-tungen	Absatz-lager	Absatz
Industrie	Material (Werkstoffe)	Materialien (Werkstoffe)	Erzeugnisse (Waren)	–	Fertig- und Halbfertig-erzeugnisse	Verkauf und Auslieferung von Erzeug-nissen
Handel						
usw.						

3. Von der **Leistungserstellung** (Produktion) ist die **Leistungsverwertung** (Absatz) zu unterscheiden.
Welche der folgenden Vorgänge bzw. Tätigkeiten sind der betrieblichen Leistungserstellung (Produktion) zuzurechnen?

a) Braunkohleabbau, b) Lokführer bei der Deutschen Bahn AG, c) Lehrtätigkeit an einer kaufmännischen Berufsschule, d) Verwaltung des Verkaufslagers in einem Handelsbetrieb, e) Kostenrechnung in einem Industriebetrieb, f) Beantragung eines Bankkredits in einer Großhandlung, g) Anfertigung der Hausaufgaben durch einen Schüler einer beruflichen Schule, h) Nahrungszubereitung durch eine Hausfrau, i) Tätigkeit eines Kochs in einer Gaststätte, j) Anfertigung einer Umsatzstatistik in einer Großhandlung, k) Entwurf eines Werbeprospekts in einem Kaufhaus, l) Wertpapierkauf durch eine Bank im Auftrag eines Kunden, m) Erstattung der Reparaturkosten durch eine Versicherung nach einem Autounfall, n) Schülerbeförderung durch einen privaten Omnibusbetrieb, o) Materialtransport zur Baustelle mit einem Lkw der Bauunternehmung.

1.5 Betriebliche Funktionsbereiche

In einer Fahrradfabrik ergeben sich die unter a) bis j) aufgeführten Ereignisse und Entscheidungen.
Kreuzen Sie in einer Tabelle nach folgendem Muster an, welche betrieblichen Funktionsbereiche durch die einzelnen Vorkommnisse jeweils betroffen sind.

Ereignis	Leistungsprozess					Finanzierung
	Leistungserstellung			Leistungsverwertung		
	Beschaffung	Einsatzlager	Fertigung	Absatzlager	Absatz	
a						
b						
usw.						

Muster

a) Ein neuer Anbieter von Fahrradbeleuchtungen gewährt bei Abnahme bestimmter Mindestmengen einen erheblichen Mengenrabatt. Dieses günstige Angebot soll ausgenutzt werden.
b) Das Fertigungsverfahren soll durch die Anschaffung eines neuen Montagebandes umgestellt werden.
c) Ein Zulieferer, von dem bisher Zubehör (Fahrradklingeln) bezogen wurde, ist in finanzielle Schwierigkeiten geraten und kann nicht mehr produzieren. Es wird überlegt, den bisherigen Zulieferer aufzukaufen und die Produktion weiterzuführen.
d) Die Preise für Bremsen und Gangschaltungen eines japanischen Zulieferers haben sich erhöht. Andere Anbieter, die Produkte mit vergleichbarer Qualität liefern, gibt es nicht. Es soll daher versucht werden, einerseits Verhandlungen mit dem Lieferer über mögliche Preisnachlässe und längere Zahlungsfristen zu führen und andererseits die Kostensteigerungen auf die Verkaufspreise zu überwälzen.

e) Die Absatzzahlen waren in letzter Zeit rückläufig und haben zu hohen Lagerbeständen geführt. Es wird überlegt, ob Kurzarbeit eingeführt werden soll.
f) Es wird überlegt, das Sortiment durch Standfahrräder (Heimtrainer) zu erweitern.
g) Eine Lieferung von Bremsen und Gangschaltungen ist beim Seetransport durch den Einfluss von Meerwasser beschädigt worden und rostet bereits. Eine Ersatzlieferung ist erst in einigen Wochen zu erwarten. Die Lagervorräte sind so knapp, dass die Produktion eines bestimmten Fahrradtyps ins Stocken gerät.
h) Aufgrund einer Werbekampagne und einer positiven Beurteilung durch die Stiftung Warentest entwickelt sich eine unerwartet hohe Nachfrage nach einem neu entwickelten Fahrradtyp (E-Bike „Ultraleicht"). Die Lagervorräte konnten in kürzester Zeit abgebaut werden und es wird die Einführung von Sonderschichten erwogen.
i) Es geht ein Großauftrag eines Versandhauses ein. Für die termingerechte Ausführung des Auftrages sind Überstunden erforderlich.
j) Durch die Anschaffung einer neuen Spritzanlage soll beim Lackieren von Rahmen und Gabeln die Freisetzung gesundheitsgefährdender Dämpfe verringert werden.

1.6 Arten von Unternehmenszielen

Eine Glasfabrik plant die Anschaffung eines Wärmetauschers, mit dem die Abwärme von der Schmelzwanne in den Produktionsprozess zurückgeführt werden kann. Dadurch soll der Energieverbrauch sinken und eine Minderung der Energiekosten um jährlich 500.000 EUR bewirkt werden. Unter Berücksichtigung der Anschaffungskosten für die neue Anlage steigt der Gewinn um 100.000 EUR.

1. Welches Oberziel verfolgt das Unternehmen?
2. Welches Unterziel dient im vorliegenden Fall zur Erreichung des Oberziels?
3. Welches nebengeordnete Ziel wird im vorliegenden Fall mit der Investition erreicht?

1.7 Operationalisierung von Unternehmenszielen

LA

In einem Unternehmen, das elektrische Haushaltsgeräte und Autoelektrik-Zubehör herstellt, sollen Umsatzverluste und Gewinnrückgänge auf dem Markt für Kraftfahrzeug-Zubehör durch Umsatzsteigerungen auf dem Haushaltssektor ausgeglichen werden.

Die zentrale Geschäftsleitung setzt dem Leiter des Unternehmensbereiches „Haushaltsgeräte" folgendes Ziel: Der in diesem Jahr erzielte Umsatz in Höhe von 5 Millionen EUR soll auf der Preisbasis des 1. November d. J. auf 7 Millionen EUR im nächsten Jahr erhöht werden. Gleichzeitig soll die absolute Höhe des Gewinns in diesem Geschäftsbereich um mindestens 25 % steigen.

Der Leiter des Unternehmensbereiches „Haushaltsgeräte", dem der Marketing-Direktor und der technische Direktor unmittelbar unterstehen, macht diesen Direktoren folgende Zielvorgaben:

Dem **Marketing-Direktor:**	Steigerung des Absatzes an Küchenmaschinen, Kühlschränken, Waschmaschinen, Spülmaschinen.
Dem **Technischen Direktor:**	Senkung der Produktionskosten.

1. Prüfen Sie, welche Zielformulierung operational formuliert ist, d. h. die Komponenten Erfüllungsgrad, Zielinhalt und Zielzeit enthält.
2. Formulieren Sie nach eigenem Ermessen die nicht operational formulierten Ziele so, dass die drei Zielkomponenten darin enthalten sind.
3. Zeigen Sie am Beispiel der Zielformulierung dieses Falles, warum die Operationalisierung von Zielen notwendig ist.

LA

1.8 Wirtschaftliche Ziele

PDF

Ein Zulieferunternehmen für die IT-Branche stellt ein bestimmtes elektronisches Bauteil her. Für die letzten fünf Jahre liegen folgende Zahlen vor:

Jahre	Absatzmenge in Stück	Verkaufspreis in EUR	Gesamtkosten in EUR
1	10.000	42,00	400.000
2	13.000	41,00	503.000
3	16.000	40,00	610.000
4	16.000	40,00	620.000
5	20.000	38,00	750.000

1. Ermitteln Sie für die fünf Jahre jeweils den Umsatz und den Gewinn.
2. Stellen Sie den Zusammenhang zwischen Umsatz, Kosten und Gewinn formelmäßig dar.
3. Ermitteln Sie für alle fünf Jahre die Umsatzrentabilität und erläutern Sie die Entwicklung.
4. Das Eigenkapital des Unternehmens betrug während des gesamten Zeitraums 200.000 EUR. Ermitteln Sie für alle fünf Jahre die Eigenkapitalrentabilität und erläutern Sie die Entwicklung.
5. Die Geschäftsleitung vergleicht die von ihr für die Umsatz- und Gewinnentwicklung vorgegebenen Ziele mit den tatsächlichen Ergebnissen, wie sie sich aus den Berechnungen von 1. ergeben. Dabei wird bemängelt, dass lediglich das Umsatzziel erreicht wurde. Worauf ist es in den einzelnen Jahren zurückzuführen, dass trotz steigenden oder gleich bleibenden Umsatzes das Gewinnziel nicht erreicht werden konnte?
6. Stellen Sie fest, welche Beziehung (komplementär, konkurrierend oder indifferent) zwischen den Zielen Umsatzerlöse und Gewinn in den einzelnen Perioden jeweils vorlag.

1.9 Produktivität – Wirtschaftlichkeit – Rentabilität

LA

Für einen Holz verarbeitenden Betrieb, der sich auf die Herstellung bestimmter Möbelstücke spezialisiert hat, liegen folgende Zahlen vor:

PDF

Jahr	1	2	3
Produktions- und Absatzmenge	15.000	16.000	19.000
insgesamt geleistete Arbeitsstunden	90.500	88.000	110.000
Ø Arbeitskosten je Stunde	18,00 EUR	20,50 EUR	20,50 EUR
Materialkosten je Stück (Beschaffungspreise unverändert)	75,00 EUR	75,00 EUR	75,00 EUR
sonstige Kosten	875.000 EUR	850.000 EUR	1.050.000 EUR
Ø Stückpreis je Möbelstück	250 EUR	240 EUR	265 EUR
Eigenkapital am Jahresanfang	1 Mio. EUR	1,121 Mio. EUR	1,107 Mio. EUR

1. Berechnen Sie für die drei Jahre folgende Kennzahlen
   - Arbeitsproduktivität
   - Eigenkapitalrentabilität
   - Wirtschaftlichkeit
   - Umsatzrentabilität
2. Analysieren Sie die unterschiedliche Entwicklung der einzelnen Kennzahlen m Laufe der drei Jahre. Auf welche Ursachen kann die jeweilige Entwicklung zurückzuführen sein?
3. Obwohl im Jahr 3 Produktivität und Wirtschaftlichkeit gestiegen sind und die Rentabilität als zufrieden stellend angesehen werden kann, gerät das Unternehmen in ernste Schwierigkeiten, die es an den Rand der Insolvenz treiben. Worin könnten diese Schwierigkeiten bestehen und wie hätten Sie Ihrer Meinung nach vermieden werden können?

1.10 Ökologische Ziele

1. Begründen Sie, warum sich Unternehmen zunehmend ihrer ökologischen Verantwortung bewusst werden.
2. Nennen Sie Beispiele für umweltgerechtes Verhalten eines Unternehmens in folgenden Bereichen:
   - Forschung & Entwicklung
   - Investition
   - Beschaffung
   - Absatz
   - Produktion
3. Nennen Sie Probleme, die sich für ein Unternehmen bei umweltgerechtem Verhalten ergeben können.

1.11 Zielbeziehungen: Zielharmonie – Zielkonflikt

Geben Sie für die folgenden Zielpaare eine mögliche Zielbeziehung (komplementär, konkurrierend, indifferent) an. Begründen Sie Ihre Aussage.

1. Erhöhung des mengenmäßigen Markanteils – Umsatzsteigerung.
2. Umsatzsteigerung – Gewinnsteigerung,
3. Kostensenkung – Gewinnsteigerung,
4. Verbesserung der Produktqualität – Imageerhöhung,
5. Erhöhung der Markmacht – Sicherung der Arbeitsplätze.

Selbsteinschätzung zum Kompetenzerwerb zu Lernbereich 1:

Sich im Unternehmen orientieren und betriebliche Zielsetzungen überprüfen		
Nr.	**Kompetenzerwartung** **Ich kann …**	**Noch Probleme? Kompetenzerwerb durch Bearbeitung folgender Kapitel und Aufgaben im Buch …**
1	... einen Industriebetrieb als Organisation beschreiben, in der durch das Zusammenwirken der Funktionsbereiche die betrieblichen Produktionsfaktoren im Sinne einer Leistungserstellung kombiniert werden.	Kap. 1.1 Aufgaben 1.1 bis 1.5
2	... Unternehmensziele beschreiben, Zielbeziehungen feststellen und bei Zielkonflikten Prioritäten setzen.	Kap. 1.2 Aufgaben 1.6, 1.10, 1.11
3	... die Erreichung operationalisierter Ziele mithilfe ausgewählter Kennzahlen überprüfen.	Kap. 1.2.1 und 1.2.2 Aufgaben 1.7 bis 1.9

Jahrgangsstufe 11

Lernbereich 2: Material beschaffen sowie Fertigungsverfahren festlegen

2 Materialbeschaffung und Fertigungsverfahren

Kompetenzerwartungen und Gliederung zum Lernbereich 2

Lernbereich 2: Material beschaffen und Fertigungsverfahren festlegen
Kapitel 2: Materialbeschaffung und Fertigungsverfahren

Kompetenzen:
- *Mithilfe der ABC-Analyse Entscheidungen treffen, ob Materialien fertigungssynchron oder auf Vorrat beschafft werden.*

2.1 ABC-Analyse als Instrument der Materialbeschaffung
2.2 Bereitstellungsprinzipien

Kompetenzen:
- *Den Beschaffungsmarkt analysieren und Bestellungen unter Berücksichtigung der Lager- und Bestellkosten so durchführen, dass die Lieferbereitschaft jederzeit gewährleistet ist.*

2.3 Beschaffungsmarktforschung
2.4 Angebotsvergleich
2.5 Bestellplanung

Kompetenzen:
- *Entscheidungen treffen, wie viele unterschiedliche Produkte mit welchem Fertigungsverfahren hergestellt werden.*
- *Gründe für die gewählte Fertigungstiefe nennen und die Vorteile von Normung und Typung nutzen.*

2.6 Breite und Tiefe des Produktionsprogramms – Fertigungstiefe
2.7 Fertigungsverfahren

Kompetenzen:
- *Netzplantechnik nutzen, um Engpässe der Produktion aufzuzeigen.*

2.8 Produktionsplanung mithilfe der Netzplantechnik

Kompetenzen:
- *Betriebliche Auswirkungen beurteilen, wenn Produktions- und Absatzmengen synchronisiert werden.*

2.9 Abstimmung von Produktions- und Absatzmengen

2.1 ABC-Analyse als Instrument der Materialbeschaffung

Die **Aufgabe der Materialbeschaffung** besteht darin, die benötigten **Materialien** (Roh-, Hilfs- und Betriebsstoffe, Fremdbauteile, unfertige Erzeugnisse)

- in der benötigten Art und Qualität
- in der benötigten Menge
- zum richtigen Zeitpunkt
- am richtigen Ort

bereitzustellen.

Für die Planung der Beschaffungsmenge und des Beschaffungszeitpunktes ist es sinnvoll, die einzelnen Materialien nach ihrer Bedeutung in Abhängigkeit von ihrem Wertanteil am Gesamtwert aller Materialien zu unterscheiden.

In Industriebetrieben hat häufig eine geringe Anzahl von Materialarten einen relativ großen Anteil am Gesamtwert der insgesamt benötigten Materialien. Es ist deshalb zweckmäßig, kostenintensive Planungs- und Kontrollmaßnahmen auf Materialien mit einem relativ hohen Anteil am Gesamtwert aller Beschaffungsgüter zu konzentrieren.

Die ABC-Analyse ist ein Verfahren, um den Anteil einzelner Materialarten am Gesamtwert der zu beschaffenden Materialien festzustellen.

Für alle Materialarten wird zunächst der Verbrauchswert ermittelt, indem die pro Jahr verbrauchte Menge mit dem Einstandspreis je Stück multipliziert wird. Die Verbrauchswerte werden ihrer Höhe nach sortiert und entsprechend ihrer Bedeutung in Gruppen zusammengefasst. Üblicherweise erfolgt eine Einteilung in drei Gruppen: **A-Güter**, **B-Güter** und **C-Güter**. Die Abgrenzung der einzelnen Gütergruppen erfolgt im Betrieb unter dem Gesichtspunkt der Zweckmäßigkeit. Häufig werden Materialarten mit insgesamt ca. 75 % des Gesamtverbrauchswertes den A-Gütern zugerechnet. Materialarten mit insgesamt ca. 20 % des Gesamtverbrauchswertes gehören zu den B-Gütern und Materialien mit insgesamt ca. 5 % des Gesamtverbrauchswertes zu den C-Gütern.

ABC-Analyse: tabellarische und grafische Darstellung

Nach Jahresverbrauchswerten geordnete Materialien (Auswahl) eines Industriebetriebs

Aufg. 2.1 S. 71
LA
Aufg. 2.2 S. 72

Materialart	Verbrauchsmenge		Verbrauchswert		Σ Prozent-werte	Gruppe
	Stück	%	EUR	%		
M4	95.000	11,2	760.000	38,0	38,0	A
M10	74.000	8,7	740.000	37,0	75,0	A
M7	16.000	1,9	128.000	6,4	81,4	B
M5	200.000	23,5	104.000	5,2	86,6	B
M2	27.200	3,2	68.000	3,4	90,0	B
M1	70.000	8,2	56.000	2,8	92,8	B
M8	49.600	5,9	49.600	2,5	95,3	B
M9	160.000	18,8	38.400	1,9	97,2	C
M6	8.000	0,9	32.000	1,6	98,8	C
M3	150.000	17,7	24.000	1,2	100,0	C
Σ	849.800	100,0	2.000.000	100,0		

Gruppe	%-Anteil Menge	%-Anteil Wert
A	19,9	75,0
B	42,7	20,3
C	37,4	4,7

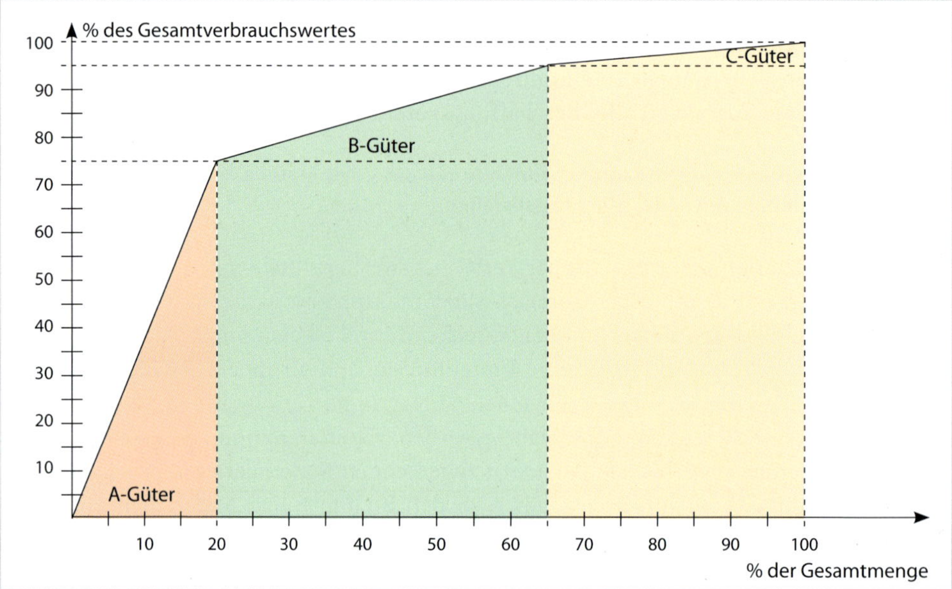

Andere Anwendungsbereiche der ABC-Analyse: Gliederung von Produkten nach Umsatz bzw. Deckungsbeitrag, Gliederung von Kunden nach Umsatzhöhe.

Ergebnisse der ABC-Analyse	
Maßnahmen bei A-Gütern	**Maßnahmen bei C-Gütern**
▪ Häufige Bestellung kleinerer Mengen, um den Lagerbestand zu verringern; nach Möglichkeit, Beschaffung erst im Bedarfsfall (fertigungssynchrone Beschaffung, just-in-time-Verfahren) ▪ genaue (plan- bzw. bedarfsgesteuerte Bedarfsermittlung) ▪ möglichst geringe Sicherheitsbestände wegen hoher Kapitalbindung ▪ exakte Lagerbuchführung und Bestandskontrollen ▪ besondere Anstrengungen bei Marktbeobachtung, Beschaffung, Liefererauswahl, Preisgestaltung	▪ verbrauchsgesteuerte Bedarfsermittlung ▪ Rationalisierung von Beschaffungsvorgängen z. B. durch Konzentration auf einen Lieferer, weil Preis- und Qualitätsdifferenzen zwischen verschiedenen Lieferern gering sind. ▪ vereinfachte Kontrollen ▪ großzügig bemessene Sicherheitsbestände ▪ Marktbeobachtung, Angebotsvergleich, Qualitätskontrollen usw. können entfallen

Die Materialien der Gruppe B sind hinsichtlich der Lagerhaltungspolitik von Fall zu Fall der Gruppe A oder C zuzuordnen.

2.2 Bereitstellungsprinzipien

2.2.1 Überblick

Die Beschaffungsplanung ist durch den **Zielkonflikt** gekennzeichnet, dass eine **zu frühzeitige Materiallieferung** unnötige **Lagerkosten** verursacht, während eine **zu späte Mate-**

riallieferung die **Stilllegung des Produktionsprozesses** und die Gefährdung der **Lieferfähigkeit** bedeuten kann. Deshalb ist die Auswahl des jeweils angemessenen **Verfahrens zur Materialbereitstellung** besonders wichtig.

Es lassen sich u. a. folgende **Verfahren der Materialbereitstellung** unterscheiden:

Verfahren zur Materialbereitstellung	Einzelbeschaffung (auftragsbezogene Beschaffung)	Vorratsbeschaffung	Just-in-Time-Beschaffung Kanban	Kaufvertrag mit Liefervereinbarung „Lieferung auf Abruf"
Geeignet bei …	Einzelfertigung (Spezialaufträge)	Materialien, die ständig wieder benötigt werden	Serien- und Massenfertigung	Serien- und Massenfertigung
Zeitpunkt der Bestellung bzw. des Abrufs	nach Eingang des Auftrags und rechtzeitig vor Auftreten des Bedarfs im Fertigungsprozess	wenn der Lagerbestand bis auf den Meldebestand gesunken ist	langfristig vor Auftritt des Bedarfs im Fertigungsprozess	kurzfristig bei Bedarf
Zeitpunkt der Lieferung	abhängig von den Möglichkeiten des Lieferers	wenn der Lagerbestand bis auf den Mindestbestand gesunken ist	bei Fertigungsbeginn	bei Fertigungsbeginn
Umfang der Lagerhaltung	keine oder nur geringe Bestände	sich ständig vom Maximal- bis zum Höchstbestand verändernde Lagerbestände	nur Sicherheitsbestände	nur Sicherheitsbestände (Lieferer übernimmt die Lagerhaltung)

2.2.2 Einzel- und Vorratsbeschaffung

Viele Entscheidungen im Beschaffungsbereich sind davon abhängig, ob die Materialien erst bei Auftreten des Bedarfs oder aber auf Vorrat beschafft werden. Entsprechend kann grundsätzlich zwischen **Einzelbeschaffung im Bedarfsfall** und **Vorratsbeschaffung** unterschieden werden.

Bereitstellungsverfahren (Beschaffungsprinzipien)

Auftragsweise Einzelbeschaffung

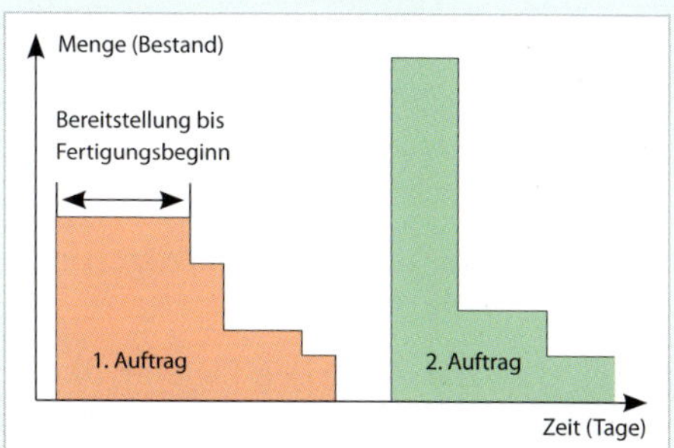

Vorratsbeschaffung

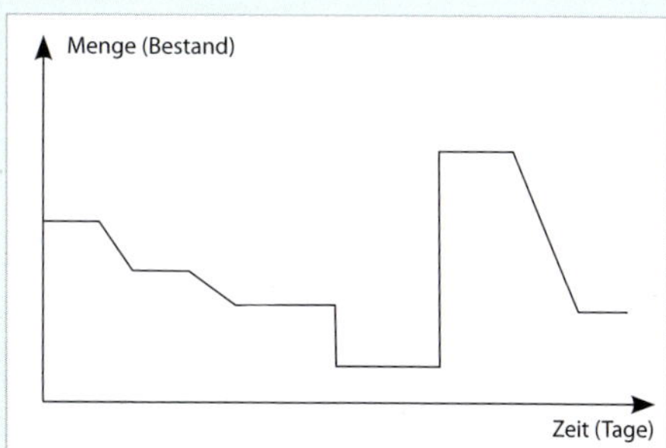

Einzelbeschaffung		Vorratsbeschaffung	
Vorteile	**Nachteile**	**Vorteile**	**Nachteile**
■ geringe Lager- und Kapitalbindungskosten ■ geringe Lagerrisiken (z. B. durch Verderb oder Veralterung) ■ einfache Bestimmung der Bestellmenge	■ hohe Beschaffungskosten, da keine größeren Mengen eingekauft werden (kein Mengenrabatt) ■ evt. Schwierigkeiten bei der termin- und qualitätsgerechten Beschaffung nach der Bedarfsfeststellung	■ geringes Versorgungsrisiko, hohe Sicherheit bei Beschaffungsschwierigkeiten (hoher Servicegrad) ■ Kostenvorteile durch Mengenrabatt und andere Preisvergünstigungen des Lieferers möglich	■ hohe Lager- und Kapitalbindungskosten ■ hohe Lagerrisiken (z. B. durch Verderb oder Veralterung)

2.2.3 Just-in-Time-Beschaffung

Eine Sonderform der Beschaffung ohne Vorratshaltung ist die **fertigungssynchrone Beschaffung** (Just-in-Time-Beschaffung). Die Beschaffung erfolgt in diesem Fall nicht erst bei Auftreten des Bedarfs. Vielmehr wird durch entsprechende Verträge vereinbart, dass die Materialien vom Lieferer genau zum benötigten Zeitpunkt direkt an den Fertigungsstellen bereitgestellt werden müssen, damit sie dort sofort in die Fertigung eingehen können. Für verspätete oder fehlerhafte Lieferungen sind hohe Vertragsstrafen (Konventionalstrafen) vorgesehen.

Auf diese Weise werden die Bestände im Beschaffungslager und die dadurch anfallenden **Lagerkosten** minimiert und der Materialfluss beschleunigt. Bei geringer Entfernung zwischen den Standorten des Lieferers und des Abnehmers lassen sich zudem **Transportkosten** verringern und gleichzeitig Schnelligkeit und Flexibilität der Lieferung erhöhen. Für diese Art der Beschaffung eignen sich insbesondere **hochwertige Materialien** mit einem **kontinuierlichen Bedarf**.

Fertigungssynchrone Beschaffung mit täglicher Anlieferung

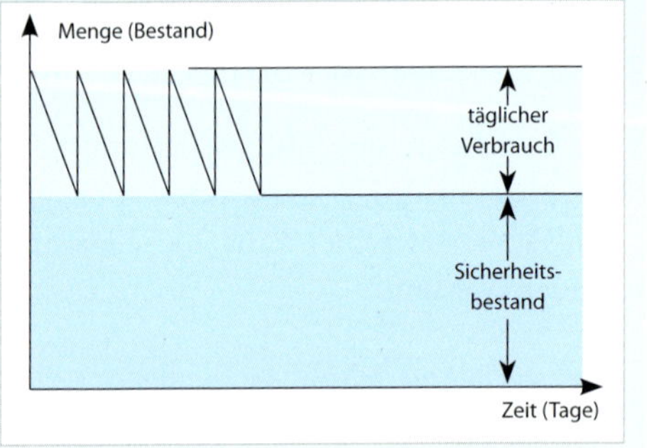

Voraussetzungen für Just-in-Time-Beschaffung (JIT):

- Intensiver **Informationsaustausch** über Datenfernübertragung (DFÜ) zwischen Lieferer und Abnehmer, um Materialbedarf und Lieferzeitpunkte schnell und genau zu übermitteln.
- Hohe **Zuverlässigkeit** und **Flexibilität** des Lieferers, da jede Lieferverzögerung zu Produktionsstörungen führt.
- Zusicherung von **100 %-Kontrolle** und **Nullfehler-Qualität** durch den Lieferer, da beim Abnehmer eine Qualitätsprüfung entfällt und Qualitätsabweichungen zu Produktionsstörungen führen.

Just-in-Time-Beschaffung

In der Automobilindustrie erfolgt die JIT-Beschaffung insbesondere bei hochwertigen und komplexen Bauteilen und Modulen, die direkt in die Montage einfließen (z.B. Motoren, Reifen auf Felgen, Lenkräder einschließlich Airbag, komplette Armaturentafeln, Sitzgarnitur, Schiebedächer, Stoßdämpfer).

Just-in-Time-Beschaffung	
Vorteile	**Nachteile**
Geringe Kapitalbindung durch geringe Vorräte und Wartezeiten. Dadurch Minderung von Lagerkosten (Lagerkosten und Lagerrisiken werden auf den Zulieferer abgewälzt).	▪ Risiko des Produktionsstillstands bei verspäteter oder fehlerhafter Lieferung (Absicherung durch Vereinbarung hoher Konventionalstrafen). ▪ Höhere Bestellkosten durch häufigere kleinere Bestellungen. ▪ Hohe Abhängigkeit vom Lieferer.

Gesamtwirtschaftliche Auswirkungen: Das Lager wird teilweise durch LKWs auf die Straße verlegt. Dadurch ergibt sich eine zunehmende Umweltbelastung und Staugefahr (Just-im-Stau statt Just-in-Time).

Aufg. 2.3 S. 72

2.2.4 Kanban-Prinzip

Das **Kanban-Prinzip** ist ein **Teilsystem des JIT-Konzeptes**. Ziel des Kanban-Prinzips ist es, im Rahmen der Serienfertigung die Lagerbestände in den einzelnen Werkstätten möglichst gering zu halten. Weitere Ziele sind die Verringerung der Durchlaufzeiten und des Raumbedarfs.

Im Rahmen des Fertigungsprozesses löst eine nachgelagerte (= Material verbrauchende) Fertigungsstufe mithilfe von so genannten **Kanbans** (japanisch für: Schild/Karte) einen Auftrag aus. Die bestellende Fertigungsstufe sendet der liefernden Fertigungsstufe einen Behälter mit einer Karte über die benötigten Materialien. Auf diesen Karten stehen zusätzliche Daten, wie Menge, Sachnummer, Kostenstellen, Liefertermin und Auftragsnummer. Die vorgelagerte Fertigungsstufe (= Erzeuger bzw. Zulieferer) bringt diese Materialien dann zum geforderten Termin in der erforderlichen Qualität an die verbrauchende Fertigungsstufe. Dabei handelt es sich um das sogenannte Hol- bzw. Ziehprinzip **(Pull-Prinzip)**. Die Materialien warten also – anders als beim Bringprinzip **(Push-Prinzip)** – nicht entsprechend dem Fertigungsablauf vor dem nächsten Arbeitsplatz auf ihre Weiterleitung.

! Das Kanban-Prinzip ist ein Verfahren zur Fertigungssteuerung, bei dem eine nachgelagerte Fertigungsstufe bei Bedarf Material von der vorgelagerten Fertigungsstufe mittels einer Anzeigekarte (= Kanban) anfordert.

2.2.5 Einflussfaktoren und Auswahlkriterien für die Wahl des Bereitstellungsverfahrens

Neben der Art des **Fertigungstyps** (z.B. Einzel- oder Massenfertigung) spielen für die Auswahl des geeigneten Bereitstellungsverfahrens auch die Art der Materialien und die Art der Bedarfsermittlung eine Rolle.

Für die Wahl des angemessenen Verfahrens zur Materialbereitstellung ist es bedeutsam zu wissen, zu welcher **Bedarfsart** (z. B. Sekundär- oder Tertiärbedarf) die zu beschaffenden Materialien gehören und welcher Gruppe sie im Rahmen der **ABC-Analyse** zuzuordnen sind.

Die jeweilige Bedarfs- und Güterart beeinflusst auch die Art der **Bedarfsermittlung**. Bei der Feststellung des Bedarfs kann die **plangesteuerte (bedarfsgesteuerte)** oder die **verbrauchsgesteuerte Bedarfsermittlung** zur Anwendung kommen.

Arten der Bedarfsermittlung (Dispositionsverfahren)	
plangesteuerte (bedarfsgesteuerte) Bedarfsermittlung	**verbrauchsgesteuerte Bedarfsermittlung**
Um den künftigen Materialbedarf zu ermitteln wird zunächst anhand des Produktionsplans festgestellt, welche und wie viele Enderzeugnisse hergestellt werden sollen (= Primärbedarf). Diese Enderzeugnisse werden mithilfe von Stücklisten in ihre Bestandteile (Roh- und Hilfsstoffe, Einzelteile, Baugruppen) zerlegt.	Der zukünftige Materialbedarf wird auf der Basis der Verbrauchswerte der Vergangenheit (Lagerstatistik) ermittelt. Die verbrauchsgesteuerte Bedarfsermittlung wird insbesondere für die Beschaffung geringwertiger Materialien des Tertiärbedarf (Hilfs- und Betriebsmittel) angewandt, die für verschiedene Enderzeugnisse des Fertigungsprogramms häufig benötigt werden.

Die **verbrauchsgesteuerte Bedarfsermittlung** setzt voraus, dass das Bereitstellungsverfahren der **Vorratsbeschaffung** angewendet wird. Die Materialien werden nicht erst im Bedarfsfall beschafft, sondern auf Vorrat gehalten.

Neben der Art des Fertigungstyps, der Materialart und der Art der Bedarfsermittlung können noch folgende Kriterien bei der Auswahl eines geeigneten Bereitstellungsverfahrens bedeutsam sein:

Kriterien für die Auswahl eines geeigneten Bereitstellungsverfahrens				
Situation auf dem Beschaffungsmarkt	**Situation auf dem Absatzmarkt**	**Produktionsprogramm**	**Stillstandskosten**	**Lager- und Finanzierung**
Ist die Beschaffung jederzeit kurzfristig möglich (Verfügbarkeit der Materialien und Zuverlässigkeit der Lieferer)?	Sind die Kundenwünsche vorhersehbar und verlängerte Lieferfristen zumutbar?	Welche Bedeutung haben die einzelnen Materialien für den Produktionsprozess (Betriebs- und Beschaffungsrisiko)?	Wie hoch sind die Kosten, wenn es wegen fehlender Materialien zu einem Produktionsstillstand kommt?	Sind genügend Lagerkapazitäten und finanzielle Mittel vorhanden, um eine Vorratshaltung zu ermöglichen (totes Kapital)?

2.3 Beschaffungsmarktforschung

2.3.1 Aufgaben und Bereiche der Beschaffungsmarktforschung

Um die Beschaffungsziele erreichen zu können, ist es wichtig, genau über die Situation auf dem Beschaffungsmarkt informiert zu sein.

Beschaffungsmarktforschung hat die Aufgabe, systematisch Informationen über die Beschaffungsmärkte zu sammeln, aufzubereiten und auszuwerten. Sie dient als Entscheidungshilfe für die Einkaufspolitik und hilft, das Risiko von Fehlentscheidungen bei der Beschaffung zu verringern.

Die Beschaffungsmarktforschung ist insbesondere bei A-Gütern wichtig.

Arten der Marktforschung			
in zeitlicher Hinsicht		hinsichtlich der Datenerhebung	
Marktanalyse	Marktbeobachtung	Primärforschung	Sekundärforschung
zeitpunktbezogene Untersuchung (Bestandsaufnahme der Marktsituation)	zeitraumbezogene, fortlaufende Untersuchung über einen längeren Zeitraum (Erkennung und Analyse von Marktentwicklungen)	Es werden neue Daten erhoben durch Befragung von Lieferern, Messebesuche, ...	vorhandene Daten werden ausgewertet (Branchenreports, Geschäftsberichte, Fachzeitschriften, Statistiken, ...)

Nach den **Gegenständen** (Objekten) der Beschaffungsmarktforschung lassen sich folgende Teilbereiche der Beschaffungsmarktforschung unterscheiden:

- **Beschaffungsgüter.** Die Untersuchung soll Informationen über deren Eigenschaften (Qualität) liefern, ihre Verwendungsmöglichkeiten im Betrieb feststellen und Ersatzmöglichkeiten durch andere Güter untersuchen (Substitutionsgüter).

Die Beschaffungsgüter als Objekt der Beschaffungsmarktforschung

- Welche Eigenschaften (technische, chemische, physikalische) hat das angebotene Material?
- Wofür ist das Produkt verwendbar?
- Ist mit Produktänderungen (Innovationen) zu rechnen?
- Gibt es Substitutionsgüter (z. B. Tischplatten aus Kunststoff oder Metall statt aus Holz)?

- **Marktstrukturen/Marktentwicklungen.** Die Analyse der Marktstrukturen dient der Untersuchung der Wettbewerbsverhältnisse auf dem Beschaffungsmarkt. Zur Marktstrukturanalyse gehört einerseits die Beschaffung von Informationen über Zahl und Leistungsfähigkeit der **Anbieter.** Anderseits ist aber auch die Ermittlung der eigenen Marktmacht bedeutsam, die u. a. von der Zahl der Konkurrenten abhängt, die ebenfalls als **Nachfrager** am Beschaffungsmarkt auftreten.

  Eine Kostensenkungsmöglichkeit im Rahmen des Beschaffungsprozesses stellt die **Einkaufskooperation** dar. Dazu schließen sich Unternehmen, die gleichartige Materialien – insbesondere aus der Gruppe der C-Güter – verarbeiten, zu einem Einkaufspool zusammen, um gegenüber den Lieferern gemeinsam als Nachfrager aufzutreten. Durch diese Bedarfsbündelung gewinnen sie gegenüber den Lieferern an Markmacht, stärken ihre Verhandlungsposition und können günstigere Bezugspreise und Lieferbedingungen aushandeln.

Die Marktsituation als Objekt der Beschaffungsmarktforschung

- Wie groß ist die Angebotskonkurrenz?
- Welche der Anbieter kommen grundsätzlich als Lieferer infrage?
- Welche Nachfrager kaufen gleiches Material wo und warum billiger ein?
- Besteht die Möglichkeit, eine Einkaufskooperation zu bilden?

- **Lieferer.** Aufgabe der Marktforschung in diesem Teilbereich ist es, Informationen zu beschaffen, die Grundlage für die Auswahl der günstigsten Lieferer sind. Die Liefererauswahl erfolgt anhand von Bewertungskriterien. Dabei ist der Preis meistens nur einer unter mehreren Gesichtspunkten. Da sich die übrigen Kriterien häufig nicht exakt messen lassen, werden sie aufgrund der subjektiven Einschätzung des Einkäufers mit Punkten bewertet. Als Entscheidungshilfe kann eine Entscheidungsbewertungstabelle **(Scoring-Tabelle)** benutzt werden. Der Lieferer mit der höchsten Punktzahl ist der günstigste. Oft haben nicht alle Bewertungskriterien die gleiche Bedeutung für die Auswahlentscheidung. In diesem Fall lassen sich die einzelnen Kriterien im Rahmen einer erweiterten Bewertungstabelle auch entsprechend ihrer Bedeutsamkeit unterschiedlich gewichten. Dazu werden die einzelnen Kriterien mit unterschiedlichen Gewichtungsfaktoren (z. B. von 1 bis 10) versehen und die Bewertungspunkte mit diesen Gewichtungsfaktoren multipliziert.

Die Lieferer als Objekt der Beschaffungsmarktforschung

Bewertungskriterien	Bewertungspunkte				
	1	2	3	4	5
Image, Dauer der Geschäftsbeziehungen		A		B	
Zuverlässige Termineinhaltung			A, B		
Produktqualität		A	B		
Lieferfristen		A		B	
Kundendienst, Service, Kulanz			B	A	
Preise, Zahlungsbedingungen			B	A	
Umwelthaftung, Verpackungsrücknahme		A	B		

Lieferer A: 19 Punkte, Lieferer B: 23 Punkte – Lieferer B ist der günstigere Lieferer

- **Preise.** Aufgabe der Marktforschung in diesem Teilbereich ist es, die für einen **Preisvergleich** notwendigen Informationen zu beschaffen. Die Kenntnis der **Preisstruktur** der Anbieter ist nötig, um im Rahmen von Preisverhandlungen überprüfen zu können, ob der vom Lieferer genannte Angebotspreis angemessen ist und welcher Verhandlungsspielraum besteht. Aufgrund von **Preisbeobachtungen** können möglicherweise Prognosen über künftige Preisentwicklungen erstellt werden. Dies ist u. a. Grundlage für die Überlegungen, ob langfristig die **Eigenfertigung** bestimmter Materialien **oder** der **Fremdbezug (Make or Buy)** kostengünstiger ist.

Der Preis als Objekt der Beschaffungsmarktforschung

- **Preise verschiedener Anbieter**
- **Preisstruktur der Anbieter**, d. h. die nach Kostenarten und Gewinnzuschlägen gegliederte Zusammensetzung des Angebotspreises

- **Preisbeobachtung: Make or Buy**
  Eine Büromöbelfabrik stellt Tischplatten aus Holz bisher selbst her. Aufgrund zunehmender Konkurrenz wird für Tischplatten aus Kunststoff mit gleicher Verwendbarkeit eine Preissenkung auf dem Beschaffungsmarkt von derzeit 60 EUR auf 50 EUR je Stück erwartet. Ist es für das Unternehmen kostengünstiger, die Tischplatten künftig von einem Lieferer zu beziehen?
  Ausgangssituation: Jahresbedarf 1.000 Stück, Kosten bei Eigenfertigung:
  25.000 EUR fixe Kosten pro Jahr, 25,00 EUR variable Kosten je Stück
  Lösung:
  $1.000 \cdot P = 25.000 + 25 \cdot 1.000 \quad \rightarrow P = 50$
  Wenn der Beschaffungspreis unter 50 EUR sinkt, ist der Fremdbezug kostengünstiger.

Neben den Kosten spielen bei der Entscheidung „Eigenfertigung oder Fremdbezug" auch folgende Fragen eine Rolle:

- Liegt das für eine Eigenfertigung erforderliche technische Wissen (Know-how) vor?
- Stehen für eine Eigenfertigung geeignete Produktionsmittel mit ausreichender Kapazität zur Verfügung?
- Wie lang ist die Beschaffungs- bzw. die Fertigungsdauer?

2.4 Angebotsvergleich: Bei welchem Lieferer soll das benötigte Material beschafft werden?

2.4.1 Quantitativer Angebotsvergleich: Vergleich der Einstandspreise

Durch einen Vergleich verschiedener Angebote soll der Lieferer ausfindig gemacht werden, bei dem das benötigte Material zu den günstigsten Bedingungen beschafft werden kann. Anhand des **Einstandspreises** (Bezugspreises) können verschiedene Angebote hinsichtlich Preis, Liefer- und Zahlungsbedingungen rechnerisch miteinander verglichen werden.

Angebotsvergleich

Aufg. 2.4 S. 73
Aufg. 2.5 S. 73

Dem Einkäufer einer Büromöbelfabrik liegen für die Beschaffung von 250 Tischplatten gleicher Qualität und Größe zwei Angebote vor, denen er die folgenden Daten (bezogen auf 1 Stück) entnimmt:

Lieferer	Bayer		Molls	
Listenpreis		22,00 EUR		19,00 EUR
– Rabatt	15 %	3,30 EUR	10 %	1,90 EUR
= **Zieleinkaufspreis**		18,70 EUR		17,10 EUR
– Skonto	3 %	0,56 EUR	2 %	0,34 EUR
= **Bareinkaufspreis**		18,14 EUR		16,76 EUR
+ Transportkosten		frei Haus		1,50 EUR
= **Einstandspreis (Bezugspreis)**		**18,14 EUR**		**18,26 EUR**

Aufgrund des rechnerischen Angebotsvergleichs ist der Lieferer Bayer am kostengünstigsten. Allerdings ist der Preisunterschied sehr gering. Die tatsächliche Entscheidung wird von der Beurteilung der beiden Lieferer anhand anderer Kriterien, die nicht rechnerisch ermittelt werden können, abhängen.

Der Einstandspreis (Bezugspreis) gibt die Kosten an, die für die Beschaffung einer Ware unter Berücksichtigung von Rabatten und Nebenkosten tatsächlich anfallen.
Der Einstandspreis ist ein einheitlicher Vergleichsmaßstab für alle Angebote.

2.4.2 Qualitativer Angebotsvergleich: Entscheidungsbewertungstabelle

Liegen für die Beschaffung hochwertiger Materialien mehrere günstige Angebote vor, können vor Vertragsabschluss zusätzliche Verhandlungen mit den einzelnen Anbieter über den Angebotspreis und/oder andere Bestandteile des Angebots sinnvoll sein. Darüber hinaus ist eine Liefererbeurteilung in Bezug auf Qualität, Termintreue, Kulanz, Service usw. beispielsweise mithilfe einer **Entscheidungsbewertungsstabelle** (Scoring-Tabelle) möglich.

Aufg. 2.6 S. 74

Erstellung einer Entscheidungsbewertungstabelle

Es stehen die drei Lieferer Abel, Berger und Czerny zur Auswahl. Als Entscheidungsgrundlage sind die in der ersten Spalte der folgenden Tabelle aufgeführten Kriterien zu berücksichtigen.

Entscheidungs-kriterien	Gewich-tungs-faktoren (W)	Abel		Berger		Czerny	
		B	G = W · B	B	G = W · B	B	G = W · B
Spalte (1)	Spalte (2)	Sp (3)	Sp (4) = (2) · (3)	Sp (5)	Sp (6) = (2) · (5)	Sp (7)	Sp (8) = (2) · (7)
Lieferzeit	8	3	24	1	8	3	24
Termintreue	10	3	30	3	30	1	10
Qualität	10	2	20	2	20	2	20
Bestellabwicklung	5	3	15	2	10	1	5
technische Beratung	7	2	14	2	14	2	14
Garantieabwicklung	8	2	16	3	24	1	8
Summe			**119**		**106**		**81**

Vorgehensweise:

1. Auswahl geeigneter Kriterien, anhand derer die Lieferer verglichen werden können (z. B. Lieferzeit, Garantieabwicklung, Qualität usw.). (Spalte 1)
2. Gewichtung der ausgewählten Kriterien nach ihrer Bedeutung mit Gewichtungsfaktoren (W) von 1 bis 10. (Spalte 2)
3. Bewertung der Stärke, mit der die einzelnen Kriterien bei den verschiedenen Lieferern jeweils ausgeprägt sind, mit Punkten z. B. von 0 (= schwache Ausprägung) bis 3 (= sehr hohe Ausprägung). (Spalten 3, 5, 7)
4. Für jedes Kriterium und für jeden Lieferer Multiplikation der Gewichtungsfaktoren (W) mit den Bewertungspunkten (B) (G = W · B). (Spalten 4, 6, 8)
5. Für jeden Lieferer Ermittlung der Summe aus den Einzelergebnissen G. Der Lieferer mit der höchsten Summe ist den anderen Lieferern vorzuziehen.

Ergebnis: Auf der Basis der qualitativen Kriterien fällt die Entscheidung zugunsten des Lieferers Abel. Wenn Abel gleichzeitig auch der preisgünstigste Lieferer ist, ist die Entscheidung eindeutig. Liegt der Einstandspreis bei Abel hingegen über dem von Berger und/oder Czerny, muss abgewogen werden, ob im vorliegenden Fall die quantitativen Kriterien (Preis) oder die qualitativen Kriterien bedeutsamer sind.

Entscheidungsbewertungstabellen lassen sich auch bei anderen betrieblichen Entscheidungen einsetzen, bei denen (auch) qualitative Merkmale, die nicht durch Preise o. Ä. ausgedrückt (quantifiziert) werden können, berücksichtigt werden sollen (z. B. Standortentscheidung, Wahl der Rechtsform einer Unternehmung, Bewerberauswahl, Mitarbeiterbeurteilung).

2.5 Bestellplanung

2.5.1 Zeitplanung: Wann soll bestellt werden?

Bei **plangesteuerter** Bedarfsermittlung ist der Zeitpunkt, zu dem das Material benötigt wird, aus dem Produktionsplan ersichtlich. Der **Bestellzeitpunkt** wird daher in diesem Fall im Wesentlichen durch die **Beschaffungszeit (Lieferzeit)** des Materials bestimmt. Aufg. 2.7 S. 74

Die **verbrauchsgesteuerte** Bedarfsermittlung ist dagegen unabhängig von einem Produktionsplan. In diesem Fall muss der **Bestellzeitpunkt** jeweils auf der Basis des vorhandenen **Lagerbestandes** festgelegt werden. Ziel ist es dabei, eine Bestellung zur Auffüllung des Lagers so rechtzeitig zu erteilen, dass bis zum Eintreffen der Materialien jede Materialanforderung erfüllt werden kann. Die Frage, **wann** bei verbrauchsgesteuerter Bedarfsermittlung bestellt werden muss, kann mithilfe des **Bestellpunktverfahrens** oder des **Bestellrhythmusverfahrens** beantwortet werden.

Bestellpunktverfahren

! **Beim Bestellpunktverfahren (Meldebestandsverfahren) wird der Lagerbestand nach jeder Entnahme anhand von Bestandslisten überprüft. Wenn der zuvor ermittelte Meldebestand (Bestellpunkt) erreicht oder unterschritten ist, erfolgt eine Bedarfsmeldung und Nachbestellung.** Aufg. 2.8 S. 74

Der **Meldebestand** muss so festgelegt werden, dass bis zum Eintreffen der bestellten Materialien der festgelegte Mindestbestand (Sicherheitsbestand) nicht angegriffen wird.

Bestellpunktverfahren: Meldebestand

Berechnung des Meldebestands: Durchschnittlich werden pro Tag 100 Senkschrauben benötigt. Die Beschaffungszeit beträgt 15 Tage. Es soll ein Sicherheitsbestand für 10 Tage gehalten werden.

MB = 10 Tage · 100 Stück/Tag + 15 Tage · 100 Stück/Tag = 2.500 Stück

! **Meldebestand = Mindestbestand + Beschaffungszeit · durchschnittlicher Tagesbedarf**
(Sicherheitsbestand) (Lieferzeit in Tagen)

Der Höchstbestand entspricht der Summe von Mindestbestand und Bestellmenge. Wenn der Mindestbestand erreicht ist, sollen die bestellten Materialien im Lager eingehen. Der Mindestbestand dient nur dazu, unerwarteten Mehrbedarf während der **Beschaffungszeit** sowie mögliche Lieferverzögerungen (z. B. durch Streik, Transportprobleme bei schlechten Witterungsverhältnissen) abzudecken.

Aufg. 2.9 S. 74

LA

Aufg. 2.10 S. 75

LA

Bestellpunktverfahren: Grafische Darstellung „Sägezahnkurve"

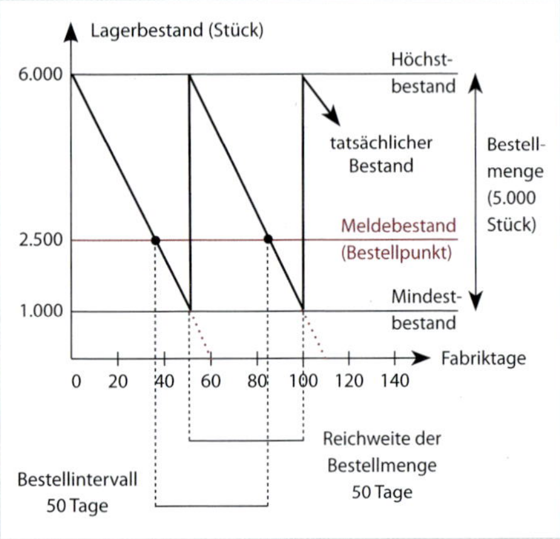

Unter der Annahme, dass der Lagerbestand kontinuierlich abnimmt (konstanter Tagesbedarf) und die Beschaffungszeit nicht schwankt, lässt sich das Bestellpunktverfahren in nebenstehender Form grafisch darstellen.

Der Bestand nimmt um 100 Stück täglich ab. Bei einem Lagerbestand von 2.500 Stück (= Meldebestand, Bestellpunkt) wird eine Bestellung ausgelöst. Die Bestellmenge wird mit 5.000 Stück angenommen. Bei einer Beschaffungszeit von 15 Tagen trifft das bestellte Material ein, wenn der Lagerbestand auf 1.000 Stück (= Mindestbestand, Sicherheitsbestand) gesunken ist. Der Lagerbestand erhöht sich dadurch auf 6.000 Stück (= Höchstbestand). Wegen der Annahme eines konstanten Tagesbedarfs von 100 Stück ist der Mindestbestand wieder nach 50 Tagen erreicht (= Reichweite der Bestellmenge). Während dieser Zeit beträgt der durchschnittliche Lagerbestand 3.500 Stück. Alle 50 Tage muss eine Bestellung vorgenommen werden (= Bestellintervall).

Beim Bestellpunktverfahren **wird immer die gleiche Menge bestellt.** Die Zeitspanne zwischen zwei Bestellungen **(Bestellintervall)** ist dagegen in den meisten Fällen **unterschiedlich**. Sie wird von der Höhe des Lagerabgangs bestimmt, da von diesem abhängt, wie schnell jeweils der Meldebestand erreicht wird. Nur wenn der während einer bestimmten Zeiteinheit (z. B. Tag) aus dem Lager entnommene Materialbedarf immer gleich hoch ist, sind auch die Bestellintervalle gleich. Da der Tagesbedarf in der Praxis schwankt, sind – abweichend vom oben beschriebenen Modell – in Wirklichkeit die Reichweite der Bestellmenge und die Bestellintervalle nicht konstant.

Weil der Bestand nach jeder Entnahme geprüft wird, ist das Bestellpunktverfahren auch dann anwendbar, wenn Bedarfsschwankungen vorliegen.

Vorteile des Bestellpunktverfahrens

- Es kann die unter Kostengesichtspunkten günstigste Bestellmenge (z. B. unter Berücksichtigung von Mengenrabatten, Lagerkosten u. a.) zugrunde gelegt werden.
- Es sind vergleichsweise geringe Sicherheitsbestände nötig, da diese nur die Beschaffungszeit abdecken müssen. Dadurch mindern sich die Lagerkosten.

Bestellrhythmusverfahren

Beim Bestellrhythmusverfahren wird im Unterschied zum Bestellpunktverfahren nicht nach jeder Entnahme, sondern nur in bestimmten Zeitabständen geprüft, ob eine Bestellung nötig ist.

Der **Bestellrhythmus** (= Zeitspanne zwischen zwei Überprüfungsterminen) ist konstant. Bei der einfachsten Form dieses Verfahrens wird immer dann bestellt, wenn gegenüber der letzten Überprüfung eine Bestandsminderung vorliegt. Das kann allerdings zu sehr kleinen Bestellmengen und dadurch bedingten Mindermengenzuschlägen führen. Um dies zu vermeiden, wird i. d. R. eine Bestellung erst dann ausgelöst, wenn der bei der Überprüfung ermittelte Lagerbestand eine festgelegte Grenze (Bestellpunkt) unterschritten hat. Die **Bestellmenge** ist **unterschiedlich** und vom festgestellten Lagerbestand abhängig. Sie wird immer so gewählt, dass sie zusammen mit dem restlichen Lagerbestand eine vorher festgelegte Obergrenze (Bestellgrenze) erreicht.

Bestellrhythmusverfahren: Bestellmenge

Berechnung der Bestellmenge:

Die Überprüfung der Lagerbestände von Senkschrauben erfolgt an jedem 30. Fabriktag. Die Beschaffungszeit beträgt 15 Tage. Als Obergrenze (Bestellgrenze) werden 6.000 Senkschrauben festgelegt. Die Überprüfung der Lagerbestände hat ergeben, dass derzeit noch 2.500 Senkschrauben am Lager sind. Bestellmenge = 6.000 St. - 2.500 St. = 3.500 St.

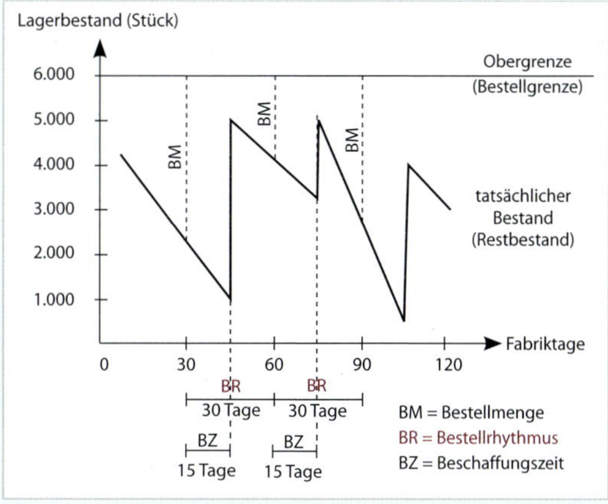

! **Bestellmenge = Obergrenze (Bestellgrenze) – Lagerbestand**

Der Mindestbestand muss im Vergleich zum Bestellpunktverfahren höher sein, da der Lagerbestand zwischen zwei Überprüfungsterminen nicht bekannt ist und ein unerwarteter Mehrbedarf während dieses Zeitraums abgedeckt werden muss. Um übermäßig hohe Mindestbestände zur Abdeckung von Bedarfsschwankungen zu vermeiden, ist die Anwendung des Bestellrhythmusverfahrens nur dann sinnvoll, wenn sich der Bedarf erfahrungsgemäß gleichmäßig entwickelt.

Bestellpunktverfahren	Bestellrhythmusverfahren
■ geringe Gefahr der Unterdeckung, da bei jeder Entnahme geprüft wird, ob der Meldebestand erreicht ist. Daher auch für Materialien mit unregelmäßigem Bedarf geeignet. ■ hoher Kontrollaufwand	■ Bestellung nur in festen Zeitintervallen (Bestellrhythmus). ■ Gefahr der Unterdeckung bei unregelmäßigem Bedarf ■ geringer Kontroll- und Verwaltungsaufwand

2.5.2 Mengenplanung: Wie viel soll bestellt werden?

Die Festlegung der **Bestellmengen** erfolgt mit der Zielsetzung, die Gesamtkosten der Beschaffung möglichst gering zu halten (Kostenminimierung). Die Gesamtkosten setzen sich wie folgt zusammen:

- Anschaffungskosten des Materials (Einstandspreis)
- Bestellkosten (Kosten der Bestellabwicklung wie z. B. Bearbeitung der Bedarfsmeldung, Bestellung, Wareneingangskontrolle, Rechnungsprüfung, Buchung)

Aufg. 2.11 S. 75
LA

- Lagerkosten (Miete bzw. Abschreibungen für das Lagergebäude, Lagerverwaltung, Pflege der gelagerten Materialien u. a.)
- Zinskosten (entgangener Zinsertrag für das im Lager gebundene Kapital)

Die **Anschaffungskosten je Materialeinheit** (Einstandspreis) können sich verändern, wenn gestaffelte Mengenrabatte gewährt werden.

Die **Bestellkosten** fallen je Bestellung in gleicher Höhe unabhängig von der Bestellmenge an (bestellfixe Kosten). Bei größeren Bestellmengen verteilen sie sich jedoch auf eine größere Stückzahl, sodass der Anteil der Bestellkosten, die auf **ein Stück** entfallen, geringer wird.

Die **Lagerhaltungskosten** (Lagerkosten und Zinskosten) werden mithilfe von Erfahrungssätzen auf der Grundlage des durchschnittlichen Lagerbestands berechnet. Die Lagerhaltungskosten steigen mit zunehmender Bestellmenge, weil sich dadurch der durchschnittliche Lagerbestand erhöht.

!

$$\textbf{Durchschnittlicher Lagerbestand} = \frac{\textbf{Anfangsbestand + Endbestand}}{\textbf{2}}$$

Die günstigste Bestellmenge lässt sich durch Vergleich der Gesamtkosten ausgewählter Beschaffungssituationen feststellen.

Optimale Bestellmenge in einer Möbelfabrik

Materialart: Senkschrauben
Jahresbedarf: 240.000 Stück = 1.200 Kartons
Listenpreis je Karton zu 200 Stück: 12,50 EUR; 10 % Mengenrabatt bei Abnahme von 300 Kartons
Verpackungs- u. Transportkosten: pauschal je Lieferung 50,00 EUR
Bestellkosten je Bestellung (bestellfixe Kosten): 25,00 EUR
Lagerhaltungskosten: 25 % vom Wert des Ø Lagerbestands (Erfahrungswert)

Hinweis: *Die Lagerkosten können auch wie folgt ermittelt werden:*
Ø Lagerbestand · Lagerkosten je Stück

Problem: *Ist es vorteilhafter, den Jahresbedarf durch 12 Monatsbestellungen von je 100 Kartons oder unter Ausnutzung von Mengenrabatt durch vier Quartalsbestellungen von je 300 Kartons zu beschaffen?*

	12 Bestellungen		**4 Bestellungen**	
	Kosten je Lieferung 100 Kartons	Kosten pro Jahr	Kosten je Lieferung 300 Kartons	Kosten pro Jahr
Listenpreis	1.250,00 EUR	15.000,00 EUR	3.750,00 EUR	15.000,00 EUR
– 10 % Rabatt	0,00 EUR	0,00 EUR	375,00 EUR	1.500,00 EUR
+ Bezugskosten	50,00 EUR	600,00 EUR	50,00 EUR	200,00 EUR
= Einstandspreis	1.300,00 EUR	15.600,00 EUR	3.425,00 EUR	13.700,00 EUR
+ Bestellkosten	25,00 EUR	300,00 EUR	25,00 EUR	100,00 EUR
+ Lagerhaltungskosten (25 % vom Wert des Ø Lagerbestandes)[*)]		156,25 EUR		421,88 EUR
Beschaffungskosten pro Jahr		16.056,25 EUR		14.221,88 EUR

Im vorliegenden Fall ist es pro Jahr um 1.834,37 EUR günstiger, den Bedarf nicht monatlich, sondern quartalsweise für drei Monate im Voraus zu bestellen. Dieser Betrag setzt sich wie folgt zusammen:
Mengenrabatt 1.500,00 EUR + niedrigere Bezugskosten 400,00 EUR + niedrigere Bestellkosten 200,00 EUR – höhere Lagerhaltungskosten 265,63 EUR.

*) **Berechnung der Lagerhaltungskosten**

Bei einer Bestellmenge von **100 Kartons**
Wert des Ø Lagerbestandes in EUR: (100 Kartons + 0 Kartons)/2 = 50 Kartons
50 Kartons · 12,50 EUR je Karton = 625,00 EUR
25 % Lagerhaltungskosten von 625,00 EUR = 156,25 EUR

Bei einer Bestellmenge von **300 Kartons**
Wert des Ø Lagerbestandes in EUR: (300 Kartons + 0 Kartons)/2 = 150 Kartons
150 Kartons · 11,25 EUR je Karton = 1.687,50 EUR
25 % Lagerhaltungskosten von 1.687,50 EUR = 421,88 EUR

Die **optimale Bestellmenge** lässt sich unter stark **vereinfachenden Annahmen** auch wie folgt ermitteln:

Es wird u. a. unterstellt, dass der Einstandspreis je Materialeinheit unverändert bleibt (d. h., es werden keine Mengenrabatte oder mengenabhängigen Bezugskosten berücksichtigt). Dann haben nur noch die Bestellkosten und die Lagerhaltungskosten Einfluss auf die optimale Bestellmenge. Bei zunehmender Bestellmenge sinken die Bestellkosten, da weniger oft bestellt werden muss. Gleichzeitig nehmen aber die Lagerhaltungskosten zu.

Optimale Bestellmenge: Tabellarische Ermittlung

Aufg. 2.12 S. 76

Beschaffung von Verschleißwerkzeugen (Bohrer, Sägeblätter usw.) in einer Möbelfabrik:
Jahresbedarf: 1.000 Stück
Einstandspreis je Stück: 12,50 EUR
Bestellkosten je Bestellung (bestellfixe Kosten): 40,00 EUR
Lagerhaltungskostensatz: 16 %

Bestellmenge	Bestell-häufigkeit	Bestellkosten (EUR)	Lagerhaltungs-kosten (EUR)*	Kostensumme (EUR)
50	20	800	50	850
100	10	400	100	500
200	5	200	200	400
500	2	80	500	580
1.000	1	40	1.000	1.040

* 16 % vom Wert des ø Lagerbestandes (= halbe Bestellmenge)

Bei einer Bestellmenge von 200 Stück (d. h. bei 5 Bestellungen pro Jahr) ist die Summe aus Bestell- und Lagerkosten am geringsten.

! **Die optimale Bestellmenge ist dann erreicht, wenn die Summe aus Bestellkosten und Lagerhaltungskosten so gering wie möglich ist.**

Die Abhängigkeit der optimalen Bestellmenge von den Lager- und Bestellkosten lässt sich auch grafisch darstellen.

Optimale Bestellmenge: Grafische Darstellung

(Der Darstellung liegen die Daten aus der oben stehenden Tabelle zugrunde.)

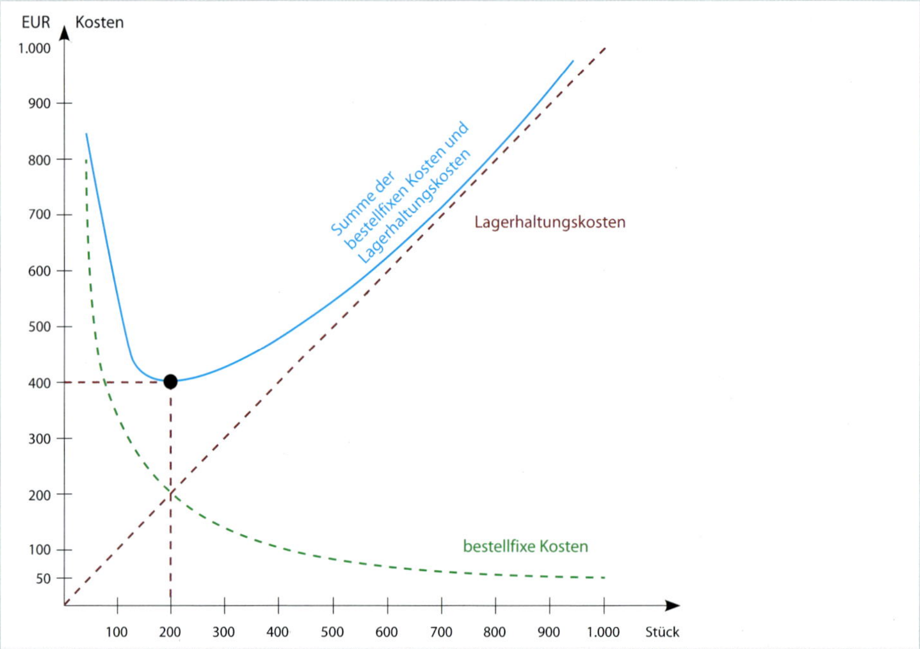

Die optimale Bestellmenge kann auch mit folgender Formel berechnet werden:

!

$$\text{Optimale Bestellmenge} = \sqrt{\frac{200 \cdot \text{Jahresbedarf} \cdot \text{Bestellkosten}}{\text{Einstandspreis} \cdot \text{Lagerhaltungskostensatz}}} \text{ oder } \sqrt{\frac{2 \cdot \text{Jahresbedarf} \cdot \text{Bestellmenge}}{\text{Lagerhaltungskosten je Stück}}}$$

Aufg. 2.13
S. 77

Optimale Bestellmenge: Rechnerische Ermittlung (Formel)

Die Berechnung mithilfe der Formel führt zum selben Ergebnis wie die tabellarische und die grafische Lösung.

$$\text{Optimale Bestellmenge} = \sqrt{\frac{200 \cdot 100 \cdot 40}{12{,}50 \cdot 16}} = 200 \text{ Stück}$$

Der Aufwand für die Ermittlung der optimalen Bestellmenge lohnt sich nur für solche Materialarten, bei denen Bestell- und Lagerhaltungskosten in erheblichem Umfang eingespart werden können.

2.6 Breite und Tiefe des Produktionsprogramms – Fertigungstiefe

Bei der mittelfristigen Planung des Produktprogramms muss auch über die Programmbreite und Programmtiefe entschieden werden.

Die Programmbreite bestimmt die Zahl der verschiedenen Produktarten die in das Produktprogramm aufgenommen werden sollen.

Ein **breites Produktprogramm** umfasst viele verschiedene Produktarten. Ein **enges Produktprogramm** ist dagegen auf wenige Produktarten konzentriert **(Kerngeschäft)**.

Programmbreite

Breites Produktprogramm: Ein Automobilwerk stellt Kleinwagen, Mittelklassewagen, Sportwagen und Transporter her.

Enges Produktprogramm: Ein Automobilwerk stellt nur Sport- und Geländewagen her.

Vorteile eines breiten Produktionsprogramms	Nachteile eines breiten Produktionsprogramms
■ Das Absatzrisiko verteilt sich auf mehrere Produktarten. ■ Kundenwünsche können eher befriedigt werden. ■ Produkte können sich ergänzen (Komplementärgüter) und gegenseitig den Absatz fördern. ■ Möglichkeit der Verwertung von Abfällen (Kuppelproduktion).	■ Häufige Umrüstung der Maschinen für andere Erzeugnisarten. ■ Schwierige Produktionsplanung und Produktionssteuerung. ■ Bei kleinen Stückzahlen unzureichende Auslastung von Spezialmaschinen und höhere Stückkosten. ■ Verhindert die Spezialisierung bei der Fertigung und die Konzentration von Beschaffungs- und Absatzpolitik auf wenige Märkte.

Die Programmtiefe gibt an, wie viele Ausführungen (Varianten) eines Produkts im Produktionsprogramm enthalten sind.

Ein tiefes Produktprogramm umfasst viele verschiedene Ausführungen (Typen, Modelle, Sorten, Größen, Preislagen) einer Produktart, während ein flaches Produktprogramm auf wenige Varianten beschränkt ist.

Tiefes Produktprogramm

Ein Automobilwerk stellt Mittelklassewagen in zahlreichen Varianten (unterschiedliche Motortypen, Farben, Innenausstattung, Zubehör) her.

Die Fertigungstiefe wird durch die Zahl der innerbetrieblichen Produktionsstufen bestimmt, die ein Produkt innerhalb eines Betriebes durchlaufen soll.

Eine hohe **Fertigungstiefe** liegt vor, wenn in einem Betrieb alle Fertigungsstufen von der Rohstoffgewinnung bis zur Herstellung von Fertigerzeugnissen durchlaufen werden. In einem solchen Fall wird auch von **vertikaler Diversifikation** gesprochen. Bei einer **geringen**

Programmtiefe werden dagegen Teile und Bauelemente von anderen Herstellern bezogen (Fremdbezug, *Outsourcing*).

Seit einiger Zeit vollzieht sich in der industriellen Fertigung ein Wandel zu einer deutlichen Verringerung der Programmtiefe (schlanke Produktion, *Lean Production*). Trotz der zunehmenden Produktionsauslagerung geht aber beispielsweise in der Automobilindustrie die Zahl der direkten Zulieferer zurück. Die Beschaffung wird auf wenige **Systemlieferanten** konzentriert, die einbaufertige Teile (z. B. das System „Autotür") liefern, die nur noch montiert werden müssen.

Fertigungstiefe

Hohe Fertigungstiefe: Ein Automobilwerk verfügt über ein eigenes Stahl- und Walzwerk zur Herstellung von Blechen.

Geringe Fertigungstiefe: Ein Automobilwerk bezieht einbaufertige Teile wie Reifen, Scheinwerfer, Tachometer, Lichtmaschinen und komplette Systeme (z. B. das System „Autotür" einschließlich Verglasung, Fensterheber, Rückspiegel, Türverkleidung, Schloss usw.) von anderen Herstellern (Systemlieferanten).

Vorteile einer hohen Fertigungstiefe	Nachteile einer hohen Fertigungstiefe
▪ Unabhängigkeit von Zulieferern und dadurch bessere Kontrolle und Terminplanung	▪ Verzicht auf des Know how externer Lieferanten (Spezialisten) ▪ hohe Investitionskosten, höheres Risiko und geringere Flexibilität

2.7 Fertigungsverfahren

2.7.1 Überblick

Von den vielfältigen Einteilungsmöglichkeiten der Fertigungsarten sind folgende Unterscheidungen von besonderer Bedeutung:

Die Art der Fertigung kann nach der **räumlichen Anordnung der Betriebsmittel** (Maschinen, Werkzeuge) und damit nach dem Weg der Materialien im Fertigungsablauf unterschieden werden. In diesem Fall wird von **Organisationstypen der Fertigung** gesprochen. Dabei lassen sich je nach der räumlichen Gestaltung des Fertigungsablaufs als Grundformen die **Werkstattfertigung**, die **Fließfertigung**, die **Gruppenfertigung** und die **Baustellenfertigung** unterscheiden. Bei der Werkstattfertigung sind alle Betriebsmittel (z. B. Maschinen) mit gleichartigen Funktionen an einem Ort angeordnet (z. B. Blechnerei, Lackiererei) (= **Verrichtungsprinzip**). In anderen Fällen erfolgt die Anordnung der Betriebsmittel entsprechend der technologischen Arbeitsabfolge (z. B. Fließband) (= **Flussprinzip**). Bei der Baustellenfertigung müssen die Betriebsmittel und Arbeitskräfte zum ortsgebundenen Bauobjekt transportiert werden (**Platzprinzip**).

! **In Abhängigkeit von der räumlichen Anordnung der Betriebsmittel werden folgende Organisationstypen der Fertigung unterschieden: Werkstattfertigung, Fließfertigung, Gruppenfertigung, Baustellenfertigung.**

Wird die Art der Fertigung dagegen nach der **Menge gleichartiger Erzeugnisse**, die ein Betrieb herstellen kann, unterschieden, wird die Bezeichnung **Fertigungstypen** verwendet. Hinsichtlich der erzeugten Menge gleichartiger Produkte lassen sich **Einzelfertigung** und **Mehrfachfertigung** unterscheiden. Unterformen der Mehrfachfertigung sind die **Serien**-, **Sorten**- und **Massenfertigung**.

In Abhängigkeit von der Menge gleichartiger Erzeugnisse, die ein Betrieb herstellen kann, werden folgende Fertigungstypen unterschieden: Einzel-, Serien-, Sorten- und Massenfertigung.

Hinsichtlich der Produktionstechnik lassen sich in **Abhängigkeit vom Anteil menschlicher Arbeit** am Produktionsprozess **manuelle** Fertigung, **mechanisierte** Fertigung und **automatisierte** Fertigung unterscheiden.

2.7.2 Organisationstypen der Fertigung

Werkstattfertigung

Diese Organisationsform entspricht dem **Verrichtungsprinzip**. Der Fertigungsablauf und damit der Weg des Materials wird durch den Standort der Werkstätten bestimmt. Die Werkstattfertigung kommt insbesondere bei Einzelfertigung und Kleinserienfertigung zur Anwendung. Dabei werden vielseitig verwendbare Universalmaschinen und qualifizierte Arbeitskräfte (Facharbeiter) eingesetzt. Im Hinblick auf die **Produktionstechnik** hat im Fall der Werkstattfertigung die **manuelle Fertigung** (Handarbeit) größere Bedeutung als bei anderen Organisationsformen.

Bei der Werkstattfertigung (Werkstättenfertigung) sind die Maschinen und Arbeitsplätze mit gleichartiger Funktion und Arbeitsverrichtung räumlich in einer Werkstatt zusammengefasst.

Aufg. 2.14 S. 78

Werkstattfertigung

Anwendung: z. B. Herstellung spezieller Werkzeugmaschinen

Werkstätten: Dreherei, Bohrerei, Stanzerei, Abstecherei, Härterei, Schleiferei, Fräserei, Lackiererei.

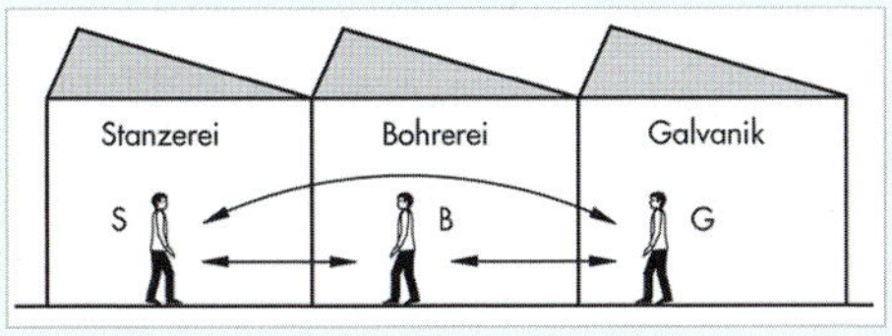

Müssen an einem Werkstück nach verschiedenen Bearbeitungsstufen jeweils Stanzarbeiten vorgenommen werden, wird das Werkstück nach jeder dieser Bearbeitungsstufen in eine zentrale Stanzerei transportiert (Verrichtungsprinzip).

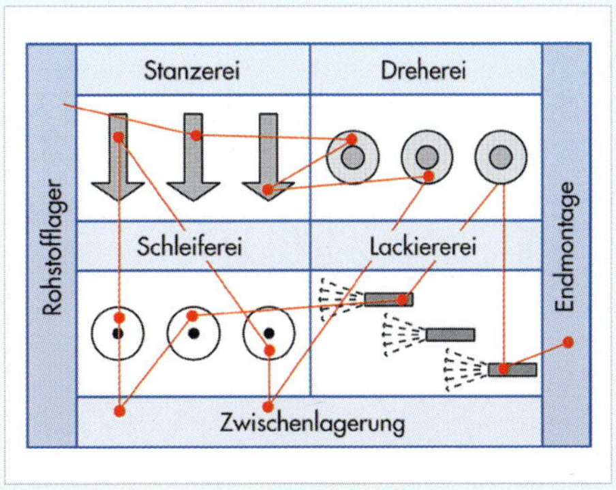

Vorteile der Werkstattfertigung aus betrieblicher Sicht	Nachteile der Werkstattfertigung aus betrieblicher Sicht
■ wegen geringer Umstellzeiten und -kosten hohe Anpassungsfähigkeit an unterschiedliche Aufträge (Flexibilität) ■ geringe Störanfälligkeit des Fertigungsablaufs durch Ausfall einzelner Maschinen u. Ä. (Universalmaschinen) ■ relativ geringe Kapitalbindung im Anlagevermögen und dadurch relativ geringe Fixkosten ■ abwechslungsreiche Tätigkeiten für die Arbeitskräfte und dadurch vergleichsweise hohe Motivation, geringer Krankenstand sowie geringe Fluktuation	■ lange Durchlaufzeiten wegen langer Transport- und Wartezeiten ■ hohe Transport- und Lagerhaltungskosten (Zwischenlager) ■ hohe Lohnkosten durch den Einsatz von Facharbeitern ■ ungleichmäßige Auslastung der Werkstätten ■ schwierige Fertigungsplanung und -steuerung (= hohe Kosten der Arbeitsvorbereitung)

Fließfertigung[1]

Bei der Fließfertigung sind die Maschinen und Arbeitsplätze räumlich entsprechend der Reihenfolge der auszuführenden Arbeiten angeordnet (Flussprinzip).

Da an jedem Arbeitsplatz eine andere Verrichtung am gleichen Objekt vorgenommen wird, entspricht diese Organisationsform dem **Objektprinzip**. Fließfertigung ist hinsichtlich der Produktionstechnik eine **maschinelle (mechanisierte) Fertigung**.

Sind die verschiedenen Arbeitsverrichtungen zeitlich ungebunden, so dass die Arbeitskräfte in gewissen Grenzen das Arbeitstempo selbst beeinflussen können, handelt es sich um eine **Reihenfertigung**. Zwischen den einzelnen Arbeitsplätzen und Produktionsstufen können sich in diesem Fall Materialpuffer ergeben.

Durch zeitliche Abstimmung der Arbeitsgänge in den einzelnen Produktionsstufen kann ein Materialdurchfluss vom Rohstoff bis zum Enderzeugnis ohne Unterbrechung erreicht werden.

Am weitesten ausgeprägt ist dieses Verfahren, wenn für den Materialtransport Fließbänder zum Einsatz kommen **(Fließbandfertigung)**. Diese befördern das Material pausenlos und genau terminiert von einem Arbeitsplatz zum nächsten. Die einzelnen Tätigkeiten sind durch eine extrem hohe Arbeitszerlegung und Spezialisierung gekennzeichnet **(Taylorismus[2])**. Die Bearbeitungs- und Wartezeit vom Beginn einer Arbeitsverrichtung bis zum Beginn der nächsten wird als **Taktzeit** bezeichnet. Sie muss entweder genauso lang sein wie die für jede andere Arbeitsverrichtung am Fließband benötigte Zeit oder einem ganzen Vielfachen dieser Zeit entsprechen. Die Arbeitskräfte haben keinen Einfluss auf die Geschwindigkeit und den Rhythmus des Arbeitsablaufs.

1 Der Begriff Fließfertigung wird hier als Oberbegriff zur Reihen- und Fließbandfertigung benutzt. Zuweilen wird dieser Begriff aber auch gleichbedeutend mit Reihen- oder Straßenfertigung verwendet.

2 Die Zerlegung der Arbeit in möglichst kleine Teilaufgaben mit dem Ziel der Produktivitätssteigerung wird in Anlehnung an den amerikanischen Ingenieur Frederick Taylor (1856–1915) als Taylorismus bezeichnet. Diese Organisationsform wurde erstmals 1908 von dem Automobilfabrikanten Henry Ford in die Praxis umgesetzt.

Fließfertigung

Anwendung: z. B. Fahrzeugbau, Kühlschränke, Waschmaschinen

Arbeitsplätze: Schleifmaschine, Bohrmaschine, Stanzmaschine, ...

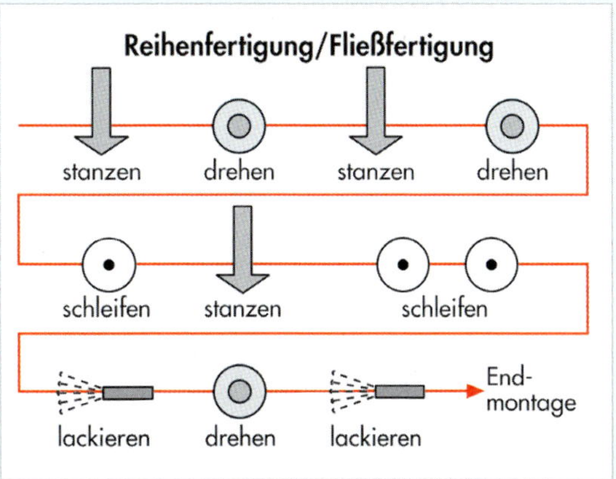

Müssen an einem Werkstück nach verschiedenen Bearbeitungsstufen jeweils Stanzarbeiten vorgenommen werden, wird nach jeder dieser Bearbeitungsstufen ein Stanz-automat eingerichtet, um lange Transportwege in eine zentrale Stanzerei zu umgehen (Flussprinzip, Objektprinzip).

Bei der Fließfertigung ist der Fertigungsprozess in zeitlich gleiche Einheiten (Arbeitstakte) eingeteilt. Die Zeitspanne vom Beginn einer Arbeitsverrichtung bis zum Beginn der nächsten Arbeitsverrichtung wird als Taktzeit bezeichnet.

Fließbandfertigung

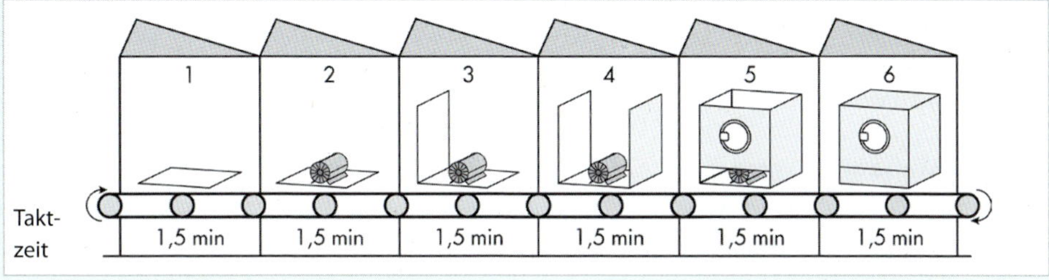

Wenn der Fertigungsprozess weitgehend ohne menschliche Eingriffe erfolgt und die Arbeitskräfte nur noch überwachende Tätigkeiten ausüben, liegt eine automatische Fertigung (Automation) vor.

Ein solches Fertigungsverfahren, bei dem das Material vollautomatisch durch die Maschinen bearbeitet, transportiert und in die zur weiteren maschinellen Bearbeitung erforderliche Position gebracht wird, wird als **Transferstraße** bezeichnet. Die Anwendung der Fließfertigung ist dann zweckmäßig, wenn große Mengen einheitlicher Produkte hergestellt werden sollen (Massenproduktion, Großserienfertigung). Durch die **Massenproduktion** wird in diesen Fällen eine kostengünstige Herstellung ermöglicht.

Automatische Fertigung (Transferstraße)

Anwendung z. B. bei der Herstellung von Getränken, Schokolade, Medikamenten

Kostenentwicklung bei unterschiedlichen Fertigungstypen

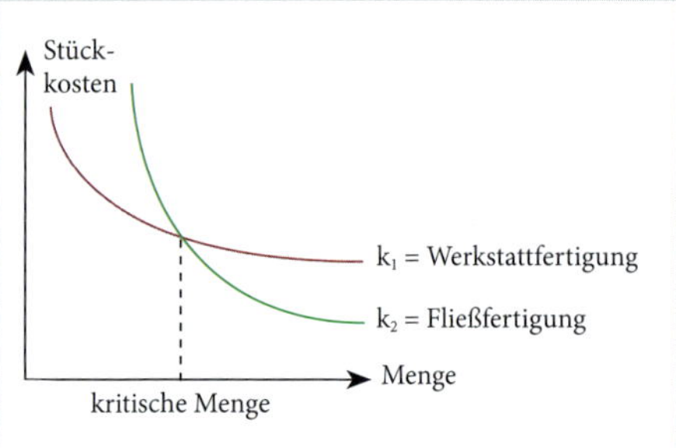

Die kapitalintensivere Fließfertigung verursacht höhere Fixkosten und niedrigere variable Kosten (z. B. Lohnkosten) als die arbeitsintensivere Werkstattfertigung. Bei steigender Produktionsmenge fallen die Stückkosten wegen der Fixkostendegression bei der Fließfertigung daher stärker als bei der Werkstattfertigung. Die „kritische Menge“ gibt an, ab welcher Produktionsmenge der Übergang auf ein kapitalintensiveres Verfahren kostengünstiger ist.

Vorteile der Fließfertigung gegenüber der Werkstattfertigung	Nachteile der Fließfertigung gegenüber der Werkstattfertigung
▪ kurze Transportwege und geringe Wartezeiten und somit kurze Durchlaufzeiten ▪ keine Zwischenlager ▪ gleichmäßige Kapazitätsauslastung ▪ übersichtlicher Fertigungsablauf ▪ geringe Lohnkosten durch Einsatz angelernter Arbeitskräfte	▪ hoher Kapitalbedarf und hohe Fixkosten, dadurch hohes unternehmerisches Risiko ▪ geringe Anpassungsfähigkeit an wechselnde Fertigungsaufgaben und Marktveränderungen ▪ hohe Störanfälligkeit des Fertigungsablaufs ▪ hohe Belastung der Arbeitskräfte durch monotone Arbeit

Inselfertigung (Gruppenfertigung)

! Die Gruppenfertigung (Inselfertigung) stellt eine Kombination von Werkstatt- und Fließfertigung dar.

Auf diese Weise wird versucht, die Vorteile beider Organisationstypen zu nutzen. Dazu werden die Maschinen und Arbeitsplätze, die für eine bestimmte Teilaufgabe benötigt werden, zu Gruppen zusammengefasst und innerhalb der Gruppe nach dem Fließprinzip angeordnet. Die einzelnen Maschinen- und Arbeitsgruppen werden auch als **Fertigungsinseln** bezeichnet. Die Inselfertigung kommt insbesondere auch den Forderungen nach einer **Humanisierung der Arbeit** entgegen. Weil den Gruppen zusammenhängende Teilaufgaben übertragen werden, verliert der einzelne Arbeiter nicht – wie bei der Fließbandarbeit – den Überblick über die Zusammenhänge des Fertigungsablaufs. Er muss auch nicht ausschließlich sinnentleerte monotone Tätigkeiten vornehmen. Durch die wechselnden Tätigkeiten innerhalb der Gruppe werden vielmehr Motivation und Verantwortungsgefühl der Arbeitskräfte erhöht. Das schlägt sich auch in einer Qualitätssteigerung nieder.

Inselfertigung (Gruppenfertigung)

Anwendung wie bei Werkstatt und Fließfertigung
z. B. Fertigungsinsel Motorenbau, Fertigungsinsel Achsenbau, Getriebebau, ...

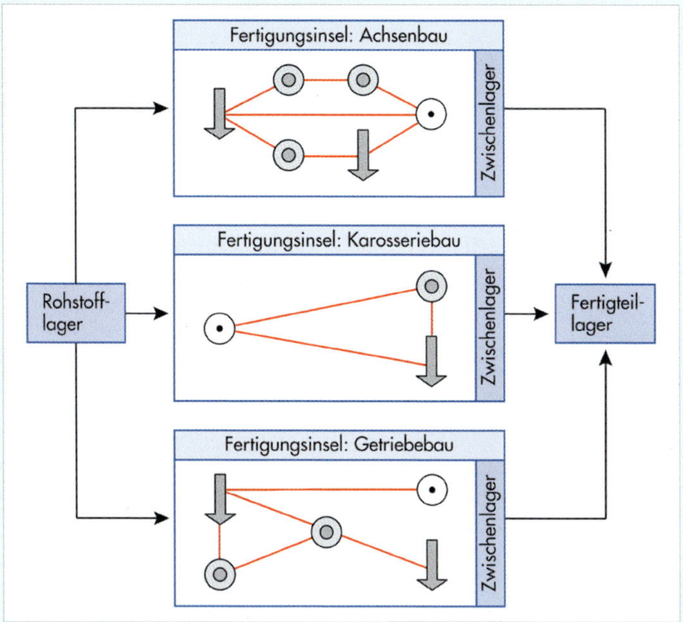

Vorteile der Inselfertigung gegenüber der Fließfertigung	Nachteile der Inselfertigung gegenüber der Fließfertigung
▪ weniger Arbeitsmonotonie ▪ geringe Ausschussquoten ▪ geringer Personalwechsel ▪ größerer Einsatzbereich der Arbeitskräfte	▪ hoher Kapitalbedarf ▪ langsamerer Durchlauf der Werkstücke ▪ Wartezeiten

2.7.3 Fertigungstypen

Einzelfertigung

> ! **Bei der Einzelfertigung wird von einem bestimmten Erzeugnis nur eine einzige Einheit hergestellt.**

Bei der Einzelfertigung ist eine spätere Wiederholung der Herstellung zwar möglich. Üblicherweise unterscheiden sich aber die einzelnen Erzeugnisse voneinander. Die Einzelfertigung erfolgt meistens aufgrund eines speziellen Kundenauftrags **(Auftragsfertigung)**.

Die Berücksichtigung von Sonderwünschen des Kunden ist möglich. Je nach Art des Auftrags kommen als Organisationstypen entweder die Werkstatt- oder die Baustellenfertigung infrage. Die Produktionskosten sind hoch, da nur geringe Rationalisierungsmöglichkeiten bestehen.

Einzelfertigung

Schiffe, Spezialmaschinen, Anlagen, Gebäude, ...

Serienfertigung

! **Bei der Serienfertigung wird auf einer Produktionsanlage von einem bestimmten Erzeugnis eine begrenzte Stückzahl hergestellt.**

Die Erzeugnisse setzen sich aus vielen Einzelteilen zusammen und erfordern unterschiedliche Fertigungsgänge. Bei Serienwechsel ist daher eine **zeit- und kostenaufwendige Umrüstung** der Produktionsanlagen nötig. Nach der Anzahl der gefertigten Einheiten wird zwischen Groß- und Kleinserienproduktion unterschieden.

Serienfertigung

Möbeltypen, Autotypen, Lokomotivtypen, ...

Im Vergleich zur Einzelfertigung lassen sich bei der Serienfertigung Rationalisierungsvorteile durch Normung und Typung nutzen.

Sortenfertigung

! **Bei der Sortenfertigung wird eine größere Stückzahl von Erzeugnissen hergestellt, die in der Art ihrer Fertigung und der verwendeten Rohstoffe so eng verwandt sind, dass es sich um Varianten derselben Produktart handelt.**

Die Erzeugnisse unterscheiden sich lediglich hinsichtlich Qualität, Geschmack, Abmessung u. Ä. voneinander. Im Gegensatz zur Serienfertigung können verschiedene Sorten auf denselben Produktionsanlagen **ohne große Umrüstung** nacheinander produziert werden.

Sortenfertigung

Schuhe verschiedener Größe, verschiedene Biersorten (Pils, Export), Seifen mit verschiedenen Duftnoten, Papier in verschiedenen Formaten

! **Sonderformen der Sortenfertigung, bei denen eine unbeabsichtigte Produktvariation entsteht, sind die Partie- und die Chargenfertigung.**

Eine **Partie** ist eine einheitliche Menge an pflanzlichen, tierischen oder mineralischen Rohstoffen, die sich von jeder anderen Partie gleichartiger Rohstoffe qualitativ unterscheidet. Durch die Verarbeitung unterschiedlicher Rohstoffpartien ergeben sich zwangsläufig qualitativ unterschiedliche Endprodukte. Eine **Charge** (Ladung, Beschickung) ist die Füllmenge an Rohstoffen, die während eines Produktionsvorgangs in einem Behälter be- oder verarbeitet wird. Wegen unterschiedlicher Mischungsverhältnisse ist der Produktionsvorgang oft nicht genau steuerbar, sodass sich die Endprodukte einzelner Chargen unterscheiden.

Partiefertigung

Verwendung qualitativ unterschiedlicher Rohstoffe (z. B. Baumwolle, Tabak, Tee, Kaffee aus verschiedenen Ernten und Ländern; Milch aus verschiedenen landwirtschaftlichen Betrieben) führt zu uneinheitlichen Erzeugnissen.

Chargenfertigung

Schmelzprozesse im Hochofen, Backprozesse im Backofen, Brennprozesse im Töpferbrennofen, Färbungen von Kleidungsstücken usw. verlaufen bei jedem Produktionsvorgang unterschiedlich und führen zu uneinheitlichen Erzeugnissen.

Massenfertigung

Massenfertigung liegt vor, wenn völlig gleichartige Erzeugnisse auf den gleichen Produktionsanlagen in sehr hoher Stückzahl gefertigt werden.

Die Produktion ist weitgehend automatisiert (automatische Fertigung).

Die Stückkosten sind gering (Gesetz der Massenproduktion). Die Herstellung erfolgt nicht auf Bestellung, sondern auf Vorrat für einen anonymen Markt. Für die hohen Produktionsmengen müssen häufig erst mithilfe absatzpolitischer Maßnahmen Absatzmöglichkeiten am Markt geschaffen werden.

Massenfertigung

Zigaretten, Benzin, Streichhölzer, medizinische Tabletten

2.7.4 Standardisierung und kundenindividuelle Massenproduktion

Standardisierung

Bei Rationalisierungsmaßnahmen, die sich auf Enderzeugnisse oder deren Einzelteile beziehen, lassen sich **Normung**, **Typung**, **Baukastensystem** und **Spezialisierung** unterscheiden.

Die Vereinheitlichung von Produkten, Bauteilen oder Verfahren auf eine oder wenige Varianten wird auch als Standardisierung bezeichnet.

Normung

Unter Normung ist die Vereinheitlichung von Fertigungsmaterial, Einzelteilen, Werkzeugen und einfachen Erzeugnissen durch Festlegung von Größe, Form, Gewicht, Material, Farbe und u. Ä. zu verstehen. Aufg. 2.15 S. 78

Bezüglich des vereinheitlichten Inhalts können folgende Arten von Normen unterschieden werden:

- **Sicherheitsnormen:** Festlegung zur Abwendung von Gefahren für Menschen und Sachen.

- **Qualitätsnormen:** Festlegung wesentlicher Produkteigenschaften.
- **Maßnormen:** Festlegung von Maßen, um die Kombination bzw. den Austausch von Produkten untereinander zu gewährleisten.
- **Verständigungsnormen:** Festlegung von Begriffen, Zeichen, Symbolen, um eine eindeutige und rationelle Verständigung sicherzustellen.

Je nach **Geltungsbereich** der Norm lassen sich betriebsspezifische Normen (Werksnormen), Fachnormen (Branchennormen), nationale, europäische und internationale Normen unterscheiden.

Arten von Normen nach Inhalt und Geltungsbereich

Werksnormen: In einem Großbetrieb werden Spezialschrauben entwickelt und verwendet, die auch von den Zulieferern benutzt werden müssen.

Verband deutscher Elektrotechniker (VDE): Einheitliche Vorschriften für elektrische Schutzschalter

Deutsche Industrie-Norm (DIN): Einheitliche Gewinde bei Schrauben und Muttern, einheitliche Zahnradgrößen, einheitliche Papierformate wie DIN A4, DIN-Normen für den Schriftverkehr

Europäische Normen (EN): Einheitliche Elektrostecker (Euro-Stecker), Kennzeichnung von Gefahrguttransporten

International Standard Organisation (ISO): Einheitliche Containergrößen (ISO-Container)

Typung (Typisierung)

! Unter Typung ist die unternehmensbezogene Vereinheitlichung von Enderzeugnissen zu verstehen.

Im Gegensatz zur Normung wird die Typung unternehmensindividuell im Zusammenhang mit der Produktgestaltung vorgenommen. Sie dient vornehmlich der **innerbetrieblichen Rationalisierung**. Außerdem entsteht dadurch für die Käufer eine bessere Marktübersicht.

Die Vorteile der Typung sind weitgehend identisch mit denen der Normung.

Typung

PKW Typ „VW Passat“ in verschiedenen Varianten bezüglich Farbe, Motorstärke, Ausstattung

Fertighaus Typ „Landhaus“ mit und ohne Keller, Seiteneingang rechts oder links

Baukastensystem

! Bei Anwendung von Normung und Typung auf mehrteilige Baugruppen entsteht ein Baukastensystem.

Für verschiedene Erzeugnisse verwendet ein Betrieb die gleichen Bauelemente. Durch Kombination dieser Bauelemente ergeben sich unterschiedliche Enderzeugnisse.

Baukastensystem

Der Automotor 2V kann für verschiedene Autotypen verwendet werden.

Durch Kombination unterschiedlicher Küchenbauteile lassen sich bei Einbauküchen individuelle Kundenwünsche berücksichtigen.

Spezialisierung

Bei einer Spezialisierung ist das Produktionsprogramm eines Industriebetriebs auf wenige Erzeugnisarten beschränkt.

Die Spezialisierung kann sich auch auf ein bestimmtes Fertigungsmaterial oder bestimmte Absatzmärkte beziehen. Auch die Verringerung der Fertigungstiefe mit der Folge, dass einzelne Fertigungsstufen auf Zulieferer übertragen werden **(Outsourcing)**, ist eine Form der Spezialisierung.

Spezialisierung

Ein Metall verarbeitender Betrieb stellt nur Zahnräder her.

Ein Hersteller von Bohrern beliefert nur Industriekunden.

Ein Automobilhersteller stellt die Herstellung von Getrieben ein und bezieht diese künftig von einem Zulieferer (Systemlieferant).

Auswirkungen der Standardisierung

- Vorteile
  - vereinfachte Konstruktion von Erzeugnissen mit Normteilen
  - vereinfachte Kalkulation
  - Kostensenkung durch die Herstellung größerer Stückzahlen (Massenproduktion)
  - schnelle und problemlose Beschaffung, da genormte Teile verschiedener Lieferer austauschbar sind
  - Kostensenkung durch einheitlichen und vereinfachten Produktionsablauf (Reihenfertigung)
  - Verringerung der Lagerbestände, weil Beschränkung auf wenige Teile und Erzeugnisse möglich ist
  - Verkürzung von Arbeitszeit bei Produktion und Montage, da Arbeitskräfte im Umgang mit Normteilen und typisierten Erzeugnissen geübt sind
- Nachteile
  - geringere Produktvielfalt
  - Krisenanfälligkeit bei Wandel der Verbraucherwünsche

Durch das Baukastensystem kann der Nachteil einer geringen Auswahlmöglichkeit für den Kunden teilweise aufgehoben werden

Kundenindividuelle Massenproduktion (Mass Customization)

Die kundenindividuelle Massenproduktion (Mass Customization) ist ein Produktionskonzept, das einerseits die Vorzüge der Massenproduktion nutzt und andererseits den Kundenwünschen nach individuell zugeschnittenen Produkten berücksichtigt. Auf Grundlage eines Standardprodukts wird eine Vielfalt von Variationen und Kombinationen angeboten, durch die den kundenspezifischen Wünschen entsprochen werden kann, ohne dabei auf die Kostenvorteile einer Massenfertigung zu verzichten. Häufig basieren diese Produkte auf dem **Baukastensystem**, so dass sie aus verschiedenen Bausteinen zu einem individuellen Produkt zusammengestellt werden können.

Kundenindividuelle Massenproduktion (Mass Customization)

Fahrzeuge, Sportschuhe, Müsli, ...

Vor-klasse

2.8 Produktionsplanung mithilfe der Netzplantechnik

Ein **Netzplan** ist ein Instrument zur **Planung** und **Steuerung** von **Produktionsvorgängen**. Er zeigt auf grafische Weise die logische und zeitliche Abfolge von Teilvorgängen Er gibt Aufschluss über Beginn und Ende der einzelnen Teilvorgänge und des Gesamtprojekts sowie über die gegenseitigen Abhängigkeiten der Vorgänge.

! **In einem Netzplan werden die logischen und zeitlichen Verknüpfungen zwischen den einzelnen Tätigkeiten eines Projekts grafisch dargestellt.**

Mit seiner Hilfe ist auch das Auffinden etwaiger Planungsschwachstellen, die zu zeitlichen Engpässen führen können, und eine **Terminkontrolle** im Rahmen der **Fertigungsüberwachung** möglich.

Vorgangsknoten mit Angaben über den jeweiligen Vorgang:

Projekt: Kundenauftrag durchführen

Aufg. 2.16 S. 79

LA

Nr.	Vorgangsbezeichnung	Dauer (Tage)	frühester Anfang (Tage)	frühestes Ende (Tage)
1	Material bestellen	3	0	3
2	Arbeitspläne aufstellen	5	0	5
3	Materialkosten errechnen	4	3	7
4	Lieferzeit des Materials	7	3	10
5	Arbeitskräfte einweisen	4	5	9
6	Lohnkosten errechnen	5	5	10
7	Selbstkosten ermitteln	5	10	15
8	Arbeit ausführen	6	10	16

Vorgangsknoten für Vorgang Nr. 1

0 3

1	Material bestellen	
3	0	0

0 3

Der Vorgang 1 kann frühestens nach 3 Tagen beendet sein (FEZ = 3). Andererseits muss der Vorgang für eine termingerechte Fertigstellung des Gesamtprojekts unbedingt nach 3 Tagen beendet sein (SEZ = 3).

FAZ FEZ

Nr.	Vorgangsbezeichnung	
Dauer	GP	FP

SAZ SEZ

FAZ = früheste Anfangszeit	SAZ = späteste Anfangszeit
FEZ = früheste Endzeit	SEZ = späteste Endzeit
GP = Gesamtpuffer	FP = freier Puffer
FEZ = FAZ + Dauer	SEZ = SAZ + Dauer

Vorgehensweise zur Netzplanerstellung

1. **Vorwärtsrechnung:** FAZ und FEZ werden ausgehend vom Projektstart berechnet. Mit einem Vorgang kann frühestens begonnen werden, wenn alle seine Vorgänger beendet sind. Mit der Vorwärtsrechnung kann der früheste Endzeitpunkt des Projekts ermittelt werden.
2. **Rückwärtsrechnung:** SAZ und SEZ werden ausgehend vom Projektende berechnet. Bei Überschreitung dieser Zeiten kann das Projekt nicht termingerecht fertig gestellt werden. Mit der Rückwärtsrechnung kann ausgehend von einem bestimmten Fertigstellungstermin der späteste Starttermin des Projekts berechnet werden.
3. **Pufferzeiten** und **kritischen Weg** ermitteln.

Besonders bedeutsam für die Terminplanung und -kontrolle sind die **Pufferzeiten.** Der **Gesamtpuffer** (GP) eines Vorgangs gibt die Zeit an, um die sich dieser höchstens verzögern darf, ohne dass dadurch die rechtzeitige Fertigstellung des gesamten Projekts gefährdet ist.

! **Netzplan: Berechnung des Gesamtpuffers**

Gesamtpuffer eines Vorgangs (GP) = **späteste Anfangszeit eines Vorgangs (SAZ)** – **früheste Anfangszeit eines Vorgangs (FAZ)**

Gesamtpuffer

3 7

3	Materialkosten errechnen	
4	4	3

7 11

Der Gesamtpuffer des Vorgangs 3 beträgt 4 Tage (7 – 3 = 4). D.h., wenn bei der Berechnung der Materialkosten eine Verzögerung bis zu 4 Tagen eintritt, kann das Projekt dennoch termingerecht fertig gestellt werden.

Der **freie Puffer** gibt die Zeit an, um die sich ein einzelner Vorgang verzögern darf, ohne dass der unmittelbar folgende Vorgang später beginnen muss.

Netzplan: Berechnung des freien Puffers

Freier Puffer eines Vorgangs (FP) = früheste Anfangszeit des frühesten nachfolgenden Vorgangs (FAZ nachf.) – früheste Endzeit des Vorgangs (FEZ)

Freier Puffer

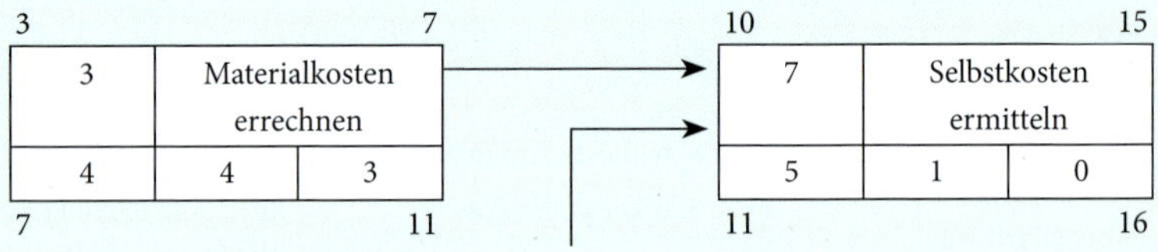

Der freie Puffer des Vorgangs 3 beträgt 3 Tage (10 – 7 = 3). D. h., wenn bei der Berechnung der Materialkosten eine Verzögerung bis zu 3 Tagen eintritt, würde der Beginn des unmittelbar nachfolgenden Vorgangs 7 (Selbstkostenberechnung), trotzdem nicht verzögert, da dieser frühestens nach 10 Tagen beginnen kann.

Der **kritische Weg** entsteht durch Verbindung der Vorgänge, bei denen die maximal verfügbare Zeit gleich der Ausführungszeit ist (kritische Vorgänge). Diese Vorgänge weisen keinen Puffer auf (GP = FP = 0).Verzögert sich einer dieser Vorgänge, verlängert sich die gesamte Projektdauer.

Kritischer Weg

Die Vorgänge 1 (3 Tage), 4 (7 Tage) und 8 (6 Tage) liegen auf dem kritischen Weg. Die Projektdauer beträgt 16 Tage (3 Tage + 7 Tage + 6 Tage). Tritt aber bei einem dieser Vorgänge eine Verzögerung ein, kann das Projekt nicht termingerecht fertig gestellt werden.

Aufg. 2.17 S. 81

Nr.	Vorgangsbezeichnung	Dauer (Tage)	Vorgänger Nr.	Nachfolger Nr.	FAZ	FEZ	SAZ	SEZ	GP	FP
1	Material bestellen	3	0	3, 4	0	3	0	3	0	0
2	Arbeitspläne erstellen	5	0	5, 6	0	5	1	6	1	0
3	Materialkosten berechnen	4	1	7	3	7	7	11	4	3
4	Lieferzeit des Materials	7	1	8	3	10	3	10	0	0
5	Arbeitskräfte einweisen	4	2	8	5	9	6	10	1	1
6	Lohnkosten errechnen	5	2	7	5	10	6	11	1	0
7	Selbstkosten ermitteln	5	3, 6	–	10	15	11	16	1	1
8	Arbeit ausführen	6	4, 5	–	10	16	10	16	0	0

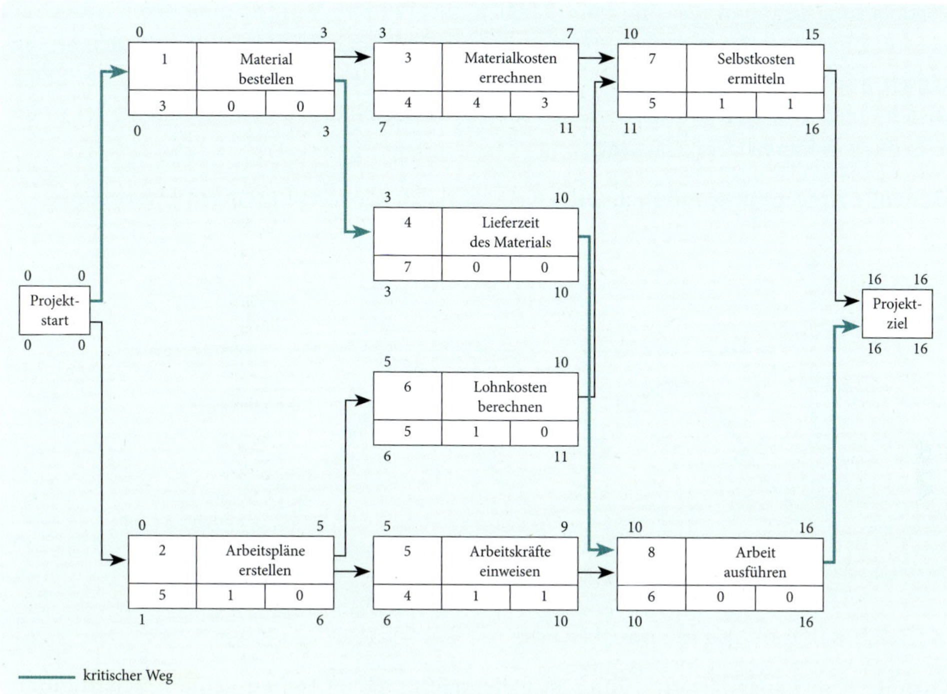

Aussagekraft eines Netzplans

- **Übersichtliche grafische Darstellung** der Vorgänge und ihrer gegenseitigen Abhängigkeiten
- **Dauer des Gesamtprojekts** und aller einzelnen Vorgänge wird ausgewiesen.
- **Zeitreserven** (Puffer) werden ausgewiesen.
- **Leerzeiten** werden **erkennbar** und können vermieden werden.
- **Zeitliche Engpässe** und der **kritische Weg** werden ausgewiesen.
- **Auswirkungen** von **zeitlichen Verzögerungen** werden erkennbar.

2.9 Abstimmung von Produktions- und Absatzmengen

Die folgenden Abbildungen stellen Möglichkeiten dar, wie die Fertigungsmengen an schwankende Absatzmengen angepasst werden können.

a) Fertigungssynchron zum Absatz

Absatzschwankungen werden durch sofortige Anpassung der Fertigungsmengen aufgefangen.

Vorteil: Es entstehen geringe Lagerhaltungskosten.

Nachteile: Die Kapazitätsauslastung schwankt stark. Die insgesamt anfallenden fixen Kosten (= Kosten, die sich bei Beschäftigungsschwankungen nicht ändern, z.B. Gehälter, Miete,

Versicherungsprämien, Leasingraten) bleiben unverändert. Werden diese fixen Kosten auf ein Stück bezogen (Fixkosten je Stück = gesamte Fixkosten/Stückzahl), ergibt sich bei sinkender Kapazitätsauslastung ein Anstieg Fixkosten je Stück. Die Entwicklung der Stückkosten eines Erzeugnisses schwankt somit im vorliegenden Fall entsprechend der unterschiedlichen Kapazitätsauslastung.

Sinnvolle Anwendungsmöglichkeit: Geeignet für Betriebe mit geringen Fixkosten

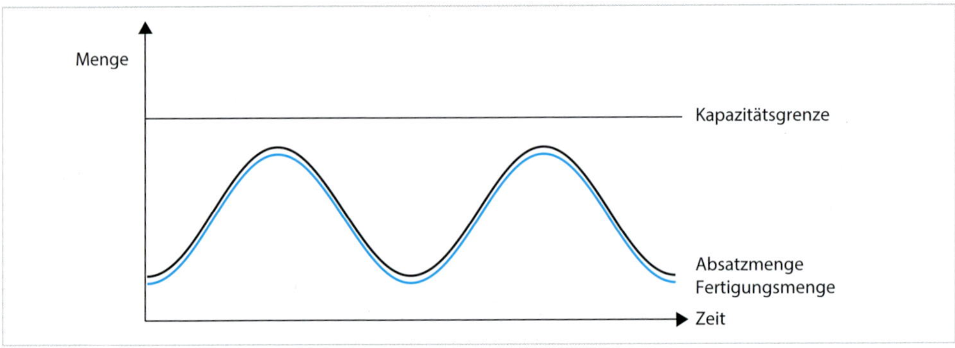

b) Gleichmäßige Kapazitätsauslastung

Vorteile: Die Kapazitätsauslastung ist gleichmäßig. Es entstehen keine Beschäftigungsschwankungen. Daher treten auch keine Schwankungen der Stückkosten auf.

Nachteil: Es entstehen Lagerhaltungskosten.

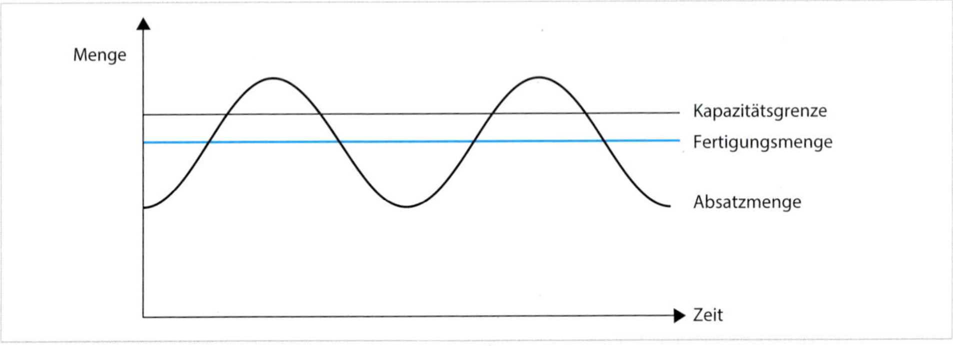

c) Ergänzungsprogramm

Ausgleich von saisonalen Absatzschwankungen durch Aufnahme zusätzlicher Erzeugnisse (Ergänzungsprogramm)

Vorteile: Die Kapazitätsauslastung ist gleichmäßig. Es entstehen keine Beschäftigungsschwankungen.

Voraussetzung: Die Produktionsanlagen müssen für unterschiedliche Erzeugnisse genutzt werden können.

Anwendungsmöglichkeit: Dieses Verfahren kann beispielsweise beim saisonalen Wechsel zwischen Sommer- und Winterbekleidung in der Textilindustrie zur Anwendung kommen.

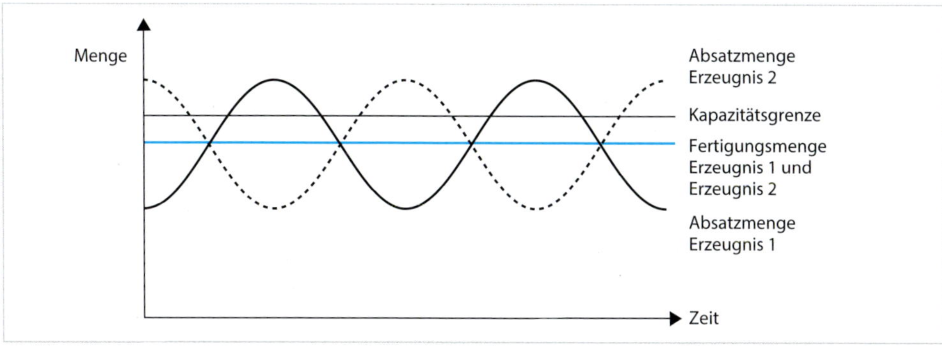

Zusammenfassende Übersicht zu 2: Materialbeschaffung und Fertigungsverfahren

ABC-Analyse als Instrument der Materialbeschaffung

Maßnahme: Gliederung der Materialarten nach ihrem Verbrauchswert und Einteilung in Gruppen

Zweck: Konzentration und Beschränkung von Kontroll- und Planungsmaßnahmen auf die besonders wichtigen Materialarten

Materialgruppen

Gruppe A	Gruppe B	Gruppe C
besonders teure und/oder häufig benötigte Materialien	Materialien mit mittlerem Preis und/oder mittlerer Bedarfshäufigkeit	besonders billige und/oder selten benötigte Materialien

Bereitstellungsverfahren

- **Vorratsbeschaffung**
- **Einzelbeschaffung**
- **fertigungssynchrone Beschaffung**
  - **Just-in-Time**
    - **Kanban**
- **Lieferung auf Abruf**

Beschaffungsmarktforschung

- **nach der Dauer**
  - **Marktbeobachtung**
  - **Marktanalyse**
- **nach dem Gegenstand**
  - **Beschaffungsgüter**
  - **Marktsituation**
  - **Lieferer**
  - **Preise**
- **nach den Informationsquellen**
  - **Primärforschung**
  - **Sekundärforschung**

Art, Beschaffenheit, Güte
Menge
Preis → **Angebote** ← Liefer-/Zahlungsbedingungen
Erfüllungsort/Gerichtsstand
Allgemeine Geschäftsbedingungen

Angebot Lieferer A → **Angebot Lieferer B** → **Angebot Lieferer C** →

Angebotsvergleich	
quantitativ	qualitativ

Zeitplanung (Bestellzeitpunkt)

	Bestellpunktverfahren	**Bestellrhythmusverfahren**
Bestellrhythmus	unterschiedlich	konstant
Bestellmenge	konstant	unterschiedlich

Mengenplanung

Entscheidung durch Vergleich vorgegebener Beschaffungsalternativen

Vergleich der durch Kalkulation ermittelten Gesamtkosten für die zur Auswahl stehenden Beschaffungssituationen

Allgemein gültige Bestimmung der optimalen Bestellmenge

Vereinfachende Annahmen (u. a.):
Einstandspreis je Einheit bleibt konstant (unabhängig von der Bestellmenge)
Bestellkosten je Bestellung sind konstant (unabhänig von der Bestellmenge)

- Grafische Ermittlung
- Tabellarische Ermittlung
- Ermittlung mithilfe der Formel

Optimale Bestellmenge:

Schnittpunkt zwischen Bestellkosten- und Lagerhaltungskostenkurve= Minimum der Summe aus bestellfixen Kosten und Lagerhaltungskosten

Optimale Bestellmenge:

$$\sqrt{\frac{200 \cdot \text{Jahresbedarf} \cdot \text{Bestellkosten}}{\text{Einstandspreis} \cdot \text{Lagerhaltungskostensatz}}}$$

oder

$$\sqrt{\frac{2 \cdot \text{Jahresbedarf} \cdot \text{Betellmenge}}{\text{Lagerhaltungskosten je Stück}}}$$

→ Beide Ermittlungsarten führen zum selben Ergebnis ←

Produktionsprogramm

Produktgruppe	
Programmbreite	Programmtiefe

Zahl der verschiedenen Produktarten im Produktprogramm → Programmbreite

Zahl der Ausführungen (Varianten) eines Produkts im Produktionsprogramm → Programmtiefe

Fertigungstiefe	
hoch	niedrig

niedrig → Outsourcing System-lieferanten

Fertigungsverfahren

Organisationstypen
werden nach der räumlich-organisatorischen Anordnung der Betriebsmittel unterschieden

Wie sind die Betriebsmittel im Produktionsablauf angeordnet?

- **Werkstattfertigung** (Verrichtungsprinzip)
- **Fließfertigung** (Objektprinzip, Flussprinzip)
- **Baustellenfertigung** (Platzprinzip)

Gruppenfertigung

- **Reihenfertigung**
- **Fließbandfertigung**
- **Automatische Fertigung** (Transferstraße)

Fertigungstypen
werden nach der Menge gleichartiger Produkte, die in einem Betrieb hergestellt werden, unterschieden

Wie groß ist die Zahl der hergestellten gleichartigen Produkte?

- **Einzelfertigung**
- **Mehrfachfertigung**
  - **Serienfertigung** (begrenzte Stückzahl, bei Änderung der Serie hohe Umrüstkosten)
  - **Sortenfertigung** (begrenzte Stückzahl, bei Änderung der Sorte geringe Umrüstkosten)
  - **Massenfertigung** (sehr große Stückzahl)

Standardisierung

- Normung
- Typung
- Spezialisierung

Baukasten

kundenindividuelle Massenproduktion (Mass Customization)

Produktionsplanung

Auftragsterminierung

- **Vorwärtsrechnung**
- **Rückwärtsrechnung**

Netzplan

Abstimmung von Produktions- und Absatzmengen

- **Fertigung synchron zum Absatz**
  Problem: schwankende Kapazitätsauslastung
- **gleichmäßige Kapazitätsauslatung**
  Problem: Lagerhaltungskosten
- **Ergänzungsprogramm**
  Ausgleich von Absatzschwankungen durch zusätzliche Erzeugnisse

WIEDERHOLUNG DES GRUNDWISSENS

2 Materialbeschaffung und Fertigungsverfahen

2.1 ABC-Analyse als Instrument der Materialbeschaffung

1. Erläutern Sie den Zweck der ABC-Analyse.
2. Zeigen Sie die Konsequenzen auf, die sich aus der ABC-Analyse für die Beschaffungspolitik ergeben.

2.2 Bereitstellungsprinzipien

1. Erläutern Sie den Zielkonflikt, der für die Beschaffungsplanung typisch ist.
2. Grenzen Sie verschiedene Verfahren der Materialbereitstellung voneinander ab.
3. Unterscheiden Sie die Einzel- und Vorratsbeschaffung mit ihren jeweiligen Vor- und Nachteilen.
4. Erläutern Sie das fertigungssynchrone Bereitstellungsverfahren (Just-in-Time). Nennen Sie Voraussetzungen für seine Anwendung sowie Vor- und Nachteile.
5. Erläutern Sie das Kanban-Prinzip.
6. Nennen Sie Einflussfaktoren, die für die Auswahl des geeigneten Verfahrens zur Materialbereitstellung bestimmend sind.
7. Nennen Sie Kriterien für die Auswahl eines geeigneten Verfahrens zur Materialbereitstellung.

2.3 Beschaffungsmarktforschung

1. Beschreiben Sie die Aufgabe der Beschaffungsmarktforschung.
2. Unterscheiden Sie verschiedene Arten der Marktforschung.
3. Geben Sie an, welche Informationen die Beschaffungsmarktforschung bezüglich der
   a) Beschaffungsgüter
   b) Marktstrukturen/Marktentwicklungen
   c) Lieferer
   d) Preise
   jeweils erbringt.
4. Nennen Sie Kriterien zur Entscheidung der Frage: „Eigenfertigung oder Fremdbezug (Make or Buy)?“

2.4 Angebotsvergleich

1. Erläutern Sie das Berechnungsschema zu Ermittlung des Einstandspreises (Bezugspreises).
2. Unterscheiden Sie verschiedene Arten der Marktforschung.
3. Erläutern Sie die Vorgehensweise zur Erstellung einer Entscheidungsbewertungstabelle im Zusammenhang mit einem Angebotsvergleich.

2.5 Bestellplanung

1. Erläutern Sie unterschiedliche Verfahren zur Bestimmung des Bestellzeitpunktes bei verbrauchsgesteuerter Bedarfsermittlung mit ihren jeweiligen Vor- und Nachteilen.
2. Erläutern Sie den Zweck des Meldebestandes und geben Sie an, wie dieser ermittelt wird.
3. Erläutern Sie den Zweck des Mindestbestandes.
4. Stellen Sie dar, wie die Bestellmenge beim Bestellrhythmusverfahren berechnet wird.
5. Zeigen Sie auf, welches Ziel mit der Ermittlung der optimalen Bestellmenge verfolgt wird.
6. Zeigen Sie die Auswirkungen
   a) kleiner Bestellmengen
   b) großer Bestellmengen
   auf die Beschaffungskosten auf.
7. Beschreiben Sie den Verlauf
   a) der Bestellkosten
   b) der Lagerhaltungskosten
   in Abhängigkeit von der Bestellhäufigkeit.

8. Erläutern Sie die Vorgehensweise zur Ermittlung der optimalen Bestellmenge und nennen Sie die Voraussetzungen.

2.6 Breite und Tiefe des Produktionsprogramms – Fertigungstiefe

1. Erläutern Sie die Begriffe Programmbreite, Programmtiefe und Fertigungstiefe.
3. Erläutern Sie, was unter Outsourcing zu verstehen ist.

2.7 Fertigungsverfahren

1. Nennen Sie Merkmale, nach denen sich Fertigungsverfahren einteilen lassen.
2. Erläutern Sie den Organisationstyp der Werkstattfertigung.
3. Erläutern Sie den Organisationstyp der Fließfertigung.
4. Stellen Sie die Vor- und Nachteile der Werkstattfertigung im Vergleich zur Fließfertigung dar.
5. Erläutern Sie Gemeinsamkeiten und Unterschiede zwischen Reihenfertigung und Fließbandfertigung.
6. Geben Sie an, was unter dem Begriff Taktzeit zu verstehen ist.
7. Geben die Besonderheiten einer Transferstraße an.
8. Erläutern Sie Merkmale einer Inselfertigung (Gruppenfertigung).
9. Unterscheiden Sie folgende Fertigungstypen:
   a) Einzelfertigung
   b) Serienfertigung
   c) Sortenfertigung
   d) Massenfertigung
10. Unterscheiden Sie zwischen Partie- und Chargenfertigung.
11. Grenzen Sie Normung und Typung voneinander ab.
12. Unterscheiden Sie verschiedene Arten von Normen.
13. Beschreiben Sie Vorteile, die sich aus einem Baukastensystem für den Kunden ergeben.
14. Nennen Sie Beispiele für Spezialisierung.
15. Nennen Sie Vor- und Nachteile der Standardisierung.

2.8 Produktionsplanung mithilfe der Netzplantechnik

Vor-klasse

1. Erläutern Sie die Vorgehensweise zur Erstellung eines Netzplans.
2. Erklären Sie die Begriffe Gesamtpuffer, freier Puffer, kritischer Weg.
3. Zeigen Sie die Berechnungsweise für den Gesamtpuffer und den freien Puffer auf.
4. Erläutern Sie die Informationen, die ein Netzplan liefert (Aussagekraft eines Netzplans).

2.9 Abstimmung zwischen Produktions- und Absatzmengen

1. Beschreiben Sie drei Möglichkeiten wie die Produktionsmengen an schwankende Absatzmengen angepasst werden können.
2. Beschreiben Sie Vor- und Nachteile, die sich in den drei Fällen jeweils ergeben können.

AUFGABEN ZUM ERWERB UND ZUR KONTROLLE VON KOMPETENZEN

2 Materialbeschaffung und Fertigungsverfahren

2.1 ABC-Analyse als Instrument der Materialbeschaffung

Im Zuge einer Wirtschaftlichkeitsüberprüfung wird in einem Industriebetrieb eine ABC-Analyse vorgenommen, die zu folgendem Ergebnis führt. LA

PDF

	Jahres-verbrauchwert in EUR	%-Anteil am Gesamtverbrauchs-wert	%-Anteil an der Gesamtverbrauchs-menge
Materialien mit hohem Wert	1.125.000	75	16
Materialien mit mittlerem Wert	300.000	20	29
Materialien mit geringem Wert	75.000	5	65

1. Erläutern Sie das Zustandekommen der Tabelle und ordnen Sie den Materialien die Gruppen A, B und C zu. Welche Aussagen lässt das Ergebnis der ABC-Analyse zu?
2. Stellen Sie das Ergebnis der ABC-Analyse in einem Koordinatensystem grafisch dar *(vgl. S. 36)*.
(X-Achse: % der Gesamtmenge, Länge 10 cm, 1 cm = 10 %;
Y-Achse: % des Gesamtverbrauchswertes, Länge 10 cm, 1 cm = 10 %)
3. Der Verbrauch der Materialien ist gleichmäßig über das Jahr verteilt. Bisher wurde für alle Materialien vierteljährlich eine Bestellung vorgenommen. In Zukunft sollen die Materialien je nach Gruppe monatlich, vierteljährlich und jährlich bestellt werden. Die Bestellkosten belaufen sich auf 100 EUR je Bestellung. Die Lagerhaltungskosten betragen 20 % vom Wert des durchschnittlichen Lagerbestands.
Ermitteln Sie die Kostenänderung bei Lager- und Bestellkosten, die sich durch die geänderte Bestellhäufigkeit ergibt. Wie hoch ist die Kostenminderung insgesamt?
4. Für welche weiteren kostensenkenden Maßnahmen im Beschaffungsbereich können die Ergebnisse einer ABC-Analyse als Grundlage genutzt werden? Welche Maßnahmen kommen dafür in Betracht?
5. Beschreiben Sie weitere Anwendungsmöglichkeiten der ABC-Analyse außerhalb der Materialbeschaffung.

2.2 Fallstudie: ABC-Analyse als Grundlage für Entscheidungen im Beschaffungsbereich

Der Aufgabentext und die zugehörigen Materialien befinden sich auf der Begleit-CD.

2.3 Just-in-time Beschaffung

PDF

1. Das folgende Diagramm zeigt eine mögliche Auswirkung des just-in-time-Konzepts.

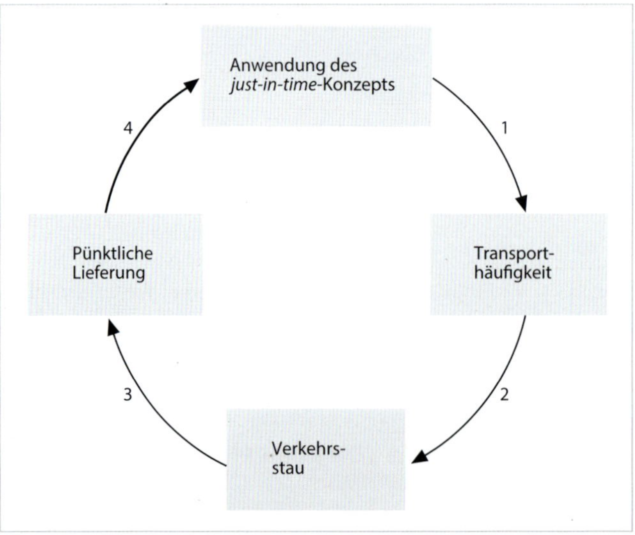

- Die Abhängigkeiten zwischen den einzelnen Elementen sind durch Pfeile dargestellt. Geben Sie mit einem Plus- oder Minuszeichen für jeden Pfeil die Wirkungsrichtung an (Pluszeichen bei gleichgerichteter bzw. verstärkender Wirkung: je mehr – desto mehr, Minuszeichen bei entgegengesetzter bzw. abschwächender Wirkung: je mehr – desto weniger).

- Im vorliegenden Fall wird das Element „Anwendung des just-in-time-Konzepts" durch sich selbst beeinflusst. Solche Wirkungsketten, bei denen Elemente Auswirkungen auf sich selbst haben, heißen **„Rückkopplungskreisläufe"**. Führt die Vermehrung eines Elementes zu seiner eigenen Vermehrung (je mehr – desto mehr) wird von positiver, andernfalls von negativer Rückkopplung gesprochen.

  Ermitteln Sie anhand des Diagramms, um welche Art von Rückkopplung es sich im vorliegenden Fall handelt.

2. Bei einer Beschaffung nach dem *just-in-time*-Prinzip steigt aufgrund der „permanenten Zulieferung" die Anzahl der Transporte drastisch an. Häufig weisen dabei die Lade- und Transportkapazitäten nur geringe Auslastung auf. Wegen der relativ kleinen Liefermengen eignet sich der Schienentransport nicht. Vielmehr kommt nur der LKW-Transport in Frage. Das Material- und Werkstofflager des Käufers wird damit zu einem „rollenden Lager" auf der Straße. Soweit es sich bei diesen Just-in-time-Gütern um umweltgefährdende Chemikalien handelt, können auf diese Weise u. U. sogar gesetzlich festgelegte Umweltschutzanforderungen, wie sie für Anlagen zur Lagerung umweltgefährdender Stoffe bestehen, umgangen werden.

   „Wer trägt letztlich die Kosten für die modernen Formen der Lagerhaltung: Lager auf Rädern – just in time? Die Vergesellschaftung der betrieblichen Lagerkosten stellt eine erhebliche Kostenverfälschung dar: Wettbewerbsverzerrung und gravierende Umweltbelastung!"[1]

   a) Welcher Zielkonflikt wird in dem Zitat angesprochen?

   b) Nehmen Sie dazu Stellung.

2.4 Rechnerischer Angebotsvergleich

Für die Beschaffung eines Fremdbauteils liegen einem Industriebetrieb folgende Angebote vor:

Anbieter A: Stückpreis 22,00 EUR, 5 % Mindermengenzuschlag bei Bestellung von weniger als 200 Stück, Mengenrabatt von 5 % ab 1.000 Stück, Lieferung frei Haus, 2 % Skonto bei Zahlung innerhalb von 14 Tagen

Anbieter B: Stückpreis 23,00 EUR, Mengenrabatt 15 % ab 1.000 Stück, Verpackungskosten je 100 Stück 10,00 EUR, Lieferung frei Haus

Anbieter C: Stückpreis 25,00 EUR, Mengenrabatt 20 % ab 1.000 Stück, bei Bestellmenge unter 500 Stück Fracht und Verpackungskostenpauschale in Höhe von 100 EUR, 3 % Skonto bei Zahlung innerhalb von 14 Tagen. Der Industriebetrieb benötigt monatlich 100 Stück dieses Bauteils. Die Bezahlung erfolgt immer unter Ausnutzung von Skonto.

1. Bei welchem Angebot ist der Einstandspreis je Stück am günstigsten, wenn jeweils der Monatsbedarf von 100 Stück bestellt wird?
2. Um Mengenrabatte ausnützen zu können wird überlegt, den Jahresbedarf von 1.200 Stück auf einmal zu bestellen. Bei welchem Angebot wäre in diesem Fall der Einstandspreis am günstigsten?
3. Bei der Bestellung des gesamten Jahresbedarfs ist die Summe aus Bestell- und Lagerhaltungskosten um 5.000 EUR höher als bei der monatsweisen Bestellung. Prüfen Sie, ob sich unter diesen Umständen die Ausnützung des Mengenrabatts durch eine einmalige jährliche Bestellung von 1.200 Stück lohnt.

2.5 Anbebotsvergleiche

1. Für neu in das Produktionsprogramm einer Motorenfabrik aufzunehmende Varianten wurden für ein Zuliefererteil bei zwei Herstellern Angebote eingeholt.

   Hersteller A: 750,00 EUR ab Werk, Ziel 30 Tage, bei Zahlung innerhalb von 14 Tagen 2 % Skonto. Die Frachtkosten betragen 75,00 EUR, das Rollgeld beträgt 7,50 EUR.

   Hersteller B: 900,00 EUR frei Haus, 5 % Sonderrabatt, Ziel zwei Monate, 3 % Skonto innerhalb von 14 Tagen.

   a) Führen Sie einen Angebotsvergleich durch.

   b) Rein rechnerische Gesichtspunkte geben beim Angebotsvergleich nicht immer den Ausschlag für oder gegen einen Lieferanten. Nennen Sie vier weitere Gesichtspunkte, die Berücksichtigung finden können.

2. Für die Beschaffung eines Kunststoffgranulats liegen zwei Angebote vor. Die Bestellmenge beträgt 10.000 kg.

   Angebot 1: Kunststoff AG: Granulat 60,00 EUR/1.000 kg, 10 % Rabatt, 2 % Skonto bei Zahlung innerhalb von 14 Tagen nach Rechnungsdatum, ansonsten 30 Tage netto, Lieferung frei Haus.

   Angebot 2: Granulat GmbH: Granulat 50,00 EUR/1.000 kg, 3 % Skonto bei Zahlung innerhalb von 14 Tagen nach Rechnungsdatum, ansonsten 60 Tage netto, Fracht pauschal 100,00 EUR je Lieferung.

   Ermitteln Sie das kostengünstigste Angebot.

2.6 Fallstudie: Angebotsvergleich mit Entscheidungsbewertungstabelle

Der Aufgabentext und die zugehörigen Materialien befinden sich auf der Begleit-CD.

2.7 Beschaffungszeit

Die Lagerabteilung eines Haushaltsgeräteherstellers stellt am 3.10. fest, dass nur noch 38 Stück eines Fremdbauteils auf Lager sind. Sie hat zwei Lieferanten zur Auswahl:

Lieferer Adler verlangt 33,50 EUR und könnte am 18.10. liefern.

Lieferer Becker KG verlangt 35,50 EUR und könnte am 13.10. liefern.

Begründen Sie, bei welchem Lieferanten die Einkaufsabteilung bestellen soll, falls pro Tag im Durchschnitt drei Stück des Fremdbauteils benötigt werden und ein Mindestbestand von fünf Stück gehalten werden soll (Rechenweg).

2.8 Meldebestand

In einer Textilfabrik soll der Meldebestand für den Artikel „Reißverschlüsse für Herrenanoraks" ermittelt werden.

1. Beschreiben Sie, was unter dem Meldebestand zu verstehen ist.
2. Errechnen Sie den Meldebestand aus folgenden Angaben:
   Täglicher Bedarf 40 Reißverschlüsse; Beschaffungszeit 15 Tage; Mindestbestand 150 Stück.
3. Erläutern Sie mindestens zwei Gründe, warum es für die Textilfabrik sinnvoll ist, einen Mindestbestand zu halten.

2.9 Bestellpunktverfahren – Meldebestand

LA

Für einen Rohstoff beträgt der Lagerhöchstbestand 5.000 Stück. Innerhalb von 5 Arbeitstagen hat sich der Lagerbestand wie folgt entwickelt:

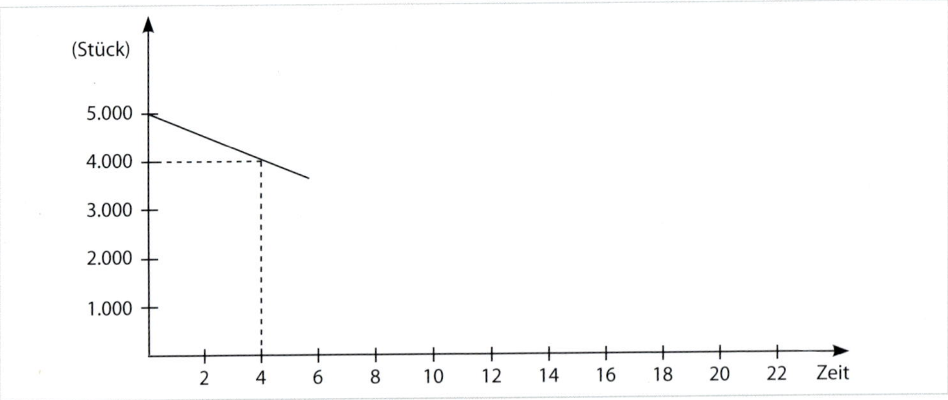

Auch für die folgende Zeit ist mit einem gleich bleibenden Lagerabgang pro Arbeitstag zu rechnen. Die Lieferzeit nach Abgang der Bestellung beträgt 8 Tage.

1. Bei welchem Lagerbestand muss spätestens bestellt werden, wenn kein Engpass bei diesem Rohstoff auftreten soll?

2. Wider Erwarten verzögert sich die Lieferung des Rohstoffs um 5 Tage über die normale Lieferzeit hinaus. Wie hoch hätte der Bestand bei Eintritt der Lieferverzögerung sein müssen, um trotz dieser Verzögerung die Produktion aufrecht halten zu können?
3. Künftig soll ein für 5 Tage ausreichender Sicherheitsbestand gehalten werden. Berechnen Sie den Meldebestand.
4. Bei jeder Lieferung wird das Lager bis zum Höchstbestand gefüllt. Wie viele Arbeitstage nach einer Lieferung ist der Meldebestand erreicht?
5. Wie viel Stück müssen an diesem Tag (Erreichen des Meldebestands) bestellt werden?
6. Wie groß ist die Reichweite der Bestellmenge?
7. Wie groß ist das Bestellintervall?

2.10 Meldebestand – Höchstbestand- Bestellzeitpunkt – Bestellintervall

LA

Ein Baustoff-Großhandelsbetrieb hat einen Tagesabsatz von 150 Tonnen Zement. Der Zement trifft regelmäßig 14 Tage nach Abgang der Bestellung ein. Der Großhändler will einen eisernen Bestand für 6 Tage haben.

1. Ermitteln Sie den Meldebestand.
2. Fassen Sie die Berechnung des Meldebestandes in einer Formel zusammen.
3. Die nachstehende Grafik zeigt den geplanten Verlauf des Lagerbestandes.
   Ermitteln Sie daraus so genau wie möglich folgende Daten: Mindestbestand – Höchstbestand – Meldebestand – Bestellmenge – Bestellzeitpunkt – Bestellintervall (Reichweite der Bestellmenge).

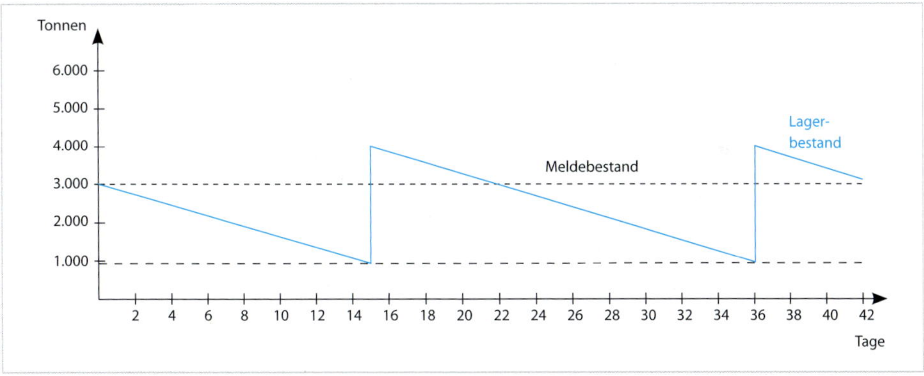

2.11 Vernetzungsdiagramm zur Materialwirtschaft – Zielkonflikte

PDF

1. Das nebenstehende Vernetzungsdiagramm zeigt Zusammenhänge und Abhängigkeiten zwischen verschiedenen Einflussfaktoren aus dem Bereich der Materialwirtschaft.

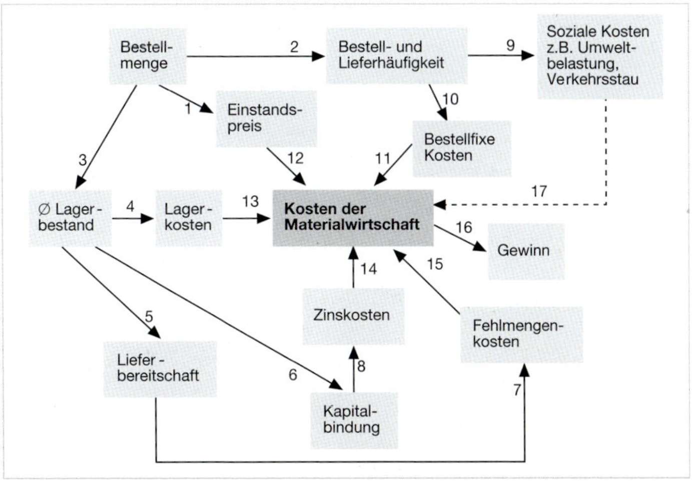

Die Pfeile haben folgende Bedeutung: Die Größe, von der der Pfeil ausgeht, beeinflusst die Größe, auf die der Pfeil zeigt. Dabei können zwei Wirkungsrichtungen unterschieden werden:

- Gleichgerichtete (verstärkende) Wirkungen (je mehr – desto mehr bzw. je weniger – desto weniger) werden durch ein Pluszeichen (+) symbolisiert.
- Entgegengesetzte (abschwächende) Wirkungen (je mehr – desto weniger bzw. je weniger – desto mehr) werden durch ein Minuszeichen (–) symbolisiert.

Beispiel für Pfeil 1:
Zusammenhang: Wenn der Lieferer Mengenrabatt gewährt, beeinflusst die Bestellmenge den Einstandspreis
Entgegengesetzte Wirkungsrichtung: Je größer die Bestellmenge, desto geringer der Einstandspreis (–)

Erläutern Sie alle durch Pfeile dargestellten Abhängigkeiten und geben Sie für jeden Pfeil auch die Wirkungsrichtungen entsprechend der oben erläuterten Regel an.

2. Nennen Sie je zwei Argumente, die für die Beschaffung
   a) in großen Mengen b) in kleinen Mengen
   sprechen.
3. Der gesamte Jahresbedarf eines Artikels kann in einer Lieferung oder in kleineren Mengen bezogen werden. Erklären Sie den Zielkonflikt, der dabei auftritt.

LA

2.12 Optimale Bestellmenge: tabellarische, grafische und formelmäßige Ermittlung

PDF

Der Assistent der Geschäftsleitung einer Reutlinger Textilmaschinenfabrik soll den Zusammenhang zwischen Beschaffungskosten und Lagerhaltungskosten untersuchen, um daraus die günstigste Bestellmenge für die einzelnen Werkstoffe zu ermitteln. Die Untersuchung führt er am Werkstoff Z 3042 durch.

Folgende Voraussetzungen und Daten werden der Untersuchung zugrunde gelegt:

- Die jährliche Beschaffungsmenge wird in gleichbleibende Bestellmengen aufgeteilt.
- Die Einstandspreise sind von der Bestellmenge und vom Bestellzeitpunkt unabhängig.
- Das Fertigungsverfahren ermöglicht einen gleichbleibenden Lagerabgang.
- Aufgrund von Vereinbarungen mit dem Lieferer ist sichergestellt, dass zum Zeitpunkt des Aufbrauchs des Lagerbestandes immer die neue Lieferung eintrifft.
- Als durchschnittlicher Lagerbestand in Stück wird jeweils die halbe Bestellmenge angenommen.
- Mittelbare Beschaffungskosten (bestellfixe Kosten) je Auftrag: 40 EUR
- Jahresbedarf: 1.000 Einheiten
- Einstandspreis je Mengeneinheit: 12,50 EUR
- Lagerhaltungskostensatz: 16 %

1. Mithilfe des nachstehenden Tabellenmusters sollen Sie folgendes Problem lösen:
   Bei welcher Bestellmenge ist die Summe aus Beschaffungskosten und Lagerhaltungskosten, bezogen auf eine Mengeneinheit, am niedrigsten?

Alternative Bestellmengen	Anzahl der Bestellungen im Jahr	Durchschnittlicher Lagerbestand (EUR)	Lagerhaltungskosten im Jahr (EUR)	Bestellfixe Kosten im Jahr (EUR)	Summe bestellfixe Kosten und Lagerhaltungskosten (EUR)	Unmittelbare Beschaffungskosten (Menge · Einstandspreis) (EUR)	Gesamte Kosten der Materialwirtschaft im Jahr (EUR)	Kosten der Materialwirtschaft je Einheit (EUR)
1	2	3	4	5	6	7	8	9
50	20	312,50	50,00	800,00	850,00	12.500,00	13.350,00	13,35
100	10	625,00	100,00	400,00	500,00	12.000,00	13.000,00	13,00
125								
200								
250								
500								
1.000								

Muster

2. Überprüfen Sie Ihr Ergebnis von Aufgabe 1, indem Sie die nachfolgend dargestellten Kostenkurven in ein Koordinatensystem übertragen und die Summe aus bestellfixen Kosten und Lagerhaltungskosten (Spalte 6) als Kurve grafisch darstellen.

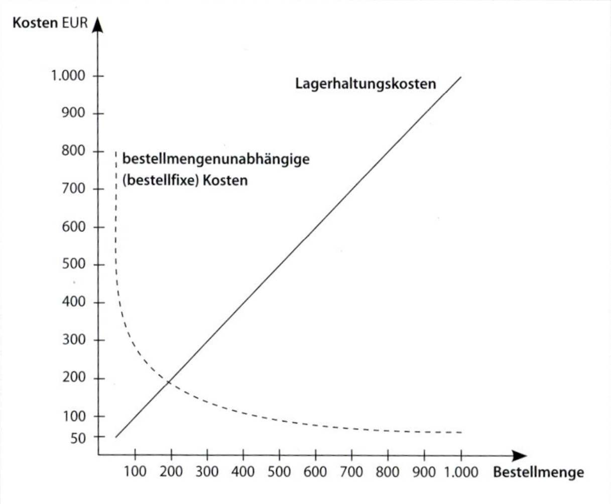

3. Die Berechnung der optimalen Bestellmenge kann auch mithilfe der folgenden mathematischen Formel erfolgen:

$$\text{Optimale Bestellmenge} = \sqrt{\frac{200 \cdot \text{bestellfixe Kosten je Bestellung} \cdot \text{Jahresbedarf}}{\text{Einstandspreis je Mengeneinheit} \cdot \text{Lagerhaltungskostensatz}}}$$

Ermitteln Sie die optimale Bestellmenge für den Werkstoff Z 3042 unter Verwendung der oben dargestellten Formel.

4. a) Überprüfen Sie die Voraussetzungen, die für die Berechnung der optimalen Bestellmenge angenommen wurden, auf ihre Praxisnähe.
   b) Halten Sie die Berechnung der optimalen Bestellmenge unter Annahme dieser Voraussetzungen für eine brauchbare betriebliche Entscheidungshilfe?

2.13 Optimale Bestellmenge

Der Jahresbedarf eines Industriebetriebs beträgt bei einem bestimmten Rohstoff 14.400 Stück. An jedem Arbeitstag wird im Durchschnitt die gleiche Menge des Rohstoffs benötigt. Der Einstandspreis beträgt 6,00 EUR je Stück. Die Bestellkosten belaufen sich auf 75,00 EUR pro Bestellung. Es wird mit einem Lagerhaltungskostensatz von 25 % gerechnet. Bisher wurden für diesen Rohstoff vier Bestellungen jährlich ausgelöst. PDF

1. Berechnen Sie die optimale Bestellmenge mithilfe einer Tabelle nach folgendem Muster:

Alternative Bestell-mengen	Anzahl der Bestellungen im Jahr	Durchschnitt-licher Lager-bestand	Lagerhaltungs-kosten im Jahr	Bestellkosten (bestellfixe Kosten) im Jahr	Summe aus Lagerhaltungs- und Bestell-kosten im Jahr
400					
800					
usw.					

2. Überprüfen Sie Ihr Ergebnis mithilfe der Formel zur Berechnung der optimalen Bestellmenge.
3. Ermitteln Sie den Wert des durchschnittlich im Lager gebundene Kapitals bei der bisherigen Vorgehensweise.
4. Ermitteln Sie den Kostenunterschied, der sich durch die Berücksichtigung der optimalen Bestellmenge gegenüber der bisherigen Vorgehensweise ergibt.

2.14 Planspiel: Beschaffungsplanung und Lagerhaltung bei der Getränkehandlung LEMCO

Führen Sie in Ihrer Klasse das Planspiel LEMCO durch.
Die Planspielunterlagen sowie ein Auswertungsprogramm für den Spielleiter befinden sich auf der Begleit-CD.

2.15 Fertigungsverfahren

PDF

1. Ordnen Sie folgende Organisationsformen der Fertigung den Abbildungen 1 bis 4 zu:
   a) Werkstattfertigung
   b) Reihenfertigung
   c) Fließbandfertigung
   d) Transferstraße (automatische Fertigung)

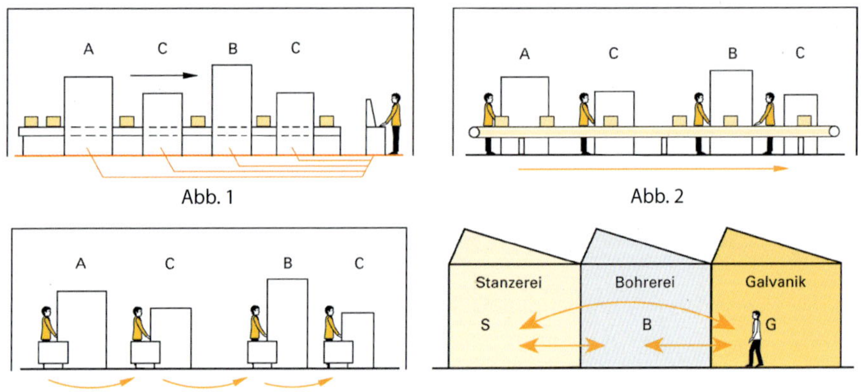

Abb. 1 · Abb. 2 · Abb. 3 · Abb. 4

Quelle: REFA, Methodenlehre des Arbeitsstudiums, Teil 3, München 1972, S. 186

2. Vergleichen Sie Werkstatt- und Fließfertigung anhand der folgenden Merkmale *(siehe Arbeitsblatt)*. Versehen Sie dazu die Merkmale mit den Ausprägungsmerkmalen „hoch", „niedrig/gering" oder „trifft nicht zu". Begründen Sie Ihre Zuordnung.
   Merkmale: Durchlaufzeiten, Transportkosten, Lagerkosten, Investitionsbedarf, Anpassungsfähigkeit an Marktveränderungen, Anpassungsmöglichkeit bei Beschäftigungsschwankungen, Übersichtlichkeit des Produktionsprozesses, Störanfälligkeit, Stückkosten, Belastung der Mitarbeiter durch monotone Arbeit, Qualifikation der Mitarbeiter, Lohnkosten, Fehlerquote/Ausschuss, Anwendbarkeit der Divisionskalkulation, Verwendung von Spezialmaschinen, Arbeitsproduktivität

3. Nach der Häufigkeit der Leistungswiederholung lassen sich folgende Fertigungstypen unterscheiden:
   - Einzelfertigung: Herstellung einer einzelnen Einheit eines Produkts, meist als Sonderanfertigung auf Bestellung (z. B. Hängebrücke)
   - Mehrfachfertigung: mit den Unterformen Massen-, Sorten- und Serienfertigung

   Ordnen Sie die folgenden Produkte einem dieser Fertigungstypen zu *(vgl. Arbeitsblatt)*. Begründen Sie Ihre Zuordnung.
   Produkte: Herrenanzüge unterschiedlicher Qualität und Größe, verschiedene Autotypen, Elektrizität, Gas, Bücher, Benzin, Teppiche, Zigaretten, Glühbirnen, Bier, Schrauben, Schiffe, Staudamm, Papier, Möbel, Radios

2.16 Normung – Typung – Spezialisierung – Baukastensystem

Begründen Sie, ob es sich bei den nachfolgenden Beispielen um Normung, Typung, Spezialisierung oder um die Anwendung eines Baukastensystems handelt.

1. Ein Fensterbaubetrieb hat bisher auf Bestellung nach Angaben der Kunden alle Arten von Fenstern, Türen und Wintergärten hergestellt. Seit Oktober liegt der Schwerpunkt auf der Lieferung von Wintergärten.
2. Ein Hersteller für Befestigungstechnik will eine Qualitätsoffensive für seine Produkte starten. Entwick-

lungsabteilung und Produktion werden angewiesen, nur noch Kunststoffe mit einer vorgegebenen Zusammensetzung zu verwenden.

3. Bei einem Hersteller für automatische Türanlagen in Flughäfen oder besonders gesicherten öffentlichen Gebäuden wird die Schließanlage SX Futura 380 in unterschiedlichen Anlagen verwendet.
4. Ein Hersteller für hochwertige Bad- und WC-Ausstattung fertigt bisher fast ausschließlich nach individuellen Wünschen nationaler und internationaler Kunden. Zur Steigerung der Wettbewerbsfähigkeit entwickelt das Unternehmen nun 15 Grundentwürfe, die den Kundenvorstellungen über Variationen angepasst werden können.

2.17 Netzplan (Einführung): Terminplanung – Gesamtpuffer – Kritischer Weg

Vorklasse

LA

PDF

Die Spielzeugfabrik **Storz** hat sich auf die Herstellung von Lehrspielzeug spezialisiert. Die Vertreterberichte zeigen, dass bei den Kunden starkes Interesse an einem Spiel besteht, das Kenntnisse und Erkenntnisse aus dem Bereich der Wirtschaft vermittelt.

Die Geschäftsleitung entschließt sich, ein solches Spiel als Brettspiel auf den Markt zu bringen. Sie beruft deshalb eine Besprechung mit den Leitern der Abteilungen Werbung, Zeichenbüro, Fertigung, Vertrieb und Rechnungswesen ein.

Der Leiter der Werbeabteilung soll feststellen, wann er mit der Vorbereitung der Werbung fertig sein kann. Für die Werbevorbereitung und die ihr vorausgehenden Vorgänge sind folgende Zeiten geschätzt worden:

Marktanalyse 30 Tage, Gesamtentwurf des Brettspiels 14 Tage, Detailzeichnungen (Einzelzeichnungen) 8 Tage, Werbevorbereitung 10 Tage. Mit der Marktanalyse und dem zeichnerischen Entwurf soll sofort begonnen werden.

1. Erstellen Sie eine Vorgangstabelle nach folgendem Muster und tragen Sie in die Spalten 1–3 die der Werbevorbereitung vorausgehenden Vorgänge und ihre Dauer ein.

1	2	3	4	5	6	7	8	9	10	11
Nr.	Vorgang Bezeichnung	Dauer in Tagen	Vorgänger	Nachfolger	frühester Anfangs- zeitpunkt FAZ	End- zeitpunkt FEZ	spätester Anfangs- zeitpunkt SAZ	End- zeitpunkt SEZ	Gesamt-Puffer GP	Freier Puffer FP
1	Entscheidung	1								
2	Marktanalyse	30								
3										
4										
5	Werbevorbereiung	10								

Muster

2. Der Werbeleiter stellt die Abhängigkeiten der vor Beginn der Werbevorbereitung zu erledigenden Vorgänge nach dem Prinzip des Netzplans dar.

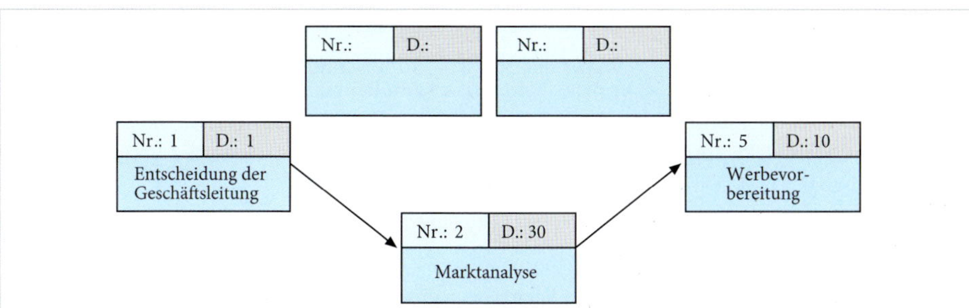

Erstellen Sie nach obigem Muster den Netzplan und ergänzen Sie diesen durch die Vorgänge Gesamtentwurf und Detailzeichnung.

3. Tragen Sie in die Vorgangsliste zu jedem Vorgang in die Spalte 4 die Nummer des Vorgangs ein, der unmittelbar vorausgegangen sein muss, und in die Spalte 5 die Nummer des Vorgangs, der unmittelbar nachfolgt.

Beachten Sie dabei, dass ein Vorgang auch mehrere unmittelbare Vorgänger bzw. Nachfolger haben kann.

4. Ein Vorgang kann erst beginnen, wenn der vorhergehende beendet ist. Der Tag, an dem mit dem Gesamtentwurf begonnen werden kann, wird als „früheste Anfangszeit (FAZ)“ über die linke obere Ecke des Vorgangsknotens geschrieben; der Tag, an dem der Vorgang beendet ist, wird als „frühester Endzeitpunkt (FEZ)“ über die rechte obere Ecke des Knotens gesetzt.

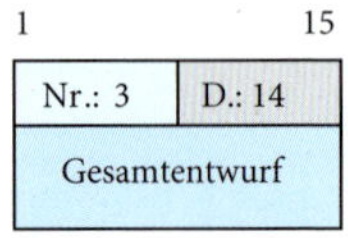

Ergänzen Sie den Netzplan in dieser Weise.

5. Am wievielten Tag kann die Werbevorbereitung frühestens beendet sein?

6. Tragen Sie die frühesten Anfangs- und Endzeitpunkte in die Spalten 6 und 7 der Vorgangstabelle ein.

7. Der Zeitpunkt, an dem ein Vorgang spätestens anfangen muss, wird als „spätester Anfangszeitpunkt (SAZ)“ unter die linke untere Ecke des Vorgangsknotens gesetzt, der „späteste Endzeitpunkt (SEZ)“ des Vorgangs unter die rechte untere Ecke.

   Der Vorgangsknoten „Detailzeichnung“ hat dann folgendes Aussehen:

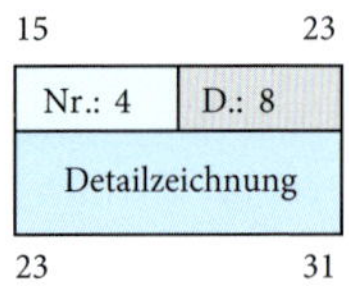

   Wie wurden SAZ und SEZ bestimmt?

8. Setzen Sie für alle Vorgänge die SAZ und SEZ in den Netzplan ein.

9. Tragen Sie die SAZ und SEZ in die Spalten 8 und 9 der Tabelle ein.

10. Der „Gesamtpuffer“ eines Vorgangs ist die Differenz zwischen spätestem und frühestem Anfangszeitpunkt und damit natürlich auch zwischen spätestem und frühestem Endzeitpunkt eines Vorgangs. Er zeigt eine Zeitreserve innerhalb eines Vorganges.

    Errechnen Sie für jeden Vorgang des Projekts Brettspiel dessen Gesamtpuffer.

    Tragen Sie die Ergebnisse in die Spalte 10 der Vorgangstabelle ein.

11. Der Gesamtpuffer gibt die Zeit an, um die ein Vorgang verlängert werden kann, ohne dass sich am Endtermin des **gesamten** Projektes etwas ändert. Der „freie Puffer“ gibt hingegen die Zeit an, um die sich ein einzelner Vorgang verzögern kann, ohne dass einer seiner Nachfolger aus seiner frühesten Anfangszeit verdrängt wird. Über diese Zeitreserve kann bei einem Vorgang ohne Rücksicht auf die Vorgänger oder Nachfolger frei verfügt werden. Der „freie Puffer“ entspricht der Differenz aus FAZ des frühesten Nachfolgers und FEZ seines Vorgängers. Er zeigt die Zeitreserve eines Vorganges zu seinen unmittelbaren Nachfolgern.

    Errechnen Sie für jeden Vorgang des Projekts Brettspiel den freien Puffer und tragen Sie diesen in die Spalte 11 der Vorgangstabelle ein.

12. Vorgänge, bei denen der Gesamtpuffer gleich 0 ist, haben gleichzeitig auch einen „freien Puffer“ von 0. Diese Vorgänge werden als kritisch bezeichnet. Alle Vorgänge, für die dies zutrifft, ergeben zusammen den „kritischen Weg“ (critical path) eines Projektes.

    Ziehen Sie die Pfeile, die den „kritischen Weg“ des vorliegenden Netzplanes darstellen, farbig nach.

13. Zeigen Sie die Folgen auf, die Zeitverzögerungen bei kritischen Vorgängen für den Zeitplan des Gesamtprojektes haben.

2.18 Netzplantechnik

Vor-klasse

PDF

Für die Herstellung eines neuen Brettspiels der Spielzeugfabrik Storz liegt folgende Vorgangsliste vor:

Nr.	Vorgang	Dauer in Tagen	Vorgänger	Nachfolger
1	Zeichnung erstellen	3	–	2
2	Stückliste erstellen	3	1	3, 4, 5
3	Arbeitsvorbereitung	10	2	6
4	Materialbeschaffung	30	2	6
5	Kalkulation	2	2	6
6	Einzelteilfertigung	12	3, 4, 5	7
7	Zusammenbau	1	6	8
8	Kontrolle	1	7	–

1. Erstellen Sie den Netzplan.
2. Errechnen Sie den Gesamtpuffer und zeichnen Sie den kritischen Weg ein.

Selbsteinschätzung zum Kompetenzerwerb zu Lernbereich 2:

Material beschaffen und Fertigungsverfahren festlegen		
Nr.	**Kompetenzerwartung** **Ich kann …**	**Noch Probleme? Kompetenzerwerb durch Bearbeitung folgender Kapitel und Aufgaben im Buch ...**
1	... mithilfe der ABC-Analyse eine begründete Entscheidung treffen, ob Materialien fertigungssynchron oder auf Vorrat beschafft werden sollen.	Kap. 2.1 und 2.2 Aufgaben 2.1 bis 2.3
2	... den Beschaffungsmarkt analysieren und Bestellungen so durchführen, dass die Lieferbereitschaft unter Berücksichtigung der Lager-- und Bestellkosten jederzeit gewährleistet ist.	Kap. 2.3, 2.4 und 2.5 Aufgaben 2.4 bis 2.14
3	... eine begründete Entscheidung treffen, wie viele unterschiedliche Produkte mit welchem Fertigungsverfahren hergestellt werden sollen, Gründe für die gewählte Fertigungstiefe nennen und dabei die Vorteile von Normung und Typung nutzen.	Kap. 2.6 und 2.7 Aufgaben 2.15 und 2.16
4	... die Netzplantechnik als Instrument nutzen, um Engpässe in der Produktion aufzuzeigen.	Kap. 2.8 Aufgaben 2.17 und 2.18
5	... die betrieblichen Auswirkungen beurteilen, wenn Produktions- und Absatzmengen synchronisiert werden.	Kap. 2.9

Jahrgangsstufe 11

Lernbereich 3: Personal (zukunftsgerecht) beschaffen und einsetzen und (differenziert) beurteilen

3 Personalwesen

Kompetenzerwartungen und Gliederung zum Lernbereich 3

Lernbereich 3: Personal beschaffen, einsetzen und beurteilen
Kapitel 3: Personalwesen

Kompetenzen:
- *Den Personalbedarf unter Berücksichtigung der betrieblichen Ziele und Notwendigkeiten ermitteln*

→ **3.1 Personalbedarfsplanung**

Kompetenzen:
- *Im Rahmen der internen und externen Personalbeschaffung eine begründete Auswahl der einzusetzenden Beschaffungsinstrumente treffen*
- *Kriterien für die zu besetzendes Stelle zusammenstellen, um die Bewerbungen zu analysieren*

→ **3.2 Personalbeschaffung**

Kompetenzen:
- *Instrumente der Personalauswahl zielgerichtet einsetzen und eine begründete Besetzungsentscheidung treffen*

→ **3.3 Personalauswahl**

Kompetenzen:
- *Den effektiven Einsatz des vorhandenen Personals planen*
- *Entscheidungen hinsichtlich denkbarer Arbeitszeitmodelle und Gestaltungsmodelle treffen*

→ **3.4 Personaleinsatzplanung**
→ **3.5 Arbeitszeitmodelle und Formen der Arbeitsgestaltung**

Kompetenzen:
- *Die Personalbeurteilung als Instrument der Personaleinsatzplanung und der Personalentwicklung nutzen*
- *Berücksichtigen, dass die Personalbeurteilung sowohl methodische als auch Umsetzungsprobleme aufweisen kann*

→ **3.6 Personalentwicklung und Personalbeurteilung**

Vor-klasse

3.1 Personalbedarfsplanung

3.1.1 Ermittlung des quantitativen Personalbedarfs

Im Rahmen der quantitativen Personalbedarfsplanung wird festgestellt, wie viel Personal das Unternehmen in Zukunft benötigt.

Voraussetzung für die Einleitung von Maßnahmen zur Beschaffung des benötigten Personals ist die Ermittlung des Personalbedarfs. Eine kurzfristige Personalbedarfsermittlung geht von den gegenwärtig gegebenen Produktions- und Absatzverhältnissen aus. Sie stellt den Personalbedarf unter den gegebenen Verhältnissen fest, vergleicht ihn mit dem tatsächlichen Personalbestand und errechnet daraus den Personalbedarf.

Methoden zur Ermittlung des Personalbedarfs

Der Personalbedarf kann u. a. durch **Schätzverfahren**, durch **Kennzahlen** oder durch eine **Arbeitsanalyse** (Feststellung des Zeit- und Personalbedarfs für einzelne Arbeitsgänge einer Gesamtaufgabe) ermittelt werden.

Schätzverfahren

> **Beim einfachen Schätzverfahren werden die Vorgesetzten der Fachabteilungen aufgrund ihrer Erfahrungen in der Vergangenheit befragt, wie viele Mitarbeiter sie zukünftig zur Erfüllung ihrer Aufgaben benötigen.**

Die Ergebnisse des Schätzverfahrens sind häufig subjektiv und stark von den Machteinflüssen der verschiedenen Vorgesetzten abhängig. Deshalb erwartet in der Praxis die Geschäftsleitung bei zusätzlichem Personalbedarf eine schriftliche Begründung, die in einem anschließenden Genehmigungsverfahren geprüft wird.

Kennzahlenmethode

Die Kennzahlenmethode stellt einen direkten Zusammenhang zwischen dem Personalbedarf und der Leistung der Mitarbeiter her. So besteht beispielsweise ein direkter Zusammenhang zwischen der Zahl der eingesetzten Verkäufer und der getätigten Umsätze in einem Einzelhandelsunternehmen. Mit dieser Zahl kann man bei sonst unveränderten Gegebenheiten den künftigen Personalbedarf, sobald der geplante Jahresumsatz feststeht, bestimmen.

$$\textbf{Personalbedarf} = \frac{\textbf{Output (z. B. geplanter Jahresumsatz des Unternehmens)}}{\textbf{Input (z. B. geplanter Jahresumsatz eines Verkäufers)}}$$

Kennzahlenmethode

Statistiken der Wedel GmbH belegen, dass jeder Verkäufer im Durchschnitt einen Jahresumsatz in Höhe von 500.000 EUR erzielt. Die Wedel GmbH plant ihren künftigen Jahresumsatz (Filiale Kaiserstuhl) auf 4,8 Mio. EUR. Die Anzahl der benötigten Verkäufer ergibt sich wie folgt:

$$\text{Personalbedarf} = \frac{\text{Output}}{\text{Input}} = \frac{\text{4.800.000 EUR}}{\text{500.000 EUR/Verkäufer}} = \text{9,6 Verkäufer}$$

Der zukünftige Personalbedarf der Wedel GmbH beträgt 10 Verkäufer bzw. 9 Vollzeitkräfte und eine Teilzeitkraft, die zu 60 % beschäftigt wird.

Ermittlung des Brutto-Personalbedarfs

> **Der *Brutto-Personalbedarf* gibt an, wie viele Mitarbeiter erforderlich sind, um die Produktions- und Absatzpläne eines Unternehmens zu realisieren, unter Berücksichtigung der voraussichtlich anfallenden Arbeitsausfälle (z. B. durch Urlaub oder Krankheit).**

Aufg. 3.1 S. 110

Stellenplan

> **Ein *Stellenplan* gibt die Anzahl der freien und besetzen Stellen für einen Geschäftsbereich an.**

Ausgehend vom aktuellen Stellenplan wird die zukünftige Stellenstruktur unter Einbeziehung der zukünftigen Planungen des Unternehmens fortgeschrieben.

Stellenplanmethode

Die Wedel GmbH, ein expandierendes Einzelhandelsunternehmen mit mehreren Filialen, erwartet aufgrund eines Konjunkturaufschwungs Umsatzsteigerungen. Deshalb schreibt die Personalabteilung den zukünftigen Personalbedarf für Verkäufer von sechs auf acht Mitarbeiter fort. Die Zahl der Lagerfacharbeiter soll von zwei auf drei Mitarbeiter erhöht werden. Damit ergibt sich, unter Berücksichtigung des aktuellen Personalbestands, folgender Personalbedarf:

Stellenplan der Wedel GmbH: Filiale Münsterplatz				
Stellenart	**Ausgewiesene Stellen nach Stellenplan**	**Aktueller Personalbestand**	**Zukünftige Stellen nach Stellenplan**	**Differenz**
Filialleiter/-in	1	1	1	± 0
Stellv. Filialleiter/-in	1	–	1	– 1
Erstverkäufer/-in	2	1	2	– 1
Verkäufer	6	5	8	– 3
Lagerfacharbeiter	2	2	3	– 1
Auszubildende	3	4	3	+ 1
Tatsächlicher Bedarf	15	13	18	– 5

Die Wedel GmbH benötigt zukünftig 18 Mitarbeiter (Brutto-Personalbedarf). Unter Berücksichtigung des aktuellen Personalbestands sind 5 neue Mitarbeiter einzustellen.

Ermittlung des Netto-Personalbedarfs

Der aktuelle Personalbestand muss mit dem Brutto-Personalbedarf verglichen werden. Dies erfolgt in Form einer **Zugangs- und Abgangsrechnung,** bei der zusätzlich noch Personalveränderungen durch feststehende Personalabgänge oder Personalzugänge berücksichtigt werden:

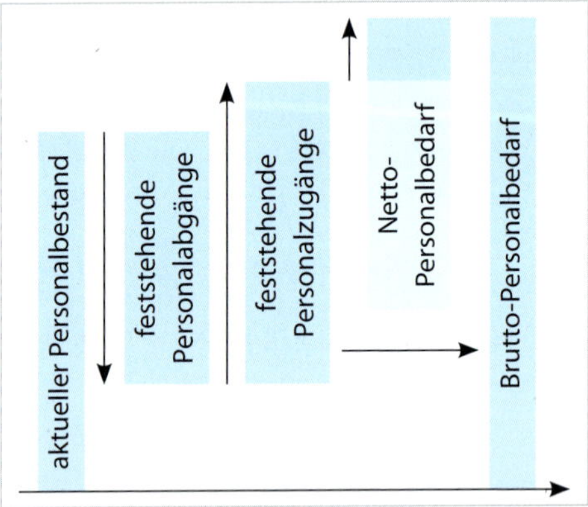

Rechnung	Erklärung/Beispiele
Brutto-Personalbedarf	Benötigte Mitarbeiterzahl in Zukunft nach Schätzverfahren, Stellenplanmethode oder Kennzahlenmethode.
– aktueller Personalbestand	Heutige Anzahl der Mitarbeiter im Unternehmen.
+ feststehende Personalabgänge	Mitarbeiter, die das Unternehmen verlassen. Beispiele: Ruhestand, Mutterschutz, Elternzeit, Versetzungen, Fluktuation.
– feststehende Personalzugänge	Mitarbeiter, die in das Unternehmen eintreten bzw. nach einer Unterbrechung zurückkehren. Beispiele: Mutterschutz, Elternzeit, Versetzungen, Übernahme von Auszubildenden, Einstellungszusagen.
= Netto-Personalbedarf	Tatsächlich zu beschaffende Mitarbeiterzahl.

Ermittlung des Nettopersonalbedarfs

Die Wedel GmbH benötigt aufgrund ihrer Ergebnisse aus der Kennzahlenmethode zukünftig 10 Verkäufer in der Filiale Kaiserstuhl. Der derzeitige Personalbestand beträgt 5 Verkäufer (ohne Auszubildende). Franka Huber und Thomas Godj, Auszubildende, legen in zwei Monaten ihre Abschlussprüfung ab. Beide haben bereits eine Einstellungszusage erhalten. Heike Keller ist im 6. Monat schwanger und plant nach der Entbindung in Elternzeit zu gehen. Andreas Groß ist derzeit in Elternzeit. Er wird in drei Monaten wieder zurück kommen. Josef Müller tritt in vier Monaten seinen Ruhestand an.

Brutto-Personalbedarf der Wedel GmbH	10 Mitarbeiter
– aktueller Personalbestand	5 Mitarbeiter
+ feststehende Personalabgänge	2 Mitarbeiter (Fr. Keller, Hr. Müller)
– feststehende Personalzugänge	3 Mitarbeiter (Hr. Groß, Fr. Huber, Hr. Godj)
= Netto-Personalbedarf	4 Mitarbeiter

Der Wedel GmbH fehlen somit 4 Mitarbeiter (Unterdeckung), um den zukünftigen Personalbedarf zu decken.[1]

Ergebnis der Berechnung des zukünftigen Netto-Personalbedarfs kann sein, dass sich nicht ein Fehlbestand, sondern ein Personalüberhang ergibt, der Entlassungen („Freisetzungen") notwendig machen kann. Ursache für den Personalüberhang kann eine geplante Rationalisierungsinvestition oder ein zu erwartender Absatzrückgang sein.

3.1.2 Ermittlung des qualitativen Personalbedarfs

! **Im Rahmen der qualitativen Personalbedarfsplanung wird festgestellt, welche beruflichen und sozialen Qualifikationen für die im Betrieb zu besetzenden Stellen erforderlich sind.**

Zur Ermittlung des qualitativen Personalbedarfs dienen **Stellenbeschreibungen**.

Durch die Zusammenfassung von Aufgaben und Befugnissen zum Aufgabenbereich einer einzelnen Person entsteht eine Arbeitsstelle. Die Stelle ist damit die kleinste organisatorische Einheit in einem Unternehmen. Jede Stelle erfordert von dem Mitarbeiter eine bestimmte berufliche Ausrichtung und Qualifikation.

Eine Stellenbeschreibung ist üblicherweise durch folgende Merkmale gekennzeichnet:

Merkmal	Beschreibung	Beispiel
Stellenbezeichnung	Name der Stelle	Stellvertretender Filialleiter
Einordnung der Stelle in die betriebliche Organisation	Wer ist übergeordnet (Vorgesetzter)? Wer ist untergeordnet (erhält Anweisungen)? Mit welchen Stellen erfolgt eine Zusammenarbeit?	Filialleiter Verkäufer, Auszubildende Buchhaltung, Einkauf, Lieferanten
Aufgabeninhalte (Haupttätigkeiten)	Welche Aufgaben sollen durch die Stelle erfüllt werden? Welche Tätigkeiten, Fachaufgaben fallen an?	Erstellung von Personaleinsatzplänen, Überwachung und Betreuung von Verkäufern, Auszubildenden, Arbeiten im Verkauf
Stellvertretung	Wer vertritt bei Krankheit/Urlaub?	Erstverkäufer, Filialleiter
Befugnisse	Welche Vollmachten wurden erteilt?	Filialvollmacht
Stellenanforderungen (Qualifikationen)	Welche Ausbildung/wie viel Berufserfahrung ist erforderlich? Welche Zusatzkenntnisse werden benötigt? Welches Sozialverhalten wird verlangt (z. B. Teamfähigkeit, Lernbereitschaft)	Ausbildung zum Kaufmann im Einzelhandel, mindestens 3 Jahre Berufserfahrung, Teamfähigkeit, Verantwortungsbewusstsein, Führung von Mitarbeitern

3.2 Personalbeschaffung

3.2.1 Interne und externe Personalbeschaffung

Aufg. 3.2 S. 111

Wurde bei der Personalbedarfsrechnung festgestellt, dass der aktuelle Personalbestand (Ist) unter dem geplanten Brutto-Personalbedarf (Soll) liegt, muss neues Personal beschafft werden.

! Die Personalbeschaffung umfasst alle Maßnahmen, die erforderlich sind, um im Fall einer Unterdeckung den aktuellen Personalbestand rechtzeitig durch geeignete Mitarbeiter dem Brutto-Personalbedarf anzupassen.

Auslöser der Personalbeschaffung ist in der Praxis der Personalveränderungsplan oder eine Personalanforderung, mit der ein Abteilungsleiter der Personalabteilung seinen Personalbedarf bekannt gibt. Genehmigt die Personalabteilung die Stellenbesetzung, ist zu klären, auf welchem Weg das Personal beschafft werden soll. Die Bedarfsdeckung kann aus dem im Unternehmen vorhandenen Personalbestand **(unternehmensintern)** oder von außen **(unternehmensextern)** über den Arbeitsmarkt erfolgen.

Interne Personalbeschaffung

BetrVG §§ 93, 5 (3)

Bei der internen Personalbeschaffung kommen Mitarbeiter zum Einsatz, die bereits im Unternehmen beschäftigt sind. Häufig können sich diese Mitarbeiter durch die Bewerbung auf eine andere innerbetriebliche Stelle beruflich verbessern. Obwohl das Unternehmen grundsätzlich frei entscheiden kann, welchen Beschaffungsweg es wählt, kann der Betriebsrat des Unternehmens eine **innerbetriebliche** Stellenausschreibung verlangen. Ausgenommen hiervon sind Positionen leitender Angestellter.

Interne Personalbeschaffung	
Vorteile	**Nachteile**
■ Leistungsfähigkeit und Belastbarkeit des Mitarbeiters sind bekannt. ■ Kürzere Einarbeitungszeit, da der Mitarbeiter bereits die Produkte und die Strukturen im Betrieb kennt. ■ Keine Kosten für Stellenanzeigen in Printmedien (Zeitung) oder im Internet. ■ Zahl der Bewerber ist kleiner. Dadurch wird das Auswahlverfahren zeit- und kostensparend verkürzt. ■ Mitarbeiter sind durch die Aussicht auf Aufstiegsmöglichkeiten im Betrieb möglicherweise motivierter und damit produktiver.	■ Der versetzte Mitarbeiter hinterlässt an einer anderen Stelle im Betrieb eine Lücke, die wiederum neu besetzt werden muss. ■ Innerbetriebliche Aufstiegsmöglichkeit können und Beförderungen in der Belegschaft zu Neid, Machtkämpfen und Mobbing führen. ■ Die Stellenumbesetzung kann dazu führen, dass sich der neue Stelleninhaber erforderliches Fachwissen erst durch zeit- und kostenintensive Fortbildungsmaßnahmen aneignen muss. ■ Innerhalb des Unternehmens ist die Auswahl an geeigneten Mitarbeitern für die Stellenbesetzung vergleichsweise gering.

Externe Personalbeschaffung

Zur Vermeidung der Nachteile der internen Personalbeschaffung entscheiden sich Unternehmen häufig für die externe Personalbeschaffung. Dabei werden neue Mitarbeiter über den Arbeitsmarkt beschafft. Dazu können sich Unternehmen u. a. folgender Maßnahmen bedienen:

- Stellenanzeigen in Zeitungen (Print-Stellenanzeige)
- Stellenanzeigen im Internet (E-Recruitment, Onlinejobbörsen, Jobportale)
- Einschaltung privater bzw. öffentlicher Arbeitsvermittler (Personalberater, Agentur für Arbeit)

Externe Personalbeschaffung	
Vorteile	**Nachteile**
■ Mitarbeiter hat bereits Erfahrungen sammeln können und bringt neue Ideen mit (Vermeidung von „Betriebsblindheit"). ■ Keine Umbesetzung einer anderen Stelle erforderlich. ■ Kein Neid unter den bisherigen Mitarbeitern ■ Größere Anzahl an Bewerbern	■ Zeit- und kostenaufwändiges Bewerbungs- und Auswahlverfahren ■ Tatsächliche Leistungsfähigkeit des Mitarbeiters ist unklar. ■ Höheres Risiko der Fehlbesetzung ■ Demotivation der Mitarbeiter, da keine Aufstiegschancen vorhanden sind.

3.2.2 Stellenausschreibung

Damit neue Mitarbeiter auf dem internen oder externen Weg beschafft werden können, ist es erforderlich auf die neue Stelle aufmerksam zu machen. Dies erfolgt durch eine **Stellenausschreibung**. Aufg. 3.3 S. 111

AGG §§ 1, 11 Bei einer Stellenausschreibung sind u. a. die Vorschriften des **Allgemeinen Gleichbehandlungsgesetzes** zu beachten. Demnach ist ein Arbeitsplatz so auszuschreiben, dass keine Benachteiligungen aus Gründen des Geschlechts, der Rasse oder wegen der ethnischen Herkunft, Religion oder Weltanschauung, einer Behinderung, des Alters oder der sexuellen Identität eintritt. Ausnahmen hinsichtlich einer geschlechtsneutralen Ausschreibung sind nur dann erlaubt, wenn das Geschlecht eine unverzichtbare Voraussetzung für die Ausführung der Tätigkeiten ist, die im Rahmen des Arbeitsverhältnisses anfallen (z. B. bei der Stellenausschreibung für eine Tänzerin in der weiblichen Hauptrolle oder als Tenorsänger in einem Chor). AGG § 8

Inhalt einer Stellenausschreibung:

- Aufgabengebiet des zukünftigen Mitarbeiters,
- Einsatzort,
- Anforderungsprofil und Erwartungen des Unternehmens,
- gewünschte Schul- und Berufsausbildung,
- erwartete Berufserfahrung,
- Dauer der Beschäftigung (befristet, unbefristet),
- Arbeitsbedingungen und Entwicklungsmöglichkeiten,
- betriebliche Leistungen, Hinweis auf tarifliche/übertarifliche Bezahlung, Erfolgsbeteiligungen, Sozialleistungen
- Informationen zum Unternehmen (Standort, Größe, Mitarbeiterzahl),
- Ansprechpartner (Empfangsadresse, Eintrittstermin, erforderliche Bewerbungsunterlagen).

Aufg. 3.4 S. 112

Der Inhalt einer Stellenanzeige soll so gestaltet sein, dass sich die für die Stelle geeigneten Stellensuchenden angesprochen fühlen und die nicht ausreichend Qualifizierten auf eine Bewerbung verzichten. Dazu bietet sich die folgende Gliederung an:[1]

Wir sind	**Aussagen über das Unternehmen** (Name, Logo, Branche, Standort, Größe, Mitarbeiterzahl, Führungsstil, ...)
Wir haben	**Aussagen über die freie Stelle** (Ausschreibungsgrund, Aufgabenbeschreibung, Verantwortungsumfang, Vertretungsmacht, Entwicklungsmöglichkeiten, ...)
Wir suchen	**Aussagen über die Anforderungsmerkmale** (Berufsbezeichnung, Vorbildung, Ausbildung, Kenntnisse, Fähigkeiten, Berufserfahrung, persönliche Eigenschaften, Alter, ...)
Wir bieten	**Aussagen über die Leistung** (Entgelt, Sozialleistungen, Arbeitszeit, ...)
Wir bitten	**Erbetene Bewerbungsunterlagen** (Bewerbungsschreiben, Lebenslauf, Zeugnisse, Lichtbild, persönliches Gespräch

Zur Anwerbung von Arbeitskräften der höheren Ebenen der Betriebshierarchie werden häufig **Personalberater** eingeschaltet. Ihre Aufgabe ist nicht die Arbeitsvermittlung, sondern die Personalberatung. In Stellenanzeigen, die Personalberater aufgeben, wird das Unternehmen, von dem die Stelle ausgeschrieben wird, meist nicht genannt. Interessenten können dann beim inserierenden Personalberater nähere Informationen erhalten. Der

1 Vgl. K. Olfert, P. Steinbuch, Personalwirtschaft, Ludwigshafen 1999, S. 133 f.

Personalberater hat Sperrvermerke des Bewerbers zu beachten, die Bewerbung an bestimmte Unternehmen nicht weiterzugeben. Dadurch kann u. a. vermieden werden, dass eine Bewerbung beim derzeitigen Arbeitgeber erfolgt.

Chiffreanzeigen, die den Namen des Unternehmens nicht enthalten, sind i. d. R. wenig erfolgreich. Sie sollten nur in Ausnahmefällen eingesetzt werden, z. B. wenn die ausgeschriebene Stelle noch besetzt ist oder der Konkurrenz nicht bekannt werden soll.

Stellenausschreibung

Die Wedel GmbH sucht im Rahmen einer Neubesetzung sowohl auf dem externen als auf dem internen Weg für die neu zu eröffnende Filiale eine/n stellvertretende/n Filialleiter/in. Dazu hängt sie intern eine Stellenausschreibung am schwarzen Brett aus und gibt extern im Tagesblatt eine Anzeige auf.

Externe Stellenausschreibung

Wedel GmbH

Tragen Sie gerne Verantwortung ...?
Wir sind ein erfolgreiches, expandierendes Unternehmen im Einzelhandel. Mit innovativen Produkten und einem ausgezeichneten Service erzielen wir ständig steigende Umsatzzahlen. Der Erfolg unseres Unternehmens wird durch die Professionalität und Individualität unserer Mitarbeiter bestimmt. Eigene Ideen werden im Team besprochen und in die Unternehmensziele integriert.

Für unsere Filiale in der Kaiser-Josef-Straße, Passau
suchen wir zum 01.01.2...
eine/einen **stellvertretende/n Filialleiter/in**

Wir erwarten:
- Abgeschlossene Ausbildung zum/zur Kfm./Kffr. im Einzelhandel,
- fundierte Erfahrungen im Verkauf (mind. 5 Jahre),
- insgesamt 5–7 Jahre kaufmännische Tätigkeit,
- idealerweise 2 Jahre Erfahrung als Erstverkäufer/-in,
- Erfahrung im Umgang mit Mitarbeitern,
- Teamfähigkeit, Kontaktfreudigkeit, Lernbereitschaft,
- gute EDV- und Warenwirtschaftssystem-Kenntnisse.

Wir bieten:
- Überdurchschnittliche Bezahlung,
- ein selbständiges Betätigungsfeld,
- ein kooperatives Team.

Interessiert?

Dann senden Sie bitte Ihre aussagekräftigen Bewerbungsunterlagen an:
Wedel GmbH – Fr. Heike Neher – Rudolfstr. 7,
94032 Passau,

E-Mail: Wedel-Neher@com.de

Interne Stellenausschreibung

Wedel GmbH

Wir bieten Ihnen die Chance zum Aufstieg aus eigenen Reihen!

Für unsere Verkaufsabteilung suchen wir zum
01.01.2... eine/einen
stellvertretende/n Filialleiter/in

Wir erwarten:
- Abgeschlossene Ausbildung zum/zur Kfm./Kffr. im Einzelhandel,
- fundierte Erfahrungen im Verkauf (mind. 5 Jahre),
- insgesamt 5–7 Jahre kaufmännische Tätigkeit,
- idealerweise 2 Jahre Erfahrung als Erstverkäufer/-in,
- Erfahrung im Umgang mit Mitarbeitern,
- Teamfähigkeit, Kontaktfreudigkeit, Lernbereitschaft,
- gute EDV- und Warenwirtschaftssystem-Kenntnisse.

Wir bieten:
- überdurchschnittliche Bezahlung,
- ein selbständiges Betätigungsfeld,
- ein kooperatives Team.

Interessiert?

Dann wenden Sie sich bitte an Fr. Neher aus der Personalabteilung (Tel. -304).

Wir freuen uns auf Ihre Bewerbung!

E-Mail: Wedel-Neher@com.de

3.2.3 Jobbörsen – Jobportale – Personalmarketing

Jobbörsen und Jobportale

Im Rahmen einer Jobbörse werden Stellenausschreibungen verschiedener Unternehmen zusammengefasst und veröffentlicht.

In vielen Fällen handelt es sich bei **Jobbörsen** um Online-Plattformen, die auch als **Jobportale** bezeichnet werden. Sowohl bei der **Personalbeschaffung** seitens der Unternehmen ***(Recruitment)*** als auch bei der **Stellensuche** durch Bewerber haben intra- und internetbasierte Stellenbörsen ***(E-Recruiting)*** inzwischen eine wesentlich größere Bedeutung als Stellenanzeigen in Zeitungen und Zeitschriften (Printmedien).

Aufg. 3.5
S. 112

Jobportal

Deutschlands größtes Jobportal ist das der Agentur für Arbeit: https://jobboerse.arbeitsagentur.de/

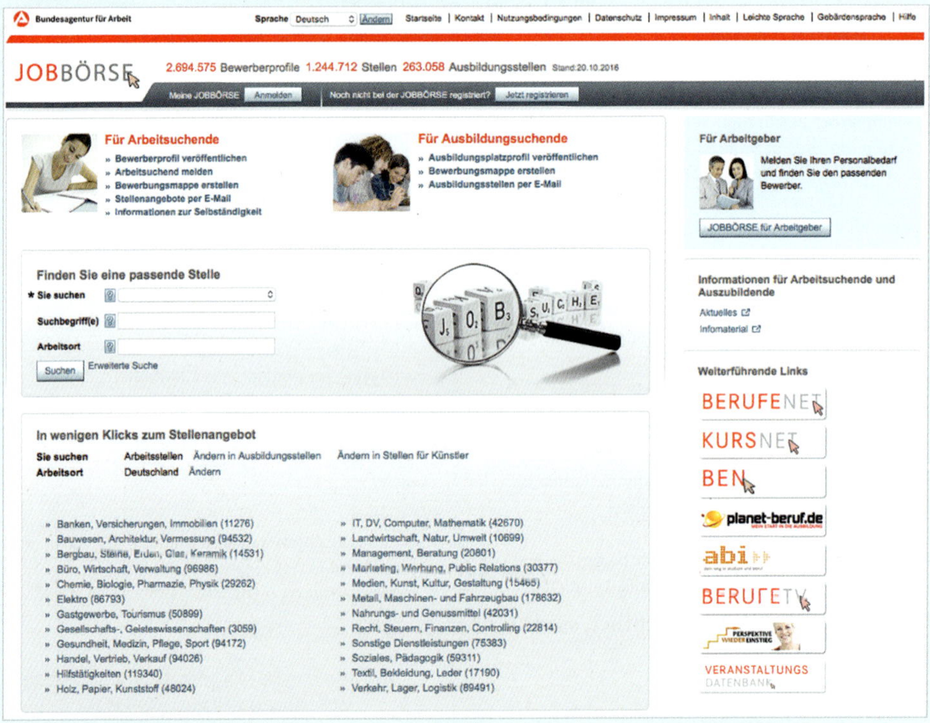

Die Personalgewinnung über Intra- und Internet bedient sich einer speziellen **E-Recruiting-Software**, über die der gesamte Ablauf unter Beteiligung der Personalabteilung des jeweiligen Unternehmens, der Stellensuchenden und der Jobbörsen/Arbeitsvermittler organisiert wird. Durch diese Form der Personalbeschaffung kommt es nicht nur zu erheblicher Zeit- und Kosteneinsparung. Auch die Erfolgsquote ist wesentlich höher als bei traditionellen Formen der Personalbeschaffung, da die Übereinstimmung von Anforderungsprofil der zu besetzenden Stelle und Qualifikation der Bewerber bereits im Vorfeld intensiv geprüft werden kann.

Personalmarketing

Im Rahmen des **Personalmarketings** werden Elemente des ursprünglich für den Absatzbereich *(vgl. Lernbereich 7)* entwickelten Marketinggedankens (z. B. Förderung des Bekanntheitsgrades und des Ansehens eines Unternehmens in der Öffentlichkeit) auf den Personalbereich angewandt.

Im Mittelpunkt des Personalmarketings steht das **Unternehmen als Arbeitgeber**. Dabei kommen Maßnahmen, das Unternehmen in der Öffentlichkeit als attraktiven Arbeitgeber, der sich auf dem Arbeitsmarkt positiv von anderen Konkurrenten abhebt, eine besondere Bedeutung zu. Ziel ist eine **Markenbildung *(Employer-Branding)*** im Sinne eines „sympathischen Arbeitgebers", der für Bewerber attraktiv erscheint. Dahinter steht der Gedanke: *Wenn das Image des Arbeitgebers stimmig ist und deutlich vermittelt wird, ist die Wahrscheinlichkeit höher, dass sich passende Arbeitssuchende von der Außendarstellung des Unternehmens angesprochen fühlen und auf freie Stellen bewerben.* War die Stellenbesetzung erfolgreich, geht es im Personalmarketing darum, dem neuen Mitarbeiter Möglichkeiten zu bieten, sich auch weiterhin mit dem Unternehmen zu identifizieren, um so ein hohe Personalfluktuation und dadurch entstehende Kosten zu vermeiden.

3.3 Personalauswahl

! **Aufgabe der Personalauswahl ist es, den Bewerber auszuwählen, der aufgrund seiner Interessen, Qualifikationen und Berufserfahrungen die Stellenanforderungen am besten erfüllt.**

Aufg. 3.6 S. 112

3.3.1 Ablauf eines Einstellungsverfahrens

Das **Personalauswahlverfahren** ist je nach Wichtigkeit der zu besetzenden Stelle und der Größe des Unternehmens unterschiedlich umfangreich. Oft besteht es nur aus der Auswertung der Bewerbungsunterlagen und einem **Vorstellungsgespräch**.

Ein umfassendes Auswahlverfahren kann die folgenden Elemente enthalten:

- Analyse der Bewerbungsunterlagen in Zusammenarbeit der Fachabteilung mit der Personalabteilung, die zu einer Vorauswahl führt.
- Auswertung eines grafologischen Gutachtens. Die Aussagekraft grafologischer Gutachten ist umstritten. Arbeitsrechtlich sind sie aber zulässig.

Typische grafologische Aussagen	
Handschriftenmerkmale	**Interpretation**
Verschnörkelung	Hinweis auf Eitelkeit
enge Anfangsbuchstaben	Vermutung von Ängstlichkeit
geringe Oberlänge	Vermutung von Intelligenzmangel
rechtslagige Schrift	Tätigkeitsdrang
linkslagige Schrift	Ichbezogenheit
weite Schrift	Mangel an Rücksichtnahme

Quelle: G. Schanz, Personalwirtschaftslehre, München 1993, S. 307 f.

- **Eignungstests** *(vgl. Kap. 3.3.5)*
- **Assessment-Center-Verfahren**[1] *(vgl. Kap. 3.3.6)*
- Meist erfolgt ein **erstes Vorstellungsgespräch** mit Vertretern der Fachabteilung.
- Ein **zweites Vorstellungsgespräch** wird mit Vertretern der Geschäftsleitung geführt. Darauf folgt dann die Einstellung.
- BetrVG §§ 99, 100 Die **Einstellung** unterliegt – außer bei leitenden Angestellten – grundsätzlich der Mitbestimmung des Betriebsrates. Den abgelehnten Bewerbern sollte nach Möglichkeit in einem persönlichen und ermunternden Schreiben die Absage mitgeteilt werden. Der ausgewählte Bewerber sollte dagegen möglichst bald die Zusage zusammen mit dem Entwurf eines **Arbeitsvertrags** erhalten.

3.3.2 Bewerbungsunterlagen

Die Bewerbungsunterlagen geben Aufschluss über

- die Motive für die Bewerbung (Bewerbungsschreiben),
- den bisherigen persönlichen und beruflichen Werdegang (Lebenslauf),
- die bisher erworbenen Qualifikationen (Zeugnisse, Beschäftigungsnachweise).

Aus den Bewerbungsunterlagen ist ersichtlich, ob der Bewerber bestimmten Mindestanforderungen gerecht wird und für die ausgeschriebene Stelle überhaupt in Betracht kommt. Je nach zu besetzender Stelle kommt den einzelnen Bewerbungsunterlagen unterschiedliche Bedeutung zu. Bei einer Stelle mit vorwiegend manueller Tätigkeit werden beispielsweise Rechtschreibung und gute schriftliche Ausdrucksweise weniger stark gewichtet als bei einem Sachbearbeiter im Absatzbereich. Der Gesamteindruck, der sich aus dem Inhalt und den äußeren Merkmalen der Unterlagen (z. B. Vollständigkeit, Sauberkeit, lose Blätter statt Hefter) ergibt, ist aber entscheidend dafür, ob der Bewerber in die nähere Auswahl kommt. Die **Auswertung der Bewerbungsunterlagen** ermöglicht es somit, die Zahl der in Frage kommenden Bewerber einzugrenzen und eine **Vorauswahl** im Hinblick auf die fachlichen Voraussetzungen zu treffen.

3.3.3 Vorstellungsgespräch

Ein Vorstellungsgespräch dient u. a. dazu,

- einen persönlicher Eindruck der Bewerber zu gewinnen,
- die Eignung der Bewerber festzustellen,
- die Wünsche und Interessen der Bewerber festzustellen,
- die Bewerber über das Unternehmen und den Arbeitsplatz zu informieren.

Der Ablauf des Gesprächs sollte bei allen Bewerbern ähnlich und weitestgehend frei von subjektiven Einflüssen des Gesprächsführenden sein, um eine gute Vergleichbarkeit für die Gesprächsauswertung zu erzielen.

---

1 assessment: engl., Feststellung, Festsetzung, Einschätzung, Bewertung

Um einen möglichst objektiven Vergleich zwischen verschiedenen Bewerbern/Bewerberinnen zu ermöglichen, kann bei der Personalauswahl eine Entscheidungsbewertungstabelle entsprechend der folgenden Abbildung eingesetzt werden.

Entscheidungsbewertungstabelle zur Auswahl einer Leiterin Textbearbeitung

Sollprofil	Zutreffendes ankreuzen	Gewichtung	Name Müller		Name Schmitz		Name Schneider	
			B Pkt.	Pkt. · Gew.	B Pkt.	Pkt. · Gew.	B Pkt.	Pkt. · Gew.
Schule: Mittlere Reife	x	5	4	20	3	15	3	15
Ausbildung: Bürogehilfin	x	10	3	30	4	40	5	50
Sonstige Ausbildung								
Berufserfahrung mindestens 5 Jahre	x	6	5	30	4	24	5	30
Branchenerfahrung	x	3	1	3	2	6	5	15
Aufmachung der Bewerbung	x	2	5	10	3	8	4	8
Zeugnisse	x	10	4	40	3	30	5	50
Lebenslauf	x	4	4	16	3	12	5	20
Test: Diktat Schreibtest	x	10	5	50	3	30	3	30
Referenzen	x	1	3	3	2	2	4	4
Gehalt max. 2.500 EUR	x	ok	ok	ok	ok			
Dienstantritt 1.4.	x	ok	ok	ok	ok			
Eindruck Vorstellung								
▪ äußere Erscheinung	x	3	3	9	5	15	4	12
▪ sprachlicher Ausdruck	x	4	4	16	5	20	4	16
Summe:			335		316		403	
Rangfolge:			2		3		1	
Höchster Gewichtungsfaktor 10	+ 5 Pkt. = sehr gut	1 Pkt. = schwach						

Quelle: R. Pillat, Mitarbeiter erfolgreich anwerben, auswählen und einsetzen, Freiburg 1996, S. 294

Beim Vorstellungsgespräch (oder in einem Personalfragebogen) dürfen nur solche Fragen gestellt werden, die arbeitsrechtlich zulässig sind. Beantwortet ein Bewerber solche Fragen falsch oder unvollständig, so kann der Arbeitgeber später den Arbeitsvertrag anfechten und gegebenenfalls Schadenersatz verlangen. Andererseits gibt es aber auch Fragen, die unzulässig sind und deshalb nicht wahrheitsgemäß beantwortet werden müssen (Recht auf Lüge!).

Nicht erlaubte Fragen	Ausnahmen/Generell unzulässig
Gehören Sie einer Partei, Kirche oder Gewerkschaft an?	Zulässig bei Bewerbung bei einem Tendenzarbeitgeber wie politische Partei, Gewerkschaft, religiös geprägtes Unternehmen.
Sind Sie vorbestraft?	Bewerbung auf einen entsprechenden Arbeitsplatz: ■ Verkehrsdelikt bei Kraftfahrer, ■ Buchhalter/Kassierer bei Diebstahl, Unterschlagung.
Wie hoch ist Ihr bisheriges Gehalt?	Nur erlaubt, wenn das bisherige Gehalt für die neue Stelle von Bedeutung ist.
Wird Ihr Lohn/Gehalt gepfändet?	Erlaubt bei Vorliegen konkreter Anhaltspunkte.
Haben Sie eine HIV-Infektion? Haben Sie eine Krankheit?	Erlaubt im Gastronomiebereich bei ansteckenden Krankheiten.
Haben Sie Schulden?	Nur bei Bewerbung auf eine besondere Vertrauensstelle.
Sind Sie schwanger?	Erlaubt bei Tätigkeit als Model oder wenn Arbeit wegen besonderer Gesundheitsgefährdung nicht ausgeübt werden kann.
Generell unzulässige Fragen	
■ Sind Sie verlobt? ■ Planen Sie demnächst zu heiraten? ■ Leben Sie mit einem Partner zusammen? ■ Möchten Sie Kinder haben? ■ Nehmen Sie die empfängnisverhütende Mittel? ■ Sind Sie homosexuell?	■ Wie oft gehen Sie während der Woche abends aus? ■ Wie viel Geld sparen Sie monatlich? ■ Wie viel Geld geben Sie monatlich für ■ Lebensmittel aus? ■ Wie hoch ist das Einkommen Ihres Partners? ■ Ist Ihr Partner Alkoholiker?

Nach dem Vorstellungsgespräch erfolgt eine systematische Auswertung. Diese soll sich sowohl auf das Verhalten (Mimik, Gestik, Sprechweise, Verhandlungsgeschick) als auch auf die Beweggründe (Motive für Stellenwechsel) des Bewerbers erstrecken. Vor dem Hintergrund der Auswertungsergebnisse erfolgt dann die **Feinauswahl** des geeignetsten Bewerbers.

3.3.4 Testverfahren

Arbeitsagenturen und Beratungsunternehmen bieten Bewerbern Trainingsprogramme für das „richtige Verhalten“ bei Vorstellungsgesprächen an. Deshalb wird es zunehmend schwieriger anhand von Vorstellungsgesprächen alleine die richtige Personalauswahl zu treffen. Vor allem größere Unternehmen schließen deshalb an das Vorstellungsgespräch zusätzliche Testverfahren an, um den Kreis der in Frage kommenden Bewerber weiter einzugrenzen.

> ! **Tests sind standardisierte Verfahren, die das menschliche Verhalten bei vorgegebenen Situationen untersuchen. Sie sollen das bisherige Bild über den Bewerber vervollständigen.**

Eignungstests werden von Unternehmen als Intelligenz-/Leistungstests, Persönlichkeitstests, Motivations- und Interessentests eingesetzt.

Persönlichkeitstests untersuchen das Verhalten einer Person in Bezug auf die Eigenschaften Gelassenheit, Geselligkeit und Offenheit.

Intelligenztests messen die Intelligenzstruktur, d. h. mathematische bzw. sprachliche Fähigkeiten sowie die Kombinations-, Merk- und Konzentrationsfähigkeit des Bewerbers und seine räumliche Vorstellungskraft.

Rechtlich ist die Durchführung von Eignungstests nur zulässig, wenn der Bewerber ausdrücklich zugestimmt hat und sich der Test ausschließlich auf arbeitsplatzspezifische Merkmale bezieht. Die Zuverlässigkeit von Testergebnissen als Grundlage für Personalentscheidungen wird immer wieder angezweifelt, vor allem weil ihr sachgemäßer Einsatz und die angemessene Interpretation ihrer Ergebnisse im betrieblichen Personalauswahlverfahren nicht immer gewährleistet sind.

3.3.5 Assessment Center (AC)

Beim Assessment-Center-Verfahrens werden die Bewerber – oft tagelang – mit Aufgaben konfrontiert, die der Aufgabenstellung der zu besetzenden Stelle entsprechen.

Zu einem AC werden in der Regel zwischen sechs und zwölf Teilnehmer für ein bis drei Tage eingeladen. Während dieser Zeit müssen die Teilnehmer Gruppendiskussionen führen, Einzel- oder Gruppenpräsentationen erstellen und vorführen, Rollenspiele spielen sowie an Interviews teilnehmen. Meistens schließen sich dann noch Intelligenz- oder Persönlichkeitstests an.

Ein weiterer wichtiger Bestandteil sind gemeinsame Mittagspausen und ein gemeinsames Abendessen, bei denen die Kontaktfreudigkeit, die Umgangsformen sowie die soziale Kompetenz der Bewerber beobachtet werden kann.

Programm eines ACs

1.Tag:

09:00 Uhr:	Begrüßung,
09:15 Uhr:	Information über das Unternehmen
09:45 Uhr:	Informationen über den Ablauf des AC
10:00 Uhr:	Vorstellung der Teilnehmer
11:00 Uhr:	Postkorb
12:30 Uhr:	Gemeinsames Mittagessen
13:30 Uhr:	Gruppendiskussion
15:30 Uhr:	Leistungstests
16:30 Uhr:	Präsentationen der Teilnehmer
18:00 Uhr:	Gemeinsames Abendessen

2.Tag

09:00 Uhr:	Rollenspiel
10:00 Uhr:	Interviews
12:30 Uhr:	Gemeinsames Mittagessen
13:30 Uhr:	Beobachterkonferenz
15:30 Uhr:	Abschlussgespräche

Typische Methoden des Assessment Centers	
Postkorb	Der Bewerber hat aufgrund einer vorgegebenen Situation unter Zeitdruck die Eingangspost (Briefe, E-Mails, Telefonnotizen) einer Führungskraft zu bearbeiten. Hier wird die Entscheidungsfreudigkeit des Bewerbers, sein Verantwortungsbewusstsein sowie sein Geschick auch in stressigen Situationen den Überblick zu bewahren, geprüft.
Gruppendiskussion	Es wird ein aktuelles Thema i. d. R. in provozierender Weise vorgestellt, über das die Teilnehmer miteinander diskutieren sollen. Es wird sowohl das Verhalten in der Gruppe als auch das Geschick zur Lösung von Problemen, die Überzeugungskraft, die Fähigkeit zum Zuhören usw. beobachtet.

Typische Methoden des Assessment Centers	
Rollenspiel	Es wird eine schwierige typische Situation aus dem alltäglichen Betriebsgeschehen vorgestellt. Jeder Bewerber hat die Rolle eines Arbeitnehmers zu übernehmen und aus dessen Sicht seinen Standpunkt zu verteidigen und sein Gegenüber zu überzeugen. Es wird getestet, wie der Teilnehmer mit seinen Mitmenschen umgeht und wie geschickt er verhandelt.
Interview	Das Interview dient entweder dazu die Stress- und Frustrationsgrenze zu testen oder zum Testen der Selbstdarstellungsfähigkeit des Bewerbenden.
Präsentationen	Die Teilnehmer bearbeiten alleine oder in der Gruppe ein vorgegebenes Thema und präsentieren ihre Arbeitsergebnisse anschließend in der Teilnehmerrunde.
Gemeinsames Essen	Dabei wird beobachtet, ob der Teilnehmer über Tischmanieren verfügt und ob er sich in lockerer Atmosphäre entspannt unterhalten kann.
Abschlussgespräch	Der Teilnehmer wird u. a. gefragt, wie er die Testtage empfunden hat, wie er seine eigenen Leistungen und die seiner Mitbewerber beurteilt.

Ziel eines Assessment Centers ist es, Informationen über die Bewerber in Bezug auf ihre Stressfähigkeit, Problemlösungsmöglichkeit, Strukturierung von Sachverhalten, Entscheidungsfähigkeit, Selbstorganisation, Selbstdarstellung und Teamfähigkeit zu erhalten. So kann das Anforderungsprofil der zu vergebenden Stelle mit den Eigenschaften und Fähigkeiten des Bewerbers auf Übereinstimmung geprüft werden.

Aufgrund der Methodenvielfalt sowie der Möglichkeit der Mehrfachbeobachtung ist die Treffsicherheit bei der Personalauswahl durch ein Assessment Center sehr hoch. Da das Verfahren jedoch mehrere Tage dauert, entstehen ein hoher Zeitbedarf und hohe Kosten.

3.4 Personaleinsatzplanung

> **!** **Aufgabe der Personaleinsatzplanung ist es, den Personalbedarf mit dem Personalbestand in Einklang zu bringen.**

Bei der Personaleinsatzplanung ist die qualitative, die quantitative und die zeitliche Zuordnung von Arbeitskräften zu bestimmten Stellen zu unterscheiden.

Qualitative Personaleinsatzplanung

Im Rahmen der qualitativen Zuordnung von Arbeitskräften zu bestimmten Stellen werden die Anforderungen einer Stelle mit den für diese Stelle in Frage kommenden Personen verglichen (**Profilabgleich**). Die Stelle wird dann mit der Person (bzw. den Personen) besetzt, deren Fähigkeiten am ehesten den gestellten Anforderungen entsprechen. Im Idealfall sind die beiden Kurven (Anforderungsprofil und Fähigkeitsprofil) deckungsgleich. Andernfalls muss zwischen Überdeckung (= Überqualifizierung) und Unterdeckung (= Unterqualifizierung) unterschieden werden. In einem solchen Fall kommt es darauf an, in welchem Ausmaß Abweichungen toleriert werden können.

Profilabgleich für die neu zu besetzende Stelle des Marketingleiters

lfd. Nr.	Profilmerkmal	Ausprägungsgrad						
		1	2	3	4	5	6	7
1	Analysefähigkeit							
2	Innovationsfähigkeit							
3	Lernbereitschaft							
4	Sorgfalt							
5	Zuverlässigkeit							
6	Präsentationsfähigkeit							
7	Kontaktfähigkeit							
8	Teamfähigkeit							
9	Durchsetzungsvermögen							

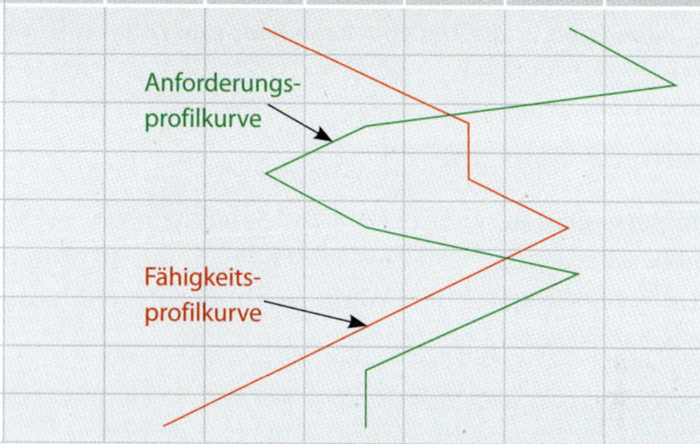

1 = wenig ausgeprägt

Der Bewerber weist bei den Merkmalen 1, 2, 6, 7, 8 und 9 eine Unterdeckung und bei den Merkmalen 3, 4 und 5 eine Überdeckung auf.

Quantitative Personaleinsatzplanung

Die quantitative Zuordnung besteht darin, die vorhandenen Stellen bzw. Arbeitsplätze mit den hierfür geeigneten Mitarbeitern in Verbindung zu bringen. Mitarbeiter, die in bestimmten Bereichen nicht mehr eingesetzt werden können, werden für andere Bereiche eingeplant **(Personalumsetzung)**. Kündigungen werden erst dann ausgesprochen, wenn keine anderen Einsatzmöglichkeiten mehr bestehen. Aufg. 3.7 S. 112

Personalumsetzung bei einem Anbieter von Telefonanlagen

Ein Anbieter von Telefonanlagen will aus Kostengründen die Zahl seiner Berater im Außendienst reduzieren. Er richtet daher ein Call Center ein, über das die Kunden alle erforderlichen Informationen einholen können. Das Unternehmen stellt fest, welche Mitarbeiter aus dem Hause in dem neuen Call Center eingesetzt werden können.

Zeitliche Zuordnung

Durch die zeitliche Zuordnung wird festgestellt, wie die verfügbaren Einsatztermine der Mitarbeiter mit den betrieblichen Erfordernissen in Einklang gebracht werden können.

Personaleinsatzplanung eines Herstellers von Elektronikbauteilen

Für einfache Packarbeiten hat das Unternehmen eine „Hausfrauenschicht“ eingerichtet. Die von den Hausfrauen frei wählbaren Arbeitszeiten müssen in den einzelnen Schichten (Frühschicht/Spätschicht) so abgestimmt werden, dass ein störungsfreier Betriebsablauf gesichert ist.

3.5 Arbeitszeitmodelle und Formen der Arbeitsgestaltung

3.5.1 Traditionelle Arbeitszeitmodelle

ArbZG § 2 (1)

Arbeitszeit ist die Zeit vom Beginn bis zum Ende einer Arbeit ohne Ruhepausen.

Normalarbeitszeit

Im Normalfall arbeitet derzeit ein Arbeitnehmer in Deutschland in einem dauerhaften Vollbeschäftigungsverhältnis zwischen 35 und 40 Stunden pro Woche. Diese Arbeitszeit wird regelmäßig auf fünf Werktage (in der Regel Montag bis Freitag) verteilt, wobei die täglichen Arbeitszeiten fest vorgegeben sind.

Normalarbeitszeit

Herr Müller, Industriekaufmann, arbeitet bei der Wedel GmbH täglich (Montag bis Freitag) von 08:00 Uhr bis 17:00 Uhr. Von 12:00 bis 13:00 Uhr hat er Mittagspause.

Abweichend von der Normalarbeitszeit werden traditionell folgende Gestaltungsformen verwendet.

Mehrarbeit

In Zeiten der Hochkonjunktur- bzw. Hochsaisonphasen kann die Kapazität eines Betriebes durch Mehrarbeit der Mitarbeiter in Form von Überstunden erhöht werden, ohne zusätzliches Personal beschaffen zu müssen. Ein Nachteil besteht jedoch darin, dass der Arbeitgeber für die geleisteten Überstunden Entgeltzuschläge bezahlen muss.

Mehrarbeit

Die Mitarbeiter der Nürnberger Spielwaren KG arbeiten normalerweise an jedem zweiten Samstag entweder am Vormittag oder am Nachmittag. Aufgrund der großen Nachfrage während des Weihnachtsgeschäfts müssen jedoch alle Mitarbeiter während der vier Adventssamstage sowohl vormittags als auch nachmittags arbeiten. Die Mehrarbeitszeit wird entsprechend vergütet.

Kurzarbeit

In Rezessions- bzw. Nachsaisonzeiten kann die Kapazität eines Betriebes durch Kurzarbeit gesenkt werden. Dazu setzt die Geschäftsleitung die tägliche Arbeitszeit der Arbeitnehmer herab bei gleichzeitiger Kürzung des Entgelts. Der Vorteil der Kurzarbeit besteht darin, dass das Unternehmen kein Personal entlassen muss.

Damit die Arbeitnehmer trotz des Entgeltausfalls ihren laufenden Zahlungsverpflichtungen nachkommen können, haben sie die Möglichkeit, bei der Bundesagentur für Arbeit
SGB III **Kurzarbeitergeld** zu beantragen. Es wird allen Arbeitnehmern bei vorübergehendem, unvermeidbarem Arbeitsausfall gewährt, wenn dadurch langfristig Arbeitsplätze erhalten werden und Arbeitslosigkeit vermieden wird.

Kurzarbeit

Die Bau GmbH führt aufgrund der schlechten Konjunkturlage für die Wintermonate Kurzarbeit ein. Die Arbeitnehmer werden, statt wie bisher an 5 Tagen, nur noch an 4 Tagen in der Woche beschäftigt.

Schichtarbeit (Wechselschichtarbeit)

Bei der Schichtarbeit erfolgt eine Aufteilung der betrieblichen Arbeitszeit in mehrere Zeitabschnitte mit zeitlich versetzten Anfangszeiten. Es kann sowohl zweischichtig als auch dreischichtig gearbeitet werden, so dass ein Unternehmen rund um die Uhr produzieren bzw. Dienstleistungen anbieten kann.

Schichtarbeit

Die Mitarbeiter der Industrie AG arbeiten im **Dreischichtbetrieb** wie folgt:

Frühschicht:	06:00 Uhr bis 14:00 Uhr,
Spätschicht:	14:00 Uhr bis 22:00 Uhr,
Nachschicht:	22:00 Uhr bis 06:00 Uhr.

Durch die unterschiedlichen Arbeitszeiten werden die täglichen Öffnungs- bzw. Produktionszeiten eines Unternehmens in verschiedene Zeitabschnitte unterteilt, wobei jeweils die nachfolgende Gruppe die Vorgruppe an ihrem Arbeitsplatz ablöst und deren Aufgaben übernimmt. Auf diese Weise können die Ladenöffnungszeiten bzw. die Produktionszeiten in einem Betrieb über die persönliche Arbeitszeit des einzelnen Arbeitnehmers hinaus verlängert werden.

Ein großer Vorteil der Schichtarbeit ist somit die bessere Ausnutzung der Produktionskapazität eines Betriebes indem die Maschinen „rund um die Uhr" laufen. Die persönlichen Arbeitszeiten werden dabei von den betrieblichen Produktionszeiten losgelöst, was sowohl auf Arbeitgeber- als auch auf Arbeitnehmerseite mehr Flexibilität und eine verbesserte Anpassung an die individuelle Situation des Einzelnen ermöglicht.

Dem steht ein höherer Organisationsaufwand bei der Einteilung der Mitarbeiter zu den jeweiligen Schichten gegenüber. Ein weiterer Nachteil ist die hohe physische (körperliche) und psychische (seelische) Belastung der Arbeitnehmer, wenn sie wechselweise in der Früh-, Tag- bzw. Nachtschicht arbeiten müssen. Dies kann zu Konzentrationsstörungen und damit zu Produktionsfehlern, verbunden mit einem erhöhten Krankenstand, führen. Für den Schichtdienst werden Zuschläge bezahlt, was zu einem höheren Lohn- und Gehaltsaufwand für den Arbeitgeber führt.

3.5.2 Flexible Arbeitszeitmodelle

Zur Erreichung einer höheren Arbeitszeitflexibilität bieten viele Unternehmen flexible Arbeitszeitmodelle an. Dazu gehören alle Arbeitszeitmodelle, die eine Abweichung von der durchschnittlichen wöchentlichen Arbeitszeit durch Arbeitgeber oder Arbeitnehmer zulassen.

Arbeitszeitkonten (Gleitzeit)

Aufg. 3.8 S. 112

LA

Beim Gleitzeitmodell wird zunächst ein Arbeitszeitumfang festgelegt, den ein Arbeitnehmer wöchentlich oder monatlich zu leisten hat. Auf einem persönlichen **Arbeitszeitkonto** werden dann die täglichen Abweichungen zwischen der vereinbarten **Sollzeit** und der tatsächlich erbrachten **Istzeit** festgehalten. Diese Abweichungen werden addiert und in Form von „Zeitguthaben“ bzw. „Zeitschulden“ festgehalten. Innerhalb eines vereinbarten Zeitraums (z. B. wöchentlich oder monatlich) muss das Arbeitszeitkonto wieder ausgeglichen werden, so dass ein Saldo von Null entsteht.

Liegt ein **Jahresarbeitszeitkonto** vor, so wird der bisherige Wochen- oder Monatsbezug durch die Jahresarbeitszeit ersetzt.

Arbeitszeitkonto

Herr Müller hat vertraglich einen Arbeitszeitumfang von 40 Stunden pro Woche vereinbart. Für den Monat Mai wurden auf seinem Arbeitszeitkonto folgende Zeiten gut geschrieben:

			Istzeit	**Sollzeit**	**Abweichung**
Montag:	07:30 Uhr bis 12:30 Uhr	13:30 Uhr bis 17:30 Uhr	9,0 h	8,0 h	+ 1,0 h
Dienstag:	08:00 Uhr bis 13:30 Uhr	15:00 Uhr bis 19:00 Uhr	9,5 h	8,0 h	+ 1,5 h
Mittwoch:	09:00 Uhr bis 13:30 Uhr	15:00 Uhr bis 18:00 Uhr	7,5 h	8,0 h	- 0,5 h
Donnerstag:	07:00 Uhr bis 13:00 Uhr	14:00 Uhr bis 16:00 Uhr	8,0 h	8,0 h	0,0 h
Freitag	07:00 Uhr bis 13:00 Uhr		6,0 h	8,0 h	−2,0 h
Zeitguthaben/Zeitschulden (Saldo)			40,0 h	40,0 h	**0,0 h**

Herr Müller hat insgesamt 40 Stunden pro Woche gearbeitet, obwohl er am Freitag bereits um 13:00 Uhr nach Hause gegangen ist. Da die Mehrarbeit von Montag und Dienstag auf seinem Arbeitszeitkonto gut geschrieben wurde, kann er an den übrigen Tagen (hier Mittwoch und Freitag) weniger arbeiten.

Arbeitszeitkonten sind aufgrund ihrer vielfältigen Einsatzmöglichkeiten in der Praxis sehr weit verbreitet. Arbeitnehmer haben den Vorteil, dass sie ihre Arbeitszeit an die persönliche Situation und Leistungsfähigkeit anpassen können. Arbeitgeber müssen in der Regel keine Überstundenzuschläge bezahlen, weil ihre Mitarbeiter in Stoßzeiten automatisch aufgrund des Pflichtbewusstseins länger arbeiten und diese Zeit in Flautezeiten abfeiern. Dadurch gelingt es auch, Kurzarbeit zu vermeiden.

Arbeit auf Abruf (Kapazitätsorientierte variable Arbeitszeit: KAPOVAZ)

Bei der **Arbeit auf Abruf (kapazitätsorientierte variable Arbeitszeit)** wird vertraglich ein festes tägliches und wöchentliches Arbeitzeitkontingent vereinbart. Der Arbeitgeber hat aber das Recht, die Arbeitsleistung des Arbeitnehmers in Abhängigkeit von dem betrieblichen Arbeitsanfall festzulegen. Der Arbeitnehmer wird somit nur dann beschäftigt, wenn Arbeit anfällt. Dabei kann die Arbeitszeit am Stück oder aber auch in mehreren kleineren Zeitabschnitten abgerufen werden.

TzBfG § 12

BGB § 187 ff.

Um einer einseitigen Willkür vorzubeugen, muss der Arbeitgeber dem Arbeitnehmer die Arbeitszeit **vier volle Werktage im Voraus** mitteilen.

Teilzeitarbeit

Die Teilzeitarbeit entspricht einer Verkürzung der Arbeitszeit hinsichtlich der Gesamtarbeitszeit eines Vollzeitbeschäftigten. Es sind sowohl feste Arbeitszeitvereinbarungen wie bei der traditionellen Vollzeitbeschäftigung als auch flexible Regelungen, beispielsweise in Form eines Arbeitszeitkontos, möglich.

Häufig wird bei der Teilzeitarbeit auch ein Arbeitsplatz unter zwei oder mehreren Arbeitnehmern aufgeteilt **(Job Sharing bzw. Job-Splitting)**. Aufg. 3.9 S. 113

Ein Vorteil der Teilzeitarbeit ist die Erhaltung beziehungsweise Schaffung von Arbeitsplätzen. Aufg.3.10 S. 113

Für den Arbeitgeber bedeutet Teilzeitarbeit allerdings einen höheren Koordinationsaufwand.

Teilzeitarbeit

Hans und Sofia Schröder, beide Bürokaufmann (-frau), haben eine Tochter im Alter von vier Jahren, die sie gemeinsam erziehen und betreuen möchten. Deshalb teilen sich die beiden im Büro einen Arbeitsplatz, indem er vormittags von 08:00 Uhr bis 12:00 Uhr und sie nachmittags von 12:00 Uhr bis 16:00 Uhr arbeitet.

Vor- und Nachteile flexibilisierter Arbeitszeiten

Vorteile		Nachteile	
Arbeitnehmer	**Arbeitgeber**	**Arbeitnehmer**	**Arbeitgeber**
▪ Anpassung der Arbeitszeit an die persönlichen Bedürfnisse (Familie, Frühaufsteher) ▪ Freizeitgewinn bei Gleitzeit durch Vermeidung von Staus zur Hauptverkehrszeit ▪ Individuelle Arbeitsverteilung innerhalb eines bestimmten Zeitraumes (Zeitkonten)	▪ Erhöhung der Arbeitszufriedenheit und der Motivation; dadurch höhere Arbeitsproduktivität ▪ Pünktlichkeitsrisiko trägt der Arbeitnehmer	▪ Möglicherweise stärkere Arbeitsbelastung, wenn die Arbeitsmenge nicht der (zeitweise) verringerten Arbeitszeit angepasst werden kann.	▪ Erhöhte Kontrolle nötig, damit die Kernzeiten eingehalten und den Kunden trotz Gleitzeit kompetente Ansprechpartner zur Verfügung stehen. ▪ Anschaffung von Zeiterfassungsgeräten ▪ Höhere Verwaltungs- und Personalnebenkosten ▪ Evt. Einrichtung zusätzlicher Arbeitsplätze bei Teilzeitarbeit nötig

Telearbeit

Die Telearbeit stellt eine Sonderform der Heimarbeit dar. Bei dieser Arbeitsform sind der Arbeitsort und der Ort, an dem der Arbeitgeber ansässig ist, räumlich getrennt (dezentraler Arbeitsplatz). Der Kontakt zum Arbeitgeber wird durch moderne Informations- und Kommunikationstechnologien hergestellt.

Telearbeit kann in der Wohnung des Mitarbeiters (Teleheimarbeit) oder in ausgelagerten Telearbeitsbüros (Telecenter) erfolgen.

Telearbeit (Teleheimarbeit)

Ein Übersetzungsbüro organisiert seine Arbeit in Form der Telearbeit. Die zu übersetzenden Texte werden den Mitarbeiterinnen als E-Mail-Anhang an ihren Computer zu Hause übermittelt. Die Rücksendung der Arbeitsergebnisse erfolgt auf demselben Wege.

Für den Arbeitnehmer bietet die Telearbeit u. a. folgende Vorteile:

- Individualisierte und unabhängige Gestaltung der Arbeitszeit (Anpassung an die persönlichen Bedürfnisse)
- Verdienstmöglichkeiten für familiär oder anderweitig häuslich gebundene Personen (Mütter, Körperbehinderte) bei freier Zeiteinteilung
- Einsparung von Fahrtkosten und Fahrzeiten

Aus Sicht des Arbeitgebers gehen mit Telearbeit i. d. R. folgende Vorteile einher:

- Steigerung der Arbeitsproduktivität durch höhere Eigenverantwortung
- Rückgang von Krankmeldungen
- Einsparung von Aufwendungen für Büroräume

Stellenangebot für Telearbeit

Familie & Beruf? Ein Traum wird wahr!

Mutter mit Kind verdient von zu Hause aus über 3.000 EUR mtl.
Personen aus kfm. Berufen gesucht, die selbständig von zu Hause aus neben- oder hauptberuflich arbeiten möchten. Eigener PC mit Internetanschluss ist Voraussetzung.

Info-Tel. 0800 732572
www.nebenjob-von-zuhause.de

3.5.3 Formen der Arbeitsgestaltung

Aufg. 3.11 S. 114

LA

Maßnahmen zur Arbeitsgestaltung beziehen sich auf die Anpassung der Arbeit an den Menschen mit dem Ziel, Belastungen abzubauen sowie auf Arbeitszufriedenheit und Leistung positiv zu beeinflussen.

Bei den arbeitsgestalterischen Maßnahmen zur **Erhöhung der Mitarbeitermotivation** lassen sich u. a. folgende Formen unterscheiden:

Systematischer Arbeitsplatzwechsel (Job Rotation)

Job rotation beinhaltet den regelmäßigen Arbeitsplatztausch (räumlich und/oder inhaltlich) innerhalb derselben Hierarchieebene nach einem vorgegebenen oder zu vereinbarenden Rhythmus. Dazu werden mehrere Mitarbeiter gleichzeitig für verschiedene Tätigkeiten geschult.

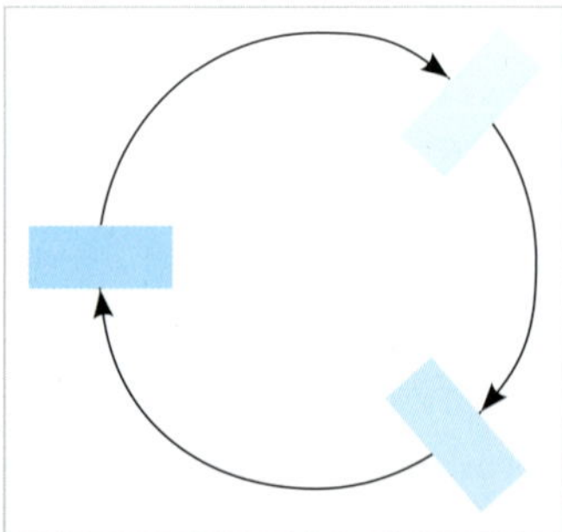

Die Arbeitstätigkeit ist weniger eintönig und erweitert das Blickfeld des Mitarbeiters, was eine Weiterqualifikation bedeutet und damit zu mehr Zufriedenheit beiträgt.

Job Rotation

Edeltraud Kaiser, Alexander Kromer und Peter Schuster arbeiten bei dem Lebensmitteleinzelhändler Grimm e. K. Edeltraud ist für das Kassieren zuständig, Alexander für die Bedienung und Beratung der Kunden und Peter Schuster für das Auffüllen der Verkaufsregale. Alle drei Arbeitnehmer klagen über die einseitige körperliche Belastung ihrer Tätigkeit. Edeltraud muss den ganzen Tag sitzen, Alexander hingegen ständig stehen und Peter stöhnt über das Gewicht der einzuräumenden Ware.

Zukünftig werden Tätigkeiten im Zwei-Tages-Rhythmus getauscht, so dass jeder zwei Tage in der Woche kassiert, die nächsten beiden Tage die Kundenbedienung und -beratung übernimmt und anschließend zwei Tage lang Waren einräumt.

Aufgabenerweiterung (Job Enlargement)

Im Rahmen des **Job Enlargements** wird das Aufgabengebiet eines Mitarbeiters innerhalb derselben Ausführungsebene erweitert. Ziel ist eine Erhöhung der Vielfalt von Arbeitsaufgaben und Arbeitsinhalte durch Tätigkeiten, die sich nicht wesentlich von den bisherigen Aufgaben unterscheiden.

Dahinter steht die Annahme, dass die Zufriedenheit des Mitarbeiters mit Ausweitung der Tätigkeitsinhalte steigt.

Job Enlargement

Hanna Huber, Bürokauffrau, war bisher nur für das Schreiben von Bestellungen zuständig. Zukünftig ist sie auch für das Einholen von Angeboten und die Rechnungsbearbeitung verantwortlich.

Aufgabenbereicherung (Job Enrichment)

Beim **Job Enrichment** wird die bisherige ausführende Arbeit eines Mitarbeiters durch die Übertragung von Führungsaufgaben und Schaffung von Entscheidungsspielräumen bereichert. Damit steigt die Verantwortung des Arbeitnehmers und somit auch sein Selbstwertgefühl und seine Motivation.

Job Enrichment

Hans Friedrich arbeitet bei einem Automobilhersteller. Er ist für das Montieren von Rädern zuständig. Zukünftig bekommt er auch noch die Verantwortung für die Qualitätskontrolle der montierten Räder übertragen.

Teilautonome Arbeitsgruppen

Teilautonome Arbeitsgruppen sind kleine soziale Einheiten von weniger als 20 Personen, denen begrenzte Teilaufgaben zur selbstständigen Ausführung übertragen werden. Auch die Arbeitsverteilung erfolgt innerhalb der Gruppe. Jedes Gruppenmitglied ist dabei in der Lage, mehrere unterschiedliche Tätigkeiten auszuüben. Durch die damit verbundene Flexibilität kann gruppenintern ein Belastungsausgleich vorgenommen werden.

Teilautonome Arbeitsgruppen

Der Schwerpunkt des Einsatzes (teil-)autonomer (Arbeits-)Gruppen liegt im Produktionsbereich. Insbesondere das schwedische Automobilunternehmen Volvo hat dieses Konzept in seinen Montagewerken umgesetzt. Teilweise sind die einzelnen Teams für die Montage ganzer Autos zuständig.

Vorklasse

3.6 Personalbeurteilung und Personalentwicklung

Personalbeurteilung

Ziele der Personalbeurteilung

Ziel einer Personalbeurteilung ist es, Erkenntnisse darüber zu gewinnen, ob die Mitarbeiter hinsichtlich Leistung und Eignung den Anforderungen entsprechen.

Das Ergebnis der Personalbeurteilung ist u. a. Grundlage für die Entscheidungsfindung in folgenden Bereichen:

- **Personalauswahl:** Im Rahmen der Personalauswahl ist über Neueinstellungen, Versetzungen und Entlassungen von Mitarbeitern zu entscheiden.

Personalbeurteilung als Grundlage einer Personalauswahl

Die Horst Klein GmbH will in der Abteilung Finanzbuchhaltung eine Stelle neu besetzen. Gesucht wird ein Mitarbeiter, der den Jahresabschluss möglichst eigenständig vorbereiten kann. Auf Grund einer Personalbeurteilung wurde festgestellt, dass Mitarbeiter Koller die gestellten Anforderungen erfüllt.

- **Personaleinsatz:** Eine Personalbeurteilung liefert Informationen, die für Entscheidungen über die Zuordnung von Mitarbeitern zu den verfügbaren Stellen oder Arbeitsplätzen eines Unternehmens herangezogen werden können.

Personalbeurteilung als Grundlage für den Personaleinsatz

Für die anstehende Cebit-Computermesse in Hannover sucht die Firma Bit & Byte einen Mitarbeiter, der den Aufbau des Messestandes organisieren und überwachen kann. Nach den Unterlagen der laufend durchgeführten Personalbeurteilung kommt dafür IT Kaufmann Kurt Hellwig in Frage.

- **Entgeltfindung:** Die Höhe des gezahlten Entgelts (Lohn, Gehalt) richtet sich nicht allein nach der erbrachten Leistung, sondern auch nach der Qualifikation eines Mitarbeiters. Neben bereits vorhandenen Leistungsnachweisen wie z. B. Zeugnissen gibt eine Personalbeurteilung Auskunft über dessen Qualifikation.
- **Personalförderung:** Regelmäßig durchgeführte Personalbeurteilungen dienen der Auswahl förderungswürdiger Mitarbeiter, der Ermittlung von Fortbildungszielen sowie der Beurteilung der Ergebnisse der Personalentwicklung.

Personalbeurteilung als Grundlage für die Entgeltfindung und Personalförderung

In der Abteilung Softwareentwicklung übernimmt die gelernte Industriekauffrau Alice Sauer Aufgaben, die sonst nur von Diplom-Wirtschaftsingenieuren (FH) erledigt werden. Sie erhält dafür eine übertarifliche Bezahlung. Gleichzeitig übernimmt das Unternehmen die Kosten für weitere Schulungsmaßnahmen von Frau Sauer.

Beurteilungsgrundsätze

Im Rahmen einer Personalbeurteilung können zahlreiche Fehler, die auf bewussten oder unbewussten **Wahrnehmungsverzerrungen des Beurteilers** beruhen, auftreten.

Häufige Beurteilungsfehler:

- Zu strenge oder zu milde Beurteilung.
- Rückschluss von einem Merkmal auf die Gesamtleistung des Mitarbeiters.
- Der Beurteilende lässt sich von Vorurteilen leiten.
- Der Beurteilende lässt seine eigene Stimmungslage mit in die Beurteilung einfließen.
- Der Beurteilende ist mit der zu beurteilenden Person befreundet oder kennt sie nur flüchtig.
- Es werden nur Leistungen berücksichtigt, die erst kürzlich stattgefunden haben.
- Sympathisch wirkende Mitarbeiter werden besser beurteilt.
- Der Beurteilende lässt sich von anderen beeinflussen.

Um solche Fehlerquellen zu verringern, sollten bei jeder Personalbeurteilung zumindest folgende Grundsätze berücksichtigt werden:

- **Gültigkeit (Validität):** Mit einer Maßnahme zur Personalbeurteilung sollen Leistung und Eignung eines Mitarbeiters erfasst werden. Das Kernproblem jeder Personalbeurteilung liegt darin, Kriterien zu finden, anhand derer die Leistung gemessen werden kann. Damit trotz der bestehenden Schwierigkeiten für alle Beteiligten zufriedenstellende Aussagen gemacht werden können, müssen möglichst alle Faktoren, die die Leistung eines Mitarbeiters ausmachen, berücksichtigt werden. Die persönliche Leistung wird bestimmt durch folgende Faktoren:

  (1) *Anforderungen der Stelle:* Verfügt der Mitarbeiter über Fähigkeiten, die über die Anforderungen der Stelle hinausgehen, so liegt die persönliche Leistung zwangsläufig unter der möglichen Leistungsfähigkeit (Unterforderung). Es wäre ungerecht, der Beurteilung lediglich die Stellenanforderungen zu Grunde zu legen.

  (2) *Leistungsbereitschaft:* Ein motivierter Mitarbeiter steht der Übernahme auch neuer Aufgaben offen gegenüber.

  (3) *Leistungsfähigkeit:* Sie wird bestimmt von den grundlegenden körperlichen und geistigen Fähigkeiten eines Menschen sowie seinen erworbenen fachlichen und sozialen Kompetenzen.

  (4) *Leistungsbedingungen:* Die Leistung ist auch abhängig von der Ausstattung und den Bedingungen eines Arbeitsplatzes.

- **Vergleichbarkeit der Ergebnisse:** Liegen die Beurteilungsaufgaben eines Unternehmens bei verschiedenen Beurteilern, so muss dafür gesorgt sein, dass die erstellten Beurteilungen miteinander vergleichbar sind. Das ist nur möglich, wenn sich die Beurteiler auf einen Kriterienkatalog verständigen, in dem die Kriterien zur Messung der Leistung vereinheitlicht sind. Einvernehmen unter den Beurteilern ist auch hinsichtlich der Gewichtung der Kriterien herzustellen.

- **Durchsichtigkeit (Transparenz):** Grundsätzlich können Personalbeurteilungen mit und ohne Kenntnis der zu Beurteilenden durchgeführt werden. Die Kenntnis kann sich dabei einmal auf die Beurteilungsmaßnahme selbst beziehen sowie auf das Ergebnis der

Beurteilung. Zur Vermeidung von Konflikten sollte jedoch der Beurteiler von sich aus mit dem Beurteilten das Ergebnis besprechen und entsprechend begründen. Jedem Arbeitnehmer steht nach dem **Betriebsverfassungsgesetz** das Recht zu, Einsicht in seine Personalakte zu nehmen und so das Ergebnis einer Beurteilung in Erfahrung zu bringen.

BetrVG § 83

Personalentwicklung

> **Unter Personalentwicklung sind alle Maßnahmen zu verstehen, die das Ziel haben, die Leistungsfähigkeit (Qualifikation) der Mitarbeiter weiterzuentwickeln und ihre Fähigkeiten an die gegenwärtig schon bestehenden oder an die zukünftigen Anforderungen am Arbeitsplatz anzupassen.**

Dazu gehören insbesondere folgende Maßnahmen:

- **Ausbildung als berufliche Erstausbildung:** Die Auszubildenden erwerben im Unternehmen die von dem jeweiligen Ausbildungsberuf geforderten Kenntnisse, Fertigkeiten und Erfahrungen.
- **Fortbildung:** Bestehende Kenntnisse werden durch Maßnahmen der betrieblichen oder überbetrieblichen Fortbildung erweitert. Dabei lassen sich die **Anpassungsfortbildung** und die **Aufstiegsfortbildung** unterscheiden.

  Bei der **Anpassungsfortbildung** werden die Mitarbeiter auf die sich ständig verändernden Anforderungen am Arbeitsplatz vorbereitet.

  > ***Anpassungsfortbildung***
  >
  > Schulung des Umgangs mit einer neu eingeführten EDV-Software.

  Die **Aufstiegsfortbildung** befähigt einen Mitarbeiter, eine anspruchsvollere Arbeitsaufgabe oder eine höherwertige Stelle mit mehr Verantwortung zu übernehmen.

  > ***Aufstiegsfortbildung***
  >
  > Schulung eines Industriekaufmanns in der Abteilung Kostenrechnung zum Abteilungsleiter

- **Umschulung:** Krankheit, Unfall und berufliche Neuorientierung sind mögliche Gründe für eine Umschulung.

  > ***Umschulung***
  >
  > Aufgrund einer Lösungsmittelallergie kann eine Chemisch-technische Assistentin ihren Beruf im Labor nicht mehr ausüben. Sie wird zur Bürokauffrau umgeschult.

- **Coaching:** Durch gezielte minimale Hilfen werden Mitarbeiter bestärkt und damit zu höheren Leistungen befähigt.

Auf die Mitarbeiter können Maßnahmen zur Personalentwicklung motivierend wirken, da sie meist auch mit Einkommensverbesserungen, Aufstiegschancen und anderen Vorteilen für die Betroffenen verbunden sind.

Ziele der Personalentwicklung:

- Sicherung des Bestands und des Nachwuchses von Führungskräften
- Schaffung einer größeren Unabhängigkeit vom Arbeitsmarkt
- Anpassung an die Erfordernisse der aktuellen Technologieentwicklung
- Verbesserung der Motivation der Mitarbeiter
- Erhaltung und Verbesserung der Wettbewerbsfähigkeit
- Verminderung der Kosten, z. B. durch Schulung des Kostenbewusstseins
- Erhöhung der Arbeitszufriedenheit
- Verringerung der Fluktuation

Laufbahnplanung und Laufbahnförderung (Karriereplanung): Mitarbeiterportfolio

Zur gezielten Ermittlung der Entwicklungsfähigkeit einzelner Mitarbeiter kann das sogenannte **Mitarbeiterportfolio** eingesetzt werden. Das Mitarbeiterportfolio ermöglicht eine Klassifizierung der Mitarbeiter nach Leistung und Entwicklungsfähigkeit (Potenzial) und verdeutlicht, bei welchen Mitarbeitern sich weitergehende Fördermaßnahmen voraussichtlich lohnen. Dazu werden die Mitarbeiter in folgende Klassen eingeteilt:

Arbeitstiere: Mitarbeiter mit hoher Leistung, aber geringem Potenzial.

Leistungsschwache („Flaschen"): Mitarbeiter mit niedriger Leistung und niedrigem Potential.

Arbeitstiere und Leistungsschwache sollten nicht in ein Programm zur Personalentwicklung einbezogen werden.

Problemfälle: Es liegt zwar das erforderliche Potenzial vor, die derzeitige Leistung des Mitarbeiters ist jedoch gering. Es muss geprüft werden, ob die Mitarbeiterleistung durch gezielte Förderung und Schulung erhöht werden kann.

Shooting Stars: Mitarbeiter mit hoher Leistung und gleichzeitig hohem Potenzial.

Portfoliomatrix als Grundlage der Entscheidung über Maßnahmen zur Personalentwicklung

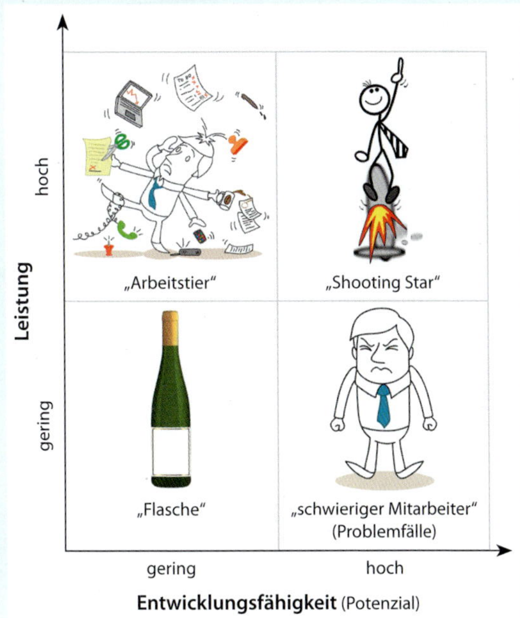

Zusammenfassende Übersicht zu 3: Personalwesen

Personalbedarfsplanung

quantitativer Personalbedarf	qualitativer Personalbedarf
Brutto-Personalbedarf – aktueller Personalbestand + feststehende Personalabgänge – feststehende Personalzugänge = **Netto-Personalbedarf**	**Stellenbeschreibung** ↓ **Bestimmung der erforderlichen beruflichen und sozialen Qualifikationen der benötigten Mitarbeiter**

Arten der Personalbeschaffung

- **Intern**: Mitarbeiter aus dem eigenen Unternehmen
- **Extern**: Mitarbeiter außerhalb des eigenen Unternehmens

→ **Stellenausschreibung**

Personalauswahl

Einstellungsverfahren
- **Bewerbungsunterlagen**
- **Vorstellungsgespräch**

→ **Tests** | **Entscheidungsbewertungstabelle** | **Assessment Center**

Personaleinsatzplan

- **qualitative Zuordnung** von Arbeitskräften zu Stellen
- **quantitative Zuordnung** von Arbeitskräften zu Stellen
- **zeitliche Zuordnung** von Arbeitskräften zu Stellen

Arbeitszeitregelungen

Umfang der Arbeitszeit			Gestaltungsformen der Arbeitszeit		
Normalarbeitszeit (Vollzeit)			Feste (starre) Arbeitszeit		Schichtarbeit
Abweichungen von der Normalarbeitszeit			Flexible Arbeitszeit		
Mehrarbeit	Kurzarbeit	Teilzeitarbeit Job Sharing	Arbeitszeitkonten (Gleitzeit)	Arbeit auf Abruf (KAPOVAZ)	Telearbeit

Arbeitsgestaltung

Job Rotation	Job Enlargement	Job Enrichment	(Teil-)autonome Arbeitsgruppen

Personalbeurteilung

Ziele der Personalbeurteilung				Beurteilungsgrundsätze		
Grundlage für				Gültigkeit (Validität)	Vergleichbarkeit	Durchsichtigkeit (Transparenz)
Personalauswahl	Personaleinsatz	Entgeltfindung	Personalförderung			

Personalentwicklung

Berufsausbildung	Betriebliche Fortbildung	Laufbahnplanung und -förderung
Erst-/Anlernausbildung	Anpassungs-, Aufstiegsfortbildung, Umschulung	Erstellung eines Mitarbeiterportfolios

WIEDERHOLUNG DES GRUNDWISSENS

3 Personalwesen

3.1 Personalbedarfsplanung

1. Erläutern Sie, was unter dem quantitativen Personalbedarf zu verstehen ist.
2. Unterscheiden Sie verschiedene Methoden zur Bestimmung des Bruttopersonalbedarfs.
3. Erläutern Sie den Unterschied zwischen Brutto- und Nettopersonalbedarf.
4. Nennen Sie Merkmale, über die eine Stellenbeschreibung Auskunft geben sollte.

3.2 Personalbeschaffung

1. Unterscheiden Sie zwei Beschaffungswege zur Deckung des Netto-Personalbedarfs.
2. Zeigen Sie Vor- und Nachteile einer unternehmensinternen Personalbeschaffung auf.
3. Inwieweit ist ein Unternehmen zu einer innerbetrieblichen Stellenausschreibung verpflichtet?
4. Stellen Sie verschiedene Beschaffungswege bei Neueinstellungen gegenüber.
5. Zeigen Sie Vor- und Nachteile einer unternehmensexternen Personalbeschaffung auf.
6. Beschreiben Sie, welche Gliederung und welche Inhalte eine Stellenanzeige aufweisen soll.
7. Begründen Sie, warum eine Stellenanzeige geschlechtsneutral formuliert werden muss.
8. Erläutern Sie die Vorteile von Jobportalen bei der Personalbeschaffung.
9. Erläutern Sie, was unter Personalmarketing zu verstehen ist.
10. Erläutern Sie im Zusammenhang mit der Personalbeschaffung die Begriffe *E-Recruiting* und *Employer-Branding*.

3.3 Personalauswahl

1. Beschreiben Sie den Ablauf eines Einstellungsverfahrens.
2. Nennen Sie Bewerbungsunterlagen, für das für das Auswahlverfahren eingereicht werden sollten.
3. Begründen Sie, warum auf der Basis der Bewerbungsunterlagen noch keine endgültige Einstellungsentscheidung getroffen wird.
4. Nennen Sie Fragen, die bei einem Vorstellungsgespräch aus arbeitsrechtlichen Gründen nicht zulässig sind und daher nicht wahrheitsgetreu beantwortet werden müssen.
5. Unterscheiden Sie Testverfahren zur Feststellung der Eignung eines Bewerbers/einer Bewerberin.

9\. Erläutern Sie Ablauf und Methoden eines Assessment Centers.

3.4 Personaleinsatzplanung

1. Beschreiben Sie die Aufgabe der Personaleinsatzplanung.
2. Nennen Sie drei Arten von Zuordnungen, die in einem Personaleinsatzplan vorgenommen werden.
3. Erläutern Sie, was unter einem Profilabgleich zu verstehen ist.

3.5 Arbeitszeitmodelle und Arbeitsgestaltung

1. Beschreiben Sie den Unterschied zwischen Normalarbeitszeit, Mehrarbeit, Kurzarbeit und Schichtarbeit.
2. Vergleichen Sie verschiedene Formen flexibler Arbeitszeit.
3. Erläutern Sie die Vorgehensweise bei der Führung eines Arbeitszeitkontos.
4. Erläutern Sie die Vorgehensweise bei der kapazitätsorientierten variablen Arbeitszeit.
5. Nennen Sie Vor- und Nachteile flexibilisierter Arbeitszeiten aus der Sicht von Arbeitnehmer und Arbeitgeber.
6. Erläutern Sie, was unter Telearbeit zu verstehen ist.
7. Nennen Sie Vor- und Nachteile der Telearbeit.

Vor-klasse

3.6 Personalbeurteilung und Personalentwicklung

1. Nennen Sie vier Entscheidungsbereiche, für die die Personalbeurteilung Entscheidungsgrundlagen liefert.
2. Nennen und erläutern Sie drei Beurteilungsgrundsätze.
3. Nennen Sie vier bei einer Beurteilung häufig vorkommende Fehler des Beurteilers
4. Unterscheiden Sie verschiedene Arten der betrieblichen Fortbildung und geben Sie an, welchem Zweck sie jeweils dienen.
5. Nennen Sie drei Ziele, die mit der beruflichen Weiterbildung der Mitarbeiter verfolgt werden können.
6. Beschreiben Sie den Zweck eines „Mitarbeiterportfolios".

AUFGABEN ZUM ERWERB UND ZUR KONTROLLE VON KOMPETENZEN

3 Personalwesen

3.1 Ermittlung des quantitativen Personalbedarfs

1. Die Großwäscherei Edelweiß e.K. beschäftigt derzeit 15 Mitarbeiter und erzielt einen jährlichen Umsatz in Höhe von 2,25 Mio. EUR.
   a) Berechnen Sie, welchen jährlichen Umsatz ein Mitarbeiter im Durchschnitt erwirtschaftet.
   b) Wie hoch ist der Brutto- und Nettopersonalbedarf unter sonst unveränderten Bedingungen, wenn der Umsatz auf 3 Mio. EUR gesteigert werden kann?
   c) Wie hoch müsste der Umsatz pro Mitarbeiter sein, wenn der Umsatz aus b) bei gleicher Mitarbeiterzahl wie in a) erreicht werden soll?
2. Der Personalbestand der Hauser KG, einem mittelständigen Unternehmen, beträgt zum Jahresende 825 Mitarbeiter. Aus der Personalabteilung ist bekannt, dass zwölf Mitarbeiter im Laufe des Folgejahres in den Ruhestand gehen werden. Weiterhin werden drei Auszubildende im Sommer ihre Ausbildung beenden und sollen übernommen werden. Aus der langjährigen Erfahrung ist damit zu rechnen, dass drei Mitarbeiterinnen in den Mutterschutz wechseln. Es liegen Informationen vor, dass fünf junge Kollegen im Folgejahr ihren Wehrdienst beenden werden und in das Unternehmen zurückkehren. Die Geschäftsleitung plant eine Umsatzsteigerung in Höhe von 16 % bei gleichbleibender Produktivität pro Mitarbeiter.
   a) Ermitteln Sie den Ersatzbedarf, den Bruttopersonalbedarf, den Neubedarf und den Nettopersonalbedarf.

b) Stellen Sie die geschilderte Situation in einem Säulendiagramm grafisch dar. Jede der folgenden Größen soll durch eine Säule veranschaulicht werden (nicht maßstäblich): ❶ Aktueller Personalbestand, ❷ Abgang, ❸ Zugang, ❹ Summe aus Personalbestand nach Ab- und Zugängen + Ersatzbedarf + Neubedarf, ❺ Bruttopersonalbedarf.

3.2 Interne und externe Personalbeschaffung

Ein Industrieunternehmen hat in seiner Verwaltungszentrale ein großes Kundenservicecenter eingerichtet. Die örtliche Personalabteilung betreut 1.300 Mitarbeiterinnen und Mitarbeiter. Da die Umsätze jährlich steigen, wird laufend neues Personal gesucht. Frau Merkte ist für die Personalbeschaffung zuständig und bittet Sie in folgenden Fällen um Ihren Rat:

1. Beurteilen Sie, ob für folgende Stellenbesetzungen eine innerbetriebliche und bzw. oder eine außerbetriebliche Personalbeschaffung sinnvoller ist.
   - Eine Teilzeitmitarbeiterin wird für einfache Hilfstätigkeiten im Büro benötigt.
   - Für die Marketingabteilung wird eine neue Abteilungsleiterin gesucht.
2. Erläutern Sie je zwei Vor- und Nachteile einer internen Stellenbesetzung.
3. Folgende weitere Stellen sind zu besetzen:
   - Schreibkraft in einem zentralen Schreibbüro,
   - Empfangsdame im Kundenservicecenter.

   Machen Sie Vorschläge für geeignete Auswahlkriterien.
4. Die Personalabteilung ist unter anderem zuständig für die Personalbeschaffung und die Personaleinsatzplanung. Machen Sie Vorschläge zur kurz- und langfristigen Lösung folgender Situationen:
   - Im Kundenservicecenter verlagert sich die Kundenzahl sehr stark vom Vormittag auf den späten Nachmittag.
   - Ein Mitarbeiter der Personalabteilung muss voraussichtlich für vier Monate ins Krankenhaus.

3.3 Stellenausschreibung

Frau Wolf, die Sekretärin des Einkaufsleiters der Friedrich Fischer GmbH, wird zum 1. August in den Ruhestand gehen. Herr Maile, der Personalchef des Unternehmens, der sich um eine Nachfolgerin kümmern muss, fordert eine Stellenbeschreibung über Frau Wolfs Stelle an.

1. Nennen Sie vier wesentliche Inhalte einer Stellenbeschreibung.
2. Außerdem wird für die Einkaufsabteilung eine Sachbearbeiterin gesucht. Ein Mitarbeiter der Personalabteilung schlägt vor, Anzeigen in der Süddeutschen Zeitung (München), den beiden örtlichen Tageszeitungen und der Frankfurter Allgemeinen Zeitung zu schalten.
   a) An welchem Wochentag sollten die Anzeigen erscheinen? Begründen Sie Ihre Meinung.
   b) Beurteilen Sie den Vorschlag, Anzeigen in den vier genannten Zeitungen aufzugeben.
   c) Geben Sie an, welche Inhalte diese Stellenanzeige enthalten sollte (sechs Nennungen).
   d) Worin sehen Sie die Vorzüge dieser Art der Personalbeschaffung
3. Wegen des großen Arbeitsanfalls in der Produktionsabteilung der Friedrich Fischer GmbH werden zusätzlich vier Facharbeiter benötigt. Machen Sie drei Vorschläge, wie diese Fachkräfte geworben werden können.

3.4 Stellenanzeigen in einer Zeitung

Suchen Sie in der Wochenendausgabe einer regionalen oder überregionalen Zeitung nach Stellenanzeigen und prüfen Sie, ob diese Anzeigen die in Kap. 3.2.2 genannten Anforderungen und Kriterien erfüllen.

3.5 Jobbörse – Jobportal

Lassen Sie sich beim Jobportal der Agentur für Arbeit unter https://jobboerse.arbeitsagentur.de/ registrieren und recherchieren Sie nach Stellenangeboten für Ihren Wunschberuf. www

Lassen Sie sich auf die Websites verschiedener Stellenanbieter weiterleiten und vergleichen Sie die Internetauftritte hinsichtlich des Informationsgehalts und anderer Merkmale.

3.6 Fallstudie: Personalauswahl

Der Aufgabentext und die zugehörigen Materialien befinden sich auf der Begleit-CD.

3.7 Personaleinsatzplanung

Die Industrie Holt AG plant die Teilnahme an der Bayerischen Industriemesse, die von Freitag bis Sonntag auf dem Münchner Messegelände stattfindet. Fünf Arbeitnehmer stehen zur Betreuung des Standes zur Verfügung. Dabei sind die Mitarbeiter wie folgt einsetzbar:

- *Frau Müller:* Ist nur nachmittags ab 15:00 Uhr einsetzbar, da sie ein dreijähriges Kind hat.
- *Herr Schmidt:* Ist am Freitag von 09:00 bis 19:00 Uhr auf einer Fortbildung.
- *Frau Bührer:* Arbeitet aufgrund ihrer religiösen Einstellung grundsätzlich nicht am Sonntag.
- *Frau Cora:* Ist begeisterte Basketballspielerin. Es findet am Samstag Vormittag ein Spiel statt, zu dem sie eingeteilt ist. Sie ist somit am Samstag erst ab 15:00 Uhr einsatzfähig.
- *Herr Reinke:* Keine Vorgaben.

Weitere Angaben:

Der Stand soll jeweils mit mindestens zwei Personen besetzt sein, in der Zeit zwischen 15:00 Uhr (Freitag 16:00 Uhr) und 18:00 Uhr sind an allen drei Tagen drei Personen zur Standbetreuung erforderlich. Jeder Mitarbeiter soll nach vier Stunden eine Pause von mindestens einer Stunde erhalten. Öffnungszeiten der Industriemesse:

Freitag, 16:00 Uhr bis 20:00 Uhr,
Samstag, 11:00 Uhr bis 20:00 Uhr,
Sonntag, 11:00 Uhr bis 18:00 Uhr.

Erstellen Sie einen Personaleinsatzplan für die Freiburger Industriemesse.

3.8 Arbeitszeitgestaltung: Gleitende Arbeitszeit – Arbeitszeitverordnung

LA

Die **SÜMA Süddeutsche Maschinenfabrik AG** fertigt Geräte in Klein- und Mittelserien (Losgrößen zwischen 50 und 500 Stück) sowie als Einzelfertigung nach Kundenwünschen. Die Erzeugnisse werden saisonal unterschiedlich nachgefragt. Dies führt in den Monaten Januar bis Mai und September/Oktober zu überdurchschnittlichem Arbeitsanfall (Arbeitsspitzen). In diesen Spitzenzeiten werden die gewerblichen Arbeitnehmer bis zu den arbeitsrechtlich zulässigen Grenzen mit Überstunden beschäftigt. Außerdem werden Aushilfskräfte eingesetzt. In den restlichen Monaten ist die Arbeitsauslastung unterdurchschnittlich.

In die Zeiten unterdurchschnittlichen Arbeitsanfalls wurden soweit wie möglich die Jahresurlaube gelegt. Die verbleibenden Arbeitskräfte wurden, soweit keine Aufträge vorlagen, in Kurzarbeit mit Instandhaltungs- und Wartungsarbeiten beschäftigt. Dieses Verfahren führte zu hoher Arbeitskräftefluktuation und zu Schwierigkeiten bei der Beschaffung von Arbeitskräften.

Die Geschäftsleitung beabsichtigt, die Organisation der Arbeitszeit zu verbessern. Die Arbeitszeit der einzelnen Arbeitnehmer soll dem schwankenden Arbeitsanfall möglichst weitgehend angepasst werden.

1. Die Geschäftsleitung schlägt dem Betriebsrat vor:
   Die für die gewerblichen Arbeitnehmer tarifvertraglich vereinbarte individuelle Arbeitszeit von 38,5 Wochenstunden soll nur im Durchschnitt eines Jahres erreicht werden. In Zeiten von Arbeitsspitzen soll die wöchentliche Arbeitszeit eines gewerblichen Arbeitnehmers 44 Stunden, die tägliche Arbeitszeit 10 Stunden nicht überschreiten. Die Arbeitnehmer können ein „Zeitguthaben" ansammeln, das bei einer täglichen Soll-Arbeitszeit von 7,5 Stunden bis zu 14 Tagen betragen kann. Dieses Zeitguthaben kann in den auftragsschwachen Zeiten durch freie Tage ausgeglichen werden. Der Jahresurlaub soll weiterhin in die auftragsschwachen Zeiten gelegt werden. Begründete Ausnahmen von dieser Regelung sollen nach Absprache mit den Vorgesetzten zugelassen werden.
   Wie würden Sie als Betriebsrat diesen Vorschlag beurteilen?
2. Für die nichtgewerblichen Arbeitnehmer schlägt der Betriebsrat vor, die bisher für den Beginn und das Ende der täglichen Arbeitszeit geltenden festen Zeitpunkte abzuschaffen und statt dessen Zeitspannen

(sogen. Ein- und Ausgleitphasen) einzuführen. Der Beginn der täglichen Arbeitszeit soll zwischen 7.00 und 8.30 Uhr liegen, das Ende zwischen 16.00 und 17.30 Uhr. Die vereinbarte Dauer der täglichen Arbeitszeit von 7,5 Stunden muss innerhalb dieser Spannen eingehalten werden. Zeitguthaben oder Zeitschulden dürfen nicht entstehen.

Beurteilen Sie diesen Vorschlag.

3. In der **SÜMA-AG** muss aufgrund neuer tarifvertraglicher Vereinbarungen eine Arbeitszeitverkürzung durchgeführt werden.

   Wie kann bei Arbeitszeitregelungen, die Ein- und Ausgleitzeiten enthalten (Gleitzeitregelungen), in den Abteilungen die Zeit aufrechterhalten werden, in der sie betriebsbereit sind?

4. Die Unternehmensleitung schlägt vor, die vertraglich vereinbarte individuelle,regelmäßige wöchentliche Arbeitszeit auch der gewerblichen Arbeitnehmer durch Betriebsvereinbarung beweglich zu gestalten. Die gewerblichen Arbeitnehmer sollen lediglich innerhalb einer „Kernzeit“ zur Anwesenheit verpflichtet sein, können aber innerhalb der Ein- und Ausgleitphasen Beginn und Ende ihrer Arbeitszeit nach Absprache mit den Arbeitsplatzkollegen selbst wählen. Soweit die sich so ergebenden Arbeitszeiten nicht mit den vertraglich vereinbarten übereinstimmen, entstehen Arbeitszeitguthaben oder Arbeitsschulden. Diese können in der folgenden Woche mit der Regelarbeitszeit verrechnet werden, was auch zu freien Tagen führen kann.

   Welchen Vorteil hat dieser Vorschlag für die Arbeitnehmer, welchen für den Betrieb?
   Warum ist Absprache mit den Arbeitsplatzkollegen erforderlich?
   Warum muss der Umfang der verrechenbaren Arbeitszeit begrenzt werden?

3.9 Jobsharing

Die Elektroinstrumentefabrik **INTECH** beschäftigt vorwiegend Frauen, weil die Arbeitsaufgabe neben den in der Feinmechanik üblichen Qualifikationen Feingefühl und Fingerfertigkeit erfordert. In der Personalabteilung der **INTECH** wird vorgeschlagen, geeignete Arbeitsplätze mit zwei oder mehreren gleichqualifizierten Arbeitskräften zu besetzen.

Diese sollen gemeinsam für die Erfüllung der Aufgaben ihres Arbeitsplatzes verantwortlich sein und untereinander absprechen, wie sie sich die Arbeitszeit von mindestens 20 Stunden je Woche und Arbeitnehmer untereinander aufteilen.

Beurteilen Sie diese Form der Arbeitszeitgestaltung (Jobsharing)

a) vom Standpunkt des Betriebes,
b) vom Standpunkt des Arbeitnehmers.

3.10 Normal- und Teilarbeitszeit

Die Wedel GmbH bietet ihren Mitarbeitern neben der traditionellen Normalarbeitszeit auch Teilzeitarbeit an. So arbeitet beispielsweise Herta Schrade seit der Geburt ihrer Tochter nur an drei Tagen in der Woche und zusätzlich jeden zweiten Samstag. Auch Marianne Schiller arbeitet Teilzeit. Sie hat zu Hause Familie und einen kleinen Bauernhof.

a) Erläutern Sie, warum sich vorwiegend Frauen für Teilzeitarbeit entscheiden.
b) Welche Nachteile können sich durch die Teilzeitarbeit ergeben?
c) Warum bieten insbesondere größere Unternehmen Teilzeitarbeit an?
d) Welche Nachteile hat es, wenn beim Job Sharing einer der beiden Arbeitnehmer krank wird?

3.11 Formen der Arbeitsgestaltung: Arbeitswechsel – Arbeitserweiterung – Arbeitsbereicherung – (Teil-)autonome Arbeitsgruppen

Die **JUGENDMODE GmbH** stellt vor allem modische und hochwertige Bekleidung für Kinder und Jugendliche her. Dem Leiter der Personalabteilung sind überdurchschnittlich hohe Fehlzeiten aufgefallen, aus denen er auf eine gewisse Unzufriedenheit vor allem der Näherinnen mit ihrer Arbeit schließt. Er schlägt deshalb dem Leiter der Fertigungsabteilung vor, gemeinsam mit der Personalabteilung zu prüfen, LA ob es im Betrieb Möglichkeiten gibt, die äußeren Arbeitsbedingungen zu verbessern und damit die Arbeitszufriedenheit zu erhöhen.

In dem Unternehmen werden die Modelle von Mode-Designern entworfen. Nach einer Vorauswahl aus diesen Modellen durch die Betriebsleitung werden Muster hergestellt und auf Mode-Vorführungen der Kundschaft gezeigt. Aufgrund der Reaktionen der Kunden wird über die Produktionsaufnahme und die Stückzahl der Serie endgültig entschieden.

Die Herstellung der Kleider erfolgt am Fließband. Dabei führt jede Näherin eine Teilverrichtung aus, die nur wenige Minuten in Anspruch nimmt. Die Qualitätskontrolle erfolgt in einer besonderen Abteilung.

Einige Näherinnen beherrschen mehrere der am Band zu verrichtenden Teilarbeiten. Sie werden als Krankheits- oder Urlaubsvertreterinnen eingesetzt. Die Zuweisung des Arbeitsplatzes erfolgt durch die Betriebsmeister.

Die Nähmaschinen werden von Mechanikern gepflegt und eingestellt.

Der Personalleiter fordert den stellvertretenden Leiter der Personalabteilung auf, das Gespräch mit dem Leiter der Abteilung Fertigung schriftlich vorzubereiten. In dem Papier soll dargestellt werden, welche Möglichkeiten einer humaneren Arbeitsgestaltung bestehen. Dabei sollen folgende Formen der Arbeitsorganisation auf ihre Anwendbarkeit im vorliegenden Fall geprüft und miteinander verglichen werden:

Arbeitswechsel (job rotation):

Die Arbeitskräfte wechseln sich in vorgeschriebener oder selbstgewählter Reihenfolge bei unterschiedlichen Tätigkeiten so ab, dass jeder jede Arbeit im Wechsel ausführt.

Arbeitserweiterung (job enlargement):

Gleichartige Arbeitsaufgaben, die bisher von mehreren Arbeitskräften ausgeführt wurden, werden zusammengefasst und von einer Arbeitskraft erledigt.

Arbeitsbereicherung (job enrichment):

Verschiedenartige Arbeitsaufgaben (z. B. ausführende, dispositive und kontrollierende Tätigkeiten) werden zusammengefasst und von einer Arbeitskraft ausgeführt.

(Teil-)autonome Arbeitsgruppen:

Eine Gruppe von drei bis zehn Personen erstellt ein komplettes (Teil)produkt. Die Gruppe bestimmt hinsichtlich dieses (Teil-)produkts den Arbeitsablauf und die Arbeitsorganisation weitgehend selbst.

Aufgabe:

Erstellen Sie eine stichwortartige Ausarbeitung für den Personalleiter, in der Sie die Anwendbarkeit der vorgeschlagenen Organisationsformen prüfen und auf ihre Vor- und Nachteile hinweisen.

Selbsteinschätzung zum Kompetenzerwerb zu Lernbereich 3:

Personal beschaffen, einsetzen und beurteilen		
Nr.	**Kompetenzerwartung** **Ich kann ...**	**Noch Probleme? Kompetenzerwerb durch Bearbeitung folgender Kapitel und Aufgaben im Buch ...**
1	... den Personalbedarf unter Berücksichtigung der betrieblichen Ziele und Notwendigkeiten ermitteln.	Kap. 3.1 Aufgabe 3.1
2	... im Rahmen der internen und externen Personalbeschaffung eine begründete Auswahl der einzusetzenden Beschaffungsinstrumente treffen. ... Kriterien für die zu besetzendes Stelle zusammenstellen, um die Bewerbungen zu analysieren.	Kap. 3.2 Aufgaben 3.2 bis 3.5
3	... Instrumente der Personalauswahl zielgerichtet einsetzen und eine begründete Besetzungsentscheidung treffen.	Kap. 3.3 Aufgabe 3.6
4	... den effektiven Einsatz des vorhandenen Personals planen und Entscheidungen hinsichtlich denkbarer Arbeitszeitmodelle und Gestaltungsmodelle treffen.	Kap. 3.4 und 3.5 Aufgaben 3.7 bis 3.11
5	... die Personalbeurteilung als Instrument der Personaleinsatzplanung und der Personalentwicklung nutzen und dabei berücksichtigen, dass die Personalbeurteilung sowohl methodische als auch Umsetzungsprobleme aufweisen kann.	Kap. 3.6

Jahrgangsstufe 11

Lernbereich 4: Mithilfe der Geschäftsbuchführung das Gesamtergebnis einer Unternehmung ermitteln

4 Grundlagen der Geschäftsbuchführung

Kompetenzerwartungen und Gliederung zum Lernbereich 4

Lernbereich 4: Mithilfe der Geschäftsbuchführung das Gesamtergebnis einer Unternehmung ermitteln
Kapitel 4: Grundlagen der Geschäftsbuchführung

4.1 Aufgaben der Buchführung: Gesetzliche Grundlagen

4.2 Inventur und Inventar

4.3 Bilanz und Ergebnisermittlung

4.4 Buchungen im Kontensystem

4.5 Einfacher Jahresabschluss

Kompetenzen:
- *Auf Basis der Bilanzpositionen die Bestandskonten eröffnen*
- *Bestands- und Ergebniskonten im Hinblick auf ihre Ergebniswirksamkeit unterscheiden*
- *Bestandskonten abschließen, um die Vermögens- und Kapitallage in der Bilanz abzubilden*
- *Ergebniskonten abschließen, mithilfe der GuV das Gesamtergebnis ermitteln und dessen wesentliche Einflussfaktoren bestimmen*

4.6 Organisation der Buchführung

4.7 Umsatzsteuer

Kompetenzen:
- *Den erfolgsneutralen Saldo zwischen Umsatzsteuer und Vorsteuer berechnen und die notwendigen Ausgleichsbuchungen vornehmen*

4.8 Buchungen im Zusammenhang mit Beschaffung und Leistungserstellung in einem Industrieunternehmen

Kompetenzen:
- *Die anfallenden Aufwendungen für Vorräte verbuchen und den jeweiligen Jahresgesamtverbrauch ermitteln*

4.9 Buchungen im Zusammenhang mit Verkäufen in einem Industrieunternehmen

Kompetenzen:
- *Die anfallenden Verkaufserlöse verbuchen*

4.10 Bestandsveränderungen an fertigen und unfertigen Erzeugnissen

Kompetenzen:
- *Bestandsveränderungen an fertigen und unfertigen Erzeugnissen verbuchen und die Auswirkungen auf das Unternehmensergebnis bestimmen*

4.11 Lohn- und Gehaltsbuchungen

Kompetenzen:
- *Auf Grundlage von Lohn- und Gehaltsabrechnungen den Personalaufwand verbuchen*

4.12 Buchungen im Zusammenhang mit Sachanlagevermögen

Kompetenzen:
- *Die Beschaffung von Sachanlagevermögen und aktivierte Eigenleistungen verbuchen*
- *Die Anschaffungskosten berechnen*
- *Die lineare Abschreibung verbuchen und deren Auswirkungen auf den Unternehmenserfolg bestimmen*

4.13 Zeitliche Abgrenzung

4.14 Rückstellungen

Kompetenzen:
- *Vorbereitende Abschlussbuchungen vornehmen*

4.1 Aufgaben der Buchführung – Gesetzliche Grundlagen

In einem Unternehmen werden täglich vielfältige Tätigkeiten ausgeübt, die Einfluss auf Höhe oder Zusammensetzung des Vermögens und/oder der Schulden haben (z. B. Kauf von Rohstoffen, Verarbeitung der Rohstoffe zu fertigen Erzeugnissen, Bezahlung von Rechnungen, Überweisung von Löhnen und Gehältern). Solche Vorgänge werden als **Geschäftsvorfälle** bezeichnet.

Geschäftsvorfälle sind Vorgänge in einem Unternehmen, durch die sich die Höhe oder die Zusammensetzung von Vermögen und/oder Schulden des Unternehmens ändern.

Unter Buchführung ist die planmäßige, lückenlose, zeitlich und sachlich geordnete Aufzeichnung aller Geschäftsvorfälle in einem Unternehmen zu verstehen.

Die Buchführung liefert wichtige Informationen für ein Unternehmen. Gleichzeitig dient sie dazu, die gesetzlich vorgeschriebenen Informationsanforderungen (z. B. Feststellung der Besteuerungsgrundlagen) zu erfüllen. Wesentliche Aufgaben sind:

- Ermittlung der Höhe und der Veränderung von Vermögen und Schulden eines Unternehmens
- Ergebnisermittlung (Gewinn oder Verlust)
- Ermittlung der Besteuerungsgrundlagen (z. B. Umsatz: → Umsatzsteuer, Löhne und Gehälter → Lohnsteuer, Gewinn → Einkommen- bzw. Körperschaftsteuer)
- Bereitstellung von Zahlenmaterial für die Kostenrechnung und die betriebliche Statistik
- Bereitstellung von Zahlenmaterial für innerbetriebliche Kontrollen (z. B. Vergleich zwischen buchmäßigem und tatsächlichem Kassen- oder Lagerbestand)

Die **Eigentümer** eines Unternehmens – wie z. B. Gesellschafter und Aktionäre – möchten regelmäßig über die allgemeine Geschäftslage des Unternehmens und die Vermögensverhältnisse informiert werden. Auch **Gläubiger des Unternehmens** – wie z. B. Banken und Lieferanten – haben ein Interesse daran, etwas über die Lage und die Entwicklung des Unternehmens zu erfahren. So wird eine Bank einem Unternehmen nur dann einen Kredit gewähren, wenn sichergestellt ist, dass der Kredit einschließlich Zinsen wie vorgesehen zurückgezahlt werden kann. Der **Gesetzgeber** legt für die Besteuerung der Unternehmen bestimmte Bemessungsgrundlagen fest (z. B. Umsatz → Umsatzsteuer), die der Höhe nach der Buchführung entnommen werden können. Aufg. 4.1.1, S. 118

Damit die **buchführungspflichtigen Unternehmen** diesen Informationsbedürfnissen gerecht werden, hat der Gesetzgeber eine Reihe **gesetzlicher Vorschriften** erlassen, die sich in zwei große Bereiche einteilen lassen:

Handelsrechtliche Bestimmungen (Handelsrecht)	**Steuerrechtliche Bestimmungen** (Steuerrecht)
z. B. Handelsgesetzbuch (HGB), Grundsätze ordnungsgemäßer Buchführung (GoB)	z. B. Abgabenordnung (AO), Einkommensteuergesetz (EStG), Umsatzsteuergesetz (UStG)
Zielsetzung: Schutz der Gläubiger sowie Schutz der Eigentümer	Zielsetzung: gerechte Besteuerung, Rechtssicherheit in Fragen der Besteuerung

Buchführungspflicht	
Handelsrecht HGB §§ 238, 241a	**Steuerrecht** AO § 140
Einzelkaufleute, wenn in zwei aufeinanderfolgenden Geschäftsjahren die Umsatzerlöse 600.000,00 EUR und der Jahresüberschuss 60.000,00 EUR übersteigen.	Alle nach Handelsrecht buchführungspflichtigen Unternehmen sind auch nach Steuerrecht buchführungspflichtig. Andere Gewerbetreibende und Freiberufler müssen u. U. für die Ermittlung des einkommensteuerpflichtigen Gewinns eine Einnahmenüberschussrechnung (EÜR) erstellen.
Alle Personengesellschaften (z. B. OHG, KG)	
Alle Kapitalgesellschaften (z. B. GmbH, AG)	

HGB = Handelsgesetzbuch AO = Abgabenordnung

Zusammenfassende Übersicht zu 4.1: Aufgaben der Buchführung – Gesetzliche Grundlagen

Die systematische und lückenlose Aufzeichnung aller Geschäftsvorfälle in einem Unternehmen heißt **Buchführung.** Die Buchführung erfüllt drei **Aufgaben**:

Dokumentationsfunktion	Kontrollfunktion	Informationsfunktion

Das buchführungspflichtige Unternehmen muss handels- **und** steuerrechtliche Bestimmungen beachten **(Handelsrecht, Steuerrecht)**.

WIEDERHOLUNG DES GRUNDWISSENS

4.1 Aufgaben der Buchführung – Gesetzliche Grundlagen

1. Welche Aufgaben erfüllt die Buchführung?
2. Weshalb gibt es handelsrechtliche und steuerrechtliche Bestimmungen?

AUFGABEN ZUM ERWERB UND ZUR KONTROLLE VON KOMPETENZEN

4.1 Aufgaben der Buchführung – Gesetzliche Grundlagen

4.1.1 Aufgaben der Buchführung

Weshalb werden im nachfolgenden Fall alle drei Aufgaben der Buchführung deutlich?

Im Rahmen einer Betriebsprüfung stellt ein Mitarbeiter des Finanzamtes fest, dass vor einem Jahr im Mai die Lohnsteuer für den Mitarbeiter Kai Braun ordnungsgemäß berechnet und in voller Höhe an das Finanzamt abgeführt wurde.

4.2 Inventur und Inventar

4.2.1 Zusammenhang zwischen Inventur und Inventar

Das **Handelsgesetzbuch** (HGB) enthält die für Kaufleute maßgeblichen Vorschriften:

§ 240 HGB Inventar

HGB § 240

(1) Jeder Kaufmann hat zu Beginn seines Handelsgewerbes seine Grundstücke, seine Forderungen und Schulden, den Betrag seines baren Geldes sowie seine sonstigen Vermögensgegenstände genau zu verzeichnen und dabei den Wert der einzelnen Vermögensgegenstände und Schulden anzugeben. (2) Er hat demnächst für den Schluss eines jeden Geschäftsjahrs ein solches Inventar aufzustellen. Die Dauer des Geschäftsjahres darf zwölf Monate nicht überschreiten. …

Gemäß **§ 241a HGB** sind **Einzelkaufleute** von der Buchführungspflicht und damit auch von der Erstellung eines Inventars befreit, wenn in zwei aufeinander folgenden Geschäftsjahren die Umsatzerlöse 600.000,00 EUR und der Jahresüberschuss 60.000,00 EUR nicht übersteigen.

Das Verzeichnis, in das die Vermögensgegenstände und Schulden einzeln nach Art und Wert eingetragen werden, wird als **Inventar** bezeichnet. Es ist bei Geschäftseröffnung sowie am Ende eines jeden Geschäftsjahres aufzustellen. Somit bezieht es sich immer auf einen Stichtag. Im Rahmen einer **Inventur** müssen das gesamte **Vermögen** und die gesamten **Schulden** eines Unternehmens erfasst werden.

! **Inventar ist ein Bestandsverzeichnis, das zum Ende eines Geschäftsjahres erstellt wird. Inventur ist die Tätigkeit der Bestandsaufnahme.**

4.2.2 Gliederung des Inventars

Das Inventar besteht aus der detaillierten Aufstellung aller Positionen, die zum **Vermögen** oder den **Schulden** des Unternehmens zählen. Eine bestimmte Gliederung ist gesetzlich nicht vorgeschrieben. Sie ergibt sich aber aus den Grundsätzen ordnungsgemäßer Buchführung (= GoB). Üblicherweise werden zuerst die Vermögenspositionen und anschließend die Schuldenpositionen aufgeführt.

! **Das Inventar ist ein ausführliches Verzeichnis aller Vermögensgegenstände und Schulden in Staffelform (= untereinander).**

Die einzelnen **Vermögenspositionen** werden nach dem **Grad der Flüssigkeit** geordnet **(= Liquiditätsprinzip)**. Das bedeutet, dass sich die Reihenfolge danach richtet, wie lange es dauern würde, bis die jeweilige Vermögensposition in Geld umgewandelt werden kann. Dabei haben die Positionen *Bankguthaben* und *Kasse* den höchsten Grad der Flüssigkeit. Die Position *Bankguthaben* steht an letzter Stelle, weil der Konteninhaber seine Schulden im Normalfall bargeldlos (z. B. Überweisung) begleichen wird.

Vermögensgegenstände, die dazu bestimmt sind, dem Unternehmen dauernd zu dienen, werden dem **Anlagevermögen** zugeordnet. Vermögensgegenstände, die dem Unternehmen nicht längerfristig zur Verfügung stehen, gehören zum **Umlaufvermögen**.

Die Schulden werden nach ihrer **Fälligkeit** geordnet **(= Fristigkeitsprinzip)**.

Erstellung eines Inventars

In einem Shirt-Shop mit Textildruck werden die Ergebnisse der Inventur in einem Inventar zusammengefasst. Dabei wurden die zuvor beschriebenen Gliederungsvorgaben eingehalten.

A. Vermögen

I. Anlagevermögen		
1. Grundstücke und Bauten lt. Anlage 1	240.000,00 EUR	
2. Maschinen lt. Anlage 2	58.000,00 EUR	
3. Fahrzeuge lt. Anlage 3	45.000,00 EUR	
4. Betriebs- und Geschäftsausstattung lt. Anlagen 4 bis 5	18.000,00 EUR	
II. Umlaufvermögen		**Gliederung nach dem Grad der Flüssigkeit** (= Liquiditätsprinzip)
1. Vorräte		
Roh-, Hilfs- und Betriebsstoffe lt. Anlage 6	20.281,00 EUR	
Fertige Erzeugnisse lt. Anlage 7	4.500,00 EUR	
Waren lt. Anlage 8	9.130,00 EUR	
2. Forderungen aus Lieferungen und Leistungen lt. OP-Liste der Debitoren	12.589,00 EUR	
3. Flüssige Mittel		
Kasse	1.800,00 EUR	
Bankguthaben bei der Bayerische Bank	24.700,00 EUR	
Summe Vermögen	**434.000,00 EUR**	

B. Schulden

1. Verbindlichkeiten gegenüber Kreditinstituten		
Bayerische Bank	290.000,00 EUR	**Gliederung nach dem Grad der Fristigkeit** (= Fristigkeitsprinzip)
Deutsche Bank	13.000,00 EUR	
2. Verbindlichkeiten aus Lieferungen und Leistungen lt. OP-Liste der Kreditoren	31.000,00 EUR	
Summe Schulden	**334.000,00 EUR**	

Mithilfe des Inventars lässt sich das **Reinvermögen** des Unternehmens als Differenz zwischen dem Gesamtvermögen und den Schulden berechnen. Das Reinvermögen wird auch als **Eigenkapital** bezeichnet.

! **Eigenkapital (Reinvermögen) = Gesamtvermögen – Schulden**

Aufg. 4.2.1, bis 4.2.3 S. 121

Somit handelt es sich beim Eigenkapital um eine Differenzgröße. Es gibt den Betrag an, der dem Eigentümer eines Unternehmens bei angenommener Auflösung des Unternehmens und Begleichung aller Schulden verbleiben würde. Der als Eigenkapital ausgewiesene Betrag darf nicht mit flüssigen Mitteln – wie Kasse oder Bankguthaben – gleichgesetzt werden.

Ermittlung des Eigenkapitals

Vermögen zum 31.12...	434.000,00 EUR
– Schulden zum 31.12...	334.000,00 EUR
= **Eigenkapital** zum 31.12...	100.000,00 EUR

Zusammenfassende Übersicht zu 4.2: Inventur und Inventar

Inventur =
Tätigkeit der Bestandsaufnahme
→ Inventurlisten

→

Inventar =
ausführliches Bestandsverzeichnis des Vermögens und der Schulden in Staffelform

Inventurverfahren nach dem Zeitpunkt der Durchführung

Grundsätzlich bei allen Positionen:
→ **Stichtagsinventur**

Vereinfachungsverfahren bei Vorratsvermögen (z. B. Rohstoffe, Handelswaren) zulässig

Gliederung des Inventars

A. Vermögen
I. Anlagevermögen
II. Umlaufvermögen
B. Schulden

gesonderte Berechnung

Vermögen
– Schulden
= Eigenkapital (Reinvermögen)

WIEDERHOLUNG DES GRUNDWISSENS

4.2 Inventur und Inventar

1. Zu welchem Zeitpunkt muss ein buchführungspflichtiges Unternehmen ein Inventar erstellen?
2. Unterscheiden Sie die körperliche Bestandsaufnahme von der buchmäßigen Bestandsaufnahme.

AUFGABEN ZUM ERWERB UND ZUR KONTROLLE VON KOMPETENZEN

4.2 Inventur und Inventar

4.2.1 Buchungsmäßige Bestandsaufnahme

Am Inventurstichtag ist dem *Konto* der Buchführung „Guthaben bei der Sparkasse Würzburg“ ein Saldo von 151.000,00 EUR zu entnehmen. Der *Kontoauszug* der Sparkasse Würzburg zum 31.12. weist jedoch ein Guthaben in Höhe von 150.700,00 EUR aus.

Welcher Betrag ist in das Inventar aufzunehmen? Begründen Sie Ihre Aussage.

4.2.2 Ermittlung des Eigenkapitals

Die Inventur eines Unternehmens ergab folgende zusammengefasste Ergebnisse für zwei aufeinander folgende Geschäftsjahre:

	Geschäftsjahr 01	Geschäftsjahr 02
Anlagevermögen	460.000,00 EUR	570.000,00 EUR
Umlaufvermögen	320.000,00 EUR	370.000,00 EUR
Langfristige Schulden	250.000,00 EUR	220.000,00 EUR
Kurzfristige Schulden	290.000,00 EUR	330.000,00 EUR

Ermitteln Sie das Eigenkapital (Reinvermögen) der Geschäftsjahre 01 und 02.

4.2.3 Erstellung eines Inventars

1. Erstellen Sie das Inventar der Konservenfabrik Wußler und Sohn, 93047 Regensburg, zum 31.12... (Positionen in alphabetischer Reihenfolge). PDF

2. Ermitteln Sie das Reinvermögen. Welche Aussagekraft hat das Reinvermögen?
3. Weshalb wird bei vielen Positionen auf *„ein besonderes Verzeichnis“* verwiesen?

Bankguthaben: Deutsche Bank Kto Nr. 666 575	14.890,00 EUR
Bankguthaben: Regensburger Gewerbebank Kto Nr. 7236	24.100,00 EUR
Bargeld	4.580,00 EUR
Fahrzeuge laut besonderem Verzeichnis	190.000,00 EUR
Forderungen gegenüber Kunden laut besonderem Verzeichnis	49.000,00 EUR
Geschäftsausstattung laut besonderem Verzeichnis	92.000,00 EUR
Grundstück mit Betriebsgebäude	600.000,00 EUR
Kurzfristige Bankschulden: Sparkasse Regensburg Kto Nr. 7 165 998	6.500,00 EUR
Langfristiger Kredit bei der Regensburger Gewerbebank	320.000,00 EUR
Maschinen laut besonderem Verzeichnis	420.000,00 EUR
Verbindlichkeiten gegenüber Lieferanten laut besonderem Verzeichnis	88.160,00 EUR
Vorräte: Frischgemüse laut besonderem Verzeichnis	2.900,00 EUR
Vorräte: Konserven laut besonderem Verzeichnis	9.600,00 EUR

4.2.4 Inventargleichung

Welche Gleichungen sind bei einem ordnungsgemäß erstellten Inventar richtig?
Begründen Sie jeweils Ihre Antworten.

A:	Anlagevermögen + Umlaufvermögen + Schulden = Reinvermögen
B:	Reinvermögen + Schulden = Anlagevermögen + Umlaufvermögen
C:	Reinvermögen – Schulden = Vermögen
D:	Vermögen – Schulden = Reinvermögen

4.3 Bilanz und Ergebnisermittlung

4.3.1 Die Bilanz als Zusammenfassung des Inventars

Das sehr ausführliche Inventar ist viel zu unübersichtlich, um sich einen schnellen Überblick über die Lage des Unternehmens zu verschaffen. Aus diesem Grund werden die Angaben aus dem **Inventar** in der **Bilanz** zusammengefasst und in **Kontenform** dargestellt.

Die Bilanz ist die Zusammenfassung des Inventars in Kontenform.

§ 242 HGB Pflicht zur Aufstellung

(1) Der Kaufmann hat zu Beginn seines Handelsgewerbes und für den Schluss eines jeden Geschäftsjahres einen das Verhältnis seines Vermögens und seiner Schulden darstellenden **Abschluss** (Eröffnungsbilanz, Bilanz) aufzustellen. HGB § 242

§ 247 HGB Inhalt der Bilanz

(1) In der Bilanz sind das Anlage- und das Umlaufvermögen, das Eigenkapital, die Schulden ... gesondert auszuweisen und hinreichend aufzugliedern. HGB § 247

(2) Beim Anlagevermögen sind nur die Gegenstände auszuweisen, die dazu bestimmt sind, dauernd dem Geschäftsbetrieb zu dienen.

Aufstellung einer Bilanz

Aufg. 4.3.1 S. 128

In einem Shirt-Shop mit Textildruck-Sportgeschäft wurde aus dem vorliegenden Inventar *(siehe S. 120)* folgende Bilanz aufgestellt:

Aktiva	**Bilanz des Shirt Shop Ehret e. Kfm. zum 31. Dezember ..**		Passiva
I. Anlagevermögen		**I. Eigenkapital**	100.000,00
1. Grundstücke und Bauten	240.000,00	**II. Fremdkapital**	
2. Maschinen	58.000,00	1. Verbindlichkeiten gegenüber	
3. Fuhrpark	45.000,00	Kreditinstituten	303.000,00
4. BGA	18.000,00	2. Verbindlichkeiten aus LuL	31.000,00
II. Umlaufvermögen			
1. Vorräte	33.911,00		
2. Forderungen aus LuL	12.589,00		
3. Flüssige Mittel	26.500,00		
Bilanzsumme	**434.000,00**	**Bilanzsumme**	**434.000,00**

Auf der *linken Seite* der Bilanz wird das Vermögen (= Aktiva) ausgewiesen. Sie wird daher als Aktivseite bezeichnet. Demgegenüber weist die *rechte Seite* das Kapital (= Passiva) aus und wird als Passivseite bezeichnet.

Die Passivseite der Bilanz gibt Auskunft darüber, woher die finanziellen Mittel stammen (Mittelherkunft = Finanzierung).

Auf der Passivseite wird das Kapital nach **abnehmender Fristigkeit** dargestellt. Anders als im Inventar wird in der Bilanz auch das **Eigenkapital** (= vom Eigentümer ohne zeitliche Begrenzung zur Verfügung gestelltes Kapital) ausgewiesen. Da das Eigenkapital dem Unternehmen am längsten zur Verfügung steht, erscheint das Eigenkapital auf der Passivseite der Bilanz immer vor dem Fremdkapital.

> **!** **Die Aktivseite der Bilanz gibt Auskunft darüber, wofür die finanziellen Mittel verwendet werden (Mittelverwendung = Investierung).**

Auf der Aktivseite wird das Vermögen in gleicher Weise wie im Inventar nach **zunehmender Flüssigkeit** (Liquidität) gegliedert.

Die **Bilanz** hat allgemein folgendes Aussehen:

Aufg. 4.3.2 und 4.3.3 S. 128

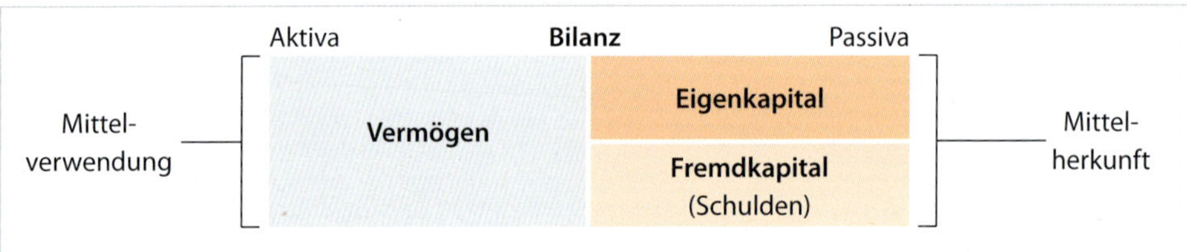

Die Summe der Werte der Aktivseite muss der Summe der Werte der Passivseite entsprechen. Diese rechnerische Gleichheit wird durch folgende **Bilanzgleichung** ausgedrückt:

> **!** **Vermögen = Eigenkapital + Fremdkapital**

Zwischen Inventar und Bilanz bestehen u. a. folgende Unterschiede:

Inventar	Bilanz
▪ Ausführliche **wert-** und **mengenmäßige** Darstellung des Vermögens und der Schulden.	▪ Zusammengefasste **wertmäßig**e Gegenüberstellung des Vermögens und der Schulden.
▪ Vermögen und Schulden stehen untereinander in **Staffelform**.	▪ Vermögen und Schulden stehen neben einander in **Kontenform**.
▪ Der Ausweis des **Reinvermögen**s ist nicht Bestandteil des Inventars. Dessen Höhe kann in einer Nebenrechnung ermittelt werden.	▪ Das **Eigenkapital** (= Reinvermögen) ist Bestandteil der Bilanz.

Aufg. 4.3.4 S. 128

Durch die Inventur wird sichergestellt, dass die in der Buchführung ausgewiesenen Werte auch tatsächlich vorhanden sind. Aus diesem Grund wird die Bilanz aus den sich nach der Inventur ergebenden Salden der Buchführung abgeleitet.

4.3.2 Wertveränderungen in der Bilanz

In einer **Bilanz** werden **Vermögen**, **Schulden** und **Eigenkapital** eines Unternehmens zu einem bestimmten Stichtag ausgewiesen. Bereits der erste Geschäftsvorfall, der sich nach dem Stichtag ereignet, bewirkt, dass die zuvor erstellte Bilanz nicht mehr gültig ist. Eine nochmals durchgeführte Inventur würde zu einer neuen Bilanz führen.

Jeder Geschäftsvorfall führt zu einer veränderten Bilanz. Hinsichtlich der Bilanzveränderungen lassen sich vier Grundfälle unterscheiden:

Aktivtausch	Aktiv-Passiv-Mehrung	Aktiv-Passiv-Minderung	Passivtausch

Aktivtausch

Ein Aktivposten nimmt um den gleichen Betrag zu, um den ein anderer Aktivposten abnimmt.

Geschäftsvorfall: Barkauf eines Computers in Höhe von 1.000,00 EUR

Aktiva — Bilanzveränderung — Passiva

Aktiva		Passiva	
Geschäftsausstattung Kasse	**+ 1.000,00** **– 1.000,00**		
Veränderung	0	Veränderung	0

Aktiv-Passiv-Mehrung (Bilanzverlängerung)

Ein Aktiv- und ein Passivposten nehmen jeweils um den gleichen Betrag zu.

Geschäftsvorfall: Kauf von Rohstoffen auf Rechnung bei einem Lieferanten in Höhe von 15.000,00 EUR

Aktiva — Bilanzveränderung — Passiva

Aktiva		Passiva	
Rohstoffe	**+ 15.000,00**	Verbindlichkeiten aus LuL	**+ 15.000,00**
Veränderung	+ 15.000,00	Veränderung	+ 15.000,00

Aktiv-Passiv-Minderung (Bilanzverkürzung)

Ein Aktiv- und ein Passivposten nehmen jeweils um den gleichen Betrag ab.

Geschäftsvorfall: Begleichung einer Lieferantenrechnung in Höhe von 15.000,00 EUR per Überweisung.

Aktiva — Bilanzveränderung — Passiva

Aktiva		Passiva	
Bank	**– 15.000,00**	Verbindlichkeiten aus LuL	**– 15.000,00**
Veränderung	– 15.000,00	Veränderung	– 15.000,00

Passivtausch

Ein Passivposten nimmt um den gleichen Betrag zu um den ein anderer Passivposten abnimmt.

Aufg. 4.3.5 und 4.3.6 S. 128

Geschäftsvorfall: Eine Lieferantenverbindlichkeit in Höhe von 10.000,00 EUR wird durch weitere Inanspruchnahme eines von der Bank gewährten Kontokorrentkredits beglichen.

Aktiva — **Bilanzveränderung** — **Passiva**

		Verbindlichkeiten aus LuL Bankschulden	**– 10.000,00** **+ 10.000,00**
Veränderung	0	Veränderung	0

4.3.3 Ergebnisermittlung mit Hilfe eines Eigenkapitalvergleichs

Ziel der unternehmerischen Tätigkeit ist es, Gewinn zu erzielen. Gewinne führen zu einer Erhöhung des **Eigenkapitals**. Das Eigenkapital wird auf der Grundlage der Inventur als Differenz zwischen dem Gesamtvermögen und den Schulden berechnet.

Unter der Voraussetzung, dass im Laufe eines Geschäftsjahres weder private Entnahmen noch private Einlagen vorgenommen werden, sind die Veränderungen des **Eigenkapitals** ausschließlich auf betriebliche Vorgänge zurückzuführen. In diesem Fall wird die Ergebnisermittlung wie folgt durchgeführt:

!

Eigenkapital am Ende des Geschäftsjahres
– **Eigenkapital zu Beginn des Geschäftsjahres**
= **Veränderung des Eigenkapitals**
→ **Eigenkapitalmehrung: → Gewinn**
→ **Eigenkapitalminderung: → Verlust**

Aufg. 4.3.7, bis 4.3.9 S. 129

Die Textildruckerei Shirt-Shop weist folgende Werte aus:
(es gab im laufenden Geschäftsjahr keine in der Buchführung erfassten privaten Vorgänge)

Eigenkapital zu Beginn des Geschäftsjahres .... 100.000,00 EUR
Eigenkapital am Ende des Geschäftsjahres .... 130.000,00 EUR

Eigenkapital am Ende des Geschäftsjahres	130.000,00 EUR	
– Eigenkapital zu Beginn des Geschäftsjahres	100.000,00 EUR	
= **Eigenkapitalmehrung**	+ 30.000,00 EUR	→ **Gewinn**

Zusammenfassende Übersicht zu 4.3: Bilanz und Ergebnisermittlung

Inventur = Tätigkeit der Bestandsaufnahme
Inventar = Verzeichnis der Bestände
Bilanz = Kurzgefasste **Gegenüberstellung** von Vermögen (Aktiva) und Kapital (Passiva) in Kontenform

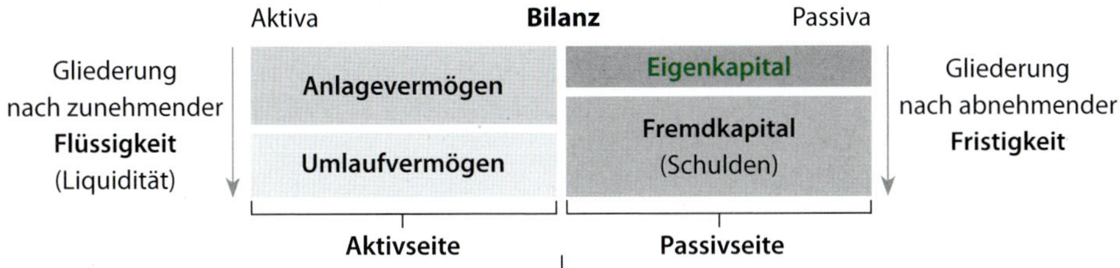

Wertveränderungen in der Bilanz

Aktivtausch | Passivtausch | Aktiv-Passiv-Mehrung | Aktiv-Passiv-Minderung

Ergebnisermittlung mit Hilfe eines Eigenkapitalvergleichs

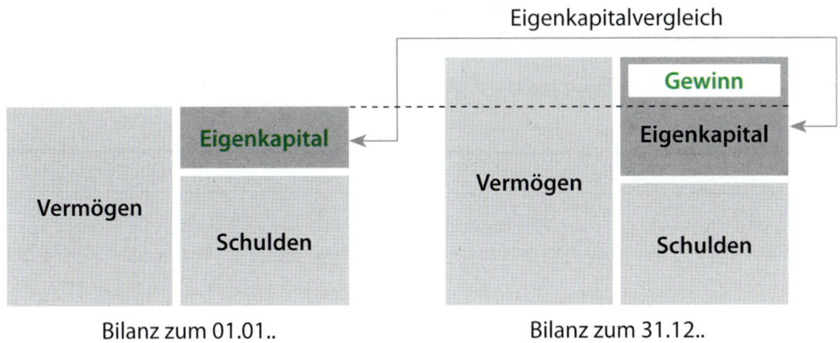

WIEDERHOLUNG DES GRUNDWISSENS

4.3 Bilanz und Ergebnisermittlung

1. Zu welchem Zeitpunkt muss ein buchführungspflichtiges Unternehmen eine Bilanz erstellen?
2. Welche Informationen sind jeweils der Aktiv- und Passivseite einer Bilanz zu entnehmen?
3. Wie ist die Höhe des Eigenkapitals rechnerisch zu ermitteln?
4. Was ist ein Aktivtausch?
5. Unterscheiden Sie eine Aktiv-Passiv-Mehrung und Aktiv-Passiv-Minderung.
6. Welche Auswirkungen hat ein Passivtausch auf die Bilanzsumme?
7. Auf welche Weise kann das Ergebnis (Gewinn/Verlust) mit Hilfe zweier aufeinander folgender Bilanzen ermittelt werden?
8. Welche Auswirkungen hat ein Gewinn auf die Höhe des Eigenkapitals?

AUFGABEN ZUM ERWERB UND ZUR KONTROLLE VON KOMPETENZEN

4.3 Bilanz und Ergebnisermittlung

4.3.1 Aussagekraft der Bilanz

Fragen zur vorliegenden Bilanz von Shirt-Shop Ehret e. Kfm. auf S. 123:

1. Wie lange behält die aufgestellte Bilanz ihre Gültigkeit?
2. Beurteilen Sie anhand der Bilanz, ob die Textildruckerei voraussichtlich in der Lage sein wird, alle Zahlungsverpflichtungen aus den demnächst eintretenden kurzfristigen Verbindlichkeiten zu erfüllen.
3. Wie verändert sich die Bilanz, wenn nachträglich eine Siebdruckmaschine im Wert von 60.000,00 EUR berücksichtigt werden müsste?

4.3.2 Aufstellung einer Bilanz

Erstellen Sie für die Konservenfabrik Wußler und Sohn, 93047 Regensburg, die Bilanz zum 31. Dezember 01 *(siehe Aufgabe 4.2.3 von S. 121).*

4.3.3 Eigenkapital und Bankguthaben

In der Bilanz eines Unternehmens werden sowohl das Eigenkapital als auch das Bankguthaben ausgewiesen.

1. Erläutern Sie den grundsätzlichen Unterschied zwischen beiden Positionen.
2. Kann es sein, dass die Höhe des Bankguthabens größer ist als das ausgewiesene Eigenkapital? Erläutern Sie den Zusammenhang mit Hilfe eines selbst erstellten Zahlenbeispiels.

4.3.4 Erstellung einer Eröffnungsbilanz

Erstellen Sie die Eröffnungsbilanz für ein Unternehmen, das mit folgenden Geschäftsvorfällen gegründet wurde:

❶ Der Geschäftsinhaber überweist von seinem privaten Konto 50.000,00 EUR auf das eröffnete Geschäftskonto.

❷ Der Geschäftsinhaber übereignet dem Unternehmen seinen Pkw im Wert von 20.000,00 EUR.

❸ Die Bank gewährt dem Unternehmen einen langfristigen Kredit in Höhe von 50.000,00 EUR. Der Kreditbetrag wurde dem Unternehmen auf dem Geschäftskonto gutgeschrieben.

4.3.5 Vier Grundfälle von Bilanzveränderungen

Erläutern Sie, um welchen der vier Grundfälle einer Bilanzveränderung es sich handelt.

❶ Kauf einer Bohrmaschine auf Rechnung .... 3.000,00 EUR

❷ Die Rechnung für die Bohrmaschine wird durch Überweisung beglichen .... 3.000,00 EUR

❸ Ein Kunde begleicht eine fällige Rechnung durch Überweisung .... 7.000,00 EUR

❹ Der Geschäftsinhaber zahlt einen Kredit des Unternehmens per Überweisung zurück .. 20.000,00 EUR

❺ Verkauf eines Lieferwagens auf Rechnung .... 8.000,00 EUR
Der Kaufpreis entspricht dem in der Buchführung ausgewiesenen Wert

4.3.6 Bilanzveränderungen

Erläutern Sie, welche der nachfolgenden Bilanzveränderungen nicht möglich sind.

❶	Aktiva: + 800,00	Passiva: + 800,00
❷	Aktiva: + 500,00	Passiva: – 500,00
❸	Aktiva: + 300,00	Passiva: + 200,00
❹		Passiva: – 600,00
		Passiva: + 600,00

4.3.7 Ergebnisermittlung in einer Spielwarenfabrik

Für die Spielwarenfabrik Männle GmbH liegen für das laufende Geschäftsjahr folgende Zahlen vor. Ermitteln Sie das Ergebnis.

Eigenkapital zum 01. Januar 20..	390.000,00 EUR
Gesamtvermögen zum 31. Dezember 20..	550.000,00 EUR
Schulden zum 31. Dezember 20..	210.000,00 EUR

4.3.8 Aussagekraft der Bilanz und Ergebnisermittlung

Nachfolgend ist die Bilanz einer Lackfabrik gegeben.

Bilanz der Lackfabrik Jochen Greiner e. Kfm.
zum 31.12.20..

Aktiva		Passiva	
I. Anlagevermögen		**I. Eigenkapital**	2.150.000,00
1. Grundstücke, Bauten	1.500.000,00		
2. Maschinen	700.000,00	**II. Fremdkapital**	
3. Fuhrpark	290.000,00	1. Darlehen	1.200.000,00
4. BGA	500.000,00	2. Verbindlichkeiten aus LuL	190.000,00
II. Umlaufvermögen			
1. Vorräte	398.000,00		
2. Forderungen aus LuL	80.000,00		
3. Flüssige Mittel	72.000,00		
	3.540.000,00		3.540.000,00

1. Aus welchen Einzelpositionen setzen sich die flüssigen Mittel zusammen? Warum erscheinen diese Positionen nicht in der Bilanz?
2. Welche Positionen würden sich in der Bilanz verändern, wenn nachträglich eine Gutschrift von einem Lieferer zur Verrechnung berücksichtigt werden müsste?
3. Um welche Art der Bilanzveränderung handelt es sich in 2.
4. Weshalb wird das Eigenkapital in der Bilanz vor dem Fremdkapital (Schulden) ausgewiesen?
5. Im abgelaufenen Geschäftsjahr wurde ein Gewinn in Höhe von 470.000,00 EUR erzielt. Ermitteln Sie die Höhe des Eigenkapitals zum 01.01. des nächsten Jahres.
6. Weshalb darf eine Erhöhung des Bankguthabens nicht mit Gewinnerzielung gleichgesetzt werden? Erläutern Sie den Zusammenhang mit Hilfe eines konkreten Beispiels.

4.3.9 Eigenkapitalveränderungen bei einem Getränkehandel

Wie verändert sich jeweils das Eigenkapital des Getränkehandels Marco Jehle e. Kfm.?

❶ Die Bank gewährt dem Getränkehandel einen Kredit in Höhe von 20.000,00 EUR.
10. Januar: Gutschrift auf dem Bankkonto des Getränkehandels.

❷ Die Bank belastet den Getränkehandel mit 800,00 EUR Zinsen für den gewährten Kredit.
30. Juni: Belastung des Bankkontos des Getränkehandels.

❸ Die Bank belastet den Getränkehandel mit der ersten Tilgungsrate in Höhe von 2.000,00 EUR für den gewährten Kredit.
30. Juni: Belastung des Bankkontos des Getränkehandels.

4.4 Buchungen im Kontensystem

4.4.1 Belege als Grundlage von Buchungsvorgängen

Für jeden Geschäftsvorfall muss ein Beleg vorliegen, der als Grundlage für die Buchung des Geschäftsfalls dient.

> **!** **Es gilt der Grundsatz: „Keine Buchung ohne Beleg".**

Belege müssen **zeitnah** erfasst werden. Zeitnah bedeutet, dass zwischen dem Tag, an dem sich der Geschäftsvorfall ereignet, und dem Buchungstag kein „zu großer Zeitraum" liegen
HGB § 239 (2) darf. Aus Beweisgründen sind Belege **zehn Jahre** aufzubewahren bzw. in digitaler Form zu archivieren. Belege müssen die Geschäftsvorfälle zutreffend beschreiben. Bei rein **innerbe-**
AO § 147 (3) **trieblichen Vorgängen** – wie z. B. Gehaltsabrechnungen – fällt kein Beleg mit einem Geschäftspartner an. In diesem Fall werden geeignete interne Unterlagen als Beleg verwendet. In den Unternehmen werden zuweilen **Belegkürzel** verwendet (z. B. KB für Kassenbelege). Diese Kürzel sind nicht vorgeschrieben und weichen von Unternehmen zu Unternehmen voneinander ab.

Belege in der Buchhaltung

- Kassenbelege (KB)/Quittungen
- Rechnungen und Gutschriften:
  Ausgangsrechnungen (AR) und Gutschriften an Kunden (GUK)
  Eingangsrechnungen (ER) und Gutschriften von Lieferanten (GUL)
- Kontoauszüge der Bank (KA)
- Materialentnahmescheine (MES)
- Lohn- und Gehaltslisten

Kassenbelege

Wenn der Empfänger dem Zahler die Entgegennahme von Bargeld **bestätigt**, handelt es sich um eine **Quittung**, die eine besondere Art von Kassenbeleg darstellt.

Geschäftsvorfall aus der Sicht …

- von Büromarkt Sutter (Verkäufer): Bar**verkauf** von Büromaterialien in Höhe von 52,36 EUR.
- der Textildruckerei Shirt-Shop (Käufer): Bar**kauf** von Büromaterialien in Höhe von 52,36 EUR.

Quittung

56 / Verkauf / ...
Nr. Abt. Jahr

Netto	44,00 EUR
+ 19 % MwSt.	8,36 EUR
Gesamt	52,36 EUR

Zweiundfünfzig
Gesamtbetrag Euro in Worten — Cent wie oben

Hannah Gutmann (Textildruck Shirt-Shop)
von

Büromaterialien laut Lieferschein Nr. 56
für

SCHMIDT — Würzburg — 03.09...
dankend erhalten — Ort — Datum

\- - - - - -
Buchungsvermerke

Büromarkt Sutter
Ringstraße 24
97080 Würzburg
Stempel/Unterschrift des Empfängers

Rechnungen

Bei einer **Rechnungsstellung** wird dem Kunden der zu bezahlende Rechnungsbetrag mitgeteilt. Führt ein Unternehmer eine Lieferung oder eine sonstige Leistung an einen anderen Unternehmer für dessen Unternehmen aus, ist er verpflichtet, eine Rechnung auszustellen.

Geschäftsvorfall aus der Sicht ...

- der Textildruckerei Shirt-Shop **(Verkäufer)**: Verkauf eines beflockten Trikotsatzes auf Rechnung
- des Handballvereins Ansbach **(Käufer)**: Kauf eines beflockten Trikotsatzes auf Rechnung

Shirt-Shop Ehret e. Kfm.
Sporttextildruck
Lindenstraße 14
97080 Würzburg

Handballverein Ansbach
Matthias Burger
Goethestraße 45
91522 Ansbach

Lieferung: 05.09...
Rechnungsnummer: 14986
Kundennummer: 24001
Datum: 07.09...

Rechnung

Pos.	Artikel/Artikelbeschreibung	Einheit	Menge	E-Preis	Gesamt
1	Trikot Monaco Gr. XXL/14	Stk.	14	24,00	336,00 EUR
2	Sporthose Monaco Gr. 8/14	Stk.	14	17,00	238,00 EUR
3	Flock auf Brust 1-farbig	Stk.	14	3,00	42,00 EUR
4	Nummern 25 cm auf Rücken	Stk.	14	3,00	42,00 EUR
		Netto-Rechnungsbetrag			658,00 EUR
		+ 19 % Umsatzsteuer			125,02 EUR
		Rechnungsbetrag			**783,02 EUR**

zahlbar bis zum 07.10... ohne Abzug

Sitz und Registergericht:
Würzburg HRA 4678
USt.-Id.-Nr. DE 765 435 987
StNr. 765/54875

Bankverbindung:
Bayerische Bank
IBAN DE79 4003 0068 0000 0135 79

Ein und derselbe Beleg ist aus der Sicht des jeweiligen Unternehmens unterschiedlich zu buchen: Eine **Rechnung** ist aus der Sicht des Verkäufers als **Ausgangsrechnung** bzw. aus der Sicht des Käufers als **Eingangsrechnung** zu behandeln.

Gutschriften

Gutschriften (zur Verrechnung) beziehen sich auf eine zuvor erstellte Rechnung und korrigieren den in der Rechnung ausgewiesenen Rechnungsbetrag.

Geschäftsvorfall aus der Sicht ...

- der Textildruckerei Shirt-Shop (Verkäufer): Gutschrift an einen Kunden zur Verrechnung wegen fehlerhafter Beflockung.
- des Handballvereins Ansbach (Käufer): Gutschrift von einem Lieferer zur Verrechnung

Shirt-Shop Ehret e. Kfm.
Sporttextildruck
Lindenstraße 14
97080 Würzburg

Handballverein Ansbach
Matthias Burger
Goethestraße 45
91522 Ansbach

Lieferung:	05.09...
Gutschriftsnummer:	587
Kundennummer:	24001
Datum:	11.09...

Gutschrift wegen fehlerhafter Beflockung

Pos.	Artikel/Artikelbeschreibung	Einheit	Menge	E-Preis	Gesamt
1	Trikot Monaco Gr. XXL/14	Stk.	2	24,00	48,00 EUR
2	Sporthose Monaco Gr. 8/14	Stk.	2	17,00	34,00 EUR
3	Flock auf Brust 1-farbig	Stk.	2	3,00	6,00 EUR
4	Nummern 25 cm auf Rücken	Stk.	2	3,00	6,00 EUR
			Netto-Gutschriftsbetrag		94,00 EUR
		+	19 % Umsatzsteuer		17,86 EUR
			Gutschriftsbetrag		**111,86 EUR**

Verrechnen Sie die Gutschrift mit Re-Nr. 14986

Sitz und Registergericht:
Würzburg HRA 4678
USt.-Id.-Nr. DE 765 435 987
StNr. 765/54875

Bankverbindung
Bayerische Bank
IBAN DE79 4003 0068 0000 0135 79

Somit schuldet der Handballverein Ansbach dem Textildruck Shirt-Shop nur noch:

783,02 EUR – 111,86 EUR = **671,16 EUR.**

Kontoauszüge[1]

Aufg. 4.4.1 S. 149

Die Bank erstellt **Kontoauszüge**, um den Kunden einen Überblick über die Bewegungen auf dem Bankkonto zu geben. Der **neue Kontostand** gibt z. B. Auskunft darüber, ob das Unternehmen „flüssig" (liquide) ist, d. h., dass es seine derzeitigen Zahlungsverpflichtungen erfüllen kann. Kontoauszüge weisen meistens mehrere **Positionen** aus, denen jeweils eigenständige **Geschäftsvorfälle** zugrunde liegen. **Lastschriften** führen zu einer Verringerung des Bankguthabens oder zu einer Erhöhung der Schulden. **Gutschriften** bewirken dagegen eine Erhöhung des Bankguthabens oder eine Verringerung der Schulden gegenüber der Bank.

1 Kontoauszüge spiegeln die Buchungen aus der Sicht der Bank wider. Guthaben der Kunden stellen aus der Sicht der Banken Verbindlichkeiten dar. Verbindlichkeiten der Kunden stellen aus der Sicht der Banken Guthaben dar.

Kontoauszug: Gutschriften und Lastschriften

Aus der Sicht der Textildruckerei Shirt-Shop weist der nachfolgende Kontoauszug drei Geschäftsvorfälle aus:

1. **Gutschrift** der Bank: Der Handballverein Ansbach begleicht eine Rechnung durch Überweisung.
2. **Lastschrift** der Bank: Textildruck Shirt-Shop begleicht die fällige Kfz-Steuer an das Finanzamt in Würzburg durch Überweisung.
3. **Gutschrift** der Bank: Die Bayerische Bank schreibt dem Textildruck Shirt-Shop Zinsen für ein Guthaben auf dem Konto gut.

Kontoauszug **Bayerische Bank**

IBAN DE79 4003 0068 0000 0135 79 — Alter Kontostand

Konto-Nr. 13579 — Saldo vom 07.10... — **+25.919,08 EUR**

Pos.		Lastschrift	Gutschrift
1	Handballverein Ansbach Re-Nr 14986 abzügl. Gutschrift Nr. 587		671,16
2	Kfz-Steuer StNr. 7768976	460,00	
3	Zinsen Konto 13579 3. Quartal		64,00

Auszugsdatum: 07.10... — Auszugs-Nr. 87

Shirt-Shop Ehret e. Kfm.
Lindenstraße 14
97080 Würzburg

Neuer Kontostand **+26.194,24 EUR**

Zusammenfassende Übersicht zu 4.4.1: Belege als Grundlage von Buchungsvorgängen

Geschäftsvorfälle des Kaufmanns sowie **innerbetriebliche Vorgänge** → **Belege** (▪ Rechnungen ▪ Gutschriften ▪ Kontoauszüge) → **Buchung** der Geschäftsvorfälle

- Dokumentation der laufenden Geschäftsvorfälle
- „Keine Buchung ohne Beleg“
- Zeitnahe Buchungserfassung
- Archivierungspflicht

4.4.2 Allgemeine Buchungsregeln

Jeder Geschäftsvorfall führt zu Veränderungen auf mindestens zwei Konten. So bewirkt die Bareinzahlung auf das Bankkonto eine Veränderung auf dem Konto Bank und gleichzeitig eine Veränderung des Kassenbestands. **Beide Veränderungen** sind bei der Buchung zu berücksichtigen.

Für eine vollständige Buchung gelten folgende **allgemeine Buchungsregeln**:

!
- **Jeder Geschäftsvorfall betrifft (mindestens) zwei Konten.**
- **Es gibt bei jedem Geschäftsvorfall (mindestens) eine Sollbuchung und (mindestens) eine Habenbuchung**
- **Die Summe der Beträge aus den Sollbuchungen ist beitragsmäßig genauso groß wie die Summe der Beträge aus den Habenbuchungen.**

Kontoauszug

❶ Kontoauszug (Gutschrift): Bareinzahlung auf das Konto bei der Bayerische Bank; 1.500,00 EUR.

Kontoauszug **Bayerische Bank**

IBAN DE79 4003 0068 0000 0135 79 Alter Kontostand

Konto-Nr. 13579 Saldo vom 08.10... **+26.194,24 EUR**

Pos.		Lastschrift	Gutschrift
1	Einzahlung in bar		**1.500,00**

Auszugsdatum: 08.10... Auszugs-Nr. 88

Shirt-Shop Ehret e. Kfm.
Lindenstraße 14
97080 Würzburg

Neuer Kontostand **+27.694,24 EUR**

❷ Fragen zur Beachtung der allgemeinen Buchungsregeln:

1. Welche Konten sind zu berücksichtigen?	Bank	Kasse
2. Auf welcher Seite des Kontos wird gebucht?	**Soll**	**Haben**
3. Welche Beiträge sind zu buchen?	**1.500,00 EUR**	**1.500,00 EUR**

❸ Buchung in den beiden betroffenen Konten:

Aufg. 4.4.2 und 4.4.3 S. 149

Soll	**Bank**		Haben
AB	26.194,24	....	....
KA 88	**1.500,00**		
....	....		

Soll	**Kasse**		**Haben**
AB	5.000,00	KA 88	**1.500,00**
....	....	....	....

Zusammenfassende Übersicht zu 4.4.2: Allgemeine Buchungsregeln

Jeder Geschäftsvorfall wirkt sich auf mindestens **zwei Konten** aus.	Jeder Geschäftsvorfall führt zu mindestens **einer Soll**buchung und mindestens **einer Haben**buchung.	Summe **Beträge aller Sollbuchungen** = Summe **Beträge aller Habenbuchungen**

4.4.3 Buchen auf Bestandskosten

Aktivkonten und Passivkonten

Das **Vermögen** wird auf der Aktivseite der Bilanz ausgewiesen. Die zu den einzelnen Vermögenspositionen gehörenden Konten werden daher als **Aktivkonten** bezeichnet. Im Gegensatz dazu wird **Kapital** auf der Passivseite der Bilanz ausgewiesen. Die zu den einzelnen Kapitalpositionen gehörenden Konten werden als **Passivkonten** bezeichnet. Aktiv- und Passivkonten werden auch Bestandskonten genannt, weil sie Bestände und deren Veränderungen buchmäßig widerspiegeln.

Buchungsregeln für Aktivkonten:

Auf allen Aktivkonten (= **Vermögenskonten**) steht der Anfangsbestand im Soll. Zugänge werden ebenfalls im Soll und Abgänge werden im Haben gebucht. Der Schlussbestand ergibt sich als **Saldo** im Haben.

Soll	**Aktivkonten** Haben
Anfangsbestand	**Abgänge (–)**
Zugänge (+)	**Schlussbestand**

Beispiele: *Kasse; Bankguthaben; Forderungen aus Lieferungen und Leistungen*

Buchungsregeln für Passivkonten:

Demgegenüber gelten für alle Passivkonten (= **Kapitalkonten**) genau die umgekehrten Buchungsregeln. Anfangsbestand und Zugänge stehen auf der Habenseite, Abgänge auf der Sollseite. Der Schlussbestand ergibt sich als **Saldo** im Soll.

Soll	**Passivkonten** Haben
Abgänge (–)	**Anfangsbestand**
Schlussbestand	**Zugänge (+)**

Beispiele: *Verbindlichkeiten aus Lieferungen und Leistungen; Darlehen*

Buchen auf Bestandskonten

Buchungen auf Vermögenskonten = Aktivkonten

Soll **Kasse** Haben

AB	4.000,00	Ausgaben	1.400,00
Einnahmen	1.800,00	SB	4.400,00
	5.800,00		5.800,00

Soll **Bank** Haben

AB	38.000,00	Lastschriften	23.000,00
Gutschriften	12.000,00	SB	27.000,00
	50.000,00		50.000,00

Buchungen auf Kapitalkonten = Passivkonten

Soll **Verbindlichkeiten aus LuL** Haben

Begleichung von Verbindlichkeiten	14.000,00	AB	16.000,00
SB	12.000,00	Rechnungseingänge	10.000,00
	26.000,00		26.000,00

Soll **Darlehen** Haben

Tilgung (Rückzahlung)	20.000,00	AB	100.000,00
SB	140.000,00	Kreditaufnahme	60.000,00
	160.000,00		160.000,00

Aufg. 4.4.4 und 4.4.5 S. 149 f.

Zusammenfassende Übersicht zu 4.4.3: Buchen auf Bestandskonten

Aktivseite der Bilanz		Passivseite der Bilanz
Vermögenskonten:		Kapitalkonten:
▪ Maschinen	▪ Kasse	▪ Eigenkapital
▪ Roh-, Hilfs- und Betriebsstoffe	▪ Geschäftsausstattung	▪ Darlehen
	▪ Forderungen a. LuL	▪ Verbindlichkeiten a. LuL
▪ Handelswaren	▪ Bankguthaben	

Soll	Aktivkonten Haben	Soll	Passivkonten Haben
Anfangsbestand	Abgänge (–)	Abgänge (–)	Anfangsbestand
Zugänge (+)	Schlussbestand	Schlussbestand	Zugänge (+)

4.4.4 Buchungssatz (Kontierung)

Einfacher Buchungssatz

Die Anweisung, wie der einem bestimmten Beleg zugrundeliegende Geschäftsvorfall zu buchen ist, wird in einem **Buchungssatz** festgehalten. Dazu werden die Belege vor der Buchung mit einem Buchungsstempel (Kontierungsstempel) versehen, in dessen Felder die Buchungsanweisung (Buchungssatz) eingetragen wird.

Buchungsstempel (Kontierungsstempel)

Geschäftsvorfall:

Barabhebung vom Bankkonto 500,00 EUR

Konten	Soll	Haben
Kasse	*500,00*	
an Bank		*500,00*
Gebucht: *By*		

Beim Buchungssatz wird immer **zuerst das Konto der Sollbuchung** mit dem im Soll zu buchenden Betrag und **dann das Konto der Habenbuchung** mit dem im Haben zu buchenden Betrag genannt. Zur besseren Trennung wird das Wort „an“ zwischen die beiden Angaben gesetzt.

> **!** **Buchungssätze sind Buchungsanweisungen. Sie geben in folgender Reihenfolge an, auf welchen Konten und auf welcher Kontenseite welche Beträge gebucht werden:**
>
> **1. Konto und Betrag der Sollbuchung** } **Verbindung durch „an“**
> **2. Konto und Betrag der Habenbuchung**

Sind lediglich zwei Konten durch den Geschäftsvorfall betroffen, handelt es sich um einen **einfachen Buchungssatz**.

Für die Erstellung eines Buchungssatzes sind folgende Fragen zu klären:

Vier-Schritt-Methode zur Bildung eines Buchungssatzes

1. Schritt: Welche Konten sind durch den Geschäftsvorfall betroffen?
2. Schritt: Welche Kontenart liegt jeweils vor?
3. Schritt: Liegt eine Zunahme oder Abnahme vor?
4. Schritt: Auf welcher Kontenseite ist jeweils zu buchen?

Vom Geschäftsvorfall zum Buchungssatz

Geschäftsvorfall: Eine Textildruckerei erhält von einem Lieferer eine Rechnung für die Lieferung von T-Shirts über 84.000,00 EUR.

1. Welche Konten sind durch den Geschäftsvorfall betroffen?
   Vorprodukte, da unbedruckte T-Shirts eingekauft wurden
   Verbindlichkeiten aus Lieferungen und Leistungen, da Lieferung auf Ziel
2. Welche Kontenart liegt jeweils vor?
   Vorprodukte → Aktivkonto, da Vermögensgegenstand
   Verbindlichkeiten → Passivkonto, da Schulden gegenüber dem Lieferer
3. Liegt eine Zunahme oder Abnahme vor?
   Vorprodukte → Zugang
   Verbindlichkeiten → Zugang
4. Auf welcher Kontenseite ist jeweils zu buchen?
   Vorprodukte → Soll, da Aktivkonten im Soll zunehmen
   Verbindlichkeiten → Haben, da Passivkonten im Haben zunehmen

Aufstellung des Buchungssatzes:

Konten	Soll	Haben
Vorprodukte	84.000,00 EUR	
an Verbindlichkeiten a. LuL		84.000,00 EUR

! Buchungssätze sind Buchungsanweisungen. Sie geben an, auf welche Konten und auf welcher Kontenseite welche Beträge gebucht werden.

Aufg. 4.4.6 S. 150

Zusammengesetzter Buchungssatz

Ein zusammengesetzter Buchungssatz muss gebildet werden, wenn durch einen Geschäftsvorfall mehr als zwei Konten betroffen sind. Auch beim zusammengesetzten Buchungssatz müssen die Summen der Beträge aus den **Sollbuchungen** mit den Summen der Beträge aus den **Habenbuchungen** übereinstimmen.

Aufg. 4.4.7 S. 150

Vom Geschäftsvorfall zum Buchungssatz

Eine Textildruckerei kauft gegen Barzahlung bei einem Händler Flockfolie und Druckfarbe für insgesamt 400,00 EUR. Auf der Rechnung wird die Flockfolie mit 320,00 EUR und die Druckfarbe mit 80,00 EUR ausgewiesen.

Vier Schritte zum zusammengesetzten Buchungssatz:

Welche Konten?	Rohstoffe	Hilfsstoffe	Kasse
Welche Kontenart?	Aktivkonto	Aktivkonto	Aktivkonto
Zu- oder Abnahme?	Zugang (+ 320,00)	Zugang (+ 80,00)	Abgang (– 400,00)
Welche Kontenseite?	Soll	Soll	Haben

Aufstellung des Buchungssatzes

Konten	Soll	Haben
Rohstoffe	320,00 EUR	
Hilfsstoffe	80,00 EUR	
an Kasse		400,00 EUR

Unter Vorkontierung ist die Angabe der Buchungsanweisung auf dem jeweiligen Beleg zu verstehen.

Zusammenfassende Übersicht zu 4.4.4: Buchungssatz (Kontierung)

Buchungssatz = Anweisung für die vorzunehmende Buchung in den Konten.

einfacher | zusammengesetzter

Konto und Betrag der Sollbuchung an *Konto und Betrag der Habenbuchung*

4.4.5 Bestandskonten: Eröffnung – Buchungen – Abschluss

Aufg. 4.4.8 S: 150

Um ausgehend von der Eröffnungsbilanz am Anfang des Geschäftsjahres die Schlussbilanz am Ende des Geschäftsjahres erstellen zu können, sind folgende Schritte nötig:

Inventur/Inventar zum 31.12.00

↓

Schlussbilanz zum 31.12.00

ist gleichzeitig

↓

Eröffnungsbilanz zum 01.01.01

Aktiva		Passiva	
I. Anlagevermögen		**I. Eigenkapital**	20.000,00
1. Fuhrpark	160.000,00	**II. Fremdkapital**	
2. BGA	5.000,00	1. Darlehen	150.000,00
II. Umlaufvermögen		2. Verbindlichkeiten aus LuL	30.000,00
1. Forderungen aus LuL	15.000,00		
2. Bank	20.000,00		
	200.000,00		200.000,00

S	**Fuhrpark**	H
AB	160.000,00	

S	**BGA**	H
AB	5.000,00	

S	**Forderungen aus LuL**	H
AB	15.000,00	

S	**Bank**	H
AB	20.000,00	

S	**Eigenkapital**	H
	AB	20.000,00

S	**Darlehen**	H
	AB	150.000,00

S	**Verbindlichkeiten aus LuL**	H
	AB	30.000,00

1. Schritt
Jahresanfang: Eröffnung der Bestandskonten durch Übernahme der Istwerte aus der Eröffnungsbilanz (Vortrag der Anfangsbestände)

Geschäftsvorfälle

❶ Kauf eines Computers auf Rechnung	2.000,00 EUR
❷ Kunde begleicht eine Rechnung per Überweisung	900,00 EUR
❸ Tilgungsrate für ein Darlehen per Überweisung	15.000,00 EUR
❹ Begleichung einer Liefererrechnung per Überweisung	4.500,00 EUR

2. Schritt
Während des Geschäftsjahres: Buchung der laufenden Geschäftsvorfälle

Aktivkonten

Fuhrpark

S			H
AB	160.000,00	SB	160.000,00

BGA

S			H
AB	5.000,00	SB	7.000,00
❶	2.000,00		
	7.000,00		7.000,00

Forderungen aus LuL

S			H
AB	15.000,00	❷	900,00
		SB	14.100,00
	15.000,00		15.000,00

Bank

S			H
AB	20.000,00	❸	15.000,00
❷	900,00	❹	4.500,00
		SB	1.400,00
	20.900,00		20.900,00

Passivkonten

Eigenkapital

S			H
SB	20.000,00	AB	20.000,00

Darlehen

S			H
❸	15.000,00	AB	150.000,00
SB	135.000,00		
	150.000,00		150.000,00

Verbindlichkeiten aus LuL

S			H
❹	4.500,00	AB	30.000,00
SB	27.500,00	❶	2.000,00
	32.000,00		32.000,00

3. Schritt
Ende des Geschäftsjahres: Abschluss der Bestandskonten über das Schlussbilanzkonto

Schlussbilanzkonto (SBK) zum 31.12.01

Soll			Haben
Fuhrpark	160.000,00	Eigenkapital	20.000,00
BGA	7.000,00	Darlehen	135.000,00
Forderungen aus LuL	14.100,00	Verbindlichkeiten aus LuL	27.500,00
Bank	1.400,00		
	182.500,00		182.500,00

4. Schritt
Ende des Geschäftsjahres: Anpassung der Buchwerte des SBK an die Istwerte lt. Inventur (Korrekturbuchungen)

Inventur/Inventar zum 31.12.01

↓

5. Schritt
Ende des Geschäftsjahres: Erstellung der Schlussbilanz (Istwerte, Zusammenfassung zu Bilanzpositionen)

Schlussbilanz zum 31.12.01

Aktiva		Passiva	
I. Anlagevermögen		**I. Eigenkapital**	20.000,00
1. Fuhrpark	160.000,00	**II. Fremdkapital**	
2. BGA	7.000,00	1. Darlehen	135.000,00
		2. Verbindlichkeiten aus LuL	27.500,00
II. Umlaufvermögen			
1. Forderungen aus LuL	14.100,00		
2. Bank	1.400,00		
	182.500,00		182.500,00

Buchungssätze für den Abschluss der Bestandskonten (**Abschlussbuchungen**):

Abschluss der aktiven Bestandskonten			Abschluss der passiven Bestandskonten		
Schlussbilanzkonto (SBK) an aktives Bestandskonto			**Passives Bestandskonto an Schlussbilanzkonto (SBK)**		
	Beispiel			*Beispiel*	
SBK	160.000,00 (S)		Eigenkapital	1.400,00 (S)	
an Fuhrpark		160.000,00 (H)	an SBK		1.400,00 (H)

Bei EDV-Buchführungsprogrammen wird auf die Erstellung des **Schlussbilanzkontos** verzichtet. Stattdessen werden die Salden der Bestandskonten (= Schlussbestände) in **Saldenlisten** angezeigt. Nach Abstimmung dieser Schlussbestände mit den Inventurergebnissen erfolgt ein direkter Übertrag der (korrigierten) Salden in die **Schlussbilanz**.

Saldenliste zum 31.12.01	Soll	Haben
Fuhrpark	160.000,00	
BGA	7.000,00	
Forderungen aus LuL	14.100,00	
Bank	1.400,00	
Eigenkapital		20.000,00
Darlehen		135.000,00
Verbindlichkeiten aus LuL		27.500,00
Summe	182.500,00	182.500,00

Vergleich zwischen Schlussbilanzkonto und Schlussbilanz		
	Schlussbilanzkonto	**Schlussbilanz**
Funktion	Gehört zum System der Buchführung. Abschlusskonto für die Bestandskonten	Gehört nicht zum System der Buchführung. Teil des Jahresabschlusses *(vgl. Kap. 11)*
Kontenseiten	**Soll und Haben**	**Aktiva und Passiva**
ausgewiesene Werte	**Buchwerte** (Schlussbestände der Bestandskonten vor Anpassung an Inventurergebnisse)	**Istwerte** (aus der Inventur übernommen)
Umfang	Weist die Schlussbestände aller Bestandskonten aus.	Mehrere Schlussbestände (z. B. Kasse, Bankguthaben) werden zu einer Bilanzposition zusammengefasst (verdichtet).

Zusammenfassende Übersicht zu 4.4.5: Bestandskonten: Eröffnung – Buchungen – Abschluss

Beginn des Geschäftsjahres	Während des Geschäftsjahres	Ende des Geschäftsjahres		
❶ Übernahme der Anfangsbestände (Istwerte) aus der Eröffnungsbilanz auf die Bestandskonten	❷ Laufende Buchungen der Geschäftsvorfälle auf der Grundlage von Belegen	❸ Abschluss der Bestandskonten über das Schlussbilanzkonto (Buchwerte)	❹ Anpassung der Buchwerte an die durch die Inventur gewonnenen Istwerte (Korrekturbuchungen)	❺ Erstellung der Schlussbilanz (Istwerte, Zusammenfassung einzelner Bestände zu Bilanzpositionen)

Von der Eröffnungsbilanz zur Schlussbilanz

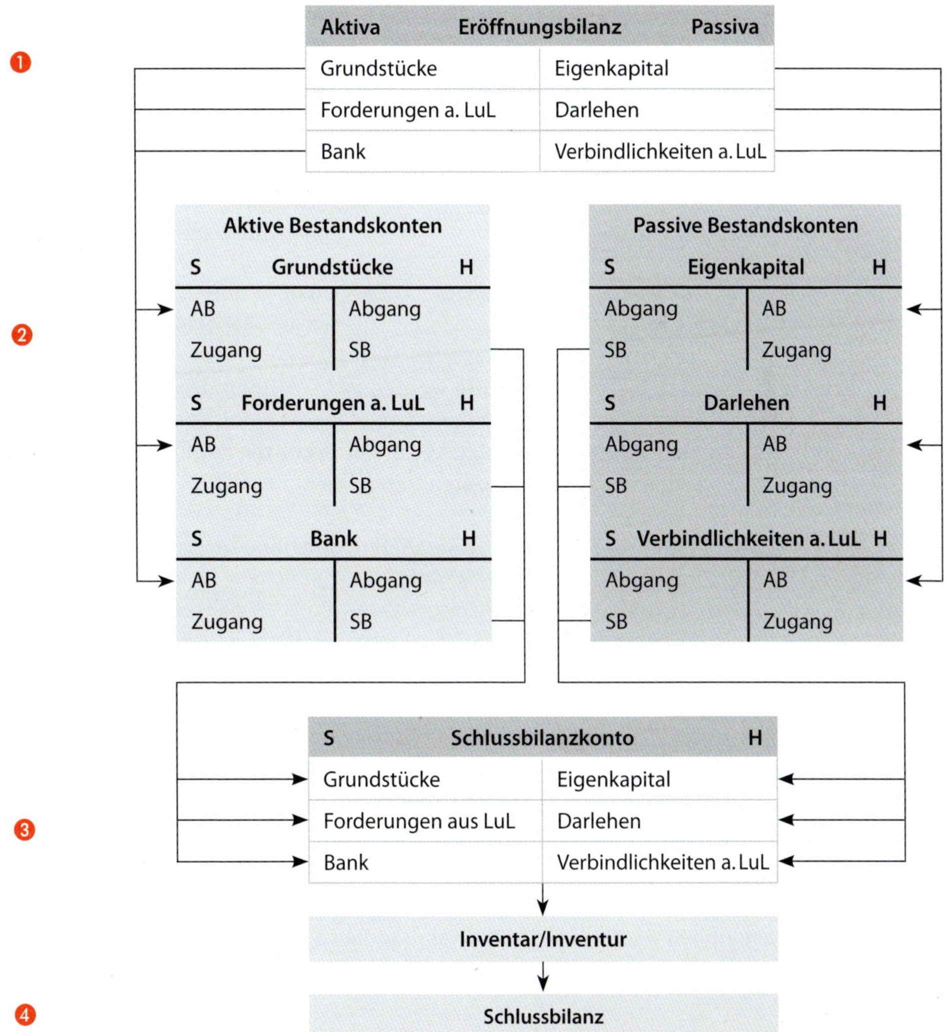

4.4.6 Ergebniskonten: Buchungen und Abschluss

Betrieblich bedingte Geschäftsvorfälle, die zu einer Veränderung des Eigenkapitals führen, werden als *ergebniswirksame Geschäftsvorfälle* bezeichnet.

Am Geschäftsjahresende lässt sich das Ergebnis der Höhe nach mit Hilfe eines **Eigenkapitalvergleichs** feststellen. Ein Eigenkapitalvergleich bietet jedoch keine Möglichkeit zu ergründen, auf welche **Ursachen** das Ergebnis im Einzelnen zurückzuführen ist.

So wäre es für die Geschäftsleitung wichtig, einer Übersicht entnehmen zu können, in welcher Größenordnung z. B. Lohnzahlungen (= **Aufwendungen**) das Eigenkapital vermindert haben oder wie z. B. Zinsgutschriften (= **Erträge**) dieses erhöht haben.

***Aufwendungen* mindern das Eigenkapital. *Erträge* mehren das Eigenkapital.**

Aufwendungen	Erträge
■ Lohnaufwendungen ■ Mietaufwendungen ■ Zinsaufwendungen ■ Rohstoffaufwendungen ■ ... → Aufwendungen wurden bislang im Konto Eigenkapital im **Soll** gebucht.	■ Umsatzerlöse (aus Verkäufen) ■ Mieterträge ■ Zinserträge ■ Provisionserträge ■ ... → Erträge wurden bislang im Konto Eigenkapital im **Haben** gebucht.

Ergebniswirksame Geschäftsvorfälle werden aus Gründen der Übersichtlichkeit nicht – wie bisher gehandhabt – direkt auf dem Konto *Eigenkapital* gebucht, sondern auf eigenständigen Konten. Es handelt sich hierbei um **Unterkonten** zum Konto Eigenkapital. Diese Unterkonten werden als **Ergebniskonten** bezeichnet.

Ergebniskonten (Aufwands- und Ertragskonten) sind Unterkonten des Eigenkapitalkontos.

Ein Geschäftsvorfall beeinflusst den Gewinn oder Verlust nur dann, wenn eine Buchung auf einem Ergebniskonto (Aufwands- oder Ertragskonto) erfolgt.

Für jede Aufwands- und Ertragsart wird ein gesondertes Unterkonto eingerichtet. Auf den Ergebniskonten gibt es weder Anfangs- noch Schlussbestände. Es werden vielmehr Veränderungen des Eigenkapitals durch Aufwendungen und Erträge erfasst. Unterkonten folgen den Buchungsregeln der übergeordneten Konten.

**Aufwendungen werden auf den Aufwandskonten auf der Sollseite gebucht.
Erträge werden auf den Ertragskonten auf der Habenseite gebucht.**

Aufwands- und Ertragskonten (= Ergebniskonten) werden über das Gewinn- und Verlustkonto (GuV-Konto) abgeschlossen.

Aufg. 4.4.9 und 4.4.10 S. 151

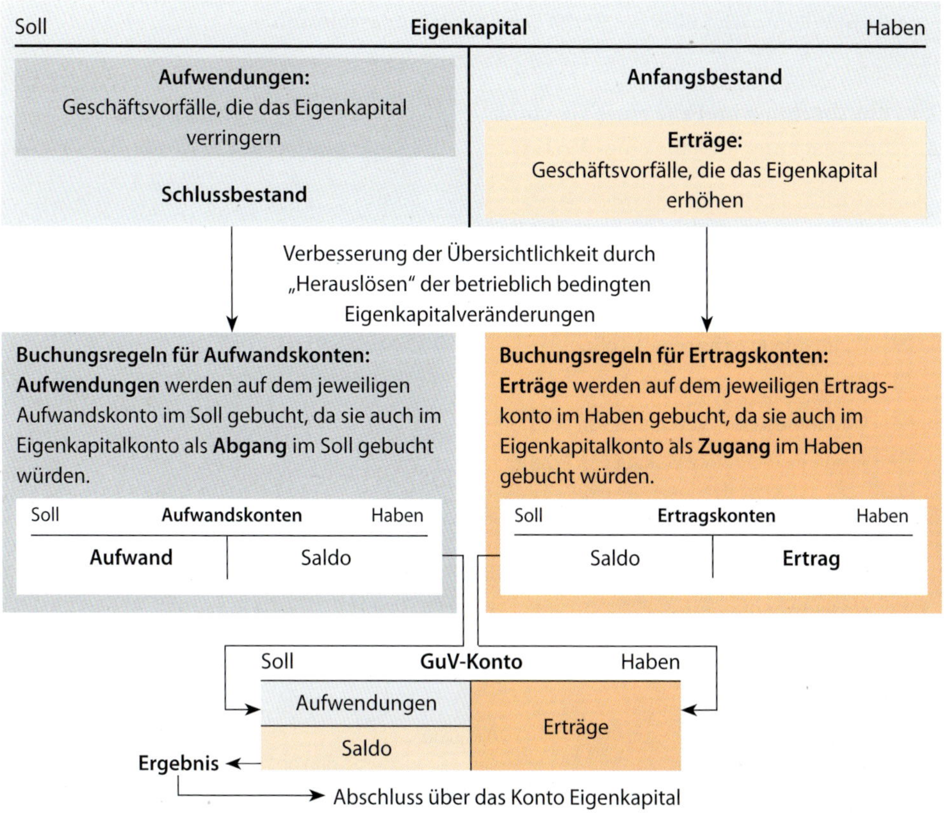

Der Saldo des GuV-Kontos zeigt das Ergebnis des Unternehmens an. Abhängig davon, ob die Aufwendungen kleiner oder größer als die Erträge sind, lassen sich zwei Ergebnissituationen unterscheiden: Gewinn oder Verlust[1].

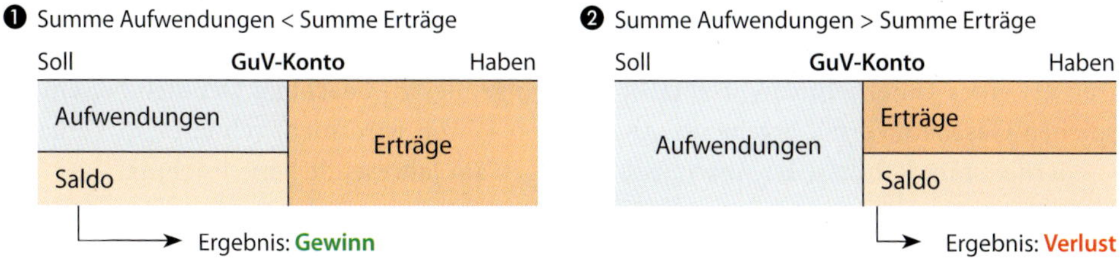

> **!** **Sind die Erträge höher als die Aufwendungen, liegt ein Gewinn vor.**
> **Sind die Aufwendungen höher als die Erträge, liegt ein Verlust vor.**

Das durch **Eigenkapitalvergleich** festgestellte Ergebnis kann somit auch im **GuV-Konto** durch Gegenüberstellung von Aufwendungen und Erträgen ermittelt werden. Es lässt sich dadurch feststellen, welche Aufwandsarten und welche Ertragsarten zu dem vorliegenden Ergebnis geführt haben **(Ergebnisanalyse)**.

1 Die dritte Möglichkeit, dass die Aufwendungen und Erträge genau gleich hoch sind, bleibt an dieser Stelle unberücksichtigt.

Das GuV-Konto wird über das Konto *Eigenkapital* abgeschlossen.

Abschlussbuchung im Falle eines **Gewinns**: **GuV-Konto an Eigenkapital**
Abschlussbuchung im Falle eines **Verlusts**: **Eigenkapital an GuV-Konto**

Ergebniswirksame Geschäftsvorfälle

1	Kontoauszug – Lastschrift: Zinsen	1.000,00 EUR
2	Kontoauszug – Gutschrift: Zinsen	100,00 EUR
3	Kontoauszug – Lastschrift: Löhne	20.000,00 EUR
4	Kontoauszug – Gutschrift: Miete	4.000,00 EUR
5	Entnahmeschein: Verbrauch von Rohstoffen	30.000,00 EUR
6	Ausgangsrechnung: Verkauf von Erzeugnissen	50.000,00 EUR

Alle Geschäftsvorfälle haben eine Auswirkung auf das Ergebnis und wirken sich auf das Eigenkapital aus.

Buchungssätze bei Verwendung der Ergebniskonten (laufende Buchungen)

	Konten	Soll/EUR	Haben/EUR
1	**Zinsaufwendungen**	1.000,00	
	an Bank		1.000,00
2	Bank	100,00	
	an **Zinserträge**		100,00
3	**Lohnaufwendungen**	20.000,00	
	an Bank		20.000,00
4	Bank	4.000,00	
	an **Mieterträge**		4.000,00
5	**Rohstoffaufwendungen**	30.000,00	
	an Rohstoffe		30.000,00
6	Forderungen aus LuL	50.000,00	
	an **Umsatzerlöse**		50.000,00

Umsatzerlöse aus dem Verkauf von Waren und Dienstleistungen sind die wichtigste Ertragsart eines Unternehmens. Dabei ist aber Folgendes zu beachten: Der sich bei einem solchen Geschäftsvorfall ergebende Abgang von Waren wird nicht schon beim Verkauf, sondern erst im Rahmen der Abschlussbuchungen am Jahresende berücksichtigt.

Der Buchungssatz beim Verkauf von Waren oder Dienstleistungen auf Ziel lautet: *Forderungen aus Lieferungen* und Leistungen an *Umsatzerlöse*.

Buchung auf Konten

1. Betroffene Bestandskonten

Soll	Bank		Haben
AB	24.600,00	1	1.000,00
2	100,00	3	20.000,00
4	4.000,00	SB	7.700,00
	28.700,00		28.700,00

Soll	Rohstoffe		Haben
AB	80.000,00	5	30.000,00
		SB	50.000,00
	80.000,00		80.000,00

Soll	Forderungen aus LuL		Haben
AB	18.500,00	SB	68.500,00
6	50.000,00		
	68.500,00		68.500,00

2. Betroffene Ergebniskonten

S	Zinsaufwendungen		H
1	1.000,00	Saldo	1.000,00

S	Zinserträge		H
Saldo	100,00	2	100,00

S	Lohnaufwendungen		H
3	20.000,00	Saldo	20.000,00

S	Mieterträge		H
Saldo	4.000,00	4	4.000,00

S	Rohstoffaufwendungen		H
5	30.000,00	Saldo	30.000,00

S	Umsatzerlöse		H
Saldo	50.000,00	6	50.000,00

Soll	GuV-Konto		Haben
Zinsaufwendungen	1.000,00	Zinserträge	100,00
Lohnaufwendungen	20.000,00	Mieterträge	4.000,00
Rohstoffaufwendungen	30.000,00	Umsatzerlöse	50.000,00
Saldo = **Gewinn**	3.100,00		
	54.100,00		54.100,00

Soll	Eigenkapital		Haben
SB	103.100,00	AB	100.000,00
		GuV	3.100,00
	103.100,00		103.100,00

Buchungssätze für den Abschluss der Ergebniskonten (Abschlussbuchungen)

Konto	Soll/EUR	Haben/EUR
GuV-Konto an **Zinsaufwendungen**	1.000,00	 1.000,00
Zinserträge an GuV-Konto	100,00	 100,00
GuV-Konto an **Lohnaufwendungen**	30.000,00	 30.000,00
Mieterträge an GuV-Konto	4.000,00	 4.000,00
GuV-Konto an **Rohstoffaufwendungen**	30.000,00	 30.000,00
Umsatzerlöse an GuV-Konto	50.000,00	 50.000,00

Aufg. 4.4.11 und 4.4.12 S. 151

Buchungssatz für den Abschluss des GuV-Kontos

Konto	Soll/EUR	Haben/EUR
GuV-Konto	3.100,00	
an Eigenkapital		3.100,00

Zusammenfassende Übersicht zu 4.4.6: Ergebniskonten: Buchungen und Abschluss

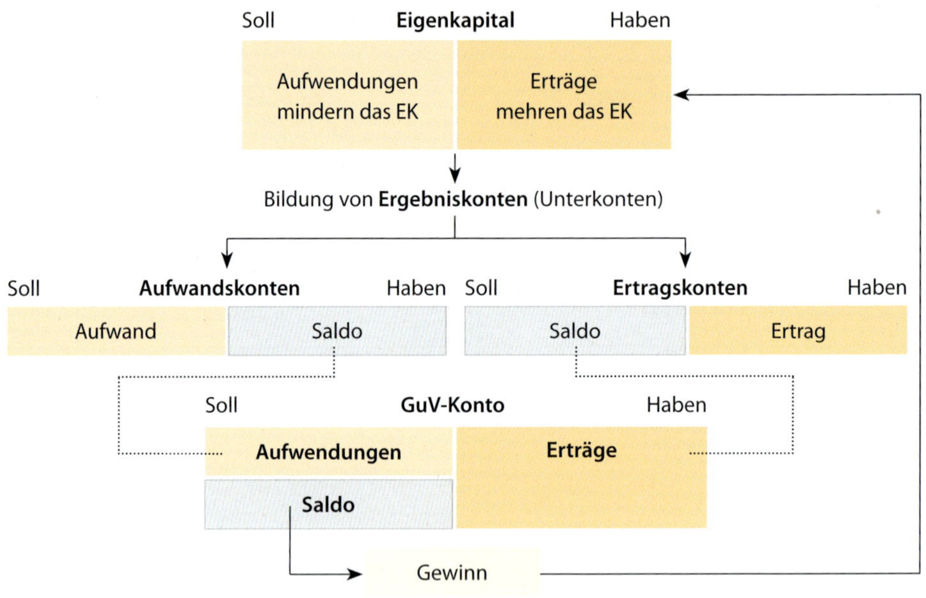

4.4.7 Vereinfachte Buchungsweise bei bestimmten Vermögensgegenständen

Es gibt Vermögensgegenstände wie z. B. Benzin oder Briefumschläge, die schon kurz nach dem Beschaffungsvorgang verbraucht werden. Es wäre umständlich, bei diesen Gütern zuerst den **Vermögenszugang** in einem Aktivkonto zu buchen und nach dem Verbrauch (z. B. einen Tag später) den Vermögensabgang als Aufwand zu berücksichtigen. Aus diesem Grund wird der Verbrauch dieser Vermögensgegenstände bereits bei der Anschaffung in einem Aufwandskonto erfasst.

Vereinfachte Buchung bei Vermögensgegenständen, die zeitnah zu ihrer Anschaffung verbraucht werden

❶ Ein Lkw wird am 15. Mai auf Rechnung vollgetankt.
Rechnungseingang in Höhe von 100,00 EUR am 22. Mai.
Bei der Buchung der Eingangsrechnung wird direkt auf dem Konto *Aufwendungen für Treibstoffe* gebucht.

❷ Bareinkauf von 1.000 Briefumschlägen in Höhe von 18,00 EUR.
Bei der Buchung des Bareinkaufs wird direkt auf dem Konto *Aufwendungen für Büromaterial* gebucht.

	Konto	Soll/EUR	Haben/EUR
❶	**Aufwendungen für Treibstoffe**	100,00	
	an Verbindlichkeiten aus LuL		100,00
❷	**Aufwendungen für Büromaterial**	18,00	
	an Kasse		18,00

In gleicher Weise werden Vermögensgegenstände, die länger als ein Jahr genutzt werden, sofort bei der Anschaffung in einem Aufwandskonto gebucht, wenn die Kosten je Stück 150,00 EUR nicht übersteigen (z. B. Tischrechner, Ordner).

Aufg. 4.4.13 S. 151

Vereinfachte Buchung bei Vermögensgegenständen, die länger als ein Jahr genutzt werden, aber nicht mehr als 150,00 EUR kosten

Kauf eines Tischrechners (20,00 EUR) sowie eines Farbdruckers (1.100,00 EUR) auf Rechnung.

Der Tischrechner wird sofort als Aufwand gebucht, da die Anschaffungskosten geringer sind als 150,00 EUR. Der Drucker wird statt dessen als Zugang in dem Aktivkonto *Geschäftsausstattung* gebucht.

Konto	Soll/EUR	Haben/EUR
Aufwendungen für Büromaterial	**20,00**	
Geschäftsausstattung	1.100,00	
an Verbindlichkeiten aus Lu L		1.120,00

Zusammenfassende Übersicht zu 4.4.7:
Vereinfachte Buchungsweise bei bestimmten Vermögensgegenständen

Vermögensgegenstände, ...

die zeitnah zu ihrer Anschaffung verbraucht werden z. B. Büromaterial, Tankfüllung Benzin	**die länger als ein Jahr genutzt werden, aber nicht mehr als 150 EUR kosten** z. B. Bürobedarf wie Tischrechner, Ordner

werden bereits bei ihrer Anschaffung als Aufwand gebucht.

Zusammenfassende Übersicht zu 4.4: Buchungen im Kontensystem

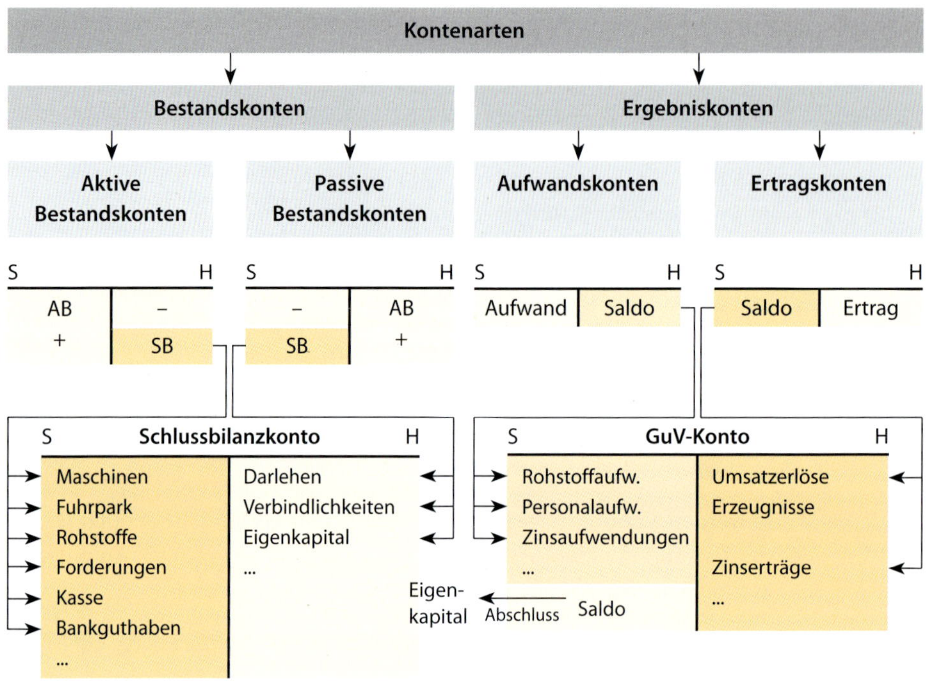

WIEDERHOLUNG DES GRUNDWISSENS

4.4 Buchungen im Kontosystem

1. Welche Belegarten fallen in der Buchführung an?
2. Weshalb werden Belege archiviert?
3. Welche Angaben muss eine Rechnung enthalten?
4. Wie viele Konten werden durch einen Geschäftsvorfall mindestens verändert?
5. Wie viele Soll- und wie viele Habenbuchungen gibt es mindestens bei der Buchung eines Geschäftsvorfalls?
6. Welche Buchungsregeln gelten für das Konto „Forderungen aus LuL"?
7. Welche Buchungsregeln gelten für das Konto „Verbindlichkeiten aus LuL"?
8. Was ist unter einem Buchungssatz zu verstehen?
9. Wodurch unterscheidet sich ein einfacher von einem zusammengesetzten Buchungssatz?
10. Was bedeutet Vorkontierung?
11. Woher stammen die Anfangsbestände der Bestandskonten zum 01.01...?
12. Welcher Unterschied besteht zwischen dem Schlussbilanzkonto und der Schlussbilanz?
13. Wie lautet der Buchungssatz für den Abschluss des Kontos „Forderungen aus LuL"?
14. Wie lautet der Buchungssatz für den Abschluss des Kontos „Verbindlichkeiten aus LuL"?
15. Welcher Unterschied besteht zwischen Aufwendungen und Erträgen?
16. Was sind ergebniswirksame Geschäftsvorfälle?
17. Welche Buchungsregeln gelten für Ergebniskonten?

18. Welches Ergebnis wurde erzielt, wenn im GuV-Konto der Saldo im Haben ausgewiesen wird?

19. Weshalb werden Verbrauchsgüter wie Strom oder Benzin direkt in einem Aufwandskonto gebucht?

20. Unter welcher Voraussetzung wird die Anschaffung einer Schreibtischlampe direkt als Aufwand und nicht im Konto Geschäftsausstattung gebucht?

AUFGABEN ZUM ERWERB UND ZUR KONTROLLE VON KOMPETENZEN

4.4 Buchungen im Kontensystem

4.4.1 Kontoauszug buchen

Bei der Buchung von Kontoauszügen ist das Konto Bank betroffen. Für das Konto Bank gelten die gleichen Buchungsregeln wie für das Kassenkonto.

1. Buchen Sie die drei Positionen des Kontoauszugs aus der Sicht des Textildrucks Shirt-Shop (siehe Beleg *auf S. 133*) im Konto Bank.
2. Führen Sie einen Buch-Ist-Vergleich durch und schließen Sie das Bankkonto ab.

4.4.2 Allgemeine Buchungsregeln

Erläutern Sie am Beispiel der nachfolgenden Geschäftsvorfälle die allgemeinen Buchungsregeln. Beantworten Sie für jeden Geschäftsvorfall die drei nachfolgenden Fragen: PDF

1. Welche Konten sind zu berücksichtigen?
2. Auf welcher Seite des Kontos wird gebucht?
3. Welche Beträge sind zu buchen?

Folgende Konten stehen zur Auswahl:
Kasse, Bank, Geschäftsausstattung, Vorprodukte, Hilfsstoffe, Forderungen aus LuL

❶ Barabhebung vom Bankkonto für die Geschäftskasse	1.000,00 EUR
❷ Kauf eines Computers gegen Überweisung	1.300,00 EUR
❸ Ein Kunde bezahlt eine fällige Rechnung durch Überweisung	7.500,00 EUR
❹ Bareinzahlung auf das Bankkonto aus der Geschäftskasse	2.500,00 EUR
❺ Kassenbeleg	1.000,00 EUR
Bareinkauf von unbehandelten T-Shirts	920,00 EUR
und Bareinkauf von Härter	80,00 EUR

4.4.3 Allgemeine Buchungsregeln

Erläutern Sie, auf welcher Seite und mit welchem Betrag in Konto C zu buchen ist, damit es sich um einen vollständigen Buchungssatz handelt.

Konto A: 3.000,00 EUR im Soll
Konto B: 4.200,00 EUR im Haben
Konto C: ?

4.4.4 Konto „Rohstoffe" führen und abschließen

Führen Sie das Konto „Rohstoffe" unter Berücksichtigung der nachfolgenden Angaben.

Buchungshinweis: Als Einkaufspreis je Stück sind jeweils 20,00 EUR anzusetzen.

❶ Bestand laut Inventur vom 01.10.	80 Stück
❷ Einkauf auf Rechnung am 05.10.	100 Stück
❸ Verbrauch in der Produktion am 08.10.	150 Stück
❹ Rücksendung von beschädigten Teilen an den Lieferer am 14.10.	20 Stück
❺ Einkauf auf Rechnung am 24.10.	100 Stück
❻ Bestand laut Inventur vom 31.10.	110 Stück

4.4.5 Konto „Darlehen" führen und abschließen

Führen Sie das Konto „Darlehen" unter Berücksichtigung der nachfolgenden Angaben.

1. Bestand laut Darlehenskontoauszug vom 01.11. .... 50.000,00 EUR
2. Tilgung durch Überweisung am 30.11. .... 4.000,00 EUR
3. Die Bank erhöht den Kredit am 14.12. und schreibt den Betrag auf dem Bankkonto gut .... 30.000,00 EUR
4. Zinsen für den Kredit werden am 31.12. durch Überweisung beglichen .... 3.000,00 EUR
5. Tilgung durch Überweisung am 31.12. .... 4.000,00 EUR
6. Bestand laut Darlehenskontoauszug am 31.12. .... 72.000,00 EUR

PDF

4.4.6 Einfache Buchungssätze – Bestandskonten

1. Bilden Sie die Buchungssätze zu den nachstehenden Geschäftsvorfällen.
2. Führen Sie die beiden Konten *Bank* (AB = Guthaben von 34.700,00 EUR) und *Verbindlichkeiten aus LuL* (AB = 8.468,00 EUR). Schließen Sie die beiden Konten ab.

1. Barabhebung vom Bankkonto .... 500,00 EUR
2. Rückzahlung einer Darlehensschuld durch Überweisung .... 8.200,00 EUR
3. Eingangsrechnung für den Kauf von Handelswaren .... 900,00 EUR
4. Ein Kunde begleicht eine Rechnung durch Überweisung .... 18.560,00 EUR
5. Eingangsrechnung für die Lieferung von Rohstoffen .... 9.628,00 EUR
6. Begleichung der Liefererrechnung durch Überweisung .... 9.628,00 EUR

4.4.7 Zusammengesetzte Buchungssätze – Bestandskonten

Bilden Sie die Buchungssätze zu den nachstehenden Geschäftsvorfällen.

1. Eingangsrechnung:

Rohstoffe	1.600,00 EUR
+ Hilfsstoffe	400,00 EUR
= Rechnungsbetrag	2.000,00 EUR

2. Die Eingangsrechnung wird wie folgt beglichen:

Bar	500,00 EUR
+ Banküberweisung	1.500,00 EUR
= Rechnungsbetrag	2.000,00 EUR

4.4.8 Bestandskonten: Eröffnung – Buchungen – Abschluss

PDF

In einem Handelsunternehmen wurden durch Inventur folgende Anfangsbestände ermittelt:

Fuhrpark	19.000,00 EUR	Forderungen aus LuL	13.000,00 EUR
Betriebs-/Geschäftsausstattung	28.300,00 EUR	Verbindlichkeiten aus LuL	20.000,00 EUR
Handelswaren	47.200,00 EUR	Darlehen	60.000,00 EUR
Bankguthaben	24.000,00 EUR	Eigenkapital	? EUR
Kasse	18.500,00 EUR		

Geschäftsvorfälle

1. Bareinzahlung auf das Bankkonto .... 5.000,00 EUR
2. Kauf von Handelswaren auf Rechnung .... 5.800,00 EUR
3. Ein Kunde begleicht eine Rechnung per Überweisung .... 9.000,00 EUR
4. Teil-Rückzahlung einer Darlehensschuld durch Überweisung .... 5.000,00 EUR
5. Barkauf eines Druckers für das Sekretariat .... 700,00 EUR

6 Eine Liefererrechnung wird per Überweisung beglichen .... 11.000,00 EUR
7 Warenrücksendung an einen Lieferer.
Der Lieferer erstellt eine Gutschrift zur Verrechnung .... 2.000,00 EUR
8 Eine Liefererverbindlichkeit wird in eine Darlehensschuld umgewandelt.
Laufzeit: 4 Jahre .... 12.000,00 EUR
9 Kauf eines Lieferwagens auf Rechnung .... 38.000,00 EUR

1. Erstellen Sie aus den Inventurangaben die Bilanz zu Beginn des Geschäftsjahres (= Eröffnungsbilanz).
2. Bilden Sie die Buchungssätze für die Geschäftsvorfälle.
3. Richten Sie sich die Bestandskonten ein und übernehmen Sie die jeweiligen Anfangsbestände. Buchen Sie die Geschäftsvorfälle in den Konten.
Schließen Sie alle Konten über das Schlussbilanzkonto ab.

4.4.9 Buchen auf Bestands- und Ergebniskonten

PDF

1. Bilden Sie die Buchungssätze zu den Geschäftsvorfällen.
2. Prüfen Sie unter Angabe einer Begründung, welche der Geschäftsvorfälle ergebniswirksam sind.

1 Rechnung von Büromarkt Streit: Lieferung Personalcomputer .... 1.500,00 EUR
2 Rechnung von Mericol GmbH: Lieferung Farben .... 1.200,00 EUR
Zahlbar innerhalb von 10 Tagen ohne Abzug
3 Kontoauszug – Lastschrift: Ausbildungsvergütung .... 800,00 EUR
4 Kontoauszug – Lastschrift: Kontoführung 1. Quartal .... 30,00 EUR
5 Rechnung von Elektro Huber: Reparatur Telefonanlage .... 140,00 EUR
6 Kassenbeleg: 10 Schreibtischlampen zu je 139,00 EUR .... 1.390,00 EUR
7 Kontoauszug – Lastschriften:
Büromarkt Streit PC .... 1.500,00 EUR
Mericol GmbH Farben .... 1.200,00 EUR
8 Kassenbeleg: Barentnahme von Geschäftsinhaber Schneider .... 500,00 EUR

4.4.10 Erstellung eines Gewinn- und Verlustkontos

PDF

Zum 31.12.01 wurden in den Ergebniskonten folgende Salden ermittelt (alphabetische Reihenfolge):

Aufwendungen für Treibstoffe .... 600,00 EUR
Löhne und Gehälter .... 10.000,00 EUR
Mieterträge .... 800,00 EUR
Rohstoffverbrauch .... 8.000,00 EUR
Telefonaufwendungen .... 500,00 EUR
Umsatzerlöse Fertigerzeugnisse .... 20.000,00 EUR
Zinserträge .... 200,00 EUR

1. Erstellen Sie das Gewinn- und Verlustkonto und ermitteln Sie das Ergebnis.
2. Schließen Sie das GuV-Konto unter Angabe des Buchungssatzes ab.

4.4.11 Buchen auf Bestands- und Ergebniskonten

Der Aufgabentext befindet sich auf der Belgeit-CD.

4.4.12 Aufstellung von Bilanz und GuV

Der Aufgabentext befindet sich auf der Belgeit-CD.

4.4.13 Vereinfachte Buchungsweise bei bestimmten Vermögensgegenständen

Der Aufgabentext befindet sich auf der Belgeit-CD.

4.5 Einfacher Jahresabschluss

4.5.1 Gesetzliche Grundlagen

Pflicht zur Aufstellung eines Jahresabschlusses

HGB § 242

§ 242 HGB Pflicht zur Aufstellung.

(3) Die Bilanz und die Gewinn- und Verlustrechnung bilden den Jahresabschluss.

Einzelkaufleute müssen einen Jahresabschluss gemäß § 241a HGB auf der **Grundlage der doppelten Buchführung** aufstellen, wenn in zwei aufeinander folgenden Geschäftsjahren die Umsatzerlöse 600.000,00 EUR und der Jahresüberschuss 60.000,00 EUR übersteigen.

Personengesellschaften (z. B. OHG, KG) sind unabhängig von der Höhe des Jahresüberschusses und der Umsatzerlöse verpflichtet, das Jahresergebnis auf der Grundlage der doppelten Buchführung zu erstellen. Jeweils für den Schluss eines Geschäftsjahres muss eine Gewinn- und Verlustrechnung sowie eine Bilanz erstellt werden.

Kapitalgesellschaften (z. B. GmbH, AG) sind verpflichtet einen umfangreicheren Jahresabschluss als Einzelunternehmen und Personengesellschaften zu erstellen. Unabhängig von ihrer Größe müssen alle Kapitalgesellschaften ihren Jahresabschluss um einen **Anhang** erweitern. Dieser enthält Erläuterungen zu den einzelnen Posten der Bilanz und der Gewinn- und Verlustrechnung.

Grundsätze ordnungsmäßiger Buchführung (GoB)

HGB § 238 (1)

Die Buchführung eines Unternehmens ist **ordnungsmäßig**, wenn sie so beschaffen ist, dass sich sachverständige Dritte (z. B. Finanzverwaltung, Gläubiger) innerhalb einer angemessenen Zeit einen Überblick über die Geschäftsvorfälle und die Lage des Unternehmens verschaffen können. Als Beurteilungskriterien für die Frage nach der Ordnungsmäßigkeit einer Buchführung gelten die **Grundsätze ordnungsmäßiger Buchführung (= GoB)**.

Aufg. 4.5.1 S. 161

HGB § 243 (2), § 238 (1), § 239 (2), AO § 146 (1), § 147 (1)

!

Die *wichtigsten* Grundsätze ordnungsmäßiger Buchführung lauten wie folgt:

- **Klare und übersichtliche Darstellung**
  - keine unleserlichen Buchungen
  - sachgerechte und überschaubare Organisation
  - übersichtliche Gliederung des Jahresabschlusses
- **Ordnungsmäßige Erfassung aller Geschäftsvorfälle**
  - vollständige, richtige, zeitgerechte sowie sachlich geordnete Führung der Bücher
  - Kasseneinnahmen und Kassenausgaben täglich aufzeichnen
- **Keine Buchung ohne Beleg**
  - fortlaufende Belegnummerierung
  - alle Buchungen müssen anhand der abgelegten Belege nachprüfbar sein
- **Aufbewahrungspflicht von Unterlagen**
  - Buchungsbelege: 10 Jahre
  - Bücher und Aufzeichnungen, Inventare, Jahresabschlüsse: 10 Jahre
  - Geschäftsbriefe: 6 Jahre

Zusammenfassende Übersicht zu 4.5.1: Gesetzliche Grundlagen

Einfacher Jahresabschluss

für buchführungspflichtige Einzelunternehmen und
Personengesellschaften (§ 242 HGB)

Bilanz | **Gewinn- und Verlustrechnung**

Erweiterter Jahresabschluss: zusätzlich Anhang
für Kapitalgesellschaften (§ 264 HGB)

Erstellung des Jahresabschlusses nach den
Grundsätzen ordnungsmäßiger Buchführung (GoB)

4.5.2 Behandlung von Inventurdifferenzen

Voraussetzung für die Aufstellung des Jahresabschlusses ist der Abschluss der Konten durch Ermittlung der Salden. Die Salden der **Bestandskonten** werden mit den Ergebnissen aus der Inventur verglichen. **Differenzen** zwischen dem Buchwert und dem tatsächlichen Wert (Istwert) müssen geklärt und gegebenenfalls korrigiert werden. Die in der Bilanz ausgewiesenen Werte **(Buchwerte)** müssen nach Beendigung der Jahresabschlusstätigkeiten mit den Werten der Inventur **(Istwerte)** übereinstimmen. Aufg. 4.5.2 S. 161

Behandlung von Inventurdifferenzen bei Rohstoffen

Das Konto **Rohstoffe** weist zum 31.12... einen Saldo in Höhe von 22.000,00 EUR aus. Die Inventur zum 31.12... hat ergeben, dass tatsächlich nur Rohstoffe im Wert von 21.600,00 EUR am Lager sind. Die Abweichung kann beispielsweise durch einen falsch ausgefüllten oder falsch gebuchten Materialentnahmeschein (MES) zustande gekommen sein. Die aufgetretene **Inventurdifferenz** ist im Konto *Rohstoffe* mithilfe einer **Korrekturbuchung** zu berücksichtigen:

Konto	Soll/EUR	Haben/EUR
Aufwendungen für Rohstoffe	400,00	
an Rohstoffe		400,00

Soll		**Rohstoffe**	Haben
AB	24.000,00	Verbrauch	42.000,00
ER 136	70.000,00	Verbrauch	38.000,00
ER 354	50.000,00	Verbrauch	32.000,00
		Korrekturbuchung	400,00
		SB	**21.600,00**
	144.000,00		144.000,00

→ **Bestand laut Inventur**

Soll		**Aufwendungen für Rohstoffe**	Haben
Verbrauch	42.000,00	*Saldo*	112.400,00
Verbrauch	38.000,00		
Verbrauch	32.000,00		
Korrekturbuchung	400,00		
	112.400,00		112.400,00

Zusammenfassende Übersicht zu 4.5.2: Behandlung von Inventurdifferenzen

Buchbestand		Istbestand
Buchwert	← Buch-Ist-Vergleich →	Istwert
Auf der Grundlage einer **Kontenführung** *ermittelter Bestand.*	↓	*Auf der Grundlage einer* **Inventur** *ermittelter Bestand.*

Inventurdifferenzen sind zu berücksichtigen.
Buchbestand wird dem Istbestand mithilfe einer Korrekturbuchung angepasst.

Die Istbestände gehen in die Schlussbilanz ein.

4.5.3 Schlussbilanz

HGB § 266

Einzelunternehmen und **Personengesellschaften** (z. B. OHG, KG) sind im Gegensatz zu Kapitalgesellschaften (z. B. GmbH, AG) nicht an ein strenges Gliederungsschema für die Bilanz gebunden. Es entspricht jedoch den Grundsätzen ordnungsmäßiger Buchführung, dass sich **Einzelunternehmen** und **Personengesellschaften** an die für Kapitalgesellschaften vorgeschriebene Bilanzgliederung anlehnen.

Aktiva	**Bilanz zum 31.12. ...** **Passiva**
I. Anlagevermögen	**I. Eigenkapital**
1. Grundstücke und Bauten	**II. Verbindlichkeiten**
2. Technische Anlagen und Maschinen	1. Verbindlichkeiten gegenüber Kreditinstituten (Darlehen)
3. Fuhrpark	2. Verbindlichkeiten aus Lieferungen und Leistungen
4. Betriebs- und Geschäftsausstattung	3. Sonstige Verbindlichkeiten
II. Umlaufvermögen	
1. Vorräte	
2. Forderungen aus Lieferungen und Leistungen	
3. Sonstige Forderungen	
4. Wertpapiere	
5. Kassenbestand, Guthaben bei Kreditinstituten, Schecks	

Erstellung der Schlussbilanz: Textildruck Shirt-Shop Ehret e. Kfm.

Aktiva	**Eröffnungsbilanz: Textildruck Shirt-Shop Ehret e. Kfm. zum 01.01. ..**		Passiva
I. Anlagevermögen		**I. Eigenkapital**	100.000,00
1. Maschinen	142.850,00	**II. Fremdkapital**	
2. Fuhrpark	82.500,00	1. Verbindlichkeiten gegenüber Kreditinstituten	250.000,00
3. BGA	29.000,00	2. Verbindlichkeiten aus LuL	32.000,00
II. Umlaufvermögen			
1. Vorräte	26.050,00		
2. Forderungen aus LuL	45.000,00		
3. Flüssige Mittel	56.600,00		
Bilanzsumme	**382.000,00**	**Bilanzsumme**	**382.000,00**

Buchung der laufenden Geschäftsvorfälle

Hinweis: Aus Gründen der Übersichtlichkeit wurden in den einzelnen Konten die vielen Einzelbuchungen eines Jahres zusammengefasst und unter der Bezeichnung „Div." für „Diverse" ausgewiesen.

Aktivkonten

Soll	Maschinen		Haben
AB	142.850,00	Div.	40.570,00
Div.	60.000,00	SB	162.280,00
	202.850,00		202.850,00

Soll	Fuhrpark		Haben
AB	82.500,00	Div.	23.100,00
Div.	33.000,00	SB	92.400,00
	115.500,00		115.500,00

Soll	BGA		Haben
AB	29.000,00	Div.	3.828,00
Div.	9.280,00	SB	34.452,00
	38.280,00		38.280,00

Passivkonten

Soll	Darlehen		Haben
Div.	50.000,00	AB	250.000,00
SB	200.000,00		
	250.000,00		250.000,00

Soll	Verbindl. LuL		Haben
Div.	160.000,00	AB	32.000,00
SB	25.600,00	Div.	153.600,00
	185.600,00		185.600,00

Soll	Eigenkapital		Haben
SB	130.000,00	AB	100.000,00
		GuV	30.000,00
	130.000,00		130.000,00

Soll	Rohstoffe		Haben
AB	24.000,00	Div.	122.400,00
Div.	120.000,00	SB	21.600,00
	144.000,00		144.000,00

Soll	Hilfsstoffe		Haben
AB	800,00	Div.	1.824,00
Div.	1.920,00	SB	896,00
	2.720,00		2.720,00

Soll	Betriebsstoffe		Haben
AB	1.250,00	Div.	1.425,00
Div.	1.500,00	SB	1.325,00
	2.750,00		2.750,00

Soll	Forderungen LuL		Haben
AB	45.000,00	Div.	700.812,00
Div.	680.400,00	SB	24.588,00
	725.400,00		725.400,00

Soll	Kasse		Haben
AB	2.600,00	Div.	30.861,00
Div.	31.200,00	SB	2.939,00
	33.800,00		33.800,00

Soll	Bankguthaben		Haben
AB	54.000,00	Div.	1.010.880,00
Div.	972.000,00	SB	15.120,00
	1.026.000,00		1.026.000,00

Abschluss der Bestandskonten über das Schlussbilanzkonto

Das Schlussbilanzkonto hat folgendes Aussehen:

S	Schlussbilanzkonto		H
Maschinen	162.280,00	Eigenkapital	130.000,00
Fuhrpark	92.400,00	Darlehen	200.000,00
Betriebs- und Geschäftsausstattung	34.452,00	Verbindlichkeiten aus LuL	25.600,00
Rohstoffe	21.600,00		
Hilfsstoffe	896,00		
Betriebsstoffe	1.325,00		
Forderungen aus LuL	24.588,00		
Kasse	2.939,00		
Bankguthaben	15.120,00		
Summe	**355.600,00**	**Summe**	**355.600,00**

Abstimmung der Salden mit den Inventurergebnissen

Bei den in der Praxis üblichen EDV-gestützten Buchführungsprogrammen wird das **Schlussbilanzkonto** als Gegenkonto zum Abschluss der Bestandskonten (Buchbestände) nicht benötigt. Vielmehr erstellt das Programm eine **Saldenliste** aller Konten. Eine solche Saldenliste der Bestandskonten entspricht einem Schlussbilanzkonto in Staffelform. Diese Salden werden mit den Inventurergebnissen abgeglichen und gegebenenfalls korrigiert.

Von der Saldenliste zur Schlussbilanz

Nach Abstimmung der sich aus den Salden ergebenden (Buch-)Schlussbestände mit den sich bei der Inventur ergebenden Ist-Beständen werden die Salden automatisch in die **Schlussbilanz** übertragen und zu den dort ausgewiesenen Bilanzpositionen zusammengefasst.

Saldenliste der Bestandskonten zum 31.12...
(abgestimmt mit den Inventurergebnissen)

Kontenbezeichnung	Soll/EUR	Haben/EUR	
Maschinen	162.280,00		
Fuhrpark	92.400,00		
Betriebs- und Geschäftsausstattung	34.452,00		
Rohstoffe	21.600,00		Vorräte
Hilfsstoffe	896,00		Vorräte
Betriebsstoffe	1.325,00		Vorräte
Forderungen aus LuL	24.588,00		
Kasse	2.939,00		Flüssige Mittel
Bankguthaben	15.120,00		Flüssige Mittel
Eigenkapital		130.000,00	
Darlehen		200.000,00	
Verbindlichkeiten aus LuL		25.600,00	
Summe	355.600,00	355.600,00	

Bilanz Textildruck Shirt-Shop Ehret e. Kfm. zum 31.12...

Aktiva		Passiva	
I. Anlagevermögen		**I. Eigenkapital**	130.000,00 EUR
1. Maschinen	162.280,00 EUR	**II. Fremdkapital**	
2. Fuhrpark	92.400,00 EUR	1. Verbindlichkeiten gegenüber Kreditinstituten	230.000,00 EUR
3. BGA	34.452,00 EUR	2. Verbindlichkeiten aus LuL	25.600,00 EUR
II. Umlaufvermögen			
1. Vorräte	23.821,00 EUR		
2. Forderungen aus LuL	24.588,00 EUR		
3. Flüssige Mittel	18.059,00 EUR		
Bilanzsumme	**355.600,00 EUR**	**Bilanzsumme**	**355.600,00 EUR**

4.5.4 Gewinn- und Verlustrechnung

Die **Gewinn- und Verlustrechnung** ergänzt die **Bilanz** und gibt darüber Aufschluss, wie sich das Ergebnis zusammensetzt. Sie stellt daher eine geeignete Grundlage für eine **Erfolgsanalyse** dar.

Erstellung der Gewinn- und Verlustrechnung: Textildruck Shirt-Shop Ehret e. Kfm.

Nach Ablauf eines Geschäftsjahres weisen die Ergebniskonten folgenden Stand aus:

Aufwandskonten

Soll	Aufwendungen Rohstoffe		Haben
Div.	122.400,00	*GuV-Kto. (Saldo)*	122.400,00

Soll	Aufwendungen Hilfsstoffe		Haben
Div.	1.824,00	*GuV-Kto. (Saldo)*	1.824,00

Soll	Aufwendungen Betriebsstoffe		Haben
Div.	1.425,00	*GuV-Kto. (Saldo)*	1.425,00

Soll	Löhne		Haben
Div.	270.000,00	*GuV-Kto. (Saldo)*	270.000,00

Soll	Gehälter		Haben
Div.	160.000,00	*GuV-Kto. (Saldo)*	160.000,00

Soll	Mietaufwendungen		Haben
Div.	60.000,00	*GuV-Kto. (Saldo)*	60.000,00

Soll	Aufwendungen für Büromaterial		Haben
Div.	3.900,00	*GuV-Kto. (Saldo)*	3.900,00

Soll	Telefonaufwendungen		Haben
Div.	10.651,00	*GuV-Kto. (Saldo)*	10.651,00

Soll	Zinsaufwendungen		Haben
Div.	17.500,00	*GuV-Kto. (Saldo)*	17.500,00

Soll	Kfz-Steuer		Haben
Div.	2.700,00	*GuV-Kto. (Saldo)*	2.700,00

Ertragskonten

Soll	Umsatzerlöse Erzeugnisse		Haben
GuV-Kto. (Saldo)	671.900,00	Div.	671.900,00

Soll	Provisionserträge		Haben
GuV-Kto. (Saldo)	8.400,00	Div.	8.400,00

Soll	Zinserträge		Haben
GuV-Kto. (Saldo)	100,00	Div.	100,00

Hinweis: Aus Gründen der Übersichtlichkeit wurden in den einzelnen Konten die vielen Einzelbuchungen eines Jahres zusammengefasst und unter der Bezeichnung „Div." für „Diverse" ausgewiesen.

Abschluss der Ergebniskonten über das GuV-Konto

Das GuV-Konto hat folgendes Aussehen:

Soll	GuV-Konto		Haben
Aufwendungen für Rohstoffe	122.400,00	Umsatzerlöse Erzeugnisse	671.900,00
Aufwendungen für Hilfsstoffe	1.824,00	Provisionserträge	8.400,00
Aufwendungen für Betriebsstoffe	1.425,00	Zinserträge	100,00
Löhne	270.000,00		
Gehälter	160.000,00		
Mietaufwendungen	60.000,00		
Aufwendungen für Büromaterial	3.900,00		
Telefonaufwendungen	10.651,00		
Kfz-Steuer	2.700,00		
Zinsaufwendungen	17.500,00		
Gewinn (Eigenkapital)	**30.000,00**		
	680.400,00		**680.400,00**

Von der Saldenliste zur Gewinn- und Verlustrechnung

Bei den in der Praxis üblichen EDV-gestützten Buchführungsprogrammen ergibt sich folgende Vorgehensweise: Nach Korrektur der von den Istbeständen lt. Inventur abweichenden Buchbestände erstellt das Programm eine endgültige Saldenliste der Ergebniskonten. Eine solche **Saldenliste der Ergebniskonten** entspricht einer GuV-Rechnung in Staffelform. Die Salden werden automatisch in die **Gewinn- und Verlustrechnung** übertragen und zu den dort ausgewiesenen Positionen zusammengefasst.

Aufg. 4.5.3 S. 161

Saldenliste der Ergebniskonten zum 31.12...

Kontenbezeichnung	Soll/EUR	Haben/EUR
Umsatzerlöse Erzeugnisse		671.900,00
Provisionserträge		8.400,00
Zinserträge		100,00
Aufwendungen für Rohstoffe	122.400,00	
Aufwendungen für Hilfsstoffe	1.824,00	
Aufwendungen für Betriebsstoffe	1.425,00	
Löhne	270.000,00	
Gehälter	160.000,00	
Mietaufwendungen	60.000,00	
Büromaterialaufwendungen	3.900,00	
Telefonaufwendungen	10.651,00	
Kfz-Steuer	2.700,00	
Zinsaufwendungen	17.500,00	
Summe	650.400,00	680.400,00

Gewinn- und Verlustrechnung
Textildruck Shirt-Shop Ehret e. Kfm. zum 31.12...

Aufwand			**Ertrag**
Materialaufwendungen	125.649,00 EUR	Umsatzerlöse	671.900,00 EUR
Personalaufwendungen	430.000,00 EUR	Sonst. betriebl. Erträge	8.400,00 EUR
Sonst. betriebl. Aufwendungen	74.551,00 EUR	Zinsen und ähnl. Erträge	100,00 EUR
Zinsen und ähnl. Aufwendungen	17.500,00 EUR		
sonst. Steuern	2.700,00 EUR		
Gewinn (Eigenkapital)	30.000,00 EUR		
Summe	**680.400,00 EUR**	**Summe**	**680.400,00 EUR**

Zusammenfassende Übersicht zu 4.5.3: Schlussbilanz und 4.5.4: Gewinn- und Verlustrechnung

Saldenliste der Bestandskonten
(abgestimmt mit den Istwerten aus der Inventur)

↓

Bilanz in Kontenform

Aktiva	**Schlussbilanz**	Passiva
Anlagevermögen	Eigenkapital	
Umlaufvermögen	Fremdkapital	

Saldenliste der Ergebniskonten
(nach Korrektur der Buchbestände)

↓

Gewinn- und Verlust-Rechnung in Kontenform

Aufwand	**GuV-Rechnung**	Ertrag
Aufwand	Ertrag	
Gewinn		

Aufwand	**GuV-Rechnung**	Ertrag
Aufwand	Ertrag	
	Verlust	

4.5.5 Doppelte Ergebnisermittlung

Die Bezeichnung **doppelte Buchführung** wird verwendet, weil es zwei Möglichkeiten gibt, das Ergebnis festzustellen:

❶ **Eigenkapitalvergleich**

❷ **Gegenüberstellung aller Erträge und Aufwendungen** der Abrechnungsperiode.

Da die Ergebniskonten Unterkonten des Kontos *Eigenkapital* sind, muss das Ergebnis in beiden Fällen gleich sein.

Doppelte Ergebnisermittlung bei Textildruck Shirt-Shop Ehret e. Kfm.

(die Zahlen beziehen sich auf das vorangegangene Beispiel)

1. Möglichkeit

Eigenkapitalvergleich:

Ergebnisermittlung mithilfe von zwei aufeinander folgenden Bilanzen:

Eigenkapital (neu)	130.000,00 EUR
– Eigenkapital (alt)	100.000,00 EUR
= Kapitalmehrung	30.000,00 EUR
+ Privatentnahmen	0 EUR
– Privateinlagen	0 EUR
= **Gewinn**	+ 30.000,00 EUR

2. Möglichkeit

Gewinn- und Verlustrechnung:

Ergebnisermittlung durch Gegenüberstellung von Aufwendungen und Erträgen:

Summe Erträge	680.400,00 EUR
– Summe Aufwendungen	650.400,00 EUR
= **Gewinn**	+ 30.000,00 EUR

Aufg. 4.5.4 bis 4.5.6 S. 162 f.

Zusammenfassende Übersicht zu 4.5.5: Doppelte Ergebnisermittlung

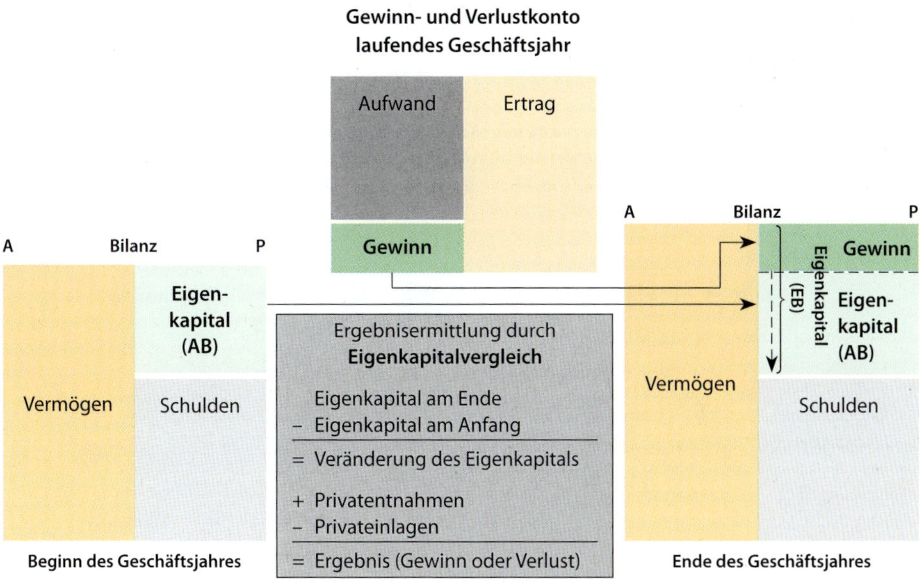

Zusammenfassende Übersicht zu 4.5: Einfacher Jahresabschluss

❶ **Beginn des Geschäftsjahres:**
Übernahme der ***Istwerte*** aus der Eröffnungsbilanz (= Schlussbilanz des Vorjahres) als Anfangsbestände in die Bestandskonten.

❷ **Im Laufe des Geschäftsjahres:**
Geschäftsvorfälle werden auf **Bestands-** und **Ergebniskonten** gebucht.

❸ **Ende des Geschäftsjahres:**
Abschluss der **Ergebniskonten** über das **GuV-Konto**
Abschluss der **Bestandskonten** über das **Schlussbilanzkonto** (Buchbestände)

Bestandskonten

Soll	**Schlussbilanzkonto**	Haben
Anlagevermögen		Eigenkapital
Umlaufvermögen		Fremdkapital

Ergebniskonten

Aufwand	**GuV-Rechnung**	Ertrag
Aufwand		Ertrag
Gewinn		

❹ **Buch-Ist-Vergleich**

Istwerte (Inventur) ⟷ **Buchwerte** (Konten)

Saldenliste aller Konten zum Stichtag
(abgestimmt mit den Istwerten)

Übernahme der Ist-Bestände für den Beginn des nächsten Geschäftsjahres

Bilanz ← ❺ **Jahresabschluss** → **GuV-Rechnung**

Von der Eröffnungsbilanz zum Jahresabschluss

❶ Beginn des Geschäftsjahres	❷ Während des Geschäftsjahres	Ende des Geschäftsjahres ❸	Ende des Geschäftsjahres ❹	Ende des Geschäftsjahres ❺
Eröffnung der Bestandskonten: Übernahme der Istwerte aus der Eröffnungsbilanz (= Schlussbilanz des Vorjahres) als Anfangsbestände	Laufende Buchungen auf Bestands- und Ergebniskonten	Abschluss der Konten: Ergebniskonten über GuV-Konto Bestandskonten über Schlussbilanzkonto (Buchwerte)	Anpassung der Buchwerte an die durch die Inventur gewonnenen Istwerte (Korrekturbuchungen)	Erstellung des Jahresabschlusses (Bilanz und Gewinn- und Verlustrechnung)

WIEDERHOLUNG DES GRUNDWISSENS

4.5 Einfacher Jahresabschluss

1. Unter welchen Voraussetzungen sind Einzelunternehmen verpflichtet, einen Jahresabschluss zu erstellen?
2. Woraus besteht der Jahresabschluss bei einer Personengesellschaft?
3. Welche Aufgaben hat der Jahresabschluss?
4. Weshalb können die Salden der Bestandskonten nicht ungeprüft in die Schlussbilanz übernommen werden?
5. Im welchem Fall wird im Rohstoffkonto eine Korrekturbuchung im Haben vorgenommen?
6. Weshalb lehnen sich Einzelunternehmen im Normalfall an die Gliederungsvorschriften der Kapitalgesellschaften an?
7. Weshalb ist die GuV eine Ergänzung zur Bilanz?
8. Weshalb wird die kaufmännische Buchführung auch als doppelte Buchführung bezeichnet?
9. Warum reicht es nicht aus, den Gewinn eines Unternehmens allein durch Eigenkapitalvergleich zu ermitteln?

AUFGABEN ZUM ERWERB UND ZUR KONTROLLE VON KOMPETENZEN

4.5 Einfacher Jahresabschluss

4.5.1 Grundsätze ordnungsmäßiger Buchführung

In welchen der folgenden Fälle wird gegen die Grundsätze ordnungsmäßiger Buchführung (GoB) verstoßen? Begründen Sie Ihre Antworten.

1. Eingangsrechnungen werden vier Wochen nach ihrer Begleichung vernichtet.
2. Alle Kassenbelege für das laufende Geschäftsjahr werden erstmalig Ende Dezember gebucht.
3. Alle Kassenbelege erhalten eine durchlaufende Nummerierung, beginnend mit dem Kürzel KB.
4. Ein aufgenommenes Darlehen bleibt bei der Aufstellung der Bilanz unberücksichtigt.
5. Ein Kopierer, der vor zwei Jahren angeschafft wurde, wird unter der Bilanzposition Fuhrpark mit seinen Anschaffungskosten ausgewiesen.

4.5.2 Buch-Ist-Vergleich

Nachfolgende Übersicht zeigt für einige Sachkonten die vorliegenden Buchungen sowie die festgestellten Inventurwerte. Stichtag ist für alle Zahlen der 31.12...

Sachkonto	Summe Soll EUR	Summe Haben EUR	Inventur EUR
Kasse	57.900,50	52.980,00	4.920,50
Hilfsstoffe	2.800,70	2.460,70	290,50
Handelswaren	16.930,00	14.280,50	2.699,50

1. Entscheiden Sie, ob und gegebenenfalls welche Korrekturbuchung vorzunehmen ist.
2. Wie verändert sich nach Berücksichtigung der obigen Werte das Ergebnis des Unternehmens? Begründen Sie Ihre Antwort.

4.5.3 Aufstellung von Bilanz und GuV

PDF

Eine Klasse aus dem Wirtschaftsgymnasium hat beschlossen, am Weihnachtsbasar der Schule Bananenmilch zu verkaufen. Hierbei ergeben sich fünf **Geschäftsvorfälle**:

1. Alle 20,00 Schüler bezahlen jeweils 10,00 EUR in eine für diesen Zweck eingerichtete Kasse ein. Der Kassierer zählt 200,00 EUR.
2. Frischmilch (80,00 EUR) und Pulver (40,00EUR) für die Getränke werden gegen Barzahlung beschafft.

3. An die Organisatoren des Weihnachtsbasars werden 10,00 EUR als anteiliger Beitrag für eine in der örtlichen Zeitung geschaltete Werbeanzeige in bar bezahlt.
4. Aus der gekauften Milch (80,00 EUR) und dem Pulver (30,00 EUR) wird Bananenmilch hergestellt, die sofort verkauft wird.
5. Auf dem Weihnachtsbasar wurden 120 Gläser Bananenmilch für jeweils 1,50 EUR gegen Barzahlung verkauft.

Abschlussangaben: Der gezählte Kassenbestand beträgt 250,00 EUR.
Pulver im Wert von 10,00EUR ist übrig geblieben.

1. Bilden Sie die Buchungssätze.
2. Führen Sie *alle* Konten und schließen sie die Konten ab.
3. Erstellen sie die Gewinn- und Verlustrechnung und die Bilanz.
4. Hat es sich für die Klasse „gelohnt", am Weihnachtsbasar teilzunehmen?

4.5.4 Bilanz-Erstellung und Ergebnisermittlung

PDF

Für den Textildruck Shirt-Shop liegt nachstehende Saldenliste zum 31.12.00 vor. Erstellen Sie die Bilanz nach dem Muster auf S. 158 und ermitteln Sie das Ergebnis für das laufende Geschäftsjahr.

Saldenliste der Bestandskonten zum 31.12.00
(abgestimmt mit den Inventurergebnissen)

Kontenbezeichnung	Soll/EUR	Haben/EUR
Maschinen	145.824,00	
Fuhrpark	96.096,00	
Betriebs- und Geschäftsausstattung	40.309,00	
Rohstoffe	19.440,00	
Hilfsstoffe	1.003,00	
Betriebsstoffe	1.404,00	
Handelswaren	800,00	
Forderungen aus LuL	18.873,00	
Kasse	3.197,00	
Bankguthaben	26.434,00	
Eigenkapital		170.000,00
Darlehen		160.000,00
Verbindlichkeiten gg. Finanzbehörden		2.900,00
Verbindlichkeiten aus LuL		20.480,00
Summe	353.380,00	353.380,00

Hinweis: Private Vorgänge sind im Laufe des Geschäftsjahres nicht angefallen. Das Eigenkapital zum 01.01.00 betrug 130.000,00 EUR.

4.5.5 GuV-Erstellung und Ergebnisermittlung

Für den Textildruck Shirt-Shop liegt folgende Saldenliste zum 31.12.00 vor. Erstellen Sie die GuV nach dem Muster auf S. 158 und ermitteln Sie das Ergebnis für das laufende Geschäftsjahr.

Saldenliste der Ergebniskonten zum 31.12.00

Kontenbezeichnung	Soll/EUR	Haben/EUR
Umsatzerlöse Erzeugnisse		662.783,00
Umsatzerlöse Handelswaren		6.000,00
Zinserträge		60,00
Aufwendungen für Rohstoffe	110.160,00	
Aufwendungen für Hilfsstoffe	2.043,00	
Aufwendungen für Betriebsstoffe	1.511,00	

Kontenbezeichnung	Soll/EUR	Haben/EUR
Aufwendungen für Handelswaren	3.705,00	
Löhne	256.000,00	
Gehälter	153.900,00	
Mietaufwendungen	60.000,00	
Büromaterialaufwendungen	4.095,00	170.000,00
Werbeaufwendungen	8.000,00	160.000,00
Telefonaufwendungen	10.864,00	2.900,00
Kfz-Steuer	2.565,00	20.480,00
Zinsaufwendungen	16.000,00	353.380,00
Summe	628.843,00	668.843,00

4.5.6 Doppelte Ergebnisermittlung

Für den Textildruck Shirt-Shop liegt folgende Saldenliste zum 31.12.01 vor. Ermitteln Sie das Ergebnis auf zweifache Weise und vergleichen Sie.

PDF

Saldenliste der Bestands- und Ergebniskonten zum 31.12.01
(abgestimmt mit den Inventurergebnissen)

Kontenbezeichnung	Soll/EUR	Haben/EUR
Maschinen	130.000,00	
Fuhrpark	85.000,00	
Betriebs- und Geschäftsausstattung	42.000,00	
Rohstoffe	18.000,00	
Hilfsstoffe	1.100,00	
Betriebsstoffe	1.500,00	
Forderungen aus LuL	23.600,00	
Kasse	1.300,00	
Bankguthaben	53.000,00	
Eigenkapital		170.000,00
Darlehen		120.000,00
Verbindlichkeiten aus LuL		19.400,00
Umsatzerlöse Erzeugnisse		690.500,00
Zinserträge		100,00
Aufwendungen für Rohstoffe	92.000,00	
Aufwendungen für Hilfsstoffe	2.100,00	
Aufwendungen für Betriebsstoffe	1.200,00	
Löhne	280.000,00	
Gehälter	160.500,00	
Mietaufwendungen	66.000,00	
Büromaterialaufwendungen	3.700,00	
Werbeaufwendungen	12.500,00	
Telefonaufwendungen	10.800,00	
Kfz-Steuer	2.100,00	
Zinsaufwendungen	13.600,00	
Summe	1.000.000,00	1.000.000,00

Hinweis: Der Saldo im GuV-Konto wurde noch nicht im Konto Eigenkapital gegengebucht. Das Eigenkapital am 01.01.01 betrug 170.000,00 EUR (vgl. Aufg. 4.5.5)

4.6 Organisation der Buchführung

4.6.1 Grundbuch (Journal) und Hauptbuch

HGB § 238 (1), § 239 (2)

Ein buchführungspflichtiges Unternehmen entspricht den gesetzlichen Vorschriften, wenn es die Geschäftsvorfälle in der Reihenfolge ihres **zeitlichen** Anfalls bucht. Die Aufzeichnung der Buchungen erfolgt im **Grundbuch (Journal)**. Im Grundbuch werden folgende Informationen festgehalten: Buchungsdatum, Buchungstext, Sollkonto, Habenkonto, Beträge.

Die Bedeutung des Grundbuchs besteht darin, durch eine genaue Dokumentation der Geschäftsvorfälle in der Reihenfolge ihres **zeitlichen** Anfalls jederzeit die Möglichkeit zu haben, eine Buchung bis zum **Beleg** zurück zu verfolgen.

Im Rahmen einer computergestützten Buchführung werden alle Buchungen nach der Erfassung in das Grundbuch übertragen. Gleichzeitig erfolgt die Buchung in den angegebenen **Sachkonten** (Bestandskonten, Ergebniskonten).

Buchung im Grund- und Hauptbuch

Die Bank schreibt der Shirt-Shop GmbH am 10.02... Zinsen in Höhe von 25,30 EUR gut. Die Gutschrift wird auf dem Kontoauszug Nr. 50 ausgewiesen.

Grundbuch (Journal)

Journal: Februar ...					
Tag	**Beleg**	**Buchungstext**	**Buchungssatz**	**Soll**	**Haben**
10.02...	KA 50	Zahlungseingang	**Bank**	**25,30**	
			Zinserträge		**25,30**

Buchung auf den **Sachkonten**

S	Bank		H
AB	...		
KA 50	**25,30**		

S	Zinserträge		H
		KA 50	**25,30**

Das **Grundbuch** wird auch als **Journal** bezeichnet. Alle Sachkonten zusammen bilden das **Hauptbuch**.

Zusammenfassende Übersicht zu 4.6.1: Grundbuch (Journal) und Hauptbuch

Beleg → Festlegung des Buchungssatzes (Kontierung)

Grundbuch (Journal)	**Hauptbuch**
Alle vorgenommenen Buchungen werden in ihrer **zeitlichen Reihenfolge** festgehalten.	Alle Geschäftsvorfälle werden in den jeweiligen Sachkonten gebucht.
Auflistung aller Buchungssätze	***Führen der T-Konten***

4.6.2 Kontenrahmen und Kontenplan

Bedeutung eines Kontenrahmens

Damit sich ein sachverständiger Dritter (z. B. Prüfer des Finanzamtes) in angemessener Zeit einen Einblick in die Vermögens- und Ertragslage eines Unternehmens verschaffen kann, werden **Kontenrahmen** verwendet, die für alle Unternehmen einzelner Wirtschaftszweige eine einheitliche Gliederung und Bezeichnung der Konten vorsehen. Die Einführung eines Kontenrahmens ist für ein Unternehmen aber nicht verbindlich.

Der **Schulkontenrahmen**[1] beachtet bei der Anordnung der Konten im Kontenrahmen die Reihenfolge, die der Gesetzgeber in den Gliederungsvorschriften für die Bilanz und die GuV vorschreibt (Abschlussgliederungsprinzip). HGB § 266 HGB § 275

Aufbau eines Kontenrahmens

Unabhängig vom Wirtschaftszweig ist allen Kontenrahmen gemeinsam, dass sie nach dem gleichen Prinzip, dem **dekadischen System** (Zehnersystem), aufgebaut sind. Die zehn Konten**klassen** sind ihrerseits wieder in zehn Konten**gruppen** unterteilt. Die Kontengruppen bestehen aus bis zu zehn einzelnen Konten (Kontenarten).

Jedem Konto wird eine **drei- oder vierstellige Kontonummer** zugeordnet.

- 1. Ziffer: **Kontenklasse**
- 2. Ziffer: **Kontengruppe**
- 3. Ziffer: **Kontenart**
- 4. Ziffer: Kontenunterart

Kontenklasse 2	
Umlaufvermögen und aktive Rechnungsabgrenzung	
▪	
28	Flüssige Mittel
2800	Guthaben bei Kreditinstituten
2810	Postbankguthaben
2820	Kasse
▪	

2 8 2 **Kasse**

→ Kontenklasse	2	Umlaufvermögen
→ Kontengruppe	28	Flüssige Mittel
→ Kontenart	2820	Kasse
Kontenunterarten	2820	Hauptkasse
	2821	Nebenkasse 1
	2822	Nebenkasse 2

1 Siehe ausklappbares Faltblatt am Ende des Buches.

Rechnungskreis I (Finanzbuchhaltung)					Rechnungskreis II[1]
Bestandskonten		**Ergebniskonten**		**Abschlusskonten**	**Kosten- und Leistungsrechnung**
Aktive Bestandskonten	Passive Bestandskonten	Ertragskonten	Aufwandskonten		
Kontenklasse 0, 1, 2	Kontenklasse 3, 4	Kontenklasse 5	Kontenklasse 6, 7	Kontenklasse 8	Kontenklasse 9

Aufg. 4.6.1 S. 169

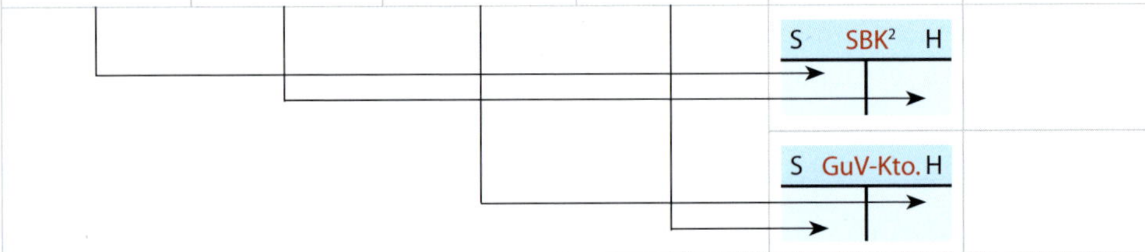

Vorteile eines Kontenrahmens

- Geordneter Überblick über alle in einem Unternehmen verwendeten Konten
- Numerische Bezeichnung von Konten ist eindeutig und ermöglicht ein schnelles Auffinden der Konten.
- Numerische Bezeichnung der Konten ermöglicht **computergestützte** Buchung.

Aufg. 4.6.2 S. 169

Buchen mit Angabe der Kontennummern

Geschäftsvorfall: Barabhebung vom Geschäftskonto für die Geschäftskasse 2.000,00 EUR

Konto	Soll/EUR	Haben/EUR
2820 Kasse	2.000,00	
an **2800** Bank		2.000,00

Sprechweise: „**2820** *Kasse 2.000,00 EUR an* **2800** *Bank 2.000,00 EUR*"

Kontenplan

Ein Kontenrahmen (z. B. der Kontenrahmen der Industrie) enthält alle Konten, die in dem betreffenden Wirtschaftszweig denkbar sind. Ein Unternehmen benötigt jedoch nicht alle Konten, die der Branchenkontenrahmen enthält. Es stellt sich aus dem vorgegebenen Kontenrahmen seinen **individuellen Kontenplan** zusammen. Dabei kann es vorkommen, dass ein Unternehmen die Tiefengliederung des Branchenkontenrahmens den eigenen Bedürfnissen entsprechend erweitert.

Aufg. 4.6.3 S. 169

! Ein Kontenrahmen enthält alle möglichen Konten eines Wirtschaftszweiges. Ein Kontenplan ist die Zusammenstellung aller in einem bestimmten Unternehmen benötigten Konten.

1 Die Kosten- und Leistungsrechnung (Rechnungskreis II) gehört nicht zur Finanzbuchhaltung (Geschäftsbuchhaltung). In der Regel wird sie nicht auf Konten, sondern tabellarisch durchgeführt *(vgl. Teil B Kap. 3.2).*

2 SBK = Schlussbilanzkonto

Aufg. 4.6.4 S. 169

Kontenplan der Textildruckerei Shirt-Shop

Anlagevermögen

0270 EDV-Software
0500 Grundstücke und Bauten
0710 Maschinen
0830 Sonstige Transportmittel
0840 Fuhrpark
0850 Betriebsausstattung
0870 Büromöbel und sonstige Geschäftsausstattung
0880 Ladeneinrichtung
0890 Geringwertige Wirtschaftsgüter
0891 Sammelposten für GWG
0893 ....
....

Umlaufvermögen

2000 Rohstoffe (z. B. Flockfolie)
2010 Vorprodukte (unbehandelte T-Shirts)
2020 Hilfsstoffe (z. B. Druckerfarbe, Härter)
2030 Betriebsstoffe
2040 Verpackungsmaterial
2100 Unfertige Erzeugnisse
2200 Fertige Erzeugnisse
2210 Handelswaren
2400 Forderungen aus Lieferungen und Leistungen
2600 Abziehbare Vorsteuer 7 %
2601 Abziehbare Vorsteuer 19 %
2640 Sozialversicherungsvorauszahlung
2800 Bayerische Bank Nr. 13579
2801 Deutsche Bank Nr. 765934
2820 Kasse

Eigenkapital

3000 Eigenkapital

Verbindlichkeiten

4200 Darlehen
4400 Verbindlichkeiten aus Lieferungen und Leistungen
4710 Verpackungsmaterial
4800 Umsatzsteuer 19 %
4830 Verbindlichkeiten aus Lohn- und Kirchensteuer
4840 Verbindlichkeiten im Rahmen der Sozialversicherung
4850 Verbindlichkeiten aus Lohn und Gehalt

Erträge

5000 Erlöse Erzeugnisse 19 %
5010 Erlöse Handelswaren 19 %
5040 Sonstige Erlöse 19 %
5080 Mieterträge
5210 Bestandsveränderungen UFE
5220 Bestandsveränderungen FE
5430 Andere sonstige betriebliche Erträge
5461 Erlöse aus dem Abgang von Gegenständen des Sachanlagevermögens
5710 Zinsen

Aufwendungen

6000 Aufwendungen für Rohstoffe
6010 Aufwendungen für Vorprodukte
6020 Aufwendungen für Hilfsstoffe
6030 Aufwendungen für Betriebsstoffe
6040 Aufwendungen für Verpackungsmaterial
6050 Benzin (Aufw. für Treibstoff)
6051 Gas, Strom, Wasser
6080 Aufwendungen für Handelswaren
6130 Reparatur und Instandhaltung von techn. Anlagen
6140 Ausgangsfrachten
6150 Verkaufsprovisionen
6200 Löhne
6300 Gehälter
6400 Arbeitgeberanteil zur Sozialversicherung
6420 Beiträge zur Berufsgenossenschaft
6440 Aufwendungen für Altersversorgung
6500 Abschreibungen auf Sachanlagen
6510 Sofortabschreibung für geringwertige Wirtschaftsgüter
6520 Poolabschreibung Sammelposten GWG
6700 Mieten für Einrichtungen
6710 Mietleasing
6715 Raumkosten
6720 Wartungskosten für Hard- und Software
6725 Reinigung
6750 Nebenkosten des Geldverkehrs
6770 Rechts- und Beratungskosten
6771 Steuerberater
6800 Bürobedarf
6810 Zeitschriften, Bücher
6815 Fortbildungskosten
6820 Porto
6860 Bewirtungskosten
6870 Werbekosten
6880 Spenden
6890 Telefon
6900 Versicherungen
7020 Grundsteuer
7030 Kfz-Steuer
7510 Zinsen
7700 Gewerbesteuer
8010 SBK
8020 GuV-Konto

Zusammenfassende Übersicht zu 4.6.2: Kontenrahmen und Kontenplan

Kontenrahmen: Mittel zur Vereinheitlichung der Kontenbezeichnungen eines Wirtschaftszweiges (z. B. Industrie, Handel, Banken)

Kontenplan: Zusammenstellung aller in einem bestimmten Unternehmen benötigten Konten

Bestandskonten

Kontenklasse	Aktivkonten	Passivkonten	Kontenklasse
0	Immaterielle Vermögensgegenstände Sachanlagen	Eigenkapital Wertberichtigungen Rückstellungen	3
1	Finanzanlagen	Verbindlichkeiten Passive Rechnungsabgrenzung	4
2	Umlaufvermögen Aktive Rechnungsabgrenzung		

Schlussbilanzkonto

Ergebniskonten

Kontenklasse	Aufwandskonten	Ertragskonten	Kontenklasse
6	Betriebliche Aufwendungen	Erträge	5
7	Weitere Aufwendungen		

Gewinn- und Verlustkonto

Aufbau eines Kontenrahmens: Nach dem Zehnersystem **(dekadisches Prinzip)**.
→ **10 Kontenklassen**
→ Jede Kontenklasse besteht aus **10 Kontengruppen**
→ Jede Kontengruppe besteht aus bis zu **10 Kontenarten**

WIEDERHOLUNG DES GRUNDWISSENS

4.7 Organisation der Buchführung

1. Weshalb müssen die Unternehmen ein Grundbuch (Journal) führen?
2. Welche Informationen enthält ein Grundbuch (Journal)?
3. Welcher Unterschied besteht zwischen einem Kontenrahmen und einem Kontenplan?
4. Welche Bedeutung haben die drei ersten Ziffern bei dem Konto *2210 Handelswaren*?
5. Welche Vorteile bringt die Anwendung eines Kontenrahmens für ein Unternehmen?

AUFGABEN ZUM ERWERB UND ZUR KONTROLLE VON KOMPETENZEN

4.6 Organisation der Buchführung

4.6.1 Zuordnung der Kontennummern

Erstellen Sie für die gegebenen Konten eine Übersicht nach dem nebenstehendem Muster:

Fuhrpark, Telefon, Eigenkapital, Verbindlichkeiten aus LuL, Werbeaufwendungen, Zinsen (die wir bezahlen), Miete (die wir erhalten), Kontoführungsgebühren der Bank, Umsatzerlöse Fertigerzeugnisse.

Konten	Bestandskonten		Ergebniskonten	
	Aktiv	Passiv	Aufwand	Ertrag
Bank	2800	–	–	–

PDF

4.6.2 Bildung von Buchungssätzen mit Angabe der Kontennummern

Bilden Sie zu den nachfolgenden Geschäftsvorfällen die Buchungssätze mit Angabe der Kontennummern und Kontenbezeichnung.

PDF

1. Barkauf eines Bürostuhles .... 840,00 EUR
2. Eingangsrechnung für den Kauf von Rohstoffen .... 7.245,00 EUR
3. Kauf eines Geschäftswagens auf Ziel .... 58.000,00 EUR
4. Darlehensrückzahlung durch Überweisung (Tilgung) .... 6.000,00 EUR
5. Zinsen für das Darlehen werden überwiesen .... 800,00 EUR
6. Banküberweisung: Begleichung einer Liefererrechnung .... 2.960,00 EUR
7. Barkauf: Büromaterialien .... 145,00 EUR
8. Materialentnahmeschein: Verbrauch von Rohstoffen .... 580,00 EUR

4.6.3 Abgrenzung von Kontenrahmen und Kontenplan

1. Der Kontenplan der Textildruckerei Shirt-Shop Ehret e. Kfm. auf S. 167 unterscheidet sich von dem Schulkontenrahmen. (Siehe ausklappbares Faltblatt am Ende des Buches.) Nennen Sie dafür drei Unterschiede.
2. Welche Konten verwendet die Textildruckerei für die nachfolgenden Positionen?
   Siebdruckmaschine, Härter, Gabelstapler, Verpackungskartons, Wartung der Heizung, Strom, Personalcomputer, eingekaufte T-Shirts, Registrierkasse.

4.6.4 Bildung von Buchungssätzen mit Angabe der Kontennummern

Buchen Sie die Geschäftsvorfälle in Aufgabe 4.4.9 *(siehe S. 151)* unter Angabe der jeweiligen Kontennummer.

PDF

4.7 Umsatzsteuer

4.7.1 Grundlagen des Umsatzsteuersystems

Gesetzliche Vorschriften zur Umsatzsteuer

UStG § 1 (1)

Die gesetzlichen Vorschriften über die Umsatzsteuer sind dem Umsatzsteuergesetz (UStG) zu entnehmen. **Lieferungen und sonstige Leistungen** (z. B. Fertigerzeugnisse, Reparaturen), die ein Unternehmer im Inland gegen Entgelt im Rahmen seines Unternehmens ausführt, unterliegen der Umsatzsteuer. Als Bemessungsgrundlage für die Umsatzsteuerberechnung wird das Entgelt zugrunde gelegt.

! Entgelt ist der Nettopreis (= Preis ohne Umsatzsteuer), den der Empfänger einer Lieferung oder Leistung zu entrichten hat. Die Summe aus dem Nettopreis und der Umsatzsteuer wird als Bruttopreis bezeichnet.

Steuerbare Umsätze

1 Die Bike GmbH verkauft an den Schüler Michael Scholz ein Rennrad. Der Nettopreis (ohne Umsatzsteuer) beträgt 600,00 EUR.

Der Vorgang **ist** ein **steuerpflichtiger Umsatz**, weil

- ein Unternehmen → Bike GmbH
- eine Lieferung → Rennrad
- gegen Entgelt → 600,00 EUR
- im Inland ausführt. → Heidelberg

Auszustellende Rechnung (Auszug):

	Rennrad	600,00 EUR	→ **netto:** *ohne Umsatzsteuer*
+	19 % Umsatzsteuer	114,00 EUR	
=	Rechnungsbetrag	714,00 EUR	→ **brutto:** *mit Umsatzsteuer*

2 Der Trikothersteller Harko GmbH München verkauft der Textildruckerei Shirt-Shop GmbH einen Satz Fußballtrikots für 1.000,00 EUR abzüglich 10 % Rabatt.

Auszustellende Rechnung (Auszug):

Aufg. 4.7.1 S. 177

	Fußballtrikots	1.000,00 EUR
–	10 % Rabatt	100,00 EUR
=	Nettobetrag	900,00 EUR
+	19 % Umsatzsteuer	171,00 EUR
=	Rechnungsbetrag	1.071,00 EUR

→ Die Gewährung des Sofortrabatts führt zu einer Verringerung des Entgelts. Somit verringert sich auch die Höhe der ***Umsatzsteuer***.

Im Umsatzsteuergesetz wird zwischen einem vollen **Steuersatz** (seit 01.01.2007: 19 %) und einem ermäßigten Steuersatz (seit 1983: 7 %) unterschieden. Dem ermäßigten Steuersatz unterliegen u. a.:

- Lebensmittel (Bsp. Fleisch, Gemüse, Früchte, Getreide, Mehl)
- kulturelle Gegenstände und Leistungen (Bsp. Bücher, Zeitschriften, Theaterleistungen)

UStG § 12

Nicht alle Umsätze unterliegen der Umsatzsteuer. So sind u. a. folgende Umsätze gemäß der Auflistung in § 4 UStG **steuerfrei**:

- Vermietung und Verpachtung von Grundstücken
- die Umsätze aus der Tätigkeit als Arzt, Zahnarzt ... oder aus einer ähnlichen heilberuflichen Tätigkeit

UStG § 4 Nr. 12a, Nr. 14

Wertschöpfungsprozess

Bei der Herstellung von Erzeugnissen werden im Normalfall mehrere Fertigungsstufen durchlaufen, an denen mehrere Unternehmen beteiligt sind. Die dazu von anderen Unternehmen (z. B. Rohstofflieferer) bezogenen Sachgüter und Dienstleistungen werden als Vorleistungen bezeichnet.

> **!** **Wertschöpfung ist der Wert, den ein Unternehmen im Rahmen des Produktionsprozesses den bezogenen Vorleistungen hinzufügt. Die Wertschöpfung wird auch als Mehrwert bezeichnet.**

Auf jeder **Fertigungsstufe** erhöht sich der Wert des Erzeugnisses (Wertschöpfungsprozess).

Die nachfolgende Übersicht zeigt stark vereinfacht den **Prozess der Wertschöpfung** für die Herstellung und den Verkauf eines Fußballtrikots. Der Wertschöpfungsprozess beginnt auf Stufe 1 bei dem Hersteller für Trikotstoffe und endet nach der Stufe 3 beim Sportfachhandel, der die Fußballtrikots vor Ort an die Endverbraucher verkauft.

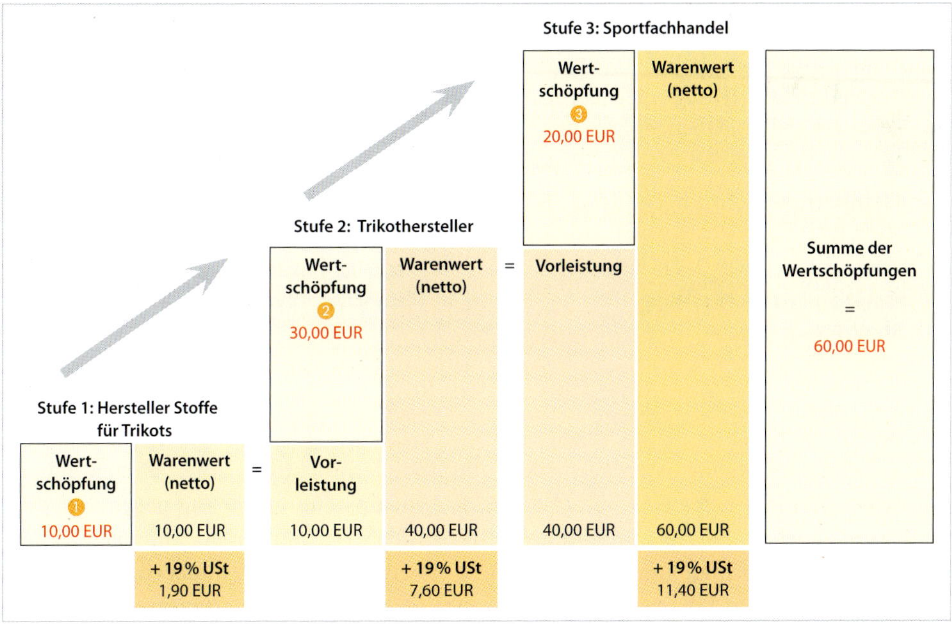

Vorsteuer und Zahllast

Die Unternehmen **erhalten** von ihren Kunden die in den Rechnungen ausgewiesene Umsatzsteuer. Umgekehrt **bezahlen** die Unternehmen ihren Lieferern die in deren Rechnungen ausgewiesene Umsatzsteuer. Diese an den Lieferer zu zahlende Umsatzsteuer wird als **Vorsteuer** bezeichnet.

UStG § 15 (1)

Die in den Eingangsrechnungen ausgewiesene Umsatzsteuer wird als Vorsteuer bezeichnet.

Die Umsatzsteuer soll nach dem Willen des Gesetzgebers nicht die Unternehmen belasten, sondern allein vom Endverbraucher getragen werden. Jeder **Unternehmer** muss die Differenz aus der **erhaltenen** und der **gezahlten** Umsatzsteuer (= Vorsteuer) an das Finanzamt abführen. Diese Differenz wird als **Zahllast** bezeichnet.

Zahllast = Umsatzsteuer – Vorsteuer

Voraussetzungen für den Vorsteuerabzug

UStG § 14 (4)

Um die in einer Eingangsrechnung ausgewiesene Vorsteuer abziehen zu können, muss die Rechnung u. a. folgende Angaben enthalten:

Notwendige Angaben in einer Rechnung

- Vollständiger Name und vollständige Anschrift des Lieferers und des Kunden
- Steuernummer oder Umsatzsteuer-Identifikationsnummer des Lieferers
- Ausstellungsdatum
- Rechnungsnummer zur eindeutigen Identifizierung der Rechnung
- Menge und Art der erbrachten Leistung
- Zeitpunkt der Lieferung
- Entgelt für die Lieferung (getrennt nach unterschiedlichen Steuersätzen)
- Steuersatz und Steuerbetrag

Für **Kleinbetragsrechnungen** bis zu 150,00 EUR sind folgende Angaben ausreichend:

- Name und Anschrift des Lieferers
- Menge und Art der Leistung
- Steuersatz
- Ausstellungsdatum
- Bruttoentgelt (einschl. USt)

Fälligkeit der Umsatzsteuer

Die Umsatzsteuer ist eine Jahressteuer. Alle umsatzsteuerpflichtigen Unternehmen müssen mit dem Abschluss eines Geschäftsjahres eine **Umsatzsteuererklärung** gegenüber dem Finanzamt abgeben. Bereits während des Jahres sind aber schon Vorauszahlungen zu leisten. Dazu ist im Normalfall nach Ablauf eines Monats eine **Umsatzsteuervoranmeldung** zu erstellen und dem Finanzamt zu übermitteln. Die in der Umsatzsteuervoranmeldung festgestellte **Zahllast** muss an das Finanzamt innerhalb von 10 Tagen nach Ablauf eines Monats überwiesen werden (z. B. bis zum 10. Juni ist die Zahllast für den Monat Mai an das Finanzamt zu überweisen). Die Umsatzsteuer ist an das Finanzamt i. d. R. nach den auf den Rechnungen **vereinbarten Entgelten** (und nicht nach den tatsächlich schon vereinnahmten Entgelten) zu entrichten. Diese Regelung kann dazu führen, dass Unternehmen Umsatzsteuer bereits an das Finanzamt abführen müssen, obwohl ihre Kunden die Rechnungen noch nicht beglichen und sie demzufolge selbst noch keine Zahlungen erhalten haben.

Wenn ein Unternehmer in einem Monat viele Anschaffungen tätigt (z. B. Aufstockung der Vorräte, Kauf eines Lkw), kann es vorkommen, dass die Vorsteuer die Umsatzsteuer übersteigt (= **Vorsteuerüberhang**). In diesem Fall erhält das Unternehmen den in der Umsatzsteuervoranmeldung ausgewiesenen Vorsteuerüberhang vom Finanzamt erstattet.

Verfahren zur Erhebung der Umsatzsteuer: Mehrwertsteuer

Dem Finanzamt fließt genau der Betrag an Umsatzsteuer zu, der sich aus der Besteuerung der Wertschöpfung auf den einzelnen Produktions- und Handelsstufen ergibt. Die Zahllastbeträge der beteiligten Unternehmen sind identisch mit der Umsatzsteuer, die dem **Endverbraucher** in der letzten Stufe in Rechnung gestellt wird.

		Hersteller Stoffe für Trikots	Trikothersteller	Sportfachhandel	Verbraucher
Eingangsrechnung	Nettobetrag		10,00	40,00	60,00
	+ **19 % Umsatzsteuer**		+ **1,90**	+ **7,60**	+ 11,40
	= Bruttobetrag		= 11,90	= 47,60	= 71,40
Ausgangsrechnung	Nettobetrag	10,00	40,00	60,00	
	+ **19 % Umsatzsteuer**	+ **1,90**	+ **7,60**	+ **11,40**	
	= Bruttobetrag	= 11,90	= 47,60	= 71,40	
❸	**Wertschöpfung (Mehrwert)**	**10,00**	**30,00**	**20,00**	❷
	Umsatzsteuer	1,90	7,60	11,40	
	− Vorsteuer	− 0,00	− 1,90	− 7,60	
	= Zahllast	= **1,90**	= **5,70**	= **3,80**	
		(= 19 % von 10,00)	(= 19 % von 30,00)	(= 19 % von 20,00)	
	Finanzamt	**1,90 + 5,70 + 3,80 = 11,40** ❶			

❶ Unternehmen sind **Steuerschuldner**, da sie die vereinnahmte Umsatzsteuer abzüglich der gezahlten Vorsteuer (= Zahllast) an das Finanzamt abführen. Hier: insgesamt 11,40 EUR.

❷ Endverbraucher sind **Steuerträger**, da sie die Umsatzsteuer beim Kauf in voller Höhe bezahlen und nicht vorsteuerabzugsberechtigt sind. Hier: 11,40 EUR.

❸ Wird der gültige Umsatzsteuersatz auf den in einer Wirtschaftsstufe erzielten **Mehrwert** bezogen, ergibt sich die fällige **Zahllast** des Unternehmens.

Z. B.: Zahllast des Trikotherstellers: 30,00 EUR · 19/100 = 5,70 EUR.

Aus diesem Grund wird häufig anstatt von **Umsatzsteuer** auch von der **Mehrwertsteuer** gesprochen. Der Begriff Mehrwertsteuer beschreibt, in welcher Form die Umsatzsteuer nach den derzeit geltenden Rechtsvorschriften erhoben wird.

Die Umsatzsteuer als durchlaufender Posten

Aus der Sicht des **Sportfachhandels** ergeben sich bezogen auf die oben stehende Übersicht folgende **umsatzsteuerbedingten** Zahlungen:

Zahlungsausgänge:		**Zahlungseingänge:**	
Vorsteuer an den Trikothersteller	7,60 EUR	**Umsatzsteuer** vom Verbraucher	11,40 EUR
Zahllast an das Finanzamt	3,80 EUR		
Summe	11,40 EUR		

Die Zahlungsausgänge sind genau so hoch wie die Zahlungseingänge.

Aufg. 4.7.2 S. 177

Die Umsatzsteuer wird zwar vom Unternehmen an das Finanzamt abgeführt. Sie beeinflusst aber nicht das Ergebnis (Gewinn/Verlust) des Unternehmens. Sie ist vielmehr ergebnisneutral (= durchlaufender Posten). Steuerträger sind die Endverbraucher.

4.7.2 Buchung der Umsatzsteuer

Buchung von Ausgangsrechnungen

Die in den Ausgangsrechnungen an die Kunden ausgewiesene Umsatzsteuer wird auf dem Konto *Umsatzsteuer* gebucht. Sie stellt eine *Verbindlichkeit* gegenüber dem Finanzamt dar. Daher handelt es sich bei dem Konto 4800 Umsatzsteuer um ein passives Bestandskonto.

Buchung einer Ausgangsrechnung mit Umsatzsteuer

Die Textildruckerei Shirt-Shop schickt an den VfR Würzburg nachfolgende Rechnung:

	50 bedruckte T-Shirts Cool	1.000,00 EUR	⟵	*Netto*
+	19 % Umsatzsteuer	190,00 EUR	⟵	*Umsatzsteuer*
=	Rechnungsbetrag	1.190,00 EUR	⟵	*Brutto*

Die Rechnung wird aus Sicht der Textildruckerei Shirt-Shop wie folgt gebucht:

Konto	Soll/EUR	Haben/EUR
2400 Forderungen aus LuL	1.190,00	
an 5010 Umsatzerlöse Erzeugnisse		1.000,00
4800 Umsatzsteuer		**190,00**

Buchung von Eingangsrechnungen

Die in den Eingangsrechnungen der Lieferer ausgewiesene Umsatzsteuer wird auf dem Konto *Vorsteuer* gebucht. Sie stellt eine *Forderung* an das Finanzamt dar. Daher handelt es sich bei dem Konto 2600 Vorsteuer um ein aktives Bestandskonto.

Aufg. 4.7.3, 4.7.4, 4.7.5, 4.7.6 S. 177 f.

Buchung einer Eingangsrechnung mit Vorsteuer

Trikothersteller Jako schickt an die Textildruckerei Shirt-Shop folgende Rechnung:

	50 T-Shirts Jako Cool	800,00 EUR	⟵	*Netto*
+	19 % Umsatzsteuer	152,00 EUR	⟵	*Umsatzsteuer*
=	Rechnungsbetrag	952,00 EUR	⟵	*Brutto*

Die Rechnung wird aus Sicht der Textildruckerei Shirt-Shop wie folgt gebucht:

Konto	Soll/EUR	Haben/EUR
2010 T-Shirts (Vorprodukte)	800,00	
2600 Vorsteuer	**152,00**	
an 4400 Verbindlichkeiten aus LuL		952,00

Abschluss der Konten: Ermittlung von Zahllast oder Vorsteuerüberhang

Aus der Gegenüberstellung der Salden in den Konten **2600 Vorsteuer** und **4800 Umsatzsteuer** wird ersichtlich, ob für das Unternehmen eine Zahlungsverpflichtung an das Finanzamt **(Zahllast)** entsteht, oder ob mit einer Erstattung des Finanzamtes **(Vorsteuerüberhang)** zu rechnen ist.

Hinsichtlich der Differenz zwischen Umsatzsteuer und Vorsteuer lassen sich zwei Fälle unterscheiden:

1. Fall:
Summe Vorsteuer < Summe Umsatzsteuer

Summe der in den Eingangsrechnungen ausgewiesenen **Vorsteuer**	Summe der in den Ausgangsrechnungen ausgewiesenen **Umsatzsteuer**
Zahllast	

2. Fall:
Summe Vorsteuer > Summe Umsatzsteuer

Summe der in den Eingangsrechnungen ausgewiesenen **Vorsteuer**	Summe der in den Ausgangsrechnungen ausgewiesenen **Umsatzsteuer**
	Vorsteuerüberhang

Die Salden der beiden Konten *2600 Vorsteuer* und *4800 Umsatzsteuer* werden miteinander verrechnet und im Konto *4830 Sonstige Verbindlichkeiten gegenüber Finanzbehörden* gegengebucht. Der Saldo im Konto 4830 zeigt die Höhe der Zahllast an und wird im Zuge der Überweisung an das Finanzamt „ausgebucht".

Abschluss der Konten Vorsteuer und Umsatzsteuer (Fortsetzung des Beispiels)

S	**2600 Vorsteuer**		H
ER	152,00	**(1) Saldo**	**152,00**

S	**4800 Umsatzsteuer**		H
(1) Saldo	**190,00**	AR	190,00

S	**4830 Sonstige Verbindlichkeiten gg. Finanzbehörden**		H
(2) Zahllast	**38,00**	**(1) VSt/USt**	**38,00**

(1) Abschluss Konto 2600 Vorsteuer (nach Monatsabschluss)
Abschluss Konto 4800 Umsatzsteuer (nach Monatsabschluss)

(2) Überweisung der Zahllast an das Finanzamt (bis spätestens 10. des Folgemonats)

Aufg. 4.7.7 S. 178

Konto	Soll/EUR	Haben/EUR
4800 Umsatzsteuer	190,00	
an 2600 Vorsteuer		152,00
4830 Verbindlichkeiten gg. Finanzbehörden		38,00
4830 Verbindlichkeiten gg. Finanzbehörden	38,00	
an 2800 Bank		38,00

Zusammenfassende Übersicht zu 4.7: Umsatzsteuer

Steuerpflichtige Umsätze

↓

$$\text{Umsatzsteuer} = \text{Entgelt} \cdot \frac{\text{Umsatzsteuersatz}}{100}$$

Eingangsrechnung (Einkauf) → **2600 Vorsteuer** → **Forderung**

Ausgangsrechnung (Verkauf) → **4800 Umsatzsteuer** → **Verbindlichkeit**

→ **gegenüber dem Finanzamt** ←

Fall 1: Umsatzsteuer > Vorsteuer

Umsatzsteuer – Vorsteuer = Zahllast

Fall 2: Vorsteuer > Umsatzsteuer

Vorsteuer – Umsatzsteuer = Vorsteuerüberhang

Steuerschuldner: Unternehmen (zahlt die Umsatzsteuer an das Finanzamt)
Steuerträger: Endverbraucher (zahlt die Umsatzsteuer an die Unternehmen)

Die Umsatzsteuer ist für das Unternehmen ergebnisneutral (= durchlaufender Posten).

WIEDERHOLUNG DES GRUNDWISSENS

4.7 Umsatzsteuer

1. Welche vier Voraussetzungen müssen vorliegen, damit ein Verkauf umsatzsteuerpflichtig wird?
2. Wie wird die Zahllast ermittelt?
3. Was bedeutet Wertschöpfung?
4. Wie wirkt sich die Umsatzsteuer auf das Ergebnis (Gewinn/Verlust) eines Unternehmens aus?
5. Wer zahlt die Umsatzsteuer an das Finanzamt (Steuerschuldner)?
6. Wer trägt die Umsatzsteuer (Steuerträger)?
7. Was bedeutet Vorsteuerüberhang?
8. In welchem Konto wird die von Kunden erhaltene Umsatzsteuer gebucht?
9. In welchem Konto wird die an Lieferer gezahlte Umsatzsteuer gebucht?
10. Im Kontenrahmen befinden sich die beiden Konten Vorsteuer und Umsatzsteuer in unterschiedlichen Kontenklassen. Warum sind die beiden Konten nicht in der gleichen Kontenklasse direkt untereinander angeordnet?

AUFGABEN ZUM ERWERB UND ZUR KONTROLLE VON KOMPETENZEN

4.7 Umsatzsteuer

4.7.1 Ausstellung einer Rechnung

Trikothersteller Harko GmbH aus München verkauft an eine Textildruckerei in München einen Satz Polo-Shirts zu folgenden Konditionen:

- Stückzahl: 40
- Listenpreis: .... 35,00 EUR (netto)
- Rabatt: .... 8 %
- Frachtpauschale: .... 25,00 EUR (netto)
- Zahlbar in 10 Tagen mit 2 % Skonto oder innerhalb von 30 Tagen ohne Abzug
- zzgl. gesetzliche Umsatzsteuer

1. Welchen Rechnungsbetrag wird die Harko GmbH auf der Rechnung vom 12. Januar ausweisen?
2. Welchen Zahlungseingang kann die Harko GmbH am 20. Januar erwarten? Begründen Sie Ihre Antwort.

4.7.2 Umsatzsteuer als durchlaufender Posten

Die Schülerin Ute Berger kauft sich in einem Fachgeschäft ein Rennrad für 952,00 EUR (einschließlich 19 % Umsatzsteuer). Das Fachgeschäft hat für das Rennrad im Einkauf 500,00 EUR zuzüglich 95,00 EUR Umsatzsteuer beim Hersteller bezahlt. Weisen Sie an diesem Beispiel nach, dass die Umsatzsteuer für das Fachgeschäft ein durchlaufender Posten ist und ausschließlich die Schülerin Ute Berger damit belastet wird.

4.7.3 Buchen der Umsatz- und Vorsteuer/Abschluss der Konten

PDF

1. Bilden Sie die Buchungssätze zu den nachfolgenden Geschäftsvorfällen.
2. Führen Sie die Konten 2600 Vorsteuer und 4800 Umsatzsteuer.
   Ermitteln Sie unter Angabe des Buchungssatzes die Zahllast.
3. Buchen Sie die Überweisung der Zahllast an das Finanzamt.

❶ Eingangsrechnung Nr. 50:

	Rohstoffe	2.200,00 EUR
+	19 % Umsatzsteuer	418,00 EUR
=	Rechnungsbetrag	2.618,00 EUR

❷ Ausgangsrechnung Nr. 200:

	Fertigerzeugnisse	16.000,00 EUR
+	19 % Umsatzsteuer	3.040,00 EUR
=	Rechnungsbetrag	19.040,00 EUR

❸ Kontoauszug:

Lastschrift: ER Nr. 50	2.618,00 EUR
Gutschrift: AR Nr. 200	19.040,00 EUR

❹ Ausgangsrechnung Nr. 201:

	Handelswaren	1.000,00 EUR
+	19 % Umsatzsteuer	190,00 EUR
=	Rechnungsbetrag	1.190,00 EUR

❺ Eingangsrechnung Nr. 51:

	Farbkopierer XM	1.800,00 EUR
+	19 % Umsatzsteuer	342,00 EUR
=	Rechnungsbetrag	2.142,00 EUR

❻ Kassenbeleg:

Barverkauf von Handelswaren .... (inkl. 19 % USt) 47,60 EUR

7 Kontoauszug:
Lastschrift: Miete .... 1.200,00 EUR
Gutschrift: Zinsen .... 12,00 EUR
Lastschrift: Leasingrate (inkl. 19 % USt) .... 666,40 EUR

4.7.4 Auswirkung von Geschäftsvorfällen auf Zahllast und Unternehmensergebnis

PDF

- Erstellen Sie für die Geschäftsvorfälle aus Aufgabe 4.7.3 eine Übersicht nach folgendem Muster:

	Auswirkung auf die *Zahllast* des Unternehmens		Auswirkung auf das *Ergebnis* des Unternehmens	
	Betrag	**Begründung**	**Betrag**	**Begründung**
1	– 418 EUR	Vorsteuer nimmt zu	Keine	kein Aufwands-/ Ertragskonto
2	...		...	
...	...		...	

4.7.5 Buchen von Geschäftsvorfällen mit Berücksichtigung der Umsatzsteuer

Der Aufgabentext befindet sich auf der Begleit-CD.

4.7.6 Buchen nach Belegen

Der Aufgabentext befindet sich auf der Begleit-CD.

4.7.7 Kontrolle der Umsatzsteuer – Ermittlung der Zahllast

1. Kontrollieren Sie auf der Grundlage der nachstehenden Saldenliste die Höhe der Umsatzsteuer.
2. Ermitteln Sie die Zahllast und erläutern Sie das Ergebnis.

Konto-Nr.	Kontobezeichnung	USt-Satz	Saldo
2600	Vorsteuer 19 %	–	24.800,00
4800	Umsatzsteuer 19 %	–	16.036,00
5000	Umsatzerlöse für Fertigerzeugnisse	19 %	80.000,00
5010	Umsatzerlöse für Handelswaren	19 %	2.800,00
5410	Provisionserträge	19 %	1.600,00
5710	Zinserträge	0	2.900,00

4.8 Buchungen im Zusammenhang mit Beschaffungs- und Leistungserstellungsprozessen

4.8.1 Gegenüberstellung der bestands- und aufwandsorientierten Buchungsweise

Es ist die Aufgabe von Industrieunternehmen Sachgüter herzustellen, um diese an die Kunden zu verkaufen. Die nachfolgende Abbildung zeigt den Zusammenhang der drei zentralen **Funktionsbereiche** eines Industrieunternehmens:

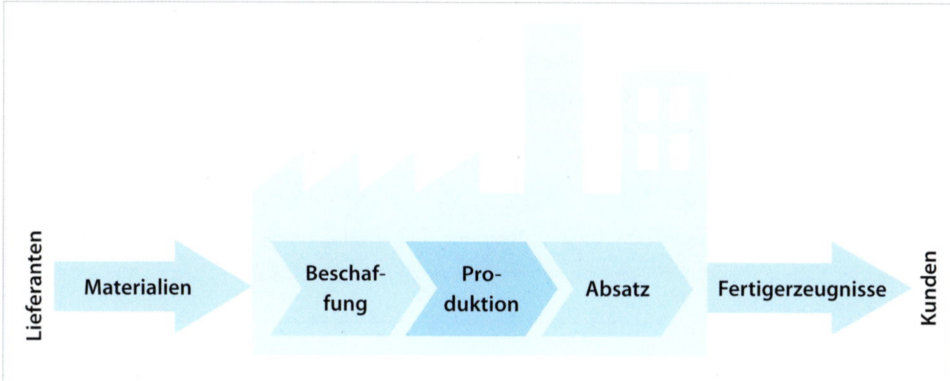

Im Rahmen des Produktionsprozesses werden die zuvor bei den Lieferanten beschafften Materialien (Roh-, Hilfs- und Betriebsstoffe) mit Hilfe menschlicher Arbeit sowie unter Einsatz von Maschinen zu Fertigerzeugnissen verarbeitet. Zur reibungslosen Abwicklung des Produktions- und Absatzprozesses ist es erforderlich, Beschaffungs- und Absatzlager zu bilden. In Abhängigkeit davon, ob die gelieferten Roh-, Hilfs- und Betriebsstoffe auf einem Bestandskonto oder auf einem Aufwandskonto erfasst werden, lassen sich die **bestandsorientierte** und die **aufwandsorientierte** Buchungsweise unterscheiden.

<table>
<tr><th></th><th>Bestandsorientierte Buchung</th><th>Aufwandsorientierte Buchung[1]</th></tr>
<tr><td>Buchung der Materialbeschaffung:
„Einkauf von Materialien bei einem Lieferer".</td><td>Erfassung des Zugangs des Materials im jeweiligen Bestandskonto im Soll</td><td rowspan="2">Erfassung des Zugangs des Materials im jeweiligen Aufwandskonto im Soll
Veränderung des Lagerbestands wird nachträglich auf der Grundlage einer Bestandsaufnahme (Inventur) festgestellt und entsprechend gebucht.</td></tr>
<tr><td>Buchung des Materialverbrauchs durch die Produktion:
„Verbrauch der Materialien".</td><td>Erfassung des Verbrauchs des Materials im jeweiligen Aufwandskonto im Soll
Erfassung des Abgangs des Materials im jeweiligen Bestandskonto im Haben</td></tr>
</table>

1 Die aufwandsorientierte Buchung wird auch als **verbrauchsorientierte Buchung** bezeichnet.

4.8.2 Einkauf von Roh-, Hilfs- und Betriebsstoffen

Bei der aufwandsorientierten Buchung wird unterstellt, dass die gelieferten Materialien zum Zeitpunkt des Zugangs durch den Produktionsprozess verbraucht werden. Aus diesem Grund werden **Materialeinkäufe** direkt auf dem entsprechenden **Materialaufwandskonto** (Aufwendungen für Roh-, Hilfs- und Betriebsstoffe) gebucht.

Der Buchungssatz bei Rechnungseingang lautet:

> **!**
> **6... Materialaufwandskonto**
> **2600 Vorsteuer an 4400 Verbindlichkeiten aus LuL.**

Materialentnahmescheine oder andere Belege, die im Zuge des Leistungserstellungsprozesses anfallen, lösen bei der aufwandsorientierten Methode keine weiteren Buchungen aus.

Buchung des Einkaufs bzw. des Verbrauchs von Rohstoffen in einer Möbelfabrik

Eine Möbelfabrik erhält von einem Lieferer folgende Eingangsrechnung (ER1):

	Tischlerplatten 100 cm x 200 cm	50 Stück zu je 10,00 EUR	500,00 EUR
+	19 % Umsatzsteuer		95,00 EUR
=	Rechnungsbetrag		595,00 EUR

Buchung der Eingangsrechnung nach der aufwandsorientierten Methode:

Konto	Soll/EUR	Haben/EUR
6000 Aufwendungen für Rohstoffe	**500,00**	
2600 Vorsteuer	95,00	
an 4400 Verbindlichkeiten aus LuL		595,00

Darstellung in Kontenform:

S 6000 Aufw. für Rohstoffe	H
ER 1 500,00	

S 2600 Vorsteuer	H
ER 1 95,00	

S 4400 Verbindlichkeiten	H
	ER 1 595,00

Das Konto *6000 Aufwendungen für Rohstoffe* weist am Ende eines Monats folgenden vorläufigen Stand aus:

S 6000 Aufwendungen für Rohstoffe			H
ER 1	500,00	Saldo	1.500,00
ER 2	520,00		
ER 3	480,00		

→ Der gebuchte Rohstoffaufwand beträgt 1.500,00 EUR.

Aufg. 4.8.1 S. 193

Weicht der tatsächliche Rohstoffverbrauch von dem als Aufwand erfassten Verbrauch ab, so zeigt sich die Abweichung in einer Veränderung des Lagerbestands. Der buchmäßige Lagerbestand wird dem tatsächlichen Lagerbestand im Rahmen einer „Korrekturbuchung" angepasst. Gleichzeitig werden die bislang gebuchten Rohstoffaufwendungen korrigiert.

Je nachdem, ob sich der auf Lager liegende Materialbestand vermehr oder vermindert hat, ergeben sich zwei unterschiedliche Buchungen:

1. Fall: Bestandsmehrung	2. Fall: Bestandsminderung
Der Lagerbestand erhöht sich, wenn das eingekaufte Material nicht vollständig in der Fertigung verbraucht wurde. Somit sind die bereits als Verbrauch gebuchten Einkäufe um die Höhe der Bestandsmehrung zu **verringern**.	Der Lagerbestand verringert sich, wenn zusätzlich zu den als Aufwand gebuchten Einkäufen Material aus Einkäufen früherer Perioden verbraucht wird. Der Verbrauch setzt sich demnach aus der Summe der Einkäufe sowie der Bestandsminderung zusammen.
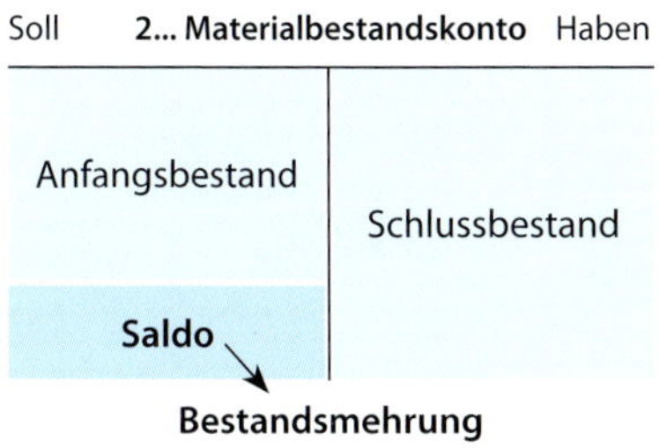	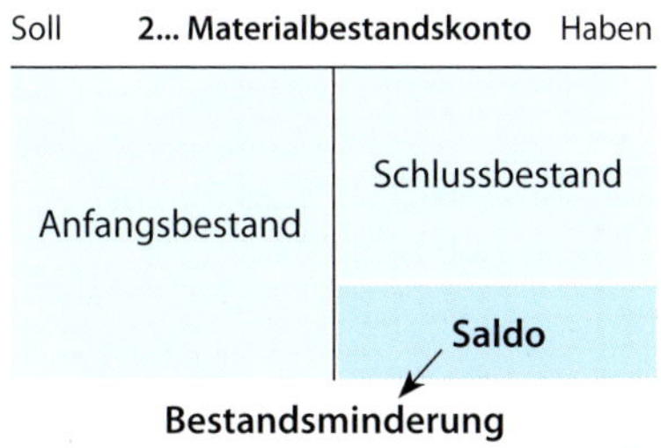
Der Buchungssatz bei einer **Bestandsmehrung** lautet: **2... Materialbestandskonto** **an 6... Materialaufwandskonto**	Der Buchungssatz bei einer **Bestandsminderung** lautet: **6... Materialaufwandskonto** **an 2... Materialbestandskonto**

Damit die Korrekturbuchungen für den Materialverbrauch vorgenommen werden können, wäre zuvor eine körperliche Bestandsaufnahme (Inventur) erforderlich. Eine körperliche Bestandsaufnahme ist jedoch sehr zeitaufwändig, weshalb bei Einsatz eines Finanzbuchhaltungsprogramms auf die automatisch durchgeführte Bestandsfortschreibung zurückgegriffen wird. Die von der EDV übermittelten **Sollbestände** bilden damit die Grundlage der üblicherweise zum Monatsende durchgeführten Korrekturbuchungen.

Abschluss des Kontos Rohstoffe in einer Möbelfabrik

(Fortsetzung des vorangegangenen Beispiels)

Einkaufspreis je Tischlerplatte: 10,00 EUR

01.01... Bestand laut Inventur .... 20 Stück	**01.01... Bestand laut Inventur .... 20 Stück**
07.01... Einkauf .... 50 Stück	07.01... Einkauf .... 50 Stück
13.01... Einkauf .... 52 Stück	13.01... Einkauf .... 52 Stück
20.01... Einkauf .... 48 Stück	20.01... Einkauf .... 48 Stück
31.01... Bestand laut Inventur .... 24 Stück	**31.01... Bestand laut Inventur .... 18 Stück**
→ **Bestandsmehrung** = 24 St. – 20 St. = **4 Stück**	→ **Bestandsminderung** = 18 St. – 20 St. = **2 Stück**
→ **Korrektur:** 4 Stück zu je 10,00 EUR = **40,00 EUR**	→ **Korrektur:** 2 Stück zu je 10,00 EUR = **20,00 EUR**

Buchung der Bestandsmehrung:

Konto	Soll	Haben
2000 Rohstoffe	40,00	
an 6000 Aufw. für Rohstoffe		40,00

Buchung der Bestandsminderung:

Konto	Soll	Haben
6000 Aufw. für Rohstoffe	20,00	
an 2000 Rohstoffe		20,00

Darstellung in Kontenform:

S	2000 Rohstoffe		H
01.01...	200,00	Saldo (Schlussbestand)	240,00
31.01...	**40,00**		
	240,00		240,00

S	6000 Aufwendungen für Rohstoffe		H
ER 1	500,00	**31.01...**	**40,00**
ER 2	520,00	**Saldo** (tatsächlicher Verbrauch)	**1.460,00**
ER 3	480,00		
	1.500,00		1.500,00

Darstellung in Kontenform:

S	2000 Rohstoffe		H
01.01...	200,00	**31.01...**	**20,00**
		Saldo (Schlussbestand)	180,00
	200,00		200,00

S	6000 Aufwendungen für Rohstoffe		H
ER 1	500,00	**Saldo** (tatsächlicher Verbrauch)	**1.520,00**
ER 2	520,00		
ER 3	480,00		
31.01...	**20,00**		
	1.520,00		1.520,00

Die **aufwandsorientierte** Buchung lässt sich wie folgt kennzeichnen:

Aufg. 4.8.2 und 4.8.3 S. 194

- einfache und arbeitssparende Buchung
- aktueller (buchmäßiger) Lagerbestand nicht per Abruf verfügbar
- arbeitsintensive Inventur ist für die Ermittlung des tatsächlichen Verbrauchs erforderlich
- Abgänge durch Schwund und Diebstahl sind im tatsächlichen Verbrauch enthalten und somit nicht erkennbar

Zusammenfassende Übersicht zu 4.8.2: Einkauf von Roh-, Hilfs- und Betriebsstoffen

Aufwandsorientierte Buchung bedeutet, dass Materialeinkäufe sofort als **Aufwand** gebucht werden

❶ **Bestandsmehrung:** Schlussbestand laut Inventur > Anfangsbestand

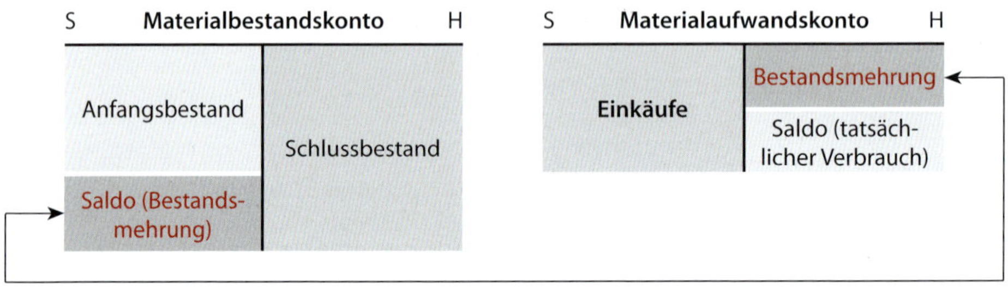

Tatsächlicher Materialverbrauch = Als Aufwand gebuchte Einkäufe – Bestandsmehrung

❷ **Bestandsminderung:** Schlussbestand laut Inventur < Anfangsbestand

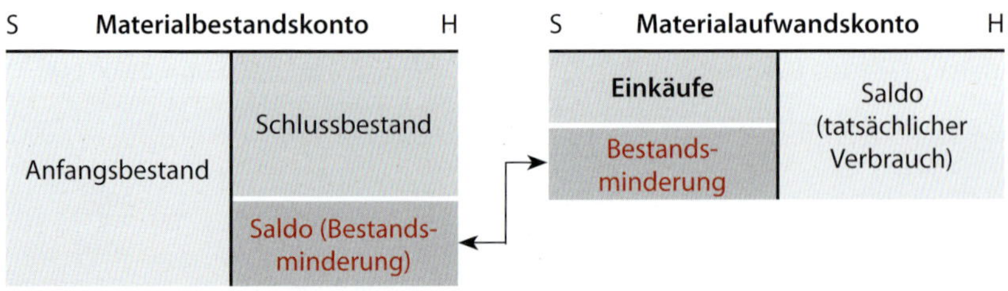

Tatsächlicher Materialverbrauch = Als Aufwand gebuchte Einkäufe + Bestandsminderung

4.8.3 Bezugskosten beim Materialeinkauf

§ 255 Abs. 1 HGB schreibt vor, dass Vermögensgegenstände in der Bilanz mit den **Anschaffungskosten** angesetzt werden müssen. Bezogen auf die Beschaffung von Materialien bedeutet dies, dass **sämtliche Bezugskosten Anschaffungsnebenkosten** darstellen. Beim Bezug von Materialien können folgende Bezugskosten anfallen:

- **Transportkosten:** Eingangsfrachten, Rollgelder, Anfuhr- und Abladekosten, Transportversicherung, Verpackungskosten, Postgebühren
- **Vermittlungsgebühren:** Einkaufsprovisionen, Einkaufskommissionen
- **Zölle/Einfuhrabgaben**

Da der Gesetzgeber die Bezugskosten als Bestandteil der Anschaffungskosten betrachtet, könnten diese – im Falle der aufwandsorientierten Methode – direkt auf dem jeweiligen Materialaufwandskonto (6000, 6020 oder 6030) gebucht werden. Für die Preiskalkulation sollte jedoch bekannt sein, wie hoch der reine **Materialwert** sowie die **Anschaffungsnebenkosten** sind. Der Kontenrahmen sieht für die Buchung der Bezugskosten entsprechende Unterkonten vor:

Materialaufwandskonto (Hauptkonto)			Bezugskostenkonto (Unterkonto)	
6000	Rohstoffe und Fremdbauteile	→	6001	Bezugskosten für Rohstoffe und Fremdbauteile
6020	Hilfsstoffe	→	6021	Bezugskosten für Hilfsstoffe
6030	Betriebsstoffe	→	6031	Bezugskosten für Betriebsstoffe

Der Buchungssatz bei Rechnungseingang lautet:

6..0	**Materialaufwandskonto**			
6..1	**Bezugskosten für Material**			
2600	**Vorsteuer**	**an**	**4400**	**Verbindlichkeiten aus LuL**

Aufg. 4.8.4 S. 194

Jedes Bezugskostenkonto ist ein **Unterkonto** des jeweiligen Materialkontos und muss deshalb im Rahmen der **vorbereitenden Abschlussbuchungen** über das entsprechende **Hauptkonto** abgeschlossen werden. Der allgemeine Buchungssatz dafür lautet:

6..0	**Materialaufwandskonto**	**an**	**6..1**	**Bezugskosten für Material**

Buchung einer Eingangsrechnung in einer Möbelfabrik mit Bezugskosten

Eine Möbelfabrik erhält von einem Lieferer folgende Eingangsrechnung (ER4):

	Nussbaum massiv lt. Lieferschein	4.900,00 EUR
+	Fracht	100,00 EUR
	Nettobetrag	5.000,00 EUR
+	19 % Umsatzsteuer	950,00 EUR
=	Rechnungsbetrag	5.950,00 EUR

Buchung nach der aufwandsorientierten Methode:

Konto	Soll/EUR	Haben/EUR
6000 Rohstoffaufwendungen	4.900,00	
6001 Bezugskosten für Rohstoffe	**100,00**	
2600 Vorsteuer	950,00	
an 4400 Verbindlichkeiten aus LuL		5.950,00

Darstellung in Kontenform:

S	6000 Rohstoffaufwend.	H
ER 4	4.900,00	

S	2600 Vorsteuer	H
ER 4	950,00	

S	4400 Verbindlichkeiten	H
		ER 4 5.950,00

S	**6001 Bezugskosten für Rohstoffe**	H
ER 4	**100,00**	

Weist dass das Konto *6001 Bezugskosten für Rohstoffe* am Ende eines Monats einen Saldo aus (z. B. 260,00 EUR), ergibt sich folgende Buchung:

Vorbereitende Abschlussbuchung des Unterkontos *6001 Bezugskosten für Rohstoffe:*

Konto	Soll/EUR	Haben/EUR
6000 Rohstoffaufwendungen	260,00	
an 6001 Bezugskosten für Rohstoffe		260,00

Nach Abschluss des Unterkontos *6001 Bezugskosten für Rohstoffe* auf das Hauptkonto *6000 Aufwendungen für Rohstoffe* ergibt sich folgendes Kontenbild:

S	6000 Aufwendungen für Rohstoffe		H
ER 4	4.900,00	**Saldo**	**12.260,00**
ER 5	3.500,00		
ER 6	3.600,00		
6001	**260,00**		
	12.260,00		12.260,00

S	6001 Bezugskosten für Rohstoffe		H
ER 4	100,00	**6000**	**260,00**
ER 5	120,00		
ER 6	40,00		
	260,00		260,00

Die Anschaffungskosten der eingekauften Rohstoffe betragen 12.260,00 EUR, wobei 260,00 EUR Bezugskosten angefallen sind.[1]

Hinweis: Ohne Berücksichtigung möglicher Bestandsveränderungen.

1 Die Führung des Kontos Bezugskosten ... als Unterkonto ist v. a. auch deshalb von Vorteil, weil sich für Zwecke der Preiskalkulation sehr einfach der Prozentanteil der Bezugskosten z. B. an den Rohstoffkosten ermitteln lässt.

!

$$\text{Bezugskosten in \%} = \frac{\text{Bezugskosten}}{\text{Rohstoffkosten}} \cdot 100 = \frac{260}{12.000,00} \cdot 100 = 2,16\,\%$$

Zusammenfassende Übersicht zu 4.8.3: Bezugskosten beim Materialeinkauf

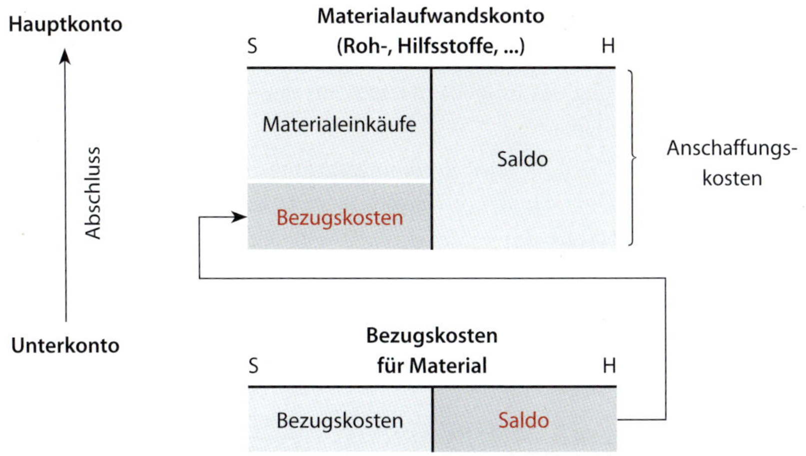

→ Bezugskosten sind Bestandteil der Anschaffungskosten der bezogenen Materialien.

4.8.4 Lierergutschriften aufgrund von Rücksendungen und Preisnachlässen: Buchungen beim Kunden

Im Zusammenhang mit der Erfüllung eines Kaufvertrages durch den Lieferer kann es zu Unregelmäßigkeiten kommen, die gegebenenfalls mit einer Gutschrift an den Kunden verbunden sind:

- Der Lieferer liefert falsche oder beschädigte Ware an. Der Kunde reklamiert, schickt die Ware zurück und erhält wegen der **Rücksendung** eine Gutschrift.
- Der Kunde behält die beschädigte Ware und bekommt einen **Preisnachlass**.
- Der Lieferer hat einen falschen Preis berechnet oder vereinbarte Rabatte nicht berücksichtigt. Der Kunde reklamiert und erhält einen nachträglichen **Preisnachlass**.

Die Gewährung einer Gutschrift durch den Lieferer löst beim Kunden Korrekturbuchungen aus:

- Gutschriften des Lieferers vermindern die Anschaffungskosten der bezogenen Werkstoffe und könnten deshalb direkt auf dem entsprechenden Materialaufwandskonto für Rohstoffe, Hilfsstoffe oder Betriebsstoffe gebucht werden. Aus Gründen der Übersichtlichkeit werden Gutschriften in gleicher Weise wie Bezugskosten auf Unterkonten (Preisnachlässe und Rücksendungen) gebucht.

Materialaufwandskonto (Hauptkonto)		Konto für Preisnachlässe und Rücksendungen (Unterkonto)
6000 Rohstoffe und Fremdbauteile	→	6002 Preisnachlässe und Rücksendungen für Rohstoffe und Fremdbauteile
6020 Hilfsstoffe	→	6022 Preisnachlässe und Rücksendungen für Hilfsstoffe
6030 Betriebsstoffe	→	6032 Preisnachlässe und Rücksendungen für Betriebsstoffe

- Die Vorschriften des Umsatzsteuergesetzes legen fest, dass die Umsatzsteuer vom Entgelt zu berechnen ist. Die Gutschrift des Lieferers führt dazu, dass das Entgelt, das der Berechnung der Umsatzsteuer in der Eingangsrechnung zugrunde gelegt wurde, verringert wird. Deswegen ist beim Kunden die ursprünglich gebuchte Vorsteuer zu hoch. Die nachträgliche Verminderung des Entgelts macht – aus der Sicht des Käufers – eine **Vorsteuerkorrektur** erforderlich.

  Im nachfolgenden Beispiel werden nach Rechnungsstellung 100,00 EUR Preisnachlass auf den Warenwert gewährt. Da die anteilige Umsatzsteuer 19,00 EUR beträgt, ergibt sich ein Gutschriftsbetrag von 119,00 EUR.

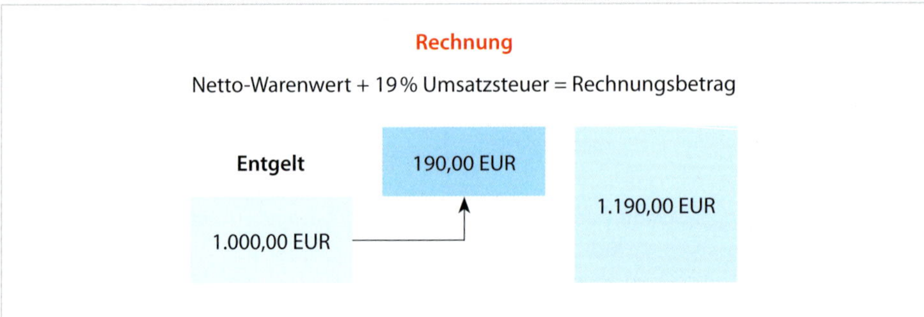

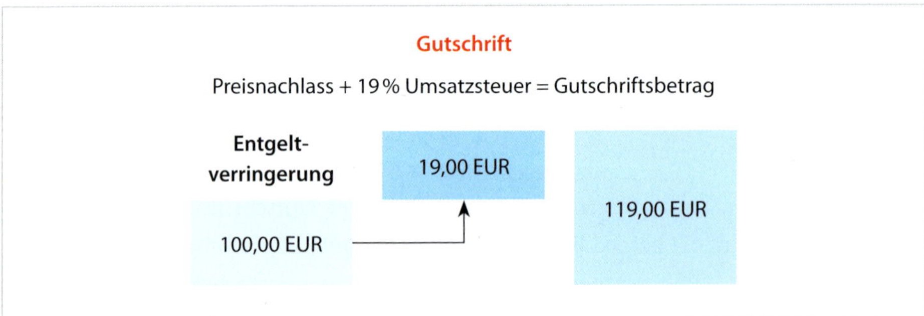

Der allgemeine Buchungssatz für eine Liefergutschrift lautet:

4400	**Verbindlichkeiten aus LuL**	**an**	**6..2**	**Preisnachlässe und Rücksendungen für Material**
			4400	**Vorsteuer**

Buchung einer Liefergutschrift in einer Kleiderfabrik (aufwandsorientiert)

❶ **Rechnungseingang** (ER 1) am 02.06…

Eine Kleiderfabrik bestellt bei einem Textilhändler 200 lfm Leinenstoff und erhält nachfolgende Rechnung:

	Leinenstoffe, 200 lfm zu je 5,00 EUR/lfm	1.000,00 EUR
+	19 % Umsatzsteuer	190,00 EUR
=	Rechnungsbetrag	1.190,00 EUR

Zahlbar bis zum 16.06... ohne Abzug

Buchung der Eingangsrechnung:

Konto	Soll/EUR	Haben/EUR
6000 Aufwendungen für Rohstoffe	1.000,00	
2600 Vorsteuer	190,00	
an 4400 Verbindlichkeiten aus LuL		1.190,00

② **Liefergutschrift** (GUL1) am 10.06…

Die Kleiderfabrik schickt 20 lfm der gelieferten Leinenstoffe wegen eines Webfehlers an den Lieferer zurück. Der Textilhändler erstellt nachfolgende Gutschrift zur Verrechnung mit der offenen Rechnung.

	Rücksendung von 20 lfm. Leinenstoff zu je 5,00 EUR/lfm wegen eines Webfehlers	100,00 EUR
+	19 % Umsatzsteuer	19,00 EUR
=	Gutschriftsbetrag zur Verrechnung	119,00 EUR

Berechnung der Vorsteuerkorrektur:

Der Netto-Warenwert hat sich um 100,00 EUR verringert. Somit verringert sich auch für den Textilhändler (Verkäufer) die anteilige Umsatzsteuer bzw. für die Kleiderfabrik (Käufer) die Vorsteuer.

→ Korrektur der Umsatz- bzw. der Vorsteuer = 100,00 EUR · 19 / 100 = 19,00 EUR

Buchung der Liefergutschrift:

Konto	Soll/EUR	Haben/EUR
4400 Verbindlichkeiten aus LuL	119,00	
an **6002 Preisnachlässe und Rücksendungen für RST**		**100,00**
2600 Vorsteuer		19,00

Darstellung in Kontenform:

S	6000 Aufw. f. Rohstoffe	H
① ER 1 1.000		
…		

S	2600 Vorsteuer	H
① ER 1 190,00		**② GUL 1 19**
…		

S	4400 Verbindlichkeiten	H
② GUL 1 119		① ER 1 1.190
		…

S	**Preisnachlässe für RST**	H
		② GUL 1 10

③ **Kontoauszug-Lastschrift: Begleichung der Liefererrechnung per Überweisung** am 16.06…

Konto	Soll/EUR	Haben/EUR
4400 Verbindlichkeiten aus LuL	1.071,00	
an 2800 Bank		1.071,00

Die Höhe des Rest-OP's lässt sich dem Konto *4400 Vbl.* entnehmen: 1.190,00 EUR – 119,00 EUR = 1.071,00 EUR.

Unter der Annahme, dass das Konto *6002 Preisnachlässe und Rücksendungen für Rohstoffe* am Ende eines Monats einen Saldo ausweist (z. B. 680,00 EUR), ergibt sich folgende Buchung:

Vorbereitende Abschlussbuchung des Unterkontos *6002 Preisnachlässe und Rücksendungen für Rohstoffe:*

Konto	Soll/EUR	Haben/EUR
6002 Preisnachlässe und Rücksendungen für Rohstoffe	680,00	
an 6000 Rohstoffaufwendungen		680,00

Nach Abschluss des Unterkontos *6002 Preisnachlässe und Rücksendungen für Rohstoffe* auf das Hauptkonto *6000 Aufwendungen für Rohstoffe* ergibt sich folgendes Kontenbild:

S 6000 Aufwendungen für Rohstoffe H

ER 1 ...	1.000,00	6002	680,00
ER 2 ...	3.500,00	**Saldo**	**7.320,00**
ER 3 ...	2.700,00		
6001	800,00		
	8.000,00		8.000,00

Die Anschaffungskosten der eingekauften Rohstoffe betragen 7.320,00 EUR.

Hinweis: Ohne Berücksichtigung möglicher Bestandsveränderungen.

S 6002 Preisnachlässe für RST H

6000	680,00	GUL1 ...	10,00
		GUL2 ...	120,00
		GUL3 ...	550,00
	680,00		680,00

Aufg. 4.8.5, 4.8.6, 4.8.7 S. 194 f.

Weist ein Lieferer bereits bei seiner Rechnungsstellung einen Rabatt aus, so liegt **keine nachträgliche Preisminderung** vor. Deswegen werden diese **Sofortrabatte** buchhalterisch nicht gesondert gebucht.

Zusammenfassende Übersicht zu 4.8.4:
Lieferantengutschriften aufgrund von Rücksendungen und Preisnachlässen

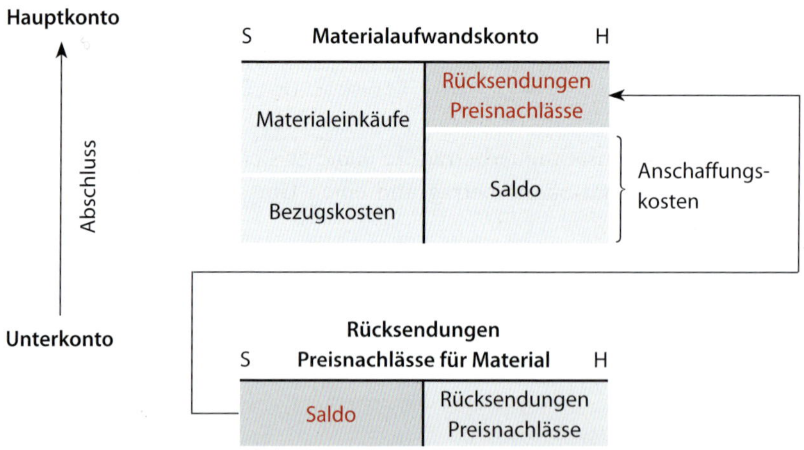

→ Nachträgliche Preisnachlässe und Rücksendungen ***vermindern*** die **Anschaffungskosten** der bezogenen Werkstoffe.

→ Eine Verminderung des umsatzsteuerpflichtigen Entgelts löst für den Käufer eine **Vorsteuerkorrektur** aus.

4.8.5 Zahlungsausgänge mit Skontoabzug (Liefererskonto)

Häufig treffen Lieferer mit ihren Kunden im Kaufvertrag eine Vereinbarung, wonach die Rechnung nicht sofort, sondern erst nach einer bestimmten Frist beglichen werden muss. Als Anreiz für eine frühzeitige Bezahlung ist der Rechnungssteller (Lieferant) in vielen Fällen bereit, seinen Kunden Skonto zu gewähren. Durch diesen Preisnachlass verringern sich für den Verkäufer die Umsatzerlöse, während der Käufer geringere Anschaffungskosten hat.

Zahlungsbedingungen mit Skontogewährung

Rechnungsstellung am	10. Juni
Rechnungsbetrag	11.900,00 EUR

Zahlbar innerhalb von 10 Tagen mit 2 % Skonto oder innerhalb von 30 Tagen ohne Abzug

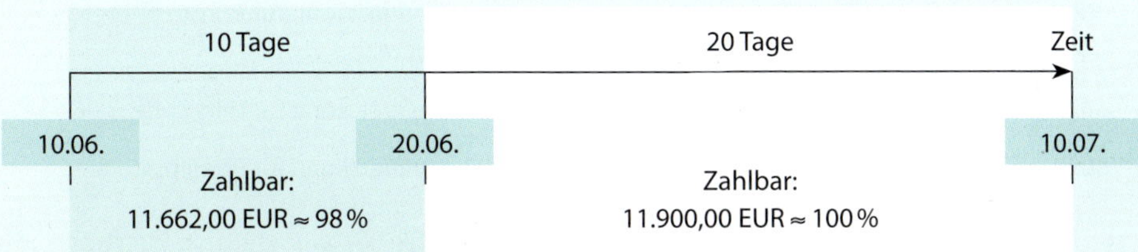

Der Kunde darf 2 % Skonto von 11.090,00 EUR = 238,00 EUR abziehen, wenn er bis spätestens 20.06. die Rechnung begleicht, also 20 Tage vor Ablauf der gesamten Zahlungsfrist.

Bei der **Buchung** des Überweisungsvorgangs ist der vorgenommene Skontoabzug zu berücksichtigen. Folgende Zusammenhänge sind hierbei aus der Sicht des Käufers zu beachten:

- Der Käufer (Schuldner) hat nach der fristgerechten Überweisung keine **Verbindlichkeiten** mehr aus dem Warengeschäft. Somit **verringern** sich die Verbindlichkeiten in *voller Höhe.*
- Das **Bankguthaben verringert** sich um die Höhe der Überweisung.
- Der Skontobetrag (als Differenz zwischen dem Rechnungs- und dem Überweisungsbetrag) bezieht sich auf den gesamten Rechnungsbetrag (brutto) und beinhaltet folglich einen anteiligen Umsatzsteuerbetrag. Es handelt sich um einen Brutto-Skontobetrag, der in einen Netto-Skontobetrag und einen Umsatzsteueranteil aufgespalten werden muss.

Aufteilung des Brutto-Skontobetrages

Die Rechnung eines Lieferers enthält u. a. folgende Vereinbarung: Bei Zahlungseingang bis spätestens 18. Juli d. J. 2 % Skonto von 11.900,00 EUR = 238,00 EUR.

Bei Begleichung der Rechnung innerhalb der Skontofrist errechnen sich Nettoskonto und die darauf entfallende Umsatzsteuer wie folgt:

119 % ≈ 238,00 EUR
100 % ≈ x

$$x = \frac{238{,}00 \text{ EUR} \cdot 100}{119} = 200{,}00 \text{ EUR}$$

Brutto-Skontobetrag **238,00 EUR**	
Netto-Skontobetrag: **200,00 EUR**	Umsatzsteuerbetrag: **38,00 EUR**

- Die Inanspruchnahme des Liefererskontos führt zu einer nachträglichen Verminderung der Anschaffungskosten, die aber nicht direkt im Materialaufwandskonto (z. B. 6000 Aufwendungen für Rohstoffe) gebucht wird, sondern aus Gründen der Übersichtlichkeit in einem weiteren Unterkonto (z. B. *6003 Liefererskonti für Rohstoffe*).

Materialaufwandskonto (Hauptkonto)			Konto für Liefererskonti (Unterkonto)	
6000	Rohstoffe und Fremdbauteile	→	6003	Liefererskonti für Rohstoffe und Fremdbauteile
6020	Hilfsstoffe	→	6023	Liefererskonti für Hilfsstoffe
6030	Betriebsstoffe	→	6033	Liefererskonti für Betriebsstoffe

- Da sich das umsatzsteuerpflichtige Entgelt vermindert, ist aus Sicht des Käufers eine **Vorsteuerkorrektur** durchzuführen.

Der Buchungssatz für Zahlungsausgänge unter Abzug von Skonto lautet:

4400	**Verbindlichkeiten aus LuL**	**an**	**2800**	**Bank**
			6..3	**Liefererskonti für Material**
			2600	**Vorsteuer**

Buchung von Liefererskonti bei einem Spielwarenhersteller (aufwandsorientiert)

① **Rechnungseingang** (ER20) am 10.06...

Ein Spielwarenhersteller bestellt für die Herstellung von Gummibällen bei einem Rohstoffhändler Kautschuk.

	Kautschuk, 200 kg zu je 50 EUR/kg	10.000,00 EUR
+	19 % Umsatzsteuer	1.900,00 EUR
=	Rechnungsbetrag	11.900,00 EUR

Zahlbar in 10 Tagen mit 2 % Skonto oder innerhalb von 30 Tagen ohne Abzug

Buchung der Eingangsrechnung:

Konto	Soll/EUR	Haben/EUR
6000 Rohstoffaufwendungen	10.000,00	
2600 Vorsteuer	1.900,00	
an 4400 Verbindlichkeiten aus LuL		11.900,00

② **Kontoauszug-Lastschrift** (KA5):
Begleichung der Rechnung unter Abzug von 2 % Skonto am 20.06...

Der Spielwarenhersteller begleicht die Rechnung fristgerecht per Überweisung.

Überweisungsbetrag = 11.900,00 EUR · 0,98 = 11.662,00 EUR

Zahlungsbedingungen mit Skontogewährung

Konto	Soll/EUR	Haben/EUR
4400 Verbindlichkeiten aus LuL	11.900,00	
an 2800 Bank		11.662,00
6003 Liefererskonti für Rohstoffe		200,00
2600 Vorsteuer		38,00

Nebenrechnungen:				
Brutto-Skontobetrag	=	11.900,00 EUR · 0,02	=	238,00 EUR
Netto-Skontobetrag	=	238,00 EUR / 119 · 100	=	200,00 EUR
Vorsteuerkorrektur	=	238,00 EUR – 200,00 EUR	=	38,00 EUR

Darstellung in Kontenform:

S	6000 Aufw. f. Rohstoffe	H
❶ ER.20 10.000		

S	2600 Vorsteuer	H
❶ ER.20 1.900		❷ KA 5 38

S	4400 Verbindlichkeiten	H
❷ KA 5 11.900		❶ ER.20 11.900

S	6003 Liefererskonti für Rohstoffe	H
		❷ KA 5 200

S	2800 Bank	H
AB ...		❷ KA 5 11.662

Weist das Konto *6003 Liefererskonti für Rohstoffe* am Ende eines Monats einen Saldo auf (z. B. 640,00 EUR), ergibt sich folgende Buchung:

Vorbereitende Abschlussbuchung des Unterkontos *6003 Liefererskonti für Rohstoffe:*

Konto	Soll/EUR	Haben/EUR
6003 Liefererskonti für Rohstoffe	640,00	
an 6000 Aufwendungen für Rohstoffe		640,00

Nach Abschluss des Unterkontos *6003 Liefererskonti für Rohstoffe* auf das Hauptkonto *6000 Aufwendungen für Rohstoffe* ergibt sich folgendes Kontenbild.

S	6000 Aufwendungen für Rohstoffe		H
ER 20 ...	10.000,00	6002 ...	1.800,00
ER 21 ...	6.500,00	6003	640,00
ER 22 ...	9.500,00	**Saldo**	**23.560,00**
6001 ...	500,00		
	26.000,00		26.000,00

Die Anschaffungskosten der eingekauften Rohstoffe betragen unter Berücksichtigung der Bezugskosten, der Preisnachlässe und den gewährten Liefererskonti 23.560,00 EUR.

S	6003 Liefererskonti für RST		H
6000	640,00	KA5 ...	200,00
		KA10 ...	180,00
		KA18 ...	190,00
		KA24 ...	70,00
	640,00		640,00

Aufg. 4.8.8 S. 195

Zusammenfassende Übersicht zu 4.8.5: Zahlungsausgänge mit Skontoabzug (Liefererskonto)

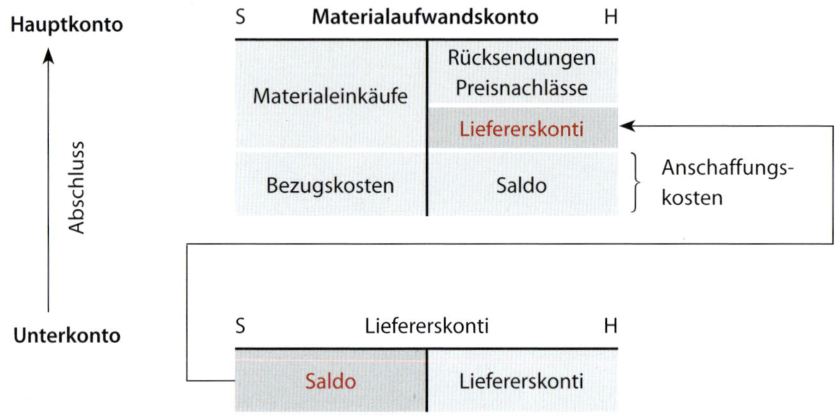

→ Liefererskonti ***vermindern*** die **Anschaffungskosten** der bezogenen Werkstoffe und werden gesondert auf Unterkonten gebucht.

→ Eine Verminderung des umsatzsteuerpflichtigen Entgelts löst für den Käufer eine **Vorsteuerkorrektur** aus.

Zusammenfassende Übersicht zu 4.8: Buchungen im Zusammenhang mit Beschaffungs- und Leistungserstellungsprozessen *(am Beispiel „Rohstoffe")*

Buchung einer Eingangsrechnung:

6000	**Aufwendungen für Rohstoffe**			
2600	**Vorsteuer**	**an**	**4400**	**Verbindlichkeiten aus LuL**

Buchung einer Eingangsrechnung, die zusätzlich Bezugskosten ausweist:

6000	**Aufwendungen für Rohstoffe**			
6001	**Bezugskosten für Rohstoffe**			
2600	**Vorsteuer**	**an**	**4400**	**Verbindlichkeiten aus LuL**

Buchung einer Lieferergutschrift aufgrund von Rücksendungen und Preisnachlässen:

4400	**Verbindlichkeiten aus LuL**	**an**	**6002**	**Preisnachlässe und Rücksendungen für Rohstoffe**
			2600	**Vorsteuer**

Aufg. 4.8.9 bis 4.8.11 S. 195

Buchung für Zahlungsausgänge unter Abzug von Skonto (Liefererskonti):

4400	**Verbindlichkeiten aus LuL**	**an**	**2800**	**Bank**
			6003	**Liefererskonti für Rohstoffe**
			2600	**Vorsteuer**

WIEDERHOLUNG DES GRUNDWISSENS

4.8 Buchungen im Zusammenhang mit Beschaffungs- und Leistungserstellungsprozessen

1. In welcher Kontenklasse werden Materialeinkäufe nach der bestandsorientierten bzw. nach der aufwandsorientierten Methode gebucht?
2. Welche Vorteile hat die aufwandsorientierte Buchung gegenüber der bestandsorientierten Buchung?
3. Auf welchem Konto wird der Einkauf von Rohstoffen sowie von Betriebsstoffen gebucht?
4. Weshalb müssen Bestandsveränderungen zur Ermittlung des tatsächlichen Materialaufwandes berücksichtigt werden?
5. Weshalb ist bei einer Bestandsmehrung der bislang gebuchte Verbrauch zu verringern?
6. Nennen Sie drei Beispiele für Bezugskosten.
7. In welchem Konto werden Bezugskosten gebucht, die beim Einkauf von Rohstoffen anfallen?
8. Warum werden Unterkonten eingerichtet und wie werden diese abgeschlossen?
9. Nennen Sie zwei Fälle, die eine Lieferergutschrift auslösen können.
10. Welche Auswirkung hat eine Lieferergutschrift auf die Umsatzsteuer?
11. In welchen Konten wird eine Lieferergutschrift gebucht, wenn Hilfsstoffe zurückgeschickt wurden?
12. Warum gewährt ein Lieferer Skonto?
13. Welche Auswirkung hat der Skontoabzug auf die Anschaffungskosten?
14. In welchen Konten wird eine Überweisung unter Abzug von Skonto gebucht, wenn zuvor Rohstoffe eingekauft wurden?

AUFGABEN ZUM ERWERB UND ZUR KONTROLLE VON KOMPETENZEN

4.8 Buchungen im Zusammenhang mit Beschaffungs- und Leistungserstellungsprozessen

4.8.1 Beschaffungsvorgänge in einer Fahrradfabrik buchen

Die Fahrradfabrik Bike GmbH bestellt für einen bereits vorliegenden Großauftrag verschiedene Materialien. Bilden Sie die Buchungssätze für die beiden Eingangsrechnungen sowie die fristgerechte Überweisung (Aufwandsorientierte Buchung).

Beleg 1

1.000 Fahrradbirnen zu je 0,40 EUR	400,00 EUR
+ 19 % Umsatzsteuer	76,00 EUR
= Rechnungsbetrag	476,00 EUR

Zahlbar innerhalb von 4 Wochen ohne Abzug

Beleg 2

Stahlrohr laut LS 23	8.000,00 EUR
+ Fracht	300,00 EUR
= Nettobetrag	8.300,00 EUR
+ 19 % Umsatzsteuer	1.577,00 EUR
= Rechnungsbetrag	9.877,00 EUR

Zahlbar innerhalb von 3 Wochen ohne Abzug

4.8.2 Aufwandsorientierte Buchung (Fall einer Bestandsmehrung)

In einem Automobilwerk liegen für Scheibenwischer folgende Angaben vor:

AB	900 Stück	
Einkauf (ER 25)	2.500 Stück	5.000,00 EUR zzgl. 19 % USt
SB	920 Stück	

1. Wie viele Scheibenwischer wurden im laufenden Monat verbraucht? Begründen Sie Ihre Antwort.
2. Führen Sie bei einem Einstandspreis von 2,00 EUR je Stück die beiden Konten *200 Fremdbauteile* sowie *600 Aufwendungen für Fremdbauteile.*
3. Bilden Sie den Buchungssatz zu ER 25.
4. Schließen Sie die beiden Konten 200/600 unter Angabe der Buchungssätze ab.
5. Angenommen, der Bestand an Scheibenwischer würde sich in den nächsten Monaten ständig erhöhen. Erläutern Sie eine mögliche Ursache sowie mögliche Folgen für das Automobilwerk.

4.8.3 Aufwandsorientierte Buchung (Fall einer Bestandsminderung)

In einer Solaranlagenfabrik liegen für Schmierstoffe folgende Angaben vor:

AB	8 Liter	
Einkauf (ER 30)	40 Liter	400,00 EUR zzgl. 19 % USt
SB	5 Liter	

1. Wie viel Liter Schmierstoffe wurden im laufenden Monat verbraucht? Begründen Sie Ihre Antwort.
2. Führen Sie bei einem Einstandspreis von 10,00 EUR je Liter die beiden Konten *203 Betriebsstoffe* sowie *603 Aufwendungen für Betriebsstoffe.*
3. Bilden Sie den Buchungssatz zu ER 30.
4. Schließen Sie die beiden Konten 203/603 unter Angabe der Buchungssätze ab.

4.8.4 Bezugskosten verteilen und buchen

Nachstehende Eingangsrechnung ist gegeben:

1. Verteilen Sie die Bezugskosten auf die Hilfs- bzw. Betriebsstoffe. Bestimmen Sie selbst eine Verteilungsgrundlage.
2. Bilden Sie den Buchungssatz.

Hilfsstoffe: 20 kg	600,00 EUR
+ Betriebsstoffe: 30 kg	400,00 EUR
+ Fracht für 50 kg	100,00 EUR
= Nettobetrag	1.100,00 EUR
+ 19 % Umsatzsteuer	209,00 EUR
= Rechnungsbetrag	1.309,00 EUR

4.8.5 Preisnachlässe buchen

Ein Rohstofflieferer hat bei der Rechnungsstellung nicht 5 % sondern 2 % Rabatt gewährt.
Nach unserer Reklamation erhalten wir folgende Gutschrift:

3 % von 3.800,00 EUR	114,00 EUR
+ 19 % Umsatzsteuer	21,66 EUR
= Gutschrift zur Verrechnung	135,66 EUR

1. Bilden Sie den Buchungssatz für die Gutschrift.
2. Wie verändert die Buchung die Zahllast des Unternehmens? Begründen Sie Ihre Antwort.

4.8.6 Rücksendung in einer Ölmühle buchen

Eine Ölmühle schickt einem Lieferer verdorbene Sonnenblumenkerne zum Nettowert von 1.400,00 EUR zurück.

1. Erstellen Sie die Gutschrift des Lieferers.
2. Begründen Sie, weshalb auch bei einer Gutschrift Umsatzsteuer berechnet wird.
3. Bilden Sie den Buchungssatz für die Gutschrift.
4. Welche Auswirkung hat die Buchung der Gutschrift auf die Zahllast der Ölmühle?

4.8.7 Eingangsrechnung, Gutschrift und Überweisung in einer Möbelfabrik buchen

Eine Möbelfabrik bestellt bei einem Großhändler Schrauben und Nägel und erhält nachfolgende Rechnung:		Laut Wareneingangskontrolle wurden einige Pakete Schrauben falsch geliefert. Nach unserer Reklamation erhalten wir folgende Gutschrift:	
Schrauben lt. Lieferschein	320,00 EUR	Schrauben lt. Retourschein	80,00 EUR
+ Nägel lt. Lieferschein	160,00 EUR	+ 19 % Umsatzsteuer	15,20 EUR
+ Zustellung	30,00 EUR	= Gutschrift zur Verrechnung	95,20 EUR
= Nettobetrag	510,00 EUR		
+ 19 % Umsatzsteuer	96,90 EUR		
= Rechnungsbetrag	606,90 EUR		

Führen Sie für die nachfolgenden Teilaufgaben alle betroffenen T-Konten.

1. Bilden Sie den Buchungssatz für den Rechnungseingang am 10.02.
2. Bilden Sie den Buchungssatz für die Lieferergutschrift am 20.02.
3. Bilden Sie den Buchungssatz für die Überweisung am 10.03. ohne weiteren Abzug.

4.8.8 Liefererskonto buchen

Eine Kleiderfabrik erhält von seinem Stofflieferanten folgende Rechnung:

80 lfd. m Oberstoffe	2.500,00 EUR
+ 19 % Umsatzsteuer	475,00 EUR
= Rechnungsbetrag	2.975,00 EUR
zahlbar in 10 Tagen mit 2 % Skonto oder 30 Tagen ohne Abzug	

1. Bilden Sie den Buchungssatz für den Rechnungseingang
2. Bilden Sie den Buchungssatz für die Banküberweisung, wenn die Rechnung unter Einhaltung der Skontierungsfrist bezahlt wird.

4.8.9 Zahlungsbedingungen mit Skontogewährung

Am 10. Oktober erhält die Droll GmbH von einem Rohstofflieferanten eine Rechnung in Höhe von 6.300,00 EUR zuzüglich 19 % USt mit folgenden Zahlungskonditionen:

„zahlbar in 15 Tagen mit 3 % Skonto oder 40 Tagen ohne Abzug".

1. Bis zu welchem Zeitpunkt muss die Droll GmbH spätestens bezahlen?
   Buchen Sie die Begleichung der Rechnung per Überweisung.
2. Bis zu welchem Zeitpunkt und welchen Betrag muss die Droll GmbH bezahlen, wenn der Skontoabzug in Anspruch genommen werden soll? Buchen Sie die Begleichung der Rechnung per Überweisung.

4.8.10 Eingangsrechnung und Liefererskonto buchen

Der Aufgabentext befindet sich auf der Begleit-CD.

4.8.11 Belege in einer Fahrradfabrik buchen/Materialaufwendungen ermitteln

Der Aufgabentext befindet sich auf der Begleit-CD.

4.9 Buchungen im Zusammenhang mit Auftragsbearbeitungsprozessen

4.9.1 Verkauf von Erzeugnissen

Durch den **Verkauf** werden die im Rahmen des Leistungsprozesses (Produktion) hergestellten Erzeugnisse verwertet. Der Verkauf wird als Umsatzerlös (Ertrag) gebucht.

> **!** **Beim Verkauf von Erzeugnissen wird der damit einhergehende Ertrag auf der Basis der Ausgangsrechnung auf dem Konto *5000 Umsatzerlöse für Erzeugnisse* gebucht.**

Neben fertigen Erzeugnissen werden auch unfertige Erzeugnisse, Handelswaren und sonstige Nebenprodukte auf den Absatzmärkten verkauft. Aus Gründen der Übersichtlichkeit werden mehrere Erlöskonten geführt. Die Kontenbezeichnung **Umsatzerlöse** wird immer dann verwendet, wenn ein **umsatzsteuerpflichtiger** Vorgang vorliegt.

Erlöskonten	
5000	Umsatzerlöse für Erzeugnisse und Leistungen
5010	Umsatzerlöse für Handelswaren
5020	Sonstige Umsatzerlöse

> **!** **Der Buchungssatz für den Verkauf von Erzeugnissen an einen Kunden auf Rechnung lautet:**

2400	Forderungen aus LuL	an	5000 Umsatzerlöse für Erzeugnisse
			4800 Umsatzsteuer

Buchungen in einer Textildruckerei beim Verkauf von Erzeugnissen an einen Kunden

❶ Lieferung der bedruckten T-Shirts an den TV Leimen am 02.04...
Rechnung Nr. 110 an den Kunden am 04.04... .... 3.000,00 EUR zzgl. USt
Zahlbar innerhalb von 10 Tagen ohne Abzug

❷ Kontoauszug – Gutschrift am 12.04...: TV Leimen AR 110 .... 3.570,00 EUR

Aufg. 4.9.1 S. 206

	Konto	Soll/EUR	Haben/EUR
❶	2400 Forderungen aus LuL	3.570,00	
	an 5000 Umsatzerlöse für Erzeugnisse		3.000,00
	4800 Umsatzsteuer		570,00
❷	2800 Bank	3.570,00	
	an 2400 Forderungen aus LuL		3.570,00

S	2400 Forderungen aus LuL		H
❶	3.570,00	❷	3.570,00

S	5000 Umsatzerlöse f. Erzeugnisse		H
		❶	3.000,00

S	2800 Bank		H
❷	3.570,00		

S	4800 Umsatzsteuer		H
		❶	570,00

4.9.2 Gesamtzusammenhang: Einkauf und Verbrauch von Materialien – Herstellung und Verkauf von Erzeugnissen

Geschäftsvorfälle: Einkauf und Verbrauch von Materialien – Herstellung und Verkauf von Erzeugnissen

❶ Bareinkauf von 80 T-Shirts für den Auftrag des TV Leimen .... 800,00 EUR zzgl. USt

❷ Bareinkauf von 4 Liter Farbe für den Auftrag des TV Leimen .... 20,00 EUR zzgl. USt

❸ Die 80 T-Shirts werden mit Farbe bedruckt. Die eingekaufte Farbe wird vollständig verbraucht.

❹ Für den Auftrag fallen Löhne an in Höhe von .... 600,00 EUR
Die Löhne werden am 28.03... überwiesen.

❺ Lieferung der bedruckten T-Shirts an den TV Leimen am 02.04...
Rechnung Nr. 110 an den Kunden am 04.04... .... 3.000,00 EUR zzgl. USt
Zahlbar innerhalb von 10 Tagen ohne Abzug

❻ Kontoauszug – Gutschrift am 12.04...: TV Leimen AR 110 .... 3.570,00 EUR

	Konto	Soll/EUR	Haben/EUR
❶	2010 Vorprodukte	800,00	
	2600 Vorsteuer	152,00	
	an 2820 Kasse		952,00
❷	2020 Hilfsstoffe	20,00	
	2600 Vorsteuer	3,80	
	an 2820 Kasse		23,80
❸	**6010 Aufwendungen für Vorprodukte**	800,00	
	an 2010 Vorprodukte		800,00
	6020 Aufwendungen für Hilfsstoffe	20,00	
	an 2020 Hilfsstoffe		20,00
❹	**6200 Löhne**	600,00	
	an 2800 Bank		600,00
❺	2400 Forderungen aus LuL	3.570,00	
	an **5000 Umsatzerlöse für Erzeugnisse**		3.000,00
	4800 Umsatzsteuer		570,00
❻	2800 Bank	3.570,00	
	an 2400 Forderungen aus LuL		3.570,00

Darstellung im Kontensystem (mit Abschluss der Ergebniskonten)

S **2010 Vorprodukte** H

S		H	
❶	800,00	❸	800,00

S **2800 Bank** H

S		H	
AB	....	❹	600,00
❻	3.570,00		

S	2020 Hilfsstoffe		H
②	20,00	③	20,00

S	2820 Kasse		H
AB	....	①	952,00
		②	23,80

S	2400 Forderungen aus LuL		H
AB	....	⑥	3.570,00
⑤	3.570,00		

S	2600 Vorsteuer		H
①	152,00		
②	3,80		

S	6010 Aufwendungen für Vorprodukte		H
③	800,00	***8020***	**800,00**
			Saldo

S	4800 Umsatzsteuer		H
		⑤	570,00

S	6020 Aufwendungen für Hilfsstoffe		H
③	20,00	***8020***	**20,00**
			Saldo

S	6200 Löhne		H
④	600,00	***8020***	**600,00**
			Saldo

S	5000 Umsatzerlöse für Erzeugnisse		H
8020	**3.000,00**	⑤	3.000,00
	Saldo		

S	8020 GuV-Konto		H
Aufwendungen Vorprodukte	800,00	Umsatzerlöse Erzeugnisse	3.000,00
Aufwendungen Hilfsstoffe	20,00	....	
Löhne	600,00	....	
....			

Zusammenfassende Übersicht zu 4.9.2: Gesamtzusammenhang: Einkauf und Verbrauch von Materialien – Herstellung und Verkauf von Erzeugnissen

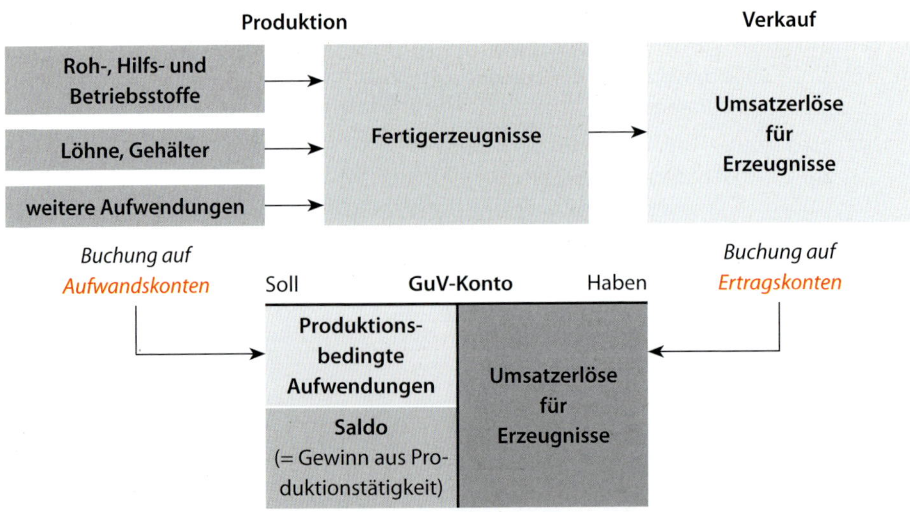

4.9.3 Kundengutschriften aufgrund von Rücksendungen und Preisnachlässen: Buchungen beim Lieferer

In gleicher Weise wie beim Kunden lösen Preisnachlässe und Gutschriften aufgrund von Rücksendungen auch beim Lieferer entsprechende Buchungen aus.

Für die **Buchung von Gutschriften an Kunden** sind aus der Sicht des Lieferers die beiden nachfolgenden Zusammenhänge von Bedeutung:

- Gutschriften an Kunden vermindern beim Lieferer die Umsatzerlöse und könnten deshalb direkt auf den entsprechenden Erlöskonten gebucht werden. Aus Gründen der Übersichtlichkeit werden Kundengutschriften jedoch auf Unterkonten (Preisnachlässe und Rücksendungen) gebucht.

Erlöskonto (Hauptkonto)			Konto für Preisnachlässe und Rücksendungen (Unterkonto)	
5000	Umsatzerlöse Fertigerzeugnisse	→	5001	Preisnachlässe und Rücksendungen
5020	Umsatzerlöse Handelswaren	→	5021	Preisnachlässe und Rücksendungen
5030	Sonstige Umsatzerlöse	→	5031	Preisnachlässe und Rücksendungen

- Die Vorschriften des Umsatzsteuergesetzes bestimmen, dass die Umsatzsteuer vom **Entgelt** zu berechnen ist. Eine Kundengutschrift bewirkt, dass das Entgelt, das der Berechnung der Umsatzsteuer in der Eingangsrechnung zugrunde gelegt wurde, verringert wird. Deswegen ist die ursprünglich gebuchte Umsatzsteuer zu hoch. Die nachträgliche Verminderung des Entgelts macht – aus der Sicht des Lieferers – eine **Umsatzsteuerkorrektur** erforderlich.

  Im nachfolgenden Beispiel werden nach Rechnungsstellung 100,00 EUR Preisnachlass auf den Warenwert gewährt. Da die anteilige Umsatzsteuer 19,00 EUR beträgt, ergibt sich ein Gutschriftsbetrag von 119,00 EUR.

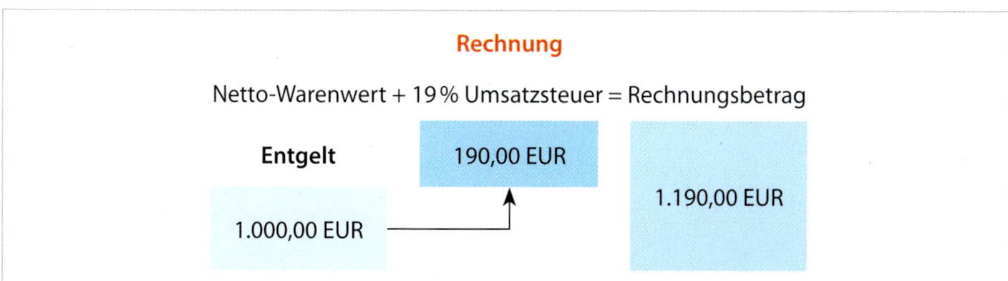

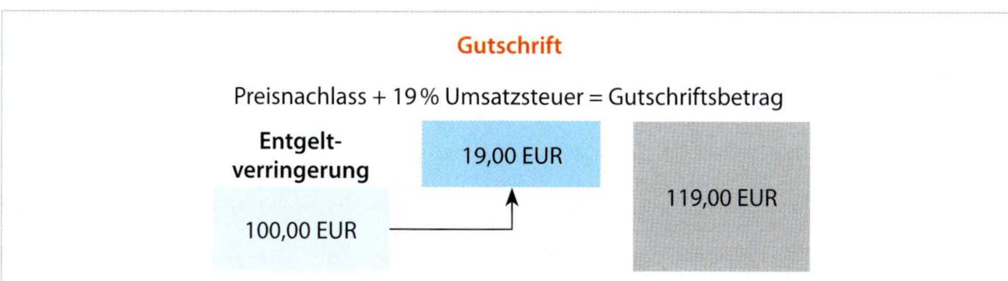

Der Buchungssatz für die Gutschrift an einen Kunden lautet:

> **!** **5001 Preisnachlässe und Rücksendungen**
> **4800 Umsatzsteuer** **an 2400 Forderungen aus LuL**

Buchung einer Kundengutschrift in einer Weberei:

Aufg. 4.9.2 S. 206

❶ **Rechnungsausgang** (AR1) am 02.06…

Eine Weberei verkauft an eine Kleiderfabrik 200 lfm Leinenstoff.

	Leinenstoffe, 200 lfm zu je 5,00 EUR/lfm	1.000,00 EUR
+	19 % Umsatzsteuer	190,00 EUR
=	Rechnungsbetrag	1.190,00 EUR

Zahlbar bis zum 16.06… ohne Abzug

Buchung der Ausgangsrechnung bei der Weberei:

Konto	Soll/EUR	Haben/EUR
2400 Forderungen aus LuL	1.190,00	
an 5000 Umsatzerlöse Fertigerzeugnisse		1.000,00
4800 Umsatzsteuer		190,00

❷ **Kundengutschrift** (GUK1) am 10.06…

Die Kleiderfabrik schickt 20 lfm der gelieferten Leinenstoffe wegen eines Webfehlers an die Weberei zurück. Die Weberei erstellt nachfolgende Gutschrift zur Verrechnung mit der offenen Rechnung.

	Rücksendung von 20 lfm Leinenstoff zu je 5,00 EUR/lfm wegen eines Webfehlers	100,00 EUR
+	19 % Umsatzsteuer	19,00 EUR
=	Gutschriftsbetrag zur Verrechnung	119,00 EUR

Buchung der Kundengutschrift:

Konto	Soll/EUR	Haben/EUR
5001 Preisnachlässe und Rücksendungen	**100,00**	
4800 Umsatzsteuer	19,00	
an 2400 Forderungen aus LuL		119,00

Darstellung in Kontenform:

S	5000 Umsatzerlöse	H
	❶ AR 1	1000

S	4800 Umsatzsteuer		H
❷ GUK 1	19	❶ AR 1	190

S	2400 Forderungen		H
❶ AR 1	1.190	❷ GUK 1	119

S	**5001 Preisnachlässe und Rücksendungen**	H
❷ GUK 1	100	

③ **Kontoauszug-Gutschrift (KA5):**
Der Kunde begleicht die Rechnung per Überweisung am 16.06...

Konto	Soll/EUR	Haben/EUR
2800 Bank	1.071,00	
an 2400 Forderungen		1.071,00

Weist dass das Konto *5001 Preisnachlässe und Rücksendungen* am Ende eines Monats einen Saldo aus (z. B. 800,00 EUR), ergibt sich folgende Buchung:

Vorbereitende Abschlussbuchung des Unterkontos *5001 Preisnachlässe und Rücksendungen:*

Konto	Soll/EUR	Haben/EUR
5000 Umsatzerlöse Fertigerzeugnisse	800,00	
an 5001 Preisnachlässe und Rücksendungen		800,00

Nach Abschluss des Unterkontos *5001 Preisnachlässe und Rücksendungen* auf das Hauptkonto *5000 Umsatzerlöse Fertigerzeugnisse* ergibt sich folgendes Kontenbild.

Aufg. 4.9.2
S. 206

S	5000 Umsatzerlöse Fertigerzeugnisse		H
5001	800,00	AR 1 ...	1.000,00
Saldo	**9.200,00**	AR 2 ...	4.200,00
		AR 3 ...	3.300,00
		AR 4 ...	1.500,00
	10.000,00		10.000,00

Die Umsatzerlöse der verkauften Fertigerzeugnisse betragen unter Berücksichtigung der gewährten Preisnachlässe 9.200,00 EUR.

S	5001 Preisnachlässe/Rücksendungen		H
GUK 1 ...	10,00	5000	800,00
GUK 2 ...	500,00		
GUK 3 ...	290,00		
	800,00		800,00

Wird einem Kunden bereits bei der Rechnungsstellung ein Rabatt gewährt, so liegt **keine nachträgliche Preisminderung** vor. Deswegen werden **Sofortrabatte** buchhalterisch nicht gesondert gebucht.

Zusammenfassende Übersicht zu 4.9.3:
Kundengutschriften aufgrund von Rücksendungen und Preisnachlässen

Aufg. 4.9.3
S. 206

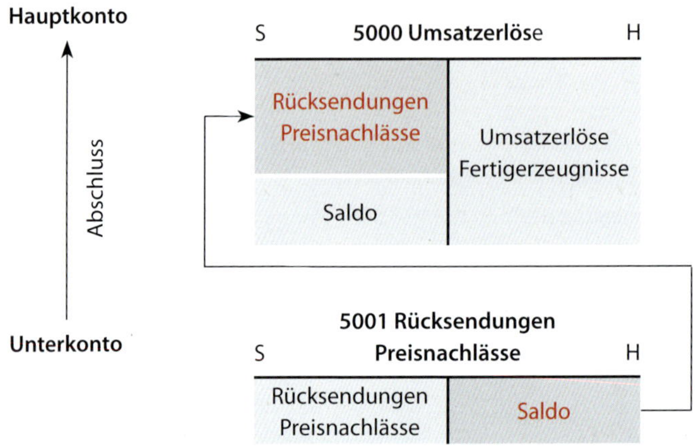

→ Nachträgliche Preisnachlässe und Rücksendungen ***vermindern*** die **Umsatzerlöse** der verkauften Erzeugnisse.

→ Eine Verminderung des umsatzsteuerpflichtigen Entgelts löst für den Verkäufer eine **Umsatzsteuerkorrektur** aus.

4.9.4 Zahlungseingänge mit Skontoabzug (Kundenskonto)

Bei der Abwicklung von Handelsgeschäften gewährt der Lieferer seinen Kunden häufig eine **Zahlungsfrist**. Als Zahlungsanreiz für eine frühzeitige Zahlung ist der Rechnungssteller (Lieferer) in vielen Fällen bereit, seinen Kunden einen Nachlass in Form von Skonto zu gewähren. Durch diesen nachträglichen Preisnachlass verringern sich für den Verkäufer die Umsatzerlöse, während der Käufer geringere Anschaffungskosten hat.

Bei der **Buchung** der Überweisung bei Skontoabzug sind folgende Zusammenhänge von Bedeutung:

- Der Lieferer hat nach der fristgerechten Überweisung keinen offenen Posten mehr aus dem Warengeschäft. Somit **verringern** sich seine **Forderungen** in *voller Höhe*.
- Das **Bankguthaben erhöht** sich um die Höhe des Überweisungsbetrags.
- Der Skontobetrag bezieht sich auf den gesamten Rechnungsbetrag (brutto) und beinhaltet folglich einen anteiligen Umsatzsteuerbetrag. Die nachfolgende Abbildung zeigt die Aufteilung bei einem Rechnungsbetrag von 2.380,00 EUR und einem Skontoabzug in Höhe von 3 %.
- Die Inanspruchnahme des Kundenskontos führt zu einer nachträglichen Verminderung der Umsatzerlöse, die aber nicht direkt im Erlöskonto gebucht wird, sondern aus Gründen der Übersichtlichkeit in einem Unterkonto.

Netto-Rechnungsbetrag 2.000,00 EUR	**Umsatzsteuer** 380,00 EUR
Brutto-Skontobetrag 3 % von 2.380,00 EUR = 71,40 EUR Netto-Skontobetrag 60,00 EUR	11,40 EUR

	Erlöskonto (Hauptkonto)			Konto für Kundenskonti (Unterkonto)
5000	Umsatzerlöse Fertigerzeugnisse	→	5002	Kundenskonti

- Da sich das umsatzsteuerpflichtige Entgelt vermindert, ist aus Sicht des Verkäufers eine **Umsatzsteuerkorrektur** durchzuführen.

Der Buchungssatz für Zahlungseingänge unter Abzug von Skonto lautet:

!
2800 Bank
5002 Kundenskonti
4800 Umsatzsteuer an 2400 Verbindlichkeiten aus LuL

Buchung von Kundenskonti bei einem Spielwarenhersteller:

Aufg. 4.9.4 S. 207

❶ **Rechnungsausgang** (AR5) am 05.09...

Ein Spielwarenhersteller verkauft Gummibälle an ein Spielwarengeschäft.

	Gummibälle lt. Lieferschein	2.000,00 EUR
+	19 % Umsatzsteuer	380,00 EUR
=	Rechnungsbetrag	2.380,00 EUR

Zahlungsbedingungen: Zahlbar in 10 Tagen mit 3 % Skonto oder innerhalb von 30 Tagen ohne Abzug.

Buchung der Ausgangsrechnung:

Konto	Soll/EUR	Haben/EUR
2400 Forderungen aus LuL	2.380,00	
an 5000 Umsatzerlöse Fertigerzeugnisse		2.000,00
4800 Umsatzsteuer		380,00

❷ **Kontoauszug-Gutschrift: Der Kunde begleicht die Rechnung per Überweisung unter Abzug von 3 % Skonto** am 10.09... (KA8)

Überweisungsbetrag = 2.380,00 EUR · 0,97 = 2.308,60 EUR

Die nachfolgende Übersicht zeigt die Zusammenhänge zwischen den Brutto- und Nettogrößen:

	Bruttobetrag	Nettobetrag	Umsatzsteuer	
Rechnungsbetrag	**2.380,00**	2.000,00	380,00	100 %
Skontobetrag	71,40	**60,00**	**11,40**	3 %
Überweisungsbetrag	**2.308,60**	1.940,00	368,60	97 %
	119 %	100 %	19 %	

Buchung des Zahlungseingangs mit Skontierung:

Konto	Soll/EUR	Haben/EUR
2800 Bank	**2.308,60**	
5002 Kundenskonti	**60,00**	
4800 Umsatzsteuer	**11,40**	
an 2400 Forderungen		**2.380,00**

Darstellung in Kontenform:

S	5000 Umsatzerlöse	H
	❶ AR 5	2.000

S	4800 Umsatzsteuer		H
❷ KA 8	**11,40**	❶ AR 5	380

S	2400 Forderungen		H
❶ AR 5	2.380	**❷ KA 8**	**2.380**

S	5002 Kundenskonti	H
❷ KA 8	**60**	

S	2800 Bank	H
AB	...	
❷ KA 8	**2.308,60**	

Weist das Konto *5002 Kundenskonti* am Ende eines Monats wegen weiterer Nachlässe einen Saldo aus (z. B. 222,00 EUR), ergibt sich folgende Buchung:

Vorbereitende Abschlussbuchung des Unterkontos *5002 Kundenskonti:*

Konto	Soll/EUR	Haben/EUR
5000 Umsatzerlöse Fertigerzeugnisse	**222,00**	
an 5002 Kundenskonti		**222,00**

Nach Abschluss des Unterkontos *5002 Kundenskonti* auf das Hauptkonto *5000 Umsatzerlöse Fertigerzeugnisse* ergibt sich folgendes Kontenbild:

S	5000 Umsatzerlöse Fertigerzeugnisse		H
5001	478,00	AR 5 ...	2.000,00
5002	**222,00**	AR 6 ...	3.500,00
Saldo	**12.300,00**	AR 7 ...	1.900,00
		AR 8 ...	5.600,00
	13.000,00		13.000,00

Die Umsatzerlöse der verkauften Fertigerzeugnisse betragen unter Berücksichtigung der gewährten Preisnachlässe 12.300,00 EUR.

Aufg. 4.9.4 S. 207

S	5002 Kundenskonti		H
KA 8	60,00	**5000**	**222,00**
KA 14	105,00		
KA 19	57,00		
	222,00		222,00

Zusammenfassende Übersicht zu 4.9.4: Zahlungseingänge mit Skontoabzug (Kundenskonto)

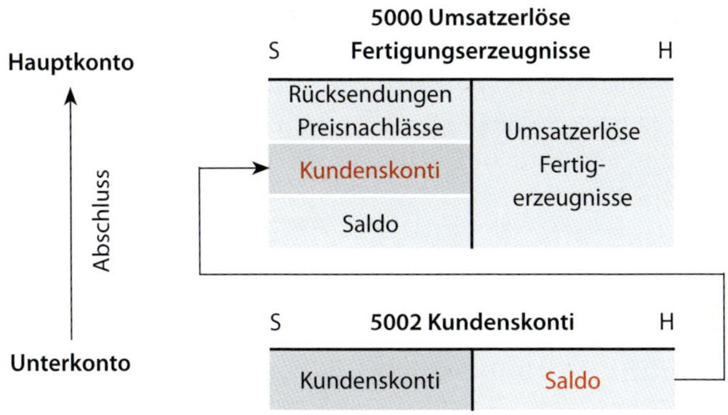

→ Kundenskonti ***vermindern*** die **Umsatzerlöse** der verkauften Erzeugnisse und werden gesondert auf Unterkonten gebucht.

→ Eine Verminderung des umsatzsteuerpflichtigen Entgelts löst für den Verkäufer eine **Umsatzsteuerkorrektur** aus.

Zusammenfassende Übersicht zu 4.9: Buchungen im Zusammenhang mit Auftragsbearbeitungsprozessen (am Beispiel „Fertigerzeugnisse")

Buchung einer Ausgangsrechnung:

2400	**Forderungen aus LuL**	**an**	**5000**	**Umsatzerlöse Fertigerzeugnisse**
			4800	**Umsatzsteuer**

Buchung einer Kundengutschrift aufgrund von Rücksendungen und Preisnachlässen:

5001	**Preisnachlässe und Rücksendungen**			
4800	**Umsatzsteuer**	**an**	**2400**	**Forderungen aus LuL**

Buchung für Zahlungseingänge unter Abzug von Skonto (Kundenskonti):

2800	**Bank**			
5002	**Kundenskonti**			
4800	**Umsatzsteuer**	**an**	**2400**	**Forderungen aus LuL**

Aufg. 4.9.6, bis 4.9.8 S. 207

WIEDERHOLUNG DES GRUNDWISSENS

4.9 Buchungen im Zusammenhang mit Auftragsbearbeitungsprozessen

1. In welchem Konto werden Verkäufe von Erzeugnisse gebucht?
2. Wie lautet jeweils der Buchungssatz für den Einkauf und den Verbrauch von Vorprodukten?
3. Nennen Sie zwei Fälle, die eine Kundengutschrift auslösen können.
4. Welche Auswirkung hat eine Kundengutschrift auf die Umsatzsteuer?
5. In welchen Konten wird eine Kundengutschrift gebucht, wenn Fertigerzeugnisse zurückgeschickt wurden?
6. Was bezweckt ein Lieferer mit einer Skontogewährung an einen Kunden?
7. Welche Auswirkung hat der Skontoabzug auf die Umsatzerlöse?
8. In welchen Konten wird eine Überweisung unter Abzug von Skonto gebucht, wenn zuvor Fertigerzeugnisse verkauft wurden?

AUFGABEN ZUM ERWERB UND ZUR KONTROLLE VON KOMPETENZEN

4.9 Buchungen im Zusammenhang mit Auftragsbearbeitungsprozessen

4.9.1 Verkaufsvorgänge einer Maschinenfabrik buchen

In einer Maschinenfabrik werden die beiden nachfolgenden Rechnungen an Kunden verschickt.

Bilden Sie die Buchungssätze für die beiden Ausgangsrechnungen sowie die fristgerechte Überweisung durch die Kunden.

Beleg 1

Verpackungsmaschine	11.800,00 EUR
+ 19 % Umsatzsteuer	2.242,00 EUR
= Rechnungsbetrag	14.042,00 EUR
zahlbar innerhalb von 4 Wochen ohne Abzug	

Beleg 2

Knetmaschine lt.Angebot	4.200,00 EUR
– 8 % Sonderrabatt	336,00 EUR
= Nettobetrag	3.864,00 EUR
+ 19 % Umsatzsteuer	734,16 EUR
= Rechnungsbetrag	4.598,16 EUR
zahlbar innerhalb von 3 Wochen ohne Abzug	

4.9.2 Preisnachlässe eines Papierherstellers buchen

Ein Papierhersteller hat bei der Rechnungsstellung nicht 8 % sondern 3 % Rabatt gewährt.
Nach der Kundenreklamation wird folgende Gutschrift erstellt:

5 % von 3.800,00 EUR	120,00 EUR
+ 19 % Umsatzsteuer	22,80 EUR
= Gutschrift zur Verrechnung	142,80 EUR

1. Bilden Sie den Buchungssatz für die Kundengutschrift.
2. Wie verändert die Buchung in Teilaufgabe 1 die Zahllast des Papierherstellers? Begründen Sie Ihre Antwort.

4.9.3 Ausgangsrechnung, Gutschrift und Überweisung in einer Möbelfabrik buchen

PDF

Eine Möbelfabrik liefert an ein Möbelhaus die bestellten Möbel und erstellt die nachfolgende Rechnung:

Esstisch	10 · 382,00 EUR	3.820,00 EUR
+ Sitzbank	10 · 128,00 EUR	1.280,00 EUR
= Nettobetrag		5.100,00 EUR
+ 19 % Umsatzsteuer		969,00 EUR
= Rechnungsbetrag		6.069,00 EUR
Zahlbar innerhalb von 20 Tagen ohne Abzug		

Das Möbelhaus schickt zwei Esstische und eine Sitzbank wegen schlechter Holzqualität zurück. Die Möbelfabrik erstellt die folgende Gutschrift:

Esstisch	2 · 382,00 EUR	764,00 EUR
+ Sitzbank	1 · 128,00 EUR	128,00 EUR
= Nettobetrag		892,00 EUR
+ 19 % Umsatzsteuer		169,48 EUR
= Gutschrift zur Verrechnung		1.061,48 EUR

Führen Sie für die nachfolgenden Teilaufgaben alle betroffenen T-Konten.

1. Bilden Sie den Buchungssatz für den Rechnungseingang am 08.02.
2. Bilden Sie den Buchungssatz für die Kundengutschrift am 14.02.
3. Bilden Sie den Buchungssatz für die Überweisung am 28.02. ohne weiteren Abzug.

4.9.4 Kundenskonto buchen

Ein Stofflieferant schickt an eine Kleiderfabrik folgende Rechnung:

80 lfd. m Oberstoffe	2.500,00 EUR
+ 19 % Umsatzsteuer	475,00 EUR
= Rechnungsbetrag	2.975,00 EUR

zahlbar in 10 Tagen mit 2 % Skonto oder 30 Tagen ohne Abzug

1. Bilden Sie den Buchungssatz für den Rechnungsausgang
2. Bilden Sie den Buchungssatz für die Banküberweisung unter Einhaltung der Skontierungsfrist.

4.9.5 Ausgangsrechnung und Kundenskonto buchen

Ein Hersteller von Gartenbänken verkauft an einen Möbelmarkt Gartenbänke. Der Rechnungsbeitrag lautet 3.094,00 EUR.

PDF

Der Möbelmarkt bezahlt die Rechnung unter Abzug von 2 % Skonto.

1. Führen Sie als Buchungshilfe die nachfolgende Übersicht:

	Bruttobetrag	Nettobetrag	Umsatzsteuer	
Rechnungsbetrag	?	?	?	100 %
Skontobetrag	?	?	?	2 %
Überweisungsbetrag	?	?	?	98 %
	119 %	100 %	19 %	

2. Buchen Sie auf T-Konten (a) den Rechnungseingang sowie (b) die Überweisung.
3. Bilden Sie die beiden Buchungssätze.
4. Welche Auswirkungen haben die beiden Geschäftsvorfälle auf die Zahllast der Möbelfabrik? Begründen Sie Ihre Antwort.

4.9.6 Belege in einer Fahrradfabrik buchen

Der Aufgabentext und die Belege befinden sich auf der Begleit-CD.

4.9.7 Buchen von Geschäftsvorfällen in einem Industrieunternehmen

Der Aufgabentext und die Belege befinden sich auf der Begleit-CD.

4.9.8 Buchen einer Rechnung und eines Zahlungseingangs unter Abzug von Skonto

Der Aufgabentext und die Belege befinden sich auf der Begleit-CD.

4.10 Bestandsveränderungen an unfertigen und fertigen Erzeugnissen

In den meisten Industrieunternehmen durchlaufen die Güter im Produktionsprozess mehrere Fertigungsstufen. Je nach Fertigungsfortschritt lassen sich fertige und unfertige Erzeugnisse unterscheiden:

> **! Unfertige Erzeugnisse haben die letzte Fertigungsstufe noch nicht erreicht. Demgegenüber haben fertige Erzeugnisse alle Produktionsstufen durchlaufen.**

Bisher wurde unterstellt, dass alle in einem Geschäftsjahr hergestellten Erzeugnisse im gleichen Jahr verkauft wurden. In diesem Fall liegen am Ende des Jahres keine Lagerbestände an fertigen und/oder unfertigen Erzeugnissen vor. Das **Ergebnis der betrieblichen Tätigkeit** eines solchen Industriebetriebs lässt sich ermitteln, indem für das Geschäftsjahr die Herstellungsaufwendungen den Umsatzerlösen gegenübergestellt werden.

Betriebsgewinn ohne Bestandsveränderungen

In einer Textilfabrik werden in einem Geschäftsjahr u.a. 3.000 T-Shirts produziert. Die Herstellungsaufwendungen betragen 6,00 EUR je T-Shirt. Alle T-Shirts werden bis zum Ende des Geschäftsjahres zum Stückpreis von 10,00 EUR verkauft.

S	Gewinn- und Verlustkonto (Auszug)		H
Herstellungsaufwand für *3.000 Stück*	18.000,00	**Umsatzerlöse** für *3.000 Stück*	30.000,00
Betriebsgewinn	12.000,00		

> **! Stimmen in einem Geschäftsjahr die hergestellte und die verkaufte Menge überein, wird das Ergebnis der betrieblichen Tätigkeit durch Gegenüberstellung der Herstellungsaufwendungen und der Umsatzerlöse dieses Geschäftsjahres ermittelt.**

Notwendigkeit der Berücksichtigung von Bestandsänderungen

In den meisten Fällen produziert ein Industrieunternehmen aber während eines Geschäftsjahres nicht genau die Menge an Erzeugnissen, die im selben Geschäftsjahr auch abgesetzt wird. Dies führt zu **Bestandsveränderungen**, die spätestens zum Geschäftsjahresende bei der Inventur berücksichtigt werden müssen. Es lassen sich zwei Fälle unterscheiden:

1. Fall: Bestandsmehrung	2. Fall: Bestandsminderung
Eine rückläufige Nachfrage führt im Allgemeinen nicht dazu, dass ein Unternehmen seine Produktion sofort einschränkt. Vielmehr wird es zunächst noch auf Lager produzieren.	Bei großer Nachfrage der Abnehmer reicht die laufende Produktion häufig nicht aus. Die gestiegene Nachfrage kann aber möglicherweise aus Lagervorräten des Vorjahres gedeckt werden.

1. Bestandsmehrung in einer Textilfabrik	
Lagerbestand zum 01.01.	100 Stück
+ Zugang aus Produktion	3.400 Stück
– Abgang durch Verkauf	3.200 Stück
= Lagerbestand zum 31.12.	300 Stück
→ **Lagerbestandsmehrung ....**	**200 Stück**

2. Bestandsminderung in einer Textilfabrik	
Lagerbestand zum 01.01.	400 Stück
+ Zugang aus Produktion	3.000 Stück
– Abgang durch Verkauf	3.300 Stück
= Lagerbestand zum 31.12.	100 Stück
→ **Lagerbestandsminderung .....**	**300 Stück**

Fehlerhafte Ergebnisermittlung ohne Berücksichtigung von Bestandsveränderungen

In der Textilfabrik sind je T-Shirt 6,00 EUR Herstellungsaufwendungen angefallen. Bei einem Verkaufspreis je Stück von 10,00 EUR würden sich ohne die notwendige Berücksichtigung der Bestandsveränderung folgende GuV-Konten (Auszüge) ergeben:

***ohne** Berücksichtigung der Bestandsmehrung*

S	8020 Gewinn- und Verlustkonto		H
Aufwendungen (3.400 Stück · 6,00 EUR)	20.400,00 EUR	Umsatzerlöse (3.200 Stück · 10,00 EUR)	32.000,00 EUR

***ohne** Berücksichtigung der Bestandsminderung*

S	8020 Gewinn- und Verlustkonto		H
Aufwendungen (3.000 Stück · 6,00 EUR)	18.000,00 EUR	Umsatzerlöse (3.300 Stück · 10,00 EUR)	33.000,00 EUR

Es liegt eine **Bestandsmehrung** vor. Umsatzerlöse für 200 der in der laufenden Periode hergestellten und mit entsprechenden Aufwandsbuchungen verbundenen 3.400 T-Shirts fallen erst in einer späteren Periode an.

Es liegt eine **Bestandsminderung** vor. Von den 33.000,00 EUR Umsatzerlösen entfallen 3.000,00 EUR auf die 300 bereits in früheren Perioden hergestellten und mit entsprechenden Aufwandsbuchungen verbundenen T-Shirts.

Problem: Im **Gewinn- und Verlustkonto** stehen Aufwendungen und Erträge gegenüber, die sich nicht auf die gleiche Stückzahl beziehen. Die Ergebnisermittlung ist nicht periodengerecht und somit wenig aussagekräftig.

! **Damit das Jahresergebnis *periodengerecht* ermittelt werden kann, müssen zum Geschäftsjahresende im Rahmen der *vorbereitenden Abschlussbuchungen* Anpassungen hinsichtlich der Bestandsveränderungen bei fertigen und unfertigen Erzeugnissen vorgenommen werden.**

Die **Bestände** und **Bestandsveränderungen** an fertigen und unfertigen Erzeugnissen werden auf den Bestandskonten

2100 Unfertige Erzeugnisse / 2200 Fertige Erzeugnisse

erfasst. Die Bestandsveränderungen müssen außerdem auf den Ergebniskonten

5210 Bestandsveränderungen an unfertigen Erzeugnissen /
5220 Bestandsveränderungen an fertigen Erzeugnissen

erfasst werden. Auf diesen beiden Ergebniskonten wird bei einer Bestandsminderung im Soll und bei einer Bestandsmehrung im Haben gebucht.

1. Fall: Berücksichtigung von Bestandsmehrungen

> **!** **Wenn im Laufe eines Geschäftsjahres *mehr* Erzeugnisse hergestellt als verkauft werden, ist der Lagerbestand am Ende des Geschäftsjahres *höher* als am Anfang des Geschäftsjahres (= *Mehrbestand*).**

Ergebnisermittlung mit Berücksichtigung von Bestandsmehrungen

Auswirkungen in der Bilanz:	**Auswirkungen im GuV-Konto:**
Bei einem Mehrbestand hat sich der zu Beginn des laufenden Geschäftsjahres vorhandene Lagerbestand vermehrt.	Bei einem Mehrbestand müssen neben den Umsatzerlösen auch die Leistungen für die auf Lager hergestellten Erzeugnisse (Lagerleistung) berücksichtigt werden.
→ **Buchung auf dem Bestandskonto im Soll**	→ **Buchung auf dem Ergebniskonto im Haben**

2200	**Fertige Erzeugnisse**	an	**5220 Bestandsveränderungen** fertige Erzeugnisse
2100	**Unfertige Erzeugnisse**	an	**5210 Bestandsveränderungen** unfertige Erzeugnisse

Buchung bei einem Mehrbestand (Fortsetzung des Beispiels von S. 209)

Mehrbestand = 200 Stück

Herstellungsaufwand je Stück = 6,00 EUR

→ Wert = 6,00 EUR/Stück · 200 Stück = **1.200,00 EUR**

S **2200 Fertige Erzeugnisse** H

AB: *(100 Stück)*	600,00	SB: *(300 Stück)*	1.800,00
Mehrbestand: *(200 Stück)*	1.200,00		
	1.800,00		1.800,00

S **5220 Bestandsveränderungen fertige Erzeugnisse** H

Saldo *(200 Stück)*	1.200,00	Mehrbestand: *(200 Stück)*	1.200,00

Übertrag

S **8010 Schlussbilanzkonto** *(Auszug)* H

....			
Fertige Erzeugnisse: *(300 Stück)*	1.800,00		
....			

S **8020 Gewinn- und Verlustkonto** H

Aufwendungen *(3.400 Stück)*	20.400,00	Umsatzerlöse *(3.200 Stück)*	32.000,00
Betriebsgewinn	12.80,000	Mehrbestand: *(200 Stück)*	1.200,00
	33.200,00		33.200,00

Vorbereitende Abschlussbuchung

Konto		Soll/EUR	Haben/EUR
2200	Fertige Erzeugnisse	1.200,00	
an	5220 Bestandsveränderungen fertige Erzeugnisse		1.200,00

Abschlussbuchung

Konto		Soll/EUR	Haben/EUR
5220	Bestandsveränderungen fertige Erzeugnisse	1.200,00	
an	8020 GuV-Konto		1.200,00

Bei einer **Bestandsmehrung** an fertigen/unfertigen Erzeugnissen gilt:

Die Aufwendungen eines Geschäftsjahres umfassen auch den Herstellungsaufwand für die in dieser Periode hergestellten, aber noch nicht verkauften Erzeugnisse.

Die Umsatzerlöse (= Teil des Gesamtertrages) eines Geschäftsjahres umfassen dagegen nur die tatsächlich verkauften Erzeugnisse.

Der Mehrbestand an Erzeugnissen muss als weiterer Teil des betrieblichen Gesamtertrags berücksichtigt werden (Buchung im Haben auf den Ergebniskonten: *5210 bzw. 5220 Bestandsveränderungen an ...*).

2. Fall: Berücksichtigung von Bestandsminderungen

Wenn im Laufe eines Geschäftsjahres *weniger* Erzeugnisse hergestellt als verkauft werden, ist der Lagerbestand am Ende des Geschäftsjahres geringer als am Anfang des Jahres *(= Minderbestand).*

Ergebnisermittlung mit Berücksichtigung von Bestandsminderungen

Aufg. 4.10.1 S. 214

Auswirkungen im GuV-Konto:	**Auswirkungen in der Bilanz:**
Bei einem Minderbestand müssen in der **laufenden Periode** auch die Aufwendungen berücksichtigt werden, die in der **Vorperiode** für die Herstellung der im laufenden Geschäftsjahr verkauften **Lagervorräte** angefallen sind.	Bei einem Minderbestand hat sich der zu Beginn des laufenden Geschäftsjahres vorhandene Lagerbestand vermindert.
→ **Buchung im Ergebniskonto im Soll**	→ **Buchung auf dem Bestandskonto im Haben**

5220	**Bestandsveränderungen** fertige Erzeugnisse	an	**2200**	**Fertige Erzeugnisse**
5210	**Bestandsveränderungen** unfertige Erzeugnisse	an	**2100**	**Unfertige Erzeugnisse**

Buchung bei einem Minderbestand (Fortsetzung des Beispiels von S. 209)

Minderbestand = 300 Stück
Herstellungsaufwand je Stück = 6,00 EUR

→ Wert = 6,00 EUR/Stück · 300 Stück = **1.800,00 EUR**

S 5220 Bestandsveränderungen fertige Erzeugnisse H

S		H	
Minderbestand: *(300 Stück)*	1.800,00	Saldo *(300 Stück)*	1.800,00

S 8020 Gewinn- und Verlustkonto H

S		H	
Aufwendungen *(3.000 Stück)*	18.000,00	Umsatzerlöse *(3.300 Stück)*	33.000,00
Minderbestand: *(300 Stück)*	1.800,00		
Saldo	13.200,00		
	33.000,00		33.000,00

S 2200 Fertige Erzeugnisse H

S		H	
AB: *(400 Stück)*	2.400,00	Minderbestand: *(300 Stück)*	1.800,00
		SB: *(100 Stück)*	600,00
	2.400,00		2.400,00

Übertrag

S 8010 Schlussbilanzkonto *(Auszug)* H

S		H
....		
Fertige Erzeugnisse: *(100 Stück)*	600,00	
....		

Vorbereitende Abschlussbuchung

Aufg. 4.10.2 S. 214

Konto	Soll/EUR	Haben/EUR
5220 Bestandsveränderungen fertige Erzeugnisse	1.800,00	
an 2200 Fertige Erzeugnisse		1.800,00

Abschlussbuchung

Konto	Soll/EUR	Haben/EUR
8020 GuV-Konto	1.800,00	
an 5220 Bestandsveränderungen fertige Erzeugnisse		1.800,00

Bei einer **Bestandsminderung** an fertigen/unfertigen Erzeugnissen gilt:

> ! **Die Aufwendungen eines Geschäftsjahres umfassen nur den Herstellungsaufwand für die Erzeugnisse, die in diesem Geschäftsjahr hergestellt wurden.**

> ! **Die Umsatzerlöse (= Teil des Gesamtertrages) eines Geschäftsjahres umfassen dagegen die insgesamt verkauften Erzeugnisse, auch wenn diese (teilweise) in früheren Perioden hergestellt wurden.**

> ! **Der Minderbestand an Erzeugnissen muss als Aufwand berücksichtigt werden. Dadurch werden die Umsatzerlöse, die in dieser Periode durch den Verkauf von Erzeugnissen aus der Vorperiode entstanden sind, entsprechend korrigiert. (Buchung im Soll auf den Ergebniskonten *5210* bzw. *5220 Bestandsveränderungen ...*)**

Zusammenfassende Übersicht zu 4.10: Bestandsveränderungen an unfertigen und fertigen Erzeugnissen

1. Fall: Bestandsmehrung (Mehrbestand)	**2. Fall: Bestandsminderung (Minderbestand)**
Produzierte Mengen > **Verkaufte Mengen**	**Produzierte Mengen** < **Verkaufte Mengen**
Folge: Lageraufbau	Folge: Lagerabbau

Vorbereitende Abschlussbuchungen

1. Fall	2. Fall
Bestandskonto (2100 Unfertige Erzeugnisse, 2200 Fertige Erzeugnisse) an **Ergebniskonto** (5210 Bestandsveränderungen unfertige Erzeugnisse, 5220 Bestandsveränderungen fertige Erzeugnisse)	**Ergebniskonto** (5210 Bestandsveränderungen unfertige Erzeugnisse, 5220 Bestandsveränderungen fertige Erzeugnisse) an **Bestandskonto** (2100 Unfertige Erzeugnisse, 2200 Fertige Erzeugnisse)

GuV-Konto nach vorbereitender Abschlussbuchung (Auszug)

1. Fall: S 8020 Gewinn- und Verlustkonto H

S	H
Aufwendungen für die Produktion von Erzeugnissen, die in der **laufenden** Periode ❶ verkauft wurden ❷ nicht verkauft wurden (Lageraufbau)	**Umsatzerlöse** für Erzeugnisse, die in der laufenden Periode produziert und verkauft wurden
	Bestandsveränderungen: Erzeugnisse, die in der laufenden Periode auf Lager produziert wurden **(Mehrbestand)**

2. Fall: S 8020 Gewinn- und Verlustkonto H

S	H
Aufwendungen für die Produktion von Erzeugnissen aus der **laufenden** Periode	**Umsatzerlöse** für verkaufte Erzeugnisse aus der Produktion der ❶ laufenden Periode sowie ❷ der Vorperiode (Lagerabbau)
Bestandsveränderungen: Aufwendungen für Erzeugnisse, die in der Vorperiode produziert wurden **(Minderbestand)**	

WIEDERHOLUNG DES GRUNDWISSENS

4.10 Bestandsveränderungen an unfertigen und fertigen Erzeugnissen

1. Welche Arten von Bestandsveränderungen lassen sich unterscheiden?
2. Welche Auswirkung hat die Buchung einer Bestandsmehrung auf das Jahresergebnis?
3. Wie lautet der Buchungssatz bei Berücksichtigung einer Bestandsminderung an fertigen Erzeugnissen?
4. Wie lautet der Buchungssatz bei Berücksichtigung einer Bestandsmehrung an unfertigen Erzeugnissen?

AUFGABEN ZUM ERWERB UND ZUR KONTROLLE VON KOMPETENZEN

PDF

4.10 Bestandsveränderungen an unfertigen und fertigen Erzeugnissen

4.10.1 Bestandsveränderungen an fertigen Erzeugnissen

Für die abgelaufene Periode liegen für eine Zuckerfabrik folgende Angaben vor:

Rohstoffaufwendungen	12.000,00 EUR
Fertigungslöhne	18.000,00 EUR
Gehälter	15.000,00 EUR
Sonstige Aufwendungen	33.000,00 EUR
Umsatzerlöse aus dem Verkauf von Zucker	110.000,00 EUR
Bestand Zucker zum 01.01	7.000,00 EUR
Bestand Zucker zum 31.12.	11.000,00 EUR

1. Ermitteln Sie das vorläufige Jahresergebnis (ohne Berücksichtigung der Bestandsveränderungen).
2. Erläutern Sie, weshalb die obige Bestandsveränderung an Zucker eine Buchung erforderlich macht.
3. Bilden Sie für die Bestandsveränderung den Buchungssatz.
4. Welche Auswirkungen hat die Buchung in 3. auf die nachfolgenden Größen:
   Summe Aktiva, Jahresergebnis, Summe Anlagevermögen, Eigenkapital
5. Nennen Sie zwei Ursachen für die aufgetretene Bestandsveränderung.

4.10.2 Bestandsveränderungen an unfertigen und fertigen Erzeugnissen

In einer Jeansfabrik werden bei der Inventur am Ende des Geschäftsjahres folgende Bestände ermittelt:

Jeansrohlinge Fertigungsstufe 1	300 Stück
Jeansrohlinge Fertigungsstufe 2	320 Stück
Jeans, versandfertig	260 Stück

Zu Beginn des Geschäftsjahres lagen folgende Anfangsbestände vor:

Jeansrohlinge Fertigungsstufe 1	280 Stück
Jeansrohlinge Fertigungsstufe 2	320 Stück
Jeans, versandfertig	290 Stück

1. Buchen Sie die Bestandsveränderungen am Ende des Geschäftsjahres, wenn die Bestände wie folgt bewertet werden:

Rohlinge Fertigungsstufe 1	10,00 EUR je Stück
Rohlinge Fertigungsstufe 2	16,00 EUR je Stück
Jeans, versandfertig	24,00 EUR je Stück

2. Ermitteln Sie den Betrag, um den sich das bisherige Jahresergebnis als Folge der Buchungen in 1. verändert hat.

4.11 Lohn- und Gehaltsbuchungen

4.11.1 Bestandteile von Lohn- und Gehaltsabrechnungen

Wird das **Bruttoentgelt**[1] um die **gesetzlichen Abzüge** gekürzt, ergibt sich das **Nettoentgelt**.

Bruttoentgelt		
Gesetzliche Abzüge		**Nettoentgelt**
Steuern ▪ Lohnsteuer ▪ Kirchensteuer ▪ Solidaritätszuschlag	**Sozialversicherungsbeiträge** ▪ Krankenversicherung ▪ Pflegeversicherung ▪ Rentenversicherung ▪ Arbeitslosenversicherung	

Abzug von Lohnsteuer, Kirchensteuer und Solidaritätszuschlag

Die Höhe der **Lohnsteuer** ist abhängig

- von der Höhe des Bruttoentgelts und
- von persönlichen Merkmalen des Steuerpflichtigen wie Familienstand und Anzahl der Kinder.

Gehört der Arbeitnehmer einer Steuer erhebenden Religionsgemeinschaft an, wird die **Kirchensteuer** auf der Basis der Lohnsteuer berechnet. Sie beträgt in Bayern 8 %, in anderen Bundesländer teilweise 9 % von der Lohnsteuer. Der seit Januar 1995 erhobene **Solidaritätszuschlag** zur wirtschaftlichen Förderung der neuen Bundesländer beträgt zurzeit 5,5 % von der Lohnsteuer. Die Berechnung der Kirchensteuer und des Solidaritätszuschlags erfolgt unter Berücksichtigung von **Kinderfreibeträgen**.

Es lassen sich die nachfolgenden sechs Lohnsteuerklassen[2] unterscheiden:

1 Der Verdienst eines Arbeitnehmers (Monatsverdienst, Jahresverdienst) enthält im Normalfall neben dem Entgelt für die geleistete Arbeitszeit (Direktentgelt) auch verschiedene andere betriebliche Sozialleistungen. Dazu gehören die Entgeltfortzahlung während des Urlaubs, der Feiertage, der Krankheit sowie fest vereinbarte Sonderzahlungen wie Weihnachts- und Urlaubsgeld.

2 Die monatliche Lohnsteuer stellt aus Sicht des Arbeitnehmers eine Vorauszahlung dar. Auf den Grundlagen der Einkommenssteuererklärung zum Jahresende werden Abweichungen zwischen der Vorauszahlung (Lohnsteuer) und der tatsächlichen zu zahlenden Einkommenssteuer ausgeglichen.
Bis zum Jahr 2009 konnten Ehepaare nur die Steuerklassenkombinationen III/V oder IV/IV wählen. Seit 2010 können Ehepaaren eine weitere Kombination wählen, nämlich IV/**IV mit Faktor**. Diese kann eine Alternative zum meist recht hohen Lohnsteuerabzug bei der Steuerklasse V sein.

Lohnsteuerklassen (StKl)	
Steuerklasse I	Sie gilt für Arbeitnehmer, die ■ ledig oder geschieden sind *oder* ■ verheiratet/verpartnert sind, deren Partner aber im Ausland lebt *oder* ■ verheiratet/verpartnert sind, aber dauernd getrennt leben *oder* ■ verwitwet sind und deren Anspruch auf Klasse III erloschen ist.
Steuerklasse II	Sie gilt für Partner, die Bedingungen für Steuerklasse I erfüllen, aber mindestens ein minderjähriges Kind zu Ihrem Haushalt gehört und keine andere volljährige Person mit im Haushalt lebt.
Steuerklasse III	Sie gilt für verheiratete/verpartnerte Arbeitnehmer, wenn beide Partner in der Bundesrepublik wohnen, sie nicht dauernd getrennt leben und ■ der Partner des Arbeitnehmers/der Arbeitnehmerin keinen Arbeitslohn bezieht oder ■ er/sie Arbeitslohn bezieht und der Partner in die Steuerklasse V eingereiht ist.
Steuerklasse IV	Sie gilt für verheiratete/verpartnerte Arbeitnehmer, wenn beide Partner Arbeitslohn beziehen, im Inland wohnen und nicht dauernd getrennt leben.
Steuerklasse V	Sie gilt für einen der Partner an Stelle der Steuerklasse IV, wenn der andere Partner in die Steuerklasse III eingereiht wird.
Steuerklasse VI	Wenn von mehreren Arbeitgebern gleichzeitig Arbeitslohn bezogen wird, wird diese Steuerklasse auf der zweiten oder jeder weiteren Lohnsteuerkarte eingetragen.

Auszug aus der Monatslohnsteuertabelle 2017

Steuerabzüge für Bernd Schmieder, ledig, keine Kinder, römisch-katholisch, Steuerklasse (StK) I, Bruttoentgelt 2.500,00 EUR monatlich, Wohnort: München

MONATSLOHNSTEUERTABELLE 2017													
	Kinderfreibetrag		0.0		0.5		1		1.5		2		
für EUR	StK	Steuer	SolZ	KiSt	SolZ	KiSt	SolZ	KiSt	SolZ	KiSt	SolZ	KiSt	
2.500,00	I	315,83	17,37	25,26	12,65	18,40	8,21	11,94	0,00	5,90	0,00	1,04	
	II	270,75	–	–	10,31	15,00	5,70	8,76	0,00	3,15	0,00	0,00	
	III	92,00	0,00	7,36	0,00	2,80	0,00	0,00	0,00	0,00	0,00	0,00	
	IV	315,83	17,37	25,26	14,97	21,78	12,65	18,40	10,39	15,12	8,21	11,94	
	V	589,83	32,44	47,18	–	–	–	–	–	–	–	–	
	VI	624,66	34,55	49,97	–	–	–	–	–	–	–	–	

Abzug der Sozialversicherungsbeiträge

Die Sozialversicherung ist eine aus fünf Versicherungszweigen bestehende gesetzliche Versicherung. Die Beiträge zur **Renten-, Arbeitslosen-, Kranken-** und **Pflegeversicherung** werden gemeinsam durch den Arbeitnehmer sowie den Arbeitgeber getragen.[1]

1 Die Unfallversicherung wird ausschließlich durch den Arbeitgeber finanziert. Die Höhe des Beitrages richtet sich nach der Risikoeingruppierung des Unternehmens sowie der Anzahl der Mitarbeiter.

Bei der Ermittlung der Höhe der Beitragszahlungen sind die nachfolgenden gesetzlichen Regelungen zu beachten:

Versicherung	Beitragssatz (Jan. 2017)	Beitragszahlung	Arbeitgeberanteil	Arbeitnehmeranteil
Rentenversicherung	18,7 %	**Grundsätzlich: Je zur Hälfte von Arbeitnehmer und Arbeitgeber** *abweichende Regelungen bei Kranken[1]- und Pflegeversicherung[2]*	9,35 %	9,35 %
Arbeitslosenversicherung	3,0 %		1,5 %	1,5 %
Krankenversicherung	14,6 %		7,3 %	8,4 %[1]
Pflegeversicherung	2,55 % | 2,80 %[2]		1,275 %	1,275 % | 1,525 %[2]
Summe	38,85 % | 39,10 %		19,425 %	20,525 % 20,775 %

Die Beitragssätze zur **Kranken-**, **Renten-**, **Arbeitslosen-** und **Pflegeversicherung** beziehen sich auf das monatliche Bruttoentgelt. Wenn aber das monatliche Bruttoentgelt über einer bestimmte Höchstgrenze **(= Beitragsbemessungsgrenze)** liegt, wird die jeweilige **Beitragsbemessungsgrenze** anstelle des Bruttoentgelts für die Berechnung der betroffenen Sozialversicherungsbeiträge zu Grunde gelegt.

Ermittlung der Abzüge für Sozialversicherungsbeiträge

Sozialversicherungsabzüge für Bernd Schmieder, 24 Jahre alt, keine Kinder. Das sozialversicherungspflichtige Bruttogehalt beträgt 2.500,00 EUR *(siehe Bsp. S. 218)*.

Stand: Januar 2017			Beitragssatz		Beitrag (EUR)	
	Bruttoentgelt (EUR)	Beitragssatz	Arbeitgeber	Arbeitnehmer	Arbeitgeber	Arbeitnehmer
Rentenversicherung	2.500,00	18,7 %	9,35 %	9,35 %	233,75	233,75
Arbeitslosenversicherung	2.500,00	3,0 %	1,50 %	1,50 %	37,50	37,50
Krankenversicherung	2.500,00	14,60 % + 1,1 %	7,30 %	8,40 %	182,50	210,00
Pflegeversicherung für Kinderlose über 23 Jahre	2.500,00	2,55 %	1,275 %	1,525 %	31,25	38,12
Summe Sozialversicherungsbeiträge					**485,00**	**519,37**
Gesamtsozialversicherungsbeitrag					**1.004,37 EUR**	

1 Die Krankenkassen können einen nur vom Arbeitnehmer zu tragenden Zusatzbeitrag erheben. Dieser betrug 2016 in den meisten Fällen 1,1 %. Eine Erhöhung auf 1,4 % wird erwartet.

2 Für kinderlose Arbeitnehmer erhöht sich nach Ablauf des Monats, in dem sie das 23. Lebensjahr vollendet haben, der Beitragssatz um 0,25 Beitragssatzpunkte. Siehe SGB XI, § 55 (3).

Monatliche Beitragsbemessungsgrenzen für die alten Bundesländer im Jahr 2017	
Rentenversicherung Arbeitslosenversicherung	Krankenversicherung Pflegeversicherung
6.350,00 EUR	4.350,00 EUR

Karl Doll verdient mtl. 5.200,00 EUR. Der Beitragssatz der Kranken- und Pflegeversicherung wird auf 4.350,00 EUR und nicht auf 5.200,00 EUR bezogen.

Der Arbeitgeberanteil zur Sozialversicherung stellt für die Unternehmen zusätzliche Personalkosten dar. Genauso wie z. B. Urlaubs- und Weihnachtsgeld werden diese Personalkosten als **Lohnnebenkosten** bezeichnet.

Vom Bruttoentgelt zum Nettoentgelt

Der in München wohnende vierundzwanzigjährige Bernd Schmieder verdient monatlich 2.500,00 EUR. Lohnsteuermerkmale: Steuerklasse I (ledig, keine Kinder, römisch-katholisch).

Aus diesen Angaben erstellt der Arbeitgeber folgende monatliche Gehaltsabrechnung:

	Bruttogehalt	**2.500,00 EUR**	
–	Lohnsteuer (LSt)	315,83 EUR	**Steuern 358,46 EUR** *(vgl. S. 216)*
–	Solidaritätszuschlag (SolZ)	17,37 EUR	
–	Kirchensteuer (KiSt)	25,26 EUR	
–	Rentenversicherung	233,75 EUR	**Arbeitnehmeranteil zur Sozialversicherung: 519,37 EUR** *(vgl. S. 217)*
–	Arbeitslosenversicherung	37,50 EUR	
–	Krankenversicherung	210,00 EUR	
–	Pflegeversicherung	38,12 EUR	
=	**Nettogehalt**	**1.622,17 EUR**	

Arbeitsgeberanteil zur Sozialversicherung: 485,00 EUR
Gesamtsozialversicherungsbeitrag: 519,37 EUR + 485,63 EUR = 1.005,00 EUR

Zusammenfassende Übersicht zu 4.11.1: Bestandteile von Lohn- und Gehaltsabrechnungen

Bruttoentgelt

Steuerabzüge
- Lohn- und Kirchensteuer
- Solidaritätszuschlag

Sozialversicherungsabzüge
- Krankenversicherung
- Pflegeversicherung
- Rentenversicherung
- Arbeitslosenversicherung

Nettoentgelt

4.11.2 Buchung von Lohn- und Gehaltsabrechnungen

❶ Buchung am drittletzten Bankarbeitstag des laufenden Monats: Abführung des Gesamtsozialversicherungsbeitrags

Aufg. 4.11.1 S. 222

Die Arbeitnehmer- und die Arbeitgeberanteile zur Sozialversicherung sind spätestens **am drittletzten Bankarbeitstag** des jeweiligen Monats an die zuständigen Krankenkassen zu zahlen. Diese **Vorauszahlung** vor Monatsende ist eine **Forderung** des Unternehmens gegenüber den Sozialversicherungsträgern. Aus diesem Grund erfolgt die Buchung auf dem aktiven Bestandskonto *264 Sozialversicherungsvorauszahlung* im Soll. Wenn der **voraussichtliche Gesamtsozialversicherungsbeitrag** nicht – *wie im nachfolgenden Beispiel unterstellt* – mit dem tatsächlich abzuführenden **Gesamtsozialversicherungsbeitrag** übereinstimmt, sind die Differenzen (Überzahlung bzw. Unterzahlung) am drittletzten Bankarbeitstag des Folgemonats entsprechend zu berücksichtigen.

❷ Buchung am Monatsende: Gehaltsabrechnung und Arbeitgeberanteil zur Sozialversicherung

SGB IV § 23 (1)

Bruttolöhne und **Bruttogehälter** werden auf den Aufwandskonten *6200 Löhne* bzw. *6300 Gehälter* im Soll gebucht. Der **Arbeitgeberanteil zur Sozialversicherung** stellt für den Arbeitgeber einen zusätzlichen Aufwand dar und wird auf dem Konto *6400 Arbeitgeberanteil zur Sozialversicherung* im Soll erfasst. Die Steuerabzüge behält der Arbeitgeber ein und führt sie an die Finanzbehörde ab. Bis zur Überweisung stellen diese Beträge eine **Verbindlichkeit** des Unternehmens dar. Deshalb sind die einbehaltenen Steuern auf dem passiven Bestandskonto *4830 Verbindlichkeiten gegenüber Finanzbehörden* im Haben zu erfassen. Die voraussichtlichen Sozialversicherungsbeiträge wurden bereits vorher (*vgl.* ❶) an den Sozialversicherungsträger abgeführt. Die tatsächlich anfallenden **Arbeitgeber-** und **Arbeitnehmeranteile** zur **Sozialversicherung** werden im Konto *2640 Sozialversicherungsvorauszahlung* im Haben gebucht. Auf diese Weise kann auf diesem Konto durch Saldierung festgestellt werden, ob die bereits geleistete Vorauszahlung (*vgl.* ❶) mit dem **tatsächlichen Gesamtsozialversicherungsbeitrag** übereinstimmt.

❸ Buchung am 10. des folgenden Monats: Abführung der Lohnsteuer, Kirchensteuer und des Solidaritätszuschlags

Die vom Bruttoentgelt einbehaltene Steuer ist bis zum 10. des Folgemonats an die zuständige Finanzbehörde zu überweisen.

Buchungssätze zur Gehaltsabrechnung von Bernd Schmieder *(vgl. Bsp. S. 217)*

Nr.	Konto		Soll/ EUR	Haben/ EUR
❶ *am drittletzten Bankarbeitstag des laufenden Monats*	2640 an	Sozialversicherungsvorauszahlung 2800 Bank	1.005,00	 1.005,00
❷ *am Ende des laufenden Monats*	6300 6400 an 	Gehälter AG-Anteil Sozialversicherungsbeitrag 2800 Bank 4830 Sonstige Vbl. gg. Finanzbehörden **2640 Sozialversicherungsvorauszahlung**	2.500,00 485,63	 1.622,17 358,46 **1.005,00**
❸ *zum 10. des Folgemonats*	4830 an	Sonstige Vbl. gg. Finanzbehörden 2800 Bank	358,46	 358,46

Darstellung im Kontensystem

Aufg. 4.11.2 bis 4.11.4 S. 223

Aufwandskonten

S	6300 Gehälter		H
❷	2.500,00		

Aktive Bestandskonten

S	2800 Bank		H
		❶	1.005,00
		❷	1.622,17
		❸	358,46

Passive Bestandskonten

S	6400 AG-Anteil Sozialversicherung		H
❷	485,63		

S	2640 Sozialvers. vorauszahlung		H
❶	1.005,00	❷	1.005,00

S	4830 Sonst. Vbl. gg. Finanzbehörden		H
❸	358,46	❷	358,46

Im vorliegenden Fall ist das Konto *2640 Sozialversicherungsvorauszahlung* ausgeglichen. Dies bedeutet, dass der am drittletzten Bankarbeitstag **vorausbezahlte Gesamtsozialversicherungsbeitrag** und der **tatsächliche Gesamtsozialversicherungsbeitrag** übereinstimmen.

! **Die vom Bruttogehalt (Aufwandskonto *6800 Gehälter*) einbehaltenen Abzüge (LSt, KiSt, SolZ sowie SV-Beiträge des Arbeitnehmers) muss der Arbeitgeber an das Finanzamt bzw. die zuständige Krankenkasse (die die übrigen SV-Beiträge weiterleitet) abführen. Sie stellen für den Arbeitgeber einen durchlaufenden Posten dar.**

! **Der Arbeitgeberanteil zur Sozialversicherung stellt einen zusätzlichen Personalaufwand dar (Aufwandskonto: *6400 AG-Anteil zur Sozialversicherung*). Der Arbeitgeber muss diesen Betrag zusammen mit dem Arbeitnehmerbeitrag zur Sozialversicherung an die zuständige Krankenkasse abführen.**

Zusammenfassende Übersicht zu 4.11.2: Buchung von Lohn- und Gehaltsabrechnungen

Aufg. 4.11.5 S. 223

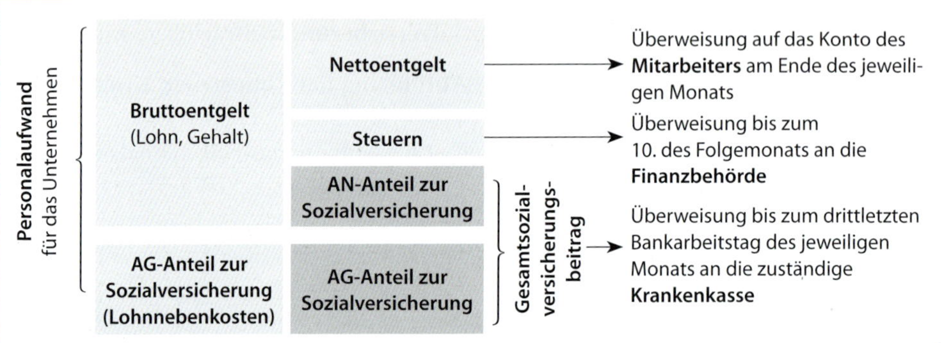

4.11.3 Buchung von vermögenswirksamen Leistungen

VermBG §§ 1 ff., 11, 13

Arbeitnehmer, deren zu versteuerndes Einkommen eine bestimmte Höhe nicht übersteigt, können eine staatliche Sparzulage erhalten. Dazu müssen sie Teile ihres Bruttoentgelts nach den Vorschriften des **Vermögensbildungsgesetzes** z. B. in einem Bausparvertrag oder in Kapitalbeteiligungen (z.B. Aktienfonds) für mindestens sieben Jahre anlegen.

Häufig werden die **vermögenswirksamen Leistungen** aufgrund eines Tarifvertrags oder einer Betriebsvereinbarung ganz oder teilweise vom Arbeitgeber übernommen. Der Arbeitgeber überweist die Beträge an das jeweilige Anlageinstitut (Bausparkasse, Investmentfonds). Die vom Arbeitgeber übernommen Teile der vermögenswirksamen Leistungen erhöhen die Personalkosten und stellen für den Arbeitnehmer lohnsteuerpflichtiges Entgelt dar.

Der Anteil des Arbeitgebers wird auf dem Konto

6300 Gehälter (oder einem Unterkonto) im Soll

gebucht. Der an das Anlageinstitut abzuführende Betrag wird auf dem Konto

4860 Verbindlichkeiten aus vermögenswirksamen Leistungen (VL) im Haben

gebucht.

Aufg. 4.11.6 S. 223

Angenommen, Bernd Schmieder *(vgl. Beispiel S. 216–218)* würde monatlich 19,00 EUR vermögenswirksame Leistungen des Arbeitgebers erhalten und einen Eigenanteil in Höhe von monatlich 20,00 EUR leisten. Der Gesamtbetrag von 39,00 EUR monatlich wird vom Arbeitgeber auf das Konto von Bernd Schmieder bei einer Bausparkasse überwiesen. In diesem Fall würde sich seine Gehaltsabrechnung wie folgt ändern:

	Tarifgehalt	2.500,00 EUR
+	vermögenswirksame Leistungen des Arbeitgebers	19,00 EUR
=	**steuer- und sozialversicherungspflichtiges Bruttoentgelt**	**2.519,00 EUR**
–	Steuern (LSt, KiSt, SolZ)	338,12 EUR
–	Arbeitnehmeranteil zur Sozialversicherung	523,32 EUR
=	Nettogehalt	1.657,56 EUR
–	Vermögenswirksame Leistung insgesamt	39,00 EUR
=	**Auszahlungsbetrag**	**1.618,56 EUR**
	Arbeitgeberanteil zu Sozialversicherung	489,31 EUR

Buchungssätze

Nr.	Konto	Soll/EUR	Haben/EUR
❶ *Abführung SV-Beitrag*	2640 Sozialversicherungsvorauszahlung	1.012,63	
	an 2800 Bank		1.012,63
❷ *Überweisung Nettogehalt und Einbehaltung von VL und Steuern*	6300 Gehälter	2.519,00	
	6400 AG-Anteil Sozialversicherungsbeitrag	489,31	
	an 2800 Bank		1.618,56
	4830 Sonst. Vbl. gg. Finanzbehörden		338,12
	4860 Verbindlichkeiten aus VL		39,00
	2640 Sozialversicherungsvorauszahlung		1.012,63
❸ *Abführung Steuern*	4830 Sonst. Vbl. gg. Finanzbehörden	338,12	
	an 2800 Bank		338,12
❹ *Abführung VL*	4860 Verbindlichkeiten aus VL	39,00	
	an 2800 Bank		39,00

! Vermögenswirksame Leistungen, die vom Arbeitgeber übernommen werden, erhöhen das Bruttoentgelt des Arbeitnehmers. Sie sind steuer- und sozialabgabenpflichtig.

! Der Arbeitgeber behält den Gesamtbetrag der vermögenswirksamen Leistung ein und überweist diesen an das jeweils vom Arbeitnehmer gewählte Anlageinstitut (z. B. Bausparkasse).

Zusammenfassende Übersicht zu 4.11.3: Buchung von vermögenswirksamen Leistungen

Personalaufwand für das Unternehmen	**Bruttoentgelt** (Lohn, Gehalt, betriebliche Sozialleistungen, vom AG übernommene *vermögenswirksame Leistungen*)	**Nettoentgelt**		→ Überweisung auf das Konto des **Mitarbeiters** am Ende des jeweiligen Monats
		Vermögenswirksame Leistungen		→ Überweisung auf das Anlagekonto des **Mitarbeiters** am Ende des jeweiligen Monats
		Steuern		→ Überweisung bis zum 10. des Folgemonats an die **Finanzbehörde**
		AN-Anteil zur Sozialversicherung	**Gesamtsozialversicherungsbeitrag**	→ Überweisung bis zum drittletzten Bankarbeitstag des jeweiligen Monats an die zuständige **Krankenkasse**
	AG-Anteil zur Sozialversicherung (Lohnnebenkosten)	**AG-Anteil zur Sozialversicherung**		

WIEDERHOLUNG DES GRUNDWISSENS

4.11 Lohn- und Gehaltsbuchungen

1. Welcher Unterschied besteht zwischen dem Bruttoentgelt und dem Nettoentgelt?
2. Von welchen Größen hängt die Höhe der Lohnsteuer ab?
3. Wie werden Kirchensteuer und Solidaritätszuschlag berechnet?
4. Welche Bedeutung hat bei der Ermittlung der Sozialversicherungsbeiträge die Beitragsbemessungsgrenze?
5. Weshalb ist der Arbeitnehmeranteil zur Sozialversicherung im Normalfall etwas höher als der Arbeitgeberanteil?
6. Weshalb werden die abgeführten Sozialversicherungsbeiträge in einem Aktivkonto, die abzuführenden Steuerbeträge aber in einem Passivkonto gebucht?
7. An welche Stelle(n) werden die Sozialversicherungsbeiträge überwiesen?
8. Was sind Lohnnebenkosten?
9. Was ist der Zweck von vermögenswirksamen Leistungen und wer kann sie in Anspruch nehmen?
10. Wie wirken sich vom Arbeitgeber getragene vermögenswirksame Leistungen auf die lohnabängige Steuern und Sozialversicherungsbeiträge aus?
11. Auf welches Konto werden die vom Arbeitgeber abzuführenden vermögenswirksamen Leistungen gebucht?

AUFGABEN ZUM ERWERB UND ZUR KONTROLLE VON KOMPETENZEN

4.11 Lohn- und Gehaltsbuchungen

4.11.1 Erstellung und Buchung einer Gehaltsabrechnung

PDF

Bei Bernd Schmieder (siehe Eingangsbeispiel S. 217 f.) gibt es erfreuliche Veränderungen:

- Gehaltserhöhung: 300,00 EUR
- Heirat mit Petra Maier: Wechsel in Lohnsteuerklasse III
- Noch im gleichen Jahr wird Sohn Hannes geboren.
- Neue Lohnsteuer: 153,33 EUR; SolZ: 0,00 EUR; KiSt: 2,45 EUR

1. Erstellen Sie bei sonst unveränderten Angaben die neue Gehaltsabrechnung.

2. Buchen Sie die nachfolgenden Vorgänge:
   a) Vorauszahlung des Gesamtsozialversicherungsbeitrags per Banküberweisung.
   b) Abrechnung, einschließlich Überweisung an den Mitarbeiter bzw. Buchung des Arbeitgeberanteils zur Sozialversicherung.
   c) Überweisung der Lohnsteuer, Kirchensteuer und des Solidaritätszuschlags.

4.11.2 Erstellung und Buchung einer Lohnabrechnung – Lohnsteuerklassen

Martina Mai, verheiratet, 26 Jahre alt, keine Kinder, evangelisch, wohnhaft in Heidelberg. Sie verdient monatlich brutto 3.000,00 EUR. Lohnsteuerklasse III.

PDF

1. Erstellen Sie für 2017 mithilfe der nachfolgenden Monatslohnsteuertabelle die monatliche Lohnabrechnung.

MONATSLOHNSTEUERTABELLE 2017													
	Kinderfreibetrag		0.0		0.5		1		1.5		2		
ab EUR	StK	Steuer	SolZ	KiStr	SolZ	KiStr	SolZ	KiStr	SolZ	KiStr	SolZ	KiStr
3.000,00	I	443,66	24,40	35,49	19,30	28,07	14,67	21,05	9,92	14,43	4,36	8,22
	II	394,91	–	–	16,67	24,38	12,08	17,57	7,67	11,16	0,00	5,18
	III	199,66	7,43	15,97	0,00	0,00	0,00	0,00	0,00	0,00	0,00	0,00
	IV	443,66	24,40	0,00	21,81	0,00	19,30	0,00	16,85	0,00	14,47	0,00
	V	767,00	42,18	61,36	–	–	–	–	–	–	–	–
	VI	803,25	44,17	64,26	–	–	–	–	–	–	–	–

2. Führen Sie alle mit der Abrechnung zusammenhängenden Buchungen durch.
3. Angenommen, der Ehemann von Martina Mai verdient ebenfalls 3.000,00 EUR.
   Welche Lohnsteuerklassen-Kombination (III/V oder IV/V) sollte das Ehepaar wählen?
   Ermitteln Sie den Unterschied (ohne Berücksichtigung von SolZ und KiSt).

4.11.3 Buchen von vermögenswirksamen Leistung

1. Was ist der Zweck von vermögenswirksamen Leistungen und wer kann sie in Anspruch nehmen?
2. Wer kann der Träger der vermögenswirksamen Leistungen sein?
3. Wie wirken sich vom Arbeitgeber getragene vermögenswirksame Leistungen auf die lohnabhängigen Steuern und Sozialversicherungsbeiträge aus?
4. Auf welches Konto werden die vom Arbeitgeber abzuführenden vermögenswirksamen Leistungen gebucht?

4.11.4 Buchung einer Gehaltsabrechnung

Für Karl Degen, 30 Jahre, verheiratet, 2 Kinder, Lohnsteuerklasse III, konfessionslos liegen folgende Angaben vor:

PDF

Bruttogehalt: .... 4.630,00 EUR
Lohnsteuer, Solidaritätszuschlag: .... 649,31 EUR
Arbeitnehmeranteil-Sozialversicherung: .... 954,93 EUR
Arbeitgeberanteil-Sozialversicherung: .... 913,26 EUR

1. Erstellen Sie die Abrechnung und ermitteln Sie den Überweisungsbetrag des Arbeitgebers.
2. Buchen Sie alle mit der Abrechnung anfallenden Vorgänge.
3. Welche Lohnnebenkosten fallen für den Arbeitgeber im vorliegenden Fall an?
4. Berechnen Sie die Lohnnebenkosten in Prozent des Bruttogehalts.

4.11.5 Buchung einer Gehaltsabrechnung

Der Aufgabentext und die Belege befinden sich auf der Begleit-CD.

4.11.6 Zusammenfassende Aufgabe zur Personalwirtschaft

Der Aufgabentext und die Belege befinden sich auf der Begleit-CD.

4.12 Buchungen im Zusammenhang mit Sachanlagevermögen

4.12.1 Zugänge von Sachanlagen

HGB § 253 (1) § 255 (1)

Zum Anlagevermögen gehören alle Vermögensgegenstände, die dazu bestimmt sind, dauerhaft dem Unternehmen zu dienen. Zum Zeitpunkt ihrer Anschaffung müssen alle Vermögensgegenstände zu ihren **Anschaffungskosten**[1] bewertet werden.

> ! **Zu den Anschaffungskosten gehören alle Ausgaben, die nötig sind, um einen Vermögensgegenstand zu erwerben und in einen betriebsbereiten Zustand zu versetzen.**

Demnach sind neben dem eigentlichen Kaufpreis auch Nebenkosten (**Anschaffungsnebenkosten**) Bestandteil der Anschaffungskosten. Regelmäßig wiederkehrende Beträge, die mit der Nutzung des Vermögensgegenstandes zusammenhängen (z. B. Kfz-Steuern und Benzin bei einem Lkw) zählen nicht zu den Anschaffungskosten. **Anschaffungspreisminderungen** sind dagegen abzuziehen.

	Anschaffungspreis	z. B. Listenpreis (ohne Umsatzsteuer)
+	**Anschaffungsnebenkosten**	z. B. Transport und Montagekosten
–	**Anschaffungspreisminderungen**	z. B. Rabatte, Skonti, Boni
=	**Anschaffungskosten**	

EStG §96

Die in der Rechnung ausgewiesene **Vorsteuer** ist im Normalfall als eigenständiger Vermögensgegenstand zu behandeln und kann somit nicht Bestandteil der Anschaffungskosten sein. Wäre das Unternehmen allerdings nicht zum Vorsteuerabzug berechtigt, so müsste auch die Vorsteuer als Bestandteil der Anschaffungskosten berücksichtigt werden.

Der erworbene Vermögensgegenstand muss in Höhe der Anschaffungskosten auf der Sollseite des entsprechenden Anlagenkontos der Kontenklasse 0 erfasst werden.

Anschaffung einer Siebdruckmaschine

Der Textildruckerei Shirt-Shop GmbH wurde am 14. Januar eine Siebdruckmaschine angeliefert und montiert. In der darauf folgenden Woche schulte der Lieferer zwei Mitarbeiter.

Am 20. Januar erhält die Shirt-Shop GmbH nachstehende Rechnung:

	Siebdruckmaschine: Listenpreis	46.200,00 EUR
–	Messerabatt	5.000,00 EUR
+	Montage	800,00 EUR
+	Bedienungsschulung lt. Vereinbarung	1.000,00 EUR
=	Nettobetrag	43.000,00 EUR
+	19 % Umsatzsteuer	8.170,00 EUR
=	Rechnungsbetrag	51.170,00 EUR

zahlbar bis zum 20. Februar ohne weiteren Abzug

1 In § 255 (1) und (2) HGB wird von Anschaffungs- bzw. Herstellungs**kosten** gesprochen. Diese **Kosten** werden ihrerseits wiederum als **Aufwendungen** definiert.
Bei diesen Größen handelt es sich aber weder um Kosten im Sinne der Kosten- und Leistungsrechnung noch um Aufwendungen im Sinne der GuV-Rechnung. Vielmehr sind damit **Vermögenswerte** gemeint, zu denen angeschaffte oder hergestellte Wirtschaftsgüter auf der Aktivseite der Bilanz ausgewiesen (= aktiviert) werden.

Die **Montagearbeiten** sind zwingend erforderlich, um die Maschine in einen **betriebsbereiten** Zustand zu versetzen. Damit sind sie Bestandteil der Anschaffungskosten der Maschine. Demgegenüber zählt die **Bedienungsschulung** nicht zu den Anschaffungskosten. Sie ist nicht erforderlich, um die Maschine in einen betriebsbereiten Zustand zu versetzen. Der dafür in der Rechnung ausgewiesene Betrag ist als Aufwand zu buchen.

Ermittlung der Anschaffungskosten für eine Siebdruckmaschine

	Listenpreis	46.200,00 EUR
–	Messerabatt	5.000,00 EUR
+	Montage	800,00 EUR
=	Anschaffungskosten	**42.000,00 EUR**

Buchung der Geschäftsvorfälle:

❶ Eingangsrechnung: Kauf einer Siebdruckmaschine (siehe oben)

❷ Kontoauszug – Lastschrift: Begleichung der Liefererrechnung

	Konto		Soll/EUR	Haben/EUR
❶	**0710**	**Maschinen**	42.000,00	
	6170	Sonstige Aufwendungen für bezogene Leistungen	1.000,00	
	2600	Vorsteuer	8.170,00	
	an	4400 Verbindlichkeiten aus LuL		51.170,00
❷	4400	Verbindlichkeiten aus LuL	51.170,00	
	an	2800 Bank		51.170,00

Würde die Rechnung unter Ausnutzung von Skonto bezahlt, so läge eine nachträgliche Minderung der Anschaffungskosten vor. Die Anschaffungskostenminderung ist direkt im aktiven Bestandskonto *0710 Maschinen* zu erfassen. Keinen Einfluss auf die Höhe der Anschaffungskosten haben Zinsen, Kreditgebühren u. Ä. Diese Aufwendungen stehen im Zusammenhang mit der Finanzierung, nicht jedoch mit der Anschaffung eines Vermögensgegenstandes.

Aufg. 4.12.1 und 4.12.2 S. 233

Zusammenfassende Übersicht zu 4.12.1: Zugänge von Sachanlagen

Erwerb von Vermögensgegenständen

↓

Buchung zu Anschaffungskosten

↓

Anschaffungspreis/Listenpreis
\+ Anschaffungsnebenkosten
– Anschaffungspreisminderungen
= **Anschaffungskosten**

↓

Nicht Bestandteil der Anschaffungskosten:

- Regelmäßig wiederkehrende Beträge, die mit dem Betrieb des Vermögensgegenstands zusammenhängen
- Kosten der Finanzierung

4.12.2 Aktivierungspflichtige Eigenleistungen

Industriebetriebe können auch Anlagegüter (z. B. Maschinen) herstellen, die nicht für den Verkauf, sondern für den eigenen Gebrauch verwendet werden. Diese **Eigenleistungen** verursachen **Herstellungskosten** (z. B. Verbrauch von Rohstoffen, Arbeitszeit).

Der Wert eines solchen selbstgeschaffenen Anlagegutes geht in Höhe der Herstellungskosten in das in der Bilanz ausgewiesene Anlagevermögen ein (= **Aktivierung selbsterstellter Anlagen** im Konto 0700: Technische Anlagen und Maschinen). Die Gegenbuchung erfolgt auf dem **Ertragskonto** 5300 Aktivierte Eigenleistungen.

Die Maschinenfabrik Meyer erstellt eine Abkantmaschine für den eigenen Gebrauch. Die Herstellungskosten betragen 100.000,00 EUR. Davon entfallen 60.000,00 EUR auf Lohnkosten und 40.000,00 EUR auf Materialkosten.

Buchungssätze

Nr.	Konto	Soll/EUR	Haben/EUR
❶ *Herstellungskosten*	6000 Aufwendungen für Rohstoffe	60.000,00	
	an 2000 Rohstoffe		60.000,00
	6200 Löhne	40.000,00	
	an 2800 Bank		40.000,00
❷ *Aktivierung der Eigenleistung*	0700 Technische Anlagen und Maschinen	100.000,00	100.000,00
	an 5300 Aktivierte Eigenleistungen		
❸ *Abschluss der Ergebniskonten*	8020 GuV-Konto	60.000,00	
	an 6000 Aufwendungen für Rohstoffe		60.000,00
	8020 GuV-Konto	40.000,00	
	an 6200 Löhne		40.000,00

S **8020 Gewinn- und Verlustkonto** H

S			H		
6000	Aufwendungen für Rohstoffe	60.000,00	5300	Aktivierte Eigenleistungen	100.000,00
6200	Löhne	40.000,00			
		100.000,00			**100.000,00**

Wie das **GuV-Konto** zeigt, ist die Erfassung der **Eigenleistung ergebnisneutral**. Die Aufwandsbuchungen für Rohstoffe und Löhne sind zusammen genauso hoch wie die Buchung auf dem Ertragskonto „Aktivierte Eigenleistung".

Die Aktivierung selbsterstellter Anlagen ist ergebnisneutral.

In der **Bilanz** wirkt sich die **Aktivierung** in einer **Erhöhung des Sachanlagevermögens** aus.

Nr.	Konto	Soll/EUR	Haben/EUR
❹ *Abschluss des Kontos 0700 Techn. Anlagen u. Maschinen*	8010 SBK	100.000,00	
	an 0700 Techn. Anlagen u. Maschinen		100.000,00

S **8010 Schlussbilanzkonto** H

S			H
0700	Technische Anlagen und Maschinen	100.000,00	

Die im Schlussbilanzkonto ausgewiesenen 100.000 EUR (= Herstellungskosten) bilden die Bemessungsgrundlage für Abschreibung der Maschine.

Zusammenfassende Übersicht zu 4.12.2: Zugänge von Sachanlagen

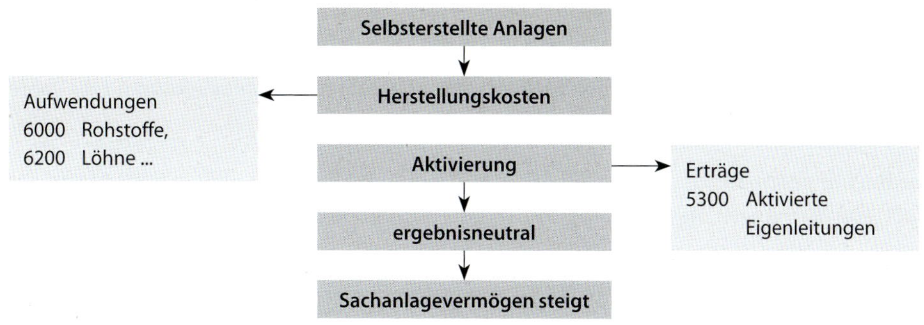

4.12.3 Abschreibungen auf Sachanlagen

Abnutzbare Anlagegüter dürfen am Ende des Jahres nicht mit ihren Anschaffungskosten in die Schlussbilanz übernommen werden, da sonst das Vermögen des Unternehmens zu hoch ausgewiesen würde. Bei abnutzbaren Vermögensgegenständen sind daher die Anschaffungskosten **um planmäßige Abschreibungen** zu vermindern.

HGB § 253 (1)

> ! **Die Wertminderung eines Wirtschaftsgutes wird durch Abschreibungen erfasst.**

Ursachen für Wertminderungen bei Sachanlagen

Abschreibungsursachen für verschiedene Anlagegüter

	Vermögensgegenstand	Wertminderung durch ...
1	Siebdruckmaschine	Einsatz im Produktionsprozess
2	Gebäude	Witterungseinflüsse
3	Lastkraftwagen	Unfall
4	Textverarbeitungsprogramm	Nachfolgeversion
5	Spezialmaschine für Stick-Technik	Nachfrage nach bestickten T-Shirts sinkt
6	Telefonanlage	Preis fällt nach der Anschaffung um 50 %

Die Ursachen der **Wertminderungen** lassen sich wie folgt gliedern:
(siehe vorausgehende Beispiele)

Technische Ursachen

1. Gebrauchsverschleiß
2. Ruheverschleiß
3. Katastrophenverschleiß

Wirtschaftliche Ursachen

4. Werteverlust durch technischen Fortschritt
5. Werteverlust durch Bedarfsverschiebung
6. Werteverlust durch Preisverfall

Buchung von Abschreibungen

Die Wertminderung führt zu einer Verminderung des **Nettovermögens**. Damit handelt es sich bei der Abschreibung um einen Aufwand, der auf dem Konto *6500 Abschreibungen auf Sachanlagen* erfasst wird.

Abschreibungen sind Aufwendungen.

Durch die Abschreibung werden die Anschaffungskosten eines Anlagegutes auf die Jahre der Nutzungsdauer als Aufwand verteilt.

Der Buchungssatz für die Erfassung der Abschreibungen lautet in allgemeiner Form:
6500 Abschreibungen auf Sachanlagen an 0.. Anlagenkonto

Wertminderung einer Siebdruckmaschine buchen

Die Anschaffungskosten einer im Januar angeschafften Siebdruckmaschine betragen 42.000,00 EUR (*vgl. S. 225*). Die Wertminderung für das laufende Jahr wurde mit 7.000,00 EUR ermittelt. In dieser Höhe muss eine Abschreibung vorgenommen werden. Am Jahresende ist daher folgende vorbereitende Abschlussbuchung erforderlich:

Soll	6500 Abschreibung		Haben
0710	7.000,00	...	
...			

Soll	0710 Maschinen		Haben
ER	42.000,00	*6500*	7.000,00
		SB	35.000,00
	42.000,00		42.000,00

Die ***Sollbuchung*** erfasst die Wertminderung im Aufwandskonto *Abschreibungen*.

Die ***Habenbuchung*** erfasst die Wertminderung im Anlagenkonto.

Konto		Soll/EUR	Haben/EUR
6500	**Abschreibung auf Sachanlagen**	**7.000,00**	
an	0710 Maschinen		7.000,00

Aus den um die Abschreibungen verminderten Anschaffungskosten ergibt sich der **Buchwert** eines Anlagengutes. Der Buchwert wird auch **Restwert** genannt.

Buchwert (neu) = Buchwert (alt) – Abschreibungsbetrag

Planmäßige Abschreibung – AfA-Tabelle

Die **gesetzlichen Bewertungsvorschriften** verlangen, dass bei allen **abnutzbaren** Anlagegütern vor Erstellung der Jahresschlussbilanz ein bestimmter Betrag **planmäßig** als Wertminderung von den Anschaffungskosten bzw. vom aktuellen Buchwert abzuschreiben ist. Dagegen dürfen z. B. Grundstücke nicht **planmäßig** abgeschrieben werden, weil sie keiner Abnutzung unterliegen (**nichtabnutzbare** Anlagegüter). Bei abnutzbaren Anlagegütern hängt die **planmäßige** Abschreibung von der **betriebsgewöhnlichen Nutzungsdauer**[1] ab. Die Finanzverwaltung erstellt entsprechende **AfA-Tabellen**[2], aus denen die betriebsgewöhnliche Nutzungsdauer hervorgeht:

1 Seit 01.01.2018 dürfen Wirtschaftsgüter, deren Anschaffungskosten 800,00 EUR nicht übersteigen (= geringwertige Wirtschaftsgüter, GWG) steuerrechtlich im Jahr der Anschaffung in voller Höhe abgeschrieben werden (= „Sofortabschreibung“).
2 Im Steuerrecht wird die Abschreibung als „Absetzung für Abnutzung“ (**AfA**) bezeichnet.

> **Die Höhe der planmäßigen jährlichen Abschreibung hängt von der Nutzungsdauer ab. Am Ende der Nutzungsdauer muss das Anlagegut auf 0 EUR abgeschrieben sein. Die Anschaffungskosten sind dann in vollem Umfang als Aufwand auf die Nutzungsdauer verteilt worden.**

Auszug aus der aktuellen AfA-Tabelle:

Anlagegüter	Nutzungsdauer	Anlagegüter	Nutzungsdauer	Anlagegüter	Nutzungsdauer
Personalcomputer	3 Jahre	Gabelstapler	8 Jahre	stationäre Säge	14 Jahre
Faxgeräte	6 Jahre	Büromaschinen	8 Jahre	stat. Fräsmaschine	15 Jahre
Personenwagen	6 Jahre	Lastkraftwagen	9 Jahre	Schuppen	16 Jahre
Siebdruckmaschine	6 Jahre	Büromöbel	13 Jahre	stat. Hobelmaschine	16 Jahre
Kopiergeräte	7 Jahre	Hallen (Leichtbau)	14 Jahre	Panzerschränke	23 Jahre

> **Die Berücksichtigung von Abschreibungen ist bei abnutzbaren Vermögensgegenständen wegen ihrer Wertminderung sowohl im Handels- als auch im Steuerrecht zwingend vorgeschrieben.**

Auswirkungen von Abschreibungen auf das Ergebnis

Der buchführungs- und steuerpflichtige Kaufmann bevorzugt im laufenden Geschäftsjahr normalerweise möglichst **hohe Abschreibungsbeträge**. Durch den **höheren Aufwand** ergibt sich nämlich ein geringerer Gewinn, so dass **weniger gewinnabhängige Steuern** anfallen. Allerdings führt dies in den nachfolgenden Perioden wegen entsprechend geringerer Abschreibungsbeträge zu höheren Gewinnen und Steuern. Die Höhe der zulässigen Abschreibung ist gesetzlich genau geregelt.

> **Abschreibungen mindern als Aufwand den Gewinn und damit auch die gewinnabhängigen Steuern (z. B. Einkommensteuer eines Einzelunternehmers).**

Zusammenfassende Übersicht zu 4.12.3: Bedeutung von Abschreibungen

Abschreibungen = buchhalterische Erfassung von Wertminderungen als Aufwand

Abschreibungen | Aufwand → Gewinnminderung → Minderung der gewinnabhängigen Steuern

Buchungssatz: **6500 Abschreibungen auf Sachanlagen an 0... Anlagenkonto**

4.12.4 Lineare Abschreibung

Berechnung und Buchung der Abschreibung

> **Bei der linearen Abschreibung werden die Anschaffungskosten in gleichen Jahresbeträgen auf die Nutzungsdauer des Anlagengutes verteilt.**

Aufg. 4.12.3 S. 234

Der jährliche Abschreibungsbetrag[1] und der Abschreibungsprozentsatz lassen sich wie folgt ermitteln:

$$\textbf{linearer Abschreibungsbetrag pro Jahr} = \frac{\textbf{Anschaffungskosten}}{\textbf{Nutzungsdauer in Jahren}}$$

$$\textbf{linearer Abschreibungsprozentsatz pro Jahr} = \frac{\textbf{100\,\%}}{\textbf{Nutzungsdauer in Jahren}}$$

In der Anlagenbuchhaltung wird für jedes Anlagegut eine **Anlagenkarte** geführt. Darin werden alle für die Abschreibung wesentlichen Daten sowie der Abschreibungsverlauf festgehalten. Falls das Anlagegut über die geschätzte Nutzungsdauer hinaus im Betrieb genutzt wird, kann es in der Bilanz mit einem **Erinnerungswert** von 1,00 EUR ausgewiesen werden.

Lineare Abschreibung bei einer Siebdruckmaschine

Anschaffung einer Siebdruckmaschine .... 14. Januar 16
Anschaffungskosten (*vgl. S. 225*) .... 42.000,00 EUR
betriebsgewöhnliche Nutzungsdauer lt. AfA-Tabelle .... 6 Jahre

$$\text{linearer Abschreibungsbetrag pro Jahr} = \frac{42.000{,}00\ \text{EUR}}{6\ \text{Jahre}} = \mathbf{7.000{,}00\ EUR}$$

$$\text{linearer Abschreibungsprozentsatz pro Jahr} = \frac{100\,\%}{6\ \text{Jahre}} = 16{,}67\,\%$$

Anlagenkarte

Der lineare Abschreibungsverlauf wird auf der **Anlagenkarte** wie folgt dokumentiert:

Anlagenkarte Maschinen Nr. 56

Bezeichnung:	Siebdruckmaschine X2T
Lieferer:	Maschinenfabrik Utz
Anschaffungskosten:	42.000,00 EUR
Zeitpunkt der Anschaffung:	14.01.16
Nutzungsdauer:	6 Jahre
Abschreibungsmethode:	linear
AfA-Satz in %:	16,67 %

Abschreibungsverlauf

Datum	Text/BelegNr	Zugänge EUR	Abschreibung EUR	Abgänge EUR	Restwert EUR Ende des Jahres
14.01.2016	Re-Nr. 7687	42.000,00			
31.12.2016	Abschreibung		7.000,00		35.000,00
31.12.2017	Abschreibung		7.000,00		28.000,00
31.12.2018	Abschreibung		7.000,00		21.000,00
31.12.2019	Abschreibung		7.000,00		14.000,00
31.12.2020	Abschreibung		7.000,00		7.000,00
31.12.2021	Abschreibung		6.999,00		1 ← Erinnerungswert

1 Centbeträge dürfen aus Vereinfachungsgründen auf den nächsten EURO-Betrag aufgerundet werden.

Buchung der Abschreibung zum 31.12.17 (Vorbereitende Abschlussbuchung 2. Jahr)

Konto	Soll/EUR	Haben/EUR
6500 Abschreibung auf Sachanlagen	7.000,00	
an 0710 Maschinen		7.000,00

Abschlussbuchungen zum 31.12.17 (2. Jahr)

Konto	Soll/EUR	Haben/EUR
8010 Schlussbilanzkonto	28.000,00	
an 0710 Maschinen		28.000,00
8020 GuV-Konto	7.000,00	
an 6500 Abschreibung auf Sachanlagen		7.000,00

Darstellung in Kontenform (im zweiten Jahr der Nutzung: 31.12.17)

Soll	0710 Maschinen		Haben
AB	35.000,00	Abschr.	7.000,00
		8010	28.000,00
	35.000,00		35.000,00

Soll	6500 Abschreibung		Haben
Abschr.	7.000,00	*8020*	7.000,00
...			

Soll	8010 Schlussbilanzkonto		Haben
0710	28.000,00	...	
...			

Soll	8020 GuV-Konto		Haben
6500	7.000,00	...	
...			

Beginn der Abschreibung im Jahr der Anschaffung

Nach den Vorschriften des Steuerrechts beginnt die **planmäßige** Abschreibung zu dem Zeitpunkt, zu dem das Anlagegut angeschafft wird bzw. betriebsbereit ist. Hieraus ergibt sich, dass im Jahr der Anschaffung **zeitanteilig** („pro rata temporis") abgeschrieben wird. Die Abschreibung erfolgt monatsgenau, wobei der Anschaffungsmonat mitzählt. Im letzten Jahr der Nutzung werden die noch fehlenden Restmonate abgeschrieben. EStG § 7 (4)

Monatsanteilige Abschreibung im Jahr der Anschaffung

Kauf eines Geschäftswagens	**25. April 2016**
Anschaffungskosten laut Rechnung	36.000,00 EUR
Betriebsgewöhnliche Nutzungsdauer	6 Jahre

Berechnung der vollen linearen Jahresabschreibung: .... 36.000,00 EUR : 6 Jahre
= 6.000,00 EUR pro Jahr

Berechnung der anteiligen Abschreibung für 9 Monate 2016: 6.000,00 EUR · $^9/_{12}$ = 4.500,00 EUR

Hieraus ergibt sich folgender Abschreibungsverlauf:

Datum	Text/ Belegnummer	Zugänge EUR	Abschreibungen EUR	Restwert/ Buchwert EUR	
25.04.2016	Rechnung	36.000,00		36.000,00	
31.12.2016	Abschreibung		4.500,00	31.500,00	$^9/_{12}$ der Jahresabschreibung
31.12.2017	Abschreibung		6.000,00	25.500,00	
31.12.2018	Abschreibung		6.000,00	19.500,00	**Volle Jahresabschreibung (5 Jahre)**
31.12.2019	Abschreibung		6.000,00	13.500,00	
31.12.2020	Abschreibung		6.000,00	7.500,00	
31.12.2021	Abschreibung		6.000,00	1.500,00	
31.12.2022	Abschreibung		1.499,00	1	$^3/_{12}$ der Jahresabschreibung

Aufg. 4.12.4 S. 234

Zusammenfassende Übersicht zu 4.12.4: Lineare Abschreibung

Lineare Abschreibungsmethode: Jährlich gleich bleibende Jahresbeträge

$$\textbf{Abschreibungsprozentsatz} = \frac{\textbf{100}}{\textbf{Nutzungsdauer in Jahren}}$$

Abschreibungsbetrag = Anschaffungskosten · Abschreibungsprozentsatz/100

Monatsanteilige Abschreibung im ersten Jahr der Nutzung (**„pro rata temporis“**)

Buchungssatz: **6500 Abschreibungen auf Sachanlagen an 0... Anlagenkonto**

Zusammenfassende Übersicht zu 4.12: Buchungen in der Anlagenwirtschaft

Abschreibung = buchhalterische Erfassung von Wertminderungen = **Aufwand**

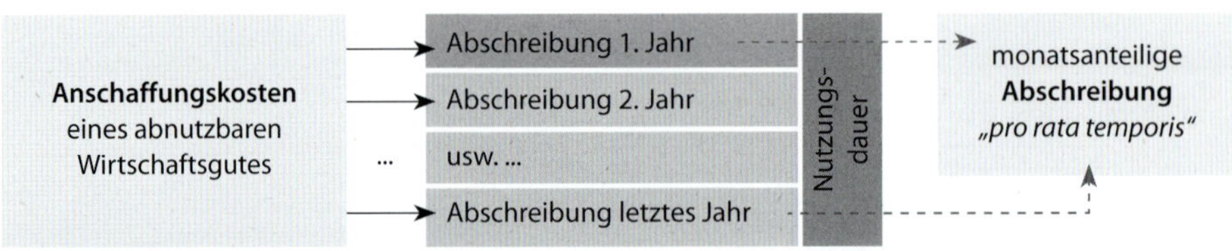

- **Lineare** Abschreibungsmethode: jährliche gleich bleibende Jahresbeträge

Abschreibungen stellen für das Unternehmen **Aufwand** dar und mindern den ausgewiesenen **Gewinn**.

Buchungssatz: **6500 Abschreibungen auf Sachanlagen an 0... Anlagenkonto**

WIEDERHOLUNG DES GRUNDWISSENS

4.12 Buchungen in der Anlagenwirtschaft

1. Was sind Anlagegüter?
2. Erklären Sie, was unter dem Begriff Anschaffungskosten zu verstehen ist.
3. Nennen Sie Beispiele für Anschaffungsnebenkosten und für Anschaffungspreisminderungen.
4. Weshalb zählen Kosten der Finanzierung nicht zu den Anschaffungskosten?
5. Welche Ursachen für Wertminderungen lassen sich unterscheiden?
6. Weshalb bevorzugt ein Unternehmen im Normalfall hohe Abschreibungsbeträge?
7. Welche Angaben enthält eine Anlagenkarte?
8. Welche Informationen enthält die AfA-Tabelle?
9. Wie wird bei der linearen Abschreibung der jährliche Abschreibungsbetrag berechnet?
10. Was ist der Erinnerungswert?
11. Was bedeutet zeitanteilige Abschreibung?

AUFGABEN ZUM ERWERB UND ZUR KONTROLLE VON KOMPETENZEN

4.12 Buchungen in der Anlagenwirtschaft

4.12.1 Ermittlung und Buchung der Anschaffungskosten

Für den Kauf eines Geschäftswagens werden folgende Beträge in Rechnung gestellt:

▪ Listenpreis	34.000,00 EUR	jeweils zzgl. 19 % Umsatzsteuer
▪ Autoradio (eingebaut)	450,00 EUR	
▪ Kosten der Überführung	200,00 EUR	
▪ Tankfüllung Benzin	35,00 EUR	
▪ Kfz-Kennzeichen	30,00 EUR	
▪ Anmeldgebühr	25,00 EUR	

1. Ermitteln Sie die Anschaffungskosten des Geschäftswagens.
2. Bilden Sie den Buchungssatz für den Rechnungseingang.
3. Bilden Sie den Buchungssatz für die Überweisung ohne weiteren Abzug.

4.12.2 Anschaffungskosten zuordnen

Welche der nachfolgenden Positionen zählen bei dem jeweiligen Anlagegut nach § 255 HGB zu den Anschaffungskosten? – Begründen Sie Ihre Antwort.

PDF

Anlagegut	1. Stanzmaschine	2. Gebäude	3. Computer
Positionen	▪ Listenpreis netto ▪ Transportversicherung ▪ Kranentladung ▪ Zoll ▪ „kleinere" Ersatzteile ▪ Rabatt ▪ Errichtung eines Fundaments zur Montage der Maschine	▪ Kaufpreis ▪ Notariatskosten ▪ Grunderwerbsteuer ▪ Grundsteuer ▪ Grundbuchgebühren für Eintragung des Eigentumsübergangs ▪ Darlehenszinsen ▪ Grundbuchgebühren für Eintragung einer Grundschuld zur Sicherung des Darlehens	▪ Listenpreis netto ▪ bezahlte Vorsteuer ▪ Anlieferung ▪ Vernetzung herstellen ▪ 50 CD-Rohlinge ▪ Skonto

4.12.3 Lineare Abschreibung

PDF

Anschaffungskosten für einen Pkw	34.650,00 EUR
Zeitpunkt der Anschaffung	16. Januar 16
Nutzungsdauer lt. AfA-Tabelle	6 Jahre

1. Bilden Sie den Buchungssatz und führen Sie die entsprechenden Konten für die Anschaffung des Pkws.
2. Erläutern Sie, welches Problem beim Abschluss des Kontos Fuhrpark am Jahresende auftritt.
3. Berechnen Sie den linearen Abschreibungsprozentsatz.
4. Bilden Sie den Buchungssatz für die lineare Abschreibung am 31.12.16 und nehmen Sie die entsprechenden Buchungen vor.
5. Wie lauten die Buchungssätze, um die Konten *6500 Abschreibungen auf Sachanlagen* und *0840 Fuhrpark* am Jahresende abzuschließen?
   Nehmen Sie die entsprechenden Abschlussbuchungen vor.
6. Erstellen Sie eine Tabelle mit dem vollständigen Abschreibungsverlauf.

4.12.4 Lineare Abschreibung mit Kontenführung

Die Textildruckerei erhält von Büromarkt Sutter nachfolgende Rechnung.

PDF

	10 Bürostühle zu je 1.150,00 EUR	11.500,00 EUR
+	Transport	500,00 EUR
=	Nettobetrag	12.000,00 EUR
+	19 % Umsatzsteuer	2.280,00 EUR
=	Rechnungsbetrag	14.280,00 EUR

Zahlbar innerhalb 4 Wochen ohne Abzug

1. Führen Sie für die nachfolgenden Teilaufgaben alle betroffenen T-Konten.
2. Bilden Sie den Buchungssatz für den Rechnungseingang am 14.06...
3. Bilden Sie den Buchungssatz für die Überweisung am 14.07...
4. Bilden Sie den Buchungssatz für die lineare Abschreibung zum 31.12...
   Nutzungsdauer für Bürostühle lt. AfA-Tabelle: 13 Jahre

4.13 Zeitliche Abgrenzung

4.13.1 Notwendigkeit und Formen zeitlicher Abgrenzung

HGB § 242 (2)

Alle buchführungspflichtigen Unternehmen sind verpflichtet, für den Schluss eines Geschäftsjahres eine Gewinn- und Verlustrechnung zu erstellen. Dafür müssen die Aufwendungen und Erträge zugrunde gelegt werden, die dem **laufenden Geschäftsjahr** zuzurechnen sind. Schwierigkeiten treten auf, wenn Geschäftsvorfälle des laufenden Geschäftsjahres bereits zu einer Buchung als Aufwendungen oder Erträge geführt haben, die sich aber erst im kommenden Geschäftsjahr auf das Ergebnis auswirken dürfen. Für diesen Fall ist es erforderlich, entsprechende „Korrekturbuchungen“ vorzunehmen, damit die GuV-Rechnung tatsächlich nur Aufwendungen bzw. Erträge enthält, die das laufende Geschäftsjahr betreffen (**periodengerechte Ergebnisermittlung**).

HGB § 252 Allgemeine Bewertungsgrundsätze

(1) Bei der Bewertung der im Jahresabschluss ausgewiesenen Vermögensgegenstände und Schulden gilt insbesondere ...

... Aufwendungen und Erträge des Geschäftsjahrs sind unabhängig von den Zeitpunkten der entsprechenden Zahlungen im Jahresabschluss zu berücksichtigen.

Die in diesem Zusammenhang vorzunehmenden **vorbereitenden Abschlussbuchungen** werden als **zeitliche Jahresabgrenzung** bezeichnet.

! **Mithilfe der zeitlichen Abgrenzung wird sichergestellt, dass in der Gewinn- und Verlustrechnung eines Geschäftsjahres genau die Aufwendungen und Erträge verrechnet werden, die dieses Geschäftsjahr betreffen (= periodengerechte Ergebnisermittlung).**

Periodengerechte Ergebnisermittlung

Der Buchhalter der Shirt-Shop GmbH stellt bei den Vorbereitungen für den Jahresabschluss fest, dass

(1) im vergangenen Geschäftsjahr einige angefallenen Ausgaben und Einnahmen schon als Aufwendungen und Erträge gebucht wurden, obwohl diese (teilweise) erst das nächste Geschäftsjahr betreffen	(2) einige Aufwendungen und Erträge, die (teilweise) das laufende Geschäftsjahr betreffen, noch nicht gebucht wurden, weil die Bezahlung (Ausgabe bzw. Einnahme) erst im nächsten Geschäftsjahr erfolgt.

Der Buchhalter stellt folgende Beispiele für solche Vorgänge, die zwei Geschäftsjahre betreffen, zusammen:

Ausgabe altes Jahr – Aufwand neues Jahr	Aufwand altes Jahr – Ausgabe neues Jahr
Lastschrift auf dem Bankkonto am 01. Juli: Versicherungsprämie für den Geschäftswagen für 1 Jahr im Voraus 900,00 EUR.	Die Dezembermiete für die gemieteten Geschäftsräume wird erst im Januar gezahlt: 2.500,00 EUR.
Einnahme altes Jahr – Ertrag neues Jahr	**Ertrag altes Jahr – Einnahme neues Jahr**
Gutschrift auf dem Bankkonto am 01. November: Mietzahlung für ein vermietetes Außenlager für 3 Monate im Voraus 3.000,00 EUR	Die Zinsen für ein aus Geschäftsmitteln gewährtes Darlehen für den Zeitraum 01. Nov. bis 31. Jan. werden erst im Febr. des nächsten Jahres gutgeschrieben: 600,00 EUR

Die Ergebniswirksamkeit (Aufwendungen und Erträge) der vier Vorgänge betrifft teilweise das alte und teilweise das neue Geschäftsjahr. Um für beide Jahre ein periodengerechtes Ergebnis ermitteln zu können, ist eine anteilige Zurechnung der Aufwendungen und Erträge auf die beiden Jahre nötig (= zeitliche Abgrenzung).

Die vier verschiedenen Fälle, die eine zeitliche Abgrenzung nötig machen, lassen sich wie folgt systematisieren.

Aufg. 14.3.1 S. 244

Formen der zeitlichen Abgrenzung

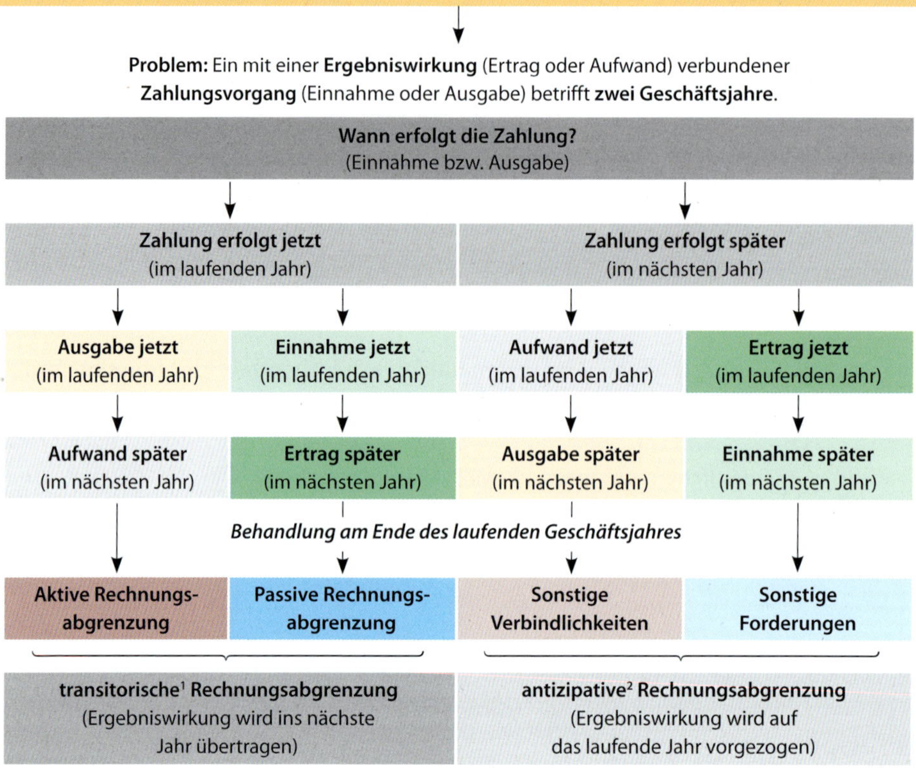

HGB § 250 (1) u. (2)

1 transire (lat.): hinübergehen 2 antizipieren (lat.): vorwegnehmen

4.13.2 Transitorische Rechnungsabgrenzung: Aktive und passive Rechnungsabgrenzungsposten

Aktive Rechnungsabgrenzung

Die im laufenden Geschäftsjahr anfallenden Buchungen werden ausschließlich nach Belegen vorgenommen. So wird z. B. die vom betrieblichen Bankkonto abgebuchte Kfz-Versicherung (Zahlungsvorgang) der Wertstellung auf dem Bankauszug entsprechend gebucht. Zu diesem Zeitpunkt wird normalerweise noch nicht geprüft, auf welche Geschäftsjahre sich der Versicherungsschutz und damit der zu buchende Versicherungsaufwand genau beziehen. Am Ende des Geschäftsjahres muss jedoch dafür gesorgt werden, dass in der Gewinn- und Verlustrechnung nur Beträge ausgewiesen werden, die das abzuschließende Geschäftsjahr betreffen.

HGB § 250 (1)

! Wurden während des laufenden Geschäftsjahres Ausgaben getätigt, die Aufwendungen für das neue Geschäftsjahr darstellen, so ist eine aktive Rechnungsabgrenzung vorzunehmen.

Ein im alten Geschäftsjahr „zu hoch" gebuchter Aufwand wird durch die Buchung

2900 Aktive Rechnungsabgrenzung an Aufwandskonto

korrigiert (verringert).

Gliederung der **Aktivseite** der Bilanz unter Berücksichtigung von Rechnungsabgrenzungsposten:
A. Anlagevermögen
B. Umlaufvermögen
C. Rechnungsabgrenzungsposten
...

Das Konto **2900 Aktive Rechnungsabgrenzung** ist ein Bestandskonto, das auf der Aktivseite der Bilanz ausgewiesen wird. Es enthält Leistungsforderungen des Unternehmens, z. B. an eine Versicherungsgesellschaft. Diese Leistungsforderungen eines Unternehmens haben eine andere Bedeutung als die im Umlaufvermögen ausgewiesenen Forderungen aus Lieferungen und Leistungen. Die aktiven Rechnungsabgrenzungsposten müssen daher in der Bilanz nach dem Anlage- und Umlaufvermögen gesondert ausgewiesen werden. HGB §§ 247 (1), 266 (1)

Buchungen im Zusammenhang mit aktiver Rechnungsabgrenzung

Am 01. Juli des laufenden Geschäftsjahres wird die Kfz-Versicherungsprämie für das betriebliche Fahrzeug für ein Jahr im Voraus per Bankeinzug beglichen. Die Jahresprämie beträgt 900,00 EUR.

– Buchungen im alten Geschäftsjahr –

Buchung am 01.07. des laufenden Geschäftsjahres (laufende Buchung)

Konten	Soll/EUR	Haben/EUR
(1) 6900 Versicherungsbeiträge	900,00	
an 2800 Bank		900,00

Buchungen zum Bilanzstichtag 31.12. ..

a) **Vorbereitende Abschlussbuchung**

Konten	Soll/EUR	Haben/EUR
(2) 2900 Aktive Rechnungsabgrenzung	450,00	
an 6900 Versicherungsbeiträge		450,00

b) **Abschlussbuchungen**

Konten	Soll/EUR	Haben/EUR
(3) 8010 Schlussbilanzkonto	450,00	
an 2900 Aktive Rechnungsabgrenzung		450,00
(4) 8020 GuV-Konto	450,00	
an 6900 Versicherungsbeiträge		450,00

– Buchungen im neuem Geschäftsjahr –

Eröffnungsbuchungen

a) Eröffnung des Kontos „2900 Aktive Rechnungsabgrenzung"

Konten	Soll/EUR	Haben/EUR
(5) 2900 Aktive Rechnungsabgrenzung	450,00	
Vortrag des Anfangsbestands		

b) Übertragung des Aufwandes, der das neue Geschäftsjahr betrifft

Konten	Soll/EUR	Haben/EUR
(6) 6900 Versicherungsbeiträge	450,00	
an 2900 Aktive Rechnungsabgrenzung		450,00

Darstellung der Aktiven Rechnungsabgrenzung im Kontensystem

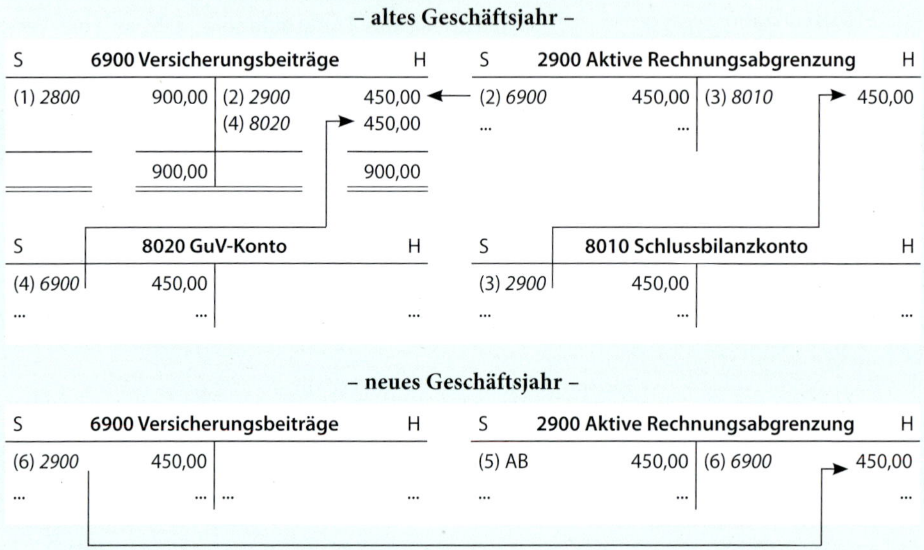

Passive Rechnungsabgrenzung

Erzielt ein Unternehmen im laufenden Geschäftsjahr Einnahmen, die Erträge des neuen Geschäftsjahres darstellen (z. B. Mieter eines Lagers zahlt die Januarmiete bereits im Dezember), so dürfen diese das ausgewiesene Ergebnis des alten Geschäftsjahres nicht beeinflussen. Ein periodengerechter Ergebnisausweis wird in diesem Falle durch die Bildung eines passiven Rechnungsabgrenzungspostens erreicht.

HGB § 266 (3)

Gliederung der **Passivseite** der Bilanz unter Berücksichtigung von Rechnungsabgrenzungsposten:
A. Eigenkapital
B. Rückstellungen
C. Verbindlichkeiten
D. Rechnungsabgrenzungsposten

Die passiven Rechnungsabgrenzungsposten werden auf der Passivseite einer Bilanz an letzter Stelle ausgewiesen.

HGB § 250 (2)

! Wurden während des laufenden Geschäftsjahres Einnahmen erzielt, die Erträge für das neue Geschäftsjahr darstellen, so ist eine passive Rechnungsabgrenzung vorzunehmen.

Ein im alten Geschäftsjahr „zu hoch" gebuchter Ertrag wird durch die Buchung

Ertragskonto an 4900 Passive Rechnungsabgrenzung

korrigiert (verringert).

Buchungen im Zusammenhang mit passiver Rechnungsabgrenzung

Am 01. November des laufenden Geschäftsjahres hat der Mieter eines Lagerraumes die Miete für drei Monate im Voraus durch Banküberweisung beglichen. Die Miete beläuft sich auf 3.000 EUR.

– Buchungen im alten Geschäftsjahr –

Buchung am 01.11. des laufenden Geschäftsjahres (laufende Buchung)

Konten	Soll/EUR	Haben/EUR
(1) 2800 Bank	3.000,00	
an 5080 Erträge aus Vermietung und Verpachtung		3.000,00

Buchungen zum Bilanzstichtag 31.12. ..

a) **Vorbereitende Abschlussbuchung**

Konten	Soll/EUR	Haben/EUR
(2) 5080 Erträge aus Vermietung und Verpachtung	1.000,00	
an 4900 Passive Rechnungsabgrenzung		1.000,00

b) **Abschlussbuchungen**

Konten	Soll/EUR	Haben/EUR
(3) 4900 Passive Rechnungsabgrenzung	1.000,00	
an 8010 Schlussbilanzkonto		1.000,00

Konten	Soll/EUR	Haben/EUR
(4) 5080 Erträge aus Vermietung und Verpachtung	2.000,00	
an 8020 GuV-Konto		2.000,00

– Buchungen im neuem Geschäftsjahr –

Eröffnungsbuchungen

a) Eröffnung des Kontos „4900 Passive Rechnungsabgrenzung"

Konten	Soll/EUR	Haben/EUR
(5) Vortrag des Anfangsbestands		
4900 Passive Rechnungsabgrenzung		1.000,00

b) Übertragung des Ertrages, der das neue Geschäftsjahr betrifft

Konten	Soll/EUR	Haben/EUR
(6) 4900 Passive Rechnungsabgrenzung	1.000,00	
an 5080 Erträge aus Vermietung und Verpachtung		1.000,00

Darstellung der Passiven Rechnungsabgrenzung im Kontensystem

– altes Geschäftsjahr –

S	5080 Erträge a. Vermietung u. Verpachtung		H
(2) *4900*	1.000,00	(1) *2800*	3.000,00
(4) *8020*	2.000,00		
	3.000,00		3.000,00

S	4900 Passive Rechnungsabgrenzung		H
(3) *8010*	1.000,00	(2) *5400*	1.000,00
...	...		

S	8020 GuV-Konto		H
		(4) *5080*	2.000,00
...	...	...	...

S	8010 Schlussbilanzkonto		H
		(3) *4900*	1.000,00
...	...	...	...

– neues Geschäftsjahr –

S	5080 Erträge a. Vermietung u. Verpachtung		H
		(6) *4900*	1.000,00
...	...	...	...

S	4900 Passive Rechnungsabgrenzung		H
(6) *5080*	1.000,00	(5) AB	1.000,00
...	...		

Zusammenfassende Übersicht zu 4.13.2:
Transitorische Rechnungsabgrenzung: Aktive und passive Rechnungsabgrenzung

Zeitliche Abgrenzung				
Art	**Vorgang**	**Bilanzstichtag**		**Buchung im alten Geschäftsjahr**
		altes Geschäftsjahr	**neues Geschäftsjahr**	
Transitorische Rechnungsabgrenzung	Ausgaben des **alten** Geschäftsjahres betreffen (teilweise) das Ergebnis des **neuen** Geschäftsjahres und müssen im neuen Geschäftsjahr als Aufwand erfasst werden.	**Ausgabe**	**Aufwand**	**2900 Aktive Rechnungsabgrenzung (ARA)** an Aufwandskonto
	Einnahmen des **alten** Geschäftsjahres betreffen (teilweise) das Ergebnis des **neuen** Geschäftsjahres und müssen im neuen Geschäftsjahr als Ertrag erfasst werden.	**Einnahme**	**Ertrag**	Ertragskonto an **4900 Passive Rechnungsabgrenzung (PRA)**

4.13.3 Antizipative Rechnungsabgrenzung: Sonstige Verbindlichkeiten und sonstige Forderungen

Sonstige Verbindlichkeiten

Liegen am Bilanzstichtag **Aufwendungen** vor, für die **noch keine Zahlungen** angefallen sind, so müssen diese in der Gewinn- und Verlustrechnung des laufenden Geschäftsjahres berücksichtigt werden. Dafür ist die nachfolgende **vorbereitende Abschlussbuchung** zu bilden:

Aufwandskonto an 4890 Sonstige Verbindlichkeiten

Buchung im Zusammenhang mit sonstigen Verbindlichkeiten

Die Shirt-Shop GmbH überweist die Dezembermiete für die gemieteten Geschäftsräume für einen Lagerplatz am 04. Januar des neuen Geschäftsjahres (2.500,00 EUR).

– Buchungen im alten Geschäftsjahr –

31.12. des laufenden Geschäftsjahres:
a) **vorbereitende Abschlussbuchung:**

Konten	Soll/EUR	Haben/EUR
(1) 6700 Miete, Pachten	2.500,00	
an 4890 sonstige Verbindlichkeiten		2.500,00

b) **Abschlussbuchungen:**

Konten	Soll/EUR	Haben/EUR
(2) 8020 GuV-Konto	2.500,00	
an 6700 Miete, Pachten		2.500,00

Konten	Soll/EUR	Haben/EUR
(3) 4890 sonstige Verbindlichkeiten	2.500,00	
an 8010 Schlussbilanzkonto		2.500,00

– Buchungen im neuem Geschäftsjahr –

a) **Eröffnungsbuchung am 02.01. ...:** (4) Vortrag des AB auf Konto 4890 sonst. Verb.
b) **Banküberweisung am 04.01. ...** (Laufende Buchung)

Konten	Soll/EUR	Haben/EUR
(5) 4890 sonstige Verbindlichkeiten	2.500,00	
an 2800 Bank		2.500,00

Darstellung der Buchungen zu den sonstigen Verbindlichkeiten

– altes Geschäftsjahr –

S	6700 Miete, Pacht		H
(1) *4890*	2.500,00	(2) *8020*	2.500,00
...	...	...	...

S	4890 sonstige Verbindlichkeiten		H
(3) *8010*	2.500,00	(1) *6700*	2.500,00
...	...	...	...

S	8020 GuV-Konto		H
(2) *6700*	2.500,00		
...	...	...	...

S	8010 Schlussbilanzkonto		H
		(3) *4890*	2.500,00
...	...	...	...

– neues Geschäftsjahr –

S	2800 Bank		H
		(5) *4890*	2.500,00
...	...	...	...

S	4890 sonstige Verbindlichkeiten		H
(5) *2800*	2.500,00	(4) AB	2.500,00
...	...	...	...

Sonstige Forderungen

Erträge, die dem laufenden Geschäftsjahr zuzurechnen sind, **aber bisher noch zu keinen Einnahmen** geführt haben, müssen in der Ergebnisrechnung des laufenden Geschäftsjahres berücksichtigt werden. Dafür ist die nachfolgende **vorbereitende Abschlussbuchung** zu bilden:

2690 Sonstige Forderungen an Ertragskonto

Buchung im Zusammenhang mit sonstigen Forderungen

Die Zinsen in Höhe von 600,00 EUR für die Zeit vom 01. Nov. bis 31. Jan. aus einem gewährten Darlehen werden auf dem betrieblichen Bankkonto am 03.02. des neuen Geschäftsjahres gutgeschrieben.

– Buchungen im alten Geschäftsjahr –

31.12. des laufenden Geschäftsjahres:

a) **vorbereitende Abschlussbuchung:**

Konten	Soll/EUR	Haben/EUR
(1) 2690 sonstige Forderungen	400,00	
an 5710 Zinserträge		400,00

b) **Abschlussbuchungen:**

Konten	Soll/EUR	Haben/EUR
(2) 8010 Schlussbilanzkonto	400,00	
an 2690 sonstige Forderungen		400,00

Konten	Soll/EUR	Haben/EUR
(3) 5710 Zinserträge	400,00	
an 8020 GuV-Konto		400,00

– Buchungen im neuem Geschäftsjahr –

a) **Eröffnungsbuchung am 02.01. ...** (4) Vortrag des AB (400,00 EUR) auf Konto 2690 sonst. Ford.

b) **Banküberweisung am 03.02. ...** (Laufende Buchung)

Konten	Soll/EUR	Haben/EUR
(5) 2800 Bank	600,00	
an 2690 sonstige Forderungen		400,00
5710 Zinserträge		200,00

Darstellung der Buchungen zu den sonstigen Forderungen

– altes Geschäftsjahr –

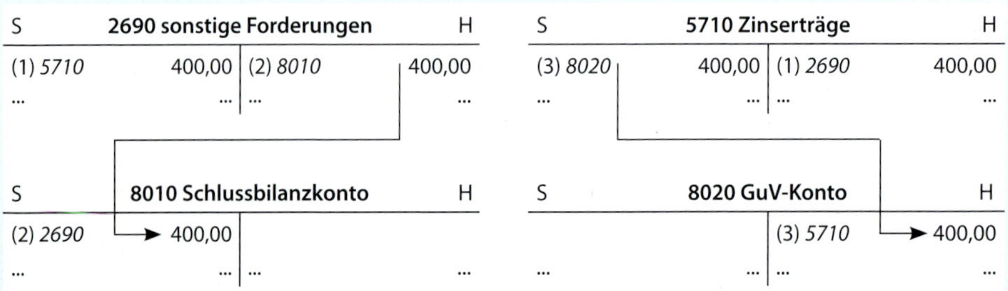

– neues Geschäftsjahr –

S	2800 Bank		H
(5) *2690/5710*	600,00		

S	2690 sonstige Forderungen		H
(4)	400,00	(5) *2800*	400,00
		...	

S	5710 Zinserträge		H
		(5) *2800*	200,00

Aufg. 4.13.2 bis 4.13.4 S. 245

Zusammenfassende Übersicht zu 4.13.3:
Antizipative Rechnungsabgrenzung: Sonstige Verbindlichkeiten und sonstige Forderungen

Zeitliche Abgrenzung				
Art	**Vorgang**	**Bilanzstichtag**		**Buchung im alten Geschäftsjahr**
		altes Geschäftsjahr	**neues Geschäftsjahr**	
Antizipative Rechnungsabgrenzung	Ausgaben des **neuen** Geschäftsjahres betreffen (teilweise) das Ergebnis des **alten** Geschäftsjahres und müssen im alten Geschäftsjahr als Aufwand erfasst werden.	**Aufwand**	**Ausgabe**	Aufwandskonto an **4890 Sonstige Verbindlichkeiten**
	Einnahmen des **neuen** Geschäftsjahres betreffen (teilweise) das Ergebnis des **alten** Geschäftsjahres und müssen im alten Geschäftsjahr als Ertrag erfasst werden.	**Ertrag**	**Einnahme**	**2690 Sonstige Forderungen** an Ertragskonto

Zusammenfassende Übersicht zu 4.13: Zeitliche Abgrenzung

Ziel: Periodengerechte Ergebnisermittlung
Problem: Geschäftsvorfälle, bei denen der **Zahlungsvorgang** und die **Ergebniszuordnung** nicht in die gleiche Periode fallen.
Lösung: Zeitliche Abgrenzung dieser Geschäftsvorfälle zum Bilanzstichtag („Korrekturbuchungen" mit Abgrenzungskonten)

Abgrenzungskonten	Altes Geschäftsjahr	Neues Geschäftsjahr	Formen der Jahresabgrenzung
2900 Aktive Rechnungsabgrenzung	**Ausgabe**	**Aufwand**	**Transitorische Rechnungsabgrenzungsposten**
4900 Passive Rechnungsabgrenzung	**Einnahme**	**Ertrag**	
4890 Sonstige Verbindlichkeiten	**Aufwand**	**Ausgabe**	**Antizipative Rechnungsabgrenzungsposten**
2690 Sonstige Forderungen	**Ertrag**	**Einnahme**	

WIEDERHOLUNG DES GRUNDWISSENS

4.13 Zeitliche Abgrenzung

1. Was bedeutet periodengerechte Ergebnisermittlung?
2. Nennen Sie Beispiele, bei denen eine zeitliche Jahresabgrenzung vorgenommen werden muss.
3. Wann ist eine aktive Rechnungsabgrenzung erforderlich?
4. Wie lautet der Buchungssatz für die Bildung eines aktiven Rechnungsabgrenzungspostens?
5. Wie lautet der Buchungssatz für die Auflösung eines aktiven Rechnungsabgrenzungspostens?
6. An welcher Stelle der Schlussbilanz wird ein aktiver Rechnungsabgrenzungsposten ausgewiesen?
7. In welchem Fall ist eine passive Rechnungsabgrenzung erforderlich?
8. Wie lautet der Buchungssatz für die Bildung eines passiven Rechnungsabgrenzungspostens?
9. Wie lautet der Buchungssatz für die Auflösung eines passiven Rechnungsabgrenzungspostens?
10. An welcher Stelle der Schlussbilanz wird ein passiver Rechnungsabgrenzungsposten ausgewiesen?
11. Unterscheiden Sie zwischen transitorischer und antizipativer Rechnungsabgrenzung.
12. In welchem Fall wird im Rahmen der vorbereitenden Abschlussbuchungen auf das Konto „Sonstige Verbindlichkeiten" gebucht?
13. Wie lautet der Buchungssatz für die Bildung „sonstiger Verbindlichkeiten"?
14. Wann wird im Rahmen der vorbereitenden Abschlussbuchungen auf das Konto „Sonstige Forderungen" gebucht?
15. Wie lautet der Buchungssatz für die Bildung „sonstiger Forderungen"?

AUFGABEN ZUM ERWERB UND ZUR KONTROLLE VON KOMPETENZEN

4.13 Zeitliche Abgrenzung

4.13.1 Notwendigkeit und Formen zeitlicher Abgrenzung

PDF

Kreuzen Sie in einer Tabelle nach folgendem Muster die am 31.12. vorzunehmende zeitliche Abgrenzung an. Wie lautet jeweils der allgemeine Buchungssatz zum 31.12.?

Fälle	ARA	PRA	sonst. Ford.	sonst. Vbl.	keine Abgrenzung
1. Die Miete für November bis Januar wird uns am 10.12. des laufenden Geschäftsjahres überwiesen.					
2. Für den Kopierer überweisen wir die Leasingrate für Dezember am 10.01. des neuen Geschäftsjahres.					
3. Die Müllgebühren für das laufende Geschäftsjahr werden am 28.02. des neuen Geschäftsjahres überwiesen.					
4. Die Bank belastet uns am 30.12. mit Zinsen für Dezember bis Februar.					
5. Der Mieter einer Werkswohnung befindet sich am 31.12. d. J. mit drei Monatsmieten im Rückstand.					
6. Ein Kunde hat für einen Sonderauftrag, der erst im neuen Jahr ausgeführt werden kann, bereits im Dezember eine Anzahlung in Höhe von 6.000 EUR geleistet.					

4.13.2 Transitorische Rechnungsabgrenzung: Aktive und passive Rechnungsabgrenzungsposten

Bei einem Industriebetrieb sind folgende Vorgänge zu buchen:

1. Überweisung der Lagermiete (800,00 EUR) für Januar des folgenden Geschäftsjahres am 21.12. d. J. Welche Buchungen sind vorzunehmen
   a) am 21.12. d. J., b) am 31.12. d. J., c) am 01.01. n. J.?
2. Ein Darlehensschuldner überweist Zinsen für das erste Vierteljahr des folgenden Geschäftsjahres am 12. Dezember d. J. auf unser Bankkonto (180,00 EUR). Welche Buchungen sind vorzunehmen
   a) am 12.12. d. J., b) am 31.12. d. J., c) am 01.01. n. J.?
3. Ein Werksangehöriger begleicht seine Dezembermiete für eine Werkswohnung erst am 04. Januar des nächsten Geschäftsjahres (480,00 EUR). Welche Buchungen sind vorzunehmen
   a) am 31.12. d. J., b) am 01.01. n. J., c) am 04.01. n. J.?
4. Die Zinsen für das Halbjahr vom 01.07. bis 31.12. d. J. werden erst am 06. Januar des neuen Geschäftsjahres von unserem Bankkonto abgebucht (360,00 EUR). Welche Buchungen sind vorzunehmen
   a) am 31.12. d. J., b) am 01.01. n. J., c) am 06.01. n. J.?

4.13.3 Antizipative Rechnungsabgrenzung: Sonstige Verbindlichkeiten und sonstige Forderungen

Kontoauszug **Bayerische Bank**

			Alter Kontostand
Konto-Nr. 13579	Saldo vom 28.12.		**+ 8.000,00 EUR**
Pos.		Lastschrift	Gutschrift
1	Miete Außenlager für Jan.		1.200,00
2	Müllentsorgung für Jan.	300,00	
3	Aushilfe Inventur 26.12.	500,00	

Auszugsdatum: 28.12. Auszugs-Nr. 290

Shirt-Shop GmbH
Lindenstraße 14
97080 Würzburg

Neuer Kontostand **+ 8.400,00 EUR**

1. Prüfen Sie, ob der bereits gebuchte Kontoauszug eine zeitliche Abgrenzung erforderlich macht. Wie lautet gegebenenfalls die Abgrenzungsbuchung am 31.12.?
2. Die vorläufige GuV der Shirt-Shop GmbH weist einen Saldo von 24.000,00 EUR im Soll aus. Wie lautet das Ergebnis nach den Abgrenzungsbuchungen?

4.13.4 Bilanz mit Rechnungsabgrenzungsposten erstellen

Nebenstehend ist in alphabetischer Reihenfolge die Saldenliste der Möbelschreinerei Schneble e. Kfm. gegeben.

1. Welche Bedeutung haben die bei der aktiven und passiven Rechnungsabgrenzung ausgewiesenen Salden?
2. Ermitteln Sie das Eigenkapital.
3. Erstellen Sie die Bilanz der Möbelschreinerei.

Aktive Rechnungsabgrenzung	2.000,00
BGA	18.000,00
Darlehen	100.000,00
Disagio	1.000,00
Eigenkapital	?
Forderungen aus LuL	13.000,00
Fuhrpark	37.000,00
Guthaben bei Kreditinstituten	28.000,00
Kasse	2.500,00
Maschinen	170.000,00
Passive Rechnungsabgrenzung	1.400,00
Rohstoffe	22.000,00
Sonstige Forderungen	2.800,00
Sonstige Verbindlichkeiten	3.100,00
Umsatzsteuer	8.900,00
Verbindlichkeiten aus LuL	26.600,00
Vorsteuer	3.700,00

4.14 Rückstellungen

4.14.1 Ursachen und Arten von Rückstellungen

Bei manchen Aufwendungen, die dem laufenden Geschäftsjahr zuzurechnen sind, steht zwar zum Ende des Geschäftsjahres fest, dass im neuen Geschäftsjahr entsprechende Zahlungsverpflichtungen anfallen werden. Allerdings sind die Höhe des Aufwands bzw. der Zahlungsverpflichtung und/oder der Fälligkeitstermin der Zahlung noch nicht genau bekannt. Wenn solche Informationen bei der Erstellung des Jahresabschlusses nicht berücksichtigt werden, würde die Vermögens- und Ertragslage des Unternehmens für das laufende Jahr nicht zutreffend dargestellt. Die Höhe solcher Aufwendungen muss daher **geschätzt** und dem laufenden Geschäftsjahr zugerechnet werden.

! **Für Aufwendungen des laufenden Geschäftsjahres, deren Höhe und/oder Fälligkeitszeitpunkt am Bilanzstichtag nicht genau feststehen, sind Rückstellungen zu bilden.**

HGB § 266 (3)

! **Rückstellungen sind Verbindlichkeiten. Sie müssen auf der Passivseite der Bilanz als besondere Art von Fremdkapital ausgewiesen werden.**

Das Handelsrecht schreibt die Bildung von Rückstellungen für folgende Fälle zwingend vor (**Passivierungspflicht**).

HGB § 249

Rückstellungen für Außenverpflichtungen = Rückstellungen aufgrund rechtlichen oder wirtschaftlichen Verpflichtung gegenüber Dritten[1]	Rückstellungen für Innenverpflichtungen = Rückstellungen für Aufwendungen, für die keine rechtliche Verpflichtung gegenüber Dritten besteht (Aufwandsrückstellungen)[2]
Rechtliche Verpflichtungen ■ **ungewisse Verbindlichkeiten** Pensionszusagen, Zahlungsverpflichtungen aus noch nicht abgeschlossenen Gerichtsprozessen, Gewerbesteuernachzahlungen, gesetzliche Gewährleistungsverpflichtungen, ... ■ **drohende Verluste aus schwebenden Geschäften (Drohverlustrückstellungen)** Die Materialkosten für noch herzustellende Erzeugnisse, für die aber mit dem Käufer bereits ein Festpreis vereinbart wurde, erhöhen sich unerwartet.	Rechtliche Verpflichtungen ■ **unterlassene Aufwendungen für Instandsetzungen, die Innerhalb der ersten drei Monate des neuen Geschäftsjahres nachgeholt werden** Das Dach eines Betriebsgebäudes, das durch einen Sturm im Dezember beschäftigt wurde, soll im Januar repariert werden. ■ unterlassene Abraumbeseitigung, die im nächsten Kalenderjahr nachgeholt werden soll Gesteinsmaterial, das beim Abbau von Braunkohle im laufenden Jahr angefallen ist, wird erst im nächsten Jahr beseitigt.

1 Rückstellungen für Außenverpflichtungen werden auch als „Schuldrückstellungen“ bezeichnet, weil eine Verpflichtung (Schuld) des Unternehmens gegenüber einem Dritten besteht.

2 Rückstellungen für Innenverpflichtungen werden auch als „Aufwandrückstellungen“ bezeichnet, weil sie nicht auf einer Verbindlichkeit gegenüber einem Dritten, sondern nur auf einem Aufwand beruhen. Rückstellungen stellen also nicht immer gleichzeitig auch eine Verbindlichkeit im rechtlichen Sinne (z. B. Zahlungsverpflichtung aus einem Vertrag) dar.

Fortsetzung von der vorherigen Seite	
Rückstellungen für Außenverpflichtungen = Rückstellungen aufgrund rechtlichen oder wirtschaftlichen Verpflichtung gegenüber Dritten	**Rückstellungen für Innenverpflichtungen = Rückstellungen für Aufwendungen, für die keine rechtliche Verpflichtung gegenüber Dritten besteht (Aufwandsrückstellungen)**
Rechtliche Verpflichtungen ■ **Gewährleistungen ohne rechtliche Verpflichtungen (Kulanzrückstellungen)** Aus Konkurrenzgründen bietet Autohändler A an, bei einem Neuwagenkauf auch bis zu einem Jahr nach Ablauf der 2-jährigen gesetzlichen Gewährleistungsfrist (nicht unfallbedingte) Reparaturen kostenlos auszuführen, wenn das Fahrzeug regelmäßig in der Werkstatt des A gewartet wurde.	*Beispiele siehe vorherige Seite*

Für alle anderen Zwecke ist die Bildung von Rückstellungen verboten **(Passivierungsverbot)**.

Rückstellungen dienen dem vollständigen Ausweis der Schulden und der periodengerechten Ergebnisermittlung.

4.14.2 Bildung und Auflösung von Rückstellungen

Buchung bei der Bildung von Rückstellungen im alten Geschäftsjahr

Rückstellungen werden im Rahmen der vorbereitenden Abschlussbuchungen gebildet. Der dafür erforderliche Buchungssatz lautet immer:

Aufwandskonto an Konto Rückstellungen

Buchung bei der Bildung von Rückstellungen

Bei einem Rechtsstreit mit einem Kunden muss am Abschlussstichtag davon ausgegangen werden, dass Prozesskosten in Höhe von etwa 3.000 EUR anfallen werden. Da es sich um eine ungewisse Verbindlichkeit handelt, ist am 31.12 eine Rückstellung zu bilden (= **Passivierungspflicht**).

Konto	Soll/EUR	Haben/EUR
6770 Rechts- und Beratungskosten	3.000,00	
an **3900 Sonstige Rückstellungen**		**3.000,00**

S	6770 Rechts-/Beratungskosten		H
3900	**3.000,00**	*8020*	3.000,00

S	3900 Sonstige Rückstellungen		H
8010	3.000,00	*6770*	3.000,00

S	8020 GuV-Konto		H
6770	3.000,00		
...		...	

Aktiva	8010 Schlussbilanzkonto		Passiva
...		...	
...		*3900*	3.000,00
		...	

Aufg. 4.14.1 und 4.14.2 S. 250 f.

Je nach Art der Rückstellung sind im Kontenrahmen in **Kontenklasse 3** mehrere Rückstellungskonten (z. B. 3800 Steuerrückstellungen) vorgesehen. Die **Vorsteuer**, die bei umsatzsteuerpflichtigen Vorgängen anfällt, darf bei der Bildung der Rückstellung nicht berücksichtigt werden, da zu diesem Zeitpunkt noch keine Rechnung vorliegt.

Die Bildung von Rückstellungen führt auf der Passivseite der Bilanz zum Ausweis einer Verbindlichkeit. In gleicher Höhe wird in der **Gewinn- und Verlustrechnung** des laufenden Geschäftsjahres ein Aufwand ausgewiesen. Damit wird der Gewinn dieses Geschäftsjahres gemindert mit der Folge einer geringeren Belastung mit **gewinnabhängigen Steuern** (z. B. Gewerbesteuer).

! **Die Bildung von Rückstellungen mindert wegen der damit einhergehenden Aufwandsbuchung den Gewinn und damit auch die gewinnabhängigen Steuern.**

Buchungen bei der Auflösung von Rückstellungen im neuen Geschäftsjahr

Zu Beginn des neuen Geschäftsjahres werden die Rückstellungen aus dem vorangegangenen Geschäftsjahr in das neue Geschäftsjahr übernommen und bis zu ihrer Auflösung als Verbindlichkeiten geführt.

! **Rückstellungen sind aufzulösen, wenn der Grund für ihre Bildung nicht mehr besteht.**

Es wäre reiner Zufall, wenn die tatsächlich anfallende Zahlungsverpflichtung dem zuvor geschätzten Wert genau entspricht. Die Schätzung kann dazu führen, dass die Rückstellung entweder zu hoch angesetzt ist (= **Überbewertung**) oder zu niedrig angesetzt ist (= **Unterbewertung**). Je nach Höhe der Schätzung sind für die **Buchung der Auflösung** der Rückstellung **drei Fälle** mit folgenden Wirkungen für die GuV-Rechnung denkbar:

1. Fall Schätzung der Rückstellung = Zahlungsverpflichtung	**2. Fall** Schätzung der Rückstellung > Zahlungsverpflichtung	**3. Fall** Schätzung der Rückstellung < Zahlungsverpflichtung
Rückstellungen an Zahlungskonto (z. B. Bank)	**Rückstellungen** an Zahlungskonto (z. B. Bank) und **Erträge aus der Auflösung oder Herabsetzung von Rückstellungen**	**Rückstellungen** *und* **Aufwandskonto** (z. B. Rechtsberatungskosten) an Zahlungskonto (z. B. Bank)
Keine weitere Auswirkung in der GuV des neuen Geschäftsjahres (**ergebnisneutral**).	Wegen der **Ertragsbuchung** wird der Gewinn des neuen Geschäftsjahres **erhöht**.	Wegen der **Aufwandsbuchung** wird der Gewinn des neuen Geschäftsjahres **verringert**.

! **Wenn die Höhe der gebildeten Rückstellung von der tatsächlichen Zahlungsverpflichtung abweicht, führt die Auflösung von Rückstellungen zu ergebniswirksamen Berichtigungsbuchungen.**

Buchung bei der Auflösung von Rückstellungen

Für einen drohenden Rechtsstreit wurden für Prozesskosten am 31.12. des Vorjahres Rückstellungen in Höhe von 3.000,00 EUR gebildet. Nach Beendigung des Rechtsstreits wird am 10. April des laufenden Jahres der fällige Betrag überwiesen.

1. Fall Überweisungsbetrag = **3.000,00 EUR**	**2. Fall** Überweisungsbetrag = **2.500,00 EUR**	**3. Fall** Überweisungsbetrag = **3.600,00 EUR**
Rückstellung **entspricht** der Zahlungsverpflichtung	Rückstellung ist **größer** als die Zahlungsverpflichtung	Rückstellung ist **kleiner** als die Zahlungsverpflichtung

Buchung bei der Überweisung an die Gerichtskasse am 10. April

Konto	Soll/EUR	Haben/EUR
3900 Sonstige Rückstellungen	**3.000,00**	
an 2800 Bank		3.000,00
3900 Sonstige Rückstellungen	**3.000,00**	
an 2800 Bank		2.500,00
5480 Erträge aus der Auflösung oder Herabsetzung von Rückstellungen		**500,00**
3900 Sonstige Rückstellungen	**3.000,00**	
6770 Rechts- und Beratungskosten	**600,00**	
an 2800 Bank		3.600,00

Darstellung der Auflösung von Rückstellungen im Kontensystem

Buchung am 10.04.

1. Fall: Rückstellung entspricht der Zahlungsverpflichtung

S	3900 Sonstige Rückstellungen		H
2800	**3.000,00**	AB	3.000,00

S	2800 Bank		H
		3900	**3.000,00**

2. Fall: Rückstellung ist größer als die Zahlungsverpflichtung

S	3900 Sonstige Rückstellungen		H
2800	**3.000,00**	AB	3.000,00

S	2800 Bank		H
		3900	**2.500,00**

S	5480 Erträge aus der Herabsetzung von Rückstellungen		H
		3900	**500,00**

3. Fall: Rückstellung ist kleiner als die Zahlungsverpflichtung

S	3900 Sonstige Rückstellungen		H
2800	**3.000,00**	AB	3.000,00

S	2800 Bank		H
		3900/6770	**3.600,00**

S	6770 Rechts-/Beratungskosten		H
2800	**600,00**		

Aufg. 4.14.3 und 4.14.4 S. 251

Zusammenfassende Übersicht zu 4.14: Rückstellungen

Ziel der zeitlichen Abgrenzung: **Periodengerechte Ergebnisermittlung**

Rückstellungen werden auf der Passivseite der Bilanz ausgewiesen.

Rückstellungen für Außenverpflichtungen			Rückstellungen für Innenverpflichtungen	
ungewisse Verbindlichkeiten	drohende Verluste aus schwebenden Geschäften	Gewährleistungen, die ohne rechtliche Verpflichtung erbracht werden	im Geschäftsjahr unterlassene Aufwendungen für Instandhaltung, die im folgenden Geschäftsjahr innerhalb von drei Monaten nachgeholt werden.	Abraumbeseitigung, die im folgenden Geschäftsjahr nachgeholt wird

Buchungssatz: Aufwandskonto an Konto Rückstellungen

Ergebniswirkungen bei der Auflösung von Rückstellungen		
① Schätzung der Rückstellung = Zahlungsverpflichtung	② Schätzung der Rückstellung > Zahlungsverpflichtung	③ Schätzung der Rückstellung < Zahlungsverpflichtung
↓	↓	↓
ergebnisneutral	gewinnerhöhend	gewinnmindernd

Buchung der **Vorsteuer** erst dann, wenn eine Rechnung mit ausgewiesener Umsatzsteuer vorliegt.

WIEDERHOLUNG DES GRUNDWISSENS

4.14 Rückstellungen

1. Was ist unter Rückstellungen zu verstehen?
2. Weshalb müssen in bestimmten Fällen Rückstellungen gebildet werden?
3. Begründen Sie, ob im Falle einer unterlassenen Instandsetzung im neuen Geschäftsjahr eine Rückstellung gebildet werden muss.
4. Was bedeutet Passivierungspflicht?
5. Wie lautet der Buchungssatz für die Bildung von Rückstellungen?
6. Wie lauten die Buchungssätze bei der Auflösung von Rückstellungen, wenn die Rückstellung
   - gleich groß wie die Zahlungsverpflichtung
   - kleiner als die Zahlungsverpflichtung
   - größer als die Zahlungsverpflichtung

   ist?

AUFGABEN ZUM ERWERB UND ZUR KONTROLLE VON KOMPETENZEN

4.14 Rückstellungen

4.14.1 Berücksichtigung von Verbindlichkeiten beim Jahresabschluss – Bildung und Auflösung von Rückstellungen

In einer Schraubenfabrik sind im Rahmen des Jahresabschlusses noch folgende Vorgänge zu berücksichtigen.

❶ Am 15.12. wurden Rohstoffe im Wert von 20.000,00 EUR zzgl. 19 % USt mit einem Zahlungsziel von drei Monaten gekauft. Am 31.12. ist die Verbindlichkeit noch nicht bezahlt.

❷ Das Unternehmen wurde von einem Kunden wegen einer mangelhaften Lieferung auf Schadenersatz verklagt. Die genaue Höhe des Streitwertes, die Höhe der anfallenden Gerichts- und Anwaltskosten und der voraussichtliche Ausgang des Prozesses (gewonnen oder verloren) sind noch nicht abzusehen.

❸ In einem zurzeit wenig genutzten Außenlager wurde im Dezember durch einen Sturm das Dach erheblich beschädigt. Der Schaden soll im Januar des neuen Geschäftsjahres behoben werden. Der Kostenvoranschlag des Dachdeckers beläuft sich auf 25.000,00 EUR ohne USt. Unabhängig davon sollen im Mai weitere Reparatur- und Sanierungsarbeiten am Gebäude vorgenommen werden. Der dafür ausgearbeitete Kostenvoranschlag des Architekten beläuft sich auf 150.000,00 EUR.

1. Erläutern Sie, wodurch sich die drei Vorgänge hinsichtlich ihrer Berücksichtigung im Rahmen des Jahresabschlusses unterscheiden.
2. Bilden Sie für Vorgang ❶ die Buchungssätze zum 15.12. und 31.12.
3. Gehen Sie bei Vorgang ❷ von geschätzten Kosten in Höhe von 8.000,00 EUR aus und bilden Sie die Buchungssätze für die Buchungen zum 31.12.
4. Begründen Sie für Vorgang ❸, welche Buchung zum 31.12. vorgenommen werden muss und bilden Sie den entsprechenden Buchungssatz.
5. Ende Februar liegt die Abschlussrechnung für die Dachreparatur (vgl. Vorgang ❸) vor.
   Bilden Sie für folgende Fälle die Buchungssätze für die Begleichung des Rechnungsbetrags per Überweisung:
   a) Rechnungsbetrag 34.000,00 EUR zzgl. 19 % USt
   b) Rechnungsbetrag 22.000,00 EUR zzgl. 19 % USt

4.14.2 Bildung von Rückstellungen für drohende Verluste aus schwebenden Geschäften

Ein Bauunternehmer hat mit einem Kunden für die Erstellung eines Gebäudes Mitte November einen Festpreis in Höhe von 200.000,00 EUR vereinbart. Mit dem Bau wurde jedoch noch nicht begonnen. Am Abschlussstichtag werden die Herstellungskosten mit 210.000,00 EUR kalkuliert.

1. Weshalb muss in diesem Fall eine Rückstellung gebildet werden?
2. Wie lautet der Buchungssatz für die Bildung der Rückstellung am 31.12.?
3. Welche Auswirkung hat die Buchung der Rückstellung auf die Bilanz sowie die GuV?

4.14.3 Rückstellungen und Bilanzgliederung

Die Passivseite der Bilanz ist wie nebenstehend gegliedert:

1. Weshalb werden Rückstellungen in der Bilanz nicht dem Gliederungspunkt „C. Verbindlichkeiten“ zugeordnet?
2. Welchen Gliederungspunkten der Passivseite der Bilanz werden die nachfolgenden Vorfälle zugeordnet? Begründen Sie Ihre Antwort:
   a) Eine im Dezember eingegangene Lieferantenrechnung wird erst im Januar beglichen.
   b) Es wird damit gerechnet, dass im kommenden Jahr Gewerbesteuernachzahlungen bezahlt werden müssen.
   c) Die Dezembermiete wird erst im Januar überwiesen.
   d) Im August des kommenden Jahres wird eine Maschine generalüberholt.

4.14.4 Bildung und Auflösung von Rückstellungen für Zahlungsverpflichtungen aufgrund schwebender Prozesse

Ein laufender Prozess, den eine Fahrradfabrik gegen einen Lieferanten führt, ist zum 31.12. noch nicht abgeschlossen. Es wird mit Prozesskosten in Höhe von 8.000,00 EUR gerechnet.

Nachdem mit dem Prozessgegner ein Vergleich geschlossen wurde, wird am 15.03. im neuen Geschäftsjahr durch eine Mitteilung des Gerichts bekannt, dass insgesamt 3.800,00 EUR an Prozesskosten anfallen. Am 25.03 wird der Betrag per Überweisung beglichen.

1. Bilden Sie den Buchungssatz für die Rückstellung am 31.12.
2. Bilden Sie den Buchungssatz für den Rechnungseingang am 15.03.
3. Bilden Sie den Buchungssatz für die Überweisung am 25.03.

4.14.5 Passivierungspflicht oder Passivierungsverbot?

Prüfen Sie, ob die nachfolgenden Vorfälle zur Bildung einer Rückstellung führen:

1. Eine Maschine wird regelmäßig im Dezember gewartet (Instandhaltung). Wegen eines unerwarteten Großauftrages ist die Maschine jedoch im Dezember voll ausgelastet und die Instandhaltung kann nicht durchgeführt werden. Die Instandhaltung soll im Februar des nächsten Jahres nachgeholt werden, wenn der Großauftrag abgeschlossen ist. Es liegt ein Kostenvoranschlag in Höhe von 4.800,00 EUR zzgl. Umsatzsteuer vor.
2. Eine Produktionsanlage wurde bereits über zehn Jahre vollständig abgeschrieben. Im neuen Geschäftsjahr soll die Produktionsanlage verschrottet werden. Die Kostenschätzung für die Demontage und Verschrottung beläuft sich auf 4.000,00 EUR.
3. Die Dezembermiete für einen Lagerraum in Höhe von 600,00 EUR wird am 30.12. bezahlt.
4. Aus den letzten Jahren ist bekannt, dass den Kunden freiwillige Garantieleistungen in Höhe von durchschnittlich 3 % bezogen auf die Umsatzerlöse des abgelaufenen Geschäftsjahres gewährt werden.

Selbsteinschätzung zum Kompetenzerwerb zu Lernbereich 4:

	Mithilfe der Geschäftsbuchführung des Gesamtergebnis einer Unternehmung ermitteln	
Nr.	**Kompetenzerwartung** **Ich kann …**	**Noch Probleme? Kompetenzerwerb durch Bearbeitung folgender Kapitel und Aufgaben im Buch ...**
1	... auf Basis der Bilanzpositionen die Bestandskonten eröffnen ... Bestands- und Ergebniskonten im Hinblick auf ihre Ergebniswirksamkeit unterscheiden. ... Bestandskonten abschließen, um die Vermögens- und Kapitallage in der Bilanz abzubilden. ... Ergebniskonten abschließen, mithilfe der GuV das Gesamtergebnis ermitteln und dessen wesentliche Einflussfaktoren bestimmen.	Kap. 4.3 bis 4.5 Aufgaben 4.3.1 bis 4.3.9 4.4.1 bis 4.4.13 4.5.1 bis 4.5.6
2	... den erfolgsneutralen Saldo zwischen Umsatzsteuer und Vorsteuer berechnen und die notwendigen Ausgleichsbuchungen vornehmen.	Kap. 4.7 Aufgaben 4.7.1 bis 4.7.7
3	... die anfallenden Aufwendungen für Vorräte verbuchen und den jeweiligen Jahresgesamtverbrauch ermitteln.	Kap. 4.8 Aufgaben 4.8.1 bis 4.8.11
4	... die anfallenden Verkaufserlöse verbuchen.	Kap. 4.9 Aufgaben 4.9.1 bis 4.9.8
5	... Bestandsveränderungen an fertigen und unfertigen Erzeugnissen verbuchen und die Auswirkungen auf das Unternehmensergebnis bestimmen.	Kap. 4.10 Aufgaben 4.10.1 bis 4.10.2
6	... auf Grundlage von Lohn- und Gehaltsabrechnungen den Personalaufwand verbuchen.	Kap. 4.11 Aufgaben 4.11.1 bis 4.11.7
7	... die Beschaffung von Sachanlagevermögen und aktivierte Eigenleistungen verbuchen. ... die Anschaffungskosten berechnen. ... die lineare Abschreibung verbuchen und deren Auswirkungen auf den Unternehmenserfolg bestimmen.	Kap. 4.12 Aufgaben 4.12.1 bis 4.12.4
8	... vorbereitende Abschlussbuchungen vornehmen.	Kap. 4.13 und 4.15 Aufgaben 4.13.1 bis 4.13.4 4.14.1 bis 4.14.5

Buchungsregeln in der doppelten Buchführung

Arten von Konten

Bestandskonten

Ergebniskonten

Soll = *linke* Seite eines Kontos
Haben = *rechte* Seite eines Kontos

Aktivkonten

z. B.
- Maschinen
- Fuhrpark
- Forderungen aus LuL
- Kasse
- Bank(-guthaben)

Passivkonten

z. B.
- Eigenkapital
- Darlehen
- Verbindlichkeiten aus LuL

Aufwandskonten

z. B.
- Warenaufwendungen
- Lohnaufwendungen
- Energieaufwendungen

Ertragskonten

z. B.
- Umsatzerlöse aus ...
- Zinserträge

Aktives Bestandskonto

Soll	Haben
AB	Abgang (–)
Zugang (+)	SB
Summe	Summe

Passives Bestandskonto

Soll	Haben
Abgang (–)	AB
SB	Zugang (+)
Summe	Summe

Aufwandskonto

Soll	Haben
(+)	(–)
	Saldo
Summe	Summe

Ertragskonto

Soll	Haben
(–)	(+)
Saldo	
Summe	Summe

Schlussbilanzkonto

Soll	Haben
Grundstücke Maschinen Fuhrpark BGA Rohstoffe Forderungen als LuL Bank	Eigenkapital Darlehen Verbindlichkeiten aus LuL

Eigenkapital

GuV-Konto

Soll	Haben
Rohstoffaufwendungen Lohnaufwendungen Zinsaufwendungen Mietaufwendungen Telefonaufwendungen Energieaufwendungen ...	Umsatzerlöse aus ... Zinserträge ...
Saldo = Gewinn	

- **Jeder Geschäftsvorfall betrifft (mindestens) zwei Konten.**
- **Es gibt bei jedem Geschäftsvorfall (mindestens) eine Sollbuchung und (mindestens) eine Habenbuchung.**
- **Die Summe der Beträge aus den Sollbuchungen ist betragsmäßig genauso groß wie die Summe der Beträge aus den Habenbuchungen.**
- **Buchungssatz (Buchungsanweisung): zuerst werden die Konten im Soll angegeben, dann die Konten im Haben.**

Jahrgangsstufe 11

Lernbereich 5: Mithilfe der Vollkostenrechnung Angebotspreise und das Betriebsergebnis ermitteln

5 Kostenrechnung: Vollkostenrechnung in Form der Zuschlagskalkulation

Kompetenzerwartungen und Gliederung zum Lernbereich 5

5.1 Aufgaben und Aufbau des betrieblichen Rechnungswesens

5.2 Grundbegriffe der Kosten- und Leistungsrechnung

Kompetenzen:
- *Die in einem Betrieb anfallenden Kosten in Abhängigkeit vom Beschäftigungsgrad unterscheiden*

5.3 Kostenentwicklung in Abhängigkeit vom Beschäftigungsgrad

Kompetenzen:
- *Die Abweichungen zwischen Kosten und Aufwendungen einerseits sowie Leistungen und Erträgen andererseits untersuchen, um daraus die unterschiedlichen Zielsetzungen zwischen Betriebsergebnis und Gesamtergebnis abzuleiten*

5.4 Kalkulatorische Kosten

5.5 Abgrenzungsrechnung

Kompetenzen:
- *Die Gemeinkosten mithilfe des Betriebsabrechnungsbogens auf die Kostenstellen verteilen*
- *Die Zuschlagssätze ermitteln und mit deren Hilfe die Gemeinkosten den Kostenträgern anteilig zurechnen*

5.6 Kostenarten: Zurechenbarkeit von Kosten auf die Kostenträger

5.7 Kostenstellenrechnung: Ermittlung von Gemeinkostenzuschlagssätzen

Lernbereich 5: Mithilfe der Vollkostenrechnung Angebotspreise und Betriebsergebnis ermitteln
Kapitel 5: Kostenrechnung: Vollkostenrechnung in Form der Zuschlagskalkulation

Kompetenzen:
- *Mithilfe der Kostenträgerzeitrechnung den kalkulierten und den tatsächlichen Erfolg des Betriebes ermitteln*

5.8 Gesamtkalkulation mit Istkosten

5.9 Kostenträgerzeitrechnung: Kurzfristige Ergebnisrechnung

Kompetenzen:
- *Den Maschinenstundensatz unter Berücksichtigung kalkulatorischer Kosten berechnen und so eine verursachungsgerechtere Kostenverrechnung im Fertigungsbereich gewährleisten*
- *Den Angebotspreis, der die Selbstkosten des Kostenträgers deckt und den Gewinn sowie die Vertriebskonditionen berücksichtigt, kalkulieren und dabei unterschiedliche betriebswirtschaftliche Zielsetzungen berücksichtigen*

5.10 Kostenträgerstückrechnung: Vorkalkulation mit Normalgemeinkostenzuschlagssätzen

5.11 Kostenträgerstückrechnung: Nachkalkulation mit Istgemeinkostenzuschlagssätzen

Kompetenzen:
- *Die Selbstkosten je Stück mit Istgemeinkostenzuschlagssätzen ermitteln, die Auswirkungen bei Kostenabweichungen analysieren und mögliche Ursachen diskutieren*

5.12 Gesamtkalkulation mit Normal- und Istgemeinkostenzuschlagssätzen – Kostenabweichungen

Kompetenzen:
- *Die Mängel der Vollkostenrechnung aufdecken, um marktorientierte Entscheidungen vorzubereiten*

5.13 Fehlentscheidungen bei Anwendung der Zuschlagskalkulation. Falsche Preispolitik

5.14 Kritik an der Vollkostenrechnung in Form der Zuschlagskalkulation

5.1 Aufgaben und Aufbau des betrieblichen Rechnungswesens

5.1.1 Aufgaben des betrieblichen Rechnungswesens

! Das betriebliche Rechnungswesen hat die Aufgabe, betriebliche Vorgänge zahlenmäßig zu planen, zu erfassen und zu überwachen.

Aufgaben des Rechnungswesens	Beispiele
Dokumentations- und Rechenschaftslegung	■ Ermittlung der Ein- und Ausgänge von Zahlungsmitteln einer Periode (Liquiditätsrechnung) ■ Erfassung und Aufbereitung von Zahlungsströmen als Grundlage für die Finanzierungs- und Investitionsrechnung ■ Ermittlung und Darstellung von Vermögen und Schulden sowie des Unternehmenserfolgs (Gewinn/Verlust) zum Bilanzstichtag ...
Wirtschaftlichkeitskontrolle	■ Kontrolle der Wirtschaftlichkeit der betrieblichen Prozesse ■ Kontrolle und Steuerung des Betriebsgeschehens
Entscheidungsgrundlage	■ Bereitstellung von Informationen für unternehmerische Entscheidungen wie z. B. Preis- und Programmpolitik, Eigen- oder Fremdbezug, Investitionsvorhaben

5.1.2 Aufbau des betrieblichen Rechnungswesens

In Abhängigkeit der Informationsempfänger lassen sich das **externe** und **interne** Rechnungswesen unterscheiden:

Externes Rechnungswesen	Internes Rechnungswesen
■ Finanzbuchführung ■ Jahresabschlussrechnung	■ Kosten- und Leistungsrechnung ■ Betriebsstatistik ■ Planungsrechnung

Die Aufbereitung und Darstellung der Informationen für die **externen Informationsempfänger** ist an gesetzliche Vorschriften (z. B. HGB, AktG, GmbHG, EStG) gebunden, um eine willkürliche Rechnungslegung auszuschließen. Für das **interne Rechnungswesen** gibt es keine gesetzlichen Vorschriften. Vielmehr stellt es die Informationen nach den jeweiligen Erfordernissen der Informationsempfänger bereit (z. B. die Höhe der Herstellkosten für Zwecke der Preiskalkulation). Das interne Rechnungswesen wird daher auch als **instrumentelles Rechnungswesen** bezeichnet.

5.1.3 Aufgaben der Kosten- und Leistungsrechnung

Der Kosten- und Leistungsrechnung eines Unternehmens kommen im Wesentlichen folgende Aufgaben zu:

Kosten- und Preiskalkulation	Grundlage für betriebliche Entscheidungen	Ermittlung des Betriebsergebnisses
Ermittlung der Selbstkosten eines einzelnen Erzeugnisses (Kostenträger) und des Preises, zu dem das Erzeugnis angeboten werden kann.	Bereitstellung von Informationen zur Vorbereitung und Kontrolle betrieblicher Produktionsentscheidungen (z. B. ob die Produktion eines bestimmten Erzeugnisses aus Kostengründen eingestellt werden soll).	Berechnung des Betriebsergebnisses (= leistungsbezogenes/betriebsbedingtes Ergebnis) sowie des Beitrags der einzelnen Erzeugnisse hierzu.

! Im Mittelpunkt der Kostenrechnung steht die Erfassung der Kosten und deren Verrechnung auf die Erzeugnisse (Kostenträger).

Um die Quellen des Erfolgs eines Unternehmens zu verdeutlichen, wird das **Gesamtergebnis** einer Rechnungsperiode (z. B. Geschäftsjahr) in das **Betriebsergebnis** (leistungsbezogenes/betriebsbedingtes Ergebnis) und das **neutrale Ergebnis** (kein Bezug zu den betrieblichen Leistungen) untergliedert.

Die Informationen hierfür liefert hauptsächlich die Finanzbuchhaltung.

Zusammenfassende Übersicht zu 5.1: Aufgaben und Aufbau des betrieblichen Rechnungswesens

Aufgaben

- **Dokumentations- und Rechenschaftslegung**
- **Wirtschaftlichkeitskontrolle**
- **Entscheidungsgrundlage**

Aufbau

Externes Rechnungswesen	**Internes Rechnungswesen**
▪ Finanzbuchführung ▪ Jahresabschlussrechnung	▪ Kosten- und Leistungsrechnung ▪ Betriebsstatistik ▪ Planungsrechnung

Abgrenzung zwischen

Finanzbuchhaltung und **Kosten- und Leistungsrechnung**

Rechnungskreis I	Rechnungskreis II	
Gesamtergebnis	**Neutrales Ergebnis**	**Betriebsergebnis**
Gesamte Erträge	Neutrale Erträge	Leistungen
– Gesamte Aufwendungen	– Neutrale Aufwendungen	– Kosten
= Gesamtergebnis	= Neutrales Ergebnis	= Betriebsergebnis

Externes Rechnungswesen	Internes Rechnungswesen
Ziele (Aufgaben) der Buchhaltung:	**Ziele (Aufgaben) der KLR:**
▪ Ermittlung des Gesamtergebnisses (Erträge – Aufwendungen) für ein Geschäftsjahr ▪ laufende Aufzeichnung (Dokumentation) aller Geschäftsvorfälle ▪ Überblick über Vermögen, Schulden und Ertragslage ▪ Grundlage für Steuerermittlung ▪ Information für Eigentümer und Gläubiger ▪ unterliegt gesetzlichen Vorschriften (z. B. HGB, Einkommensteuergesetz, Abgabenordnung)	▪ Ermittlung des Betriebsergebnisses (Leistungen – Kosten) für eine Woche, einen Monat oder ein Quartal ▪ Erfassung, Verteilung und Zurechnung von Kosten und Leistungen ▪ Selbstkostenermittlung (Preiskalkulation) ▪ Kontrolle der Wirtschaftlichkeit ▪ Grundlage für Planungen und Entscheidungen ▪ unterliegt **keinerlei** gesetzlichen Vorschriften

WIEDERHOLUNG DES GRUNDWISSENS

5.1 Aufgaben und Aufbau des betrieblichen Rechnungswesens

1. Die Kosten- und Leistungsrechnung ist ein Bereich des betrieblichen Rechnungswesens. Nennen Sie weitere Bereiche und geben Sie an, welche Funktionen hierbei die Kosten- und Leistungsrechnung erfüllt.
2. Unterscheiden Sie externes und internes Rechnungswesen.

5.2 Grundbegriffe der Kosten- und Leistungsrechnung

5.2.1 Auszahlung – Aufwand – Kosten

Auszahlung[1]

! **Eine Auszahlung liegt vor, wenn liquide Mittel (Kassenbestände und jederzeit verfügbare Bankguthaben) aus dem Unternehmen abfließen (= Minderung des Zahlungsmittelbestandes).**

Auszahlungen

- Zum Kauf von Briefmarken werden der Geschäftskasse 40 EUR entnommen.
- Ein Unternehmer entnimmt der Geschäftskasse 1.000 EUR für private Zwecke.

Aufwand – Kosten

! **Unter Aufwand ist die *gesamte Wertminderung* in einer Abrechnungsperiode zu verstehen, die sich z. B. durch den Ge- und Verbrauch von Sachgütern und Dienstleistungen in einem Unternehmen ergibt. Aufwendungen mindern das Eigenkapital.**

1 Hiervon ist der Begriff „Ausgabe“ zu unterscheiden. Anders als im allgemeinen Sprachgebrauch werden im Rechnungswesen unter Ausgaben nicht nur die Auszahlungen (= zahlungswirksam) verstanden, sondern auch die nicht auszahlungswirksamen Vorgänge „Verringerung der Forderungen“ und „Erhöhung der Schulden“.

! **Unter Kosten ist die *betrieblich bedingte Wertminderung* in einer Abrechnungsperiode zu verstehen, die sich z. B. durch den Ge- und Verbrauch von Produktionsfaktoren in Form von Sachgütern und Dienstleistungen ergibt und für die Erstellung der betrieblichen Leistungen erforderlich ist.**

Der **Aufwand** eines Unternehmens umfasst demnach den **gesamten Verbrauch an Gütern** ohne Rücksicht darauf, ob ein Zusammenhang zur betrieblichen Leistungserstellung besteht. Die **Kosten** eines Unternehmens hingegen umfassen lediglich den **in Zusammenhang mit der Leistungserstellung** angefallenen **Verbrauch an Gütern**.

Kosten sind durch drei Merkmale gekennzeichnet:

1. Es muss ein **Verbrauch** von Gütern (Sachgüter oder Dienstleistungen) vorliegen.
2. Der Zweck des Verbrauchs muss die **Erstellung betrieblicher Leistungen** sein.
3. Der Verbrauch der Güter muss in Geld **bewertbar** sein.

Kosten:
in Geld bewertbare betriebsbedingte Wertminderung

Kosten – Aufwendungen

- Die Shirt-Shop GmbH hat ihrem Arbeitnehmer Kurt Sterner einen Monatslohn von brutto 3.100 EUR gezahlt. Kurt Sterner ist für die Beschriftung von T-Shirts verantwortlich. Bei der Wertminderung in Form der Lohnzahlung handelt es sich um **Aufwand** und **gleichzeitig um Kosten**, weil ein direkter Zusammenhang zur betrieblichen Leistungserstellung besteht.
- Durch einen Brand im Lager der Shirt-Shop GmbH wurden T-Shirts im Wert von 4.200 EUR vernichtet. Die Wertminderung steht **nicht** in Zusammenhang mit der betrieblichen Leistungserstellung. Deshalb handelt es sich bei der Wertminderung zwar um **Aufwendungen**, **nicht** aber **gleichzeitig um Kosten**.

Zweckaufwand und Grundkosten

Stimmen die Beträge, die für einen bestimmten Güterverbrauch in der Finanzbuchhaltung als Aufwendungen erfasst und als Kosten in die Kostenrechnung eingehen, überein, handelt es sich um aufwandsgleiche Kosten bzw. um kostengleichen Aufwand. Aus der Sicht der Finanzbuchhaltung stellt dies einen **Zweckaufwand** dar (weil er dem Betriebszweck dient). Aus Sicht der Kostenrechnung handelt es sich um **Grundkosten**.

Zweckaufwand – Grundkosten

Verbrauch von Textilfarbe: Da ein Güterverbrauch stattfindet, liegen Aufwendungen (Materialaufwand) vor. Der Güterverbrauch steht in direktem Zusammenhang mit der betrieblichen Leistungserstellung (Beschriftung von T-Shirts). Deshalb handelt es sich gleichzeitig um Materialkosten (kostengleicher Aufwand bzw. aufwandsgleiche Kosten).

Neutraler Aufwand

! **Werden Aufwendungen nicht oder mit einem niedrigeren Betrag aus der Finanzbuchhaltung in die Kosten- und Leistungsrechnung übernommen, so liegt ein neutraler Aufwand vor.**

Es lassen sich folgende Arten neutraler Aufwendungen unterscheiden:

Neutrale Aufwendungen

betriebsfremder Aufwand	betrieblich bedingter Aufwand, der aber keine Kosten darstellt		betrieblich bedingter Aufwand, aber Kosten in anderer Höhe
	außerordentlich	**periodenfremd**	**Andersaufwand**
Aufwand, der mit dem eigentlichen Betriebszweck nichts zu tun hat	Aufwand, der ungewöhnlich hoch ist oder äußerst selten anfällt	Aufwand, dessen Ursache in einem früheren Geschäftsjahr liegt	Aufwand, der zwar mit Kosten verbunden ist, bei dem aber die Höhe des Aufwands von der Höhe der entsprechenden Kosten abweicht.
Veräußerungsverluste bei Wertpapierverkäufen, Reparaturaufwand an nicht betrieblich genutzten Gebäuden	Außerplanmäßige Abschreibung eines Lkw aufgrund eines Totalschadens	Gewerbesteuernachzahlung für das vorige Geschäftsjahr	Abschreibungen lt. Gewinn- und Verlustrechnung (= bilanzielle Abschreibungen) sind höher oder niedriger als Abschreibungen in der Kostenrechnung (= kalkulatorische Abschreibung)

Zusatzkosten

In gleicher Weise wie es **Aufwendungen** gibt, die keine **Kosten** darstellen (= **neutrale Aufwendungen**), lassen sich auch **Kosten** unterscheiden, die **keine Aufwendungen** sind (= **Zusatzkosten**).[1]

! Zusatzkosten sind Kosten, denen kein Aufwand gegenüber steht.

Unternehmerlohn als Zusatzkosten

Ein Einzelunternehmer stellt seinem Unternehmen seine Arbeitskraft zur Verfügung. Dafür erhält der Unternehmer jedoch im Gegensatz zu einem Arbeitnehmer keinen Lohn ausbezahlt. Daher liegt auch kein Aufwand vor. Der Verbrauch der Arbeitskraft steht jedoch in direktem Zusammenhang mit der betrieblichen Leistungserstellung. Deshalb entstehen durch die Mitarbeit des Unternehmers **Kosten in Form eines kalkulatorischen[1] Unternehmerlohns, der bei der Ermittlung der Gesamtkosten berücksichtigt werden muss, obwohl er nicht ausbezahlt wird und daher keinen Aufwand** darstellt. Es handelt sich um **Zusatzkosten**.

1 kalkulatorisch: bei der Kostenberechnung (Kalkulation) zu berücksichtigen

Aufg. 5.2.1.1 S. 260

LA

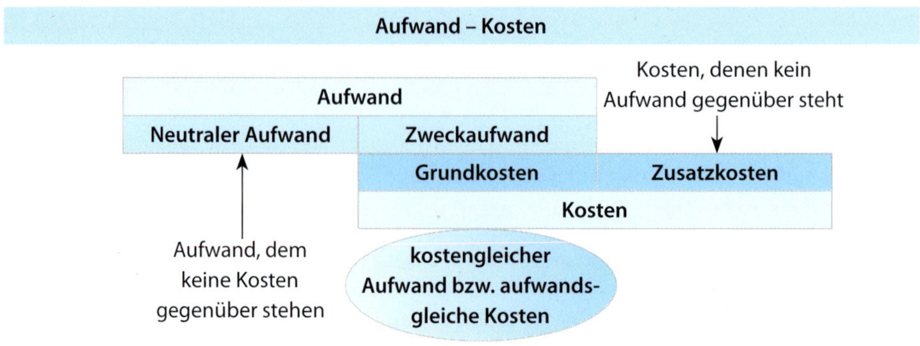

Zusammenfassende Übersicht zu 5.2.1: Auszahlung – Aufwand – Kosten

Auszahlung	=	**Abfluss von Bargeld bzw. Verringerung des jederzeit verfügbaren Bankguthabens**
Aufwand	=	**in Geld bewerteter Verbrauch an Gütern**
Kosten	=	**der in Geld bewertete Güterverbrauch, der zur Erstellung der betrieblichen Leistungen erforderlich ist**

Aufwand – Kosten

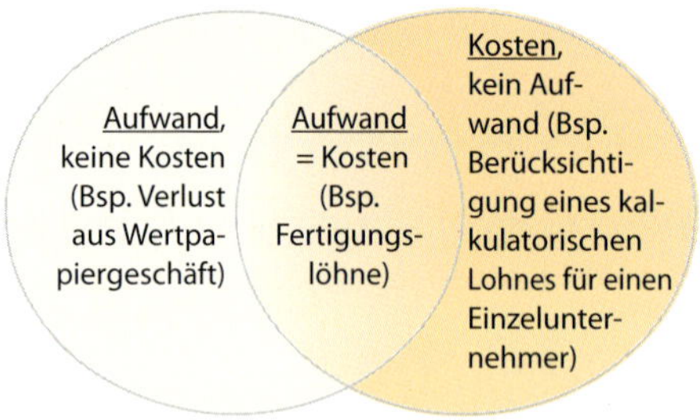

WIEDERHOLUNG DES GRUNDWISSENS

5.2.1 Auszahlung – Aufwand – Kosten

1. Grenzen Sie die Begriffe Auszahlung, Aufwand und Kosten voneinander ab.
2. Nenne Sie drei Merkmale, die erfüllt sein müssen, damit Kosten vorliegen?
3. In welchem Fall wird von Zweckaufwand bzw. von Grundkosten gesprochen. Nennen Sie drei Beispiele.
4. Erklären Sie, was unter dem Begriff Zusatzkosten zu verstehen ist. Nennen Sie dafür ein Beispiel.
5. Unterscheiden Sie betriebliche und neutrale Aufwendungen.
6. Nennen Sie Arten neutraler Aufwendungen.

AUFGABEN ZUM ERWERB UND ZUR KONTROLLE VON KOMPETENZEN

5.2.1 Auszahlung – Aufwand – Kosten

5.2.1.1 Beispiele für Auszahlung – Aufwand – Kosten

Manfred Stephan ist alleiniger Inhaber des Unternehmens „Holzwerk Manfred Stephan e. K.". Im laufenden Monat wurden u. a. folgende Vorgänge erfasst.

a) Privatentnahme Manfred Stephan in bar 12.000 EUR

b) Einkauf von Rohstoffen auf Ziel 15.000 EUR

c) Gehaltszahlung an verschiedene Angestellte 40.000 EUR

d) Verbrauch von Rohstoffen, die im vergangenen Monat beschafft und bezahlt wurden 15.000 EUR

e) Der Wert der Arbeitsleistung, die Manfred Stephan seinem Unternehmen zur Verfügung stellt, wird mit 6.000 EUR angesetzt, aber nicht ausbezahlt.

f) Die Eingangsrechnung für den Einkauf der Rohstoffe (vgl. b) in Höhe von 15.000 EUR wird durch Banküberweisung beglichen.

Tragen Sie die Beträge der Vorgänge a) bis f) in die jeweils zutreffende Spalte einer Tabelle nach folgendem Muster ein.

Vorgang	Geschäftsbuchführung		Kosten- und Leistungsrechnung
	Auszahlung	Aufwand	Kosten
a)			
b)			
...	...	...	...

Muster

5.2.2 Einzahlung – Ertrag – Leistung

Einzahlung[1]

Eine Einzahlung liegt vor, wenn dem Unternehmen liquide Mittel (Kassenbestand und jederzeit verfügbare Bankguthaben) zufließen (= Mehrung des Zahlungsmittelbestands).

Einzahlungen

- Ein Unternehmer überweist von seinem privaten Bankkonto auf das Geschäftskonto seines neu gegründeten Unternehmens den Betrag von 20.000 EUR.
- Die Shirt-Shop GmbH verkauft T-Shirts gegen bar in Höhe von 2.500 EUR.

Da sich in beiden Fällen der Bestand an liquiden Mitteln erhöht, handelt es sich um Einzahlungen.

Ertrag – Leistung

Unter Ertrag ist der *gesamte Wertzuwachs*, den ein Unternehmen in einer Rechnungsperiode erzielt, zu verstehen. Erträge mehren das Eigenkapital.

Unter Leistung ist der *betrieblich bedingte Wertzuwachs* zu verstehen, den ein Unternehmen in einer Rechnungsperiode erzielt.

1 Hiervon ist der Begriff „Einnahme“ zu unterscheiden. Anders als im allgemeinen Sprachgebrauch werden im Rechnungswesen unter Einnahmen nicht nur Einzahlungen (= zahlungswirksam) verstanden, sondern auch die nicht einzahlungswirksamen Vorgänge „Zugang von Forderungen“ und „Verminderung der Schulden“.

Leistungen

- **Für den Markt gefertigte Erzeugnisse (absatzbestimmte Leistungen)**
  - Abgesetzte Fertigerzeugnisse → Umsatzleistungen (Umsatzerlöse)
  - (Noch) nicht abgesetzte Halb- und Fertigerzeugnisse → Lagerleistung (Mehrbestand)
- **Innerbetriebliche Leistungen (Eigenleistungen)**
  - Selbst erstellte Anlagen und Einrichtungen (Materielle Vermögensgegenstände) → aktivierungspflichtige Eigenleistungen HGB § 275 (2) Nr. 3
  - Andere selbst erstellte Leistungen (z. B. immaterielle Vermögensgegenstände) HGB § 266 (2) A.I.1 → aktivierbare und nicht aktivierbare Eigenleistungen HGB § 248 (2)

Aufg. 5.2.2.1 S. 263

Ertrag – Leistung

Ertrag		
Neutraler Ertrag	**Zweckertrag**	
	Grundleistung	**Zusatzleistung**
	Leistung	
Beim Verkauf von Wertpapieren wird ein Spekulationsgewinn in Höhe von 3.000 EUR erzielt.	Die Shirt Shop GmbH verkauft T-Shirts für 680 EUR. Der erzielte Umsatzerlös (Ertrag) ist auf die Betriebstätigkeit zurückzuführen (Leistung).	Die Forschungsabteilung eines Pharmaunternehmens hat wissenschaftliche und technische Erkenntnisse über Medikamente gewonnen. Da die Forschungsergebnisse nicht als immaterieller Vermögensgegenstand aktiviert werden dürfen, handelt es sich um eine Leistung, die keinen Ertrag darstellt. HGB § 255 (2a).

Zusammenfassende Übersicht zu 5.2.2: Einzahlung – Ertrag – Leistung

Einzahlung = Zufluss von Bargeld bzw. Erhöhung des jederzeit verfügbaren Bankguthabens
Ertrag = in Geld bewerteter Wertzuwachs
Leistung = betrieblich bedingter Wertzuwachs

WIEDERHOLUNG DES GRUNDWISSENS

5.2.2 Einzahlung – Ertrag – Leistung

1. Unterscheiden Sie die Begriffe Einzahlung, Ertrag und Leistung.
2. Nennen Sie jeweils zwei Beispiele für absatzbestimmte und innerbetriebliche Leistungen.

AUFGABEN ZUM ERWERB UND ZUR KONTROLLE VON KOMPETENZEN

5.2.2 Einzahlung – Ertrag – Leistung

5.2.2.1 Beispiele für Erträge, Leistungen, Aufwendungen und Kosten

Wie hoch sind die dem nachstehendem GuV-Konto (Auszug) zu entnehmenden Grundkosten, Leistungen sowie die neutralen Aufwendungen und neutralen Erträge?

GuV-Konto (Auszug) – in EUR

Soll		Haben	
Rohstoffverbrauch	6.400	Umsatzerlöse	14.600
Löhne, Gehälter	4.200	Mieterträge	610
Strom	1.800	Gewinne aus dem Verkauf von Anlagegütern	420
Verlust aus Wertpapierverkäufen	900	Mehrbestand an fertigen Erzeugnissen	380
...		...	

Zusammenfassende Übersicht zu 5.2: Grundbegriffe der Kosten- und Leistungsrechnung

Bargeld
\+ Sichtguthaben (Girokonto)
= *Zahlungsmittelbestand* (liquide Mittel)

} Zunahme = Einzahlung; Abnahme = Auszahlung

Begriffe	Erklärung
Auszahlung	= Abfluss liquider Mittel aus dem Unternehmen (Abnahme des Zahlungsmittelbestandes)
Aufwand	= gesamter in Geld bewerteter Verbrauch an Sachgütern und Dienstleistungen (Wertminderung) eines Geschäftsjahres ohne Rücksicht auf den betrieblichen Zweck
Kosten	= durch betriebliche Leistungserstellung verursachter, in Geld bewerteter Verbrauch an Sachgütern und Dienstleistungen (betrieblich bedingte Wertminderung)
Einzahlung	= Zufluss liquider Mittel in das Unternehmen (Zunahme des Zahlungsmittelbestandes)
Ertrag	= Wertzuwachs innerhalb einer Periode sowohl aus betriebsbedingten als auch aus anderen Gründen
Leistung	= Wertzuwachs innerhalb einer Periode aus der Erfüllung des Betriebszwecks (betriebsbedingt)

5.3 Kostenentwicklung in Abhängigkeit vom Beschäftigungsgrad

5.3.1 Kapazität und Beschäftigungsgrad

Unter Kapazität ist die Produktionsmenge zu verstehen, die ein Betrieb innerhalb einer bestimmten Zeiteinheit (Monat, Quartal, Jahr) höchstens herstellen kann. Der Grad der Ausnutzung der Kapazität wird als Beschäftigungsgrad (Kapazitätsausnutzungsgrad) bezeichnet.

Der Beschäftigungsgrad wird in Prozent der Kapazität ausgedrückt.

Aufg. 5.3.1 S. 269

$$\textbf{Beschäftigungsgrad} = \frac{\textbf{tatsächliche Produktionsmenge} \cdot \textbf{100}}{\textbf{Kapazität}}$$

Beschäftigungsgrad bei einer Schuhfabrik

In einer Schuhfabrik wird in zwei Schichten gearbeitet. Die Jahresproduktion beträgt 240.000 Paar Schuhe. Würde in der Schuhfabrik in drei Schichten gearbeitet, könnte die Produktionsmenge auf 360.000 Paar Schuhe erhöht werden. Die Kapazität beträgt somit 360.000 Paar Schuhe.

$$\text{Beschäftigungsgrad} = \frac{240.000 \cdot 100}{360.000} = 66{,}67\,\%$$

Wenn die Produktionsmenge bei gleich bleibender Kapazität verändert wird, führt dies zu einer **Änderung des Beschäftigungsgrades**.

In Abhängigkeit davon, wie die Kosten auf eine Veränderung der Produktionsmenge reagieren, lassen sich fixe und variable Kosten unterscheiden:

5.3.2 Fixe Kosten

Merkmale von fixen Kosten

Fixe Kosten (fixe Gesamtkosten, K_f) bleiben bei einer Änderung der Produktionsmenge unverändert.

Absolut fixe Kosten entstehen durch die Existenz des Betriebes (Kosten der Betriebsbereitschaft).

Absolut fixe Kosten

Abschreibungen auf Gebäude und Maschinen, Pacht für eine Lagerhalle, Versicherungsbeiträge und Teile der Personalkosten (z. B. für den Werkschutz)

Verlauf der fixen Kosten

Die Kostenkurve der **fixen Kosten** verläuft **parallel** zur Mengenachse. Werden die Fixkosten auf eine Produktionseinheit bezogen **(Fixkosten je Stück)** ergibt sich ein **degressiv**

fallender Verlauf. Dies ist darauf zurückzuführen, dass sich bei zunehmender Produktionsmenge die gleich bleibenden Fixkosten auf eine zunehmend größere Stückzahl verteilen. Daher sinkt der Fixkostenanteil je Stück **(Fixkostendegression)**.

Verlauf der fixen Kosten

x	K_f	k_f
1	100	100,0
2	100	50,0
3	100	33,3
4	100	25,0
5	100	20,0

x = Produktionsmenge in Stück
K_f = fixe Gesamtkosten in EUR
k_f = Fixkosten je Stück in EUR

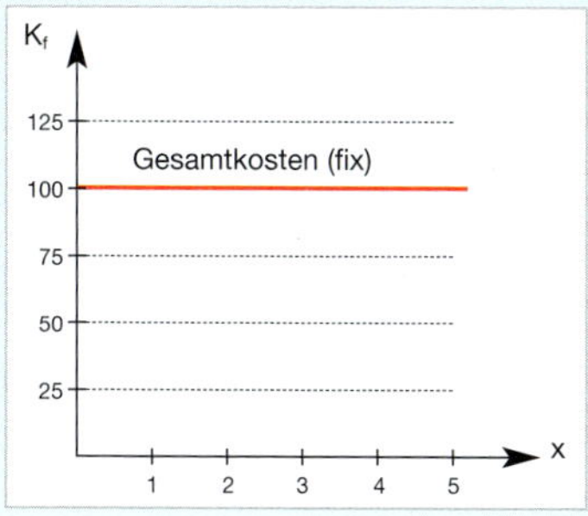

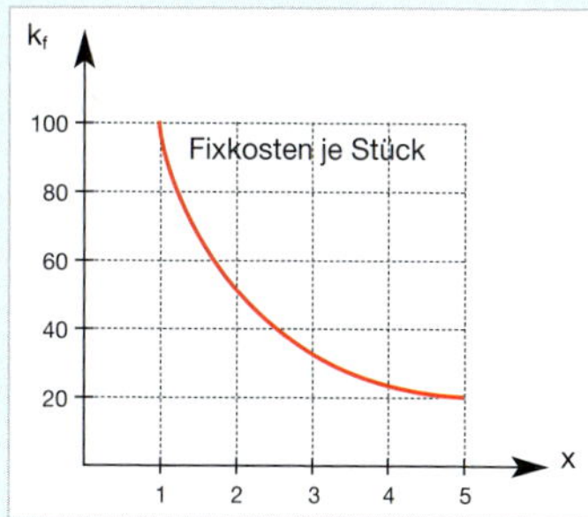

Sprungfixe Kosten

Sprungfixe Kosten (intervallfixe Kosten, bereichsfixe Kosten) bleiben innerhalb bestimmter Produktionsmengenbereiche (Produktionsintervalle) konstant. Bei Ausweitung der Produktion über diese Bereichsgrenze hinaus steigen sie sprunghaft an.

Sprungfixe Kosten

Für die Monatsproduktion von 50.000 Paar Schuhen genügt in der Fertigungsabteilung einer Schuhfabrik ein Meister mit einem festen Monatsgehalt von 3.000 EUR. Bei Überschreiten dieser Grenze muss ein weiterer Meister mit einem festen Monatsgehalt eingestellt werden.

Verlauf der sprungfixen Kosten

Verlauf der sprungfixen Kosten

x	K_f	k_f
1	100	100,0
2	100	50,0
3	100	33,3
4	200	50,0
5	200	40,0
6	200	33,3
7	300	43,0
8	300	38,0

x = Produktionsmenge in Stück
K_f = sprungfixe Gesamtk. in EUR
k_f = sprungfixe Stückk. in EUR

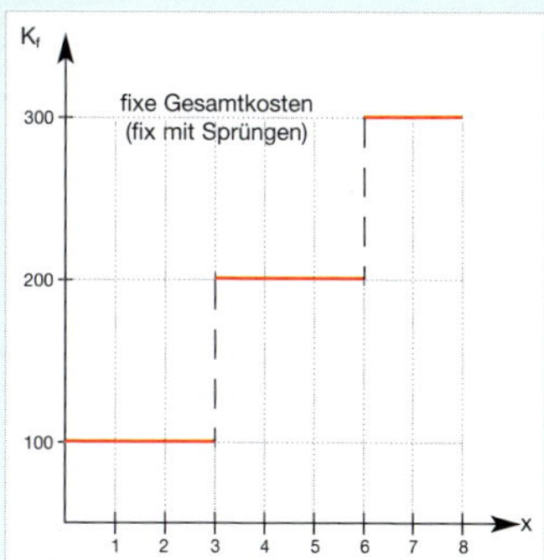

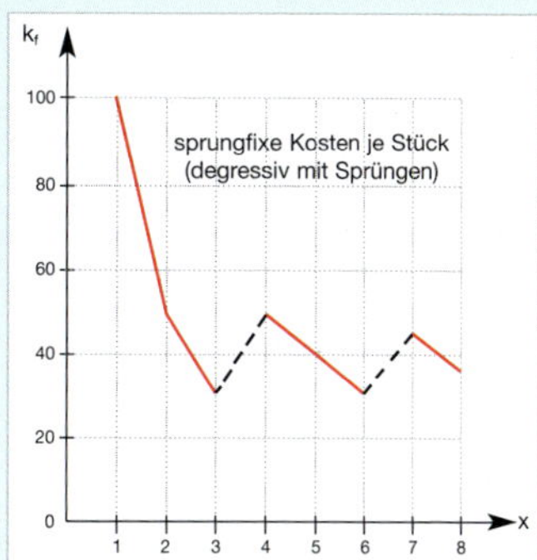

Die **sprungfixen Kosten je Stück** haben einen degressiven Verlauf, der aber bei den jeweiligen Bereichsgrenzen ebenfalls Sprünge aufweist.

5.3.3 Variable Kosten

Merkmale von variablen Kosten

Variable Kosten (variable Gesamtkosten, K_v) ändern sich bei einer Veränderung der Produktionsmenge.

Variable Kosten

Verbrauch von Rohstoffen (z. B. Farbe, Stoffe, Leder), Hilfsstoffen (Klebemittel), Betriebsstoffen (Elektrizität)

Dabei lassen sich proportionale (lineare), überproportionale (progressive) und unterproportionale (degressive) Kosten und Kurvenverläufe unterscheiden.

Proportionale Kosten ändern sich im gleichen Verhältnis wie der Beschäftigungsgrad.

Verlauf der variablen Kosten

Bei proportionalem Kostenverlauf führt eine Erhöhung der Produktionsmenge um 10 % zu einer Erhöhung der **variablen Gesamtkosten (K_v)** von ebenfalls 10 %. Die Gesamtkostenkurve verläuft bei proportionalen Kosten linear. Die **variablen Stückkosten (k_v)** bleiben in diesem Fall bei Änderung der Produktionsmenge **konstant**.

Verlauf der variablen Kosten

x	K_v	k_v
1	100	100
2	200	100
3	300	100
4	400	100
5	500	100

x = Produktionsmenge in Stück
K_v = variable Gesamtkosten in EUR
k_v = variable Stückkosten in EUR

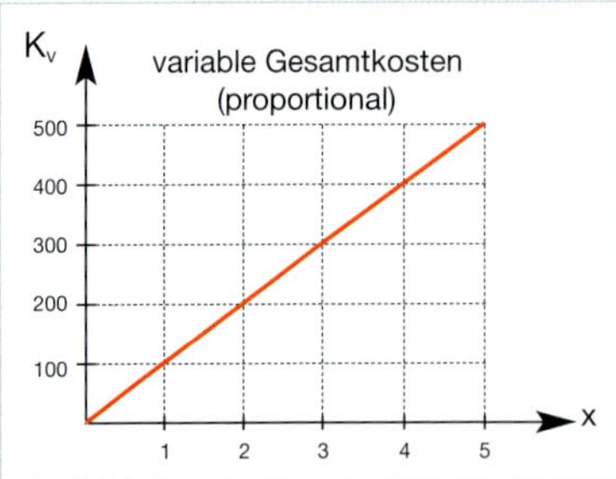

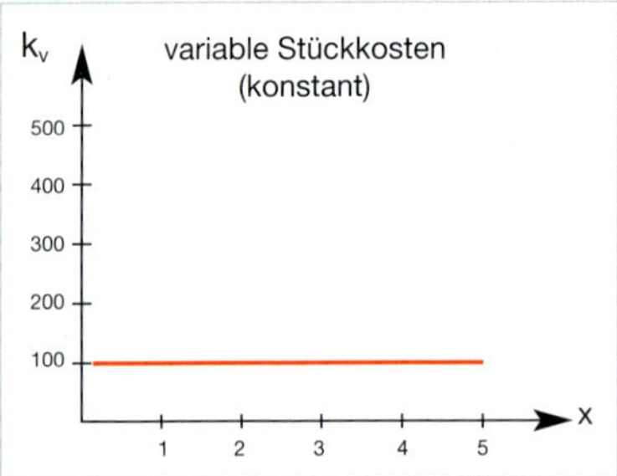

5.3.4 Gesamtkosten

Die Gesamtkosten eines Unternehmens setzen sich aus fixen und variablen Kosten zusammen:

!

Gesamtkosten	=	**fixe Gesamtkosten**	+	**variable Gesamtkosten (variable Kosten pro Stück · Stückzahl)**
K_g	=	K_f	+	$k_v \cdot x$
K_g	=	K_f	+	K_v

Verlauf der Gesamtkosten

Setzen sich die Gesamtkosten (K_g) in einem Betrieb aus fixen Kosten (K_f) und **proportionalen variablen Kosten (K_v)** zusammen, ergibt sich ein **linearer Verlauf** der **Gesamtkosten**. Die Stückkosten (k_g) sinken mit zunehmender Produktionsmenge, weil sich die fixen Kosten auf eine größere Stückzahl verteilen **(Fixkostendegression)**. Somit nähern sich die Stückkosten (k_g) in diesem Fall den variablen Stückkosten (k_v) an. Dieser Effekt ist umso stärker, je höher der Anteil der Fixkosten ist. Diese Entwicklung wird als **Gesetz der Massenproduktion** bezeichnet.

! **Das Gesetz der Massenproduktion besagt, dass mit zunehmender Produktionsmenge die Stückkosten sinken.**

!

$$\text{Stückkosten} = \frac{\text{fixe Gesamtkosten}}{\text{Produktionsmenge}} + \text{variable Stückkosten}$$

$$K_g = \frac{k_f}{x} + k_v$$

Verlauf der Gesamtkosten und der Stückkosten in einer Schuhfabrik

Eine Schuhfabrik produziert bei einer Auslastung ihrer Kapazität von 66,67 % im Quartal 40.000 Paar Schuhe. Die fixen Kosten in diesem Zeitraum belaufen sich auf 1.000.000 EUR. Bei der Herstellung von einem Paar Schuhe entstehen unabhängig von der Produktionsmenge variable Kosten in Höhe von 20 EUR.

Zusammenhang von Gesamtkosten und Stückkosten

x	Kf	Kv	Kg	kv	kg
10.000	1.000.000	200.000	1.200.000	20	120,00
20.000	1.000.000	400.000	1.400.000	20	70,00
30.000	1.000.000	600.000	1.600.000	20	53,33
40.000	1.000.000	800.000	1.800.000	20	45,00
50.000	1.000.000	1.000.000	2.000.000	20	40,00
60.000	1.000.000	1.200.000	2.200.000	20	36,67

x = Produktionsmenge (Paar Schuhe)
K_f = fixe Gesamtkosten in EUR
K_v = variable Gesamtkosten in EUR
K = Gesamtkosten in EUR
k_g = Stückkosten in EUR
k_v = variable Stückkosten in EUR für 1 Paar Schuhe

Aufg. 5.3.1 bis 5.3.3 S. 269

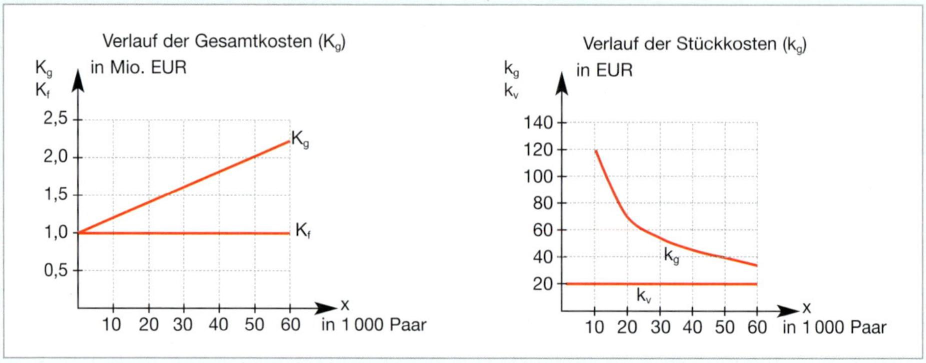

Zusammenfassende Übersicht zu 5.3: Kostenentwicklung in Abhängigkeit vom Beschäftigungsgrad

Kapazität = mögliche Produktionsmenge eines Betriebes in einer bestimmten Zeit (z. B. Monat)

↓

Beschäftigungsgrad = Ausnutzung der Kapazität eines Betriebes in %

$$\text{Beschäftigungsgrad} = \frac{\text{tatsächliche Produktionsmenge} \cdot 100}{\text{Kapazität}}$$

Kosten = Bewerteter Güterverbrauch zum Zwecke der Leistungserstellung

↓

nach der Abhängigkeit von der Produktionsmenge

fixe Kosten
- absolut fix → Kosten der Betriebsbereitschaft
- sprungfix (bereichsfix) → Kosten steigen sprunghaft an, wenn eine bestimmte Produktionsmenge überschritten wird

variable Kosten
- ändern sich bei jeder Veränderung der Produktionsmenge

Gesamtkosten (K_g) = fixe Kosten (K_f) + variable Kosten (K_v)

$$K_g = K_f + K_v$$

↓

$$\text{Stückkosten } (k_g) = \frac{\text{fixe Gesamtkosten } (K_f)}{\text{Produktionsmenge } (x)} + \text{variable Stückkosten } (k_v)$$

↓

bei zunehmender Beschäftigung: Kosten pro Stück (Stückkosten) werden immer kleiner (Gesetz der Massenproduktion, Fixkostendegression)

WIEDERHOLUNG DES GRUNDWISSENS

5.3 Kostenentwicklung in Abhängigkeit vom Beschäftigungsgrad

1. Definieren Sie den Begriff Kapazität und grenzen Sie diesen vom Begriff Beschäftigungsgrad ab.
2. Entscheiden Sie, ob es sich bei den nachfolgenden Beispielen um fixe oder variable Kosten handelt:
   a) Aufwendungen für Betriebsstoffe
   b) Fertigungslöhne
   c) Abschreibungen aufgrund der Nutzungsdauer einer Maschine
   d) Aufwendungen für Verpackungsmaterial
   e) Miete für Büroräume
   f) Gehalt des Geschäftsführers
   g) Grundsteuer für das Betriebsgrundstück
3. Erklären Sie den Begriff „fixe Kosten je Stück".
4. Skizzieren Sie den Verlauf der Fixkosten und der fixen Kosten je Stück jeweils in einem Koordinatensystem.
5. Erklären Sie den Begriff „Fixkostendegression".
6. Erklären Sie die Begriffe „absolut fixe Kosten" und „sprungfixe Kosten" jeweils anhand einer grafischen Darstellung (Skizze).
7. Erklären Sie, was unter dem Begriff „variable Kosten" zu verstehen ist. Nennen Sie zwei Beispiele (Kostenarten).
8. Skizzieren Sie den typischen Verlauf einer Gesamtkostenkurve.
9. „Je größer die Stückzahlen sind, die von einem Produkt hergestellt werden, desto geringer sind die Stückkosten dieses Produkts". Begründen Sie diese Aussage.

AUFGABEN ZUM ERWERB UND ZUR KONTROLLE VON KOMPETENZEN

5.3 Kostenentwicklung in Abhängigkeit vom Beschäftigungsgrad

5.3.1 Beschäftigungsgrad – Änderungen des Beschäftigungsgrades

Ein Industriebetrieb stellt ein elektronisches Bauteil her. Die Gesamtkapazität beträgt 30.000 Stück pro Quartal. Derzeit werden 25.000 Stück pro Quartal produziert. Die gesamten Fixkosten betragen derzeit 400.000 EUR pro Quartal. Die variablen Stückkosten belaufen sich auf 50 EUR.

1. Berechnen Sie den derzeitigen Beschäftigungsgrad.
2. Wie hoch sind bei diesem Beschäftigungsgrad die Gesamtkosten und die Stückkosten?
3. Wie würden sich die Gesamtkosten und die Stückkosten verändern, wenn der Beschäftigungsgrad auf 100 % gesteigert werden könnte? Begründen Sie diese Veränderung.

5.3.2 Gesamtkosten – Stückkosten – Beschäftigungsgrad

Die Kapazität einer Elektro-AG beträgt für die Waschmaschinenproduktion monatlich 8.000 Stück. Bei Vollbeschäftigung (100 % Auslastung) betragen die variablen Gesamtkosten 5,6 Mio. EUR. Der Fixkostenanteil pro Waschmaschine beträgt bei einer Kapazitätsauslastung von 50 % 400,00 EUR. PDF

1. Ermitteln Sie tabellarisch die jeweiligen monatlichen Gesamtkosten (K_g) und die Stückkosten (k_g) je Waschmaschine, wenn der Beschäftigungsgrad im Febr. 50 %, im März 60 % und im April 75 % beträgt.
2. Stellen Sie die Ergebnisse von 1. grafisch dar.
3. Begründen Sie, worauf die Veränderung der Stückkosten (k_g) bei zunehmender Produktions-menge zurückzuführen ist.

5.3.3 Gesamtkosten – Stückkosten – Produktionsentscheidung

Ein Betrieb hat 3.801.000 EUR fixe Kosten im Monat. Die variablen Kosten betragen 60,00 EUR je Einheit.

1. Berechnen Sie die Gesamtkosten (K_g), die für die Herstellung von 60.000 Einheiten je Monat entstehen. Wie hoch sind in diesem Fall die Kosten je Produktionseinheit (k_g)?
2. Auf welche Menge muss die Produktion gesteigert werden, wenn die Stückkosten (k_g) 120,00 EUR nicht übersteigen sollen?

5.4 Kalkulatorische Kosten

5.4.1 Berücksichtigung kalkulatorischer Kosten

Aufg. 5.4.1 S. 275

LA

Die **Finanzbuchhaltung** eines Unternehmens hat u. a. das Ziel, das Ergebnis (Gewinn/Verlust) eines Unternehmens durch die **Gegenüberstellung von Aufwendungen und Erträgen** zu ermitteln. Dabei wird nicht danach gefragt, inwieweit das festgestellte Ergebnis auf **betriebsbedingten** Ursachen beruht. Die Kosten- und Leistungsrechnung hingegen stellt fest, welches Ergebnis ausschließlich auf die Betriebstätigkeit eines Unternehmens zurückzuführen ist. Durch **Gegenüberstellung von Kosten und Leistungen wird das Betriebsergebnis** ermittelt.

Das Betriebsergebnis (Betriebsgewinn/Betriebsverlust) ergibt sich durch Gegenüberstellung von Kosten und Leistungen.

Bei der Ermittlung von Kosten und Leistungen greift die Kosten- und Leistungsrechnung auf die in der Finanzbuchhaltung bereits erfassten Werte zurück. Es gibt aber Kostenarten, die in der Finanzbuchhaltung überhaupt nicht oder in anderer Höhe als Aufwand berücksichtigt werden. In der Kostenrechnung ist jedoch eine Berücksichtigung **aller Kosten** erforderlich, weil nur dann der in direktem Zusammenhang mit der Produktionstätigkeit eines Unternehmens stehende Güterverbrauch erfasst wird.

Kosten, denen in der Finanzbuchhaltung gar kein Aufwand oder ein Aufwand in anderer Höhe gegenübersteht, werden als kalkulatorische Kosten bezeichnet.

Zusatzkosten – Anderskosten

Kalkulatorische Kosten	
Zusatzkosten	**Anderskosten (unechte Zusatzkosten)**
= Kosten, denen in der Finanzbuchhaltung kein Aufwand entspricht.	= Kosten, die zwar mit Aufwendungen verbunden sind, in ihrer Höhe aber nicht mit den entsprechenden Aufwendungen in der Finanzbuchhaltung übereinstimmen.
kalkulatorischer Unternehmerlohn	kalkulatorische Abschreibungen

5.4.2 Kalkulatorischer Unternehmerlohn

Bei Einzelunternehmen bzw. bei den im Unternehmen mitarbeitenden Gesellschaftern einer Personengesellschaft stellt die **Gegenleistung für den persönlichen Arbeitseinsatz keinen Aufwand** dar. Für diese erbrachte Arbeitsleistung wird kein Lohn- oder Gehalt bezahlt. Vielmehr erfolgt die entsprechende Vergütung über (Gewinn-)Entnahmen.

Unternehmerlohn: Verzichtskosten und Zusatzkosten

Aus kostenrechnerischer Sicht stellt dieser Personenkreis dem Unternehmen jedoch u. a. den Produktionsfaktor Arbeit zum Zwecke der betrieblichen Leistungserstellung zur Verfügung. Dessen Verbrauch stellt **Kosten** dar. Es handelt sich dabei um so genannte **„Ver-**

zichtskosten" (Opportunitätskosten). Diese entstehen dadurch, dass ein Einzelunternehmer oder ein Gesellschafter im eigenen Unternehmen seine Arbeitskraft einsetzt und dafür auf das Entgelt verzichtet, das er bei Tätigkeit für ein anderes Unternehmen hätte verdienen können. Deshalb muss bei Einzelunternehmen und Personengesellschaften ein entsprechender **kalkulatorischer Unternehmerlohn** in der Kostenrechnung berücksichtigt werden[1]. Der kalkulatorische Unternehmerlohn stellt in vollem Umfang **Zusatzkosten** dar, weil in der Gewinn- und Verlustrechnung für diesen Posten überhaupt kein Aufwand ausgewiesen wird (*siehe Abb. S. 260*) Die Höhe des anzusetzenden kalkulatorischen Unternehmerlohns richtet sich nach dem Gehalt eines leitenden Angestellten, das z. B. ein Unternehmen gleicher Größe und Branche für die Geschäftsführung zu entrichten hätte. Vergleichsgrundlage sind z. B. der Umsatz, die Zahl der Mitarbeiter, die Bilanzsumme.

5.4.3 Kalkulatorische Abschreibungen

Bilanzielle Abschreibungen

Der in der Gewinn- und Verlustrechnung eines Unternehmens ausgewiesene Abschreibungsbetrag (= **bilanzielle oder buchhalterische Abschreibung**) enthält den Aufwand für den im laufenden Geschäftsjahr eingetretenen Werteverlust für Vermögensgegenstände (z. B. Maschinen). Der Abschreibungsbetrag wurde dabei durch Schätzung der **voraussichtlichen betriebsgewöhnlichen Nutzungsdauer** bzw. auf der Grundlage der von der Finanzverwaltung herausgegebenen **AfA-Tabellen** (Abschreibungstabellen) ermittelt. Gesetzliche Grundlagen der bilanziellen Abschreibungen sind das **Handelsgesetzbuch** (HGB) und das **Einkommensteuergesetz** (EStG). Diese Gesetze schreiben vor, dass die **Anschaffungskosten** als Abschreibungsgrundwert nicht überschritten werden dürfen.

HGB § 253 (1)

Vermögensgegenstände sind höchstens zu den Anschaffungs- oder Herstellungskosten vermindert um Abschreibungen ... anzusetzen.

EStG § 6 (1), Satz 1

Wirtschaftsgüter des Anlagevermögens, die der Abnutzung unterliegen, sind mit den Anschaffungs- oder Herstellungskosten, vermindert um die Absetzung für Abnutzung ... anzusetzen.

Die Summe der bilanziellen (buchhalterischen) Abschreibungsbeträge am Ende der Nutzungsdauer entspricht den ursprünglich für das Anlagegut angefallenen Anschaffungskosten. Diese bilanziellen Abschreibungen können von der tatsächlichen Wertminderung der Anlagegüter im Produktionsprozess erheblich abweichen.

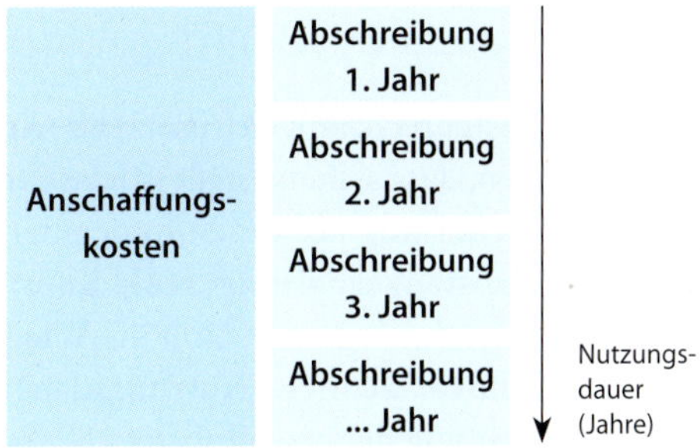

1 Bei anderen Unternehmensformen erhalten die Leiter (z. B. Geschäftsführer einer GmbH, Vorstandsmitglieder einer AG) dagegen Gehaltszahlungen, so dass sich in diesen Fällen die Berücksichtigung eines kalkulatorischen Unternehmerlohns erübrigt.

Kalkulatorische Abschreibungen

Finanzbuchhaltung und Kosten- und Leistungsrechnung haben unterschiedliche Zielsetzungen. Der Betrag, der in der Finanzbuchhaltung als Abschreibungsaufwand ermittelt wurde, kann nicht in gleicher Höhe in die Kosten- und Leistungsrechnung übernommen werden, da er nicht die **tatsächliche Wertminderung** der Anlagegüter widerspiegelt.

> ! **In der Kostenrechnung werden die Wertminderungen als Abschreibungen berücksichtigt, die in ursächlichem Zusammenhang mit der betrieblichen Leistungserstellung stehen (= kalkulatorische Abschreibungen).**

Bilanzielle und kalkulatorische Abschreibung einer Poliermaschine

HGB § 253 (1) EStG § 6 (1) S. 1

Eine mobile Poliermaschine (Anschaffungskosten 210.000 EUR) wird aufgrund gesetzlicher Vorschriften in der Finanzbuchhaltung über 6 Jahre mit jährlich gleich bleibenden Beträgen abgeschrieben. Nach einer vorliegenden Schätzung ist damit zu rechnen, dass sich die Wiederbeschaffungskosten der Maschine am Ende der Nutzungsdauer auf 280.000 EUR belaufen und die tatsächliche Nutzungsdauer 7 Jahre beträgt.

Bilanzielle Abschreibung

$$\frac{210.000\text{ EUR}}{6\text{ Jahre}} = 35.000\text{ EUR/Jahr}$$

Kalkulatorische Abschreibung

$$\frac{280.000\text{ EUR}}{7\text{ Jahre}} = 40.000\text{ EUR/Jahr}$$

Die Selbstkosten sind die Grundlage für den Angebotspreis:

Selbstkosten + Gewinnzuschlag = kalkulierter Angebotspreis.

Werden in die Selbstkosten lediglich die auf den Anschaffungskosten beruhenden Abschreibungen einbezogen, würden beim Verkauf der Erzeugnisse zum kalkulierten Angebotspreis nur höchstens 210.000 EUR über die Umsatzerlöse in das Unternehmen zurückfließen. Damit würden dem Unternehmen bei der Ersatzbeschaffung nur die **ursprünglichen Anschaffungskosten in Höhe von 210.000 EUR** (= **Anschaffungskosten**), nicht jedoch das tatsächlich **benötigte Kapital** in Höhe von 280.000 EUR (= **Wiederbeschaffungskosten**) zur Verfügung stehen.

> ! **Wird – wie bei den kalkulatorischen Abschreibungen – in der Aufwandsrechnung ein anderer Betrag angesetzt als in der Kostenrechnung, so handelt es sich bei dieser Kostenart um Anderskosten.**

Problem: Wiederbeschaffungskosten und Ersatzbeschaffung

Die in der Kostenrechnung anzusetzende **kalkulatorische Abschreibung** ist in ihrer Höhe so zu bemessen, dass sichergestellt ist, dass **auch bei steigenden Wiederbeschaffungskosten** die Ersatzbeschaffung aus der Summe aller zurückgeflossenen Abschreibungsbeträge gesichert ist (**Substanzerhaltung, reale Kapitalerhaltung**). Sinnvolle Bemessungsgrundlage für die Kostenrechnung sind somit die **Wiederbeschaffungskosten**, die gleichmäßig – **also linear** – auf die **tatsächliche** Nutzungsdauer zu verteilen sind. Dabei kann die tatsächliche Nutzungsdauer von der gewöhnlichen Nutzungsdauer, wie sie in der für steuerliche Zwecke anzuwendenden Abschreibungstabelle (AfA-Tabelle) angegeben ist, abweichen.

Unter der Voraussetzung, dass neben allen anderen Kosten auch die **kalkulatorischen Abschreibungen** in die Ermittlung der Selbstkosten und des kalkulierten Verkaufspreises einbezogen wurden und der Marktpreis die gesamten Selbstkosten deckt, fließen über die Verkaufserlöse entsprechende Beträge für die kalkulatorische Abschreibung in das Unternehmen zurück. Am Ende der Nutzungsdauer reichen diese Beträge für eine Ersatzbeschaffung aus.

Aufg. 5.4.2 und 5.4.3 S. 275

Vergleich bilanzielle und kalkulatorische Abschreibung		
	Bilanzielle Abschreibung (= Abschreibung in der Buchhaltung)	**Kalkulatorische Abschreibung** (= Abschreibung in der Kostenrechnung)
Abschreibungs-zeitraum	abhängig von der **„betriebsgewöhnlichen"** Nutzungsdauer lt. AfA-Tabelle	abhängig von der **tatsächlichen** (voraussichtlichen) Nutzungsdauer
Berechnungs-grundlage	Anschaffungs- bzw. Herstellungskosten	Voraussichtliche Wiederbeschaffungs-kosten
Zweck	nominale Kapitalerhaltung	reale Kapitalerhaltung (Substanz-erhaltung)
Abschreibungs-methode	Alle nach den entsprechenden Bilanzierungsvorschriften zulässigen Methoden sind möglich (z. B. linear, degressiv, Abschreibung nach Leistung).	im Normalfall lineare Abschreibung (konstante Abschreibungsbeträge)
Gesetzliche o. ä. Vorschriften	Beachtung der Bilanzierungsvorschriften nach HGB, IAS, EStG.	Keine Vorschriften

5.4.4 Kalkulatorische Zinsen

Aufg. 5.4.4 S. 276

Die Finanzbuchhaltung erfasst die Zinsen, die für die Aufnahme von Fremdkapital **tatsächlich entrichtet** wurden. Grundlage dieser Erfassung sind Zinsabrechnungen der Kreditgeber (z. B. Banken).

In der **Kostenrechnung** wird als **kalkulatorischer Zins** der Werteverbrauch erfasst, der durch die Bereitstellung des zu verzinsenden **betriebsnotwendigen Kapitals** entsteht. Das **betriebsnotwendige Kapital** ist im betriebsnotwendigen Vermögen gebunden. Daher wird zunächst das betriebsnotwendige Vermögen ermittelt. Sofern dem Unternehmen Fremdkapital zinslos überlassen wurde, muss dieser Betrag von dem vorab ermittelten betriebsnotwendigen Vermögen abgezogen werden, um das zu verzinsende betriebsnotwendige Kapital zu erhalten.

Zinslos überlassenes Fremdkapital

- Ein Lieferantenkredit ist zinslos, wenn der Lieferer keine Möglichkeit eines Skontoabzugs einräumt. Die Zahlungsbedingung lautet in einem solchen Fall: „Zahlbar innerhalb von 30 Tagen netto Kasse".
- Leisten Kunden Anzahlungen für einen Auftrag vor der endgültigen Fertigstellung, so erhält das Unternehmen in Höhe der erhaltenen Anzahlungen zinsloses Fremdkapital.

Grundlage für die Berechnung der kalkulatorischen Zinsen ist das betriebsnotwendige Kapital.

Ermittlung des zu verzinsenden betriebsnotwendigen Kapitals und der kalkulatorischen Zinsen

	Betriebsnotwendiges Anlagevermögen
+	betriebsnotwendiges Umlaufvermögen
=	betriebsnotwendiges Vermögen
–	Abzugskapital (zinslos überlassenes Fremdkapital)
=	zu verzinsendes betriebsnotwendiges Kapital

Kalkulatorische Zinsen = betriebsnotwendiges Kapital · landesüblicher Zinssatz

Durch diese Berechnungsweise ist gewährleistet, dass in die Kostenrechnung auch Zinsen für das Eigenkapital, das der Unternehmer dem Unternehmen zur Verfügung stellt, berücksichtigt werden, obwohl dafür keine Zinszahlungen anfallen. Es handelt sich dabei um **„Verzichtskosten“ (Opportunitätskosten)**, die dem Unternehmer in Form entgangener Zinsen entstehen, weil er sein Kapital dem eigenen Unternehmen zur Verfügung stellt anstatt es anderweitig zinsbringend (z. B. in Wertpapieren) anzulegen.

Zusammenfassende Übersicht zu 5.4: Kalkulatorische Kosten

Zweck der Ermittlung kalkulatorischer Kosten

↓

Erfassung des mit der betrieblichen Leistungserstellung verbundenen **tatsächlichen Werteverbrauchs.** Die Aufwendungen lt. Gewinn- und Verlustrechnung geben diesen Werteverbrauch entweder gar nicht oder nur unvollständig wieder.

Kalkulatorische Kosten

↓	↓
Zusatzkosten **(kein Aufwand in der GuV)**	**Anderskosten (= unechte Zusatzkosten)** **(Aufwand in der GuV ≠ Kosten in KLR)**

Arten kalkulatorischer Kosten

	Kalkulatorischer Unternehmerlohn (= Zusatzkosten)	**Kalkulatorische Abschreibungen** (= Anderskosten)	**Kalkulatorische Zinsen** (= Anderskosten)
Zielsetzung	Erfassung des Wertes der Arbeitsleistung eines Einzelunternehmers oder von Gesellschaftern von Personengesellschaften	Erfassung der tatsächlichen Wertminderung, die in ursächlichem Zusammenhang mit der Produktionstätigkeit eines Betriebes steht	Zinsen für das Eigenkapital, das der Unternehmer dem Unternehmen zur Verfügung stellt (Verzichtskosten = Opportunitätskosten)
Berechnung	Gehalt eines vergleichbaren Angestellten	Lineare Abschreibung von den Wiederbeschaffungskosten, Berücksichtigung der tatsächlichen Nutzungsdauer	betriebsnotweniges Kapital · landesüblicher Zinssatz

WIEDERHOLUNG DES GRUNDWISSENS

5.4 Kalkulatorische Kosten

1. Erarbeiten Sie die Unterschiede zwischen Gewinn- und Verlustrechnung sowie der Betriebsergebnisrechnung.
2. Begründen Sie den Ansatz kalkulatorischer Kosten in der Betriebsergebnisrechnung.

3. Erarbeiten Sie, was mit dem Ansatz kalkulatorischer Abschreibungen und kalkulatorischem Unternehmerlohn beabsichtigt ist.
4. Prüfen Sie die Richtigkeit folgender Aussage: „In der Fahrrad Meier GmbH kann in der Kosten- und Leistungsrechnung kein kalkulatorischer Unternehmerlohn angesetzt werden.“
5. Erklären Sie den Unterschied von nominaler und realer Kapitalerhaltung.
6. Erklären Sie, weshalb sich die gezahlten Zinsen für Fremdkapital nicht zum Ansatz in der Kostenartenrechnung eignen.
7. Nennen Sie die Formel zur Berechnung der kalkulatorischen Zinsen.
8. Begründen Sie, warum kalkulatorische Zinsen Opportunitätskosten (=Verzichtskosten) darstellen.

AUFGABEN ZUM ERWERB UND ZUR KONTROLLE VON KOMPETENZEN

5.4 Kalkulatorische Kosten

5.4.1 Zweck und Notwendigkeit kalkulatorischer Kosten

Anton Brucker ist Inhaber eines Sportgeschäfts und bietet seinen Kunden u. a. auch die Beflockung von T-Shirts an. Obwohl sich zwischenzeitlich am selben Ort die „Shirt-Short GmbH“ niedergelassen hat, fürchtet er beim Verkauf beflockter T-Shirts keinen Umsatzrückgang. Er ist der Meinung, die beflockten T-Shirts aus nachstehenden Gründen kostengünstiger als die Shirt-Short GmbH anbieten zu können: LA

- Da er das Sportgeschäft ausschließlich zusammen mit seiner Frau und seinem Sohn betreibt, entstehen keine Aufwendungen für Fremdpersonal.
- Da die Betriebseinrichtung vollständig mit Eigenkapital finanziert ist, fallen keine Fremdkapitalzinsen an.
- Da sich das Sportgeschäft im Wohnhaus von Herrn Brucker befindet, fällt keine Miete an.

1. Nehmen Sie Stellung zu der Meinung von Herrn Brucker, dass sein Betrieb kostengünstiger produzieren kann als die Shirt-Short GmbH.
2. Zeigen Sie, welche Auswirkungen die Berücksichtigung eines kalkulatorischen Unternehmerlohnes auf das Betriebsergebnis und auf das Gesamtergebnis hat.

5.4.2 Kalkulatorische Abschreibung von den Wiederbeschaffungskosten

Ein Industriebetrieb beschafft im Januar des laufenden Jahres eine vollautomatische Drehbank, deren Anschaffungskosten 780.000 EUR betragen (Nutzungsdauer lt. amtlicher Abschreibungstabelle 6 Jahre). Es wird erwartet, dass die Wiederbeschaffungskosten am Ende der tatsächlichen Nutzungsdauer von 7 Jahren auf 945.000 EUR ansteigen werden.

1. Berechnen Sie die bilanzmäßigen und die kalkulatorischen Abschreibungen für das erste Nutzungsjahr, wenn jeweils linear abgeschrieben wird.
2. Wie hoch sind im vorliegenden Fall die Grundkosten, der Zweckaufwand sowie die Zusatzkosten?
3. Unter welcher Voraussetzung ist bei der kalkulatorischen Abschreibung auf die Wiederbeschaffungskosten die reale Kapitalerhaltung gesichert?

5.4.3 Bilanzielle und kalkulatorische Abschreibung

In der Bilanz zum 31.12.2017 eines Reiseunternehmens ist das Anlagevermögen insgesamt in Höhe von 1,8 Mio. EUR ausgewiesen. Darunter befindet sich ein Omnibus, der im Januar 2015 angeschafft wurde (für die bilanziellen Abschreibungen zu Grunde gelegte Nutzungsdauer 6 Jahre). Der Omnibus wurde bilanziell linear abgeschrieben. Zum 31.12.2017 betrug der Buchwert 192.000 EUR. PDF

1. Berechnen Sie die Anschaffungskosten des Omnibusses.
2. Welche kalkulatorische Abschreibung (lineare Abschreibung) ist für die Jahre 2015 bis 2017 jeweils anzusetzen, wenn davon auszugehen ist, dass die Wiederbeschaffungskosten jährlich um 5 % steigen und die kalkulatorische Nutzungsdauer des Omnibusses 9 Jahre beträgt?

3. Wie hoch sind in den einzelnen Nutzungsjahren jeweils Grundkosten, Zusatzkosten, Zweckaufwand und neutraler Aufwand?
4. Welche Änderungen würden sich im Vergleich zur linearen Abschreibung bei 3. ergeben, wenn die bei 1. ermittelten Anschaffungskosten geometrisch degressiv mit 25 % abgeschrieben würden?

5.4.4 Kalkulatorische Zinsen

Errechnen Sie aus folgenden Angaben (soweit nicht anderes angegeben, der Schlussbilanz zum 31.12. d. J. entnommen) die kalkulatorischen Zinsen einer Kolbenfabrik. Der kalkulatorische Zinssatz beträgt 10 %.

1. Grundstücke und Gebäude: 320.000 EUR; davon: spekulativ zum Weiterverkauf erworbenes Baugelände: 45.000 EUR; an Betriebsfremde vermietete Garagen: 25.000 EUR.
2. Maschinen: 150.000 EUR; kalkulatorischer Restwert: 160.000 EUR; davon: stillgelegte Maschinen 30.000 EUR.
3. durchschnittlich gebundene Roh-, Hilfs- und Betriebsstoffe: 85.000 EUR
4. Forderungen: 20.000 EUR (Jahresdurchschnittswert).
5. Flüssige Mittel (Kasse, Bankguthaben): 20.000 EUR (Jahresdurchschnittswert).
6. Eigenkapital: 485.000 EUR.
7. Darlehensverbindlichkeiten: 90.000 EUR.
8. Anzahlungen von Kunden: 4.000 EUR.
9. Zinsloses Darlehen: 1.000 EUR.

5.5 Abgrenzungsrechnung

Die Kosten- und Leistungsrechnung (KLR) greift bei der Datenbeschaffung auf die in der Finanzbuchhaltung erfassten Werte zurück. Hierdurch werden Mehrfacharbeiten in der Datenerfassung vermieden.

Das Ziel der **Finanzbuchhaltung** besteht u. a. darin, durch Gegenüberstellung von **Aufwendungen** und **Erträgen** das **Gesamtergebnis** (Unternehmensergebnis) zu ermitteln. Die **KLR** weist hingegen durch Gegenüberstellung von **Kosten** und **Leistungen** das **Betriebsergebnis** aus. Dazu müssen die aus der Finanzbuchhaltung übernommenen Daten in folgender Weise überprüft und ggf. korrigiert werden:

- Handelt es sich bei den aus der Finanzbuchhaltung übernommenen **Aufwendungen** teilweise oder in vollem Umfang gleichzeitig auch um **Kosten**?
- Handelt es sich bei den aus der Finanzbuchhaltung übernommenen **Erträgen** teilweise oder in vollem Umfang gleichzeitig auch um **Leistungen**?

Diese Abgrenzung zwischen Aufwendungen und Kosten einerseits und Erträgen und Leistungen andererseits geschieht im Rahmen der **Abgrenzungsrechnung**.

> ! **Ziel der Abgrenzungsrechnung ist es, auf der Basis der aus der Finanzbuchhaltung übernommenen Aufwendungen und Erträge die Höhe der Kosten und Leistungen zu ermitteln.**

Verhältnis zwischen Aufwendungen und Kosten: Vier Möglichkeiten

Bei der Abgrenzung zwischen **Aufwendungen** und **Kosten** lassen sich vier **Grundfälle** unterscheiden:

Mögliches Verhältnis zwischen Höhe der Aufwendungen und Höhe der Kosten			
Aufwand = Kosten ↓	Aufwendungen, aber keine Kosten ↓	Kosten, aber keine Aufwendungen ↓	Kosten ≷ Aufwendungen ↓
Zweckaufwand = Grundkosten 1.	neutraler Aufwand 2.	Zusatzkosten 3.	Anderskosten/ Andersaufwand 4.

Die Abgrenzungsrechnung kann in **Tabellenform (Ergebnistabelle)** durchgeführt werden. Sie erfolgt üblicherweise in **zwei voneinander getrennten Rechnungskreisen**. Zunächst wird in einem **Rechnungskreis I** (Finanzbuchhaltung) das **Gesamtergebnis (Gewinn/Verlust)** durch Gegenüberstellung von **Aufwendungen** und **Erträgen** festgestellt. In einem **Rechnungskreis II** wird auf der Grundlage des Gesamtergebnisses durch entsprechende Korrekturen festgestellt, welches Ergebnis allein auf **die eigentliche Tätigkeit** des Betriebes zurückzuführen ist **(Betriebsergebnis)**[1]. Davon zu trennen ist das Ergebnis, welches auf betriebsfremden, periodenfremden oder außergewöhnlichen Einflüssen beruht **(Neutrales Ergebnis)**. Betriebsergebnis und Neutrales Ergebnis ergeben das **Gesamtergebnis**.

Fall	Grundfälle		Beispiele	
1.	Aufwandsgleiche Kosten oder kostengleicher Aufwand	Grundkosten = Zweckaufwand Zweckaufwand 3.220 Tsd. EUR Grundkosten 3.220 Tsd. EUR	Verbrauch von Rohstoffen	3.220 Tsd. EUR
			Kosten für Rohstoffe	3.220 Tsd. EUR
			Aufwendungen für Rohstoffe	3.220 Tsd. EUR
2.	Aufwendungen, jedoch keine Kosten	Neutrale Aufwendungen Neutraler Aufwand 80 Tsd. EUR Zweckaufwand 0 EUR Grundkosten 0 EUR	Zerstörung des Fertigwarenlagers durch einen Brand	80 Tsd. EUR
			Kosten	0 Tsd. EUR
			Aufwand (Verluste aus Schadensfällen)	80 Tsd. EUR
3.	Kosten, jedoch keine Aufwendungen	Zusatzkosten Zweckaufwand 0 EUR Grundkosten 0 EUR Zusatzkosten 120.000 EUR	Kalkulatorischer Unternehmerlohn eines Einzelunternehmers	120 Tsd. EUR
			Kosten	120 Tsd. EUR
			Aufwand	0 Tsd. EUR
4.	Kosten ungleich Aufwand (Anderskosten bzw. Andersaufwand)	a) Kosten > Aufwand Bilanzielle Abschreibungen (= Andersaufwand) 160.000 EUR	a) Kalkulatorische Abschreibung (= Kosten)	280 Tsd. EUR
			Bilanzielle Abschreibung (= Aufwand)	160 Tsd. EUR

Aufg. 5.5.1 S. 282

1 Das Betriebsergebnis wird häufig auch als operatives Ergebnis bezeichnet.

Fall	Grundfälle		Beispiele
4.		Zweckaufwand 160.000 EUR Grundkosten 160.000 EUR · Zusatzkosten 120.000 EUR Kalkulatorische Abschreibung (= Anderskosten) 280.000 EUR	
		b) Kosten < Aufwand Bilanzielle Abschreibung (= Andersaufwand) 580.000 EUR Neutraler Aufwand 100.000 EUR · Zweckaufwand 480.000 EUR Grundkosten 480.000 EUR Kalkulatorische Abschreibung (= Anderskosten) 480.000 EUR	b) Kalkulatorische Abschreibung (= Kosten) 480 Tsd. EUR Bilanzielle Abschreibung (= Aufwand) 580 Tsd. EUR

Abgrenzungsrechnung für die vier Grundfälle

Die Abgrenzungsrechnung für die vier Fälle aus oben stehender Tabelle (*S. 277*) führt zu folgendem Ergebnis:

Fall	Rechnungskreis I	Rechnungskreis II					
	Ergebnisbereich (GuV)	Abgrenzungsbereich				KLR-Bereich	
	Finanzbuchhaltung Kontenklasse 5 bis 7	Unternehmensbezogene Abgrenzungen		Kostenrechnerische Korrekturen		Kosten und Leistungen	
		Neutrale		Verrechnete			
		Aufwendungen	Erträge	Aufwendungen	Kosten	Kosten	Leistungen
1.	Kto. 600 Aufwendungen für Rohstoffe 3.220 Tsd. EUR					3.220 Tsd. EUR	
2.	Kto. 693 Verluste aus Schadensfällen 80 Tsd. EUR	80 Tsd. EUR					
3.	Kalkulatorischer Unternehmerlohn (GuV nicht betroffen)				120 Tsd. EUR ⟷	120 Tsd. EUR	
4. a)	Kto. 650 Abschreibungen auf Sachanlagen 160 Tsd. EUR			160 Tsd. EUR	280 Tsd. EUR ⟷	280 Tsd. EUR	
b)	Kto. 650 Abschreibung auf Sachanlagen 580 Tsd. EUR			580 Tsd. EUR	480 Tsd. EUR ⟷	480 Tsd. EUR	
	Gesamtergebnis (Unternehmensergebnis)	Ergebnis aus unternehmensbezogenen Abgrenzungen		Ergebnis aus kostenrechnerischen Korrekturen		**Betriebsergebnis**	
		Abgrenzungsergebnis (Neutrales Ergebnis)					

Erläuterungen zu den vier Grundfällen:

Fall	Erläuterung
1.	Der Verbrauch von Rohstoffen stellt sowohl **Kosten** als auch **Aufwand** dar. Im Kosten- und Leistungsbereich und in der Gewinn- und Verlustrechnung (Ergebnisbereich) wird jeweils ein Betrag in gleicher Höhe berücksichtigt.
2.	Die durch einen Brand eingetretene Wertminderung im Fertigwarenlager steht in keinem Zusammenhang zur betrieblichen Leistungserstellung. Deshalb findet der Vorgang im **Kosten- und Leistungsbereich keine Berücksichtigung**. Da es sich aber um eine Wertminderung handelt, liegt ein Aufwand vor, der sich im Ergebnisbereich niederschlägt.
3.	Der Verbrauch des Produktionsfaktors Arbeit steht in unmittelbarem Zusammenhang zur betrieblichen Leistungserstellung. Daher handelt es sich um Kosten (Kosten- und Leistungsbereich). Aufwand liegt nicht vor, da Einzelunternehmer und Gesellschafter von Personengesellschaften kein Gehalt beziehen. Kalkulatorischer Unternehmerlohn stellt demnach in vollem Umfange **Zusatzkosten** („zusätzliche" Berücksichtigung im Kosten- und Leistungsbereich) dar. Im Abgrenzungsbereich (Spalte Kostenrechnerische Korrekturen) muss eine „Ausgleichsbuchung" in gleicher Höhe erfolgen, um die Ergebnisse der Rechnungskreise I und II aneinander anzupassen.
4. a)	Die kalkulatorische Abschreibung in Höhe von 280 Tsd. EUR stellt in vollem Umfange Kosten dar (Berücksichtigung im KLR-Bereich). In der Gewinn- und Verlustrechnung darf im vorliegenden Fall aber aufgrund gesetzlicher Bewertungsvorschriften lediglich ein Betrag von 160 Tsd. EUR angesetzt werden. Demnach enthält der Kosten- und Leistungsbereich den an der tatsächlichen Wertminderung orientierten höheren Betrag von 280 Tsd. EUR. Um die Ergebnisse aus Rechnungskreis I und Rechnungskreis II aneinander anzupassen, müssen in der Spalte Kostenrechnerische Korrekturen entsprechende „Ausgleichsbuchungen" (Saldo des Korrekturbetrages: 120 Tsd. EUR) vorgenommen werden.
b)	Die bilanzielle Abschreibung übersteigt im vorliegenden Fall die kalkulatorische Abschreibung um 100 Tsd. EUR (Aufwand ist größer als Kosten). Demnach muss die Spalte Kostenrechnerische Korrekturen in gleicher Weise wie bei 4. a) einen entsprechenden Korrekturbetrag (Saldo des Korrekturbetrages: 100 Tsd. EUR) enthalten.

Bei der Abgrenzung zwischen **Erträgen und Leistungen** lassen sich in entsprechender Weise die gleichen Grundfälle unterscheiden (z. B. sind Umsatzerlöse *ertragsgleiche Leistungen oder leistungsgleicher Ertrag*).

Abgrenzungsrechnung – Abgrenzungstabelle

Abgrenzungsrechnung

Die Kurt Liebknecht OHG, Stuttgart, stellte im abgelaufenen Geschäftsjahr verschiedene Elektrozubehörteile für die Konsumgüterindustrie her. Die Finanzbuchhaltung schließt das Geschäftsjahr mit folgenden Aufwendungen und Erträgen ab:

Aufwendungen (EUR)		Erträge (EUR)	
Aufwendungen für Rohstoffe	3.220.000	Umsatzerlöse für Fertigerzeugnisse	8.400.000
Aufwendungen für Hilfsstoffe	240.000	Bestandserhöhung	80.000
Aufwendungen für Betriebsstoffe	100.000	Zinsen und ähnliche Erträge	60.000
Fertigungslöhne	1.680.000		
Gehälter für Angestellte	740.000		
soziale Abgaben	420.000		
Abschreibungen auf Sachanlagen	580.000		
Verluste aus dem Abgang von Anlagevermögen	80.000		
Zinsaufwendungen	160.000		
Steuern (Kostensteuern)	120.000		
Fremdinstandhaltung	290.000		
sonstige Aufwendungen (kostenwirksam)	70.000		
Summen	**7.700.000**		**8.540.000**

Aus der **Kosten- und Leistungsrechnung** liegen folgende Angaben vor:

Kalkulatorische Abschreibungen	500 Tsd. EUR	Kalkulatorischer Unternehmerlohn für die mitarbeitenden Gesellschafter	510 Tsd. EUR

Aus diesen Angaben lassen sich das Gesamtergebnis, das Neutrale Ergebnis (Abgrenzungsergebnis) und das Betriebsergebnis tabellarisch wie folgt darstellen (in 1.000 EUR):

Abgrenzungstabelle (in 1.000 EUR)

Finanzbuchhaltung			**Abgrenzungsbereich**				**KLR-Bereich**	
			unternehmensbezogene Abgrenzungen		kostenrechnerische Korrekturen			
			neutrale		verrechnete			
Konten	Aufwendungen −	Erträge +	Aufwendungen −	Erträge +	Aufwendungen −	Kosten +	Kosten −	Leistungen +
Umsatzerlöse		8.400						8.400
Bestandserhöhung		80						80
Zinserträge		60		60				
Aufwendungen für Rohstoffe	3.220						3.220	
Aufwendungen für Hilfsstoffe	240						240	
Aufwendungen für Betriebsstoffe	100						100	
Fertigungslöhne	1.680						1.680	
Gehälter für Angestellte	740						740	
soziale Abgaben	420						420	
Abschreibungen	580				580	500	500	
Verluste aus dem Abgang von Anlagevermögen	80		80					
Zinsaufwand[1]	160						160	
Betriebliche Steuern (Kostensteuern)	120						120	
Fremdinstandhaltung	290						290	
sonstige Aufwendungen	70						70	
kalkulatorischer Unternehmerlohn						510	510	
	7.700	**8.540**	**80**	**60**	**580**	**1.010**	**8.050**	**8.480**
Gewinn/Verlust	**840**							
Neutrales Ergebnis				**20**	**430**			
Betriebsergebnis							**430**	
	8.540	**8.540**	**80**	**80**	**1.010**	**1.010**	**8.480**	**8.480**
Gesamtergebnis	=		**Neutrales Ergebnis**			+	**Betriebsergebnis**	
840	=		**410**			+	**430**	

Erläuterungen zur tabellarischen Abgrenzungsrechnung in drei Schritten:[1]

1 Schritt: Direkte Verrechnung zwischen Ergebnisrechnung und Kosten- und Leistungsrechnung: Aus der Gewinn- und Verlustrechnung werden zunächst alle **Zweckaufwendungen** (z. B. Rohstoffverbrauch) **und Zweckerträge** (z. B. Umsatzerlöse) in die Betriebsergebnisspalte als **Grundkosten** und **Grundleistungen** übertragen.

1 Im vorliegenden Beispiel wird angenommen, dass der Zinsaufwand gleichzeitig in vollem Umfang auch Kosten darstellt.

Aufg. 5.5.2 und 5.5.3 S. 282 f.

② Schritt: Unternehmensbezogene Abgrenzungen: Die **neutralen Aufwendungen und Erträge** (z. B. Zinserträge, Verluste aus Anlageverkäufen unter Buchwert) werden in die Spalte **unternehmensbezogene Abgrenzungen** aus der Gewinn- und Verlustrechnung übernommen.

③ Schritt: Kostenrechnerische Korrekturen: Die **Zusatzkosten** und **Zusatzleistungen werden** in den KLR-Bereich und den Abgrenzungsbereich (Kostenrechnerische Korrekturen) übernommen. Liegen **Aufwendungen vor, deren Höhe von der Höhe der erfassten Kosten abweicht (Anderskosten), werden diese als verrechnete Aufwendungen** erfasst. (Im Beispiel errechnet sich bei den Abschreibungen ein „Mehraufwand" von 80.000 EUR als Differenz zwischen 580.000 EUR verrechneten Aufwendungen und 500.000 EUR verrechneten Kosten.)

!

Gesamtergebnis = Betriebsergebnis +/– Neutrales Ergebnis

Neutrales Ergebnis (Abgrenzungsergebnis) = unternehmensbezogene Abgrenzung + kostenrechnerische Korrekturen

Betriebsergebnis = Leistungen – Kosten

Zusammenfassende Übersicht zu 5.5: Abgrenzungsrechnung

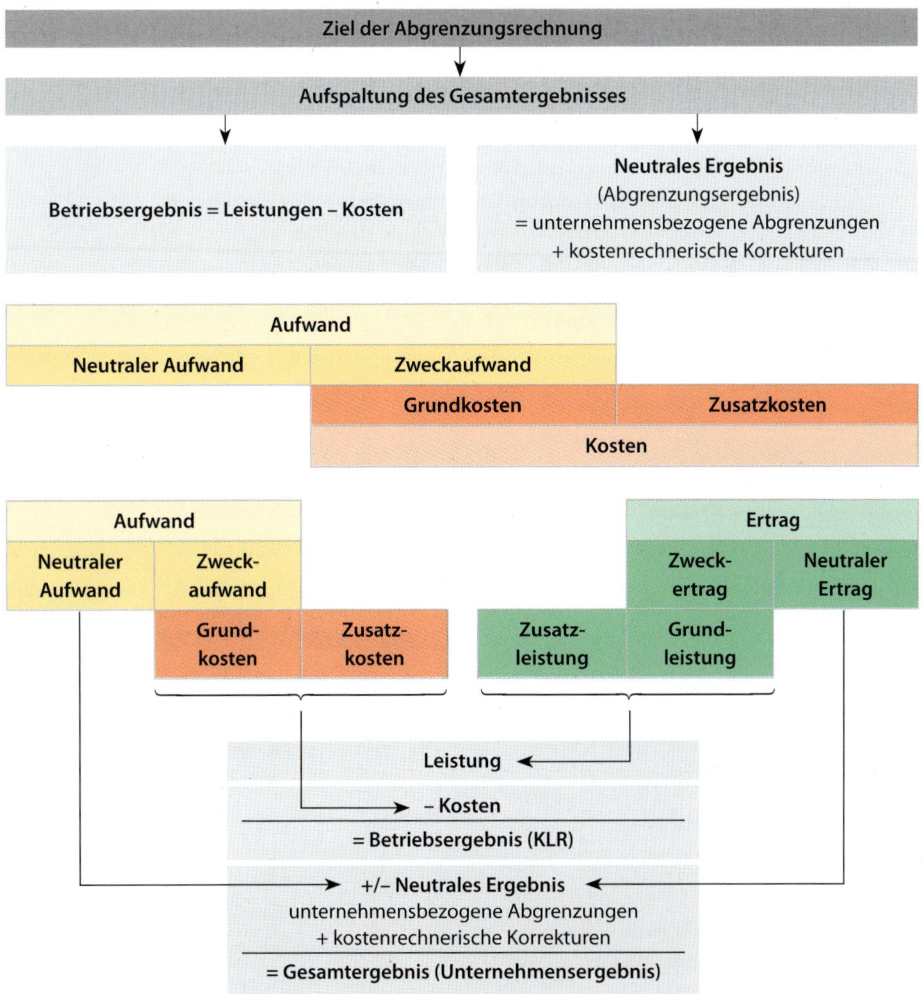

WIEDERHOLUNG DES GRUNDWISSENS

5.5 Abgrenzungsrechnung

1. Ergänzen Sie die folgende Gleichung: Abgrenzungsergebnis + Betriebsergebnis = ?
2. Erklären Sie den Unterschied von Betriebsergebnis und Neutralem Ergebnis.
3. Skizzieren und beschreiben Sie den Aufbau einer Abgrenzungstabelle.
4. Erläutern Sie den Zweck der Spalte „unternehmensbezogene Abgrenzungen".

AUFGABEN ZUM ERWERB UND ZUR KONTROLLE VON KOMPETENZEN

5.5 Abgrenzungsrechnung

5.5.1 Kalkulatorische Kosten – Abgrenzungsrechnung

PDF

In einem Textilunternehmen sind zum Ende des laufenden Geschäftsjahres noch folgende Abgrenzungen vorzunehmen:

(1)	Bilanzielle Abschreibungen:	739.000 EUR
	Kalkulatorische Abschreibungen:	675.000 EUR
(2)	Diebstahl aus dem Warenlager:	33.820 EUR
(3)	Kalkulatorischer Unternehmerlohn:	98.700 EUR

1. Ordnen Sie die oben aufgeführten Sachverhalte mit Beträgen den Begriffen Neutrale Aufwendungen, Zweckaufwand, Grundkosten, Zusatzkosten zu (*Tabelle siehe Arbeitsblatt*).
2. Unterscheiden Sie bilanzielle und kalkulatorische Abschreibungen im Hinblick auf
   - die Bezugsgröße (Bemessungsgrundlage) der jeweiligen Abschreibung
   - den Zweck der Abschreibung und das Abschreibungsverfahren
   - die Nutzungsdauer und
   - die Beachtung gesetzlicher Vorschriften.
3. Erläutern Sie, weshalb eine Trennung zwischen Aufwendungen und Erträgen einerseits bzw. Kosten und Leistungen andererseits für das Unternehmen von Bedeutung ist.

5.5.2 Auswertung einer Abgrenzungstabelle

PDF

Eine OHG erstellt monatlich eine Gewinn- und Verlustrechnung sowie eine Abgrenzungstabelle. Für den Monat Dezember des laufenden Jahres liegt folgendes Ergebnis vor: (Angaben in Tsd. EUR)

Ergebnisbereich der Finanzbuchhaltung			Abgrenzungsbereich				KLR-Bereich	
Konten	Aufwendungen	Erträge	unternehmensbezogene Abgrenzungen		kostenrechnerische Korrekturen		Kosten	Leistungen
			neutrale		verrechnete			
			Aufw.	Erträge	Aufw.	Kosten		
	–	+	–	+	–	+	–	+
Umsatzerlöse		9.520						9.520
Materialaufwand	5.700						5.700	
Löhne	2.000						2.000	
soziale Abgaben	380						380	
Abschreibung	400				400	350	350	
Verlust aus Abgang von Anlagevermögen	90		90					
Fremdinstandhaltung (regelmäßige Wartung)	390						390	
Büromaterialverbrauch	40						40	

Ergebnisbereich der Finanzbuchhaltung			Abgrenzungsbereich				KLR-Bereich	
Konten	Aufwendungen	Erträge	unternehmensbezogene Abgrenzungen		kostenrechnerische Korrekturen		Kosten	Leistungen
			neutrale		verrechnete			
			Aufw.	Erträge	Aufw.	Kosten		
	–	+	–	+	–	+	–	+
Erträge aus der Auflösung von Rückstellungen		70		70				
Zinsaufwand	110						110	
Nachzahlung betrieblicher Steuern	20		20					
Mieterträge		300		300				
kalkulatorischer Unternehmerlohn						20	20	
Summen	**9.130**	**9.890**	**110**	**370**	**400**	**370**	**8.990**	**9.520**

1. Ermitteln Sie das Gesamtergebnis, das Betriebsergebnis und das neutrale Ergebnis.
2. Begründen Sie, weshalb für die Positionen Abschreibung und kalkulatorischer Unternehmerlohn kostenrechnerische Korrekturen erforderlich waren.
3. Welche Aussagen lassen sich aus dem Verhältnis der ermittelten Zahlen für das Betriebsergebnis und das neutrale Ergebnis im Hinblick auf die eigentliche betriebliche Tätigkeit machen?

5.5.3 Gesamtergebnis – Betriebsergebnis – Neutrales Ergebnis (Abgrenzungsergebnis)

Die Ergebnisrechnung der Textilfabrik Heinz Konzelmann e. K. weist (z. T. zusammengefasst) für das abgelaufene Quartal folgende Salden aus (in Tsd. EUR):

Kontenbezeichnung	Aufwendungen in Tsd EUR	Erträge in Tsd EUR
Umsatzerlöse		12.696
Mieterträge		18
Aufwendungen für Rohstoffe	2.940	
Aufwendungen für Hilfs- und Betriebsstoffe	780	
Fertigungslöhne	3.720	
Gehälter und Hilfslöhne	1.860	
Abschreibungen auf Sachanlagen	612	
Aufwendungen für Gewährleistung (*in vollem Umfang kostenwirksam*)	18	
Zinsaufwendungen (*in vollem Umfang kostenwirksam*)	12	
sonstige Aufwendungen (*in vollem Umfang kostenwirksam*)	774	

Folgende kalkulatorischen Kosten sind noch zu verrechnen:

Kalkulatorische Abschreibungen	498.000 EUR	Kalkulatorischer Unternehmerlohn	36.000 EUR

1. Erstellen Sie die Ergebnistabelle.
2. Ermitteln Sie das Gesamtergebnis, das Betriebsergebnis und das neutrale Ergebnis.

5.6 Kostenarten: Zurechenbarkeit von Kosten auf die Kostenträger

5.6.1 Einzelkosten

Die von einem Betrieb hergestellten Erzeugnisse (Produkte) werden als Kostenträger bezeichnet.

Nach der **Zurechenbarkeit** der Kosten auf die Kostenträger sind **Einzelkosten und Gemeinkosten** zu unterscheiden.

Einzelkosten sind Kosten, die sich aufgrund von Belegen (Stücklohnberechnung, Stücklisten, Materialentnahmescheine, Fremdrechnungen) ohne allzu großen Arbeitsaufwand dem einzelnen Erzeugnis oder Auftrag direkt zurechnen lassen.

Zu den Einzelkosten gehören:

- Fertigungsmaterial (Rohstoffverbrauch, Verbrauch von Fertigteilen)
- Fertigungslöhne

Sondereinzelkosten lassen sich ebenso wie alle anderen Einzelkosten (z. B. Fertigungsmaterial, Fertigungslöhne) aufgrund von Belegen erfassen. Sie können aber nicht immer jedem einzelnen Kostenträger, sondern meist nur dem jeweiligen Gesamtauftrag oder der gesamten Produktgruppe zugerechnet werden.

- Sondereinzelkosten der Fertigung (Spezialmodelle, Spezialwerkzeuge, Stücklizenzgebühren usw.)
- Sondereinzelkosten des Vertriebs (Spezialverpackung, Luftfrachten, Transportversicherungen, Kosten für produktbezogene Werbekampagne usw.)

Einzelkosten eines Herstellers von Blechbehältern

Materialverbrauch: Für die Herstellung eines Blechbehälters lässt sich anhand der Stückliste genau berechnen, welche Teile in welcher Menge benötigt werden. Da sich der Materialverbrauch genau berechnen und bewerten lässt, handelt es sich um **Einzelkosten**.

Mengenstückliste			
Teile-Nr.: **101**	Bezeichnung: **Blechbehälter**		
Teile-Nr.:	**Bezeichnung**	**Menge**	**Mengeneinheit**
102	Schalen	2	St
103	Scharniere	2	St
104	Nieten	4	St

Fertigungslöhne: In der Fertigung erhalten die Arbeitnehmer pro Blechbehälter einen Betrag von 0,40 EUR. Da sich diese Lohnkosten den einzelnen Blechbehältern direkt zuordnen lassen, handelt es sich um **Einzelkosten**.

5.6.2 Gemeinkosten

Gemeinkosten sind Kosten, die sich nicht oder nur mit großem Arbeitsaufwand unmittelbar einem Kostenträger zurechnen lassen.

Aufg. 5.6.1 und. 5.6.2 S. 286 f.

Gemeinkosten treten nur in Unternehmen auf, die mehrere verschiedenartige Produkte herstellen (**Mehrproduktunternehmen**).

Gemeinkosten einer Fabrik für Verpackungsmaterial

- Gehalt des Geschäftsführers
- kalkulatorische Abschreibungen für den Fuhrpark
- Gehalt des Leiters der Abteilung Beschaffung
- Maschinenöl (Betriebsstoff)
- Leim (Hilfsstoff)

} fallen für alle Verpackungsmaterialien an und können z. B. nicht einem einzelnen Karton direkt zugerechnet werden

5.6.3 Verhalten von Einzel- und Gemeinkosten bei Änderung der Beschäftigung

Über das Verhalten einzelner Kostenarten (Einzel- und Gemeinkosten) bei Änderungen des Beschäftigungsgrades lässt sich keine allgemeingültige Aussage formulieren. Zwar werden die meisten **Einzelkosten** den **variablen Kosten** zugerechnet. Bei den Einzelkosten des Vertriebs für eine produktbezogene Werbung (z. B. Werbeanzeigen für T-Shirts) ist dies aber beispielsweise nicht der Fall. In gleicher Weise ist die Zurechnung der Gemeinkosten zu den fixen oder variablen Kosten jeweils vom Einzelfall abhängig.

	Einzelkosten	Gemeinkosten
variable Kosten	Fertigungsmaterial (z. B. Stoffe bei der Produktion von T-Shirts); Sondereinzelkosten der Fertigung (z. B. Anfertigen eines Musters); Sondereinzelkosten des Vertriebs (z. B. Spezialverpackung)	Betriebsstoffe (z. B. Stromverbrauch als **laufzeitabhängige** Stromkosten der für die Herstellung von T-Shirts eingesetzten Nähmaschinen); Hilfsstoffe (z. B. Schmieröl)
fixe Kosten	*Erzeugnisbezogene fixe Kosten wie beispielsweise Sondereinzelkosten des Vertriebs (z. B. Kosten für die Werbung für T-Shirts = produktbezogene Werbung)*	Betriebsstoffe (z. B. Zählergebühr als **laufzeitunabhängige** Stromkosten der für die Herstellung von T-Shirts eingesetzten Nähmaschinen); Abschreibungen für die Maschinen

Alle Einzelkosten werden im Normalfall als variabel angesehen.
Gemeinkosten können sowohl fixe als auch variable Bestandteile enthalten.

Zusammenfassende Übersicht zu 5.6: Kostenarten: Zurechenbarkeit von Kosten auf die Kostenträger

Kostenarten nach Ihrer Zurechnung auf die Kostenträger

- **Einzelkosten** (= den Kostenträgern direkt zurechenbare Kosten)
  - **Materialeinzelkosten** → Rohstoffverbrauch
  - **Fertigungseinzelkosten** → Fertigungslöhne
  - **Sondereinzelkosten Fertigung** → Spezialwerkzeuge
  - **Sondereinzelkosten Vertrieb** → Spezialverpackung
- **Gemeinkosten** (= den Kostenträgern nur indirekt zurechenbare Kosten)

Verhalten von Einzel- und Gemeinkosten auf Änderungen der Beschäftigung

variabel	
Einzelkosten	Rohstoffverbrauch, Fertigungslöhne
Gemeinkosten	Stromverbrauch, Verbrauch von Schmieröl

fix	
Einzelkosten	*einige Sondereinzelkosten des Vertriebs (z. B. Kosten für produktbezogene Werbung)*
Gemeinkosten	Abschreibungen auf Maschinen

WIEDERHOLUNG DES GRUNDWISSENS

5.6 Kostenarten: Zurechenbarkeit von Kosten auf die Kostenträger

1. Erklären Sie den Begriff Einzelkosten.
2. Nennen Sie Beispiele für Kostenarten, die als Einzelkosten zu betrachten sind.
3. Nennen Sie Beispiele für Sondereinzelkosten der Fertigung und Sondereinzelkosten des Vertriebs.
4. Definieren Sie den Begriff „Gemeinkosten".
5. Nennen Sie Beispiele für Kostenarten, die als Gemeinkosten zu betrachten sind.
6. Nennen Sie jeweils ein Beispiel für fixe und variable Einzelkosten und für fixe und variable Gemeinkosten.

AUFGABEN ZUM ERWERB UND ZUR KONTROLLE VON KOMPETENZEN

5.6 Kostenarten: Zurechenbarkeit von Kosten auf die Kostenträger

5.6.1 Kostenarten – Einzelkosten – Sondereinzelkosten – Gemeinkosten

PDF

In der Kostenrechnung eines Industriebetriebs werden u. a. folgende Kostenarten erfasst:

- Rohstoffverbrauch
- Hilfsstoffverbrauch
- vom Umsatz berechnete Provisionen für Handelsvertreter

- Betriebsstoffverbrauch
- Fertigungslöhne
- Gehälter
- kalkulatorische Abschreibung
- Kosten für produktbezogene Werbung
- Lizenzgebühren (Stücklizenzen)
- Verpackungskosten (Spezialbehälter)
- Instandhaltungskosten

Ordnen Sie diese Kostenarten in das nachfolgende Schema ein (auf einem gesonderten Blatt).

Kostenarten	Kosten nach der Zurechenbarkeit auf die Kostenträger		
	Einzelkosten	Sondereinzelkosten	Gemeinkosten
Rohstoffverbrauch	?	?	?
	...	...	...

5.6.2 Einzel- und Gemeinkosten

Als Ergebnis der Abgrenzungsrechnung wurden in der Metallwarenfabrik Klein e. K. für das zurückliegende Quartal folgende Werte ermittelt:

Fertigungslöhne	280.200 EUR
Arbeitgeberanteil zur Sozialversicherung (Löhne)	55.480 EUR
Gehälter	70.230 EUR
Arbeitgeberanteil zur Sozialversicherung (Gehälter)	21.280 EUR
Hilfslöhne (einem Kostenträger nicht direkt zurechenbare Löhne)	83.450 EUR
Arbeitgeberanteil zur Sozialversicherung (Hilfslöhne)	23.230 EUR
Büromaterialverbrauch	34.870 EUR
kalkulatorische Abschreibungen	57.600 EUR
kalkulatorischer Unternehmerlohn	60.000 EUR
Ausgangsfrachten	55.800 EUR
Rohstoffkosten	380.000 EUR
Hilfs- und Betriebsstoffkosten	40.980 EUR
vom Umsatz berechnete Provisionen für Handelsvertreter	27.500 EUR

PDF

Einer Branchenstatistik ist zu entnehmen, dass in dieser Branche der Anteil der Einzelkosten an den Gesamtkosten durchschnittlich 64 % beträgt.

1. Wie hoch ist der Anteil der Einzelkosten an den Gesamtkosten (in %) bei der Metallwarenfabrik Klein e. K.?
2. Vergleichen Sie die in 1. errechnete Lösung mit dem Branchenwert und beurteilen Sie das Ergebnis.

5.7 Kostenstellenrechnung: Ermittlung von Gemeinkostenzuschlagssätzen

5.7.1 Bildung von Kostenstellen

Bei einem **Mehrproduktunternehmen** besteht ein Hauptproblem der Kostenrechnung darin, die **Gemeinkosten**, die für mehrere oder alle Produkte gemeinsam anfallen, dennoch den einzelnen **Kostenträgern** (Produkten) möglichst verursachungsgerecht zuzurechnen. Die Einrichtung von **Kostenstellen** bietet dazu Ansatzmöglichkeiten.

> ! **Eine Kostenstelle ist ein räumlich, organisatorisch und verantwortungsmäßig abgegrenzter Teilbereich eines Betriebes, an dem Kosten entstehen und erfasst werden (z. B. Lackiererei eines Metall verarbeitenden Betriebs).**

Den einzelnen Kostenstellen werden die dort anfallenden **Gemeinkosten** (z. B. Gehalt des Leiters der Lackiererei, Abschreibungen für die Lackiermaschine) möglichst verursachungsgerecht zugewiesen. Dahinter steht die Absicht, solche Produkte, die bei ihrer Herstellung eine bestimmte Kostenstelle stärker in Anspruch nehmen als andere, auch mit einem entsprechend höheren Anteil der in dieser Kostenstelle anfallenden Gemeinkosten zu belasten. Ohne Kostenstellenrechnung müssten alle Gemeinkosten im gleichen Verhältnis auf die Erzeugnisse verrechnet werden, was aber i. d. R. der tatsächlichen Verursachung nicht entspricht. Außerdem werden durch die Aufgliederung des Betriebs in Kostenstellen überschaubare Verantwortungsbereiche geschaffen, die sich für eine laufende **Kostenkontrolle** eignen. Abweichungen von den geplanten Kosten sind dabei vom Leiter der Kostenstelle (z. B. Werkstattleiter, Abteilungsleiter) zu verantworten.

> **!** **Aufgabe der Kostenstellenrechnung ist es, in Mehrproduktunternehmen, in denen die Produkte die einzelnen Kostenstellen unterschiedlich stark beanspruchen, eine möglichst verursachungsgerechte Zurechnung der Gemeinkosten auf die Kostenträger vorzubereiten. Außerdem soll eine Kontrolle der Gemeinkosten durch Schaffung von Verantwortungsbereichen ermöglicht werden.**

Die Kostenerfassung in den einzelnen Kostenstellen ist umso aussagekräftiger, je überschaubarer die Kostenstellen sind. Insofern wäre die Ermittlung der Gemeinkosten für jeden einzelnen Arbeitsplatz als Kostenstelle die geeignetste Lösung (Platzkostenrechnung). Einer Kostenstellenbildung nach Arbeitsplätzen widersprechen jedoch Wirtschaftlichkeitsüberlegungen. Je mehr Kostenstellen gebildet werden, desto umfangreicher sind auch die damit verbundenen Verrechnungs- und Kontrollarbeiten. Wie stark der Betrieb tatsächlich in einzelne Kostenstellen gegliedert wird, hängt u. a. von der Betriebsgröße und dem Fertigungsprogramm ab.

Der Bildung von Kostenstellen können nachstehende Überlegungen zugrunde gelegt werden:

1. **Raumorientierte Gesichtspunkte:** Die Bildung der Kostenstellen ist davon abhängig, **an welchen Orten** innerhalb eines Betriebes die Kosten entstanden sind (z. B. Werkstatt I, Werkstatt II, ... Eigenlager, Fremdlager, Werksvertretung Ost, Werksvertretung Süd etc.)
2. **Rechnungsorientierte Gesichtspunkte:** Zusammenfassung mehrerer Maschinen zu einer Kostenstelle, deren Kostensituation ähnlich ist.
3. **Funktionsorientierte Gesichtspunkte:** Gleichartige Tätigkeiten werden zu einer Kostenstelle zusammengefasst (z. B. Materialkostenstelle, Verwaltungskostenstelle etc.)

In der Praxis werden die Kostenstellen hauptsächlich nach **Funktionsbereichen** (funktionsorientierte Gesichtspunkte) gebildet, wobei aber auch zusätzlich noch weitere Gesichtspunkte (z. B. Raumorientierung) berücksichtigt werden können. Bei den nach den **vier Funktionsbereichen** Material, Fertigung, Verwaltung und Vertrieb gegliederten Kostenstellen handelt es sich um **Hauptkostenstellen** (Endkostenstellen).

Bildung von Kostenstellen nach Funktionsbereichen			
Material	Fertigung	Verwaltung	Vertrieb

> **!** **Bei der weit verbreiteten Kostenstellenbildung nach Funktionsbereichen werden im Normalfall folgende vier Hauptkostenstellen unterschieden:**
> **❶ Material ❷ Fertigung ❸ Verwaltung ❹ Vertrieb**

> **!** **Hauptkostenstellen (Endkostenstellen) geben ihre Leistungen und die dabei entstandenen Gemeinkosten in der Regel unmittelbar an die Erzeugnisse (Kostenträger) ab.**

Aufgabenbereiche innerhalb der vier Hauptkostenstellen

Kostenstelle Material	Kostenstelle Fertigung	Kostenstelle Verwaltung	Kostenstelle Vertrieb
▪ Einkauf von Roh-, Hilfs- und Betriebsstoffen ▪ Materialannahme, Materialprüfung ▪ Materiallagerung ▪ Materialausgabe, Materialverwaltung	▪ Arbeitsplanung, Arbeitsvorbereitung ▪ Erstellung von Stücklisten ▪ Maschineneinrichtung ▪ Produktion, Produktionssteuerung/Produktionsüberwachung	▪ Personaleinstellung, Personalverwaltung ▪ Lohnabrechnung, Lohnbuchhaltung ▪ Betriebsabrechnung, Kalkulation ▪ Geschäftsleitung	▪ Auslieferung, Versand ▪ Kundenberatung, Kundenbetreuung ▪ Reklamationsbearbeitung ▪ Werbung
Materialgemeinkosten	**Fertigungsgemeinkosten**	**Verwaltungsgemeinkosten**	**Vertriebsgemeinkosten**

= in den vier Hauptkostenstellen anfallende Gemeinkosten

Zusammenfassende Übersicht zu 5.7.1: Bildung von Kostenstellen

Aufgaben von Kostenstellen

- Bereitstellung von Informationen für die Kostenträgerrechnung
- Ziel: Verteilung der Gemeinkosten auf die Kostenstellen
Bildung von Kostenstellen
- Kontrolle der Gemeinkosten durch Schaffung von Verantwortungsbereichen

↓

Bildung von Kostenstellen nach Funktionsbereichen
Material, Fertigung, Verwaltung, Vertrieb

↓

Kostenstellen nach Funktionsbereichen sind Hauptkostenstellen (Endkostenstellen)
Sie geben Leistungen direkt an **Kostenträger** (Erzeugnisse) ab

WIEDERHOLUNG DES GRUNDWISSENS

5.7.1 Bildung von Kostenstellen

1. Benennen Sie die Aufgaben der Kostenstellenrechnung und erklären Sie, weshalb Gemeinkosten auf die Kostenstellen verteilt werden müssen.
2. Nennen Sie die vier Hauptkostenstellen.

5.7.2 Einfacher Betriebsabrechnungsbogen (BAB)

Der Betriebsabrechnungsbogen ist ein organisatorisches Mittel, um die Gemeinkosten eines Unternehmens auf die Kostenstellen zu verteilen.

! Mithilfe des Betriebsabrechnungsbogens (BAB) wird die Aufteilung der Gemeinkosten auf die Kostenstellen vorgenommen.

Schematischer Aufbau eines Betriebsabrechnungsbogens (BAB)

Gemeinkostenarten (aus der Betriebsergebnis- und Kostenartenrechnung)	**Kostenstellen**			
	Material	**Fertigung**	**Verwaltung**	**Vertrieb**
… kalkulatorische Abschreibung Miete Gehälter …	↓	↓	↓	↓
Summen der Gemeinkosten	Summe Material-gemeinkosten (MGK)	Summe Fertigungs-gemeinkosten (FGK)	Summe Verwaltungs-gemeinkosten (VwGK)	Summe Vertriebs-gemeinkosten (VtGK)

! Werden als Kostenstellen nur die vier Hauptkostenstellen Material, Fertigung, Verwaltung und Vertrieb verwendet, handelt es sich um einen einfachen einstufigen Betriebsabrechnungsbogen (BAB).

Ein **erweiterter Betriebsabrechnungsbogen (BAB)** liegt vor, wenn die Hauptkostenstellen weiter aufgegliedert werden (z. B. Aufgliederung der Hauptkostenstelle Fertigung in die Kostenstellen Werkstatt 1: Schweißerei, Werkstatt 2: Lackiererei usw.) Ein mehrstufiger Betriebsabrechnungsbogen (BAB) liegt vor, wenn neben den Hauptkostenstellen auch noch Hilfskostenstellen berücksichtigt werden.[1]

Vorgehensweise zur Erstellung eines Betriebsabrechnungsbogens (BAB)

1. Schritt

Aufbauend auf der Betriebsergebnisrechnung (Rechnungskreis II: Spalte Kosten- und Leistungsbereich) wird im Rahmen der Kostenartenrechnung eine Trennung in Einzel- und Gemeinkosten vorgenommen. Die entsprechenden **Gemeinkostenarten** werden in die erste Spalte des **Betriebsabrechnungsbogens (BAB)** übernommen.

2. Schritt

Die Summen dieser Gemeinkosten werden möglichst verursachungsgerecht auf die Kostenstellen verteilt. Für diese Verteilung sind zwei Verfahren möglich:

1 Der Lehrplan sieht nur die Behandlung eines einfachen einstufigen Betriebsabrechnungsbogens (BAB) vor.

❶ Lässt sich genau belegen, welche Kostenstelle welchen Anteil an der jeweiligen Gemeinkostensumme hat, so ist eine **direkte** Verteilung der Gemeinkosten auf die Kostenstellen möglich. Die Kostenverteilung erfolgt dabei anhand von Belegen oder anderen Nachweisen wie Materialentnahmescheinen, Lohn- und Gehaltslisten, Anlagekarteien, Stromzählern oder Fahrtenbüchern. Da sich die Gemeinkosten in diesem Falle direkt einzelnen Kostenstellen zuordnen lassen, wird von **Stelleneinzelkosten** gesprochen.

Stelleneinzelkosten

- Stromkosten, falls der Stromverbrauch für eine bestimmte Kostenstelle aus Stromzwischenzählern abgelesen werden kann
- Abschreibungen für eine Maschine, die nur von einer bestimmten Fertigungsstelle benutzt wird
- Gehalt eines Lagerleiters (Kostenstelle Material) oder Werkstattleiters (Kostenstelle Fertigung)

❷ Lassen sich die Gemeinkosten **nicht** unmittelbar einer Kostenstelle zurechnen, so muss eine Verteilung über **Verteilungsschlüssel** vorgenommen werden. In diesem Fall handelt es sich bei den Gemeinkosten um **Kostenstellengemeinkosten (Schlüsselkosten)**.

Kostenstellengemeinkosten

- Miete oder Abschreibung für ein Betriebsgebäude wird nach m² auf die Kostenstellen Material (Lager), Fertigung (Werkstätten) usw. verteilt
- Heizkosten nach der Zahl der Heizkörper
- kalkulatorische Abschreibungen auf Maschinen und Einrichtungen nach dem Wert des in den einzelnen Kostenstellen investierten Kapitals

! Kostenstelleneinzelkosten werden direkt auf die Kostenstellen verteilt, Kostenstellengemeinkosten werden mithilfe von Verteilungsschlüsseln verrechnet.

Beispiele für Verteilungsschlüssel zur Verteilung der Gemeinkosten

Gemeinkostenarten	Gemeinkosten (EUR)	Verteilungsschlüssel	Kostenstellen			
			Material	Fertigung	Verwaltung	Vertrieb
Strom	12.000	Zwischenzähler	2.000 kW/h	70.000 kw/h	4.000 kW/h	4.000 kW/h
Gehälter	425.000	Gehaltslisten	25.000 EUR	230.000 EUR	135.000 EUR	35.000 EUR
Miete	11.700	Flächen in m²			600 m²	300 m²
...						

3. Schritt

Ermittlung der Summe der Gemeinkosten insgesamt (Summe Spalte 1) und der Summen in den einzelnen Hauptkostenstellen: Materialgemeinkosten (MGK), Fertigungsgemeinkosten (FGK), Verwaltungsgemeinkosten (VwGK) und Vertriebsgemeinkosten (VtGK).

Betriebsabrechnungsbogen (BAB)

Aufg. 5.7.2.1 S. 293

Gemeinkosten-arten	Gemein-kosten (EUR)	Verteilungs-schlüssel	Kostenstellen			
			Material (EUR)	Fertigung (EUR)	Verwaltung (EUR)	Vertrieb (EUR)
Strom	12.000	Zwischenzähler	300	10.500	600	600
Hilfsstoffe	200.000	Entnahmescheine		200.000		
Betriebsstoffe	359.000	Maschinenlauf-zeiten/Verbrauchs-belege	30.000	300.000	15.000	14.000
Gehälter	425.000	Gehaltslisten	25.000	230.000	135.000	35.000
Kalkulatorische Abschreibung	290.000	Anlagekartei	30.000	180.000	60.000	20.000
Miete	11.700	Flächen in m²			7.800	3.900
sonstige Kosten	227.000	Belege	9.000	18.000	110.000	90.000
Summe der Gemeinkosten	1.524.700		94.300 MGK	938.500 FGK	328.400 VwGK	163.500 VtGK

Zusammenfassende Übersicht zu 5.7.2: Einfacher Betriebsabrechnungsbogen (BAB)

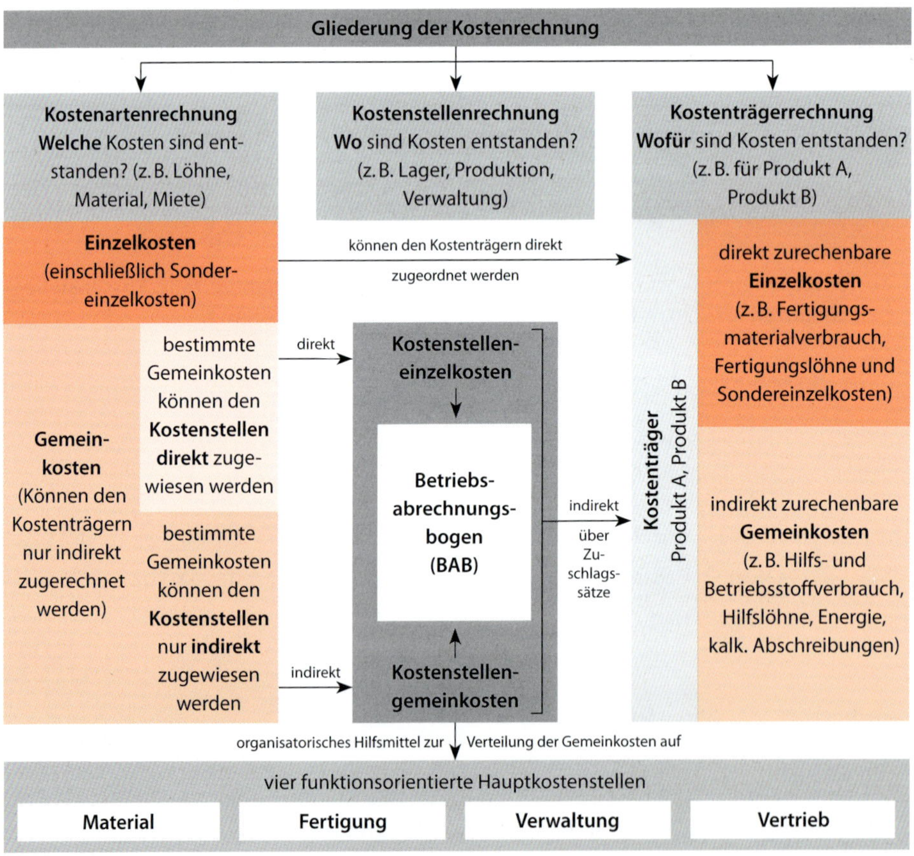

WIEDERHOLUNG DES GRUNDWISSENS

5.7.2 Einfacher Betriebsabrechnungsbogen (BAB)

1. Beschreiben Sie die Aufgaben des Betriebsabrechnungsbogens (BAB) und skizzieren Sie dessen Aufbau.
2. Begründen Sie die Notwendigkeit der Aufteilung der Kosten in Einzel- und Gemeinkosten am Beispiel der Materialkosten für ein Trekkingrad.
3. Ordnen Sie folgende Gemeinkosten den betreffenden Kostenstellen zu.
   a) Hilfsstoffverbrauch zur Reparatur eines Regals für die Materiallagerung
   b) Stromverbrauch im Großraumbüro
   c) Kalkulatorische Abschreibung auf die Fertigungshalle
   d) Stromverbrauch in der Montage

AUFGABEN ZUM ERWERB UND ZUR KONTROLLE VON KOMPETENZEN

5.7.2 Einfacher Betriebsabrechnungsbogen (BAB)

5.7.2.1 BAB: Verteilung der Gemeinkosten

Der Abgrenzungstabelle (Auszug) der Möbelfabrik Möschle e. K. für das vergangene Geschäftsjahr sind folgende Zahlen zu entnehmen:

Konten	...	KLR-Bereich	
	...	Kosten (EUR)	Leistungen (EUR)
...			
Rohstoffverbrauch		800.000	
Gemeinkostenmaterial		120.000	
Stromkosten		32.000	
Fertigungslöhne		600.000	
Hilfslöhne		60.000	
Gehälter		280.000	
Raumkosten		15.000	
Betriebssteuern		160.000	
Kalkulatorische Abschreibungen		240.000	
Kalkulatorischer Unternehmerlohn		120.000	
Zinsen (in vollem Umfang Kosten)		640.000	

PDF

1. Stellen Sie fest, bei welchen der aufgeführten Kosten es sich um Gemeinkosten handelt.
2. Was ist unter Stelleneinzelkosten und Stellengemeinkosten zu verstehen und auf welcher Grundlage werden diese im Betriebsabrechnungsbogen (BAB) jeweils verteilt?
3. Übertragen Sie die Zahlen aus der Kosten- und Leistungsrechnung in einen Betriebsabrechnungsbogen (BAB) und verteilen Sie unter Verwendung der nachstehend aufgeführten Belege und Verteilungsschlüssel die Gemeinkosten auf die vier Kostenstellen.

Gemeinkosten	Zahlen der KLR (EUR)	Kostenstellen			
		Material	Fertigung	Verwaltung	Vertrieb
Stelleneinzelkosten lt. Belegen					
Gemeinkostenmaterial	120.000	20.000 EUR	90.000 EUR	5.000 EUR	5.000 EUR
Stromkosten	32.000	2.000 kWh	70.000 kWh	4.000 kWh	4.000 KWh
Gehälter	280.000	25.000 EUR	142.000 EUR	68.000 EUR	45.000 EUR
Zinsen	640.000	80.000 EUR	456.000 EUR	48.000 EUR	56.000 EUR
Kalkulatorische Abschreibungen	240.000	15.000 EUR	190.000 EUR	17.000 EUR	18.000 EUR

Gemeinkosten	Zahlen der KLR (EUR)	Kostenstellen			
		Material	Fertigung	Verwaltung	Vertrieb
Stellengemeinkosten lt. Verteilungsschlüssel					
Raumkosten	15.000	400 qm	1.800 qm	200 qm	100 qm
Hilfslöhne	60.000	1	4	–	1
Betriebssteuern	160.000	2	6	1	1
Kalkulatorischer Unternehmerlohn	120.000	1	4	2	1

5.7.3 Ermittlung von Zuschlagssätzen für die Gemeinkosten (Istzuschläge) – Einfacher und erweiterter Betriebsabrechnungsbogen (BAB)

Zweck von Gemeinkostenzuschlagssätzen

Während die Einzelkosten den Kostenträgern direkt zugerechnet werden können, erfolgt die Zurechnung der Gemeinkosten über den Umweg der im Betriebsabrechnungsbogen (BAB) ausgewiesenen Kostenstellen. Hierzu werden für die Gemeinkosten der einzelnen Kostenstellen Zuschlagssätze berechnet.

! **Da die Gemeinkosten nicht direkt den Kostenträgern zugerechnet werden können, muss die Zurechnung indirekt erfolgen. Das kann mithilfe von Zuschlagssätzen geschehen.**

Für die Ermittlung der Zuschlagssätze muss eine Bezugsgröße (**Zuschlagsgrundlage**) gewählt werden. Diese soll gewährleisten, dass die Gemeinkosten den Kostenträgern möglichst **verursachungsgerecht** zugerechnet werden. Das bedeutet, dass die einzelnen Kostenträger (Erzeugnisse) nur mit den Gemeinkosten belastet werden sollen, die sie tatsächlich auch verursacht haben.

! **Bei der Verwendung von Zuschlagssätzen ist die Wahl der „richtigen" Zuschlagsgrundlage das Hauptproblem für eine möglichst verursachungsgerechte Zurechnung der Gemeinkosten auf die Kostenträger.**

Material- und Fertigungsgemeinkosten

Im Material- und Fertigungsbereich werden in der Regel die entsprechenden Einzelkosten als Zuschlagsgrundlage verwendet.

Gemeinkosten	Zuschlagsgrundlage
Materialgemeinkosten	Materialeinzelkosten (Verbrauch an Fertigungsmaterial)
Fertigungsgemeinkosten	Fertigungseinzelkosten (Fertigungslöhne)

Zuschlagssätze

❶ **Materialgemeinkosten-zuschlagssatz (MGKZ)**

$$\text{MGKZ} = \frac{\text{Materialgemeinkosten} \cdot 100}{\text{Materialeinzelkosten}}$$

❷ **Fertigungsgemeinkosten-zuschlagssatz (FGKZ)**

$$\text{FGKZ} = \frac{\text{Fertigungsgemeinkosten} \cdot 100}{\text{Fertigungseinzelkosten}}$$

Erläuterungen zur Berechnung

Für die **Materialgemeinkosten** wird angenommen, dass sie in ihrer Höhe proportional abhängig sind vom Wert des verbrauchten Fertigungsmaterials (Materialeinzelkosten). Deshalb bilden die **Materialeinzelkosten** die Zuschlagsgrundlage zur Berechnung des Zuschlagssatzes für die Materialgemeinkosten.

Für die **Fertigungsgemeinkosten** wird eine proportionale Abhängigkeit zu den Fertigungslöhnen (Fertigungseinzelkosten) unterstellt. Die **Fertigungseinzelkosten** bilden deshalb die Zuschlagsgrundlage zur Berechnung des Zuschlagssatzes für die Fertigungsgemeinkosten.

! Für die Kostenstellen Material und Fertigung werden in der Regel die Einzelkosten (Fertigungsmaterial bzw. Fertigungslöhne) als Zuschlagsgrundlage gewählt.

! Bei der Verrechnung der Material- und Fertigungsgemeinkosten mithilfe von Zuschlagssätzen wird unterstellt, dass sich diese Gemeinkosten im gleichen Verhältnis (= proportional) wie die als Zuschlagsgrundlage verwendeten Einzelkosten verändern.

Verwaltungs- und Vertriebsgemeinkosten

Im Verwaltungs- und Vertriebsbereich gibt es keine Einzelkosten, die als geeignete Bezugsgröße dienen könnten. Deshalb werden für die Verwaltungs- und Vertriebsgemeinkosten **ersatzweise die Herstellkosten** (= Summe aller Material- und Fertigungskosten) als Zuschlagsgrundlage verwendet.

Gemeinkosten	Zuschlagsgrundlage
Verwaltungsgemeinkosten	Herstellkosten
Vertriebsgemeinkosten	Herstellkosten

Um die Herstellkosten als Bezugsgröße zu ermitteln, muss zunächst eine **Gesamtkalkulation** aller bei der **Herstellung** in der Abrechnungsperiode angefallenen Kosten vorgenommen werden.

! Berechnung der Herstellkosten

	Materialeinzelkosten	**Materialkosten**
+	**Materialgemeinkosten**	
+	**Fertigungseinzelkosten**	**Fertigungskosten**
+	**Fertigungsgemeinkosten**	
+	**Sondereinzelkosten der Fertigung**[1]	
=	**Herstellkosten**	

1 Beispiele für Sondereinzelkosten der Fertigung: Konstruktionskosten, Speziallackierung eines Pkw

Zuschlagssätze

Aufg. 5.7.3.1 S. 299

❸ Verwaltungsgemeinkosten-zuschlagssatz (VwGKZ)

$$\text{VwGKZ} = \frac{\text{Verwaltungsgemeinkosten} \cdot 100}{\text{Herstellkosten}}$$

❹ Vertriebsgemeinkosten-zuschlagssatz (VtGKZ)

$$\text{VtGKZ} = \frac{\text{Vertriebsgemeinkosten} \cdot 100}{\text{Herstellkosten}}$$

Erläuterungen zur Berechnung

Verwaltungsgemeinkosten (z. B. Gehälter für die Geschäftsleitung und das Büropersonal) stehen in direktem Zusammenhang mit allen betrieblichen Funktionsbereichen. Die Zuschlagsgrundlage zur Berechnung des Zuschlagssatzes für die Verwaltungsgemeinkosten bilden deshalb alle Kosten, die im Rahmen der Herstellung der Erzeugnisse während einer bestimmten Abrechnungsperiode z. B. Monat, Quartal, Jahr (= **Herstellkosten**) entstanden sind.

Für die Berechnung des Zuschlagssatzes der Vertriebsgemeinkosten gilt der gleiche Zusammenhang wie für die Verwaltungsgemeinkosten. Deshalb werden auch in diesem Fall die **Herstellkosten** als Zuschlagsgrundlage verwendet.

! Für die Kostenstellen Verwaltung und Vertrieb werden in der Regel die Herstellkosten als Zuschlagsgrundlage gewählt.

! Bei der Verrechnung der Verwaltungs- und Vertriebsgemeinkosten mithilfe von Zuschlagssätzen wird unterstellt, dass sich diese Gemeinkosten im gleichen Verhältnis (= proportional) wie die als Zuschlagsgrundlage verwendeten Herstellkosten verändern.

Berechnung der Gemeinkostenzuschläge mithilfe des Betriebsabrechnungsbogens (BAB)

Gemeinkostenarten (aus der Betriebsergebnis- und Kostenartenrechnung)	**Kostenstellen**			
	Material (EUR)	**Fertigung** (EUR)	**Verwaltung** (EUR)	**Vertrieb** (EUR)
... kalkulatorische Abschreibung Miete Gehälter ...	↓	↓	↓	↓
Summen der Gemeinkosten (= x %)	Summe Material-gemeinkosten (MGK)	Summe Fertigungs-gemeinkosten (FGK)	Summe Verwaltungs-gemeinkosten (VwGK)	Summe Vertriebs-gemeinkosten (VtGK)
Zuschlagsgrundlagen (= 100 %)	Material-einzelkosten (MEK): Kosten für Fertigungs-material (FM)	Fertigungs-einzelkosten (FEK): Fertigungs-löhne (FL)	Herstellkosten (HEKO)	Herstellkosten (HEKO)

Gemeinkostenarten (aus der Betriebsergebnis- und Kostenartenrechnung)	Kostenstellen			
	Material (EUR)	Fertigung (EUR)	Verwaltung (EUR)	Vertrieb (EUR)
Zuschlagssätze	MEK ≙ 100 % MGK ≙ x % MGKZ = $\frac{MGK \cdot 100}{MEK}$	FEK ≙ 100 % FGK ≙ x % FGZ = $\frac{FGK \cdot 100}{FEK}$	HEKO ≙ 100 % VwGK ≙ x % VwGKZ = $\frac{VwGK \cdot 100}{HEKO}$	HEKO ≙ 100 % VtGK ≙ x % VtGKZ = $\frac{VtGK \cdot 100}{HEKO}$

Die aus den Zahlen des Betriebsabrechnungsbogens (BAB) ermittelten Zuschlagssätze werden als **Istgemeinkostenzuschlagssätze** bezeichnet, da sie auf den in der vergangenen Periode **tatsächlich angefallenen Kosten** beruhen. Diese Zuschlagssätze aus der **Vergangenheit** werden u. a. dazu benötigt, um **vor** Beginn der Herstellung von Erzeugnissen oder vor Ausführung von Aufträgen die für diese Kostenträger **voraussichtlich** anfallenden **Selbstkosten** zu kalkulieren **(Vorkalkulation)**.

Die aus Vergangenheitswerten ermittelten Istgemeinkostenzuschlagssätze bilden die Grundlage für die Kalkulation der Selbstkosten und für die Erstellung von Kostenvoranschlägen (Kalkulation des Angebotspreises) für Aufträge, die die kommende Periode betreffen.

Werden die bei der Herstellung und dem Vertrieb eines Erzeugnisses voraussichtlich anfallenden Gemeinkosten dem Kostenträger (Erzeugnis) mithilfe von Gemeinkostenzuschlagssätzen zugerechnet, so liegt eine Zuschlagskalkulation vor.

Betriebsabrechnungsbogen (BAB) mit Berechnung der Gemeinkostenzuschlagssätze

Aufg. 5.7.3.2 und 5.7.3.3 S. 299 f.

Gemeinkostenarten	Gemeinkosten (EUR)	Verteilungsgrundlage	Kostenstellen			
			Material (EUR)	Fertigung (EUR)	Verwaltung (EUR)	Vertrieb (EUR)
Strom	12.000	Zwischenzähler	300	10.500	600	600
Hilfsstoffe	200.000	Entnahmescheine		200.000		
Betriebsstoffe	359.000	Maschinenlaufzeiten/ Verbrauchsbelege	30.000	300.000	15.000	14.000
Gehälter	425.000	Gehaltslisten	25.000	230.000	135.000	35.000
Kalk. Abschreib.	290.000	Anlagekartei	30.000	180.000	60.000	20.000
Miete	11.700	Flächen in m²			7.800	3.900
sonstige Kosten	227.000	Belege	9.000	18.000	110.000	90.000
Summe der Gemeinkosten	**1.524.700**		**94.300** MGK	**938.500** FGK	**328.400** VwGK	**163.500** VtGK
Zuschlagsgrundlagen (= 100 %)			943.000 **Fertigungsmaterial**	1.173.125 **Fertigungslöhne**	3.148.925[1] **Herstellkosten**	3.148.925[1] **Herstellkosten**
Zuschlagssätze			10 % **Materialgemeinkostenzuschlagssatz**	80 % **Fertigungsgemeinkostenzuschlagssatz**	10,4 % **Verwaltungsgemeinkostenzuschlagssatz**	5,2 % **Vertriebsgemeinkostenzuschlagssatz**

1 HEKO = FM (943.000) + MGK (94.300) + FL (1.173.125) + FGK (938.500) = 3.148.925125) + FGK

Wird der Fertigungsbereich auf mehrere Kostenstellen aufgeteilt (= **erweiterter Betriebsabrechnungsbogen**), verbessert sich dadurch die Aussagefähigkeit der Kostenstellenrechnung. Darüber hinaus lassen sich die Selbstkosten für die einzelnen Erzeugnisse – je nach Inanspruchnahme der einzelnen Kostenstellen – verursachungsrechter kalkulieren.

Erweiterter Betriebsabrechungsbogen (BAB) mit Berechnung der Gemeinkostenzuschlagssätze

	Gemeinkosten (EUR)	**Kostenstellen**				
		Material (EUR)	**Fertigung I** (EUR)	**Fertigung II** (EUR)	**Verwaltung** (EUR)	**Vertrieb** (EUR)
Verteilung der Gemeinkostenarten		↓ ↓	↓ ↓	↓ ↓	↓ ↓	↓ ↓
Summe der Gemeinkosten		Summe MGK	Summe FGK I	Summe FGK II	Summe VwGK	Summe VtGK
Zuschlagsgrundlagen (= 100 %)		**Fertigungsmaterial**	**Fertigungslöhne I**	**Fertigungslöhne II**	**Herstellkosten**	**Herstellkosten**
Zuschlagssätze		**Materialgemeinkostenzuschlagssatz**	**Fertigungsgemeinkostenzuschlagssatz I**	**Fertigungsgemeinkostenzuschlagssatz II**	**Verwaltungsgemeinkostenzuschlagssatz**	**Vertriebsgemeinkostenzuschlagssatz**

Zusammenfassende Übersicht zu 5.7.3: Ermittlung von Zuschlagssätzen für die Gemeinkosten (Istzuschläge) – Einfacher und erweiterter Betriebsabrechnungsbogen (BAB)

Einzelkosten → **Direkte** Zurechnung auf die Kostenträger

Gemeinkosten → Zurechnung auf die Kostenträger über **Zuschlagssätze**
↓
Berechnung aus den Zahlen im BAB als **Istzuschläge**

Materialgemeinkostenzuschlagssatz (MGKZ) $= \dfrac{\text{Materialgemeinkosten} \cdot 100}{\text{Materialeinzelkosten}}$

Fertigungsgemeinkostenzuschlagssatz (FGKZ) $= \dfrac{\text{Fertigungsgemeinkosten} \cdot 100}{\text{Fertigungseinzelkosten}}$

Verwaltungsgemeinkostenzuschlagssatz (VwGKZ) $= \dfrac{\text{Verwaltungsgemeinkosten} \cdot 100}{\text{Herstellkosten}}$

Vertriebsgemeinkostenzuschlagssatz (VtGKZ) $= \dfrac{\text{Vertriebsgemeinkosten} \cdot 100}{\text{Herstellkosten}}$

Berechnung der Herstell- und der Selbstkosten

	Materialeinzelkosten
+	Materialgemeinkosten
+	Fertigungseinzelkosten
+	Fertigungsgemeinkosten
+	Sondereinzelkosten der Fertigung
=	Herstellkosten
+	Verwaltungsgemeinkosten
+	Vertriebsgemeinkosten
=	Selbstkosten

Betriebsabrechnungsbogen (BAB)			
vier Hauptkostenstellen			
Material	**Fertigung**	**Verwaltung**	**Vertrieb**

vier Istgemeinkostenzuschlagssätze dienen u.a. zur Kalkulation der Selbstkosten künftiger Aufträge (Vorkalkulation)

WIEDERHOLUNG DES GRUNDWISSENS

5.7.3 Ermittlung von Zuschlagssätzen für die Gemeinkosten (Istzuschläge) – Einfacher und erweiterter Betriebsabrechnungsbogen (BAB)

1. Unterscheiden Sie Einzel- und Gemeinkosten im Hinblick auf die Zurechnung auf die Kostenträger.
2. Geben Sie Formeln zur Berechnung der Gemeinkostenzuschlagssätze an.
3. Zeigen Sie in geeigneter Weise auf, wie die Herstellkosten berechnet werden.
4. Erläutern Sie, welcher Zusammenhang zwischen den Gemeinkosten und der jeweiligen Zuschlagsgrundlage unterstellt wird.
5. Erklären Sie den Begriff „Istzuschlagssatz" und geben Sie an, wofür diese Zuschlagssätze benötigt werden.
6. Beschreiben Sie den Aufbau eines erweiterten Betriebsabrechnungsbogens.

AUFGABEN ZUM ERWERB UND ZUR KONTROLLE VON KOMPETENZEN

5.7.3 Ermittlung von Zuschlagssätzen für die Gemeinkosten (Istzuschläge) – Einfacher und erweiterter Betriebsabrechnungsbogen (BAB)

5.7.3.1 Gemeinkostenzuschlagssätze

Die Alu-Präzisionsteile GmbH in Schwäbisch Gmünd errechnete für das vergangene Quartal für die Hauptkostenstellen folgende Gemeinkosten:

Material	76.000 EUR	Verwaltung	345.480 EUR
Fertigung	876.800 EUR	Vertrieb	138.192 EUR

Im gleichen Zeitraum wurden für Fertigungslöhne 1.753.600 EUR bezahlt. Der Rohstoffverbrauch belief sich auf 1,9 Mio. EUR.
Ermitteln Sie die Gemeinkostenzuschlagssätze.

5.7.3.2 Betriebsabrechnungsbogen (BAB) – Zuschlagssätze

Der Rechnungskreis II eines Industriebetriebes weist für das vergangene Quartal folgende Kosten aus:

Kostenarten	(EUR)	Kostenarten	(EUR)
Fertigungsmaterial	130.240	Gehälter	85.600
Hilfsstoffe	25.000	Soziale Abgaben	39.000
Betriebsstoffe	7.200	Kalkulatorische Abschreibung	19.200
Fertigungslöhne	133.200	Betriebliche Steuern	8.800
Hilfslöhne	36.000	Sonst. betriebliche Aufwendungen	20.000

PDF

1. Erstellen Sie auf der Grundlage der nachstehenden Angaben zur Verteilung der Gemeinkosten einen Betriebsabrechnungsbogen (BAB).
2. Errechnen Sie die vier Gemeinkostenzuschlagssätze.
3. Ermitteln Sie das Betriebsergebnis für das zurückliegende Quartal, wenn die Umsatzerlöse 610.000 EUR betragen haben.

Kostenart	Material	Fertigung	Verwaltung	Vertrieb
Kostenstelleneinzelkosten				
Hilfsstoffe	400 EUR	21.400 EUR	–	3.200 EUR
Betriebsstoffe	480 EUR	3.640 EUR	1.720 EUR	1.360 EUR
Hilfslöhne	2.780 EUR	31.460 EUR	560 EUR	1.200 EUR
Gehälter	3.200 EUR	10.800 EUR	40.600 EUR	31.000 EUR
Soziale Abgaben	1.300 EUR	21.100 EUR	11.880 EUR	4.720 EUR
Sonst. betriebl. Aufwendungen	2.120 EUR	4 480 EUR	10.000 EUR	3.400 EUR
Kostenstellengemeinkosten				
Kalk. Abschreibung (Verteilung im Verhältnis der Anlagewerte)	125.000 EUR	175.000 EUR	75.000 EUR	25.000 EUR
Betriebliche Steuern	–	3 :	2	–

5.7.3.3 Betriebsabrechnungsbogen (BAB) mit Excel

EXCEL

Ein Industriebetrieb erstellt seinen Betriebsabrechnungsbogen mithilfe des Tabellenkalkulationsprogramms Microsoft Excel. Nachstehender Bildschirmauszug enthält die für die Abrechnung wesentlichen Informationen:

D28 =

	A	B	C	D	E	F	G	H	I	J
1	Einstufiger Betriebsabrechnungsbogen									
2										
3	Gemeinkostenarten	Kosten	Verteilungsschlüssel				Kostenstellen			
4							Material	Fertigung	Verwaltung	Vertrieb
5		EUR	M	F	Vw	Vt	EUR	EUR	EUR	EUR
6	Gemeinkostenmaterial	70.000	2	8		1				
7	Energiekosten	35.300	2	6	4	3				
8	Hilfslöhne	42.800	1	7	5	2				
9	Gehälter	74.680		5	6	1				
10	Sozialkosten	10.680	1	12	11	3				
11	Instandhaltungen	32.200	1	5	2	2				
12	Betriebliche Steuern[1]	10.300	1	4	2	1				
13	Werbung	12.800	1		3	5				
14	Kalk. Abschreibungen	24.000	1	9	2	1				
15	Kalk. Zinsen	14.000	1	7	2	1				
16	sonstige Kosten	38.950	2	10	5	3				
17	**Summe Gemeinkosten**	365.710								
18										
19	**Zuschlagsgrundlagen**						240.000	180.000		
20										
21	**Zuschlagssätze**									
22										

1. Vervollständigen Sie mithilfe eines Tabellenkalkulationsprogramms oder des vorstrukturierten Arbeitsblatts den vorstehenden Betriebsabrechnungsbogen (BAB).
   Hinweis: Die Sozialkosten (Personalzusatzkosten) werden in voller Höhe als Gemeinkosten verrechnet.
2. Aufgrund neuer Tarifabschlüsse erhöhen sich die Personalkosten und die Personalzusatzkosten jeweils um 3,2 %. Ermitteln Sie die Auswirkungen auf die Gemeinkosten-Zuschlagssätze.
3. Der Industriebetrieb entschließt sich, die Kostenstelle Fertigung in die Kostenstellen Fertigung I (Metallbearbeitung), Fertigung II (Lackiererei), Fertigung III (Montage) aufzuteilen. Die Summe der bisherigen Gemeinkosten der Kostenstelle Fertigung verteilt sich auf die drei Fertigungsstellen im Verhältnis 3 :.2 : 1.
   a) Welche Gründe könnten den Betrieb veranlasst haben, durch die Aufteilung der Kostenstelle Fertigung einen erweiterten Betriebsabrechnungsbogen (BAB) einzuführen?
   b) Ermitteln Sie (unter Berücksichtigung der Ergebnisse von 2.) die Zuschlagssätze für die drei Kostenstellen des Fertigungsbereichs, wenn folgende Einzelkosten vorliegen:
   Fertigungslöhne I 78.640 EUR, Fertigungslöhne II 86.000 EUR, Fertigungslöhne III 42.000 EUR.

1 Betriebliche Steuern: Gewerbesteuer, Kfz-Steuer, Grundsteuer

5.7.4 Auswirkungen von Bestandsveränderungen auf die Zuschlagssätze – Ermittlung der Selbstkosten des Umsatzes

Herstellkosten als Zuschlagsgrundlage bei Bestandsveränderungen

Bei der Berechnung der Herstellkosten, die als Zuschlagsgrundlage für die Verwaltungs- und Vertriebsgemeinkosten dienen, wurden bisher keine Bestandsveränderungen berücksichtigt. Vielmehr wurde unterstellt, dass die in einer Abrechnungsperiode produzierten Erzeugnisse auch in derselben Periode verkauft werden. Häufig kommt es aber vor, dass fertige und/oder unfertige Erzeugnisse auf Lager produziert werden. Der Verkauf erfolgt dann in einer späteren Periode. Da aber die Vertriebsgemeinkosten und möglicherweise auch ein Teil der Verwaltungsgemeinkosten nicht durch die **Produktion**, sondern durch den **Absatz** verursacht werden, muss zwischen folgenden beiden Arten von Herstellkosten unterschieden werden:

Herstellkosten	
Herstellkosten für die in dieser Abrechnungsperiode hergestellten Erzeugnisse	**Herstellkosten für die in dieser Abrechnungsperiode verkauften Erzeugnisse**
↓	↓
Herstellkosten der Produktion oder Herstellkosten der Rechnungsperiode	**Herstellkosten des Umsatzes**

Vielfach werden die **Herstellkosten der Produktion** als verursachungsgerechte **Zuschlagsgrundlage für die Verwaltungsgemeinkosten** und die **Herstellkosten des Umsatzes** als verursachungsgerechte **Zuschlagsgrundlage für die Vertriebsgemeinkosten** verwendet. Es kommt aber auch vor, dass aus Vereinfachungsgründen für beide Zuschlagssätze die Herstellkosten des Umsatzes als gemeinsame Bezugsgröße dienen.

Ermittlung der Zuschlagsgrundlage bei Bestandsmehrungen (Endbestand > Anfangsbestand)

Werden in einer Periode mehr Erzeugnisse produziert als verkauft, so führt das zu einer **Erhöhung des Lagerbestandes** (Bestandsmehrung). Die in dieser Periode entstandenen Herstellkosten (= **Herstellkosten der Produktion**) sind also für Erzeugnisse entstanden, von denen ein Teil bereits verkauft wurde und ein anderer Teil noch als fertige oder unfertige Erzeugnisse auf Lager liegt. Um nur die Kosten zu ermitteln, die lediglich für die **verkauften Erzeugnisse** entstanden sind (= **Herstellkosten des Umsatzes**), müssen daher die Kosten der auf Lager produzierten Erzeugnisse von den Herstellkosten der Produktion abgezogen werden.

> **!** **Bei Bestandsmehrung gilt:**
> **Herstellkosten des Umsatzes = Herstellkosten der Produktion – Bestandsmehrung**

Ermittlung der Zuschlagsgrundlage bei Bestandsminderungen (Endbestand < Anfangsbestand)

Werden in einer Periode mehr Erzeugnisse verkauft als produziert, so führt dies zu einer Minderung des Lagerbestands (Bestandsminderung). Die in dieser Periode entstandenen

Herstellkosten (= **Herstellkosten der Produktion**) umfassen aber nur die Kosten für diejenigen verkauften Erzeugnisse, die auch in dieser Periode hergestellt wurden. Um die Kosten für die **insgesamt verkaufen Erzeugnisse** zu ermitteln (= **Herstellkosten des Umsatzes**), müssen die Kosten für die aus dem Lager entnommenen fertigen und unfertigen Erzeugnisse (= **Bestandsminderung**) zu den Herstellkosten der Produktion hinzugezählt werden.

!

Bei Bestandsminderung gilt:
Herstellkosten des Umsatzes = Herstellkosten der Produktion + Bestandsminderung

Gesamtkalkulation bei Bestandsmehrungen und Bestandsminderungen

Fertigungsmaterial
+ Materialgemeinkosten
+ Fertigungslöhne
+ Fertigungsgemeinkosten
+ Sondereinzelkosten der Fertigung
= Herstellkosten der Produktion

bei Bestandsmehrungen ↓	*bei Bestandsminderungen* ↓
– *Mehrbestand* der unfertigen Erzeugnisse	+ *Minderbestand* der unfertigen Erzeugnisse
= Herstellkosten der fertigen Erzeugnisse	= Herstellkosten der fertigen Erzeugnisse
– *Mehrbestand* der fertigen Erzeugnisse	+ *Minderbestand* der fertigen Erzeugnisse
= Herstellkosten des Umsatzes	= Herstellkosten des Umsatzes

Aufg. 5.7.4.1 und 5.7.4.2 S. 304

!

Selbstkosten des Umsatzes = **Herstellkosten des Umsatzes** + **Verwaltungsgemeinkosten** + **Vertriebsgemeinkosten**

Ermittlung der Selbstkosten des Umsatzes

Dem Betriebsabrechnungsbogen (BAB) und der Buchhaltung eines Industriebetriebes sind folgende Informationen zu entnehmen:

Materialgemeinkosten	20.000 EUR
Fertigungsgemeinkosten	360.000 EUR
Verwaltungsgemeinkosten	93.600 EUR
Vertriebsgemeinkosten	51.200 EUR
Fertigungsmaterial	160.000 EUR
Fertigungslöhne	240.000 EUR
Anfangsbestände:	
Unfertige Erzeugnisse	15.000 EUR
Fertige Erzeugnisse	27.000 EUR
Schlussbestände:	
Unfertige Erzeugnisse	20.000 EUR
Fertige Erzeugnisse	2.000 EUR

Daraus lässt sich folgende Gesamtkalkulation (Herstellkosten des Umsatzes) erstellen:

Fertigungsmaterial		160.000 EUR	
+ Materialgemeinkosten	12,5 %	20.000 EUR	
= **Materialkosten**			**180.000 EUR**
Fertigungslöhne		240.000 EUR	
+ Fertigungsgemeinkosten	150,0 %	360.000 EUR	
= **Fertigungskosten**			**600.000 EUR**
Herstellkosten der Produktion			**780.000 EUR**
– Bestandsmehrung der unfertigen Erzeugnisse			5.000 EUR
= Herstellkosten der fertigen Erzeugnisse			775.000 EUR
+ Bestandsminderung der fertigen Erzeugnisse			25.000 EUR
= **Herstellkosten des Umsatzes**			**800.000 EUR**
+ Verwaltungsgemeinkosten	11,7 %		93.600 EUR
+ Vertriebsgemeinkosten	6,4 %		51.200 EUR
= **Selbstkosten des Umsatzes**			**944.800 EUR**

Zusammenfassende Übersicht zu 5.7.4: Auswirkungen von Bestandsveränderungen auf die Zuschlagssätze – Ermittlung der Selbstkosten des Umsatzes

Herstellkosten des Umsatzes

Fertigungsmaterial
\+ Materialgemeinkosten
\+ Fertigungslöhne
\+ Fertigungsgemeinkosten
\+ Sondereinzelkosten der Fertigung

Zuschlagsgrundlage für Verwaltungsgemeinkosten (Normalfall) → = Herstellkosten der Produktion
– Mehrbestand (Unfertige/Fertige Erzeugnisse)
\+ Minderbestand (Unfertige/Fertige Erzeugnisse)

Zuschlagsgrundlage für Vertriebsgemeinkosten (Normalfall) → = Herstellkosten des Umsatzes

WIEDERHOLUNG DES GRUNDWISSENS

5.7.4 Auswirkungen von Bestandsveränderungen auf die Zuschlagssätze – Ermittlung der Selbstkosten des Umsatzes

1. Erklären Sie den Unterschied zwischen den Herstellkosten für die in dieser Abrechnungsperiode hergestellten Erzeugnisse und den Herstellkosten für die in dieser Abrechnungsperiode verkauften Erzeugnisse.
2. Begründen Sie, welche Zuschlagsgrundlage für Berechnung des Vertriebsgemeinkostenzuschlags am besten geeignet ist.
3. Zeigen Sie, wie sich ein Mehrbestand bzw. ein Minderbestand auf die Herstellkosten des Umsatzes auswirkt.

AUFGABEN ZUM ERWERB UND ZUR KONTROLLE VON KOMPETENZEN

5.7.4 Auswirkungen von Bestandsveränderungen auf die Zuschlagssätze – Ermittlung der Selbstkosten des Umsatzes

5.7.4.1 Gemeinkostenzuschläge – Selbstkosten des Umsatzes

PDF

Dem Betriebsabrechnungsbogen (BAB) und der Buchhaltung eines Industriebetriebs sind folgende Informationen zu entnehmen:

Unfertige Erzeugnisse	Anfangsbestand:	22.000 EUR
	Schlussbestand:	28.000 EUR
Fertige Erzeugnisse	Anfangsbestand:	130.000 EUR
	Schlussbestand:	24.000 EUR
Rohstoffverbrauch		120.000 EUR
Fertigungslöhne		180.000 EUR
Materialgemeinkosten		18.000 EUR
Fertigungsgemeinkosten		162.000 EUR
Verwaltungsgemeinkosten		40.800 EUR
Vertriebsgemeinkosten		30.680 EUR
Sondereinzelkosten der Fertigung		10.000 EUR
Sondereinzelkosten des Vertriebs		20.000 EUR

1. Berechnen Sie die Gemeinkostenzuschlagssätze

   Hinweis: Zuschlagsgrundlage
   - *für die Verwaltungsgemeinkosten: Herstellkosten der Produktion*
   - *für die Vertriebsgemeinkosten: Herstellkosten des Umsatzes*
2. Welcher Unterschied würde sich ergeben, wenn die Bestandsveränderungen nicht berücksichtigt würden und der VtGkZ ebenfalls auf der Basis der Herstellkosten der Produktion ermittelt würde? Interpretieren Sie das Ergebnis.
3. Ermitteln Sie die Selbstkosten des Umsatzes.

5.7.4.2 Betriebsabrechnungsbogen mit Bestandsveränderungen

PDF

Ergänzen Sie den mithilfe eines Tabellenkalkulationsprogramms erstellten Betriebsabrechnungsbogen (BAB) (vgl. Aufgabe 4.3.2 Nr. 1: Betriebsabrechnung mit Tabellenkalkulationsprogramm) unter Berücksichtigung folgender Zusatzinformationen aus dem Inventar:

	Anfangsbestand	Schlussbestand
Unfertige Erzeugnisse	17.000 EUR	23.000 EUR
Fertige Erzeugnisse	33.000 EUR	43.000 EUR

5.7.5 Mehrstufiger Betriebsabrechnungsbogen (BAB)

Haupt- und Hilfskostenstellen

Beim einstufigen Betriebsabrechnungsbogen (BAB) werden die Gemeinkosten wie folgt auf die **Hauptkostenstellen** verteilt:

Einfacher BAB: Verteilung auf die vier Hauptkostenstellen Material, Fertigung, Verwaltung und Vertrieb.

Erweiterter BAB: Verteilung auf mehr als vier Hauptkostenstellen (z. B Aufteilung der Hauptkostenstelle Fertigung in Fertigung I und Fertigung II).

Die **Hauptkostenstellen** erbringen ihre Leistungen unmittelbar für Erzeugnisse, die für den Absatzmarkt bestimmt sind. Daneben kann es in einem Betrieb aber auch Kostenstellen geben, deren Leistungen nicht unmittelbar für Erzeugnisse bestimmt sind, sondern für andere Kostenstellen. Dabei handelt es sich um **Hilfskostenstellen (Vorkostenstellen)**.

> **Hilfskostenstellen geben – im Unterschied zu Hauptkostenstellen – ihre Leistungen nicht direkt an die Kostenträger, sondern an andere Hilfs- und Hauptkostenstellen ab.**

Bei den Hilfskostenstellen lassen sich **allgemeine Hilfskostenstellen** und **besondere Hilfskostenstellen** unterscheiden.

Allgemeine Hilfskostenstellen in einem Walzwerk

- Betriebliches Heizkraftwerk
- Stromversorgung
- Betriebskantine
- Betriebsfeuerwehr
- betriebliche Wasserversorgung

Leistungen dieser Kostenstellen werden im Normalfall **von allen anderen** Kostenstellen des Walzwerkes in Anspruch genommen.

> **Allgemeine Hilfskostenstellen (z. B. Stromversorgung, Kantine) dienen dem Gesamtbetrieb. Sie geben ihre Leistungen als innerbetriebliche Leistungen an alle oder fast alle übrigen Haupt- und Hilfskostenstellen ab.**

Besondere Hilfskostenstellen einer Chemiefabrik (Fertigungshilfskostenstellen)

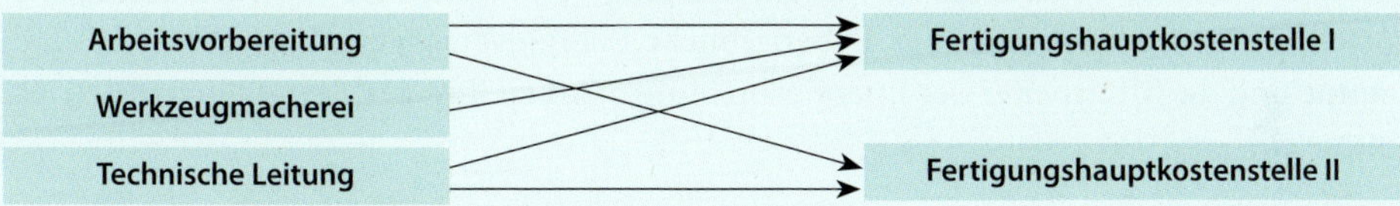

Leistungen der Fertigungshilfskostenstellen werden von den beiden **Fertigungshauptstellen** in Anspruch genommen.

> **Werden auch Leistungsströme zwischen den Kostenstellen eines Unternehmens erfasst, liegt ein mehrstufiger Betriebsabrechnungsbogen (BAB) vor.**

> **Besondere Hilfskostenstellen (z. B. Konstruktionsbüro, Arbeitsvorbereitung) geben ihre Leistungen nur an bestimmte Hauptkostenstellen weiter, denen sie zugeordnet sind.**

Umlage der Hilfskostenstellen

Die in den Hilfskostenstellen anfallenden Gemeinkosten müssen entsprechend der tatsächlichen Inanspruchnahme durch die anderen Kostenstellen intern verteilt werden **(innerbetriebliche Leistungsverrechnung)**. Dazu werden die während einer Abrechnungsperiode anfallenden Gemeinkosten entsprechend den Verteilungsschlüsseln zunächst auf die Haupt- und Hilfskostenstellen verrechnet. Dann werden zunächst die Kosten der allgemeinen Hilfskostenstellen (Umlage 1) und dann die Kosten der speziellen Hilfskostenstellen (Umlage 2) verteilt:

Umlage 1

1. Schritt: Umlage der **allgemeinen Hilfskostenstellen** auf die übrigen Kostenstellen.

Liegen mehrere allgemeine oder spezielle Hilfskostenstellen vor, so können neben einseitigen auch wechselseitige innerbetriebliche Leistungsbeziehungen bestehen. Bei **einseitigen Leistungsbeziehungen** können die Kostenstellen so angeordnet werden, dass jeweils vorgelagerte Kostenstellen nur an nachgelagerte Kostenstellen Leistungen abgeben.

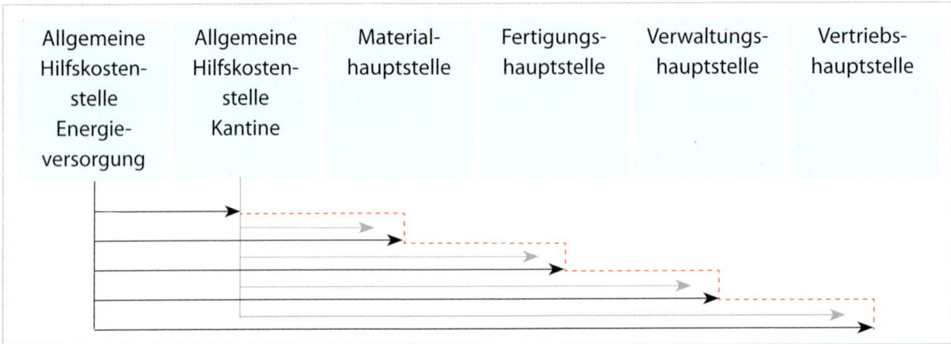

Zwischen der Allgemeinen Kostenstelle Energieversorgung und der Allgemeinen Kostenstelle Kantine werden im vorliegenden Fall einseitige Leistungsbeziehungen (Kostenstelle Energieversorgung beliefert Kostenstelle Kantine) angenommen. In Wirklichkeit liegt aber vermutlich eine wechselseitige Leistungsbeziehung vor, da sich die allgemeinen Hilfskostenstellen gegenseitig beliefern (z. B. betriebliche Energieversorgung liefert Energie an die Kantine und die Mitarbeiter der Energieabteilung nehmen ihre Mahlzeiten in der Betriebskantine ein).

Das hier beschriebene Verfahren zur **innerbetrieblichen Leistungsverrechnung** wird als **Treppenverfahren** (Stufenleiterverfahren) bezeichnet. Dabei werden die Gemeinkosten der Hilfskostenstellen stufenweise auf die empfangenden Kostenstellen verteilt. Es wird dazu unterstellt, dass der **betriebliche Leistungsaustausch nur in einer Richtung** erfolgt, obwohl möglicherweise ein gegenseitiger Leistungsaustausch zwischen den einzelnen Kostenstellen vorliegt. Solche wechselseitigen innerbetrieblichen Leistungsbeziehungen werden aber nicht berücksichtigt. Um diese Ungenauigkeit so gering wie möglich zu halten, muss versucht werden, die Umlage der Hilfskostenstellen in einer Reihenfolge vorzunehmen, bei der der Umfang der nicht erfassten gegenläufigen Leistungsströme der nachgeordneten Stellen an vorgelagerte Stellen so gering wie möglich ist. Dies ist dann der Fall, wenn die Hilfskostenstellen, die am meisten Leistungen an andere Hilfskostenstellen abgeben, im Betriebsabrechnungsbogen (BAB) am weitesten links stehen. Eine exakte Lösung des innerbetrieblichen Leistungsaustauschs ist jedoch nur mithilfe eines linearen Gleichungssystems möglich.

Umlage 2

2. Schritt: Umlage der **speziellen Hilfskostenstellen** auf die entsprechenden Hauptkostenstellen.

Aufg. 5.7.5.1 und 5.7.5.2 S. 310 f.

BAB mit innerbetrieblicher Leistungsverrechnung eines Industriebetriebes

Der mehrstufige erweiterte Betriebsabrechnungsbogen (BAB) (zusammengefasst) eines Industriebetriebes weist folgende Daten auf:

		Kostenstellen						
Kostenarten	Kosten	Allg. Hilfskostenstelle Heizzentrale [Tsd. EUR]	Material [Tsd. EUR]	Fertigungshilfskostenstelle Arbeitsvorbereitung [Tsd. EUR]	Fertigung I [Tsd. EUR]	Fertigung II [Tsd. EUR]	Verwaltung [Tsd. EUR]	Vertrieb [Tsd. EUR]
Summe Gemeinkosten	840	**80**	120	50	240	270	50	30
Zuschlagsgrundlagen			MEK 880		FEK I 320	FEK II 200	HK der Produktion	

Die Kosten der allgemeinen Kostenstelle sind nach m² Grundfläche auf die anderen Kostenstellen zu verteilen. Das Lager umfasst 1.400 m², die Fertigungsstelle I 3.000 m², die Fertigungsstelle II 2.400 m², die Fertigungshilfskostenstelle 400 m², die Verwaltung 600 m², der Vertrieb 200 m².

Die Kosten der Fertigungshilfskostenstelle Arbeitsvorbereitung werden nach der Zahl der Mitarbeiter auf Fertigungshauptstellen umgelegt. In der Fertigungsstelle I sind 17, in der Fertigungsstelle II sind 10 Arbeitnehmer beschäftigt.

Daraus ergibt sich folgender Betriebsabrechnungsbogen (BAB):

		Kostenstellen						
Kostenarten	Kosten	Allg. Hilfskostenstelle [Tsd. EUR]	Material [Tsd. EUR]	Fertigungshilfskostenstelle [Tsd. EUR]	Fertigung I [Tsd. EUR]	Fertigung II [Tsd. EUR]	Verwaltung [Tsd. EUR]	Vertrieb [Tsd. EUR]
Summe Gemeinkosten	840	**80**	120	50	240	270	50	30
Umlage der Allgemeinen Hilfskostenstelle (Umlage 1)		→	14	4	30	24	6	2
Zwischensumme			134	**54**	270	294	56	32
Umlage der Fertigunghilfskostenstelle (Umlage 2)				→	34	20		
Summe Gemeinkosten			134		304	314	56	32
Zuschl. Grundlagen			880		320	200	2152	2152
Zuschl. Sätze			15,2 %		95 %	157 %	2,6 %	1,5 %

Erweiterter, mehrstufiger Betriebsabrechnungsbogen (Schematische Darstellung)

Betriebsabrechnungsbogen (BAB)

Kostenarten	Zahlen der KLR	Allgemeine Hilfskostenstelle A	Allgemeine Hilfskostenstelle B	Hauptkostenstelle Material	Fertigungshilfskostenstelle A	Fertigungshilfskostenstelle B	Fertigungshauptstelle A	Fertigungshauptstelle B	Hauptkostenstelle Verwaltung	Hauptkostenstelle Vertrieb
Gemeinkostenmaterial										
Energie										
Gehälter										
Sozialabgaben										
usw.										
Summe	1.000	20	10	100	50	40	250	350	100	80
Umlage der Allgemeinen Hilfskostenstelle A			2	3	1	1	5	6	1	1
Umlage der Allgemeinen Hilfskostenstelle B			12	3	1	2	4	2		
Umlage der Fertigungshilfsstelle A					52	7	20	25		
Umlage der Fertigungshilfsstelle B						50	30	20		
Summe der GK	1.000			106			309	403	101	81
Zuschlagsgrundlage GK-Zuschlagssätze				FM 530 20,00 %			FL I 206 150,00 %	FL II 403 100,00 %	HK 1.957 5,16 %	HK 1.957 4,14 %

Zusammenfassende Übersicht zu 5.7.5: Mehrstufiger Betriebsabrechnungsbogen

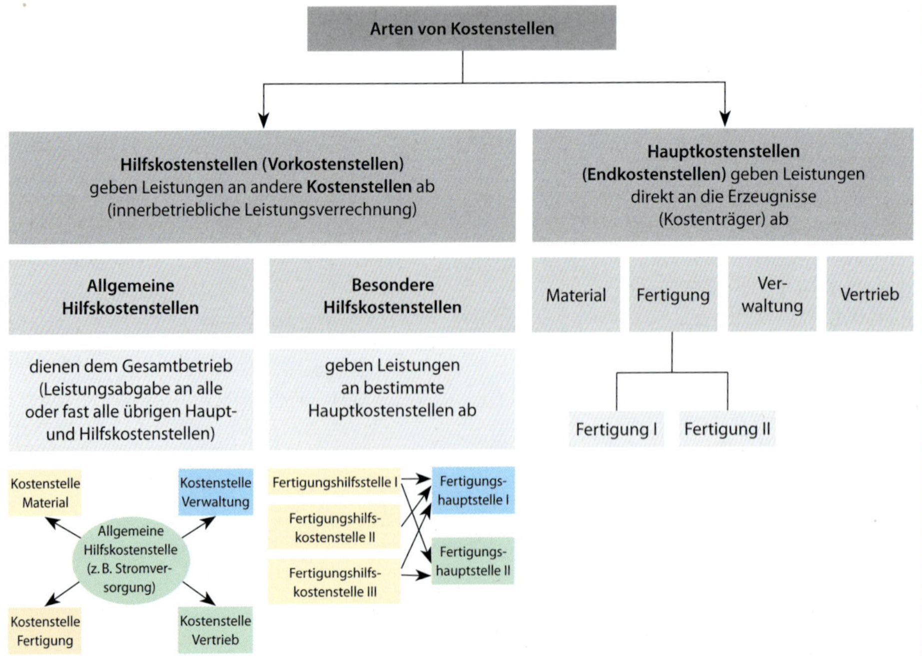

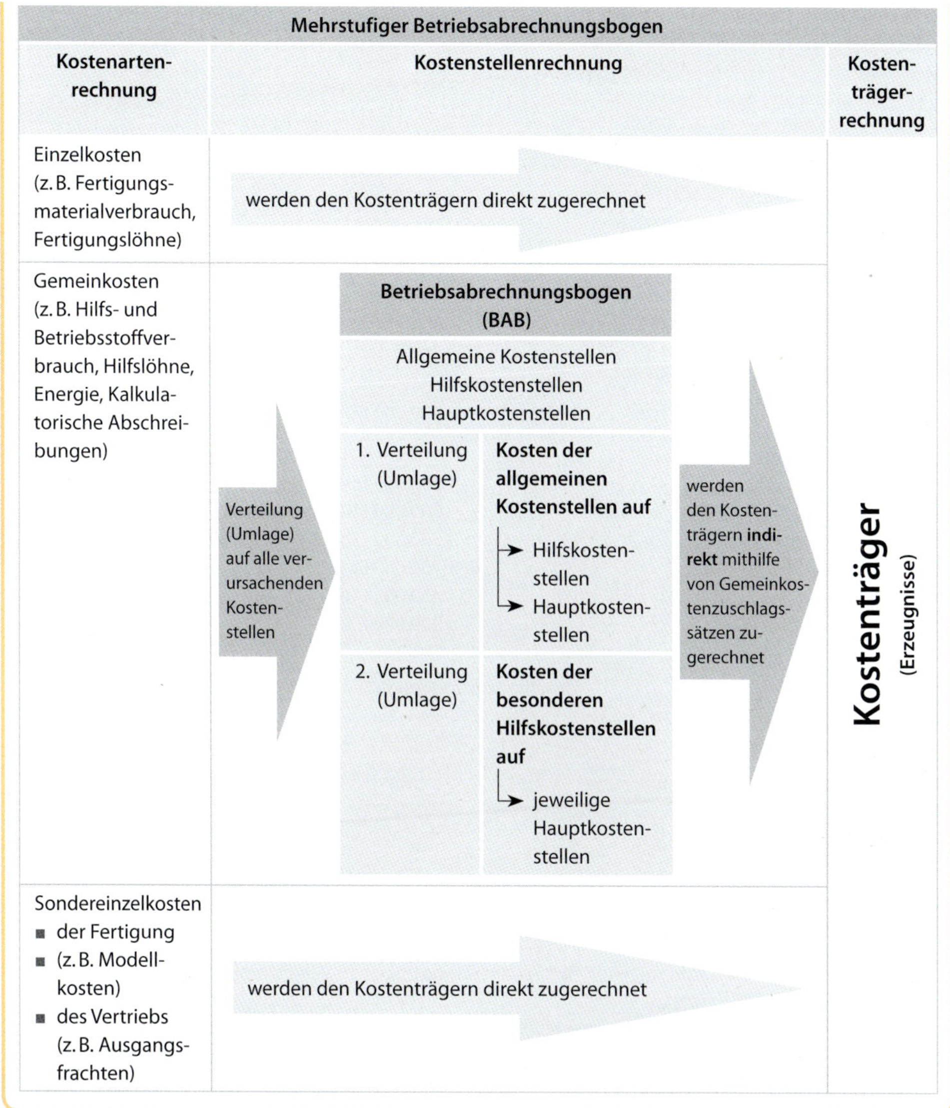

WIEDERHOLUNG DES GRUNDWISSENS

5.7.5 Mehrstufiger Betriebsabrechnungsbogen

1. Zeigen Sie den Unterschied zwischen einem einstufigen und einem mehrstufigen Betriebsabrechnungsbogen (BAB) auf.
2. Gegen Sie an, in welcher Reihenfolge die Verrechnung von Gemeinkosten bei einem mehrstufigen Betriebsabrechnungsbogen (BAB) erfolgt.
3. Erklären Sie, was unter einer wechselseitigen innerbetrieblichen Leistungsbeziehung zu verstehen ist.
4. Beschreiben Sie den Aufbau des Treppenverfahrens.
5. Untersuchen Sie, wie die Kostenstellen im Betriebsabrechnungsbogen (BAB) angeordnet werden müssen, wenn wechselseitige innerbetriebliche Leistungsbeziehungen bestehen und die Ungenauigkeiten bei der Erfassung des innerbetrieblichen Leistungsaustauschs möglichst gering sein sollen.

AUFGABEN ZUM ERWERB UND ZUR KONTROLLE VON KOMPETENZEN

5.7.5 Mehrstufiger Betriebsabrechnungsbogen

5.7.5.1 Betriebsabrechnungsbogen (BAB) mit Allgemeinen Kostenstellen und Fertigungshilfsstellen

PDF

Bei der Maschinenfabrik Bauer stehen für die Betriebsabrechnung des zurückliegenden Monats folgende Angaben zur Verfügung:

Kostenstellen	Kosten	Anzahl der Beschäftigten
Allgemeine Hilfskostenstellen:		
Energieversorgung	360.000 EUR	2
Kantine	120.000 EUR	5
Spezielle Hilfskostenstelle:		
Arbeitsvorbereitung	240.000 EUR	3
Hauptkostenstellen:		
Material	1.200.000 EUR	3
Fertigung I	800.000 EUR	6
Fertigung II	3.600.000 EUR	27
Fertigung III	1.750.000 EUR	15
Verwaltung	450.000 EUR	4
Vertrieb	320.000 EUR	2

Zuschlagsgrundlagen	
Für die Materialgemeinkosten:	
Rohstoffverbrauch	12,5 Mio. EUR
Für die Fertigungsgemeinkosten:	
Fertigungslöhne I	2,8 Mio. EUR
Fertigungslöhne II	10,6 Mio. EUR
Fertigungslöhne III	7,5 Mio. EUR
Für die Verwaltungsgemeinkosten:	Herstellkosten der Produktion
Für die Vertriebsgemeinkosten:	Herstellkosten des Umsatzes

Im zurückliegenden Monat sind folgende Bestandsveränderungen zu verzeichnen:

	Anfangsbestand	Schlussbestand
Unfertige Erzeugnisse	600.000 EUR	380.000 EUR
Fertige Erzeugnisse	750.000 EUR	400.000 EUR

Die Kosten der Energieversorgung werden nach Verbrauch im Verhältnis 2 : 10 : 1 : 8 : 5 : 1 : 1 : 2 auf alle anderen Kostenstellen verteilt.

Die Kosten für die Kantine werden nach Anzahl der Beschäftigten auf die Hauptkostenstellen und die Spezielle Hilfskostenstelle verteilt.

Die Kosten der Arbeitsvorbereitung werden nach der Anzahl der Beschäftigten in den Fertigungshauptkostenstellen umgelegt.

Erstellen Sie einen Betriebsabrechnungsbogen (BAB), und berechnen Sie die Gemeinkostenzuschlagssätze (auf eine Nachkommastelle genau).

Hinweis: Zuschlagsgrundlage für die Verwaltungsgemeinkosten sind die Herstellkosten der Produktion, für die Vertriebsgemeinkosten die Herstellkosten des Umsatzes.

5.7.5.2 Mehrstufiger Betriebsabrechnungsbogen (BAB) mit Gesamtkalkulation

PDF

Die Franz Harter e. K. stellt für die Zahnmedizin verschiedene Kunststoff-Präzisionsteile her. Für die Betriebsabrechnung stehen folgende Zahlen zur Verfügung:

Fertigungsmaterial	732.800 EUR
Hilfs- und Betriebsstoffe	16.000 EUR
Fertigungslöhne	325.638 EUR
Gehälter	300.000 EUR
Kalk. Abschreibungen	126.000 EUR
Kalk. Unternehmerlohn	120.000 EUR
Sonstige Gemeinkosten	354.000 EUR

Unfertige Erzeugnisse		Fertige Erzeugnisse	
Anfangsbestand	Schlussbestand	Anfangsbestand	Schlussbestand
5.000 EUR	7.218 EUR	52.000 EUR	64.000 EUR

1. Verteilen Sie die Summe der Gemeinkosten auf die 7 Kostenstellen (Kantine, Material, Fertigung I und II, Technisches Büro, Verwaltung und Vertrieb) des Betriebsabrechnungsbogens nach folgendem Schlüssel: 2 : 3 : 12 : 8 : 4 : 6 : 5.
2. Die Kostenstelle Kantine ist auf die übrigen Kostenstellen nach der Zahl der beschäftigten Personen aufzuteilen:

Material	Technisches Büro	Fertigung I	Fertigung II	Verwaltung	Vertrieb
5	4	15	6	12	8

3. Die Kostenstelle Technisches Büro ist auf die übergeordneten Hauptkostenstellen zu gleichen Teilen umzulegen.
4. Berechnen Sie die Gemeinkostensummen für die einzelnen Hauptkostenstellen.
5. Ermitteln Sie in einem Kalkulationsschema die Herstellkosten der Produktion, die Herstellkosten des Umsatzes und die Selbstkosten des Umsatzes.

   Berücksichtigen Sie für Ihre Berechnungen zusätzlich nachstehende Informationen:
   Fertigungslöhne (Fertigung I): 240.000 EUR,
   Fertigungslöhne (Fertigung II): 85.638 EUR
6. Berechnen Sie die Gemeinkostenzuschlagssätze.

5.8 Gesamtkalkulation mit Istkosten

Ausgangspunkt für die Gesamtkalkulation mit Istkosten sind die in einer Rechnungsperiode (Monat, Quartal, Geschäftsjahr) tatsächlich entstandenen **Einzelkosten**. Wird die Summe der Einzelkosten um die in dieser Rechnungsperiode angefallenen Gemeinkosten vermehrt, ergeben sich die **Selbstkosten**. Davon zu unterscheiden sind die **Herstellkosten**, die lediglich die Einzel- und Gemeinkosten des Material- und Fertigungsbereichs, nicht aber die Verwaltungs- und Vertriebsgemeinkosten umfassen. Die Höhe der einzelnen Gemeinkostenarten (Material-, Fertigungs-, Verwaltungs- und Vertriebsgemeinkosten) ist aus dem Betriebsabrechnungsbogen (BAB) ersichtlich. Bei all diesen Einzel- und Gemeinkosten handelt es sich um **Istkosten**, die in der letzten Rechnungsperiode tatsächlich angefallen sind.

Gesamtkalkulation mit Istkosten

Die Abgrenzungstabelle eines Industriebetriebes enthält für das dritte Quartal folgende Einzelkosten (Isteinzelkosten):

Fertigungsmaterial	330.000 EUR
Fertigungslöhne	188.000 EUR

Für den gleichen Zeitraum sind nachstehendem Betriebsabrechnungsbogen (Auszug) folgende Informationen zu entnehmen:

Gemein-kosten	Gesamt-kosten	Kostenstellen			
		Material	Fertigung	Verwaltung	Vertrieb
...	...	...			
...	...	...			
Summe der Gemeinkosten	190.000 EUR	66.000 EUR MGK	94.000 EUR FGK	33.900 EUR VwGK	20.340 EUR VtGK
Zuschlagsgrund-lagen		330.000 EUR Fertigungs-material	188.000 EUR Fertigungs-löhne	678.000 EUR Herstellkosten	
Istgemeinkosten-zuschlagssätze		20 %	50 %	5 %	3 %

Aufg. 5.8.1 S. 313

Aus dem vorliegenden Zahlenmaterial lässt sich folgende Gesamtkalkulation erstellen:

	Fertigungsmaterial	330.000 EUR
+	Materialgemeinkosten	66.000 EUR
+	Fertigungslöhne	188.000 EUR
+	Fertigungsgemeinkosten	94.000 EUR
=	**Herstellkosten**	**678.000 EUR**
+	Verwaltungsgemeinkosten	33.900 EUR
+	Vertriebsgemeinkosten	20.340 EUR
=	**Selbstkosten**	**732.240 EUR**

! **Die Gesamtkalkulation mit Istkosten hat die Aufgabe, auf der Grundlage der in einer Rechnungsperiode entstandenen *Isteinzelkosten* und der für diese Periode vorliegenden *Istgemeinkosten* die insgesamt entstandenen *Herstell-* und *Selbstkosten* zu ermitteln.**

Zusammenfassende Übersicht zu 5.8: Gesamtkalkulation mit Istkosten

Schema für eine Gesamtkalkulation mit Istkosten

Materialeinzelkosten
\+ Materialgemeinkosten
\+ Fertigungseinzelkosten
\+ Fertigungsgemeinkosten
\+ Sondereinzelkosten der Fertigung
= Herstellkosten
\+ Verwaltungsgemeinkosten
\+ Vertriebsgemeinkosten
\+ Sondereinzelkosten des Vertriebs
= Selbstkosten

WIEDERHOLUNG DES GRUNDWISSENS

5.8 Gesamtkalkulation mit Istkosten

1. Erläutern Sie die Zielsetzung einer Gesamtkalkulation auf der Basis von Istkosten.
2. Zeigen Sie den Unterschied zwischen Herstellkosten und Selbstkosten auf.

AUFGABEN ZUM ERWERB UND ZUR KONTROLLE VON KOMPETENZEN

5.8 Gesamtkalkulation mit Istkosten

5.8.1 Betriebsabrechnungsbogen (BAB) und Gesamtkalkulation mit Istkosten

Die Franz Harter OHG stellt für die Zahnmedizin verschiedene Kunststoff-Präzisionsteile her. Für die Betriebsabrechnung stehen folgende Zahlen zur Verfügung:

PDF

Fertigungsmaterial	732.800 EUR
Hilfs- und Betriebsstoffe	16.000 EUR
Fertigungslöhne	366.400 EUR
Gehälter	300.000 EUR
Kalkulatorische Abschreibungen	126.000 EUR
Kalkulatorischer Unternehmerlohn	120.000 EUR
Sonstige Gemeinkosten	354.000 EUR

1. Verteilen Sie die Gemeinkosten auf die Kostenstellen Material, Fertigung, Verwaltung und Vertrieb nach folgendem Schlüssel: 2:3:12:8.
2. Berechnen Sie die Gemeinkostenzuschlagssätze.
3. Erstellen Sie eine Gesamtkalkulation und berechnen Sie die Herstellkosten und die Selbstkosten.

5.9 Kostenträgerzeitrechnung: Kurzfristige Ergebnisrechnung

! **Die Kostenträgerzeitrechnung erfasst während eines Abrechnungszeitraums die Einzel- und Gemeinkosten für alle hergestellten Erzeugnisse (Kostenträger) und rechnet diese Kosten den einzelnen Kostenträgern bzw. Kostenträgergruppen zu.**

Mithilfe der Kostenträgerzeitrechnung ist es möglich, die gesamten Selbstkosten für jede Kostenträgergruppe (= Erzeugnisgruppe) getrennt zu ermitteln.

1. Schritt: Kostenträgerzeitrechnung

In einem **Kostenträgerblatt** *(siehe nächste Seite)* werden den **Kostenträgergruppen** *(hier: Kunststoffe und Lacke)* die Einzelkosten *(hier: Fertigungsmaterial und Fertigungslöhne)* des Abrechnungszeitraumes anhand von Belegen (z. B. Materialentnahmescheine, Lohnzettel) direkt zugerechnet. Mithilfe der für den Abrechnungszeitraum ermittelten Istzuschlagssätze erfolgt die Verrechnung der Ist-Gemeinkosten *(Spalten 2 und 3)*. Anschließend erfolgt die anteilige Verrechnung der Gemeinkosten auf die einzelnen Kostenträgergruppen mithilfe von **Normalzuschlagssätzen** *(Spalten 5 bis 7)*. Durch den Vergleich zwischen **Istkosten** und **Normalkosten** können die **Kostenüber- und Kostenunterdeckungen** ermittelt werden *(Spalte 8)*.

Kostenträgerzeitblatt mit Ergebnisrechnung einer Kunststoff- und Farbenfabrik mit zwei Kostenträgern (Kunststoffe, Lacke) für Monat Januar

Kostenbezeichnung	Istkosten		Normalkosten				Kosten-über-/-unter-deckung
			Gesamt		Kostenträger		
	EUR	Zuschlag in %	EUR	Zuschlag in %	Kunst-stoffe	Lacke	
(1)	(2)	(3)	(4)	(5)	(6)	(7)	(8)
Fertigungsmaterial	210.000		210.000		140.000	70.000	
Materialgemeinkosten	26.250	12,50	21.000	10,00	14.000	7.000	– 5.250
Materialkosten	236.250		231.000		154.000	77.000	
Fertigungslöhne	234.600		234.600		156.400	78.200	
Fertigungsgemeinkosten	281.520	120,00	293.250	125,00	195.500	97.750	+ 11.730
Fertigungskosten	516.120		527.850		351.900	175.950	
Herstellkosten der Produktion	752.370		758.850		505.900	252.950	
Minderbestand UE/FE	25.630		25.630		25.630	0	
Mehrbestand UE/FE	10.000		10.000		3.650	6.350	
Herstellkosten Umsatz	768.000		774.480		527.880	246.600	
Verwaltungsgemeinkosten	107.520	14,00	116.172	15,00	79.182	36.990	+ 8.652
Vertriebsgemeinkosten	72.960	9,50	77.448	10,00	52.788	24.660	+ 4.488
Selbstkosten des Umsatzes	**948.480**		**968.100**		**659.850**	**308.250**	+ 19.620
Netto-Verkaufserlöse (Umsatz)	985.000		985.000		680.400	304.600	
Umsatzergebnis			16.900		20.550	– 3.650	
Kostenüberdeckung			+ 19.620 ←				
Kostenunterdeckung							
Betriebsergebnis	36.520		36.520				

Hinweis: Im vorliegenden Zahlenbeispiel wurden sowohl die Vertriebs- als auch die Verwaltungsgemeinkosten auf die Herstellkosten des Umsatzes bezogen.

2. Schritt: Ergebnisrechnung

Aufg. 5.9.1 S. 316

Die **Ergebnisrechnung** wird vorgenommen, indem für die Abrechnungsperiode den auf **Normalkostenbasis** ermittelten Selbstkosten des Umsatzes der einzelnen Kostenträgergruppen deren Nettoverkaufserlöse (Umsatzerlöse abzüglich Erlösschmälerungen wie z. B. Rabatte, Skonto) gegenübergestellt werden. Dadurch lässt sich feststellen, in welcher Höhe jede einzelne Kostenträgergruppe zum **kalkulierten** Umsatzergebnis beigetragen hat.

!

Umsatzergebnis =
Umsatz (Nettoverkaufserlöse) – Selbstkosten des Umsatzes (auf Normalkostenbasis)

Im vorliegenden Fall ergibt sich das Umsatzergebnis wie folgt:

Umsatzergebnis = 985.000 EUR – 968.100 EUR = 16.900 EUR

Die Erzeugnisgruppe „Kunststoffe" hat zum kalkulierten Umsatzergebnis mit einem Gewinn (auf Normalkostenbasis) in Höhe von 20.550 EUR beigetragen. Bei der Erzeugnisgruppe „Lacke" ist dagegen ein Verlust (auf Normalkostenbasis) in Höhe von 3.650 EUR entstanden. Der verhältnismäßig hohe Lagerzugang bei Lacken lässt darauf schließen, dass bei dieser Erzeugnisgruppe Absatzschwierigkeiten bestehen. Ein günstigeres Gesamtergebnis ergibt sich allerdings dann, wenn die im vorliegenden Fall überhöhten Normalzuschlagssätze für Fertigung, Verwaltung und Vertrieb den tatsächlichen Istzuschlagssätzen angepasst werden und die dadurch entstandene Kostenüberdeckung korrigiert wird.

Das Umsatzergebnis basiert auf den **kalkulierten** Selbstkosten, die auf der Grundlage der **Normalzuschlagssätze** ermittelt wurden. Es weicht aufgrund von Kostenüber- und Kostenunterdeckung vom tatsächlichen Betriebsergebnis ab. Wird das Umsatzergebnis um die sich bei Verwendung der Normalzuschlagssätze ergebenden Kostenabweichungen korrigiert, ergibt sich das **Betriebsergebnis** (Betriebsgewinn oder -verlust der Abrechnungsperiode). Dieses muss mit dem tatsächlichen Betriebsergebnis auf Istkostenbasis übereinstimmen.

Betriebsergebnis = Umsatzergebnis – Kostenunterdeckung bzw.
Betriebsergebnis = Umsatzergebnis + Kostenüberdeckung

Im vorliegenden Fall ergibt sich das Betriebsergebnis wie folgt:

Betriebsergebnis = 16.900 EUR + 19.620 EUR = 36.520 EUR

Die Kostenträgerzeitrechnung ermöglicht – unabhängig von der Abgrenzungsrechnung und der Ergebnistabelle – die Ermittlung des Betriebsergebnisses durch Gegenüberstellung der Ist-Selbstkosten und der Umsatzerlöse.

Zusammenfassende Übersicht zu 5.9: Kostenträgerzeitrechnung als kurzfristige Ergebnisrechnung

Kostenträgerzeitrechnung als kurzfristige Ergebnisrechnung

Erfasst die Kosten eines Abrechnungszeitraumes für alle Kostenträger (Gesamtkosten)

Rechnet die Kosten eines Abrechnungszeitraumes den einzelnen Kostenträgergruppen zu

↓

Erweiterung um Ergebnisrechnung

↓

Ermittlung des Umsatzergebnisses
Umsatzergebnis = Nettoverkaufserlöse – Selbstkosten des Umsatzes auf Normalkostenbasis

↓

Ermittlung des Betriebsergebnisses
Betriebsergebnis = Umsatzergebnis + Kostenüberdeckung
bzw.
Betriebsergebnis = Umsatzergebnis – Kostenunterdeckung

WIEDERHOLUNG DES GRUNDWISSENS

5.9 Kostenträgerzeitrechnung als kurzfristige Ergebnisrechnung

1. Stellen Sie die Aufgaben der Kostenträgerzeitrechnung dar.
2. Im Kostenträgerzeitblatt werden den Kostenträgergruppen die Einzelkosten des Abrechnungszeitraumes direkt zugerechnet. Erläutern Sie, wie die Verrechnung der Gemeinkosten auf die einzelnen Kostenträgergruppen erfolgt.
3. Erklären Sie den Unterschied zwischen dem Umsatz- und dem Betriebsergebnis.

AUFGABEN ZUM ERWERB UND ZUR KONTROLLE VON KOMPETENZEN

5.9 Kostenträgerzeitrechnung als kurzfristige Ergebnisrechnung

5.9.1 Kostenträgerzeitblatt mit zwei Produktgruppen

PDF

Eine Eisengießerei hat im vergangenen Abrechnungszeitraum zwei Aufträge ausgeführt. Dafür liegen folgende Daten vor:

Gemeinkosten	Kostenstellen			
	Material	Fertigung	Verwaltung	Vertrieb
228.400 EUR	13.500 EUR	150.000 EUR	38.940 EUR	25.960 EUR
Einzelkosten	**Auftrag A**		**Auftrag B**	
Fertigungsmaterial	90.000 EUR		60.000 EUR	
Fertigungslöhne	30.000 EUR		20.000 EUR	
Sondereinzelkosten der Fertigung	5.500 EUR			
Sondereinzelkosten des Vertriebs	900 EUR		700 EUR	
Umsatzerlöse	291.480 EUR		152.000 EUR	

Normalgemeinkostenzuschlagssätze: MGKZ: 6 %, FGKZ: 320 %, VwGKZ: 10 %, VtGK: 5 %

1. Berechnen Sie in einem Kostenträgerzeitblatt nach dem Muster auf S. 314
   - die Herstellkosten und die Selbstkosten der beiden Aufträge auf Normalkostenbasis
   - die Kostenüber-/Kostenunterdeckung
   - das Betriebsergebnis der Ist-Kostenrechnung
2. Stimmen Sie über die Kostenüber- und Kostenunterdeckung das Umsatzergebnis mit dem Betriebsergebnis ab.
3. Welche Erkenntnisse kann die Geschäftsleitung aus den Ergebnissen des Kostenträgerzeitblatts gewinnen?

5.10 Kostenträgerstückrechnung: Vorkalkulation mit Normalgemeinkostenzuschlagssätzen

5.10.1 Aufgaben der Kostenträgerstückrechnung

!

Eine Kostenträgerstückrechnung liegt vor, wenn die Kosten ermittelt werden, die für die Herstellung einer einzelnen Einheit eines Erzeugnisses entstanden sind (= Nachkalkulation) oder voraussichtlich entstehen werden (= Vorkalkulation).

Mithilfe der Kostenträgerstückrechnung lassen sich u. a. folgende Fragen beantworten:

❶ Zu welchem Mindestpreis muss ein Produkt angeboten werden, damit alle Kosten gedeckt sind?	❷ Welcher Erlös muss für ein Produkt erzielt werden, damit ein gewünschter Mindestgewinn erwirtschaftet wird?	❸ Wie hoch dürfen die Material-, Fertigungs- und Herstellkosten höchstens sein, wenn der Angebotspreis nicht höher als der der Konkurrenz sein soll?	❹ Deckt der aufgrund einer Vorkalkulation ermittelte Angebotspreis die tatsächlichen Kosten, die in der Nachkalkulation ermittelt wurden?

Die voraussichtlich anfallenden **Einzelkosten** (Fertigungsmaterial, Fertigungslöhne, Sondereinzelkosten) lassen sich anhand von **Stücklisten** (für den Materialverbrauch) und **Arbeitszeitstudien oder Arbeitsplänen** (für die Fertigungslöhne) einfacher ermitteln als die voraussichtlich anfallenden **Gemeinkosten**. Da die Gemeinkosten z. B. aufgrund unterschiedlicher Auslastung eines Betriebes starken Schwankungen unterliegen, reicht es häufig nicht aus, für die **Vorkalkulation** die zuletzt ermittelten **Ist**gemeinkostenzuschlagssätze zu verwenden. Zur Ermittlung der voraussichtlichen Selbstkosten und des Angebotspreises ist das Unternehmen vielmehr darauf angewiesen, auf der Grundlage von Erfahrungen aus der Vergangenheit eine **Vorkalkulation** mit **Normalgemeinkostenzuschlagssätzen (Sollzuschlagssätzen)** zu erstellen. Die mit Normalzuschlagssätzen kalkulierten Gemeinkosten weichen in der Regel von den erst nachträglich feststellbaren Gemeinkosten (Istkosten) ab.

Aufg. 5.10.1 und 5.10.2 S. 326

! **Normalgemeinkostenzuschlagssätze werden in der Regel auf der Basis von Durchschnittswerten der Istgemeinkostenzuschlagssätze zurückliegender Rechnungsperioden ermittelt. Dadurch sollen Zufallsschwankungen ausgeschaltet werden.**

5.10.2 Kalkulationsverfahren – Maschinenstundensatzrechnung

Divisionskalkulation

Die **Divisionskalkulation** wird angewandt, wenn **völlig gleichartige** Erzeugnisse produziert werden (Einproduktunternehmung). In dieser einfachsten Form einer Stückkalkulation errechnen sich die Stückkosten, indem die Gesamtkosten einer Rechnungsperiode durch die Menge der produzierten (= abgesetzten) Erzeugnisse dividiert werden[1].

!

$$\textbf{Selbstkosten pro Stück} = \frac{\textbf{Gesamtkosten}}{\textbf{Produktionsmenge}}$$

Selbstkosten eines Herstellers von Ziegelsteinen

Einem Hersteller von Ziegelsteinen entstanden während eines Monats Kosten in Höhe von 3.600.000 EUR. Insgesamt wurden in diesem Zeitraum 7.200.000 Ziegelsteine hergestellt. Mithilfe der Divisionskalkulation lassen sich folgende Selbstkosten/Stück errechnen:

$$\text{Selbstkosten/Stück} = \frac{3.600.000 \text{ EUR}}{7.200.000 \text{ Stück}} = 0{,}50 \text{ EUR/Stück}$$

1 Weichen produzierte und abgesetzte Menge voneinander ab (Bestandsveränderungen), so sind entsprechende Korrekturen erforderlich.

Zuschlagskalkulation

Produziert ein Unternehmen mehrere verschiedenartige Produkte, so lassen sich die Selbstkosten für jedes dieser Produkte nicht mithilfe der Divisionskalkulation ermitteln. Während die **Einzelkosten** (Fertigungsmaterial, Fertigungslöhne, Sondereinzelkosten) jedem Kostenträger direkt zugerechnet werden können, müssen die **Gemeinkosten** mithilfe von **Zuschlagssätzen** möglichst verursachungsgerecht auf die Kostenträger verteilt werden.

> ! **Im Rahmen der Zuschlagskalkulation werden die Einzelkosten (Fertigungsmaterial, Fertigungslöhne, Sondereinzelkosten) direkt auf die Erzeugnisse verrechnet. Die Verrechnung der Gemeinkosten erfolgt dagegen mithilfe von Normalzuschlagssätzen.**

Voraussetzung für die Anwendung der Zuschlagskalkulation ist eine auf einem Betriebsabrechnungsbogen (BAB) aufbauende Kostenstellenrechnung. Die Anzahl der Kostenstellen und die dort gewählten Zuschlagsgrundlagen bestimmen Umfang und Inhalt des Kalkulationsschemas.

Maschinenstundensatzrechnung

Gründe

Viele industrielle Fertigungsprozesse vollziehen sich heute mit einem hohen Einsatz an Maschinen, Automaten oder Robotern. Diese Entwicklung hat zur Folge, dass der Anteil an menschlicher Facharbeit an den Herstellungsprozessen zunehmend geringer wird. In den Fertigungsgemeinkosten sind daher große Kostenanteile enthalten, die ausschließlich mit dem Maschineneinsatz zusammenhängen und die weniger durch die menschliche Arbeitskraft bedingt sind.

Die **Fertigungslöhne** eignen sich in solchen Fällen kaum mehr als Zuschlagsgrundlage für die Fertigungsgemeinkosten. Im Extremfall würden sich Zuschlagssätze von mehreren tausend Prozent ergeben. Bei solch hohen Zuschlagssätzen führen aber bereits kleinste Ungenauigkeiten bei der Ermittlung der Zuschlagsgrundlage (Fertigungslöhne) zu erheblichen Kalkulationsfehlern. Darüber hinaus wird der größte Teil der Fertigungsgemeinkosten durch den Maschineneinsatz verursacht. Es besteht also keine direkte Abhängigkeit (Proportionalität) zwischen den Fertigungsgemeinkosten und den Fertigungslöhnen. Bei Verwendung prozentualer Zuschlagssätze wird eine solche Abhängigkeit aber als gegeben unterstellt. Erschwerend kommt außerdem hinzu, dass einzelne Produkte die vorhandenen Maschinen möglicherweise in unterschiedlichem Maße beanspruchen. Wird trotzdem für alle Produkte ein einheitlicher Zuschlagssatz für die Fertigungsgemeinkosten verwendet, wird das Ziel einer verursachungsgerechten Zurechnung der Gemeinkosten immer weniger erreicht.

Die **Maschinenstundensatzrechnung** will diese Mängel beheben.

> ! **Die Maschinenstundensatzrechnung ist dann sinnvoll, wenn es Kostenstellen gibt, in denen verschiedenartige Maschinen stehen, die von den einzelnen Produkten unterschiedlich stark in Anspruch genommen werden.**

Zusammensetzung der Selbstkosten mit und ohne gesonderte Berücksichtigung der Maschinenkosten

Bei der Büromöbelfabrik AG fielen im letzten Monat folgende Fertigungskosten an:

Fertigungslöhne	200.000 EUR
Fertigungsgemeinkosten	800.000 EUR
Fertigungskosten	1.000.000 EUR

Fertigungsgemeinkostenzuschlagssatz = $\frac{800.000 \cdot 100}{200.000} = 400\,\%$

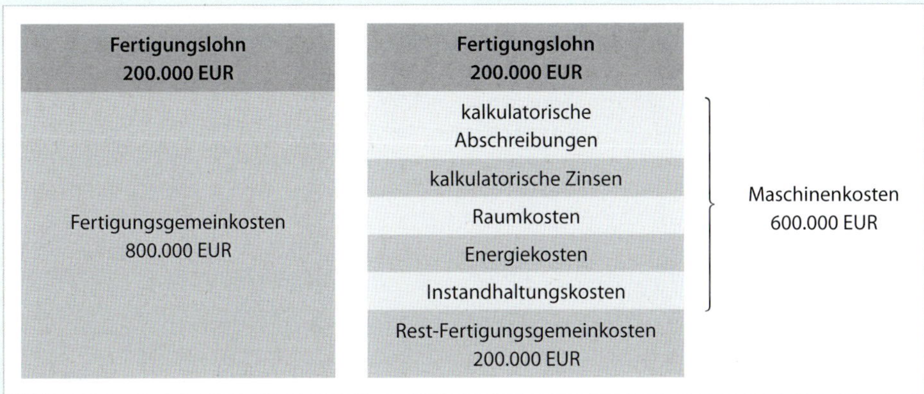

In den Fertigungsgemeinkosten in Höhe von 800.000 EUR sind aber 600.000 EUR Maschinenkosten enthalten, die nicht von den Fertigungslöhnen abhängig sind. Lediglich bei den restlichen Fertigungsgemeinkosten in Höhe von 200.000 EUR kann ein direkter Zusammenhang zu den Fertigungslöhnen angenommen werden.

Vorgehensweise

Aufg. 5.10.3 S. 326

Zunächst werden die Fertigungsgemeinkosten aufgeteilt in

- maschinenabhängige Fertigungsgemeinkosten
- Rest-Fertigungsgemeinkosten, die den Maschinen nicht zurechenbar sind.

Maschinenabhängige Kosten		
Kalkulatorische Abschreibung	**Kalkulatorische Zinsen** (vom durchschnittlich gebundenen Kapitel)	
Abschreibung pro Jahr $= \frac{\text{Wiederbeschaffungswert}}{\text{Nutzungsdauer}}$	Zinsen pro Jahr $= \frac{\text{Wiederbeschaffungswert}^1}{2} \cdot \frac{\text{Kalk.zinssatz}}{100}$	
Instandhaltungskosten	**Raumkosten**	**Energiekosten**

Für die Trennung der Gemeinkosten in maschinenabhängige Fertigungsgemeinkosten und Rest-Fertigungsgemeinkosten wird die entsprechende Fertigungsstelle im Betriebsabrechnungsbogen (BAB) in zwei Spalten aufgeteilt.

Für die Zurechnung der **maschinenabhängigen Fertigungsgemeinkosten** werden die **Maschinenlaufzeiten** (Maschinenstunden) zugrunde gelegt.

! $$\textbf{Maschinenstundensatz} = \frac{\textbf{Maschinenabhängige Fertigungsgemeinkosten einer Periode}}{\textbf{Maschinenlaufzeit in Stunden}}$$

1 Für die Berechnung der kalk. Zinsen wird in manchen Fällen der Anschaffungswert statt des Wiederbeschaffungswertes zugrunde gelegt.

Die **Rest-Fertigungsgemeinkosten** werden dagegen als lohnabhängig angesehen. Für sie gelten weiterhin die F**ertigungslöhne als Zuschlagsgrundlage**.

$$\textbf{Rest-Fertigungsgemeinkostenzuschlagssatz} = \frac{\textbf{Restgemeinkosten} \cdot \textbf{100}}{\textbf{Fertigungslöhne}}$$

Berechnung eines Maschinenstundensatzes in der Kostenstelle Formerei

Kostenarten	Gesamte Gemeinkosten	Maschinenkosten	Restgemeinkosten
Hilfsstoffe	11.970 EUR		11.970 EUR
Betriebsstoffe	21.043 EUR		21.043 EUR
Energiekosten	3.810 EUR	2.720 EUR	1.090 EUR
Hilfslöhne/Gehälter	10.791 EUR		10.791 EUR
Instandhaltungskosten	26.104 EUR	15.040 EUR	11.064 EUR
Raumkosten	21.250 EUR	11.200 EUR	10.050 EUR
Abschreibungen	32.910 EUR	22.000 EUR	10.910 EUR
Kalkulatorische Zinsen	6.510 EUR	2.480 EUR	4.030 EUR
Sonstige Kosten	5.612 EUR	4.160 EUR	1.452 EUR
Summe	**140.000 EUR**	**57.600 EUR**	**82.400 EUR**
Bezugsgrundlagen:			
Laufstunden		3.200 Stunden	
Fertigungslöhne			65.920 EUR

Maschinenstundensatz: $\frac{57.600 \text{ EUR}}{3.200 \text{ Stunden}} = \textbf{18 EUR/Stunde}$

Rest-Gemeinkostenzuschlagssatz: $\frac{82.400 \text{ EUR} \cdot 100\,\%}{65.920 \text{ EUR}} = \textbf{125\,\%}$

Bei der Kalkulation von Angebotspreisen werden die maschinenabhängigen Kosten eines Fertigungsbereichs in Maschinenstundensätzen verrechnet. Die Restgemeinkosten werden in Prozent auf die Fertigungslöhne zugeschlagen.

	Maschinenabhängige Fertigungskosten
+	**Fertigungslöhne**
+	**Rest-Fertigungsgemeinkosten für lohnabhängige Fertigungsgemeinkosten**
=	**Fertigungskosten**

Aufg. 5.10.4 S. 326 f.

Berechnung der Fertigungskosten unter Berücksichtigung von Maschinenstundensätzen in einer Formerei

Für einen Kundenauftrag wurde ermittelt, dass in der Kostenstelle Formerei (siehe Beispiel oben) voraussichtlich folgende Fertigungskosten anfallen:

Fertigungslöhne	500 EUR
50 Maschinenstunden	

Daraus lassen sich für die Kostenstelle Formerei die Fertigungskosten wie folgt errechnen:

	Maschinenabhängige Fertigungskosten (50 Masch. Std. à 18 EUR/Std.)	900 EUR
	Fertigungslöhne	500 EUR
+	Rest-Fertigungsgemeinkosten (125 % von 500 EUR)	625 EUR
=	**Fertigungskosten der Kostenstelle Formerei**	**2.025 EUR**

5.10.3 Vorwärts-, Rückwärts- und Differenzkalkulation

Vorwärtskalkulation

Mithilfe der **Vorwärtskalkulation** werden die voraussichtlichen Selbstkosten und der Angebotspreis ermittelt. Die Vorwärtskalkulation wird deshalb auch als **Angebotskalkulation** oder **Verkaufskalkulation** bezeichnet. Es handelt sich um eine **Vorkalkulation**, da mit den **voraussichtlichen Kosten (Normalkosten)** gerechnet werden muss.

Aufg. 5.10.5 S. 327

In einem ersten Schritt werden durch eine **Zuschlagskalkulation** mit **Normalgemeinkostenzuschlagssätzen** die voraussichtlichen **Selbstkosten** des Kostenträgers ermittelt. Diese **Selbstkostenkalkulation** wird durch die Berücksichtigung eines Gewinnzuschlags und die Einrechnung von Skonto und Rabatt zur **Angebotskalkulation** erweitert. Der **Gewinnzuschlag** ist ein prozentualer Aufschlag auf die Selbstkosten.

Angebotskalkulation einer Büromöbelfabrik

Die Möbelfabrik Bürodesign GmbH hat ermittelt, dass für die Produktion eines Schreibtisches 320,00 EUR für Fertigungsmaterial und 200,00 EUR für Fertigungslöhne entstehen. Das Unternehmen rechnet mit folgenden Normalgemeinkostenzuschlagssätzen: 25 % Materialgemeinkosten, 120 % Fertigungsgemeinkosten, 15 % Verwaltungsgemeinkosten und 10 % Vertriebsgemeinkosten.

Unter Berücksichtigung von 2 % Kundenskonto, 25 % Kundenrabatt, 26 % Gewinnzuschlag und 19 % Umsatzsteuer errechnet sich folgender Listenpreis (Listenverkaufspreis brutto):

1		Materialeinzelkosten		100,0 %	320,00 EUR		
2	+	Materialgemeinkosten		25,0 %	80,00 EUR		vom Hundert
3	=	**Materialkosten**			**400,00 EUR**	**400,00 EUR**	(1 + 2)
4		Fertigungseinzelkosten	100,0 %		200,00 EUR		
5	+	Fertigungsgemeinkosten	120,0 %		240,00 EUR		vom Hundert
6	=	**Fertigungskosten**			**440,00 EUR**	**440,00 EUR**	(4 + 5)
7		**Herstellkosten**		100,0 %		**840,00 EUR**	(3 + 6)
8	+	Verwaltungsgemeinkosten		15,0 %		126,00 EUR	vom Hundert
9	+	Vertriebsgemeinkosten		10,0 %		84,00 EUR	vom Hundert
10	=	**Selbstkosten**	100,0 %			**1.050,00 EUR**	(7 + 8 + 9)
11	+	Gewinn	26,0 %			273,00 EUR	vom Hundert
12	=	**Barverkaufspreis**		98,0 %		**1.323,00 EUR**	(10 + 11)
13	+	Kundenskonto		2,0 %		27,00 EUR	im Hundert
14	=	**Zielverkaufspreis**	75,0 %	100,0 %		**1.350,00 EUR**	(12 + 13)
15	+	Kundenrabatt	25,0 %			450,00 EUR	im Hundert
16	=	**Listenverkaufspreis netto**	100,0 %	100,0 %		**1.800,00 EUR**	(14 + 15)
17	+	Umsatzsteuer		19,0 %		342,00 EUR	vom Hundert
18	=	**Listenverkaufspreis brutto**				**2.142,00 EUR**	(16 + 17)

Der Listenverkaufspreis wird von Industriebetrieben in aller Regel netto – also ohne Umsatzsteuer – angegeben, weil deren Kunden im Normalfall auch Unternehmen sind, die zum Vorsteuerabzug berechtigt sind. Die Umsatzsteuer stellt für sie daher keine Kosten dar. Lediglich gegenüber Endverbrauchern muss der Listenverkaufspreis brutto angegeben werden.

Besonderheiten sind bei der **Angebotskalkulation im Zusammenhang** mit den Preisnachlässen **Kundenrabatt** und **Kundenskonto** zu beachten. Diese beiden Preisnachlässe werden zuvor in den Listenverkaufspreis einkalkuliert und sind keinesfalls als großzügige Kulanz des Verkäufers zu verstehen. Bei der Gewährung von Kundenrabatten werden diese vom Listenverkaufspreis (ohne Umsatzsteuer) berechnet. Von dem verbleibenden **Zielverkaufspreis** kann der Kunde – sofern entsprechende Zahlungsbedingungen vereinbart wurden – bei Rechnungsbegleichung innerhalb der Skontofrist zusätzlich Kundenskonto abziehen.

Kalkulatorische Rückrechnung und Differenzkalkulation

Ergibt sich aus der Vorwärtskalkulation, dass der ermittelte Verkaufspreis auf dem Markt nicht erzielt werden kann, hat ein Unternehmen u. a. folgende Möglichkeiten, wenn es auf den Auftrag nicht verzichten will:

1. Ermittlung durch Rückwärtsrechnung, um wie viel EUR die Material- und/oder Lohnkosten für einen wettbewerbsfähigen Angebotspreis gesenkt werden müssen.
2. Verringerung des ursprünglich gewünschten Gewinnzuschlags, so dass der Angebotspreis niedriger ausfällt.

Diese beiden Alternativen können mithilfe der **kalkulatorischen Rückrechnung** bzw. der **Differenzkalkulation** überprüft werden.

Aufg. 5.10.6 bis 5.10.9 S. 328 f.

Kalkulatorische Rückrechnung und Differenzkalkulation einer Büromöbelfabrik

Die Möbelfabrik Bürodesign GmbH (*vgl. Bsp. S. 321*) muss wegen der starken Konkurrenz den Zielverkaufspreis des Schreibtisches auf 1.200,00 EUR senken.

Zuschlagssätze und Fertigungseinzelkosten bleiben unverändert.

Materialgemeinkostenzuschlag:	25 %
Fertigungsgemeinkostenzuschlag:	120 %
Fertigungseinzelkosten:	200 EUR

Verwaltungsgemeinkostenzuschlag 15 %, Vertriebsgemeinkostenzuschlag 10 %, Gewinnzuschlag 26 %, Kundenskonto 2 %.

Die Geschäftsleitung will wissen,

1. wie teuer unter den gegebenen Bedingungen das Fertigungsmaterial höchstens sein darf.
2. wie hoch der verbleibende Gewinnzuschlag ist, wenn trotz intensiver Preisverhandlungen der Preis für das Fertigungsmaterial unverändert bei 320,00 EUR bleibt.

Sowohl die **kalkulatorische Rückrechnung** als auch die **Differenzkalkulation** basieren auf dem aus der Vorwärtskalkulation bekannten Kalkulationsschema. Bei der **Rückwärtskalkulation** sind stufenweise – ausgehend vom Listen- bzw. Zielverkaufspreis – die Materialkosten oder die Fertigungslöhne zu ermitteln.

Bei der **Differenzkalkulation** zur Ermittlung des verbleibenden Gewinnzuschlags werden

- zunächst wie bei der Vorwärtskalkulation die Selbstkosten
- dann wie bei der Rückwärtskalkulation der Barverkaufspreis

ermittelt. Die Differenz zwischen Selbstkosten und Barverkaufspreis ergibt den kalkulierten Gewinn. Wird dieser Betrag als Prozentsatz bezogen auf die Selbstkosten ausgedrückt, ergibt sich der Gewinnzuschlag (bzw. Verlustabschlag).

1. Kalkulatorische Rückrechnung – Ermittlung des Höchstbetrags für das Fertigungsmaterial

1		Fertigungsmaterial	100 %		245,34 EUR	
2	+	Materialgemeinkosten	25 %		61,33 EUR	
3	=	Materialkosten	125 %			306,67 EUR
4		Fertigungslöhne		100 %	200,00 EUR	
5	+	Fertigungsgemeinkosten		120 %	240,00 EUR	
6	=	Fertigungskosten				440,00 EUR
7		Herstellkosten	100 %			746,67 EUR
8	+	Verwaltungsgemeinkosten	15 %			112,00 EUR
9	+	Vertriebsgemeinkosten	10 %			74,67 EUR
10	=	Selbstkosten	125 %	100 %		933,33 EUR
11	+	Gewinnzuschlag		26 %		242,67 EUR
12	=	Barverkaufspreis	98 %	126 %		1.176,00 EUR
13	+	Kundenskonto	2 %			24,00 EUR
14	=	Zielverkaufspreis	100 %			1.200,00 EUR

Die Kosten für das Fertigungsmaterial dürfen höchstens 245,34 EUR betragen.

2. Differenzkalkulation – Ermittlung des verbleibenden Gewinnzuschlags

	Fertigungsmaterial	100 %		320,00 EUR	
+	Materialgemeinkosten	25 %		80,00 EUR	
=	Materialkosten	125 %			400,00 EUR
	Fertigungslöhne		100 %	200,00 EUR	
+	Fertigungsgemeinkosten		120 %	240,00 EUR	
=	Fertigungskosten		240 %		440,00 EUR
	Herstellkosten	100 %			840,00 EUR
+	Verwaltungsgemeinkosten	15 %			126,00 EUR
+	Vertriebsgemeinkosten	10 %			84,00 EUR
=	Selbstkosten	125 %	100 %		1.050,00 EUR
+	Gewinnzuschlag		12 %		126,00 EUR
=	Barverkaufspreis	98 %	112 %		1.176,00 EUR
+	Kundenskonto	2 %			24,00 EUR
=	Zielverkaufspreis	100 %			1.200,00 EUR

Unter den gegebenen Bedingungen lässt sich bei unveränderten Kosten für das Fertigungsmaterial in Höhe von 320,00 EUR ein Gewinn in Höhe von 126,00 EUR erzielen (Gewinnzuschlagssatz: 12 %).

Zusammenfassende Übersicht zu 5.10:
Kostenträgerstückrechnung: Vorkalkulation mit Normalgemeinkostenzuschlagssätzen

Kostenträgerstückrechnung als Vorkalkulation

- unmittelbare Verrechnung der Einzelkosten auf die Erzeugnisse
- Verrechnung der voraussichtlich anfallenden Gemeinkosten mithilfe von Normalgemeinkostenzuschlagssätzen

Aufgaben der Kostenträgerstückrechnung (Kalkulation)

Ermittlung

- des Mindestangebotspreises (Kostendeckung)
- des Mindestangebotspreises zur Erzielung eines Mindestgewinns
- der Höchstgrenze für Material-, Fertigungs- und Herstellkosten bei vorgegebenem Verkaufspreis

Kalkulationsverfahren

Divisionskalkulation

Anwendung bei Produktion völlig gleichartiger Erzeugnisse

$$\text{Stückkosten} = \frac{\text{Gesamtkosten}}{\text{hergestellte Stückzahl}}$$

Zuschlagskalkulation

Anwendung bei Produktion völlig verschiedener Erzeugnisse (heterogenes Produktionsprogramm)

Verrechnung von **Einzel- und Gemeinkosten** auf jeden Kostenträger (Erzeugnis)

Maschinenstundensatzrechnung

Anwendung, wenn Fertigungsgemeinkosten hauptsächlich durch Maschineneinsatz veranlasst

Trennung der Fertigungsgemeinkosten in

- Maschinenabhängige Fertigungsgemeinkosten (Abschr., Zinsen, Instandhaltung, Raum, Energie)

$$\text{Masch.Std.Satz} = \frac{\text{Maschabh. FGK}}{\text{Masch.Laufzeit}}$$

- Restgemeinkosten

$$\text{Zuschlag f. Rest-FGK} = \frac{\text{RestFGK} \cdot 100}{\text{Fert. Löhne}}$$

Anwendung der Zuschlagskalkulation

Vorwärtskalkulation (Verkaufskalkulation)

Ermittlung des kalkulierten Verkaufspreises (Angebotspreis)

Rückwärtskalkulation (Kalkulatorische Rückrechnung)

Ermittlung der Kosten, die für das Fertigungsmaterial oder die Fertigungslöhne höchstens anfallen dürfen

Differenzkalkulation

Ermittlung des Gewinns oder Gewinnzuschlags bei gegebenen Kosten und gegebenem Verkaufspreis

Vorwärts-, Rückwärts- und Differenzkalkulation			
	Vorwärtskalkulation (Verkaufskalkulation)	**Rückwärtskalkulation (Kalkulatorische Rückrechnung)**	**Differenzkalkulation**
Ziel	Ermittlung des kalkulierten Verkaufspreises (Angebotspreis)	Ermittlung der Kosten, die für Fertigungsmaterial höchstens anfallen dürfen	Ermittlung des Gewinns oder des Gewinnzuschlags bei gegebenen Kosten und gegebenem Verkaufspreis
Berechnungsschema	Fertigungsmaterial	Fertigungsmaterial	Fertigungsmaterial
	+ Materialgemeinkosten v. H.	+ Materialgemeinkosten a. H.	+ Materialgemeinkosten v. H.
	= **Materialkosten**	= **Materialkosten**	= **Materialkosten**
	Fertigungslöhne	Fertigungslöhne	Fertigungslöhne
	+ Fertigungsgemeinkosten v. H.	+ Fertigungsgemeinkosten a. H.	+ Fertigungsgemeinkosten v. H.
	= **Fertigungskosten**	= **Fertigungskosten**	= **Fertigungskosten**
	= **Herstellkosten**	= **Herstellkosten**	= **Herstellkosten**
	+ Verwaltungsgemeinkosten v. H.	+ Verwaltungsgemeinkosten a. H.	+ Verwaltungsgemeinkosten v. H.
	+ Vertriebsgemeinkosten v. H.	+ Vertriebsgemeinkosten a. H.	+ Vertriebsgemeinkosten v. H.
	= **Selbstkosten**	= **Selbstkosten**	= **Selbstkosten**
	+ Gewinn v. H.	+ Gewinn a. H.	+ Gewinn v. H.
	= **Barverkaufspreis**	= **Barverkaufspreis**	= **Barverkaufspreis**
	+ Kundenskonto i. H.	+ Kundenskonto v. H.	+ Kundenskonto v. H.
	= **Zielverkaufspreis**	= **Zielverkaufspreis**	= **Zielverkaufspreis**
	+ Kundenrabatt i. H.	+ Kundenrabatt v. H.	+ Kundenrabatt v. H.
	= **Listenverkaufspreis netto**	= **Listenverkaufspreis netto**	= **Listenverkaufspreis netto**

WIEDERHOLUNG DES GRUNDWISSENS

5.10 Kostenträgerstückrechnung: Vorkalkulation mit Normalgemeinkostenzuschlagssätzen

1. Geben Sie stichwortartig an, welche Fragen sich mithilfe der Kostenträgerstückrechnung (Kalkulation) beantworten lassen.
2. Unterscheiden Sie Vor- und Nachkalkulation.
3. Bestimmen Sie, welches Kalkulationsverfahren bei einer Massenfertigung angewandt werden sollte.
4. Finden Sie heraus, wann die Anwendung einer Maschinenstundensatzrechnung sinnvoll ist.
5. Errechnen Sie den Maschinenstundensatz für eine Maschine, die im Monat 36.000 EUR variable und 72.000 EUR fixe Kosten Maschinenkosten verursacht und durchschnittlich 180 Stunden im Einsatz ist.
6. Die Maschinenstundensatzrechnung unterscheidet maschinenabhängige und lohnabhängige Kosten. Entscheiden Sie, wozu die Rest-Fertigungsgemeinkosten gehören.
7. Erläutern Sie den Grundaufbau einer Zuschlagskalkulation.

8. Beschreiben Sie die Vorwärts-, Rückwärts- und Differenzkalkulation und geben Sie an, welche Größen jeweils berechnet werden sollen.
9. Geben Sie zu jedem unter 8. beschriebenen Schema an, mit welcher Art von Prozentrechnung (vom Hundert, im Hundert, auf Hundert) die einzelnen Zuschläge zu berechnen sind.

AUFGABEN ZUM ERWERB UND ZUR KONTROLLE VON KOMPETENZEN

5.10 Kostenträgerstückrechnung: Vorkalkulation mit Normalgemeinkostenzuschlagssätzen

5.10.1 Fallstudie: Zuschlagskalkulation – Betriebsabrechnungsbogen

Der Aufgabentext und die zugehörigen Materialien befinden sich auf der Begleit-CD.

5.10.2 Kalkulation in einer Schulmöbelfabrik

PDF EXCEL

Die Schulleitung des Wirtschaftsgymnasiums Stuttgart-West beabsichtigt, ein Klassenzimmer neu zu bestuhlen. Das Schulverwaltungsamt der Stadt Stuttgart bittet daher die Schulmöbelfabrik Greinacher um ein Angebot für die Lieferung von 30 Stühlen.

Die Schulmöbelfabrik legt ihrer Kalkulation folgende Daten zugrunde:

Materialeinzelkosten pro Stuhl	30 EUR	Fertigungslöhne pro Stuhl	20 EUR
Materialgemeinkosten	10 %	Fertigungsgemeinkosten	20 %
Verwaltungsgemeinkosten	15 %	Vertriebsgemeinkosten	5 %
Gewinn	$8\,^1/_3$ %	Kundenrabatt	10 %
Kundenskonto	3 %		

Ermitteln Sie den Angebotspreis (Listenverkaufspreis) für 30 Stühle.

5.10.3 Berechnung des Maschinenstundensatzes – Kalkulation mit Maschinenstundensätzen

PDF

In einem Industriebetrieb wird jährlich an 240 Arbeitstagen 8 Stunden pro Tag gearbeitet. Aufgrund von Erfahrungswerten werden bei der Ermittlung der Maschinenlaufzeiten für betriebsbedingte Stillstandszeiten 10 % und für Instandhaltung 2,5 % der Jahresarbeitszeit berücksichtigt.

In der Fertigungsabteilung sind u. a. eine große Universalmaschine und 3 Spezialmaschinen eingesetzt. Die maschinenabhängigen Gemeinkosten sind bei jeder der 3 Spezialmaschinen ungefähr gleich hoch.

Merkmal	Universalmaschine	Spezialmaschine
Wiederbeschaffungswert in EUR	500.000	40.000
betriebsgewöhnliche Nutzungsdauer in Jahren	10	8
Abschreibung vom Wiederbeschaffungswert	linear	linear
Zinsen in % vom halben Wiederbeschaffungswert	10	10
Raumbedarf in m^2	30	10
Raumkosten je Monat in EUR je m^2	6	6
Strombedarf in kWh	5	3
Strompreis in EUR je kWh	0,10	0,10
Instandhaltung pro Jahr in % des Wiederbeschaffungswertes	2	1,5
Versicherung in % des Wiederbeschaffungswertes	1	0,5
Werkzeugkosten pro Jahr in EUR (u. a. regelmäßig zu erneuernde Verschleißteile)	1.200	450

1. Berechnen Sie die Maschinenlaufzeit einer Maschine (Stunden pro Jahr).
2. Berechnen Sie den Maschinenstundensatz für die Universalmaschine und die Spezialmaschine.

3. Ein Bauteil beansprucht alle 4 Maschinen mit folgendem Zeitbedarf:

Maschine	Universalmaschine	Spezial M1	Spezial M2	Spezial M3
Belegzeit (Stunden je Bauteil)	2,0	0,9	1,2	0,3

Für das Bauteil gelten folgende Einzelkosten und Zuschlagssätze:

	Einzelkosten	Rest-Gemeinkostenzuschlagssatz
Fertigungsmaterial	120,00 EUR	30 %
Fertigungslöhne	70,00 EUR	210 %

Ermitteln Sie die Herstellkosten für das Bauteil.

5.10.4 Maschinenstundensatzrechnung in einem Stahlbauunternehmen

Die Lörracher Stahlbau GmbH kalkuliert ein zerlegbares Gerüst auf Grund folgender Angaben:

Fertigungsmaterial .... 5.500 EUR
Fertigungslöhne I (Abteilung „Einzelteile") .... 3.200 EUR
Fertigungslöhne II (Abteilung „Endmontage") .... 1.800 EUR
Sondereinzelkosten des Vertriebs .... 530 EUR

Ein Teil der Gemeinkosten wird durch Maschinenstundensätze verrechnet:
Bearbeitung auf Maschine A 20 Stunden; Maschinenstundensatz 18,50 EUR
Bearbeitung auf Maschine B 35 Stunden; Maschinenstundensatz 24,00 EUR

Die Zuschläge für die restlichen Gemeinkosten betragen:

Materialgemeinkosten .... 20 %
Fertigungsgemeinkosten I .... 80 %
Fertigungsgemeinkosten II .... 60 %
Verwaltungs- und Vertriebsgemeinkosten .... 25 %

In die Kalkulation werden noch folgende Positionen eingerechnet:

Gewinn .... 8 %
Skonto .... 2 %

Zu welchem Preis (ohne Umsatzsteuer; auf volle 100 EUR aufgerundet) bietet die Lörracher Stahlbau GmbH das Gerüst an?

5.10.5 Kalkulation einer Abfüllanlage

Zur Herstellung von Abfüllanlagen sind drei Fertigungsstellen zu durchlaufen. Für die Kalkulation einer nach den Wünschen eines Kunden gefertigten Anlage werden jeweils die Gemeinkostenzuschläge der letzten Abrechnungsperiode zugrunde gelegt:

Materialgemeinkostenzuschlag:	8 %
Fertigungsgemeinkostenzuschlag I:	60 %
Fertigungsgemeinkostenzuschlag II:	90 %
Fertigungsgemeinkostenzuschlag III:	130 %
Verwaltungs- und Vertriebsgemeinkostenzuschlag:	18 %

PDF

Das Unternehmen hat auf der Grundlage der Planungsunterlagen ermittelt, dass für die Produktion einer Abfüllanlage (Sonderfertigung) folgende Einzelkosten entstehen:

Fertigungsmaterial .... 108.000,00 EUR
Fertigungslöhne I .... 24.000,00 EUR
Fertigungslöhne II .... 18.250,00 EUR
Fertigungslöhne III .... 14.600,00 EUR
Kosten für ein Modell .... 4.000,00 EUR
Kosten für Spezialverpackung,
Spediteur und Transportversicherung .... 5.750,00 EUR

Ermitteln Sie den Listenverkaufspreis, wenn das Unternehmen 5 % Rabatt, 3 % Skonto und $8\,^1/_3$ % Gewinn einkalkuliert.

5.10.6 Vorwärtskalkulation – Berechnung von Gewinnzuschlag und Fertigungsmaterial

Die Velolux GmbH Karlsruhe legt der Kalkulation eines Dachfensters folgende Kalkulationswerte zugrunde:

Fertigungsmaterial	220 EUR	Fertigungslöhne	140 EUR
Materialgemeinkosten	12,5 %	Fertigungsgemeinkosten	15 %
Verwaltungsgemeinkosten	10 %	Vertriebsgemeinkosten	8 %
Gewinnzuschlag	25 %	Kundenskonto	2 %
Kundenrabatt	5 %		

PDF EXCEL

1. Berechnen Sie den Listenverkaufspreis.
2. Ein Konkurrenzunternehmen bietet ein Dachfenster gleicher Größe und Ausstattung zu einem Listenpreis von 650 EUR an. Die Velolux GmbH will diesen Preis des Konkurrenten um 50,00 EUR unterbieten.
   a) Wie hoch ist in diesem Fall der Gewinn in Euro und in Prozent (auf zwei Stellen genau), wenn alle anderen Kalkulationsdaten unverändert bleiben?
   b) Wie hoch dürfen die Kosten für das Fertigungsmaterial höchstens sein, wenn der ursprüngliche Gewinnzuschlag von 25 % und alle anderen Kalkulationsdaten unverändert bleiben sollen?

5.10.7 Berechnung der Zuschlagssätze – Gewinn eines Erzeugnisses

PDF EXCEL

Der Betriebsabrechnungsbogen (BAB) eines kleinen Industriebetriebes enthält folgende Zahlen:

Gemeinkostenarten	Kosten EUR	Material EUR	Fertigung EUR	Verwaltung/ Vertrieb EUR
Summe	134.570	23.725	48.000	62.845

An Einzelkosten wurden ermittelt:

Fertigungsmaterial	182.500 EUR
Fertigungslöhne	60.000 EUR

1. Berechnen Sie die Zuschlagssätze für die Gemeinkosten (Zuschlagssätze ganzzahlig aufrunden).
2. Wie hoch ist der Gewinn des Unternehmens in EUR und Prozent beim Verkauf einer Maschine, für die 4.000 EUR Fertigungsmaterial, 1.000 EUR Fertigungslöhne angefallen sind und für die ein Barverkaufspreis von 9.600 EUR erzielt wurde?
   Es werden die unter 1. ermittelten Zuschlagssätze verwendet.

5.10.8 Rückwärtsrechnung – Berechnung der Kosten für Fertigungsmaterial

PDF EXCEL

Ein Importeur bietet ein Elektrogerät zum Listenpreis von 1 250 EUR netto an. Wie viel EUR darf das Fertigungsmaterial einen deutschen Elektrogrätehersteller höchstens kosten, wenn mit folgenden Kosten bzw. Zuschlägen kalkuliert wird:

Materialgemeinkosten 10 %, Fertigungslöhne 300,00 EUR, Fertigungsgemeinkosten 132 %, Verwaltungs- und Vertriebsgemeinkosten insgesamt 20 %, Kundenskonto 3 %, Kundenrabatt 10 % und Gewinn 12,5 %?

5.10.9 Angebot einer Maschinenfabrik – Berechnung des Gewinns

PDF

Eine Maschinenfabrik erhält eine Anfrage zur Produktion einer Spezialbohrmaschine nach einem vorgegebenen Konstruktionsplan.

1. Erstellen Sie nach folgenden Angaben das Angebot:

Einzelkosten:	
Material	100,00 EUR
Sondereinzelkosten der Fertigung	15,00 EUR
Fertigungslöhne	220,00 EUR
Gemeinkostenzuschläge:	
Materialgemeinkosten	10 %
Fertigungsgemeinkosten	60 %
Verwaltungsgemeinkosten	8 %
Vertriebsgemeinkosten	6 %

Sonstige Zuschläge:

Gewinn	12,5 %
Kundenskonto	2 %

2. Bei der Fertigstellung der Bohrmaschine ergeben sich folgende Änderungen, die für die Nachkalkulation zu berücksichtigen sind:

   Die Preise für das Fertigungsmaterial haben sich um 4 % erhöht und die Fertigungslöhne sind um 8 % gestiegen. Durch Rationalisierungsmaßnahmen konnten folgende Zuschlagssätze herabgesetzt werden: Fertigungsgemeinkosten um 2 Prozentpunkte, Verwaltungsgemeinkosten um 3 Prozentpunkte, Vertriebsgemeinkosten um 0,5 Prozentpunkte. Die übrigen Zuschlagssätze blieben unverändert.

   Wie viel Prozent beträgt der tatsächliche Gewinn, wenn die Maschine zum Angebotspreis ausgeliefert wurde?

5.11 Kostenträgerstückrechnung: Nachkalkulation mit Istgemeinkostenzuschlagssätzen

Die **Vorkalkulation** hat die Aufgabe, die **voraussichtlichen Selbstkosten** und den **Angebotspreis** zu ermitteln. Bestandteile dieser Kalkulation sind die aus den Stücklisten und den Arbeitsplänen (Zeitstudien) zu entnehmenden **Einzelkosten** sowie die **Normalgemeinkostenzuschlagssätze** (Durchschnitt der Istgemeinkostenzuschlagssätze vergangener Perioden).

Nach Beendigung der Produktion und nach Vorliegen der nachträglich ermittelten **Istgemeinkostenzuschlagssätze** wird eine **Nachkalkulation** vorgenommen. Die Nachkalkulation basiert auf den tatsächlich entstandenen Einzelkosten eines Auftrags oder einer Erzeugnisgruppe und den **Istgemeinkostenzuschlagssätzen** aus dem Betriebsabrechnungsbogen (BAB). Ergeben sich bei der Gegenüberstellung von Vor- und Nachkalkulation Abweichungen bei einzelnen Kostenarten, so muss analysiert werden, welche Gründe dafür maßgebend waren. Gegebenenfalls sind entsprechende Maßnahmen zu ergreifen.

! Die Nachkalkulation hat die Aufgabe, die tatsächlich angefallenen Kosten für einen Auftrag oder eine Erzeugnisgruppe zu ermitteln und den bei der Vorkalkulation berücksichtigten Normalkosten gegenüberzustellen.

Nachkalkulation eines Schreibtischs *(Fortsetzung Bsp. von S. 321 f.)*

Nach Fertigstellung der Schreibtische wurden folgende Kosten festgestellt:

Tatsächlich angefallene Einzelkosten je Stück (Istkosten)		
Fertigungsmaterial	320,00 EUR	entsprechen den der Stückliste und dem Arbeitsplan
Fertigungslöhne	200,00 EUR	entnommenen Werten der Vorkalkulation

Im Rahmen des Beetriebsabrechnungsbogens (BAB) wurden für das letzte Quartal folgende **Istgemeinkostenzuschlagssätze** ermittelt:

Gemeinkosten	Istgemeinkostenzuschlagssätze lt. BAB	
Materialgemeinkosten	MKGZ	20 %
Fertigungsgemeinkosten	FGKZ	130 %
Verwaltungsgemeinkosten	VwGKZ	20 %
Vertriebsgemeinkosten	VtGKZ	15 %

	Normalzuschlagssätze, Gewinnzuschlag und Preisnachlässe	Vorkalkulation		Istzuschlagssätze lt. BAB, Gewinnsatz	Nachkalkulation
Fertigungsmaterial lt. Stückliste		320,00 EUR			320,00 EUR
+ Materialgemeinkosten	25,0 %	80,00 EUR		20,0 %	64,00 EUR
= **Materialkosten**			**400,00** EUR		**384,00** EUR
Fertigungslöhne lt. Arbeitsplan		200,00 EUR			200,00 EUR
+ Fertigungsgemeinkosten	120,0 %	240,00 EUR		130,0 %	260,00 EUR
= **Fertigungskosten**			**440,00** EUR		**460,00** EUR
Herstellkosten			**840,00** EUR		**844,00** EUR
+ Verwaltungsgemeinkosten	15,0 %	126,00 EUR		20,0 %	168,80 EUR
+ Vertriebsgemeinkosten	10,0 %	84,00 EUR		15,0 %	126,60 EUR
= **Selbstkosten**			**1.050,00** EUR		**1.139,40** EUR
+ Gewinn	26,0 %		273,00 EUR	**16,1**	183,60 EUR
= Barverkaufspreis			**1.323,00** EUR	↓	**1.323,00** EUR
+ Kundenskonto	2,0 %		27,00 EUR		
= Zielverkaufspreis			1.350,00 EUR		
+ Kundenrabatt	25,0 %		450,00 EUR		
= Listenverkaufspreis netto			**1.800,00** EUR		

Berechnung des Gewinnsatzes

1.139,40 EUR entsp. 100 %
183,60 EUR entsp. x %

x = 16,1 %

Aufg. 5.11.1 und 5.11.2 S. 331

Ergebnis: Die tatsächlich entstandenen Selbstkosten in Höhe von 1.139,40 EUR sind um 89,40 EUR höher als die im Rahmen der Vorkalkulation ermittelten Selbstkosten von 1.050,00 EUR. Deshalb beträgt der tatsächlich erzielte Gewinn lediglich 183,60 EUR (16,1 % der Selbstkosten) und nicht wie kalkuliert 273,00 EUR. Da die tatsächlich entstandenen Fertigungsgemeinkosten um 10 Prozentpunkte höher sind als die kalkulierten Fertigungsgemeinkosten, muss analysiert werden, worauf die Differenz zurückzuführen ist. Gleiches gilt für die jeweils um 5 Prozentpunkte höheren Verwaltungs- und Vertriebsgemeinkosten.

Zusammenfassende Übersicht zu 5.11:
Kostenträgerstückrechnung: Nachkalkulation mit Istgemeinkostenzuschlagssätzen

Kalkulationsarten

Vorkalkulation (Kalkulation mit Normalkosten)
Ermittlung des voraussichtlichen Angebotspreises

Nachkalkulation (Kalkulation mit Istkosten)
Ermittlung der tatsächlich entstandenen Kosten für ein Erzeugnis

Vergleich zwischen Normalkosten und Istkosten

↓

Abweichungsanalyse

WIEDERHOLUNG DES GRUNDWISSENS

5.11 Kostenträgerstückrechnung als Nachkalkulation: Kalkulation mit Istgemeinkostenzuschlagssätzen

1. Erläutern Sie Aufgabe und Aufbau der Nachkalkulation.
2. Erklären Sie den Begriff „Abweichungsanalyse".

AUFGABEN ZUM ERWERB UND ZUR KONTROLLE VON KOMPETENZEN

5.11 Kostenträgerstückrechnung als Nachkalkulation: Kalkulation mit Istgemeinkostenzuschlagssätzen

5.11.1 Vor- und Nachkalkulation in einem Industriebetrieb

Ein Industriebetrieb kalkulierte einen Auftrag unter Berücksichtigung folgender Angaben: Fertigungsmaterial 1.280 EUR, Fertigungslöhne 2.800 EUR, Materialgemeinkosten 12,5 %, Fertigungsgemeinkosten 160 %, Verwaltungs- und Vertriebsgemeinkosten zusammen 25 %, Gewinn 20 %, Kundenskonto 2 %.

1. Ermitteln Sie den Angebotspreis.
2. Vergleichen Sie den in einer Vor- und Nachkalkulation ermittelten Gewinn (in EUR und in Prozent), wenn der Kunde nach Skontoabzug 13.080 EUR bezahlt. Als tatsächliche Kosten sind angefallen: Materialgemeinkosten 120 EUR, Fertigungsgemeinkosten 3.176 EUR, Verwaltungs- und Vertriebsgemeinkosten 1.594 EUR. Bei den Einzelkosten ergaben sich keine Abweichungen.

5.11.2 Vor- und Nachkalkulation für ein Mountainbike – Ermittlung des tatsächlich erzielten Gewinns

Der Fahrradhersteller Speed-Bike erstellt auf der Grundlage der zuvor durch die Fahrradhändler ermittelten Kunden-Messdaten körpergerechte Mountainbikes.

Der Vorkalkulation eines solchen Mountainbikes werden folgende Normalzuschlagssätze zugrunde gelegt:

Materialgemeinkosten	8 %	Verwaltungsgemeinkosten	4 %
Fertigungsgemeinkosten	40 %	Vertriebsgemeinkosten	3 %

Auf der Grundlage der Konstruktionszeichnung wurde für das Fertigungsmaterial ein Betrag von 380 EUR ermittelt. An Fertigungslöhnen fallen laut Arbeitszeitstudien 120 EUR an. Das Unternehmen arbeitet mit einem Gewinnzuschlag von 9 %. Den Kunden wird ein Rabatt in Höhe von 8 % sowie bei Zahlung innerhalb von 14 Tagen ab Rechnungseingang 2 % Skonto gewährt.

Nach Fertigstellung des Mountainbikes konnten dem Betriebsabrechnungsbogen (BAB) nachstehende Ist-Zuschlagssätze für die Istgemeinkosten entnommen werden:

Materialgemeinkosten	6 %
Fertigungsgemeinkosten	38 %
Verwaltungsgemeinkosten	3 %
Vertriebsgemeinkosten	2 %

1. Stellen Sie in einer Übersicht zur Vor- und Nachkalkulation die Normalkosten und die Istkosten einander gegenüber.
2. Berechnen Sie den tatsächlich erzielten Gewinn in EUR und in Prozent (Gewinnsatz).

5.12 Gesamtkalkulation mit Normal- und Istgemeinkostenzuschlagssätzen – Kostenabweichungen

Für die Kostenkontrolle ist es wichtig, in einer **Gesamtkalkulation** folgende Kosten miteinander zu vergleichen:

- innerhalb einer Rechnungsperiode insgesamt **tatsächlich angefallene** Kosten **(Istkosten)**
- für diese Rechnungsperiode im Rahmen der Vorkalkulation den produzierten Erzeugnissen insgesamt **zugerechnete Kosten (Normalkosten)**.

Kostenabweichung zwischen tatsächlichen und verrechneten Gemeinkosten

In gleicher Weise wie beim Vergleich zwischen Vor- und Nachkalkulation bei der Kostenträgerstückrechnung kommt es auch bei der **Gesamtkalkulation** in erster Linie auf die Analyse der **Kostenabweichungen bei den Gemeinkosten** an. Zwar führen Veränderungen bei den Einzelkosten, die zwischen Vor- und Nachkalkulation eingetreten sind (z. B. sinkende Materialpreise, steigende Fertigungslöhne), ebenfalls zu Kostenabweichungen. Wegen der prozentualen Gemeinkostenzuschläge bedingen aber solche Abweichungen bei den Einzelkosten zwangsläufig immer auch Abweichungen bei den Ist- und Normal**gemeinkosten**. Eine Analyse der Ursachen für die Abweichungen zwischen Ist- und Normalgemeinkosten wird dadurch erschwert. In der betrieblichen Praxis werden daher für die Einzelkosten häufig gleichbleibende Verrechnungspreise (= Durchschnittspreise vergangener Perioden) angesetzt, um z. B. Preisschwankungen beim Fertigungsmaterial auszuschalten. Nur wenn die Einzelkosten bei Vor- und Nachkalkulation in gleicher Höhe angesetzt werden, sind die Ursachen für die Abweichungen zwischen Ist- und Normalgemeinkosten **eindeutig** den Gemeinkostenbereichen zuzuordnen.

! **Die Gegenüberstellung der Ist- und Normalkosten im Rahmen einer Gesamtkalkulation dient dem Zweck, Abweichungen zwischen den insgesamt angefallenen Gemeinkosten und den insgesamt im Rahmen der Vorkalkulation den Kostenträgern zugerechneten Gemeinkosten festzustellen. Dabei wird davon ausgegangen, dass die Einzelkosten zwischen Vor- und Nachkalkulation unverändert geblieben sind.**

Gesamtkalkulation in einem Metallbetrieb

Ein Metallbetrieb hat im Monat März drei Kundenaufträge ausgeführt. Für die Vorkalkulation der Aufträge waren den Konstruktionsunterlagen folgende Einzelkosten entnommen worden.

Auftrag / Einzelkosten	Auftrag 1	Auftrag 2	Auftrag 3
Fertigungsmaterial	2.000 EUR	1.000 EUR	4.500 EUR
Fertigungslöhne	3.500 EUR	7.000 EUR	2.000 EUR

Um die Selbstkosten und den darauf basierenden Angebotspreis zu ermitteln, hatte der Betrieb die Gemeinkosten mithilfe von Zuschlagssätzen verrechnet. Diese Gemeinkostenzuschlagssätze waren aus dem **Durchschnitt der Ist-Gemeinkostenzuschlagssätze** der letzten Monate gebildet worden. Die sich daraus ergebenden **Normal-Gemeinkostenzuschlagssätze** hatten folgende Höhe:

MGKZ: 15 % FGKZ: 30 % VwGKZ: 8 % VtGKZ: 4 %

Auf der Basis dieser Zahlen ergab sich für die drei Aufträge folgende **Vorkalkulation**:

Kostenart		Auftrag 1	Auftrag 2	Auftrag 3
Fertigungsmaterial		2.000 EUR	1.000 EUR	4.500 EUR
Normal-MGKZ	15 %	300 EUR	150 EUR	675 EUR
Fertigungslöhne		3.500 EUR	7.000 EUR	2.000 EUR
Normal-FGKZ	30 %	1.050 EUR	2.100 EUR	600 EUR
kalkulierte Herstellkosten		6.850 EUR	10.250 EUR	7.775 EUR
Normal-VwGKZ	8 %	548 EUR	820 EUR	622 EUR
Normal-VtGKZ	4 %	274 EUR	410 EUR	311 EUR
kalkulierte Selbstkosten		7.672 EUR	11.480 EUR	8.708 EUR

Die tatsächlich im Monat März angefallenen Einzelkosten **(Ist-Einzelkosten)** ergeben sich aus der Summe der durch die einzelnen Aufträge verursachten Einzelkosten. Sie stimmen im vorliegenden Beispiel mit den Einzelkosten der Vorkalkulation überein.

Fertigungsmaterial: 2.000 EUR + 1.000 EUR + 4.500 EUR = 7.500 EUR
Fertigungslöhne: 3.500 EUR + 7.000 EUR + 2.000 EUR = 12.500 EUR

Die für den Monat März nachträglich ermittelten **Istgemeinkosten** sowie die entsprechenden Gemeinkostenzuschlagssätze sind nachstehendem Betriebsabrechnungsbogen (BAB) – Auszug – zu entnehmen:

	Material	Fertigung	Verwaltung	Vertrieb
	...	...	...	...
Summe Gemeinkosten	900 EUR	5.000 EUR	1.813 EUR	1.295 EUR
Zuschlagsgrundlagen	7.500 EUR (FM)	12.500 EUR (FL)	HEKO = FM (7.500 EUR) + MGK (900 EUR) + FL (12.500 EUR) + FGK (5.000 EUR) = 25.900 EUR	
Gemeinkosten-zuschlagssätze	MGKZ $= \frac{900}{7.500} \cdot 100$ $= 12\,\%$	FGKZ $= \frac{5.000}{12.500} \cdot 100$ $= 40\,\%$	VwGKZ $= \frac{1.813}{25.900} \cdot 100$ $= 7\,\%$	VtGKZ $= \frac{1.295}{25.900} \cdot 100$ $= 5\,\%$

Zur Feststellung und Analyse von Kostenabweichungen zwischen Normal- und Istkosten wird nachstehende **Gesamtkalkulation** verwendet:

Aufg. 5.12.1 S. 337

Gesamtkalkulation für den Monat März – Ermittlung der Kostenabweichungen					
	Normalkalkulation		**Istkalkulation**		**Kosten-abweichung** (Normal-GK – Ist-GK)
	Ist-Einzel-kosten u. Normal-Gemeinkosten	Normal-GKZ	Ist-Einzel-kosten u. Ist-Gemein-kosten	Ist-GKZ	
Fertigungsmaterial (Ist)	7.500 EUR		7.500 EUR		
Materialgemeinkosten	1.125 EUR	15 %	900 EUR	12 %	225 EUR
Fertigungslöhne (Ist)	12.500 EUR		12.500 EUR		
Fertigungsgemeinkosten	3.750 EUR	30 %	5.000 EUR	40 %	– 1.250 EUR
Herstellkosten	24.875 EUR		25.900 EUR		
Verwaltungsgemeinkosten	1.990 EUR	8 %	1.813 EUR	7 %	177 EUR
Vertriebsgemeinkosten	995 EUR	4 %	1.295 EUR	5 %	– 300 EUR
Selbstkosten	27.860 EUR		29.008 EUR		– 1.148 EUR

Insgesamt ergibt sich bei den Selbstkosten eine **Unterdeckung** in Höhe von 1.148 EUR. Das bedeutet, dass im Monat März tatsächlich 1.148 EUR mehr Gemeinkosten (Ist-Gemeinkosten) angefallen sind als den Aufträgen in diesem Zeitraum unter Verwendung der **Normalgemeinkostenzuschlagssätze** zugerechnet wurden. Vor diesem Hintergrund sollte Ursachenforschung betrieben werden, warum in den einzelnen Kostenstellen die Höhe der tatsächlich angefallenen Gemeinkosten **(Ist-Gemeinkosten)** von der Höhe der mithilfe der Normalzuschlagssätze kalkulierten Gemeinkosten **(Normal-Gemeinkosten)** abgewichen ist.

Sind die mit Normalzuschlagssätzen kalkulierten Gemeinkosten (Normalgemeinkosten) höher als die tatsächlichen Gemeinkosten (Istgemeinkosten), so liegt eine Kostenüberdeckung vor. Sind die Normalgemeinkosten dagegen niedriger als die Istgemeinkosten liegt eine Kostenunterdeckung vor.

Bei einer Kostenüberdeckung hat die entsprechende Kostenstelle weniger Gemeinkosten verursacht als normalerweise anfallen. Bei einer Kostenunterdeckung hat die entsprechende Kostenstelle dagegen überdurchschnittlich hohe Gemeinkosten verursacht. Die Ursachen dafür müssen näher untersucht werden.

Kostenüberdeckung: Normalgemeinkosten > Istgemeinkosten
Kostenunterdeckung: Normalgemeinkosten < Istgemeinkosten

Ursachen für Kostenabweichungen

Aufg. 5.12.2 S. 338

Eine Abweichung der **Istgemeinkosten von den Normalgemeinkosten** kann folgende Ursachen haben:

1 Verbrauchs-/Mengenabweichung: Veränderungen beim Verbrauch von Material des Gemeinkostenbereiches

Zu einer Kostenabweichung kommt es, wenn eine Kostenstelle gegenüber der Ausgangssituation, zu der ein Gemeinkostenzuschlag errechnet wurde, wirtschaftlicher oder unwirtschaftlicher arbeitet. So führt beispielsweise ein sparsamerer Umgang mit Hilfsstoffen oder Energie zu einer Überdeckung, weil die am Ende einer Abrechnungsperiode festgestellten Istgemeinkosten geringer sind als die Normalgemeinkosten.

2 Preisabweichung: Preisänderungen für Material des Gemeinkostenbereichs (z. B. Hilfsstoffe, Betriebsstoffe) oder Änderung von Hilfslöhnen und Gehältern

Preiserhöhungen für Hilfs- und Betriebsstoffe oder Erhöhungen von Hilfslöhnen und Gehältern führen zu einer höheren Belastung der entsprechenden Kostenstelle mit Gemeinkosten und damit zu höheren Zuschlagssätzen. Bei Preissenkungen für diese Güter würden dagegen weniger Gemeinkosten anfallen.

3 Beschäftigungsabweichungen

Erhöht sich der Beschäftigungsgrad (= Erhöhung der Produktionsmenge), so ist damit eine entsprechende Erhöhung der variablen Kosten verbunden. Für die **Einzelkosten** (z. B. Materialkosten) wird üblicherweise angenommen, dass sich diese im gleichen Verhältnis verändern wie die Produktionsmenge (proportional variable Kosten). Da sich aber die **Ge-**

meinkosten – anders als die Einzelkosten – sowohl aus fixen als auch aus variablen Bestandteilen zusammensetzen, führt eine Änderung der Produktionsmenge bei diesen Kosten lediglich zu einer Änderung der darin enthaltenen variablen Kosten. Bei der Verwendung von Gemeinkostenzuschlagssätzen wird aber unterstellt, dass sich **alle** Gemeinkosten in gleicher Weise verändern wie die Einzelkosten.

Da sich aber in Wirklichkeit die Gemeinkosten (wegen der darin enthaltenen Fixkosten) langsamer verändern als die Einzelkosten, weichen bei Produktionsmengen, die nicht der Normalbeschäftigung entsprechen, Normal- und Istzuschlagssätze voneinander ab. Bei einer Produktionsausdehnung steigen die Einzelkosten (= Nenner des Bruchs) schneller als die Gemeinkosten (= Zähler des Bruchs), so dass die Istzuschlagssätze sinken. Bei einer Produktionsminderung sinken dagegen die Einzelkosten schneller als die Gemeinkosten, so dass die Istzuschlagssätze steigen.

$$GKZ = \frac{\text{Gemeinkosten (fixe Kosten = konstant; var. Kosten)}}{\text{Einzelkosten = variable Kosten}} \cdot 100$$

Beschäftigungsschwankungen sind daher immer mit Abweichungen der Normalgemeinkosten von den Istgemeinkosten, d. h. mit Kostenüber- oder Kostenunterdeckung verbunden.

Kostenüber- und Kostenunterdeckung bei Beschäftigungsänderung

Für einen Industriebetrieb wird angenommen, dass für die aus fixen und variablen Kosten bestehenden Gemeinkosten der Kostenstelle Material folgende Kostenfunktion gilt:

MGK = 5.000 + 3 x (K_f = 5.000 EUR, k_v = 3 EUR/Stück)
Die Materialkosten (Einzelkosten) betragen 10 EUR/Stück.

MGK: 8.000 EUR	
K_{fix}	K_{var}
5.000 EUR	3.000 EUR

Das Unternehmen berechnet bei einer Produktionsmenge von 1.000 Stück den Zuschlagssatz für die Materialgemeinkosten, der künftig als Normalzuschlagssatz verwendet werden soll:

Materialeinzelkosten (1.000 Stück à 10 EUR/Stück)	10.000 EUR	
Materialgemeinkosten (MGK = 5.000 + 3 · 1.000)	8.000 EUR	(= 80%)
Materialkosten	18.000 EUR	

Ergebnis: Der Normalzuschlagssatz für die Materialgemeinkosten beträgt 80 %.

Beträgt die tatsächliche Produktionsmenge in der nächsten Periode aber beispielsweise 2.000 Stück, ergeben sich auf der Grundlage des ermittelten Normalzuschlagssatzes von 80 % folgende Materialgemeinkosten (Normalkosten):

Materialeinzelkosten (2.000 Stück à 10 EUR/Stück)	20.000 EUR
Materialgemeinkosten 80 % (Normalkosten)	→ 16.000 EUR
Materialkosten auf Normalkostenbasis	36.000 EUR
Tatsächliche Materialgemeinkosten (Istkosten): (MGK= 5.000 + 3 · 2.000)	→ 11.000 EUR

MGK: 11.000 EUR	
K_{fix}	K_{var}
5.000 EUR	6.000 EUR

Ergebnis: Das Unternehmen unterstellt bei der Berechnung der Materialgemeinkosten (Normalkosten), dass sich die Materialgemeinkosten in gleicher Weise verändern wie die Materialeinzelkosten (Proportionalisierung der in den Gemeinkosten enthaltenen fixen Kosten). Daher führt eine Erhöhung der Beschäftigung (höhere Produktionsmenge) dazu, dass zu viele Gemeinkosten (hier: 16.000 EUR statt 11.000 EUR) verrechnet werden **(Überdeckung)**.

Ursache für Kostenabweichungen aufgrund von Beschäftigungsschwankungen ist die bei der Anwendung von Zuschlagssätzen eintretende Proportionalisierung der in den Gemeinkosten enthaltenen fixen Kosten. Es wird so getan, als ob sich diese fixen Kosten proportional zu den Einzelkosten ändern. In Wirklichkeit bleiben die Fixkosten aber konstant.

Eine zunehmende Beschäftigung führt zu einer Überdeckung (Normalgemeinkosten übersteigen die Istgemeinkosten). Ursache: Die in den Gemeinkosten enthaltenen Fixkosten erhöhen sich nicht, so dass die Istgemeinkosten niedriger als die bei der Vorkalkulation mithilfe der Normalzuschlagssätze verrechneten Gemeinkosten sind.

Eine rückläufige Beschäftigung führt zu einer Unterdeckung (Istgemeinkosten übersteigen die Normalgemeinkosten). Ursache: Die in den Gemeinkosten enthaltenen Fixkosten verringern sich nicht, so dass die Istgemeinkosten höher als die bei der Vorkalkulation mithilfe der Normalzuschlagssätze verrechneten Gemeinkosten sind.

Aufg. 5.12.3 und 5.12.4 S. 338

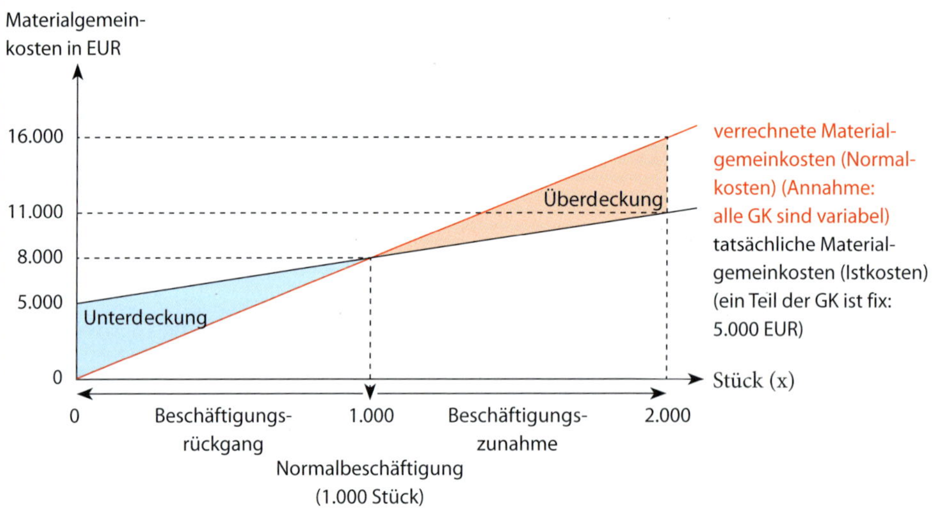

Vergleich Istkostenrechnung – Normalkostenrechnung	
Istkostenrechnung	**Normalkostenrechnung**
■ ermittelt die tatsächlichen Kosten einer abgelaufenen Rechnungsperiode ■ ermöglicht keine Angebotskalkulation, da sich Istkosten auf die Vergangenheit beziehen ■ Kostenkontrolle im Rahmen einer Gesamtkalkulation ist nicht möglich, da Kostenvorgaben fehlen	■ ermittelt die „normalen" Kosten auf der Grundlage von Durchschnittssätzen aus der Vergangenheit ■ Angebotskalkulation erfolgt auf der Grundlage von Normalkosten ■ Vergleich von Ist- und Normalkosten ermöglicht eine Kostenkontrolle

Zusammenfassende Übersicht zu 5.12: Gesamtkalkulation mit Normal- und Istgemeinkostenzuschlagssätzen – Kostenabweichungen

Aufgabe einer Gesamtkalkulation

↓

Gegenüberstellung der in einem bestimmten Zeitraum angefallenen Istkosten mit den Normalkosten

Ziel einer Gesamtkalkulation

↓

Feststellung und Analyse von Abweichungen der Gemeinkosten

Kostenüberdeckung:	**Kostenunterdeckung:**
Normalgemeinkosten > Istgemeinkosten	**Normalgemeinkosten < Istgemeinkosten**

Ursachen

Veränderung der Gemeinkosten durch

Verbrauchs- und Mengenabweichung	**Preisabweichung**	**Beschäftigungsabweichung**
Veränderungen beim Verbrauch von Gütern und Diensten des Gemeinkostenbereichs	Preisänderungen für die zur Leistungserstellung erforderlichen Güter des Gemeinkostenbereichs	Schwankung der Produktionsmenge

WIEDERHOLUNG DES GRUNDWISSENS

5.12 Gesamtkalkulation mit Normal- und Istgemeinkostenzuschlagssätzen – Kostenabweichungen

1. Geben Sie an, welches Ziel mit der Gesamtkalkulation verfolgt wird und beschreiben Sie, wie Kostenabweichungen ermittelt werden.
2. Erklären Sie, was jeweils unter einer Kostenüber- und Kostenunterdeckung zu verstehen ist.
3. Nennen Sie drei mögliche Gründe für eine Abweichung von Normal- und Istkosten.
4. Analysieren Sie, inwiefern eine zunehmende bzw. abnehmende Beschäftigung zu Kostenabweichungen führen kann.

AUFGABEN ZUM ERWERB UND ZUR KONTROLLE VON KOMPETENZEN

5.12 Gesamtkalkulation mit Normal- und Istgemeinkostenzuschlagssätzen – Kostenabweichungen

5.12.1 Normalkalkulation – Istkalkulation

Ein Fertigungsbetrieb für landwirtschaftliche Maschinen kalkuliert mit folgenden Normalzuschlagssätzen:

Materialgemeinkostenzuschlag:	10 %	Fertigungsgemeinkostenzuschlag:	160 %
Verwaltungsgemeinkostenzuschlag:	15 %	Vertriebsgemeinkostenzuschlag:	10 %

EXCEL

Zur Überprüfung dieser Zuschlagssätze werden die Istkosten des letzten Abrechnungszeitraums (Monat Januar) herangezogen:

Fertigungsmaterial	540.000 EUR	Fertigungslöhne	320.000 EUR
Sondereinzelkosten der Fertigung	25.000 EUR	Fertigungsgemeinkosten lt. BAB	532.400 EUR
Materialgemeinkosten lt. BAB	64.200 EUR	Vertriebsgemeinkosten lt. BAB	124.600 EUR
Verwaltungsgemeinkosten lt. BAB	185.000 EUR	Sondereinzelkosten des Vertriebs	18.650 EUR

Ermitteln Sie mithilfe eines Tabellenkalkulationsprogramms oder des vorstrukturierten Arbeitsblatts für den Monat Januar

- die Selbstkosten auf Normal- und auf Istkostenbasis,
- die Kostenüber- bzw. Kostenunterdeckung je Kostenstelle,
- die gesamte Kostenüber- bzw. Kostenunterdeckung.

5.12.2 Kostenabweichungen – Gründe für Abweichungen

PDF

EXCEL

Der Betriebsabrechnungsbogen (BAB) eines Industriebetriebes weist am Ende der Rechnungsperiode folgende Summen auf:

Kostenarten	Kostenstellen			
	Material (EUR)	Fertigung (EUR)	Verwaltung (EUR)	Vertrieb (EUR)
Summe Einzelkosten	168.000	304.000		
Summe Ist-Gemeinkosten	25.000	72.000	48.000	58.000

Das Unternehmen hat bei der Vorkalkulation folgende Normalzuschlagssätze verwendet: Materialgemeinkosten 13 %, Fertigungsgemeinkosten 28 %, Verwaltungsgemeinkosten 8 %, Vertriebsgemeinkosten 9 %.

1. Ermitteln Sie die Kostenüber- bzw. Kostenunterdeckung je Hauptkostenstelle.
2. Nennen Sie für jede der festgestellten Abweichungen mögliche Gründe.

5.12.3 Ermittlung von Kostenabweichungen

Eine Maschinenfabrik arbeitete im 1. Quartal mit Normalbeschäftigung. Sie hatte für den Fertigungsbereich insgesamt 100.000 EUR Einzelkosten und 120.000 EUR Gemeinkosten ermittelt. Es wird angenommen, dass die Einzelkosten in voller Höhe variable Kosten darstellen. Bei den Gemeinkosten handelt es sich dagegen zu 75 % um fixe Kosten. Im 2. Quartal kalkuliert der Betrieb alle Aufträge mit dem Fertigungsgemeinkostenzuschlag des 1. Quartals. Da im 2. Quartal ein Beschäftigungsrückgang um 50 % eintrat, sanken die angefallenen Einzelkosten von 100.000 EUR auf 50.000 EUR.

1. Mit welchem FGKZ hat der Betrieb seine Erzeugnisse im 2. Quartal kalkuliert?
2. Ermitteln sie die Höhe der Kostenabweichung, die sich im vorliegenden Fall aufgrund des Beschäftigungsrückgangs bei den Gemeinkosten ergeben hat.
3. Wie hoch hätte der richtige FGKZ im 2. Quartal sein müssen?

5.12.4 Beschäftigungsabweichungen

Für den Verlauf der Ist-Fertigungsgemeinkosten eines Industriebetriebes gilt folgende Gleichung:

FGK = 6.000 + 4 x (FGK = Fertigungsgemeinkosten, x = Produktionsmenge)

An Fertigungslöhnen fallen in diesem Betrieb 10 EUR/Stück an.

PDF

1. Zeichnen Sie die Kurve der Ist-Gemeinkosten für eine Produktionsmenge von 0 bis 5.000 Stück.
2. Ermitteln Sie den Zuschlagssatz für die Fertigungsgemeinkosten, wenn die derzeitige Produktionsmenge 2.000 Stück beträgt.
3. Zeichnen Sie die Kurve für die verrechneten Gemeinkosten (Normal-Gemeinkosten) unter Verwendung des unter 2. ermittelten Zuschlagssatzes für eine Produktionsmenge von 0 bis 5.000 Stück.
4. Errechnen Sie den Betrag der Kostenabweichung, falls die Produktionsmenge 5.000 Stück beträgt und wenn davon auszugehen ist, dass der in 2. errechnete Zuschlagssatz als Normalzuschlag verwendet wird.
5. Erklären Sie, wie es zu der unter 4. festgestellten Kostenabweichung kommt.

5.13 Fehlentscheidungen bei Anwendung der Zuschlagskalkulation: Falsche Preispolitik

Falsch kalkulierter Angebotspreis

Eine Veränderung des Beschäftigungsgrades führt zu einer Veränderung der Einzelkosten (variable Kosten), die als Grundlage für die Ermittlung der Gemeinkostenzuschlagssätze verwendet werden (z. B. Fertigungsmaterial und Fertigungslöhne). Die Gemeinkosten ändern sich aber bei Beschäftigungsschwankungen wegen der darin enthaltenen **Fixkosten** nicht in gleichem Umfang wie die Einzelkosten. Wird der mit diesen Zuschlagssätzen ermittelte **kalkulierte Angebotspreis** zur Grundlage der Preispolitik gemacht, kommt es zu folgenschweren **Fehlentscheidungen**.

Aufg. 5.13.1 S. 343

LA

Ausgangssituation: Beschäftigungsgrad 75 %

In einer Fahrradfabrik wurden für das vergangene Quartal bei einem Beschäftigungsgrad von 75 % folgende Zuschlagssätze ermittelt.

Einzel- und Gemeinkosten bei einem Beschäftigungsgrad von 75 %			
Fertigungsmaterial	500.000 EUR	Fertigungslöhne	400.000 EUR
Materialgemeinkosten	50.000 EUR	Fertigungsgemeinkosten	800.000 EUR
MGKZ	10 %	FGKZ	200 %
VwGKZ	10 %	VtGKZ	10 %

Für ein hochwertiges City-Bike ergab sich daraus folgende Preiskalkulation:

Fertigungsmaterial	200,00 EUR	
+ Materialgemeinkostenzuschlag 10 %	20,00 EUR	
= Materialkosten		220,00 EUR
Fertigungslöhne	150,00 EUR	
+ Fertigungsgemeinkostenzuschlag 200 %	300,00 EUR	
= Fertigungskosten		450,00 EUR
Herstellkosten		670,00 EUR
+ Verwaltungsgemeinkostenzuschlag 10 %		67,00 EUR
+ Vertriebsgemeinkostenzuschlag 10 %		67,00 EUR
= Selbstkosten		804,00 EUR
+ Gewinnzuschlag 25 %		201,00 EUR
= Listenpreis		1.005,00 EUR

Beschäftigungsrückgang: Zu hoher Angebotspreis

Fall 1: Verringerung des Beschäftigungsgrades auf 60 %

Die Absatzmöglichkeiten haben sich verschlechtert. Der Beschäftigungsgrad ist um 20 % von ursprünglich 75 % (siehe Ausgangssituation) auf 60 % gesunken. Das hat zu einem Rückgang der Einzelkosten (= variable Kosten) um 20 % geführt. Da die Gemeinkosten zum überwiegenden Teil aus fixen Kosten bestehen, haben sich diese nicht in gleichem Umfang, sondern im vorliegenden Fall nur um 5 % verringert. Dadurch haben sich die Zuschlagssätze für die Material- und Fertigungsgemeinkosten wie folgt verändert:

Einzel- und Gemeinkosten bei einem Beschäftigungsgrad von 60 %			
Fertigungsmaterial	400.000 EUR	Fertigungslöhne	320.000 EUR
Materialgemeinkosten	47.500 EUR	Fertigungsgemeinkosten	760.000 EUR
MGKZ	11,875 %	FGKZ	237,5 %

Die Preiskalkulation ändert sich dadurch (bei unveränderten Zuschlagssätzen für Verwaltungsgemeinkosten, Vertriebsgemeinkosten und Gewinn) wie folgt:

Fertigungsmaterial	200,00 EUR	
+ Materialgemeinkostenzuschlag 11,875 %	23,75 EUR	
= Materialkosten		223,75 EUR
Fertigungslöhne	150,00 EUR	
+ Fertigungsgemeinkostenzuschlag 237,5 %	356,25 EUR	
= Fertigungskosten		506,25 EUR
Herstellkosten		730,00 EUR
+ Verwaltungsgemeinkostenzuschlag 10 %		73,00 EUR
+ Vertriebsgemeinkostenzuschlag 10 %		73,00 EUR
= Selbstkosten		876,00 EUR
+ Gewinnzuschlag 25 %		219,00 EUR
= Listenpreis		1.095,00 EUR

Bei Anwendung der durch den Rückgang des Beschäftigungsgrades gestiegenen Zuschlagssätze für Material- und Fertigungsgemeinkosten erhöht sich im vorliegenden Fall der kalkulierte Listenpreis um 90,00 EUR gegenüber der Ausgangssituation. Eine Preiserhöhung wäre aber angesichts des rückläufigen Absatzes genau die falsche Entscheidung. Vielmehr müsste der Preis gesenkt werden, um die Absatzmöglichkeiten zu verbessern. Wie weit der Preis gesenkt werden kann, hängt von der kurzfristigen Preisuntergrenze und damit von der Höhe der variablen Stückkosten (k_v) ab.

Ein Rückgang des Beschäftigungsgrades bewirkt, dass

- die Einzelkosten sinken, da es sich dabei um variable Kosten handelt,
- die Gemeinkosten nur geringfügig oder gar nicht sinken, da diese (überwiegend) aus fixen Kosten bestehen.

Daraus folgt, dass ein **Rückgang des Beschäftigungsgrades** zu einem **Anstieg der Zuschlagssätze** für Material- und Fertigungsgemeinkosten führt.

Der Nenner des Bruchs sinkt stärker als der Zähler.

Ursache: Die in den Gemeinkosten enthaltenen Fixkosten sinken nicht.

Folge: Der Gemeinkostenzuschlagssatz (GKZ) steigt.

GKZ ↑ = [Gemeinkosten (fixe Kosten = konstant | var. Kosten ↓)] / [Einzelkosten = variable Kosten ↓] · 100

Bei Rückgang des Beschäftigungsgrades steigen im Rahmen der Zuschlagskalkulation die Gemeinkostenzuschlagssätze.

Sinkt der Beschäftigungsgrad (= abnehmende Kapazitätsauslastung), so führt eine Preiskalkulation auf der Grundlage der **Zuschlagskalkulation** zu steigenden Selbstkosten und zu einer Erhöhung des kalkulierten Angebotspreises. Die Ursache liegt darin, dass die in den Gemeinkosten enthaltenen Fixkosten unverändert geblieben und die Fixkosten je Stück (k_f) gestiegen sind. Wegen der unveränderten fixen Gemeinkosten ergeben sich höhere Gemeinkostenzuschlagssätze. Ein Unternehmen würde sich aber bei **rückläufiger Produktionsmenge** immer mehr **„aus dem Markt herauskalkulieren“**, wenn es versucht, den erhöhten kalkulierten Angebotspreis auf die Kunden zu überwälzen. Der Absatz geht dann wegen des steigenden Angebotspreises noch weiter zurück.

Die Zuschlagskalkulation ist für preispolitische Entscheidungen bei sinkendem Beschäftigungsgrad (= verringerte Absatzmöglichkeiten) nicht geeignet.

Die Zuschlagskalkulation legt bei sinkendem Beschäftigungsgrad eine Preiserhöhung nahe. Stattdessen ist absatzpolitisch möglicherweise eine Preissenkung sinnvoll. Dafür muss eine Aufteilung der Gesamtkosten in fixe und variable Kosten vorgenommen werden, um die kurzfristige Preisuntergrenze (= Preis, zu dem gerade noch verkauft werden kann) bestimmen zu können.

Beschäftigungserhöhung: Zu niedriger Angebotspreis

Fall 2: Erhöhung des Beschäftigungsgrades auf 90 %

Aufgrund steigender Nachfrage nach Fahrrädern haben sich die Absatzmöglichkeiten verbessert. Der Beschäftigungsgrad ist um 20 % von ursprünglich 75 % (siehe Ausgangssituation) auf 90 % gestiegen. Das hat zu einem Anstieg der Einzelkosten (= variable Kosten) um 20 % geführt. Da die Gemeinkosten zum überwiegenden Teil aus fixen Kosten bestehen, haben sich die Gemeinkosten nicht in gleichem Umfang, sondern im vorliegenden Fall nur um 5 % erhöht. Dadurch haben sich die Zuschlagssätze für die Material- und Fertigungsgemeinkosten wie folgt geändert:

Einzel- und Gemeinkosten bei einem Beschäftigungsgrad von 90 %			
Fertigungsmaterial	600.000 EUR	Fertigungslöhne	480.000 EUR
Materialgemeinkosten	52.500 EUR	Fertigungsgemeinkosten	840.000 EUR
MGKZ	8,75 %	FGKZ	175 %

Die Preiskalkulation ändert sich dadurch (bei unveränderten Zuschlagssätzen für Verwaltungsgemeinkosten, Vertriebsgemeinkosten und Gewinn) wie folgt:

Fertigungsmaterial + Materialgemeinkostenzuschlag 8,75 %	200,00 EUR 17,50 EUR	
= Materialkosten		217,50 EUR
Fertigungslöhne + Fertigungsgemeinkostenzuschlag 175 %	150,00 EUR 262,50 EUR	
= Fertigungskosten		412,50 EUR
Herstellkosten + Verwaltungsgemeinkostenzuschlag 10 % + Vertriebsgemeinkostenzuschlag 10 %		630,00 EUR 63,00 EUR 63,00 EUR
= Selbstkosten + Gewinnzuschlag 25 %		756,00 EUR 189,00 EUR
= Listenpreis		945,00 EUR

Bei Anwendung der durch die Erhöhung des Beschäftigungsgrades gesunkenen Zuschlagssätze für Material- und Fertigungsgemeinkosten verringert sich im vorliegenden Fall der kalkulierte Listenpreis um 60,00 EUR gegenüber der Ausgangssituation. Eine Preissenkung ist aber angesichts der ohnehin bereits verbesserten Absatzmöglichkeiten nicht nötig. Vielmehr lässt sich möglicherweise eine Preiserhöhung am Markt durchsetzen.

! Bei Erhöhung des Beschäftigungsgrades sinken im Rahmen der Zuschlagskalkulation die Gemeinkostenzuschlagssätze.

Steigt der Beschäftigungsgrad (= zunehmende Kapazitätsauslastung), so führt eine Preiskalkulation auf der Grundlage der **Zuschlagskalkulation** zu sinkenden Selbstkosten und zu einem Sinken des kalkulierten Angebotspreises. Die Ursache liegt darin, dass die in den Gemeinkosten enthaltenen Fixkosten unverändert geblieben und die Fixkosten je Stück (k_f) gesunken sind **(Fixkostendegression)**. Wegen der unveränderten fixen Gemeinkosten ergeben sich niedrigere Gemeinkostenzuschlagssätze. Ein Unternehmen würde sich bei **zunehmender Produktionsmenge** immer mehr **„in den Markt hineinkalkulieren"**, wenn es den verringerten kalkulierten Angebotspreis an die Kunden weitergibt. Der Absatz steigt dann wegen des sinkenden Angebotspreises noch mehr.

! Die Zuschlagskalkulation ist für preispolitische Entscheidungen bei steigendem Beschäftigungsgrad (= verbesserte Absatzmöglichkeiten) nicht geeignet.

Aufg. 5.13.2 S. 344

Preispolitische Fehlentscheidungen auf der Grundlage der Zuschlagskalkulation

Beschäftigungsgrad/ Absatzsituation	Preispolitik auf der Basis der Vollkostenrechnung	sinnvolle Preispolitik aufgrund der Absatzsituation
abnehmender Beschäftigungsgrad (= verschlechterte Absatzmöglichkeiten)	Preiserhöhung wegen gestiegener kalkulierter Selbstkosten und höherem Angebotspreis	Preissenkung zur Erhöhung des Absatzes
zunehmender Beschäftigungsgrad (= verbesserte Absatzmöglichkeiten)	Preissenkung wegen gesunkener kalkulierter Selbstkosten und niedrigerem Angebotspreis	Preiserhöhung zur Verbesserung des Betriebsergebnisses (höherer Gewinn).

Zusammenfassende Übersicht zu 5.13:
Fehlentscheidungen bei Anwendung der Zuschlagskalkulation: Falsche Preispolitik

Fehlentscheidungen bei der Preispolitik

↓

Schwankender Beschäftigungsgrad
(= unterschiedliche Kapazitätsausnutzung durch unterschiedliche Produktionsmengen)

↓

fehlende Aufteilung der Kosten in fixe und variable Bestandteile (Vollkostenrechnung)

abnehmender Beschäftigungsgrad

- fixe Kosten verteilen sich auf **geringere** Produktionsmenge
- Zuschlagssätze steigen
- kalkulierte Selbstkosten und kalkulierter Verkaufspreis steigen

Unternehmen kalkuliert sich „aus dem Markt heraus".

zunehmender Beschäftigungsgrad

- fixe Kosten verteilen sich auf eine **größere** Produktionsmenge
- Zuschlagssätze sinken
- kalkulierte Selbstkosten und kalkulierter Verkaufspreis sinken

Unternehmen kalkuliert sich „in den Markt hinein".
Fehlentscheidungen bei Bereinigung des Produktionsprogramms
Entscheidungskriterium für Sortimentsbereinigung: Deckung der variablen Stückkosten durch den Verkaufspreis (= Deckungsbeitrag) und nicht Höhe der Selbstkosten

WIEDERHOLUNG DES GRUNDWISSENS

5.13 Fehlentscheidungen bei Anwendung der Zuschlagskalkulation: Falsche Preispolitik

1. Erklären Sie, wie sich Veränderungen des Beschäftigungsgrades auf die Gemeinkostenzuschlagssätze auswirken.
2. Begründen Sie, warum sich ein Unternehmen bei Anwendung der Vollkostenrechnung bei rückläufiger Beschäftigung aus dem Markt „heraus"- und bei zunehmender Beschäftigung in den Markt „hineinkalkuliert".

AUFGABEN ZUM ERWERB UND ZUR KONTROLLE VON KOMPETENZEN

5.13 Fehlentscheidungen bei Anwendung der Zuschlagskalkulation: Falsche Preispolitik

5.13.1 Auswirkungen von Beschäftigungsänderungen auf die Preiskalkulation: Zuschlagskalkulation

Bei einer Schraubenfabrik wurden für das **dritte Quartal** d. J. im Rahmen einer Gesamtkalkulation folgende Ist-Zuschlagssätze ermittelt: PDF LA

Fertigungsmaterial		340.000 EUR	
+ Materialgemeinkosten	20 %	68.000 EUR	
= Materialkosten			408.000 EUR
Fertigungslöhne		480.000 EUR	
+ Fertigungsgemeinkosten	25 %	120.000 EUR	
= Fertigungskosten			600.000 EUR

Herstellkosten			1.008.000 EUR
+ Verwaltungs- und Vertriebsgemeinkosten (zusammen)	10 %		100.800 EUR
Selbstkosten			1.108.800 EUR

Ein Hersteller von Gasgrillgeräten hat zu Beginn des **vierten Quartals** einen Auftrag über die Lieferung von links drehenden Spezialschrauben unter der Bedingung erteilt, dass er für diesen Auftrag nicht mehr als 14.500 EUR bezahlen muss. Freie Produktionskapazitäten sind in ausreichendem Maße vorhanden. Für diesen Auftrag ist von folgenden Einzelkosten auszugehen:

Fertigungsmaterial: 3.800 EUR Fertigungslöhne: 6.400 EUR

1. Ermitteln Sie die voraussichtlichen Selbstkosten für den Auftrag, wenn der Angebotskalkulation die Gemeinkostenzuschläge aus dem **dritten Quartal** zugrunde gelegt werden (= Vorkalkulation) und begründen Sie, ob die Schrauben zu dem vom Kunden geforderten Preis verkauft werden sollen.
2. Wegen Absatzschwierigkeiten musste die Produktion bei allen Schraubensorten im **vierten Quartal** gegenüber dem **dritten Quartal** um 30 % verringert werden. Es ist davon auszugehen, dass die Einzelkosten in vollem Umfang variable Kosten darstellen, während sich die Gemeinkosten zu einem erheblichen Teil aus fixen und zu einem geringen Teil aus variablen Kosten zusammensetzen.
   a) Begründen Sie anhand von selbst gewählten Beispielen, weshalb sich Einzel- und Gemeinkosten bei rückläufiger Beschäftigung jeweils unterschiedlich verhalten.
   b) Begründen Sie, ob aufgrund des Beschäftigungsrückgangs die Zuschlagssätze für die Istgemeinkosten des 4. Quartals gegenüber dem 3. Quartal gesunken oder gestiegen sind.
   c) Die Nachkalkulation für das **4. Quartal** hat zu folgenden Ergebnissen geführt:
      - FM: 238.000 EUR
      - MGK: 61.880 EUR
      - FL: 336.000 EUR
      - FGK: 110.880 EUR
      - Vw/VtGK: 93.345 EUR

      – Ermitteln Sie die Ist-Zuschlagssätze für das 4. Quartal und vergleichen Sie diese mit denen für das 3. Quartal (vgl. Ausgangsituation).

      – Ermitteln Sie unter Verwendung der Ist-Zuschlagssätze für das 4. Quartal die tatsächlichen entstandenen Selbstkosten (Ist-Kosten) für den Auftrag und vergleichen Sie diese mit dem Verkaufserlös. Entscheiden Sie, ob aus kostenrechnerischer Sicht die Schrauben zu dem vom Kunden geforderten Preis hätten verkauft werden sollen (vgl. Aufg. 1)
3. Begründen Sie ausführlich, worauf der Unterschied zwischen der Vor- und Nachkalkulation des Auftrages (Aufg. 1 und 2c) zurückzuführen ist.
4. Angenommen, das Unternehmen bietet alle seine Schrauben künftig zu Preisen an, die auf den neuen Zuschlagssätzen und Selbstkosten des vierten Quartals basieren. Beurteilen Sie ob sich durch diese Preisänderung die Beschäftigungslage des Betriebs verbessern lässt.

5.13.2 Stückkosten, Kalkulation des Verkaufspreises bei rückläufiger Beschäftigung

Die Metall-GmbH stellt u. a. eine bestimmte Art von Drehteilen her. Aufgrund der vorhandenen Kapazität ist eine Monatsproduktion von 21.000 Stück möglich. Im laufenden Monat beträgt die Kapazitätsauslastung 85 %. Bei dieser Kapazitätsauslastung entstehen Gesamtkosten in Höhe von 58.294,50 EUR. Bei der im Vormonat festgestellten Kapazitätsauslastung von 80 % beliefen sich die Gesamtkosten auf 57.486,00 EUR.

1. Berechnen Sie die Stückkosten für jeden der beiden Beschäftigungsgrade.
2. Zu welchen Problemen in der Preispolitik führt es, wenn die Kosten bei schwankenden Beschäftigungsgraden ermittelt werden?

5.14 Kritik an der Vollkostenrechnung in Form der Zuschlagskalkulation

Die Vollkostenrechnung in Form der Zuschlagskalkulation hat u. a. folgenden Aufgaben:

- Verursachungsgerechte Verteilung der Gemeinkosten auf die Kostenträger
- Ermittlung des Angebotspreises
- Kostenkontrolle

Diese Aufgaben kann die Vollkostenrechnung in Form der Zuschlagskalkulation nur eingeschränkt lösen. Nachstehende Übersicht enthält die wesentlichen Kritikpunkte:

Kritik an der Vollkostenrechnung in Form der Zuschlagskalkulation

- Eine verursachungsgerechte Verteilung bestimmter Gemeinkosten auf die Kostenstellen ist nicht möglich (z. B. Kostenstellengemeinkosten).
- Die bei der Ermittlung der Zuschlagssätze unterstellte Abhängigkeit der Gemeinkosten von den Einzel- bzw. den Herstellkosten trifft häufig nicht zu (z. B. unterstellte Abhängigkeit der Verwaltungsgemeinkosten von den Herstellkosten). Daher ist die Zurechnung der Gemeinkosten auf die Kostenträger mithilfe von Zuschlagssätzen nicht immer verursachungsgerecht.
- Eine verursachungsgerechte Zurechnung der Gemeinkosten auf die Kostenträger mithilfe von Zuschlagssätzen ist insbesondere dann problematisch, wenn die Gemeinkosten im Verhältnis zu den Einzelkosten sehr hoch (und daher die Zuschlagssätze ebenfalls sehr hoch) sind.

  Lösung: Prozesskostenrechnung
- Werden dieselben Zuschlagssätze bei unterschiedlichen Beschäftigungsgraden angewandt, wird unterstellt, dass sich nicht nur die variablen Gemeinkosten, sondern auch die fixen Gemeinkosten proportional zur Zuschlagsgrundlage (Einzel- bzw. Herstellkosten) verändern. Dieser Fehler (Proportionalisierung der Fixkosten) führt bei Beschäftigungsänderungen zu Abweichungen zwischen Vor- und Nachkalkulation (Kostenüber-/Kostenunterdeckung).
- Bei Beschäftigungsschwankungen kommt es zu einer nicht marktgerechten Preisgestaltung. Bei abnehmender Beschäftigung steigen die Zuschlagssätze wegen der in den Gemeinkosten enthaltenen Fixkosten. Das führt zu einer Erhöhung der kalkulierten Angebotspreise, obwohl die Marktsituation eher eine Preissenkung erforderlich machen würde. Der umgekehrte Zusammenhang gilt für eine Zunahme der Beschäftigung.

  Lösung: Deckungsbeitragsrechnung (vgl. Lernbereich 6)

FRAGEN ZUR WIEDERHOLUNG

5.14 Kritik an der Vollkostenrechnung in Form der Zuschlagskalkulation

1. Nennen Sie die wesentlichen Kritikpunkte an der Vollkostenrechnung in Form der Zuschlagskalkulation.
2. „Das Hauptproblem der Zuschlagskalkulation besteht in der Wahl einer geeigneten Zuschlagsgrundlage.“ Erläutern Sie diese Aussage.
3. Erläutern Sie den Kritikpunkt „Proportionalisierung der Fixkosten“.

Selbsteinschätzung zum Kompetenzerwerb zu Lernbereich 5:

Mithilfe der Vollkostenrechnung Angebotspreise und Betriebsergebnis ermitteln		
Nr.	**Kompetenzerwartung** **Ich kann …**	**Noch Probleme? Kompetenzerwerb durch Bearbeitung folgender Kapitel und Aufgaben im Buch …**
1	... die in einem Betrieb anfallenden Kosten in Abhängigkeit vom Beschäftigungsgrad unterscheiden.	Kap. 5.3 Aufgaben 5.3.1 bis 5.3.3
2	... die Abweichungen zwischen Kosten und Aufwendungen einerseits sowie Leistungen und Erträgen andererseits untersuchen, um daraus die unterschiedlichen Zielsetzungen zwischen Betriebsergebnis und Gesamtergebnis ableiten.	Kap. 5.4 und 5.5 Aufgaben 5.4.1 bis 5.4.4 und 5.5.1 bis 5.5.3
3	... die Gemeinkosten mithilfe des Betriebsabrechnungsbogens auf die Kostenstellen verteilen. ... die Zuschlagssätze ermitteln und mit deren Hilfe die Gemeinkosten den Kostenträgern anteilig zurechnen.	Kap. 5.6 und 5.7 Aufgaben 5.6.1 und 5.6.2, 5.7.2.1, 5.7.3.1 bis 5.7.3.3, 5.7.4.1 und 5.7.4.2, 5.7.5.1 und 5.7.5.2,
4	... mithilfe der Kostenträgerzeitrechnung den kalkulierten und den tatsächlichen Erfolg des Betriebes ermitteln.	Kap. 5.8 und 5.9 Aufgaben 5.8.1 und 5.9.1
5	... den Maschinenstundensatz unter Berücksichtigung kalkulatorischer Kosten berechnen und so eine verursachungsgerechtere Kostenverrechnung im Fertigungsbereich gewährleisten. ... den Angebotspreis, der die Selbstkosten des Kostenträgers deckt und den Gewinn sowie die Vertriebskonditionen berücksichtigt, kalkulieren und dabei unterschiedliche betriebswirtschaftliche Zielsetzungen berücksichtigen.	Kap. 5.10 Aufgaben 5.10.1 bis 5.10.9
6	... die Selbstkosten je Stück mit Istgemeinkostenzuschlagssätzen ermitteln, die Auswirkungen bei Kostenabweichungen analysieren und mögliche Ursachen diskutieren.	Kap. 5.11 und 5.12 Aufgaben 5.11.1 und 5.11.2, 5.12.1 bis 5.12.4
7	... die Mängel der Vollkostenrechnung aufdecken, um marktorientierte Entscheidungen vorzubereiten.	Kap. 5.13 und 5.14 Aufgaben 5.13.1 und 5.13.2

6 Kostenrechnung: Teilkostenrechnung in Form der Deckungsbeitragsrechnung[1]

Kompetenzerwartungen und Gliederung zum Lernbereich 6

Lernbereich 6: Entscheidungen mithilfe der Teilkostenrechnung vorbereiten und begründet treffen
Kapitel 6: Kostenrechnung: Teilkostenrechnung in Form der Deckungsbeitragsrechnung

Kompetenzen:
- *Den Deckungsbeitrag für einzelne Produkte berechnen …*

6.1 Deckungsbeitragsrechnung als Stückrechnung

6.2 Ergebnisermittlung mithilfe der Deckungsbeitragsrechnung

Kompetenzen:
- *Kosten in Abhängigkeit von der Beschäftigung zerlegen*
- *Die Gewinnschwellenmenge ermitteln und die Einflussgrößen identifizieren*
- *Die Auswirkungen von Änderungen der Einflussgrößen berechnen und deren Ursachen differenzieren*

6.3 Auflösung der Gesamtkosten in fixe und variable Kosten

6.4 Mindestabsatz zur Deckung der Fixkosten: Gewinnschwelle

Kompetenzen:
- *Kurz- und langfristige Preisuntergrenze für Produkte festlegen*
- *Anhand des Deckungsbeitrags Entscheidungen über die Sortimentsgestaltung treffen*
- *In Abhängigkeit von Kapazitätsauslastung und Deckungsbeitrag über die Annahme von Zusatzaufträgen entscheiden*

6.5 Kurzfristige und langfristige Preisuntergrenze

6.6 Anwendung der Deckungsbeitragsrechnung bei Produktions- und Absatzentscheidungen

Kompetenzen:
- *Anhand quantitativer und qualitativer Kriterien über Eigenfertigung und Fremdbezug von Erzeugnissen entscheiden*

6.7 Entscheidung über Eigenfertigung oder Fremdbezug: Make or Buy

Kompetenzen:
- *Mithilfe der mehrstufigen Deckungsbeitragsrechnung über die Förderung und die Einstellung von Produkten entscheiden*

6.8 Mehrstufige Deckungsbeitragsrechnung

Kompetenzen:
- *Das optimale Produktionsprogramm bei Vorliegen eines Engpasses bestimmen*

6.9 Optimales Produktionsprogramm in Engpasssituationen: Relative Deckungsbeitragsrechnung

Kompetenzen:
- *Zur Vorbereitung betrieblicher Entscheidungen verschiedene Verfahren der Kostenrechnung in Kenntnis ihrer Vor- und Nachteile nutzen*

6.10 Vollkostenrechnung und Teilkostenrechnung: Vergleichende Übersicht

1 Neben der Deckungsbeitragsrechnung gibt es noch weitere Teilkostenrechnungssysteme. Diese sind jedoch nicht Gegenstand des Lehrplans.

6.1 Deckungsbeitragsrechnung als Stückrechnung

Unterschied zwischen Voll- und Teilkostenrechnung

> **!** **Im Rahmen der Vollkostenrechnung wird zwischen Einzel- und Gemeinkosten unterschieden. Bei der Vollkostenrechnung werden sämtliche Kosten auf die Kostenträger verrechnet.**

Die **Deckungsbeitragsrechnung** als eine Form der **Teilkostenrechnung** gliedert die Kosten in deren fixe und variable Bestandteile. Nur die variablen Kosten werden den einzelnen Produkten (Kostenträgern) zugerechnet. Die **fixen Kosten** fallen dagegen unabhängig von der Produktionsmenge in gleich bleibender Höhe an. Sie stellen Kosten der Betriebsbereitschaft dar und können bei einem Mehrproduktunternehmen nicht verursachungsgerecht auf die einzelnen Kostenträger verteilt werden.

> **!** **Bei der Deckungsbeitragsrechnung werden nur die variablen Kosten den einzelnen Produkten (Kostenträgern) zugerechnet, da sich nur diese Kosten bei unterschiedlichen Produktionsmengen ändern.**

Deckungsbeitrag

In diesem Kostenrechnungssystem spielen **Deckungsbeiträge** eine zentrale Rolle. Der **Deckungsbeitrag je Stück** (db) wird berechnet, indem vom Preis eines Produktes dessen variable Stückkosten abgezogen werden.

> **!**
> **Nettoverkaufspreis je Stück (p)**
> **– variable Kosten je Stück (k_v)**
> **= Deckungsbeitrag je Stück (db)**

Deckungsbeitragsrechnung einer Fahrradfabrik

Ein Fahrradhersteller produziert Rennräder und Mountainbikes. Aus Wettbewerbsgründen ist er gezwungen, den Barverkaufspreis je Stück, zu dem er die Mountainbikes dem Großhandel anbietet, von 550,00 EUR auf 500,00 EUR zu senken. Die variablen Kosten betragen 300,00 EUR. Kann die Produktion zu den gegebenen Bedingungen zumindest vorübergehend aufrechterhalten werden?

Berechnung des Deckungsbeitrags pro Stück (db)

	Barverkaufspreis (Nettoverkaufspreis)	500,00 EUR
–	variable Kosten	300,00 EUR
=	**Deckungsbeitrag (db)**	**200,00 EUR**

Grafische Darstellung

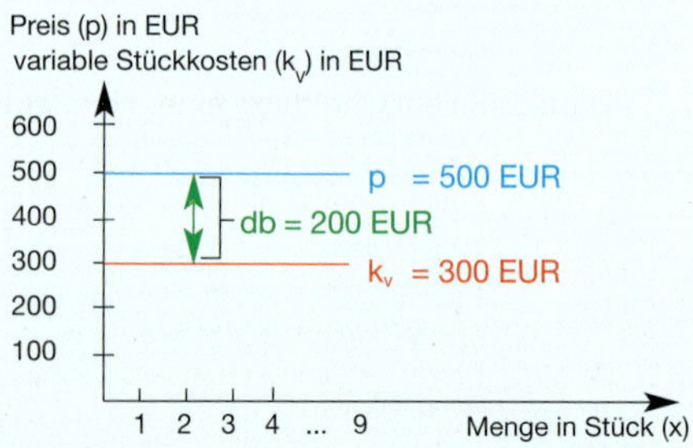

Aufg. 6.1.1 S. 349

Ergebnis: Der Verkaufspreis eines Stücks (p) übersteigt die variablen Stückkosten (k_v) um 200 EUR (= Deckungsbeitrag db). Damit leistet jedes einzelne verkaufte Stück einen Beitrag zur Deckung der auch ohne Produktion anfallenden fixen Kosten in Höhe von 200 EUR. Demnach kann – zumindest kurzfristig – die Produktion aufrechterhalten werden. Wenn dagegen die Produktion ganz eingestellt wird, entfällt dieser Deckungsbeitrag und es entsteht ein Verlust in Höhe der Fixkosten.

! In Höhe des Deckungsbeitrags leistet das Produkt einen Beitrag zur Deckung der ohnehin anfallenden fixen Kosten eines Unternehmens.

Zusammenfassende Übersicht zu 6.1: Deckungsbeitragsrechnung als Stückrechnung

Deckungsbeitragsrechnung (= Form der Teilkostenrechnung)

↓

Aufteilung der Kosten in deren fixe und variable Bestandteile

↓

Verrechnung der variablen Kosten auf die Kostenträger

Deckungsbeitragsrechnung als Stückrechnung:

	Nettoverkaufspreis je Stück (p)
–	variable Kosten je Stück (k_v)
=	Deckungsbeitrag je Stück (db)

WIEDERHOLUNG DES GRUNDWISSENS

6.1 Deckungsbeitragsrechnung als Stückrechnung

1. Arbeiten Sie die Unterschiede zwischen der Voll- und der Teilkostenrechnung nach den Kriterien der Zielsetzung der Kostenverrechnung heraus.
2. Begründen Sie, weshalb in der Teilkostenrechnung die fixen Kosten nicht den Kostenträgern zugerechnet werden.
3. Entscheiden Sie, welcher Stückdeckungsbeitrag im Normalfall zu einer Ablehnung eines Auftrags führen wird.

AUFGABEN ZUM ERWERB UND ZUR KONTROLLE VON KOMPETENZEN

6.1 Deckungsbeitragsrechnung als Stückrechnung

6.1.1 Produktionsentscheidung eines Herstellers von Garagentoren

Ein Hersteller von Garagentoren produziert monatlich 500 Tore. Dafür fallen 50.000 EUR Fixkosten an. Die variablen Stückkosten betragen 650 EUR.

1. Berechnen Sie die Selbstkosten pro Garagentor.
2. Aus Wettbewerbsgründen kann der Hersteller derzeit die Tore nur zu folgenden Bedingungen an den Handel verkaufen: Listenverkaufspreis (ohne Umsatzsteuer): 800,00 EUR.
   Es muss außerdem ein Kundenrabatt von 10 % und ein Skonto von 2 %, der regelmäßig in Anspruch genommen wird, gewährt werden.
   Ermitteln Sie den Barverkaufspreis (Nettoverkaufspreis) und entscheiden Sie, ob unter diesen Bedingungen die Tore weiterproduziert werden sollen.
3. Welcher Rabatt (in EUR und in %) kann höchstens gewährt werden, wenn davon auszugehen ist, dass der Verkaufspreis mindestens die variablen Kosten decken muss?

6.2 Ergebnisermittlung mithilfe der Deckungsbeitragsrechnung

Ergebnisermittlung mithilfe der Deckungsbeitragsrechnung in einer Fahrradfabrik

Einem Hersteller von Fahrrädern (s. S. 348) liegen für das zweite Quartal folgende Daten vor:

Ausgangssituation:

	Mountainbikes	Rennräder
Produktions- und Absatzmenge (x)	6.000 Stück	4.000 Stück
Barverkaufspreis je Stück (p)	500,00 EUR	700,00 EUR
Variable Kosten je Stück (k_v)	300,00 EUR	480,00 EUR
Gesamte fixe Kosten des Betriebes für das zweite Quartal (K_f)	1.280.000 EUR	

Berechnung des Betriebsergebnisses mithilfe der Deckungsbeitragsrechnung:

	Mountainbikes	Rennräder
Stückpreis (p) · Menge (x) = Erlöse (E)	500 · 6.000 = 3.000.000 EUR	700 · 4.000 = 2.800.000 EUR
– variable Kosten (K_V) = $k_v \cdot x$	– 300 · 6.000 = 1.800.000 EUR	– 480 · 4.000 = 1.920.000 EUR
= Gesamtdeckungsbeitrag (DB) = db · x	200 · 6.000 = 1.200.000 EUR	220 · 4.000 = 880.000 EUR
	2.080.000 EUR	
– Gesamte fixe Kosten des Betriebes (K_f)	– 1.280.000 EUR	
= Betriebsgewinn	800.000 EUR	

Ergebnis: Das Produkt Mountainbike leistet einen Beitrag zur Deckung der gesamten fixen Kosten des Betriebes in Höhe von 1.200.000 EUR. Das Produkt Rennräder leistet einen Deckungsbeitrag in Höhe von 880.000 EUR. Da die Gesamtdeckungsbeiträge der beiden Produkte (2.080.000 EUR) die fixen Kosten des Betriebes (1.280.000 EUR) um 800.000 EUR übersteigen, entsteht in dieser Höhe ein Betriebsgewinn.

Zur Ermittlung des **Betriebsergebnisses** auf der Grundlage einer Deckungsbeitragsrechnung müssen die gesamten fixen Kosten des Betriebes von der Summe der Deckungsbeiträge abgezogen werden.

!

Ermittlung des Betriebsergebnisses mithilfe der Deckungsbeitragsrechnung:

Erlöse (E)
– gesamte variable Kosten (K_v)
= Deckungsbeiträge (Gesamtdeckungsbeitrag DB)
– fixe Kosten des gesamten Betriebes (K_f)
= Betriebsergebnis

Aufg. 6.2.1 S. 351

Zusammenhang von Umsatzerlösen, Gesamtdeckungsbeitrag und Betriebsergebnis

Erlöse (E) = $p_1 \cdot x_1 + p_2 \cdot x_2 + p_3 \cdot x_3 \ldots\ldots\ldots + p_n \cdot x_n$

p_1 = Preis Gut_1
x_1 = Menge Gut_1

5.800.000 EUR

variable Gesamtkosten	Gesamtdeckungsbeitrag (DB) =	
($K_v = x_1 \cdot k_{v1} + x_2 \cdot k_{v2} \ldots + x_n \cdot k_{vn}$)	$db_1 \cdot x_1 + db_2 \cdot x_2 \ldots + db_n \cdot x_n$) (Summe aller Produktdeckungsbeiträge)	
3.720.000 EUR	**2.080.000** EUR	
	gesamte fixe Kosten (K_f)	Betriebsergebnis $G = E - K_v - K_f$
	1.280.000 EUR	**800.000 EUR**

Zusammenfassende Übersicht zu 6.2: Ergebnisermittlung mithilfe der Deckungsbeitragsrechnung

Betriebsergebnis = Erlöse (E) – gesamte variable Kosten (K_v) – gesamte fixe Kosten (K_f)

↓

Betriebsergebnis = Gesamtdeckungsbeitrag (DB) – gesamte fixe Kosten (K_f)

WIEDERHOLUNG DES GRUNDWISSENS

6.2 Ergebnisermittlung mithilfe der Deckungsbeitragsrechnung

1. Erläutern Sie, wie auf der Grundlage einer Deckungsbeitragsrechnung das Betriebsergebnis ermittelt wird.
2. Erläutern Sie den Zusammenhang zwischen Umsatzerlösen, Gesamtdeckungsbeitrag und Betriebsergebnis.

AUFGABEN ZUM ERWERB UND ZUR KONTROLLE VON KOMPETENZEN

6.2 Ergebnisermittlung mithilfe der Deckungsbeitragsrechnung

6.2.1 Deckungsbeitrag und Betriebsergebnis

Eine Schuhfabrik produziert u. a. fünf Schuhmodelle, für die die folgenden Daten vorliegen:

Nr.	Modell	Geplante Absatzmenge pro Monat	Stückpreis (EUR)	Variable Stückkosten (EUR)
1	A	420	40	18
2	B	900	20	10
3	C	200	38	28
4	D	600	28	15
5	E	350	30	18

Die monatlichen Fixkosten betragen 20.000 EUR.

1. Ermitteln Sie den Deckungsbeitrag und das Betriebsergebnis (Gewinn/Verlust), wenn die geplanten Mengen tatsächlich abgesetzt werden können.

2. Die Geschäftsleitung überlegt, das Produktionsprogramm auf drei Modelle zu begrenzen.
   a) Welche beiden Modelle sollten für diesen Fall aus dem Produktionsprogramm gestrichen werden? Begründen Sie Ihre Entscheidung.
   b) Ermitteln Sie den sich nach dieser Entscheidung ergebenden Deckungsbeitrag sowie das Betriebsergebnis.
3. Bei allen drei verbleibenden Modellen besteht genügend Nachfrage, so dass auch erhöhte Produktionsmengen abgesetzt werden könnten. Die durch die Bereinigung des Produktionsprogramms frei werdenden Kapazitäten sollen für die Produktionsausdehnung bei einem der verbleibenden Modelle genutzt werden.
   a) Bei welchem Modell soll die Produktionsmenge ausgedehnt werden?
   b) Ermitteln Sie den sich nach dieser Entscheidung ergebenden Deckungsbeitrag sowie das Betriebsergebnis, wenn die zusätzliche Produktions- und Absatzmenge bei diesem Modell *(vgl. a)* 550 Paar Schuhe beträgt.

6.3 Auflösung der Gesamtkosten in fixe und variable Kosten

Einige Kostenarten sind in vollem Umfang variabel (z. B. Materialkosten), andere hingegen sind in vollem Umfang fix (z. B. Miete). Zur rechnerischen Bestimmung der Höhe der fixen und variablen Kosten eines Unternehmens werden zunächst die Kosten ermittelt, die für zwei unterschiedliche Produktionsmengen entstanden sind. Dabei wird unterstellt, dass die variablen Kosten je Stück (k_v) unverändert bleiben. Das bedeutet, dass sich bei einer Änderung der Produktion die variablen Gesamtkosten (K_v) im gleichen Verhältnis verändern wie die Ausbringungsmenge (proportionaler Verlauf der Gesamtkosten).

Bei den Kosten, die bei einer Produktionserhöhung steigen, kann es sich nur um variable Kosten handeln, da die fixen Kosten auf eine Veränderung der Produktionsmenge nicht reagieren. Aus der Differenz der Kosten und der beiden Produktionsmengen lassen sich die variablen Kosten pro Produktionseinheit und damit auch die fixen Kosten bestimmen:

Kostenauflösung

Eine Produktionserhöhung von 500 Stück auf 800 Stück hat nebenstehende Kostenerhöhung bewirkt:

Produktionsmenge	Kosten
500 Stück	12.000 EUR
800 Stück	15.000 EUR

Variable Kosten pro Stück (k_v) =

$$\frac{15.000 - 12.000}{800 - 500} = 10 \text{ EUR/Stück}$$

Je Stück sind somit 10 EUR variable Kosten entstanden.

Fixe Gesamtkosten (K_f) =
12.000 EUR – (10 EUR/Stück · 500 Stück) = 7.000 EUR **oder**
15.000 EUR – (10 EUR/Stück · 800 Stück) = 7.000 EUR

Grafische Darstellung:

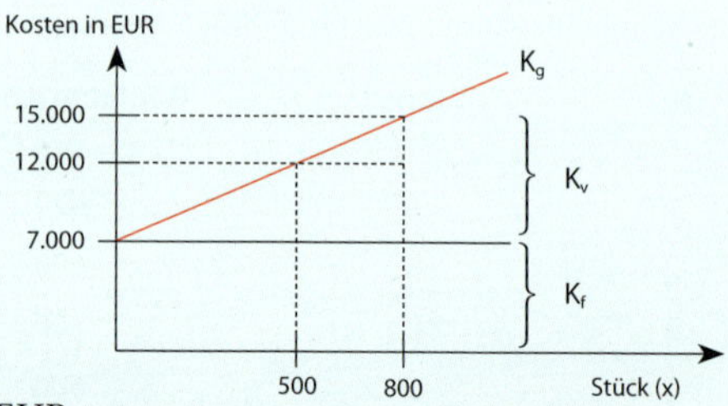

Kostenfunktion:
$K_g = K_f + k_v \cdot x$
$K_g = 7.000 + 10\,x$

Ergebnis:
Erhöht das Unternehmen seine Produktionsmenge, so verändern sich die Gesamtkosten um 10 EUR/Stück.

Sind die fixen Gesamtkosten und die variablen Kosten pro Stück bekannt, so lässt sich errechnen, welche Kosten für eine bestimmte Produktionsmenge voraussichtlich entstehen.

Formeln zur Kostenauflösung:

!

$$\text{Variable Kosten pro Stück} = \frac{\text{Kostenzunahme}}{\text{Produktionszunahme}}$$

$$k_v = \frac{K_2 - K_1}{X_2 - X_1}$$

!

$$\text{Variable Gesamtkosten} = \text{variable Kosten pro Stück} \cdot \text{Produktionsmenge}$$

$$K_v = k_v \cdot x$$

Aufg. 6.3.1 S. 354

!

$$\text{Fixe Gesamtkosten} = \text{Gesamtkosten} - \text{variable Gesamtkosten}$$

$$K_f = K_g - K_v$$

Zusammenfassende Übersicht zu 6.3: Auflösung der Gesamtkosten in fixe und variable Kosten

Kostenauflösung
(= Aufspaltung der Gesamtkosten in deren fixe und variable Bestandteile)

↓

Verfahren

↓

1. Ermittlung der Gesamtkosten für zwei Beschäftigungsgrade
2. Berechnungen:

$$\text{Variable Kosten pro Stück} = \frac{\text{Kostenzunahme}}{\text{Produktionszunahme}}$$

$$k_v = \frac{K_2 - K_1}{X_2 - X_1}$$

$$\text{Variable Gesamtkosten} = \text{variable Kosten pro Stück} \cdot \text{Produktionsmenge}$$

$$K_v = k_v \cdot x$$

$$\text{Fixe Gesamtkosten} = \text{Gesamtkosten} - \text{variable Gesamtkosten}$$

$$K_f = K_g - K_v$$

WIEDERHOLUNG DES GRUNDWISSENS

6.3 Auflösung der Gesamtkosten in fixe und variable Kosten

1. Erläutern Sie den Begriff „Kostenauflösung“.
2. Beschreiben Sie das Verfahren der rechnerischen Kostenauflösung.

AUFGABEN ZUM ERWERB UND ZUR KONTROLLE VON KOMPETENZEN

6.3 Auflösung der Gesamtkosten in fixe und variable Kosten

6.3.1 Kostenauflösung in einer Farbenfabrik

In einer Farbenfabrik wurden für die Monate März und April d. J. folgende Zahlen festgestellt:

Monat	Produzierte Menge (t)	Gesamtkosten (K) in EUR
März	6.000	1.200.000
April	9.000	1.650.000

1. Berechnen Sie die Höhe der fixen Kosten, wenn davon auszugehen ist, dass die variablen Kosten je Stück (k_v) unverändert bleiben.
2. Stellen Sie die Kostenfunktion auf.
3. Berechnen Sie, welche Kosten im Monat Mai voraussichtlich entstehen werden, wenn geplant ist, in diesem Monat 5.000 t Farbe zu produzieren?

6.4 Mindestabsatz zur Deckung der Fixkosten: Gewinnschwelle

Langfristig muss jedes Unternehmen seine **gesamten Kosten** decken, wenn es am Markt bestehen will. Da aber bei der Deckungsbeitragsrechnung den Produkten nur variable Kosten zugerechnet werden, ergibt sich zwangsläufig die Frage, welche Absatzmenge mindestens erreicht werden muss, damit auch die fixen Kosten gedeckt sind.

Die Menge, bei der die Erlöse alle Kosten decken, wird als Gewinnschwelle oder Break-even-Point bezeichnet.

Ermittlung der Gewinnschwelle

Bei einem Einproduktunternehmen wird die Gewinnschwelle erreicht, wenn folgende Bedingung erfüllt ist:

Bedingung für Gewinnschwelle: $$\text{Erlöse (E)} = \text{Kosten (K)}$$
$$p \cdot x = K_f + k_v \cdot x$$

Durch Auflösung der Gleichung nach x ergibt sich die Formel zur Berechnung der Gewinnschwelle (x_0):

$$X_0 = \frac{K_f}{p - k_v} = \frac{K_f \text{ (fixe Gesamtkosten)}}{\text{db (Deckungsbeitrag je Einheit)}}$$

Gewinnschwelle eines Industriebetriebs

Die Kapazität eines Industriebetriebs, der nur eine Produktart herstellt, liegt bei monatlich 1.000 Stück. Die Fixkosten je Monat belaufen sich auf 42.000 EUR. Die variablen Stückkosten betragen 250 EUR und der Verkaufserlös je Stück 350 EUR.

Gewinnschwelle:

	Verkaufspreis je Stück (p)	350 EUR
–	variable Kosten je Stück (k_v)	250 EUR
	Deckungsbeitrag je Stück (db)	**= 100 EUR**

$$\textbf{Gewinnschwelle} = \frac{\text{Fixkosten}}{\text{db}} = \frac{42.000\ \text{EUR}}{100\ \text{EUR/Stück}} = \textbf{420 Stück}$$

Grafische Darstellung

Aufg. 6.4.1 und 6.4.2 S. 355 f.

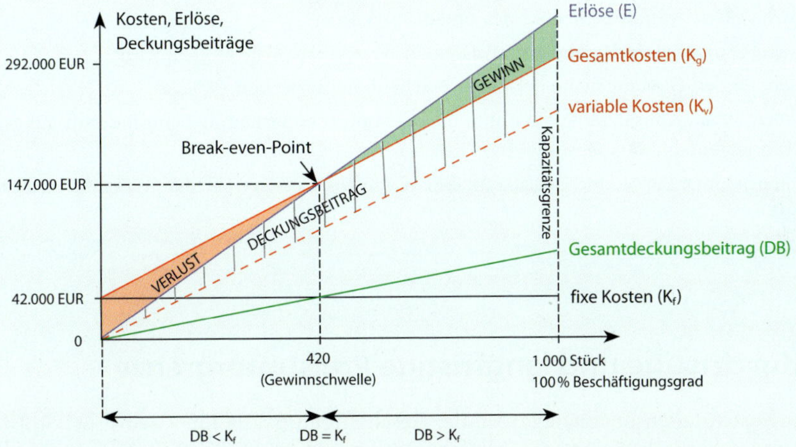

Zusammenfassende Übersicht zu 6.4: Mindestabsatz zur Deckung der Fixkosten: Gewinnschwelle

Bedingung für Gewinnschwelle: Erlös (E) = Kosten (K)

Ermittlung der Gewinnschwelle x_0

$$x = \frac{K_f}{p - k_v} = \frac{K_f\ \text{(fixe Gesamtkosten)}}{\text{db (Deckungsbeitrag je Stück)}}$$

WIEDERHOLUNG DES GRUNDWISSENS

6.4 Mindestabsatz zur Deckung der Fixkosten: Gewinnschwelle

1. Erklären Sie mit eigenen Worten, wann die Gewinnschwelle (Break even Point) erreicht wird.
2. Geben Sie die Formel zur Berechnung der Gewinnschwelle (Break even Point) an.

AUFGABEN ZUM ERWERB UND ZUR KONTROLLE VON KOMPETENZEN

6.4 Mindestabsatz zur Deckung der Fixkosten: Gewinnschwelle

6.4.1 Gewinnschwelle

Die Kapazitätsgrenze eines Einproduktunternehmens liegt bei einer Ausbringungsmenge von 80.000 Stück. Die fixen Kosten betragen 240.000 EUR/Monat, die variablen Kosten 14,80 EUR/Stück. Das Produkt wird für 24,40 EUR netto verkauft.

1. Ermitteln Sie die Gewinnschwelle.
2. In der Kostenrechnung wurde ein Stückgewinn von 2,20 EUR ermittelt. Wie viel Stück müssen im kommenden Monat hergestellt werden, damit das ermittelte Ergebnis zutrifft?

6.4.2 Kostendeckung – Gewinnschwelle – Gesamtgewinn

Die Kapazität eines Metall verarbeitenden Betriebes beträgt für ein bestimmtes Erzeugnis monatlich 7.200 Stück. Die Gesamtkosten betragen bei voller Kapazitätsauslastung monatlich 360.000 EUR. Bei einer Produktion von 5.800 Stück monatlich entstehen Gesamtkosten in Höhe von 304.000 EUR. Die variablen Stückkosten sind konstant. Das Erzeugnis kann zu 64 EUR je Stück verkauft werden.

1. Wie hoch sind die variablen Stückkosten und die Fixkosten?
2. Ermitteln Sie den Beschäftigungsgrad, bei dem die Gewinnschwelle erreicht wird.
3. Ermitteln Sie den Gesamtgewinn bei einem Beschäftigungsgrad von 80 %.
4. Berechnen Sie die Umsatzrentabilität und den Gesamtdeckungsbeitrag beim Beschäftigungsgrad von 80 % (Umsatzrentabilität = Gewinn · 100/Umsatz).
5. Das Unternehmen strebt eine Umsatzrentabilität von 20 % an. Bei welcher Stückzahl wird dieses Ziel erreicht?

6.5 Kurzfristige und langfristige Preisuntergrenze

Die fixen Kosten fallen unabhängig von der Beschäftigungssituation – selbst bei Stillstand der Anlagen – in unveränderter Höhe an. Daher muss ein nach Gewinn strebendes Unternehmen bei kurzfristiger Betrachtung die Produktion so lange nicht einstellen (bzw. einen entsprechenden Produktionsauftrag so lange nicht ablehnen), wie der Stückpreis (p) über den variablen Stückkosten (k_v) liegt. **Der Deckungsbeitrag pro Stück (db) ist in diesem Fall positiv.**

Preispolitik einer Zementfabrik bei Vollkostenrechnung und Deckungsbeitragsrechnung

Aufgrund einer ungünstigen Entwicklung im Bausektor ist bei einem Baustoffhersteller die Kapazität der Zementproduktion mit einer monatlichen Produktions- und Absatzmenge von 20.000 Sack Zement nur zur Hälfte ausgelastet. Bei der Zementproduktion liegt – bezogen auf einen Monat – folgende Kostensituation vor:

Kosten	Insgesamt	je Sack
variable Kosten	44.000 EUR	2,20 EUR
fixe Kosten der Zementproduktion	20.000 EUR	1,00 EUR
Selbstkosten	64.000 EUR	3,20 EUR

Beim bisherigen Verkaufspreis von 3,00 EUR ergibt sich ein Erlös von monatlich 20.000 Sack · 3,00 EUR = 60.000 EUR. Die Verkaufsabteilung schlägt vor, den bisherigen Verkaufspreis, der bereits unter den Selbstkosten liegt, noch weiter zu senken, um im Preiskampf mit der Konkurrenz Wettbewerbsvorteile zu erzielen und den Absatz zu erhöhen.

Problem: Soll der Baustoffhersteller die Zementproduktion einstellen, weil die Erlöse die Kosten nicht decken oder kann der Preis noch weiter gesenkt werden?

Entscheidung auf der Grundlage der Vollkostenrechnung:

Verkaufspreis (p)	3,00 EUR
– Stückkosten (k)	3,20 EUR
Stückverlust	**– 0,20 EUR**

Entscheidung auf der Grundlage der Deckungsbeitragsrechnung:

Verkaufspreis (p)	3,00 EUR
– variable Kosten pro Stück (k_v)	2,20 EUR
Deckungsbeitrag je Stück (db)	**0,80 EUR**

Aufg. 6.5.1 S. 360

Situation bei **Einstellung** der Produktion:	Situation bei **Aufrechterhaltung** der Produktion:	
Verlust: 20.000 EUR monatlich	Erlös (p · x)	60.000 EUR
Begründung:	– variable Kosten (K_v)	44.000 EUR
Kosten der Betriebsbereitschaft (fixe Kosten)	**= Deckungsbeitrag**	**16.000 EUR**
fallen auch bei Stilllegung an, sofern das	– fixe Kosten	20.000 EUR
Unternehmen nicht aufgelöst wird.	**Verlust**	**4.000 EUR monatl.**

Ergebnis: Bei einer Entscheidung auf Basis der **Vollkostenrechnung** würde sich das Unternehmen dafür entscheiden, die Zementproduktion einzustellen, weil die Stückkosten (3,20 EUR) höher sind als der Stückerlös (3,00 EUR). Der Verlust in Höhe der Fixkosten beträgt in diesem Fall monatlich 20.000 EUR.
Bei einer Entscheidung auf Basis der **Deckungsbeitragsrechnung** wird die Zementproduktion aufrechterhalten, weil der Verkaufspreis pro Stück höher ist als die variablen Kosten pro Stück. Es wird ein positiver Deckungsbeitrag (= Beitrag zur Deckung der Fixkosten) in Höhe von 16.000 EUR erzielt. Der Verlust beträgt in diesem Fall lediglich 4.000 EUR monatlich.

Kurzfristige Preisuntergrenze

Bei positivem Deckungsbeitrag je Stück (dB) leistet jedes verkaufte Stück einen Beitrag in Höhe von db zur Deckung der fixen Kosten und trägt damit zur Verbesserung des Betriebsergebnisses bei. Würde das Unternehmen die Produktion dieses Erzeugnisses einstellen (bzw. einen entsprechenden Auftrag ablehnen), wäre der Gesamtgewinn geringer bzw. der Gesamtverlust größer. Kurzfristig ist es daher ausreichend, wenn der Verkaufspreis (p) für ein Produkt lediglich die variablen Kosten je Stück (k_v) deckt (= **kurzfristige Preisuntergrenze**). **$PUG_k \rightarrow p = k_v$**

Verkaufspreis (p)	3,00 EUR
– variable Kosten je Stück (k_v)	2,20 EUR
Deckungsbeitrag je Stück (db)	0,80 EUR

fixe Gesamtkosten 20.000 EUR									
db 0,80 EUR	db 0,80 EUR	db 0,80 EUR	db 0,80 EUR	db 0,80 EUR	db 0,80 EUR	db 0,80 EUR	db ...	db ...	db ...

Ergebnis: Jeder verkaufte Sack Zement trägt mit 0,80 EUR zur Deckung der fixen Gesamtkosten in Höhe von 20.000 EUR bei. Um bei unveränderter Preis- und Kostensituation die Fixkosten vollständig zu decken, müsste die Absatzmenge auf 25.000 Sack Zement pro Monat gesteigert werden
(20.000 EUR/0,80 EUR je Sack = 25.000 Sack).

! **Die kurzfristige (absolute) Preisuntergrenze (PUG_k) ist erreicht, wenn der Verkaufspreis die variablen Kosten pro Stück gerade noch deckt.**
$PUG_k \rightarrow$ Verkaufspreis (p) = variable Stückkosten (k_v)

Preissenkung unter die kurzfristige Preisuntergrenze

Im vorliegenden Beispiel liegt die kurzfristige Preisuntergrenze bei 2,20 EUR. Vorübergehend könnte der Verkaufspreis je Sack Zement bis auf diese Höhe gesenkt werden. Erst bei einer noch weiteren Preissenkung auf z. B. 2,00 EUR wäre der Verlust höher als bei Einstellung der Produktion. Dies könnte auch durch eine Ausdehnung der Produktions- und Absatzmenge nicht ausgeglichen werden. Im Gegenteil: Für den Fall, dass der Preis (p) unter den variablen Stückkosten (k_v) liegt, ist der Verlust umso höher, je höher die Absatzmenge ist.

Preis: 2,00 EUR Variable Stückkosten: 2,20 EUR Fixkosten: 20.000 EUR			
Produktionsmenge	**0**	**20.000**	**40.000**
Erlöse	0 EUR	40.000 EUR	80.000 EUR
– **variable Kosten**	0 EUR	44.000 EUR	88.000 EUR
= **Deckungsbeitrag**	0 EUR	– 4.000 EUR	– 8.000 EUR
– **Fixkosten**	– 20.000 EUR	– 20.000 EUR	– 20.000 EUR
= **Betriebsergebnis**	**– 20.000 EUR**	**– 24.000 EUR**	**– 28.000 EUR**

Liegt der Stückpreis unter den variablen Stückkosten, ist der Deckungsbeitrag negativ, d. h.,

- es wird nicht nur **kein Beitrag** zur **Deckung der Fixkosten** geleistet, sondern
- es werden sogar die **variablen Kosten nicht in voller Höhe gedeckt**.

In einem solchen Fall sollte normalerweise die Produktion dieses Erzeugnisses eingestellt bzw. der Auftrag abgelehnt werden.

Die Kenntnis der **kurzfristigen Preisuntergrenze** ist vor allem dann bedeutsam, wenn ein Unternehmen einem intensiven Preiswettbewerb ausgesetzt ist. In diesem Fall muss den Verhandlungsführern der Preisspielraum bzw. die kurzfristige Preisuntergrenze bekannt sein, um entscheiden zu können, ob ein Auftrag gerade noch angenommen werden kann oder nicht.

Langfristige Preisuntergrenze

Langfristig muss ein Unternehmen alle Kosten – also fixe und variable Kosten – decken. **Die langfristige Preisuntergrenze (PUG_l)** ist erreicht, wenn der Preis die entstandenen Selbstkosten je Stück (Stückkosten) deckt:

> **!** **Die langfristige Preisuntergrenze (PUG_l) ist erreicht, wenn der Verkaufspreis die gesamten Stückkosten (k_g) deckt.**

Für den Fall, dass die Fixkosten in voller Höhe einem einzelnen Produkt zurechenbar sind (Einproduktunternehmen), lässt sich die langfristige Preisuntergrenze wie folgt ermitteln:

$$\text{gesamte Stückkosten} = \frac{\text{fixe Gesamtkosten}}{\text{Produktionsmenge}} + \text{variable Stückkosten}$$

$$PUG_l \rightarrow p = k_g = \frac{K_f}{x} + k_v = k_f + k_v \qquad p = k_f + k_v$$

Preisuntergrenze und Beschäftigungsgrad

Die kurzfristige Preisuntergrenze ist vom **Beschäftigungsgrad** (Produktionsmenge) unabhängig. Demgegenüber ändert sich die langfristige Preisuntergrenze in Abhängigkeit vom Beschäftigungsgrad (BG).

Fixkostendegression bei Erhöhung des Beschäftigungsgrades

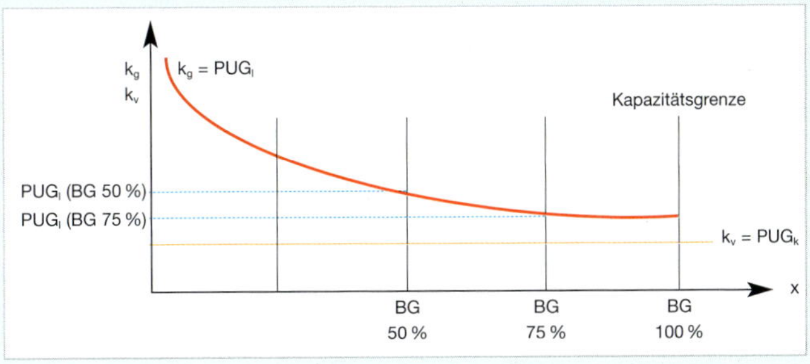

Bei Ausdehnung der Produktion (= Erhöhung des Beschäftigungsgrades) verteilen sich die Fixkostenauf eine größere Stückzahl. Der Fixkostenanteil je Stück (k_f) nimmt ab. Da sich die Stückkosten (k_g) aus dem Fixkostenanteil je Stück und den variablen Stückkosten zusammensetzen ($k_g = k_f + k_v$), sinken in diesem Fall die Stückkosten (Fixkostendegression, Gesetz der Massenproduktion). Bei einer Produktionseinschränkung (= Verringerung des Beschäftigungsgrades) ergibt sich der umgekehrte Effekt.

Die Abhängigkeit der langfristigen Preisuntergrenze vom Beschäftigungsgrad führt bei Preisentscheidungen zu folgendem Problem:

- Ein sinkender Beschäftigungsgrad führt zu steigenden Stückkosten und damit zu einer Erhöhung der langfristigen Preisuntergrenze.
- Ein steigender Beschäftigungsgrad führt zu sinkenden Stückkosten und damit zu einer Verringerung der langfristigen Preisuntergrenze.

Eine an der Entwicklung der **langfristigen Preisuntergrenze** orientierte Preispolitik ist aber **nicht marktgerecht**. Wenn der Beschäftigungsgrad sinkt (= Rückgang von Produktion und Absatz), müsste – um die Absatzmöglichkeiten wieder zu verbessern – der Preis gesenkt und nicht erhöht werden. Andererseits muss bei einer Erhöhung des Beschäftigungsgrades (= Zunahme von Produktion und Absatz) nicht zusätzlich noch der Preis gesenkt werden, um die Absatzmöglichkeiten zu verbessern.

Aufg. 6.5.2 S. 360

Zusammenfassende Übersicht zu 6.5: Kurzfristige und langfristige Preisuntergrenze

Preisuntergrenzen

Kurzfristige (absolute) Preisuntergrenze (PUG_k):	Langfristige Preisuntergrenze (PUG_l):
Verkaufspreis (p) deckt genau die variablen Stückkosten (k_v)	Verkaufspreis (p) deckt die gesamten (fixe und variable) Stückkosten (k_g)
$PUG_k \rightarrow p = k_v$	$PUG_l \rightarrow p = \frac{K_f}{\text{produzierte Mengen}} + k_v = k_g$

WIEDERHOLUNG DES GRUNDWISSENS

6.5 Kurzfristige und langfristige Preisuntergrenze

1. Grenzen Sie die kurzfristige von der langfristigen Preisuntergrenze ab.
2. Erläutern Sie den Zusammenhang zwischen Produktionsmenge und langfristiger Preisuntergrenze.
3. Prüfen Sie, inwieweit die Produktionsmenge Einfluss auf die kurzfristige Preisuntergrenze hat.

AUFGABEN ZUM ERWERB UND ZUR KONTROLLE VON KOMPETENZEN

6.5 Kurzfristige und langfristige Preisuntergrenze

6.5.1 Preisuntergrenze, Stückkosten, Stückgewinn und Gesamtgewinn

Bei 100 %iger Kapazitätsauslastung können in einem Industriebetrieb monatlich 6.500 Einheiten eines Zuliefererteils für die Kfz-Produktion hergestellt werden. Die fixen Kosten dafür betragen 260.000 EUR, die variablen Kosten bei voller Auslastung 520.000 EUR je Monat. Der Verkaufspreis (ohne USt) beträgt 150 EUR je Einheit.

1. Ermitteln Sie die kurzfristige Preisuntergrenze.
2. Berechnen Sie die Stückkosten, den Stückgewinn und den Gesamtgewinn bei voller Kapazitätsauslastung.
3. Ermitteln Sie die langfristige Preisuntergrenze, wenn davon auszugehen ist, dass sich die an der Kapazitätsgrenze produzierte Stückzahl verkaufen lässt.
4. Berechnen Sie die Stückkosten, den Stückgewinn und den Gesamtgewinn bei einer Auslastung von 40 %.

6.5.2 Stückkosten, Kalkulation des Verkaufspreises, Betriebsergebnis bei rückläufiger Beschäftigung

Die Metall-GmbH stellt u. a. eine bestimmte Art von Drehteilen her. Aufgrund der vorhandenen Kapazität ist eine Monatsproduktion von 21.000 Stück möglich. Im laufenden Monat beträgt die Kapazitätsauslastung 85 %. Bei dieser Kapazitätsauslastung entstehen Gesamtkosten in Höhe von 58.294,50 EUR. Bei der im Vormonat festgestellten Kapazitätsauslastung von 80 % beliefen sich die Gesamtkosten auf 57.486,00 EUR.

1. Berechnen Sie die Stückkosten für jeden der beiden Beschäftigungsgrade.
2. Zu welchen Problemen in der Preispolitik führt es, wenn die Kosten bei schwankenden Beschäftigungsgraden ermittelt werden?
3. Ermitteln Sie mithilfe der Deckungsbeitragsrechnung das Betriebsergebnis für die beiden Beschäftigungsgrade, wenn der Verkaufspreis pro Stück 4,00 EUR beträgt.
4. Wie weit darf der Verkaufspreis sinken, damit es sich für das Unternehmen gerade noch lohnt, einen Auftrag anzunehmen?

6.6 Anwendung der Deckungsbeitragsrechnung bei Produktions- und Absatzentscheidungen

6.6.1 Falsche Sortimentspolitik bei Anwendung der Zuschlagskalkulation

Nicht nur bei der Preisgestaltung, sondern auch bei der Sortimentspolitik kann die Vollkostenrechnung zu Fehlentscheidungen führen.

Entscheidungen über das Produktionsprogramm eines Herstellers von Holzspielzeugen

1 Produktionsentscheidungen auf der Grundlage der Vollkostenrechnung

Das Produktionsprogramm eines Herstellers von Holzspielzeugen umfasst drei Produkte: Baukasten, Figuren und Modellhäuser. Für den vergangenen Monat liegen folgende Informationen vor:

Kostenträger	Verkaufspreise	Produktions-/Absatzmengen
Baukasten	20 EUR/Stück	3.746 Stück
Figuren	5 EUR/Stück	9.840 Stück
Modellhäuser	8 EUR/Stück	2.185 Stück

Die für den vergangenen Monat erstellte Kostenträgerrechnung liefert folgende Informationen:

	Kostenträger insgesamt EUR	Kostenträger		
		Baukasten EUR	Figuren EUR	Modellhäuser EUR
Fertigungsmaterial	30.000	16.000	10.000	4.000
+ Materialgemeinkosten 10 %	3.000	1.600	1.000	400
= **Materialkosten**	**33.000**	**17.600**	**11.000**	**4.400**
Fertigungslöhne	28.000	14.000	8.000	6.000
+ Fertigungsgemeinkosten 150 %	42.000	21.000	12.000	9.000
= **Fertigungskosten**	**70.000**	**35.000**	**20.000**	**15.000**
Herstellkosten	**103.000**	**52.600**	**31.000**	**19.400**
+ Verwaltungsgemeinkosten 5 %	5.150	2.630	1.550	970
+ Vertriebsgemeinkosten 15 %	15.450	7.890	4.650	2.910
= **Selbstkosten**	**123.600**	**63.120**	**37.200**	**23.280**
Erlöse	141.600	74.920	49.200	17.480
Betriebsergebnis	**18.000**	**11.800**	**12.000**	**– 5.800**

Ergebnis: Auf der Grundlage der im Rahmen der Zuschlagskalkulation ermittelten Ergebnisse wird vorgeschlagen, die Produktion des Produkts „Modellhäuser" einzustellen, da dessen Umsatzerlöse nicht die Selbstkosten decken.

❷ Produktionsentscheidungen auf der Grundlage der Deckungsbeitragsrechnung

Eine Kostenanalyse ergibt, dass es sich bei 80 % der insgesamt 65.600 EUR betragenden Gemeinkosten um fixe Kosten (= 52.480 EUR) handelt. Alle anderen Kosten sind variabel. Somit ergibt sich auf der Basis der Kostenträgerrechnung (*s. oben*) folgende Aufteilung auf fixe und variable Kosten.

Fixkosten (K_f)	52.480 EUR
var. Kosten (K_v)	71.120 EUR
Selbstkosten	**123.600 EUR**

Kostenträger	Einzelkosten	20 % der Gemeink.	Σ variable Kosten
Baukasten	30.000 EUR	6.624 EUR	36.624 EUR
Figuren	18.000 EUR	3.840 EUR	21.840 EUR
Modellhäuser	10.000 EUR	2.656 EUR	12.656 EUR

Die Einstellung der Produktion des Produkts „Modellhäuser" würde zu folgendem Ergebnis führen:

	Baukasten EUR	Figuren EUR	insgesamt EUR
Erlöse	74.920	49.200	**124.120**
– variable Kosten	36.624	21.840	**58.464**
= **Deckungsbeitrag**	**38.296**	**27.360**	**65.656**
– **fixe Kosten**			**52.480**
= **Betriebsergebnis**			**13.176**

Ergebnis: Durch die Einstellung der Produktion des Produkts „Modellhäuser" verringert sich der Betriebsgewinn von 18.000 EUR auf 13.176 EUR. Dies ist darauf zurückzuführen, dass die Fixkosten auch nach Einstellung der Produktion der Modellhäuser in vollem Umfang bestehen bleiben und damit von den Produkten „Baukasten" und „Figuren" getragen werden müssen.

③ **Deckungsbeitragsrechnung für das Produkt „Modellhäuser“:**

Erlöse (2.185 St. · 8 EUR/St.)	17.480 EUR
– variable Kosten (10.000 EUR + 2.656 EUR)	12.656 EUR
= **Deckungsbeitrag**	**4.824 EUR**

Ergebnis: In Höhe des Deckungsbeitrags von 4.824 EUR leistet das Produkt „Modellhäuser“ einen Beitrag zur Deckung der gesamten fixen Kosten des Unternehmens. Bei Produkteliminierung der „Modellhäuser“ ist das Betriebsergebnis mit 13.176 EUR um 4.824 EUR (= DB „Modellhäuser“) niedriger als bei Verzicht auf die Eliminierung (Betriebsergebnis: 18.000 EUR).

Die Zuschlagskalkulation legt nahe, Produkte, deren kalkulierte Selbstkosten über dem Verkaufspreis liegen, aus dem Produktionsprogramm zu entfernen (= **Produkteliminierung**). Eine solche Entscheidung kann aber falsch sein, da es bei der Zusammensetzung des Produktionsprogramms nicht auf die Höhe der kalkulierten Selbstkosten, sondern ausschließlich auf die Höhe des Deckungsbeitrags der einzelnen Produktgruppen ankommt.

! **Eine Sortimentsbereinigung auf der Basis der im Rahmen der Zuschlagskalkulation kalkulierten Selbstkosten kann zu Fehlentscheidungen führen. Als Entscheidungskriterium darf nicht die Höhe der Selbstkosten, sondern ausschließlich die Höhe des Deckungsbeitrags der einzelnen Produktgruppen dienen.**

6.6.2 Produktförderung – Produkteliminierung

Produktförderung und Produkteliminierung in einem Holz verarbeitenden Betrieb

Ein Holz verarbeitender Betrieb stellt in einem Zweigwerk ausschließlich Lagerregale in drei Grundtypen her. Für den letzten Monat gelten folgende Daten:

	Verkaufspreis je Stück EUR	Variable Kosten pro Stück (k_v) EUR	Fixe Kosten der Regalproduktion EUR	Absatz Stück
Typ R 01	180,00	110,00		150
Typ R 02	260,00	160,00	**16.400**	100
Typ R 03	310,00	232,00		50

Produktförderung

Fall 1. Rangfolge der Produktförderung

Da freie Kapazitäten vorhanden sind, könnten Produktion und Absatz eines der drei Regaltypen um monatlich 30 Stück gesteigert werden. Auf welches der drei Modelle sollen die verkaufsfördernden Maßnahmen zur Absatzsteigerung konzentriert werden?

	Typ R 01	Typ R 02	Typ R 03
Stückdeckungsbeitrag ($db = p - k_v$) in EUR	db = 180,00–110,00 = 70,00 EUR	db = 260,00–160,00 = 100,00 EUR	db = 310,00–.232,00 = 78,00 EUR
Rangfolge der Absatzförderung	③	①	②

Da das Regal vom Typ R 02 den höchsten Deckungsbeitrag pro Stück (db) erbringt, sollten die freien Kapazitäten zur vermehrten Produktion dieses Produktes genutzt werden.

Auswirkungen auf das Gesamtergebnis

	Typ R 01	Typ R 02	Typ R 03	Summe
Erlös (p · x)	180 EUR · 150 St. = 27.000 EUR	260 EUR · 100 St. = 26.000 EUR	310 EUR · 50 St. = 15.500 EUR	**68.500 EUR**
– variable Kosten (K_v) ($K_v = k_v \cdot x$)	110 EUR · 150 St. = 16.500 EUR	160 EUR · 100 St. = 16.000 EUR	232 EUR · 50 St. = 11.600 EUR	**– 44.100 EUR**
– Deckungsbeitrag (DB)	70 EUR · 150 St. = 10.500 EUR	100 EUR · 100 St. = 10.000 EUR	78 EUR · 50 St. = 3.900 EUR	**24.400 EUR**
– fixe Kosten (K_f)				**– 16.400 EUR**
= bisheriges Betriebsergebnis				**8.000 EUR**
+ zusätzlicher Deckungsbeitrag aus Produktionserhöhung Regal Typ R 02			100,00 EUR · 30 Stück	**3.000 EUR**
= künftiges Betriebsergebnis				**11.000 EUR**

Bei Ausnutzung der freien Kapazitäten zur Produktion des Regals Typ R 02 (= **Produkt mit höchstem Deckungsbeitrag je Stück, db**) erhöht sich das monatliche Betriebsergebnis von 8.000 EUR auf 11.000 EUR (ohne Berücksichtigung der Kosten für die Verkaufsförderung). Bei allen anderen Alternativen wäre das Betriebsergebnis niedriger.

Die Förderungswürdigkeit einzelner Produkte innerhalb eines Produktionsprogramms hängt von der Rangfolge der Deckungsbeiträge je Stück (db) der einzelnen Produkte ab. Das Produkt mit dem höchsten Deckungsbeitrag je Stück (db) ist am förderungswürdigsten.

Produkteliminierung

Fall 2. Rangfolge bei Sortimentsbereinigung (Produkteliminierung)

Als Alternative zur Ausweitung der Regalproduktion wird aus Gründen der Risikostreuung erwogen, ein neues Sportgerät aus Holz in das Produktionsprogramm aufzunehmen. Die bisherigen freien Produktionskapazitäten reichen dafür aber nicht aus. Eine Erweiterung der Produktionskapazitäten soll aber noch nicht vorgenommen werden. Da absehbar ist, dass die Nachfrage nach Regalen künftig rückläufig sein wird, soll einer der drei Regaltypen aus dem Produktionsprogramm herausgenommen werden, um die notwendigen freien Kapazitäten zu schaffen. Wegen unterschiedlicher Qualität und Ausfertigung beanspruchen alle drei Regaltypen trotz unterschiedlicher Produktionsmengen die Produktionskapazitäten in gleichem Umfang. Die Geschäftsleitung hat zu entscheiden, welcher Regaltyp künftig nicht mehr produziert werden soll.

	Typ R 01	Typ R 02	Typ R 03
Stückdeckungsbeitrag ($db = p - k_v$) in EUR	db = 180,00–110,00 = 70,00 EUR	db = 260,00–160,00 = 100,00 EUR	db = 310,00–.232,00 = 78,00 EUR
Deckungsbeitrag der Produktgruppe in EUR $DB = E - K_v = db \cdot x$	DB = 70,00 · 150 Stk. = 10.500,00 EUR	DB = 100,00 · 100 Stk. = 10.000,00 EUR	DB = 78,00 · 50 Stk. = 3.900,00 EUR
Rangfolge der Sortimentsbereinigung (Produkteliminierung)	③	②	①

Da das Regal vom Typ R 03 den niedrigsten Gesamtdeckungsbeitrag (DB) aller drei Produktgruppen erbringt, sollte dieses Produkt zur Schaffung freier Kapazitäten aus dem Produktionsprogramm herausgenommen werden.

Auswirkungen auf das Gesamtergebnis

	Typ R 01	Typ R 02	Typ R 03	Summe
Erlös (p · x)	180 EUR · 150 St. = 27.000 EUR	260 EUR · 100 St. = 26.000 EUR	310 EUR · 50 St. = 15.500 EUR	68.500 EUR
– variable Kosten (K_v) ($K_v = k_v \cdot x$)	110 EUR · 150 St. = 16.500 EUR	160 EUR · 100 St. = 16.000 EUR	232 EUR · 50 St. = 11.600 EUR	– 44.100 EUR
– Deckungsbeitrag (DB)	70 EUR · 150 St. = 10.500 EUR	100 EUR · 100 St. = 10.000 EUR	78 EUR · 50 St. = 3.900 EUR	24.400 EUR
– fixe Kosten (K_f)				– 16.400 EUR
= bisheriges Betriebsergebnis				8.000 EUR
– Deckungsbeitrag wegen Aufgabe der Produktion von Regal Typ R 03	78,00 EUR · 50 Stück			– 3.900 EUR
= künftiges Betriebsergebnis				4.100 EUR

Wird die Produktion des Regals Typ R 03 (= **Produktgruppe mit niedrigsten Gesamtdeckungsbeitrag DB aller Produktgruppen**) eingestellt, verringert sich das monatliche Betriebsergebnis von 8.000 EUR auf lediglich 4.100 EUR. Bei allen anderen Alternativen wäre das Betriebsergebnis noch niedriger.

Die Entscheidung, welche Produktgruppe bei einer Sortimentsbereinigung aus dem Produktionsprogramm gestrichen werden soll (= Produkteliminierung), hängt von der Rangfolge der Produktgruppen hinsichtlich der **Gesamtdeckungsbeiträge** (DB) ab.

! Bei Eliminierung eines Produkts aus dem Produktionsprogramm hängt die Entscheidung von der Rangfolge der Gesamtdeckungsbeiträge (DB) der einzelnen Produktgruppen ab. Die Produktgruppe mit dem niedrigsten Gesamtdeckungsbeitrag (DB) wird als erste eliminiert.

Grundsätzlich gilt bei Entscheidungen über das Produktionsprogramm:

Aufg. 6.6.1 und 6.6.2 S. 367 f.

! Produkte mit negativem Deckungsbeitrag werden aus dem Produktionsprogramm gestrichen. Ohne die Weiterproduktion dieser Produkte ergibt sich ein höheres Betriebsergebnis.

LA

! Verfügt ein Unternehmen über freie Kapazitäten, ist es nur dann vorteilhaft, ein neues Produkt in das Produktionsprogramm aufzunehmen, wenn dessen Deckungsbeitrag positiv ist.

6.6.3 Annahme von Zusatzaufträgen

Entscheidung über den Zusatzauftrag eines Möbelproduzenten

Ein Möbelproduzent stellt in einem Zweigwerk ausschließlich Schreibtische her, die zum Nettoverkaufspreis von 500 EUR an den Fachhandel abgegeben werden. Die Monatskapazität für dieses Produkt beträgt 5.000 Stück. Derzeit arbeitet das Unternehmen mit einem Beschäftigungsgrad von 80 %. Die Fixkosten betragen 500.000 EUR, die variablen Stückkosten 250 EUR. In dieser Situation ist über die Anfrage eines Fachhändlers zu entscheiden, der vorübergehend monatlich 800 Schreibtische zu 300 EUR abnehmen würde.

Lösung:

1. Betriebsergebnis bei Ablehnung des Auftrags		**2. Betriebsergebnis bei Annahme des Auftrags**	
Erlöse		zusätzliche Erlöse	
(4.000 Stück · 500 EUR)	2.000.000 EUR	(800 Stück · 300 EUR)	240.000 EUR
– variable Kosten		– variable Kosten	
(4.000 Stück · 250 EUR)	1.000.000 EUR	(800 Stück · 250 EUR)	200.000 EUR
= **Deckungsbeitrag ohne Zusatzauftrag**	**1.000.000 EUR**	= **Deckungsbeitrag durch Zusatzauftrag**	**40.000 EUR**
– fixe Kosten	500.000 EUR	+ Betriebsgewinn ohne Zusatzauftrag	500.000 EUR
= **Betriebsgewinn bei Ablehnung des Zusatzauftrags**	**500.000 EUR**	= **Betriebsgewinn mit Zusatzauftrag**	**540.000 EUR**

Ergebnis:

Obwohl die Stückkosten sogar bei einer Kapazitätsauslastung von 100 % mit 350 EUR (100 EUR Fixkosten je Stück* + 250 EUR variable Kosten) um 50 EUR über dem Abnahmepreis des Fachhändlers liegen, empfiehlt sich die Annahme des Auftrags. Der Betriebsgewinn für diesen Schreibtisch erhöht sich bei Annahme des Auftrags um 40.000 EUR.

* $k_{fix} = \frac{K_{fix}}{x} = \frac{500.000 \text{ EUR}}{5.000 \text{ Stück}} = 100 \text{ EUR/Stück}$

Grafische Darstellung

Aufg. 6.6.3 bis 6.6.6 S. 368 f.

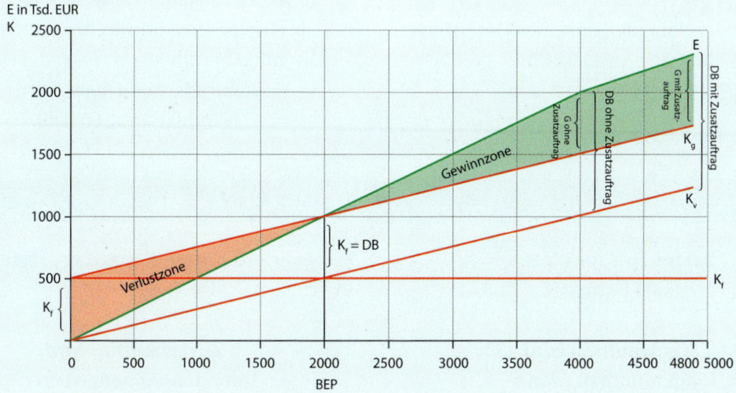

Ist die Kapazität eines Betriebes nicht voll ausgelastet, empfiehlt sich die Annahme eines Zusatzauftrags, wenn die variablen Stückkosten geringer sind als der Stückpreis, da in diesem Fall ein positiver Deckungsbeitrag vorliegt. Ist dies der Fall, führt die Annahme des Zusatzauftrags zu einer Verbesserung des Betriebsergebnisses.

Ist die Annahme eines Zusatzauftrags nur durch Erweiterung der bestehenden Kapazität möglich, so entstehen für die Anpassung der Kapazität **sprungfixe Kosten** (z. B. kalkulatorische Abschreibungen für die Neuanschaffung von Maschinen). In diesem Fall muss geprüft werden, ob der Deckungsbeitrag des Zusatzauftrags die zusätzlich entstehenden fixen Kosten (= sprungfixe Kosten) übersteigt.

Ist die Kapazität eines Betriebes voll ausgelastet, empfiehlt sich die Annahme eines Zusatzauftrags, wenn dessen Deckungsbeitrag die für die Kapazitätserweiterung entstehenden sprungfixen Kosten übersteigt. Ist dies der Fall, führt die Annahme des Zusatzauftrags zu einer Verbesserung des Betriebsergebnisses.

Zusammenfassende Übersicht zu 6.6:
Anwendung der Deckungsbeitragsrechnung bei Produktions- und Absatzentscheidungen

Fehlentscheidungen bei der Sortimentspolitik

Entscheidungskriterien für Bereinigung des Produktionsprogramms (Produkteliminierung)

Vollkostenrechnung	**Deckungsbeitragsrechnung**
Erlöse < kalkulierte Selbstkosten (= Verlust)	Erlöse < variable Kosten (Deckungsbeitrag < 0)

Orientierung an den kalkulierten Selbstkosten (Vollkostenrechnung) kann zu Fehlentscheidungen führen, da der Deckungsbeitrag auch dann positiv sein kann, wenn die Umsatzerlöse die Selbstkosten nicht decken (= Verlust).

Deckungsbeitragsrechnung als Entscheidungshilfe bei:

Produktförderung	**Produkteliminierung**
Rangfolge der Produktförderung bestimmt sich nach der Höhe der einzelnen Deckungsbeiträge je Stück (db).	Produkt wird eliminiert, wenn sich dadurch der Gesamtdeckungsbeitrag verbessert. Rangfolge bestimmt sich nach der Höhe der Gesamtdeckungsbeiträge der Produktgruppen (DB).

Annahme von Zusatzaufträgen

bei freien Kapazitäten (kein Engpass)	**bei erforderlicher Kapazitätserweiterung (Engpass)**
Zusatzauftrag wird angenommen, wenn Deckungsbeitrag des Zusatzauftrags > 0	**Zusatzauftrag wird angenommen, wenn** Deckungsbeitrag des Zusatzauftrags > sprungfixe Kosten für Kapazitätserweiterung
Betriebsergebnis verbessert sich um den Deckungsbeitrag des Zusatzauftrags.	Betriebsergebnis verbessert sich um den Deckungsbeitrag des Zusatzauftrags abzüglich sprungfixe Kosten.

WIEDERHOLUNG DES GRUNDWISSENS

6.6 Anwendung der Deckungsbeitragsrechnung bei Produktions- und Absatzentscheidungen

1. Prüfen Sie, ob die Höhe der Selbstkosten ein geeignetes Kriterium für die Sortimentspolitik ist.
2. Der Stückdeckungsbeitrag ist ein Hilfsinstrument der Sortimentspolitik. Geben Sie an, in welchem Fall eine Produktgruppe aus dem Produktionsprogramm entfernt werden sollte.

3. Überlegen Sie, unter welchen Voraussetzungen auf die Eliminierung eines Produkts trotz negativem Deckungsbeitrag verzichtet wird.
4. Prüfen Sie, unter welcher Voraussetzung es sich empfiehlt, einen Zusatzauftrag anzunehmen, wenn die Kapazitäten eines Unternehmens nicht voll ausgelastet sind.

AUFGABEN ZUM ERWERB UND ZUR KONTROLLE VON KOMPETENZEN

6.6 Anwendung der Deckungsbeitragsrechnung bei Produktions- und Absatzentscheidungen

LA

6.6.1 Ermittlung des Betriebsergebnisses – Bereinigung des Produktionsprogramms auf der Basis von Vollkosten- und Deckungsbeitragsrechnung

In einer Textilfabrik werden vier verschiedene Arten von Sportjacken hergestellt. Für das vergangene Quartal liegen folgende Daten vor:

PDF EXCEL

	Kostenträger			
	Standard	Extra	Super	Super XL
Materialeinzelkosten je Stück in EUR	38,33	37,50	50,00	60,00
Fertigungslöhne je Stück in EUR	36,67	32,50	40,00	40,00
Verkaufspreis in EUR	125,00	145,00	230,00	250,00
Absatzmenge in Stück	800	800	1.500	2.000

MGKZ: 20 % FGKZ: 180 % VwGKZ: 10 % VtGKZ: 15 %

1. Ermitteln Sie auf der Basis der Vollkostenrechnung, welches Betriebsergebnis insgesamt und pro Kostenträger im vergangenen Monat erzielt wurde.
2. Die Geschäftsleitung erwägt, die Produktion der Modelle Standard und Extra einzustellen, da die Umsatzerlöse beider Modelle niedriger als deren kalkulierte Selbstkosten sind. Sie erhofft sich davon eine Verbesserung der Betriebsergebnisse, obwohl die frei werdenden Kapazitäten nicht durch eine Produktions- und Absatzerhöhung der beiden restlichen Modelle genutzt werden können. Die Ausgangsdaten dieser beiden Modelle (Preis, Menge, Einzelkosten, Zuschlagssätze) bleiben unverändert.

   Wie hoch wäre das voraussichtliche Betriebsergebnis auf Basis der Vollkostenrechnung jeweils, wenn
   a) zunächst nur die Produktion des Modells Standard
   b) zusätzlich auch die Produktion des Modells Extra eingestellt würde?
3. Eine von einer Unternehmensberatung vorgeschlagene Kostenuntersuchung ergibt, dass 50 % der Gemeinkosten als fixe Kosten anzusehen sind.

   Ermitteln Sie auf der Basis der Deckungsbeitragsrechnung das Betriebsergebnis
   a) für das Produktionsprogramm mit allen vier Modellen (Ausgangssituation),
   b) für den Fall, dass nur die Produktion des Modells Standard eingestellt wird,
   c) für den Fall, dass zusätzlich auch die Produktion des Modells Extra eingestellt wird.
4. Bei welchem Produktionsprogramm wird das bestmögliche Betriebsergebnis erzielt? Erläutern Sie die Unterschiede zum Ergebnis von Aufg. 2. Stellen Sie dazu auch die auf Basis der Vollkostenrechnung ermittelten Betriebsergebnisse (Aufg. 1, 2a, 2b) den mithilfe der Deckungsbeitragsrechnung ermittelten Betriebsergebnissen gegenüber.
5. Begründen Sie (ohne rechnerischen Nachweis), wie sich das Ergebnis von 4. ändern würde, wenn der Anteil der Fixkosten an den Gemeinkosten
   a) höher als 50 % b) niedriger als 50 % wäre.

   Erläutern Sie die Unterschiede, die sich durch unterschiedliche Fixkostenanteile an den Gemeinkosten ergeben.

6.6.2 Absatzpolitische Entscheidungen auf der Grundlage der Deckungsbeitragsrechnung

Ein Textilbetrieb stellt vier verschiedene Modelle von Mänteln her. Für den vergangenen Monat liegen folgende Daten vor:

PDF
EXCEL

Modell	Absatz (Stück)	Verkaufspreis je Stück in EUR	variable Kosten je Stück in EUR
A	300	200,00	150,00
B	400	450,00	300,00
C	200	600,00	650,00
D	100	700,00	400,00

Die monatlichen Fixkosten für die Mantelproduktion betragen 80.000 EUR.

1. Ermitteln Sie die Deckungsbeiträge je Stück und der einzelnen Produktgruppen.
2. Ermitteln Sie das Betriebsergebnis für die Mantelproduktion mithilfe der Deckungsbeitragsrechnung.
3. Es sollen weiterhin alle vier Modelle produziert werden. Die Unternehmensleitung beabsichtigt aber, geeignete absatzpolitische Maßnahmen auf die beiden erfolgversprechendsten Modelle zu konzentrieren. Dadurch soll die Absatzmenge dieser beiden Modelle um jeweils 100 Stück monatlich gesteigert werden. Es wird damit gerechnet, dass sich aufgrund dieser absatzpolitischen Maßnahmen die variablen Kosten dieser Modelle um jeweils 10 % erhöhen. Da für die Produktionsausweitung zusätzliche Maschinen angeschafft werden müssen, steigen gleichzeitig die monatlichen Fixkosten um 15 % (sprungfixe Kosten).

   Zugunsten welcher beiden Modelle würden Sie sich entscheiden? Überprüfen Sie Ihre Entscheidung durch einen Vergleich des nach dieser Maßnahme erzielten Betriebsergebnisses mit dem in der Ausgangssituation erzielten Betriebsergebnis (siehe Aufg. 2).
4. Die Unternehmensleitung möchte nach der Absatzförderung *(vgl. 3)* das Produktionsprogramm auf drei Modelle straffen. Dadurch könnten im Vergleich zu 3. (sprung-)fixe Kosten abgebaut und die monatlichen Fixkosten auf 85.000 EUR gesenkt werden.

   Auf welches Modell soll Ihrer Meinung nach künftig verzichtet werden? Überprüfen Sie Ihre Entscheidung, indem Sie das nach der Straffung des Produktionsprogramms erzielte Betriebsergebnis mit dem Ergebnis von Aufg. 3 vergleichen.

6.6.3 Entscheidung über Zusatzaufträge

Ein Betrieb steht vor der Entscheidung, Zusatzaufträge von neuen Kunden anzunehmen. Die Fertigungsstelle I hat noch Produktionsreserven. Die Kalkulation des dort hergestellten Erzeugnisses sieht wie folgt aus:

	Listenverkaufspreis	200 EUR
–	Preisnachlässe (im Durchschnitt 4 %)	8 EUR
=	Barverkaufspreis	192 EUR
–	variable Kosten	100 EUR
=	Deckungsbeitrag	92 EUR

Zu welchem Mindest-Listenverkaufspreis können Zusatzaufträge für dieses Erzeugnis angenommen werden?

6.6.4 Zusatzauftrag – sprungfixe Kosten

Bei einem Hersteller von Waschmaschinen ergibt sich für die Produktion und den Absatz von 800 Maschinen des Typs Siwamat folgendes Bild:

Umsatzerlöse	480.000 EUR
variable Kosten	288.000 EUR
Deckungsbeitrag	192.000 EUR
fixe Kosten	200.000 EUR
Verlust	8.000 EUR

Es geht der zusätzliche Auftrag eines Exporteurs über 600 Maschinen ein. Der Hersteller ist in der Lage, die insgesamt 1.400 Maschinen ohne Kapazitätserweiterung herzustellen. Allerdings verlangt der Exporteur für die 600 Maschinen einen Rabatt in Höhe von 20 % auf den üblichen Preis.

1. Entscheiden Sie, ob der Auftrag angenommen werden soll. Wie hoch ist das Betriebsergebnis bei Annahme des Auftrags?
2. Prüfen Sie, ob sich die Entscheidung ändert, wenn ab einer Produktionsmenge von 801 Maschinen mit zusätzlichen Fixkosten (sprungfixe Kosten) in Höhe von 140.000 EUR gerechnet werden muss.

6.6.5 Auswirkungen eines Zusatzauftrages auf das Betriebsergebnis

Die Mineralbrunnen-AG kalkulierte bisher nur nach dem System der Vollkostenrechnung. Konkurrenzdruck und Konjunkturschwankungen zwingen die Geschäftsleitung zur Einführung der Deckungsbeitragsrechnung.

1. Eine Kundenbefragung ergab, dass neben dem Eigenprodukt Mineralwasser auch 30.000 Kästen fremdbezogener Fruchtsaft pro Jahr abgesetzt werden können. Ermitteln Sie das voraussichtliche Betriebsergebnis mittels Deckungsbeitragsrechnung, wenn folgende Daten erwartet werden:

	Mineralwasser	Fruchtsaft
Absatzmenge in Kasten	240.000	30.000
Verkaufspreis je Kasten in EUR	4,00	14,00
Variable Kosten je Kasten in EUR	2,05	–
Bezugspreis je Kasten in EUR	–	7,00
Fixkosten des Betriebes	370.000 EUR	

PDF

2. Kostensteigerungen führen bei Mineralwasser zu einer Erhöhung der variablen Kosten je Kasten um 0,45 EUR. Gleichzeitig wäre ein Großabnehmer bereit, pro Jahr 40.000 Kästen Mineralwasser zu einem Preis von 3,00 EUR je Kasten zusätzlich abzunehmen.
   a) Soll die Mineralbrunnen-AG diese Lieferverpflichtung eingehen? Begründen Sie rechnerisch Ihre Entscheidung.
   b) Erläutern Sie, wie sich das Betriebsergebnis verändert.
   c) Warum wird in der Praxis dieses theoretische Ergebnis nicht zu erreichen sein?

6.6.6 Gewinnschwelle – Zusatzauftrag

Ein Hersteller von Dunstabzugshauben produziert derzeit monatlich 8.000 Abzugshauben. Seine Kapazität ist auf eine Monatsproduktion von 10.000 Stück ausgelegt. Eine Untersuchung ergab folgende Kostenstruktur:

variable Kosten pro Stück (k_v):

PDF

Material	98,00 EUR
variable Materialgemeinkosten	3,00 EUR
variable Fertigungsgemeinkosten	28,00 EUR
variable Fertigungseinzelkosten	1,00 EUR
variable Verw. u. Vertriebskosten	2,00 EUR
	132,00 EUR
fixe Kosten pro Monat:	240.000,00 EUR

1. Ermitteln Sie bei einem Verkaufspreis pro Abzugshaube von 176,00 EUR den Deckungsbeitrag pro Stück, den gesamten Deckungsbeitrag sowie das Betriebsergebnis bei der derzeitigen Auslastung.
2. Berechnen Sie den Erlös, den das Unternehmen erzielen muss, um seine Gewinnschwelle zu erreichen.
3. Bei der beschriebenen Beschäftigungssituation (8.000 Hauben) erreicht das Unternehmen die Anfrage eines neuen Kunden, der monatlich 2.000 Hauben abnehmen will. Der Kunde begrenzt den Preis auf netto 145,00 EUR.

   Um wie viel EUR ändern sich Deckungsbeitrag sowie Betriebsergebnis pro Monat, falls der Auftrag angenommen wird?

6.7 Entscheidung über Eigenfertigung oder Fremdbezug: Make or Buy

6.7.1 Entscheidung bei freien Kapazitäten

Da die fixen Kosten unabhängig davon anfallen, ob die Teile oder Erzeugnisse selbst hergestellt oder fremd bezogen werden, spielen diese Kosten im Fall einer **kurzfristigen Entscheidung** keine Rolle.

Für die Entscheidung, ob **kurzfristig** von der Eigenfertigung zum Fremdbezug bzw. vom Fremdbezug zur Eigenfertigung übergegangen werden soll, sind unter kostenrechnerischen Gesichtspunkten daher ausschließlich die **variablen Stückkosten** und **nicht die Vollkosten** von Bedeutung.

Entscheidung über Eigenfertigung oder Fremdbezug eines Herstellers von Armbanduhren

Ein Hersteller von Armbanduhren hat seine Kapazitäten derzeit nicht ausgelastet. Er steht daher vor der Entscheidung, die bislang fremdbezogenen Uhrengehäuse selbst zu produzieren. Die Produktion der Uhrengehäuse könnte mit den vorhandenen Anlagen erfolgen. Der Entscheidung werden nachstehende Informationen zugrunde gelegt:

(1) Fremdbezug:	Einstandspreis eines Uhrengehäuses	48 EUR
(2) Eigenfertigung:	Verbrauch Fertigungsmaterial	26 EUR
	variable Materialgemeinkosten	20 %
	Fertigungslöhne	12 EUR
	variable Fertigungsgemeinkosten	10 %

Variable Kosten je Stück (k_v) bei Fremdbezug: 48,00 EUR
Variable Kosten je Stück (k_v) bei Eigenfertigung:
26,00 EUR + 5,20 EUR + 12,00 EUR + 1,20 EUR = 44,40 EUR

Kostenvorteil bei Eigenfertigung **3,60 EUR**

Entscheidung: Bei der Eigenfertigung entsteht ein Kostenvorteil von 3,60 EUR je Gehäuse.

! **Bei freier Kapazität ist die Eigenfertigung dem Fremdbezug vorzuziehen, wenn die variablen Herstellkosten unter dem Einstandspreis liegen.**

6.7.2 Entscheidung bei erforderlicher Kapazitätsausweitung

Aufg. 6.7.1 und 6.7.2 S. 373

Entscheidung zwischen Eigenfertigung und Fremdbezug

Ein Industriebetrieb kaufte bisher die für die Produktion benötigten Kunststoffteile von einem Lieferer zu einem Preis von 6,00 EUR/Stück. Nachdem der Lieferer eine Preiserhöhung auf 8,00 EUR/Stück ankündigt, ist zu entscheiden, ob die Kunststoffteile selbst hergestellt werden sollen.

Im Fall einer Eigenfertigung müsste eine Maschine angeschafft werden, deren Anschaffungskosten auf 300.000 EUR veranschlagt werden. Die betriebsgewöhnliche Nutzungsdauer dieser Maschine wird auf 10 Jahre geschätzt. Des Weiteren wird damit gerechnet, dass der Betrieb der Maschine mit zusätzlichen Fixkosten (Wartung, Versicherung etc.) in Höhe von 14.000 EUR/Jahr verbunden ist. Die laufende Produktion verursacht variable Materialkosten (Fertigungsmaterial, Materialgemeinkosten) in Höhe von 2,00 EUR/Stück und variable Fertigungskosten (Stücklohn, variable Fertigungsgemeinkosten) in Höhe von 1,00 EUR/Stück.

Von welcher Fertigungsmenge an ist die Eigenfertigung günstiger als der Fremdbezug?

Fixe Kosten:

Kalkulatorische Abschreibung (300.000 EUR/10 Jahre)	30.000 EUR/Jahr
Zusätzliche Fixkosten	14.000 EUR/Jahr

Variable Kosten:

Materialkosten	2 EUR
Fertigungskosten	1 EUR

Kostenfunktionen und kritische Menge

Kostenfunktion bei Eigenfertigung:
K = 44.000 + 3 x

Kostenfunktion bei Fremdbezug:
K = 8 x

Menge, bei der die Kosten bei Eigenfertigung gleich hoch sind wie die Kosten bei Fremdbezug (Übergangsmenge, kritische Menge):

$$44.000 + 3x = 8x$$
$$5x = 44.000$$
$$x = 8.800$$

Grafische Ermittlung der Übergangsmenge (kritische Menge)

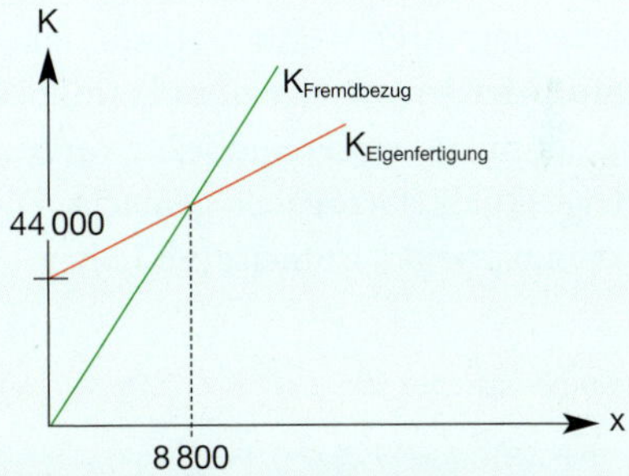

Ergebnis: Bis zu einer Fertigungsmenge von einschließlich 8.799 Stück/Jahr ist der Fremdbezug günstiger. Werden mehr als 8.800 Stück produziert, lohnt sich die Eigenfertigung.

Muss bei einer Make-or-Buy-Entscheidung im Fall einer Eigenfertigung die Kapazität erweitert werden, so sind neben den variablen Kosten auch die fixen Kosten in die Vergleichsrechnung mit einzubeziehen.

!

Berechnung der Übergangsmenge bei ausgelasteter Kapazität:
Kosten bei Eigenfertigung = Kosten bei Fremdbezug

K_f = fixe Gesamtkosten
k_v = variable Stückkosten bei Eigenfertigung
x = Produktionsmenge
p = Einstandspreis je Stück bei Fremdbezug

$$K_f + k_v \cdot x = p \cdot x$$

$$x = \frac{K_f}{p - k_v} = \frac{K_f}{db}$$

Bei ausgelasteter Kapazität ist die Eigenfertigung dem Fremdbezug vorzuziehen, wenn die mit der Eigenfertigung verbundenen Kosten (fixe und variable Kosten) geringer sind als die Kosten bei Fremdbezug.

6.7.3 Qualitative Entscheidungskriterien für Eigenfertigung oder Fremdbezug

Für die Entscheidung eines Unternehmens, ob ein ganzes Erzeugnis oder der Teil eines Erzeugnisses (Fertigteil) selbst hergestellt oder von einem Lieferer bezogen werden soll („Make or Buy-Entscheidung"), sind neben kostenrechnerischen Überlegungen (= quantitative Entscheidungskriterien) auch andere Kriterien (qualitative Entscheidungskriterien) wie z. B. Qualität der fremdbezogenen Teile, Zuverlässigkeit des Lieferers bedeutsam.

Gründe für den Fremdbezug	Gründe für die Eigenfertigung
■ Kostensenkung durch Ausrichtung der Produktion auf wenige Produkte („Lean Production") ■ Qualitätssicherung, falls Lieferer in der Lage ist, ein qualitativ besseres Produkt zu liefern ■ Vermeidung von Kundenverlust durch eigene Lieferschwierigkeiten aufgrund eines Kapazitätsengpasses ■ Verwendung von Produktionskapazität für Produkte mit höherem Deckungsbeitrag ■ Verminderung von Lagerhaltungskosten	■ Unabhängigkeit von Zulieferern hinsichtlich Preisgestaltung, Termintreue, Einhaltung von Qualitätsstandards ■ Auslastung eigener Kapazitäten und damit Weiterbeschäftigung eigener Mitarbeiter (soziale Gründe) ■ Verlust von innerbetrieblichem Know How, wenn Fertigung nach außen verlagert wird

Zur Sicherung ihrer Wettbewerbsfähigkeit gehen viele Industriebetriebe dazu über, ihre **Fertigungstiefe** zugunsten eines Fremdbezuges zu verringern (**Outsourcing**). Zur Verminderung der mit einem Fremdbezug verbundenen Risiken werden aber dem Zulieferer häufig strenge Qualitätsvorgaben gemacht. Die Nichteinhaltung getroffener Termin- und Qualitätsvereinbarungen ist meist mit hohen Vertragsstrafen (Konventionalstrafen) verbunden.

Zusammenfassende Übersicht zu 6.7: Eigenfertigung oder Fremdbezug: Make or Buy

Eigenfertigung oder Fremdbezug

bei freien Kapazitäten	**bei erforderlicher Kapazitätserweiterung**
Entscheidung für Eigenfertigung, falls variable Herstellkosten < Kosten bei Fremdbezug	Entscheidung für Eigenfertigung, falls Kosten bei Eigenfertigung (fixe und variable) < Kosten bei Fremdbezug

zusätzlich zu berücksichtigen: Qualitative Kriterien wie z. B.
■ Qualitätssicherung ■ Weiterbeschäftigung eigener Mitarbeiter ■ Zuverlässigkeit eines Lieferers

WIEDERHOLUNG DES GRUNDWISSENS

6.7 Entscheidungen über Eigenfertigung oder Fremdbezug: Make or Buy

1. Erläutern Sie, warum für die Entscheidung zwischen Eigenfertigung und Fremdbezug bei freien Kapazitäten lediglich die variablen Stückkosten von Bedeutung sind.
2. Erklären Sie, unter welcher Voraussetzung bei freien Kapazitäten die Eigenfertigung dem Fremdbezug vorzuziehen ist.
3. Erörtern Sie, warum es bei ausgelasteten Kapazitäten nicht ausreicht, der Entscheidung zwischen Eigenfertigung und Fremdbezug lediglich die variablen Stückkosten zugrunde zu legen.
4. Begründen Sie, unter welcher Bedingung bei ausgelasteten Kapazitäten die Eigenfertigung dem Fremdbezug vorzuziehen ist.

AUFGABEN ZUM ERWERB UND ZUR KONTROLLE VON KOMPETENZEN

6.7 Entscheidung über Eigenfertigung oder Fremdbezug: Make or Buy

6.7.1 Eigenfertigung oder Fremdbezug eines Herstellers von Zeiterfassungsgeräten

Ein Hersteller von Zeiterfassungsgeräten steht vor der Entscheidung, ein zur Herstellung benötigtes Fertigteil selbst zu fertigen bzw. von einem anderen Hersteller zu beziehen. Das Fertigteil wurde bislang in einer eigenen Fertigungsstelle produziert. An Fixkosten sind dafür 3.000.000 EUR je Abrechnungsperiode angefallen. Die variablen Stückkosten belaufen sich auf 1.000 EUR, die zurzeit gefertigte Stückzahl beläuft sich auf 10.000 Einheiten. Der Hersteller verlangt für die Lieferung des Fertigteils 1.250 EUR/Stück.

1. Berechnen Sie die Stückkosten, die bei Eigenfertigung anfallen.
2. Stellen Sie die Kostenfunktion bei Eigenfertigung auf.
3. Stellen Sie die Kostenfunktion bei Fremdbezug auf.
4. Zeichnen Sie den Verlauf der Kostenfunktionen bei Eigenfertigung und Fremdbezug in ein Koordinatensystem ein.
5. Bei welcher Produktionsmenge entstehen für Eigenfertigung und Fremdbezug Kosten in gleicher Höhe?
6. Welche Entscheidung ist zu treffen, wenn davon auszugehen ist, dass die fixen Kosten nicht abgebaut werden können und pro Abrechnungszeitraum
   a) 10.000 Stück, b) 15.000 Stück produziert werden sollen?
7. Nennen Sie drei Gesichtspunkte, die gegebenenfalls trotz Kostenvorteil gegen einen Fremdbezug sprechen.

6.7.2 Eigenfertigung oder Fremdbezug in einer Möbelfabrik

Eine Möbelfabrik hat die Befestigungswinkel zwischen Tischplatte und Tischbeinen bisher fremd bezogen. Im Rahmen einer Vergleichsrechnung (Make-or-Buy-Analyse) soll ermittelt werden, ob die Produktion der Befestigungswinkel aus Kostengründen in Eigenfertigung erfolgen soll. Folgende Daten liegen vor:

Wöchentlicher Bedarf:	4.000 Stück
Bezugspreis:	2,95 EUR
Sprungfixe Kosten, die bei Eigenfertigung der Befestigungswinkel anfallen (Woche):	3.500 EUR
Fertigungsmaterial/Stück:	0,85 EUR
Fertigungslohn/Stück:	1,25 EUR
Sonstige variable Kosten pro Stück:	0,15 EUR

Weisen Sie rechnerisch nach, ab welcher Stückzahl die Eigenfertigung kostengünstiger ist. Welche Entscheidung sollte daher das Unternehmen treffen?

6.8 Mehrstufige Deckungsbeitragsrechnung

Wie bei der bisher behandelten einstufigen Deckungsbeitragsrechnung werden auch bei der **mehrstufigen Deckungsbeitragsrechnung** nur die variablen Kosten den Kostenträgern zugerechnet. Allerdings gehen bei der mehrstufigen Deckungsbeitragsrechnung nicht die gesamten Fixkosten in einer Summe in die Ergebnisrechnung ein. Es wird vielmehr versucht, die **Fixkosten aufzuspalten**. Ziel ist es dabei, die Fixkosten als **Einzelkosten** bestimmten Bezugsgrößen möglichst verursachungsgerecht zuzuordnen. So lassen sich die Fixkosten z. B. wie folgt untergliedern:

- Fixkosten, die der einzelnen Erzeugnisart zugerechnet werden können
  z. B. Kosten für Forschung und Entwicklung bei einem einzelnen Erzeugnis, Kosten einer speziell auf den Absatz einer Produktart gerichteten Marketingmaßnahme, Kosten

für Spezialwerkzeuge zur Herstellung dieser Produktart, Abschreibungen auf eine Einproduktanlage,

- Fixkosten, die durch einzelne Erzeugnisgruppen entstehen
  z. B. Miete für ein Gebäude, in dem verschiedene Produktarten derselben Erzeugnisgruppe hergestellt werden,
- Fixkosten, die mit einzelnen Kostenstellen im Zusammenhang stehen
  z. B. Gehalt des Leiters einer Kostenstelle, in der einzelne Produktarten bearbeitet werden,
- Fixkosten einzelner Betriebsbereiche
  z. B. Gehalt des Bereichsleiters (Niederlassungsleiters),
- Fixkosten der Gesamtunternehmung
  z. B. Gehalt des Buchhalters des Unternehmens, Vorstandsgehälter, Kosten für Maßnahmen zur Imagepflege (Sponsoring)

! **Bei der mehrstufigen Deckungsbeitragsrechnung werden die Fixkosten im Gegensatz zur einstufigen Deckungsbeitragsrechnung nicht als ein Block behandelt, sondern aufgeteilt in Produktgruppen-, Kostenstellen-, Bereichs- und Unternehmensfixkosten und anschließend in mehreren Stufen verrechnet.**

Der Vorteil der mehrstufigen Deckungsbeitragsrechnung besteht darin, dass zusätzlich zu den Produktdeckungsbeiträgen auch Deckungsbeiträge von Produktgruppen, Kostenstellen und Unternehmensbereichen dargestellt werden können. Die mehrstufige Deckungsbeitragsrechnung liefert daher einen besseren Einblick in die Zusammensetzung des Betriebsergebnisses, weil beispielsweise negative Deckungsbeiträge auf einzelnen Stufen Problembereiche in der Kostenstruktur anzeigen.

Aufg. 6.8.1 S. 375

Mehrstufige Deckungsbeitragsrechnung

	Produktionsbereich A		Produktionsbereich B		Gesamt
	Produkt A-1	Produkt A-2	Produkt B-1	Produkt B-2	
Umsatzerlöse	300.000 EUR	500.000 EUR	160.000 EUR	200.000 EUR	1.160.000 EUR
– Variable Kosten	140.000 EUR	250.000 EUR	60.000 EUR	120.000 EUR	570.000 EUR
= Deckungsbeitrag I	160.000 EUR	250.000 EUR	100.000 EUR	80.000 EUR	590.000 EUR
– Produktfixe Kosten	60.000 EUR	130.000 EUR	120.000 EUR	30.000 EUR	340.000 EUR
= Deckungsbeitrag II	100.000 EUR	120.000 EUR	–20.000 EUR	50.000 EUR	250.000 EUR
– Bereichsfixe Kosten	110.000 EUR		20.000 EUR		130.000 EUR
= Deckungsbeitrag III	110.000 EUR		10.000 EUR		120.000 EUR
– Unternehmensfixe Kosten					15.000 EUR
= Betriebsergebnis					105.000 EUR

Zusammenfassende Übersicht zu 6.8: Mehrstufige Deckungsbeitragsrechnung

Fixkosten werden nicht in einer Summe verrechnet, sondern aufgegliedert in Produktgruppen-, Bereichs- und Unternehmensfixkosten und getrennt verrechnet.

	Umsatzerlöse
–	**variable Kosten**
=	**Deckungsbeitrag I**
–	**Produktfixe Kosten**
=	**Deckungsbeitrag II**
–	**Bereichsfixe Kosten**
=	**Deckungsbeitrag III**
–	**Unternehmensfixe Kosten**
=	**Betriebsergebnis**

WIEDERHOLUNG DES GRUNDWISSENS

6.8 Mehrstufige Deckungsbeitragsrechnung

1. Unterscheiden Sie zwischen einfacher und mehrstufiger Deckungsbeitragsrechnung.
2. Nennen Sie Beispiele für Möglichkeiten zur Aufgliederung der Fixkosten.
3. Erläutern Sie, worin der Vorteil der mehrstufigen Deckungsbeitragsrechnung liegt.

AUFGABEN ZUM ERWERB UND ZUR KONTROLLE VON KOMPETENZEN

6.8 Mehrstufige Deckungsbeitragsrechnung

6.8.1 Mehrstufige Deckungsbeitragsrechnung: Gewinnmaximierung durch Sortimentsgestaltung

Ein Unternehmen stellt 4 Produkte her. Die Kosten- und Erlössituation zeigt die folgende Tabelle:

	A	B	C	D
variable Kosten je Produktionseinheit (EUR)	20	40	60	15
Erzeugnis-Fixkosten (EUR) (produktspezifische Fixkosten)	40.000	20.000	120.000	0
erzielbarer Preis (EUR)	40	50	90	30
Absatzmenge (Stück)	5.000	30.000	3.000	2.000

Unternehmensfixkosten: 200.000 EUR

1. Welchen Deckungsbeitrag bringt jedes der 4 Produkte zu den Unternehmensfixkosten?
2. Wie groß ist der Gesamtgewinn des Unternehmens?
3. Jedes Produkt kann auf jeder Maschine des Betriebs hergestellt werden. Ein Wechsel der Maschinen ist kostenneutral.
   Welche Folgerungen würden Sie aus der dargestellten betrieblichen Situation für die Sortimentsgestaltung des Unternehmens ziehen? Begründen Sie Ihre Entscheidung aus den vorliegenden Zahlen.

6.9 Optimales Produktionsprogramm in Engpasssituationen: Relative Deckungsbeitragsrechnung

Übersteigt die Zahl der Produktionsaufträge die Kapazität des Betriebes, entstehen **Engpässe**, d. h. es können nicht alle Produktionsaufträge berücksichtigt werden. In diesem Fall sind die **absoluten Deckungsbeiträge** (= Deckungsbeiträge ohne Berücksichtigung der Engpasssituation) **keine geeignete Grundlage** für die Entscheidung, welche Produkte in welchen Mengen produziert werden sollen.

Aufg. 6.9.1 S. 379

LA

Optimales Produktionsprogramms bei Engpässen

Eine Armaturenfabrik produziert u. a. Druckminderer in zwei verschiedenen Ausführungen. Aufgrund von Facharbeitermangel und gestiegener Nachfrage kann das Unternehmen nicht mehr alle Aufträge erfüllen. Der Kostenrechnung für das zurückliegende Quartal sind folgende Zahlen zu entnehmen:

	Produkt A	Produkt B
Verkaufspreis je Einheit, netto	100,00 EUR	160,00 EUR
Variable Kosten je Einheit	70,00 EUR	120,00 EUR
Fertigungszeit je Einheit	20 Minuten	40 Minuten

Die Fixkosten betragen 50.000 EUR je Monat und können nur der Gesamtheit aller Produkte zugerechnet werden.

Lösungsschritte zur Ermittlung des optimales Produktionsprogramms bei Engpässen:

1. Schritt: Ermittlung der absoluten Deckungsbeiträge

	Produkt A	Produkt B
Verkaufspreis je Einheit, netto	100,00 EUR	160,00 EUR
– variable Kosten je Einheit	– 70,00 EUR	– 120,00 EUR
= Deckungsbeiträge je Produkteinheit) **(= absolute Deckungsbeiträge)**	**30,00 EUR**	**40,00 EUR**

Beide Deckungsbeiträge sind positiv. Produkt B weist jedoch den höheren **absoluten Deckungsbeitrag** auf.

2. Schritt: Ermittlung der relativen Deckungsbeiträge

Das Produkt mit dem höheren Deckungsbeitrag (Produkt B) beansprucht den Engpassbereich 40 Minuten je Stück, während das Produkt mit dem niedrigeren Deckungsbeitrag (Produkt A) lediglich 20 Minuten je Stück Produktionszeit erfordert. Demnach ist für die Bestimmung der Produktförderung entscheidend, wie hoch die Deckungsbeiträge pro Minute des Engpassbereichs sind **(relative Deckungsbeiträge)**:

relative Deckungsbeiträge	Produkt A	Produkt B
Deckungsbeitrag pro Minute (Engpasseinheit)	30,00 EUR/20 Min. **= 1,50 EUR/Min.**	40,00 EUR/40 Min. **= 1,00 EUR/Min.**

Soll die vorhandene Kapazität allein durch Produktion nur eines der beiden Produkte ausgelastet werden, entscheidet sich die Armaturenfabrik für das Produkt A. Da der **Deckungsbeitrag je Minute** bei

Produkt A $\left(\frac{100-70}{20} = 1{,}50 \text{ EUR/Min.}\right)$ größer als bei Produkt B $\left(\frac{160-120}{40} = 1{,}00 \text{ EUR/Min.}\right)$ ist, wird bei dieser Vorgehensweise ein höherer Gewinn erzielt als im umgekehrten Fall.

Ergebnis: Will das Unternehmen seinen Gewinn maximieren, so ist – eine entsprechende Absatzmenge vorausgesetzt – die Herstellung des Produktes A dem Produkt B vorzuziehen, da in diesem Falle pro Produktionsminute ein Deckungsbeitrag von 1,50 EUR erwirtschaftet wird. Das sind – bezogen auf eine Produktionsminute – 0,50 EUR mehr als bei Produkt B.

Liegen Produktionsengpässe vor, so sind die Deckungsbeiträge je Einheit des Engpassfaktors (relative Deckungsbeiträge) zu ermitteln. Je höher der relative Deckungsbeitrag einer Erzeugniseinheit ist, desto förderungswürdiger ist das entsprechende Produkt.

$$\textbf{relativer Deckungsbeitrag je Stück} = \frac{\textbf{absoluter Stückdeckungsbeitrag (db)}}{\textbf{benötigte Einheiten des Engpassfaktors (z. B. Min. je Stück)}}$$

Engpässe, die die Anwendung der relativen Deckungsbeitragsrechnung nötig machen, können außer im **Fertigungsbereich** (z. B. knappe Produktionskapazitäten) auch im **Beschaffungsbereich** (z. B. knappe Materialvorräte), im **Absatzbereich** (z. B. knappe Lager- und Transportkapazitäten) oder im **Finanzierungsbereich** (z. B. knappe liquide Mittel) auftreten.

Fehlentscheidung bei absoluter Deckungsbeitragsrechnung

Optimales Produktionsprogramm eines Uhrenherstellers bei ausgelasteten Kapazitäten

Das Produktionsprogramm eines Herstellers von Digitaluhren enthält vier Produkttypen. Die für das dritte Quartal absetzbaren Mengen, die variablen Stückkosten und die Stückpreise sind nachstehender Tabelle zu entnehmen:

Produkt-bezeichnung	Absatzmenge Stück	Stückpreis EUR	Variable Stückkosten EUR	db je Stück EUR
A	60.000	75	37	38
B	74.500	60	32	28
C	58.000	52	28	24
D	54.000	45	36	9

Die fixen Kosten pro Quartal belaufen sich auf 200.000 EUR.

Alle Produkttypen durchlaufen die **gleiche Montageabteilung**. In dieser Abteilung stehen pro Quartal 10.000 Stunden zur Verfügung. Für die Montage werden folgende Zeiten je Gehäuse benötigt:

Produktbezeichnung	Montagezeit je Stück
A	3,0 Min. = 0,05 Std.
B	7,2 Min. = 0,12 Std.
C	6,0 Min. = 0,10 Std.
D	4,2 Min. = 0,07 Std.

1. Produktionsprogramm auf der Grundlage absoluter Deckungsbeiträge

Produkttyp	Montagezeit je Stück	Menge Soll	Montagezeit Soll	Menge Ist	Montagezeit Ist	db je Stück	Gesamt DB EUR
A	0,05 Std.	60.000 St.	3.000 Std.	60.000 St.	3.000 Std.	38 EUR	2.280.000
B	0,12 Std.	74.500 St.	8.940 Std.	58.333 St.	7.000 Std.	28 EUR	1.633.324
C	0,10 Std.	58.000 St.	5.800 Std.	0 St.	0 Std.	24 EUR	0
D	0,07 Std.	54.000 St.	3.780 Std.	0 St.	0 Std.	9 EUR	0
			21.520 Std.		**10.000 Std.**		**3.913.324**

Ergebnis: Wird die Produktförderung nach der Höhe der Stückdeckungsbeiträge (= absolute Deckungsbeiträge) vorgenommen, so werden die Produkttypen C und D nicht produziert. Von Produkttyp B werden lediglich 58.333 Stück produziert.

2. Produktionsprogramm auf der Grundlage relativer Deckungsbeiträge

Produktbezeichnung	Montagezeit je Stück	Relativer DB = db je Stunde
A	3,0 Min. = 0,05 Std.	(38/3,0) · 60 = 760,00 EUR
B	7,2 Min. = 0,12 Std.	(28/7,2) · 60 = 233,33 EUR
C	6,0 Min. = 0,10 Std.	(24/6,0) · 60 = 240,00 EUR
D	4,2 Min. = 0,07 Std.	(9/4,2) · 60 = 128,57 EUR

Erfolgt die Produktförderung nach der Höhe der relativen Deckungsbeiträge, so ergibt sich nachstehendes Produktionsprogramm:

Aufg. 6.9.2 und 6.9.3 S. 380 f.

LA

Produkttyp	Montagezeit je Stück	Menge Soll	Montagezeit Soll	Menge Ist	Montagezeit Ist	Relativer dB (db je Std. Montagezeit)	Gesamt DB EUR
A	0,05 Std.	60.000 St.	3.000 Std.	60.000 St.	3.000 Std.	760,00 EUR	2.280.000
C	0,10 Std.	58.000 St.	5.800 Std.	58.000 St.	5.800 Std.	240,00 EUR	1.392.000
B	0,12 Std.	74.500 St.	8.940 Std.	10.000 St.	1.200 Std.	233,33 EUR	280.000
D	0,07 Std.	54.000 St.	3.780 Std.	0 St.	0 Std.	128,57 EUR	0
			21.520 Std.		**10.000 Std.**		**3.952.000**

Ergebnis: Wird die Produktionsentscheidung auf der Grundlage der relativen Deckungsbeiträge getroffen, so werden die vier Produkttypen in der Rangfolge A, C, B, D produziert. Wegen des bestehenden Kapazitätsengpasses in der Abteilung Montage wird auf die Produktion von Produkttyp D vollständig verzichtet. Von Produkttyp B werden lediglich 10.000 Stück produziert.

Durch die Produktionsentscheidung auf der Grundlage der relativen Deckungsbeiträge lässt sich das Betriebsergebnis im Vergleich zur Entscheidung bei absoluter Deckungsbeitragsrechnung um 38.676 EUR (3.952.000 EUR – 3.913.324 EUR) verbessern.

Aufg. 6.9.4
S. 381

Zusammenfassende Übersicht zu 6.9:
Optimales Produktionsprogramm in Engpasssituationen: Relative Deckungsbeitragsrechnung

Engpasssituation: Kapazität des Betriebes reicht nicht, um die Produkte in den gewünschten (absetzbaren) Mengen zu produzieren

↓

Entscheidung: Welche Produkte sind mit welchen Mengen zu produzieren?

↓

Entscheidungsgrundlage: Relative Deckungsbeiträge

$$\text{relativer Deckungsbeitrag} = \frac{\text{absoluter Deckungsbeitrag (db)}}{\text{benötigte Einheiten des Engpassfaktors (z. B. Minuten je Stück)}}$$

Produktionsentscheidung: Reihenfolge der Produktförderung ist abhängig von der Höhe der relativen Deckungsbeiträge

WIEDERHOLUNG DES GRUNDWISSENS

6.9 Optimales Produktionsprogramm in Engpasssituationen: Relative Deckungsbeitragsrechnung

1. Erklären Sie, wann eine Engpasssituation vorliegt und nennen Sie zwei Beispiele.
2. Erklären Sie den Begriff „absoluter Deckungsbeitrag".
3. Begründen Sie, weshalb sich bei Vorliegen einer Engpasssituation das optimale Produktionsprogramm nicht nach der Höhe der absoluten Deckungsbeiträge bestimmen lässt.
4. Geben Sie die Entscheidungsregel zur Produktförderung bei Vorliegen einer Engpasssituation an.

AUFGABEN ZUM ERWERB UND ZUR KONTROLLE VON KOMPETENZEN

6.9 Optimales Produktionsprogramm in Engpasssituationen: Relative Deckungsbeitragsrechnung

6.9.1 Entscheidung über das optimale Produktionsprogramm bei Engpasssituationen

In einem Industriebetrieb soll das Produktionsprogramm für das kommende Jahr erstellt werden. Aufgrund der Marktsituation wird mit folgender Produktions- und Absatzmenge je Tag gerechnet:

LA

PDF

Erzeugnis	A	B	C	D	E
Stück	40	60	150	60	80

Die Verkaufspreise und die variablen Stückkosten für die einzelnen Erzeugnisse sind nachstehender Tabelle zu entnehmen:

Erzeugnisse	A	B	C	D	E
Verkaufspreis je Stück in EUR	125	90	150	121	140
Variable Kosten je Stück in EUR	135	60	110	85	90

1. Ermitteln Sie den Gesamtdeckungsbeitrag für das gewinnmaximale Produktionsprogramm.
2. Die Lackiererei wird von den einzelnen Erzeugnissen mit nachstehenden Fertigungszeiten beansprucht:

	A	B	C	D	E
Fertigungszeit je Stück in Min.	15	6	5	12	20

   Im Rahmen des Dreischichtbetriebs wird die Lackiererei an einem Arbeitstag 24 Stunden betrieben.

   Berechnen Sie, ob die Kapazität ausreicht, um die einzelnen Erzeugnisse mit den jeweils geplanten Mengen *(vgl. 1.)* zu produzieren.
3. Der Produktionsleiter schlägt vor, das Produktionsprogramm zu straffen und nur vom Erzeugnis mit dem höchsten Stückdeckungsbeitrag die höchstmögliche Menge zu produzieren.

   Welche Menge lässt sich unter den gegebenen Bedingungen (24 Stunden pro Tag) von diesem Erzeugnis herstellen und welcher Gesamtdeckungsbeitrag wird dabei erzielt?
4. Der Controller behauptet, die vom Produktionsleiter vorgeschlagene Zusammenstellung des Produktionsprogramms führe nicht zum bestmöglichen Betriebsergebnis. Aus seiner Sicht trägt ein hoher Stückdeckungsbeitrag dann nicht unbedingt zur Verbesserung des Betriebsergebnisses bei, wenn das Erzeugnis vergleichsweise lange Fertigungszeiten erfordert. Entscheidend für die Zusammenstellung des Produktionsprogramms sei vielmehr der pro Fertigungsminute erzielbare Deckungsbeitrag eines Erzeugnisses.

   Berechnen sie die Deckungsbeiträge pro Fertigungsminute (= relative Deckungsbeiträge), die sich mit den für das Produktionsprogramm infrage kommenden Erzeugnissen erzielen lassen, und bestimmen Sie die Rangfolge der zu produzierenden Erzeugnisse.
5. Mit welchen Mengen sollten die einzelnen Erzeugnisse auf der Grundlage des unter 4. ermittelten Ergebnisses produziert werden?
6. Ermitteln Sie den Gesamtdeckungsbeitrag, der sich aufgrund des unter 5. festgestellten Ergebnisses ergibt und vergleichen Sie das Ergebnis mit dem unter 3. ermittelten Deckungsbeitrag.

6.9.2 Betriebsergebnis – Verwendung frei gewordener Kapazität einer Spielwarenfabrik

Eine Spielwarenfabrik fertigte im zurückliegenden Quartal Holzbaukästen in zwei Ausführungen. Dabei enthält der Erweiterungskasten B weniger, aber kompliziertere Teile als der Grundkasten A. Der Kostenrechnung sind folgende Daten zu entnehmen:

PDF

	Grundkasten A	Erweiterungskasten B
Verkaufspreis je Einheit netto	90 EUR	72 EUR
Variable Kosten insgesamt	61.500 EUR	112.500 EUR
Produktionsmenge	2.300 Stück	3.750 Stück
Produktionsdauer je Einheit	80 Minuten	210 Minuten

1. Errechnen Sie den Deckungsbeitrag je Stück und insgesamt für den Grundkasten A und den Erweiterungskasten B.
2. Durch Nachfragerückgang eines anderen Erzeugnisses stehen im Monat zusätzlich 300 Stunden freie Kapazität für die Holzbaukästen Typ A und Typ B zur Verfügung. Welchen Typ würden Sie vorziehen, wenn für beide Holzbaukästen genügend Nachfrage vorhanden ist?

   Um welchen Betrag verändert sich durch diese zusätzliche Produktion das Betriebsergebnis?

LA

6.9.3 Sortimentspolitik auf der Basis der Deckungsbeitragsrechnung – Absoluter Deckungsbeitrag – Relativer Deckungsbeitrag – Engpasssituation – Zusatzauftrag

Die Kollektion einer Textilfabrik umfasst u. a. fünf Kleidermodelle, für die folgende Daten vorliegen:

PDF

Nr.	Modell	geplante Absatzmenge je Monat	Stückpreis p (EUR)	variable Stückkosten k_v (EUR)
1	A	420	400	180
2	B	900	200	100
3	C	200	380	280
4	D	600	280	150
5	E	350	300	180

Die monatlichen Fixkosten betragen 200.000 EUR.

A. Absoluter Deckungsbeitrag und Sortimentspolitik

1. Ermitteln Sie den Deckungsbeitrag und das Betriebsergebnis (Gewinn/Verlust), wenn alle Aufträge ausgeführt werden können.

2. Die Geschäftsleitung überlegt, das Produktionsprogramm bei Kleidern auf drei Modelle zu reduzieren.

a) Welche beiden Modellen sollten Ihrer Meinung nach für diesen Fall aus der Kollektion gestrichen werden? Begründen Sie Ihre Aussage.

b) Ermitteln Sie den sich nach dieser Entscheidung ergebenden Deckungsbeitrag.

3. Für den Fall einer Straffung des Produktionsprogramms *(vgl. 2.)* würden Kapazitäten frei. Dadurch könnten Produktion und Absatz eines Modells bei gleich bleibenden Fixkosten um monatlich 300 Stück gesteigert werden.

a) Bei welchem Modell sollte diese Produktionsausweitung vorgenommen werden?

b) Begründen Sie mit rechnerischem Nachweis, ob die Straffung des Produktionsprogramms und die Mehrproduktion eines Modells gegenüber der Ausgangssituation *(vgl. 1.)* gerechtfertigt ist.

B. Relativer Deckungsbeitrag und Produkteliminierung aufgrund von Engpasssituationen

4. Aus Sortiments- und Risikogründen sieht die Geschäftsleitung von einer Änderung des Produktionsprogramms ab. Es werden nach wie vor alle fünf Kleidermodelle entsprechend der Ausgangssituation angeboten. Aufgrund der Produktionsausdehnung bei Mänteln ergibt sich aber in der Näherei ein Engpass. Für die Kleiderproduktion stehen nur noch 5.000 Fertigungsstunden pro Monat zur Verfügung. Die einzelnen Kleidermodelle benötigen je Stück folgende Bearbeitungszeiten in der Näherei:

Nr.	Modell	Näharbeiten in Stunden je Kleid
1	A	3,4
2	B	1,8
3	C	2,2
4	D	2,5
5	E	2,5

a) Ermitteln Sie unter Berücksichtigung der Engpasssituation das optimale Produktionsprogramm und den entsprechenden Deckungsbeitrag.

b) Wie groß wäre der Unterschied, wenn sich die Geschäftsleitung bei der Zusammenstellung des Produktionsprogramms nicht an den relativen, sondern an den absoluten Deckungsbeiträgen je Stück orientieren würde?

5. Welche Änderungen würden sich gegenüber dem Ergebnis von 4. ergeben, wenn die Aufträge für die einzelnen Modelle unteilbar sind, d. h. entweder ganz oder gar nicht angenommen werden können?

6.9.4 Fallstudie: Optimales Produktionsprogramm bei unterschiedlichen Arten von Engpässen – Relative Deckungsbeitragsrechnung

Der Aufgabentext und die zugehörigen Materialien befinden sich auf der Begleit-CD.

6.10 Vollkostenrechnung und Teilkostenrechnung: Vergleichende Übersicht

Ein **einzelnes Kostenrechnungssystem** (Voll- oder Teilkostenrechnung) kann die an die Kostenrechnung gestellten Aufgaben (z. B. Preisermittlung, Vorbereitung und Kontrolle betrieblicher Entscheidungen, Ergebnisermittlung) nicht vollständig lösen. Die Unternehmensleitung kann die gewünschten Informationen nur erhalten, wenn sie auf **beide Kostenrechnungssysteme** gleichzeitig zurückgreifen kann.

Vollkostenrechnung in Form der Zuschlagskalkulation	Teilkostenrechnung in Form der Deckungsbeitragsrechnung
Aufteilung der Kostenarten in Einzel- und Gemeinkosten	Aufspaltung der Kostenarten in deren fixe und variable Bestandteile
Verrechnung aller Kosten auf die Kostenträger	Verrechnung lediglich der variablen Kosten auf die Kostenträger
Ermittlung der Herstellkosten, der Selbstkosten und des Angebotspreises möglich	Herstellkosten, Selbstkosten und Angebotspreis werden nicht ermittelt
Liefert keine exakten Informationen darüber, in welchem Umfang Produktions- und Absatzentscheidungen den Gewinn eines Unternehmens beeinflussen	Instrument, das exakte Informationen über die Auswirkungen betrieblicher Produktions- und Absatzentscheidungen vermittelt: ■ kurz- und langfristige Preisuntergrenzen ■ optimales Produktionsprogramm bei freien Kapazitäten und Engpässen ■ Annahme von Zusatzaufträgen ■ Eigenfertigung oder Fremdbezug

Kritik an der Vollkostenrechnung in Form der Zuschlagskalkulation	Kritik an der Teilkostenrechnung in Form der Deckungsbeitragsrechnung
■ Veränderung des Beschäftigungsgrades wird nicht berücksichtigt ■ Fehlerhafte Preispolitik bei Beschäftigungsschwankungen ■ Unterstellte Abhängigkeit von Gemeinkosten und Einzelkosten ist problematisch ■ Verursachungsgerechte Verteilung bestimmter Gemeinkosten auf die Kostenträger ist nicht möglich	■ Trennung zwischen fixen und variablen Kosten ist nicht immer eindeutig möglich (Problem des Zeitraums, für welchen die fixen Kosten anfallen) ■ Marktpreis als Voraussetzung zur Berechnung des Deckungsbeitrags liegt nicht immer vor ■ Herstellkosten nach den Vorschriften des Steuerrechts sind nicht ermittelbar ■ Langfristig muss aus dem Produktionsprogramm ein Gewinn erzielt werden (d. h. Vollkostendeckung ist Voraussetzung)

Zusammenfassende Übersicht zu 6.10:
Vollkostenrechnung und Deckungsbeitragsrechnung: Vergleichender Überblick

Vollkostenrechnung	Deckungsbeitragsrechnung
↓	↓
Keine Aufteilung der Gesamtkosten in fixe und variable Bestandteile	Aufteilung der Gesamtkosten in fixe und variable Bestandteile
↓	↓
Verrechnung der gesamten Kosten auf die Kostenträger	Verrechnung der variablen Kosten auf die Kostenträger (Verursacherprinzip)
↓	↓
Auftrag wird angenommen, wenn die gesamten Kosten gedeckt sind	Auftrag wird angenommen, wenn variable Kosten gedeckt sind
↓	↓
Gefahr von Fehlentscheidungen	($db = p - k_v > 0$)
	↓
	Gefahr von Fehlentscheidungen geringer

WIEDERHOLUNG DES GRUNDWISSENS

6.10 Vollkostenrechnung und Deckungsbeitragsrechnung: Vergleichender Überblick

1. Legen Sie wesentliche Kritikpunkte der Vollkosten- und der Teilkostenrechnung dar.
2. Erläutern Sie, welche Informationen zu den Auswirkungen betrieblicher Entscheidungen die Teilkostenrechnung in Form der Deckungsbeitragsrechnung liefert.

Selbsteinschätzung zum Kompetenzerwerb zu Lernbereich 6:

Entscheidungen mithilfe der Teilkostenrechnung vorbereiten und begründet treffen		
Nr.	**Kompetenzerwartung** **Ich kann ...**	**Noch Probleme? Kompetenzerwerb durch Bearbeitung folgender Kapitel und Aufgaben im Buch ...**
1	... den Deckungsbeitrag für einzelne Produkte berechnen.	Kap. 6.1 und 6.2 Aufgaben 6.1.1 und 6.2.1
2	... Kosten in Abhängigkeit von der Beschäftigung zerlegen. ... die Gewinnschwellenmenge ermitteln und die Einflussgrößen identifizieren. ... die Auswirkungen von Änderungen der Einflussgrößen berechnen und deren Ursachen differenzieren.	Kap. 6.3 und 6.4 Aufgaben 6.3.1, 6.4.1 und 6.4.2
3	... kurz- und langfristige Preisuntergrenze für Produkte festlegen. ... anhand des Deckungsbeitrags Entscheidungen über die Sortimentsgestaltung treffen. ... in Abhängigkeit von Kapazitätsauslastung und Deckungsbeitrag über die Annahme von Zusatzaufträgen entscheiden.	Kap. 6.5 und 6.6 Aufgaben 6.5.1, 6.5.2 und 6.6.1 bis 6.6.6
4	... anhand quantitativer und qualitativer Kriterien über Eigenfertigung und Fremdbezug von Erzeugnissen entscheiden.	Kap. 6.7 Aufgaben 6.7.1 und 6.7.2
5	... mithilfe der mehrstufigen Deckungsbeitragsrechnung über die Förderung und die Einstellung von Produkten entscheiden.	Kap. 6.8 Aufgaben 6.8.1
6	... das optimale Produktionsprogramm bei Vorliegen eines Engpasses bestimmen.	Kap. 6.9 Aufgaben 6.9.1 bis 6.9.4
7	... zur Vorbereitung betrieblicher Entscheidungen verschiedene Verfahren der Kostenrechnung in Kenntnis ihrer Vor- und Nachteile nutzen.	Kap. 6.10

7 Marketing

Kompetenzerwartungen und Gliederung zum Lernbereich 7

Lernbereich 7: Marketingprozesse planen und steuern
Kapitel 7: Marketing

Kompetenzen:
- *Die Marktsituation verschiedener Produkte eines Unternehmens analysieren*

7.1 Produktlebenszyklus und Portfoliokonzept: Instrumente zur Bestimmung der Marktposition eines Produkts

Kompetenzen:
- *Auf der Grundlage festgelegter Marketingziele Entscheidungen über Marketingmaßnahmen treffen*

7.2 Marketinginstrumente im Überblick

7.3 Produktpolitik

7.4 Distributionspolitik

7.5 Kontrahierungspolitik: Preise und Konditionen

7.6 Kommunikationspolitik

7.8 Kombinierter Einsatz von Marketinginstrumenten

7.1 Produktlebenszyklus und Portfoliokonzept: Instrumente zur Bestimmung der Marktposition eines Produkts

7.1.1 Produktlebenszyklus: Phasenmodell für Umsatz- und Gewinnentwicklung

Um die Absatzchancen eines Produkts einschätzen zu können, ist es sehr bedeutsam zu wissen, dass viele Produkte einem wirtschaftlichen Lebenszyklus unterliegen. Er umfasst die Zeitdauer zwischen der Entwicklung des Produkts und seinem Verschwinden vom Markt. Der Produktlebenszyklus ist durch verschiedene Phasen gekennzeichnet. Aufg. 7.1.1 S. 393

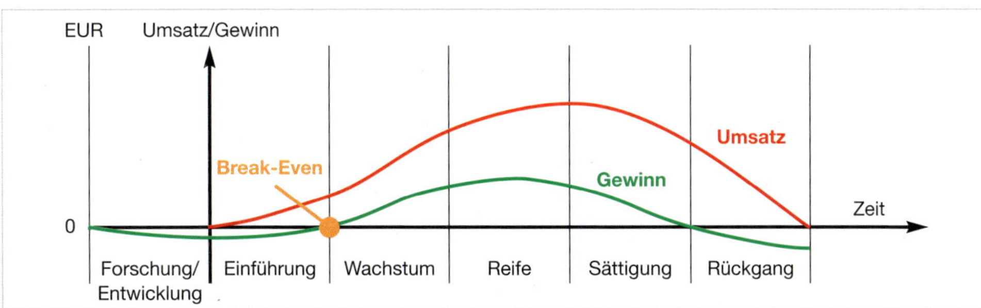

Phasen des Produktlebenszyklus					
Forschung/ Entwicklung	**Einführung**	**Wachstum**	**Reife**	**Sättigung**	**Rückgang**
Da noch kein Umsatz erzielt wird, sondern nur Kosten entstehen, ergeben sich Verluste.	Verluste, da die Umsätze noch gering sind und andererseits hohe Kosten für die Markterschließung entstehen.	Umsatz steigt überproportional. Das Produkt erzielt erstmals Gewinne. Der Erfolg lockt Konkurrenten auf den Markt.	Weitere Umsatzsteigerung mit niedrigeren Wachstumsraten. Das Produkt ist einem immer stärker werdenden Wettbewerb ausgesetzt.	Umsatz und Gewinn sinken. Negative Wachstumsraten. Versuche, durch Produktdifferenzierung den Lebenszyklus zu verlängern.	Starker Umsatzrückgang, der nicht mehr aufzuhalten ist. Es entstehen Verluste. Das Produkt muss vom Markt genommen werden.

Der Produktlebenszyklus beschreibt Gesetzmäßigkeiten der Umsatz- und Gewinnentwicklung während der sich über mehrere Phasen erstreckenden wirtschaftlichen Lebensdauer eines Produkts.

Kritik am Produktlebenszyklus

- Die Dauer des gesamten Zyklus und der einzelnen Phasen ist nicht genau bestimmbar, da der Zyklus durch
  - absatzpolitische Maßnahmen eines Unternehmens verkürzt oder verlängert werden kann,
  - den Markt beeinflusst werden kann (z. B. neue Produkte, technologische Entwicklungen, Nachfrageänderungen).
- Das Verhalten der Nachfrager und Konkurrenten ist kaum vorhersehbar.
- Es handelt sich um eine idealtypische Darstellung, die empirisch nicht nachweisbar ist.

Produktlebenszyklus als Grundlage der Portfolioanalyse

Trotz des Nachteils, dass sich Produktlebenszyklen selten exakt vorhersagen lassen, kann dieses Instrument dennoch als Denkmodell wertvolle Anregungen vermitteln. Da sich Umsatz und Gewinn eines Produkts in den einzelnen Phasen sehr unterschiedlich entwickeln, ist es offensichtlich, dass sich das **Produktionsprogramm** eines Unternehmens aus verschiedenen Produkten oder **Produktgruppen** zusammensetzen muss, die sich jeweils in **verschiedenen Phasen des Produktlebenszyklus** befinden. Ohne rechtzeitige Neuentwicklung von Erfolg versprechenden Produkten würde das Unternehmen Gefahr laufen, plötzlich nur noch auslaufende Produkte, die keinen Gewinn mehr abwerfen, anbieten zu können. Dieses Vorgehen wird beispielsweise in der Automobilindustrie sehr deutlich, wenn ein bestimmtes Automodell nicht mehr nachgefragt und durch ein neu entwickeltes Modell ersetzt wird. Die Erkenntnisse aus dem Produktlebenszyklus fließen in die sog. **Portfolioanalyse** ein.

7.1.2 Marktwachstums-Marktanteils-Portfolio[1]

Grundidee der Portfolioanalyse

Beim Portfoliokonzept wird die aus dem Bankwesen stammende Grundidee, ein Wertpapierdepot unter Risiko-, Rendite- und Liquiditätsgesichtspunkten optimal zusammenzustellen, auf Unternehmen mit verschiedenen Produkten und Produktgruppen übertragen. Für ein Unternehmen soll ein **optimales Produktportfolio** entwickelt werden.

> ! **Ziel der Produktportfolioanalyse ist es, die verfügbaren Mittel eines Unternehmens (Ressourcen) in solche Bereiche zu lenken, in denen die Marktaussichten besonders gut sind und das Unternehmen seine Stärken ausnutzen kann.**

Vorgehensweise zur Erstellung eines Produktportfolios

Dazu müssen zunächst Unternehmensbereiche bestimmt werden, in die Ressourcen gelenkt und solche, aus denen Ressourcen abgezogen werden sollen.

Die einzelnen Unternehmensbereiche werden als strategische **Geschäftsfelder** oder **strategische Geschäftseinheiten (SGE)** bezeichnet. Als Geschäftseinheiten kommen solche Teilbereiche eines Unternehmens in Frage, die einen bestimmten Produkt- oder Marktbereich bearbeiten (z. B. geografisch abgrenzbarer Markt, ausgewählte Kundengruppen) und für die es sinnvoll erscheint, eingeständige, von anderen Teilbereichen des Unternehmens unabhängige Strategien zu entwickeln und durchzusetzen.

Ausgangspunkt aller Portfoliokonzepte ist die Beschreibung der Erfolgsmöglichkeiten einzelner Unternehmensbereiche, die sich einerseits aus den **Chancen und Risiken im Wettbewerbsumfeld** und andererseits aus den **unternehmensinternen Stärken und Schwächen** ergeben. Die typische Darstellungsweise in Form eines Koordinatensystems weist daher immer eine **Umfeldachse** und eine **Unternehmensachse** auf. Häufig werden die Achsen so unterteilt, so dass sich das Analyseergebnis in Form einer Matrix darstellen lässt. Das bekannteste Portfoliomodell ist die im Folgenden beschriebene **Vier-Felder-Matrix** zur **Marktwachstums-/Marktanteilsanalyse**.

Marktwachstums-Marktanteils-Portfolio

Im Marktwachstums-Marktanteils-Portfolio wird eine Vier-Felder-Matrix verwendet, die durch die beiden Achsen **Marktwachstum** und **relativer Marktanteil** bestimmt wird.

1 Portfolio *(lat.)*: zusammengesetzt aus folium „das Blatt" und portare „tragen". Ursprüngliche Bedeutung: Brieftasche. Im Bankenbereich Bezeichnung für eine Sammlung von Wertpapieren oder anderen Vermögensgegenständen. Im übertragenen Sinne wird der Begriff auch für eine Sammlung von hilfreichen Methoden, Verfahren oder Handlungsmöglichkeiten verwendet.

Marktwachstum	Marktanteil
Das Marktwachstum drückt alle zukunftsbezogenen und vom Unternehmen selbst nicht beeinflussbaren Größen aus, die Auswirkungen auf die Marktentwicklung haben. Das Marktwachstum soll die Chancen und Risiken im Wettbewerbsumfeld erfassen (= Umfeldachse). Dabei wird davon ausgegangen, dass sich alle umfeldbedingten Chancen und Risiken durch einen einzigen Faktor, nämlich die Marktwachstumsrate abbilden lassen.	Der relative Marktanteil drückt den eigenen Marktanteil einer Geschäftseinheit im Verhältnis zum Marktanteil der Geschäftseinheit des stärksten Konkurrenten aus. Die Stärken und Schwächen der Unternehmung, der Geschäftseinheit oder der jeweiligen Produktgruppe sollen durch die Marktstellung erfasst werden (= Unternehmensachse). Dabei wird davon ausgegangen, dass sich die Stärken und Schwächen durch einen einzigen Faktor, nämlich den (relativen) Marktanteil abbilden lassen.

!

$$\text{Marktwachstum} = \frac{\text{erwartete Umsatzerhöhung des Gesamtmarktes in EUR}}{\text{derzeitiger Umsatz des Gesamtmarktes}} \cdot 100$$

!

$$\text{Relativer Marktanteil} = \frac{\text{Umsatz des Unternehmens in EUR}}{\text{Umsatz des stärksten Konkurrenten in EUR}} \cdot 100$$

$$\text{oder} \quad \frac{\text{eigener Marktanteil}}{\text{Marktanteil des stärksten Konkurrenten}} \cdot 100$$

Ist der relative Marktanteil größer als 100 %, so ist das betreffende Unternehmen **Marktführer**, da kein anderes Unternehmen einen größeren Umsatz bzw. Marktanteil haben kann.

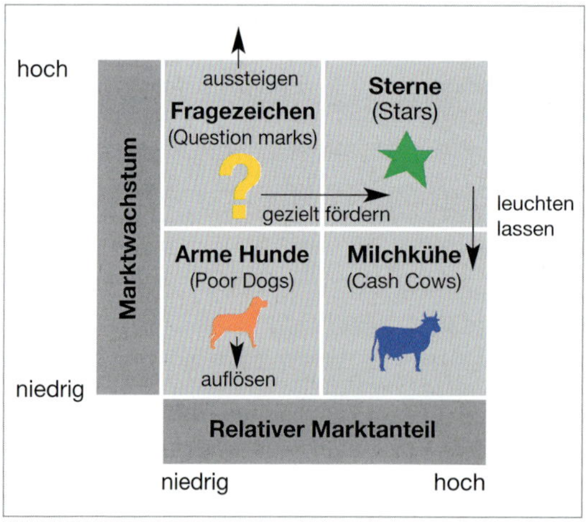

In Abhängigkeit vom Marktanteil und vom Marktwachstum werden die verschiedenen Produkte und Produktgruppen eines Unternehmens entsprechend der Vier-Felder-Matrix in vier Kategorien **„Arme Hunde“** (Poor dogs), **„Fragezeichen“** (Question marks), **„Sterne“** (Stars), **„Milchkühe“** (Cash cows) eingeteilt. Bei der Zuordnung ist es von großer Bedeutung, in welcher Phase des **Produktlebenszyklus** sich die einzelnen Produkte und Produktgruppen jeweils befinden.

Strategieempfehlungen

Aus den vier Portfolio-Kategorien lassen sich **Strategien** ableiten, wie die finanziellen und personellen Ressourcen am sinnvollsten auf die einzelnen Geschäftsfelder verteilt werden sollen.

Matrixfeld	Position	Beurteilung	Strategieempfehlung	Ressourceneinsatz
Sterne (Stars) 	**hoher Marktwachstum** (MW) **hoher Marktanteil** (MA) **(Wachstumsphase)**	■ Marktführer auf einem schnell wachsenden Markt ■ MA verschlechtert sich, wenn Konkurrenz vom MW einen größeren Teil auf sich vereinigt ■ Bei einsetzender Marktsättigung können Sterne zu Milchkühen werden.	**Wachstumsstrategie** (Investitions- bzw. Offensivstrategie) ■ Marktanteil mindestens halten oder sogar ausbauen ■ Wettbewerbsvorteile verstärken	■ hohe Investitionen ■ Reinvestition des Cashflows
Milchkühe 	**niedriges Marktwachstum** (MW) **hoher Marktanteil** (MA) **(Reife- bzw. Sättigungsphase)**	■ hoher Marktanteil (Marktführer) auf einem nicht mehr stark wachsenden Markt ■ Produkte in der **Reife-/Sättigungsphase**, die einen hohen Gewinn abwerfen	**Stabilisierungsstrategie** (Abschöpfungsstrategie) ■ Marktanteil halten und nach Möglichkeit festigen (ernten). ■ Marktstellung absichern	■ geringe Investitionen (nur Ersatz- und Rationalisierungsinvestitionen) ■ Cashflow für Nachfolgeprodukte verwenden
Arme Hunde 	**niedriger Marktwachstum** (MW) **niedriger Marktanteil** (MA) **(Sättigungs- bzw. Rückgangsphase)**	■ Produkte mit geringen MA bei geringem MW **(Sättigungsphase)** ■ Es wären unverhältnismäßig hohe Investitionen nötig, um auf dem gesättigten Markt (geringes MW) den MA zu erhöhen	**Schrumpfungsstrategie** (Desinvestitionsstrategie) ■ mittel- bis langfristig: Abbau, Verkauf, Liquidation der SGE ■ SGE halten, solange Deckungsbeitrag > 0	■ minimale Investitionen (Desinvestition)
Fragezeichen 	**hoher Marktwachstum** (MW) **niedriger Marktanteil** (MA) **(Einführungsphase)**	Produkte mit einem niedrigen MA in einem Markt mit hohem MW **(Einführungsphase)**. → Produkte mit einem niedrigen MA in einem Markt mit hohem MW **(Einführungsphase)**.	**Wachstumsstrategie** (Offensivstrategie) ■ Stärkung der Wettbewerbsvorteile	■ hohe Investitionen (Erweiterungsinvestitionen) ■ Finanzierung aus Cashflow der Milchkühe
		→ Unverhältnismäßig hohe Investitionen nötig, um den MA zu erhöhen.	**Schrumpfungsstrategie** (Desinvestitionsstrategie) ■ Abbau, Verkauf, Liquidation der SGE	■ keine Investitionen (Verkauf der SGE)

Erstellung eines Marktanteils-Marktwachstums-Portfolios

Die **Meditec AG** ist mit verschiedenen Produkten im Bereich der Medizintechnik vertreten. U. a. werden Ärzte, Krankenhäuser, Apotheken und über das Internet auch Privatkunden beliefert. Das Unternehmen ist in vier strategischen Geschäfteinheiten (SGE) eingeteilt: A: Großgeräte, B: Kleingeräte, C: Verbrauchsmaterial und Zubehör, D: Privatkunden (E-Commerce). Eine Analyse des Wettbewerbsumfelds, der eigenen Unternehmens- und der Marktentwicklung ergibt die folgenden Daten:

	Beträge in Mio. EUR			
	SGE A	**SGE B**	**SGE C**	**SGE D**
Meditec AG				
Umsatz 2016	10	5	3	4
Prognose 2018	11	7	3	5
Konkurrent X				
Umsatz 2016	5	4	9	6
Prognose 2018	6	6	10	8
Konkurrent Y				
Umsatz 2016	6	3	2	8
Prognose 2018	6	5	2	10
Gesamtmarkt				
Umsatz 2016	50	22	19	26
Prognose 2018	52	28	20	32

Berechnung der Positionen der SGE A in drei Schritten

1. Berechnung der relativen Marktanteile der einzelnen Geschäftseinheiten: Eigener Anteil wird ins Verhältnis zum Anteil des stärksten Konkurrenten gesetzt:

$$\text{z. B. relativer Marktanteil SGE A} = \frac{\text{Umsatz 2016 SGE A Meditec AG (10)} \cdot 100}{\text{Umsatz 2016 SGE A Konkurrent Y (6)}} = 167\,\%$$

(Marktführer, da relat. Marktanteil > 100 %)

2. Berechnung des Marktwachstums: Prozentuale Umsatzveränderung des Gesamtmarktes

$$\text{z. B. Marktwachstum SGE A} = \frac{\text{Umsatzsteigerung Gesamtmarkt SGE A (2)} \cdot 100}{\text{Umsatz Gesamtmarkt 2016 SGE A (50)}} = 4\,\%$$

3. Berechnung der Umsatzanteile der einzelnen SGE der Meditec AG am Gesamtumsatz der Meditec AG.

$$\text{z. B. Umsatzanteil SGE A} = \frac{\text{Umsatz 2016 SGE A Meditec AG (10)} \cdot 100}{\text{Gesamtumsatz 2016 Meditec AG (22)}} = 45\,\%$$

Ergebnis

	SGE A	**SGE B**	**SGE C**	**SGE D**
relativer Marktanteil	167 %	125 %	33 %	50 %
Wachstum des Gesamtmarktes	4 %	27 %	5 %	23 %
Anteil am Gesamtumsatz der Meditec AG	45 %	23 %	14 %	18 %

Darstellung der Positionen der strategischen Geschäftsfelder im 4-Felder-Portfolio

Der Anteil der einzelnen Geschäftseinheiten am Gesamtumsatz der Meditec AG kommt jeweils in der Größe der Kreise zum Ausdruck.

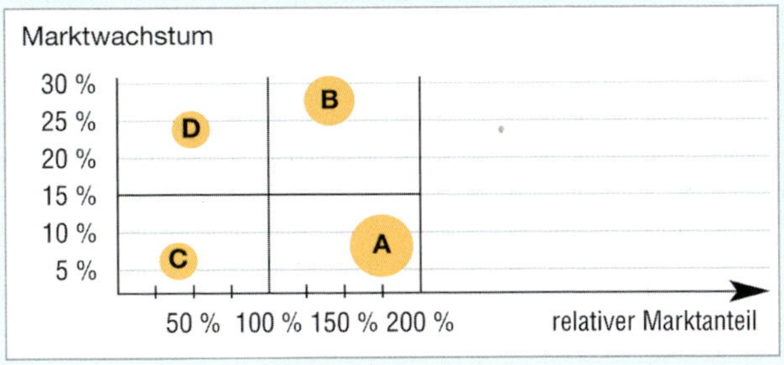

Strategien für die einzelnen SGE aufgrund der Portfolioanalyse

Aufg. 7.1.2 bis 7.1.4 S. 393 ff.

Fragezeichen: SGE D	Sterne: SGE B	Milchkühle: SGE A	Arme Hunde: SGE C
Die SGE D (Privatkunden-E-Commerce) lässt bei einem geringen relativen Marktanteil (50 %) ein starkes Marktwachstum (23 %) erkennen. In diesem Bereich muss überlegt werden, ob sich weitere, hohe Investitionen zum Ausbau des geringen relativen Marktanteils auf einem schnell wachsenden Markt lohnen (Wachstumsstrategie). Bei pessimistischer Einschätzung der weiteren Entwicklung dieser Geschäftseinheit sollte eine Rückzugsstrategie überlegt werden.	SGE B (Kleingeräte) ist durch einen recht hohen relativen Marktanteil (125 %) und starkes Marktwachstum (27 %) gekennzeichnet. Um die Position als Marktführer auf diesem schnell wachsenden Markt zu halten oder gar noch auszubauen, sind hohe Investitionen notwendig (Wachstumsstrategie), auch um so den Anteil dieses Produktes am Gesamtumsatz der Meditec AG (bisher 23 %) auszubauen. Die bestehenden Wettbewerbsvorteile sollten konsequent ausgenutzt werden.	SGE A (Großgeräte) zeichnet sich durch einen hohen relativen Marktanteil (167 %) bei einem allerdings geringen Marktwachstum (4 %) aus. Es besteht somit nur geringer Investitionsbedarf (evtl. zur Rationalisierung), um diese Position zu halten bzw. zu festigen (Stabilisierungsstrategie). Der hier erzielte Finanzmittelüberschuss (Cashflow) sollte in Nachwuchsprodukte investiert werden, um deren Position zu stärken.	SGE C (Verbrauchsmaterial, Zubehör) weist einen geringen relativen Marktanteil (33 %) und geringes Marktwachstum (5 %) auf. Es ist zu entscheiden, ob sich weitere Investitionen lohnen, um die SGE C z. B. über die Erschließung neuer Märkte zum Nachwuchsprodukt weiter zu entwickeln. Lohnt sich dies nicht, sollte dieses Produkt mit dem geringsten Anteil am Gesamtumsatz der Meditec AG (14 %) langsam eliminiert werden (Schrumpfungsstrategie).

Zusammenfassende Übersicht zu 7.1: Produktlebenszyklus und Portfoliokonzept: Instrumente zur Bestimmung der Marktposition eines Produkts

Produktlebenszyklus

„Lebensweg" eines Produkts gemessen an Umsatz und Gewinn

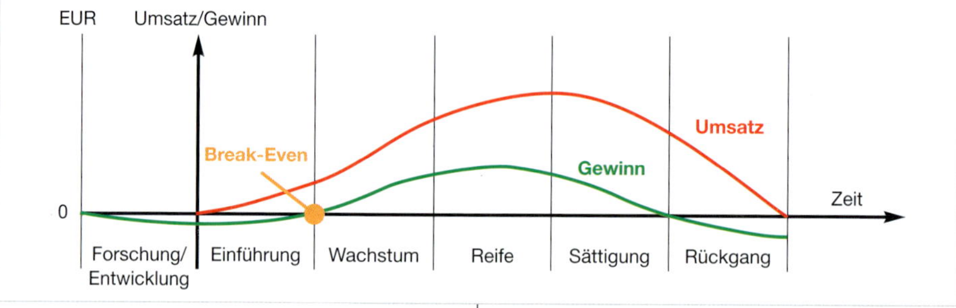

Portfolioanalyse

Bestimmung eines ausgewogenen Produktprogramms unter Berücksichtigung der Situation des eigenen Unternehmens und der zu erwartenden Entwicklungen der Umfeldbedingungen.

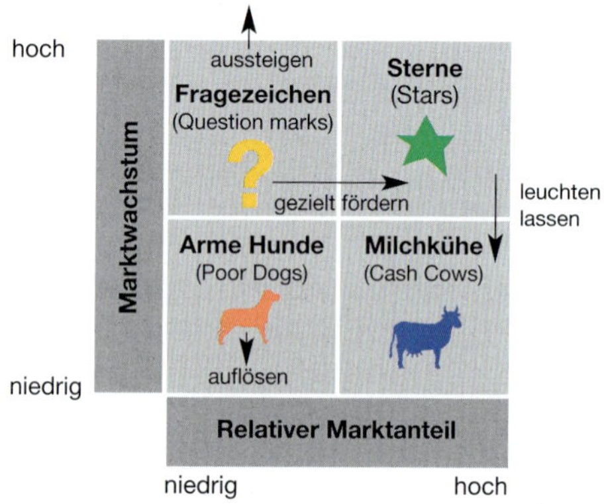

WIEDERHOLUNG DES GRUNDWISSENS

7.1 Produktlebenszyklus und Portfoliokonzept: Instrumente zur Bestimmung der Marktposition eines Produkts

1. Skizzieren Sie grafisch den typischen Verlauf eines Produktlebenszyklus.
2. Nennen sie sechs Phasen des Produktlebenszyklus und geben Sie für jede Phase die Umsatzentwicklung an.
3. Erläutern Sie, welche Bedeutung der Produktlebenszyklus für die strategische Planung eines Unternehmens hat.
4. Nehmen Sie kritisch Stellung zum Konzept des Produktlebenszyklus.
5. Beschreiben Sie das Portfolio-Konzept.
6. Stellen Sie das Marktwachstums-Marktanteils-Portfolio in einer Matrix dar und erläutern Sie den Aufbau.
7. Beschreiben Sie die vier Portfolio-Kategorien.
8. Geben Sie konkrete Empfehlungen für strategische Verhaltensweisen, die Sie den Portfoliofeldern zuordnen können.
9. Ordnen Sie den Stadien des Produktlebenszyklus die jeweiligen Portfoliofelder zu.

AUFGABEN ZUM ERWERB UND ZUR KONTROLLE VON KOMPETENZEN

7.1 Produktlebenszyklus und Portfoliokonzept: Instrumente zur Bestimmung der Marktposition eines Produkts

7.1.1 Produktlebenszyklus

Ein Hersteller von Foto- und Filmgeräten hat bei einem seiner Produkte für die Zeit von der Produktentwicklung bis zum Ausscheiden aus dem Markt folgende Entwicklung festgestellt:

Phase	1	2	3	4	5	6
Abgabepreis an den Fachhandel (EUR je Stück)	0	1.000	900	800	650	500
Absatzmenge	0	10.000	35.000	75.000	70.000	40.000

1. Stellen Sie die Umsatzentwicklung in Form eines Produktlebenszyklus grafisch dar.
2. Skizzieren Sie den Verlauf der zugehörigen Kurve für die Gewinnentwicklung.
3. Nennen Sie Beispiele für Produkte oder Branchen, die sich nach dem Produktlebenszykluskonzept derzeit in der
   a) Einführungsphase
   b) Wachstums-/Reifephase
   c) Sättigungs-/Rückgangsphase
   befinden.
4. Erläutern Sie die Bedeutung der Produktlebenszykluskurve für die strategische Unternehmensführung.
5. Welche Kritik kann am Produktlebenszykluskonzept geübt werden?

7.1.2 Portfolioanalyse

Die Snowsport AG weist vier strategische Geschäftsfelder auf: Langlaufski (L), Alpinski (A), Snowboards (S) und Bigfoots (B). Neben den Wintersportgeräten werden auch die entsprechenden Schuhe und Bindungen hergestellt. Der Gesamtumsatz der Snowsport AG liegt bei 300 Mio. EUR. Die Snowsport AG weist das untenstehende Portfolio aus:

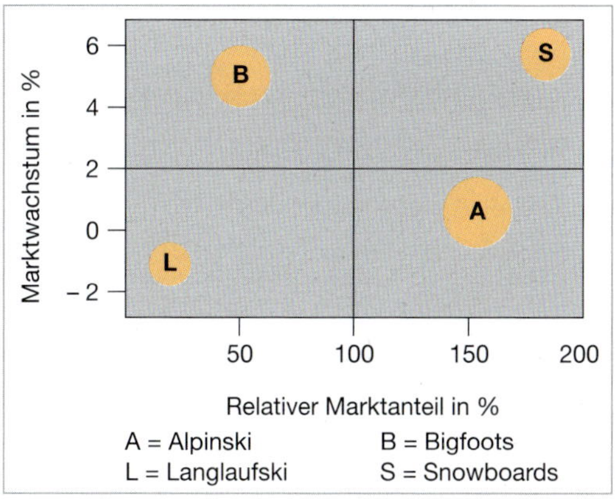

1. Mit einem Umsatz von 60 Mio. EUR erzielt die Snowsport AG bei den Bigfoots einen relativen Marktanteil von 50 %. Berechnen Sie für dieses Produkt den Umsatz des stärksten Konkurrenten.
2. Beurteilen Sie die Bedeutung der SGE Alpinski im Hinblick auf den gesamten Unternehmenserfolg.
3. Erläutern Sie, in welcher Phase des Produktlebenszyklus sich die SGE Langlaufski befindet. Welche Strategie empfehlen Sie für dieses Geschäftsfeld?
4. Bei Markteinführung der Bigfoots blieben Marktwachstum und relativer Marktanteil zunächst weit unter den erwarteten Zahlen zurück. Die SGE befand sich als „Armer Hund" im Problemfeld. Aus kostenrechnerischer Sicht wurde aber damals eine Schrumpfungsstrategie (Desinvestitionsstrategie) nicht befürwortet. Welche Gründe können dafür maßgebend gewesen sein?
5. Aufgrund der globalen Klimaveränderungen zeichnet sich ab, dass die Winter in Europa künftig wesentlich schneeärmer und beliebte Wintersportgebiete nicht mehr schneesicher sein werden.
   Hätte die Snowsport AG Ihrer Meinung im Rahmen der strategischen Unternehmensführung diese Veränderungen frühzeitig erfassen und sich entsprechend darauf einstellen können?

7.1.3 Produktlebenszyklus – Portfolioanalyse

Die badische Weinkellerei WEINSTUDIO 2000 ist erst seit wenigen Jahren mit ihren Erzeugnissen auf dem Markt vertreten. Sie stellt neben qualitativ hochwertigen Rot- und Weißweinen den Markensekt XLDry her.

1. Die Positionierung von Sekt im Lebenszyklus-Modell (hier: 5-Phasen) ergibt für eine repräsentative Auswahl badischer Weinkellereien, die ebenfalls qualitativ hochwertigen Sekt herstellen und für die Weinkellerei WEINSTUDIO 2000 nebenstehende Ergebnisse.

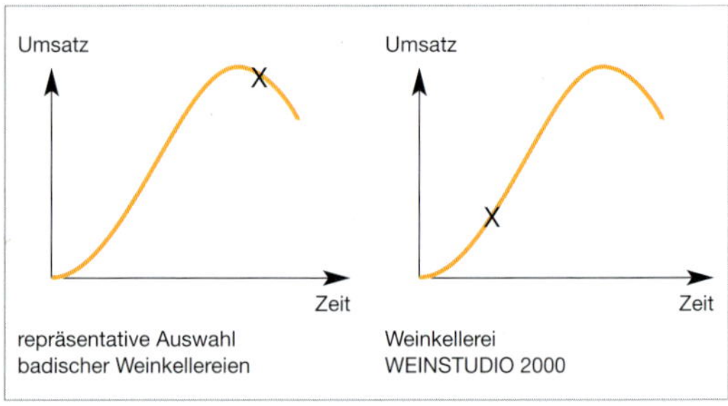

   a) Benennen und charakterisieren Sie jeweils anhand von zwei Kriterien die Lebenszyklusphase *(vgl. angekreuzte Stelle)*, in der sich Sekt bei den ausgewählten badischen Weinkellereien und bei der Weinkellerei WEINSTUDIO 2000 befindet.
   b) Erläutern Sie zwei mögliche Gründe für die von der Konkurrenz abweichende Positionierung des Sekts XLDry der Weinkellerei WEINSTUDIO 2000.

2. Da die Wachstumschancen für Weißwein weitgehend ausgeschöpft sind, bietet die Weinkellerei WEINSTUDIO 2000 neuerdings Traubensäfte an, die im Gegensatz zu handelsüblichen Traubensäften aus jeweils nur einer hochwertigen Rebsorte gepresst werden. Die Geschäftsleitung erstellt nach Einführung der Traubensäfte nebenstehendes Marktwachstums-Marktanteils-Portfolio.

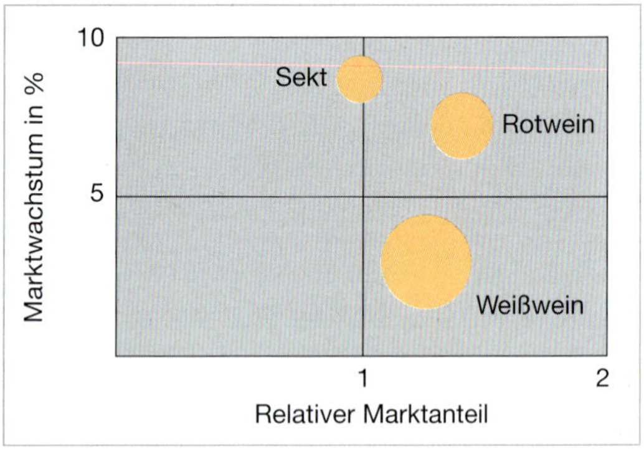

   Die strategische Geschäftseinheit (SGE) Traubensaft muss noch positioniert werden.

   Folgende Angaben stehen zur Verfügung.

Umsatz Traubensaft Gesamtmarkt	**2,6 Mio. EUR**
Wachstum Traubensaft Gesamtmarkt	7,5 %
Marktanteil (Traubensaft) von WEINSTUDIO 2000	8 %
Marktanteil (Traubensaft) des stärksten Konkurrenten	10 %
Anteil des Sekts am Gesamtumsatz von WEINSTUDIO 2000	14 %
Anteil des Rotweins am Gesamtumsatz von WEINSTUDIO 2000	28 %
Anteil des Weißweins am Gesamtumsatz von WEINSTUDIO 2000	48 %

   a) Beschreiben Sie die Position der SGE Traubensaft im Marktwachstums-Marktanteils-Portfolio.
   b) Empfehlen Sie der Kellerei WEINSTUDIO 2000 eine geeignete Marktstrategie für die SGE Traubensaft.

7.1.4 Marktanteils-Marktwachstum-Portfolio

PDF

Der Vorstand der europaweit tätigen Chocosweet AG erwartet Auskunft über die Positionierung der sieben Produktgruppen des Unternehmens am Markt. Dazu wurden folgende Umsatzzahlen (in Mio. EUR) ermittelt:

SGE / Unternehmen	Umsatz in Mio. EUR						
	Tafelschokolade	Schokoriegel	Pralinen	Bonbons	Biskuits	Marzipan	Müsliriegel
Chocosweet AG	150	32	15	40	15	6	28
Confiserie AG	100	35	15	80	30	3	35
Leckermaul AG	80	40	10	100	25	5	40
Gesamtmarkt							
Umsatz	**500**	**300**	**50**	**300**	**100**	**20**	**200**
Prognose	**505**	**345**	**52**	**318**	**108**	**23,6**	**234**

1. Erstellen Sie ein Marktanteils-Marktwachstums-Portfolio für die Chocosweet AG und tragen Sie die sieben Produktgruppen in die Matrix ein.
2. Ordnen Sie den vier Kategorien die jeweiligen Phasen des Produktlebenszyklus zu.
3. Erstellen Sie einen Bericht für den Vorstand in tabellarischer Form, aus dem für jede Produktgruppe die empfohlene Strategie sowie der Investitions- und Finanzbedarf hervorgehen.

7.2 Marketinginstrumente im Überblick

Besteht am Absatzmarkt ein Überhang des Angebots über die Nachfrage (= **Käufermarkt**), haben die Käufer die stärkere Marktposition. Die unternehmerischen Entscheidungen in allen Unternehmensbereichen müssen in einer solchen Situation an den Bedürfnissen und Wünschen der Kunden, d. h. am Absatzmarkt orientiert werden. Ein solcher Grundsatz der Unternehmensführung wird als **Marketing** bezeichnet.

> **Mit Marketing wird ein Grundsatz der Unternehmensführung bezeichnet, bei dem alle Aktivitäten eines Unternehmens systematisch an den Erfordernissen des Absatzmarktes und den Bedürfnissen der Abnehmer ausgerichtet werden (Kundenorientierung).**

Das Marketing umfasst Aktivitäten, die sich auf Verkauf, Vertrieb, Werbung, Darstellung des Unternehmens in der Öffentlichkeit (Image) usw. beziehen. Wichtige Instrumente des Marketings sind:

Marketinginstrumente			
Produktpolitik Produktionsprogramm-/ Sortimentspolitik	**Preis- und Konditionenpolitik**	**Distributionspolitik (Absatzorganisation)**	**Kommunikationspolitik (Werbung und Verkaufsförderung)**
Veränderungen eines Produktes in Farbe, Form, Qualität, veränderte Zusammensetzung des Produktionsprogramms/ Sortiments	Gestaltung von Verkaufspreis und Konditionen (z. B. Rabatte)	Auswahl von Vertriebs- und Verteilungswegen für die Belieferung der Kunden	Förderung des Bekanntheitsgrades eines Unternehmens und/oder eines Produkts (z. B. Werbung, Verkaufsförderung *(Sales Promotion)*, Öffentlichkeitsarbeit *(Public Relations)*
product	**price**	**place**	**promotion**

Die vier Marketinginstrumente werden auch als die **„4 P“** *(product, price, place, promotion)* bezeichnet.

In Abhängigkeit vom Produkt, den Marktverhältnissen, den Kundenwünschen usw. muss in jedem Einzelfall geklärt werden:

- Welche Instrumente sind geeignet, um ein vorgegebenes Ziel zu erreichen?
- Wie und in welchem Umfang sollen die ausgewählten Instrumente eingesetzt werden?

> ! **Die Kombination und Gestaltung der Marketinginstrumente, durch die eine größtmögliche Absatzwirkung erzielt wird (= optimale Kombination), wird als Marketing-Mix bezeichnet.**

Zusammenfassende Übersicht zu 7.2: Aufgaben und Instrumente des Absatzmarketings im Überblick

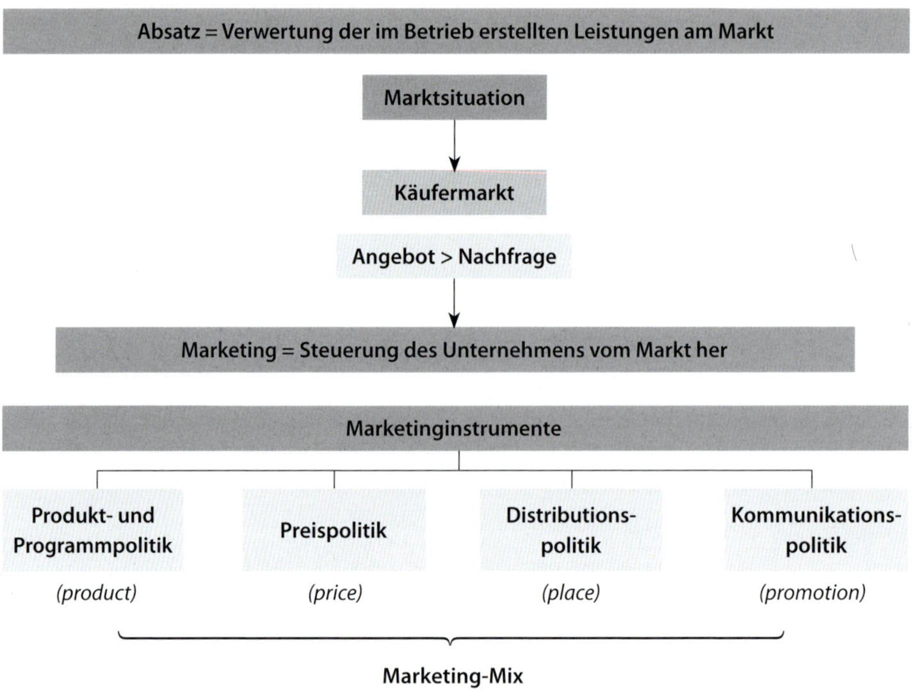

WIEDERHOLUNG DES GRUNDWISSENS

7.2 Aufgaben und Instrumente des Absatzmarketings im Überblick

1. Erläutern Sie die Begriffe Absatz und Marketing.
2. Nennen Sie die vier Bereiche von Marketinginstrumenten.
3. Beschreiben Sie, womit sich jedes der vier Marketinginstrumente befasst.

7.3 Produktpolitik

7.3.1 Aufgaben der Produktpolitik

Marketingmaßnahmen der **Produktpolitik** zielen darauf ab, durch die Veränderung von Eigenschaften der auf dem Markt bereits angebotenen Produkte oder durch die Gestaltung des Produktionsprogramms die Marktposition des Unternehmens zu verbessern.

Zur Produktpolitik zählen folgende Maßnahmen:

- Neue Produkte zu entwickeln und auf den Markt zu bringen **(Produktinnovation)**,

  Produktinnovation

  Ein Softwareunternehmen hat ein Lernprogramm zur englischen Sprache entwickelt, mit dem die richtige Aussprache multimedial erlernt werden kann.

- bereits auf dem Markt eingeführte Produkte zu verändern **(Produktvariation)**,

  Produktvariation

  Einem Hersteller von Autobatterien ist es gelungen, die in den Batterien enthaltenen umweltschädlichen Säurebestandteile zu verringern.

- bereits eingeführte Produkte in verschiedene Ausführungen aufzuspalten, sodass sie sich von möglichen Konkurrenzprodukten unterscheiden **(Produktdifferenzierung)**,

  Produktdifferenzierung

  Ein Hersteller von Sturzhelmen verkauft seine Produkte unter verschiedenen Namen und zu unterschiedlichen Preisen sowohl an den Fachhandel als auch an große Handelsketten.

- Produkte in das Produktionsprogramm aufzunehmen, die bisher nur von anderen Unternehmen angeboten wurden **(Produktdiversifikation)**,

  Produktdiversifikation

  Ein Hersteller von Backzusätzen produziert Mineralgetränke.

- Produkte, die keine oder nicht mehr genügend Käufer finden, vom Markt zu nehmen und damit aus dem Produktionsprogramm zu entfernen **(Produkteliminierung)**.

  Produkteliminierung

  Ein Uhrenhersteller stellt die Produktion mechanisch aufziehbarer Küchenuhren ein.

7.3.2 Produktinnovation[1]

Da die Lebenszyklen der Produkte im Allgemeinen immer kürzer werden, sind die Unternehmen gezwungen, ständig neue Produkte zu entwickeln.

1 Zuweilen wird auch dann von Produktinnovation gesprochen, wenn es sich um Produkte handelt, die zwar für das Unternehmen neu sind (Unternehmensneuheiten), aber von Konkurrenzunternehmen schon angeboten werden. In diesem Fall ist der Begriff Produktinnovation der Oberbegriff zu Produktdifferenzierung und Produktdiversifikation. Vgl. hierzu Kap. 7.3.4 und Kap. 7.3.5.

> **Die Entwicklung und Einführung völlig neuer Produkte und Techniken, die bisher noch von keinem anderen Unternehmen angeboten wurden (Marktneuheiten), wird als Produktinnovation bezeichnet.**

Produktinnovationen werden zunehmend kostspieliger, weil insbesondere die Zeiten für die notwendigen Forschungs- und Entwicklungsarbeiten immer länger sind und mehr Aufwand erforderlich machen.

Als mögliche Gründe für Produktinnovationen kommen infrage:

- Änderung der Kundenwünsche,
- veraltetes Produkt (Produktlebenszyklus ist durchschritten),
- zunehmender Wettbewerbsdruck,
- Wachstumsziele eines Unternehmens lassen sich mit bisherigen Produkten nicht erreichen,
- technische Erneuerungen.

Produktinnovationen

Ein **Automobilhersteller** baut eine Brennstoffzelle, die Wasserstoff und Luftsauerstoff direkt in Elektrizität umwandelt. Damit können Automobile mit Elektromotoren angetrieben werden, die als Abgas lediglich reinen Wasserdampf ausstoßen.

Ein Hersteller von Verkehrsampeln entwickelt ein „intelligentes" Verkehrsleitsystem. Dadurch ist es möglich, die Wartezeiten an den Verkehrsampeln deutlich zu verringern.

Der Anstoß zur Produktinnovation – **die Produktidee** – kann sowohl extern wie auch intern veranlasst sein.

Externe Anstöße: Anregungen von Kunden, Messen, Ausstellungen sowie Aktivitäten der Konkurrenz.

Interne Anstöße: Außendienstberichte, eigene Ideen der Mitarbeiter, eigene Forschung und Entwicklung.

7.3.3 Produktvariation

Produktveränderungen

Werden Eigenschaften eines bereits auf dem Markt eingeführten Produktes hinsichtlich Qualität, Aussehen, Materialbestandteilen u. Ä. verändert, so liegt eine **Produktvariation** vor. Mit der Produktvariation wird vornehmlich das Ziel verfolgt, die Wachstums- und Sättigungsphasen eines Produktes zu verlängern. Mit entsprechenden Maßnahmen soll erreicht werden, dass das Produkt aus der Sicht der Kunden an Attraktivität gewinnt. Dies kann erreicht werden durch Veränderung des **Produktäußeren** oder der **Qualität**.

- **Veränderungen des Produktäußeren**
  - Form: Die Formgebung eines Produkts hängt mit den Entwicklungen in der Mode zusammen. Abhängig von Modeerscheinungen werden bestimmte Formen einmal als angenehm, ein anderes Mal gar als hässlich empfunden.

- Farbe: Die Aktualität einer Farbe unterliegt in gleicher Weise den Modeerscheinungen wie die Form.
- Material: In der Entscheidung über die Verwendung geeigneter Materialien kommt den Unternehmen eine hohe **Produktverantwortung** zu. Nach den Bestimmungen des Kreislaufwirtschaftsgesetzes sind die Produkte so zu gestalten, dass nicht nur bei deren Herstellung, sondern auch bei deren Gebrauch möglichst wenig Abfälle entstehen bzw. diese wiederverwendet werden können *(vgl. § 22(1) Kreislaufwirtschaftsgesetz)*. Demnach kann die Materialverwendung nicht allein von Modeentwicklungen abhängig gemacht werden.

- **Veränderung der Produktqualität**
  Mit einer **Qualitätsverbesserung** soll erreicht werden, dass sich der Produktnutzen erhöht und so höhere Absatzmengen erzielt werden. Durch eine **Qualitätsverminderung** können die Produktionskosten und damit der Verkaufspreis gesenkt werden. Der niedrigere Verkaufspreis könnte gegenüber der Konkurrenz zu einem Wettbewerbsvorteil führen.

Produktvariationen

Form. Ein Hersteller von Spirituosen hat bisher für seine Produkte Flaschen einfachster Art verwendet. Von einem Künstler hat er sich Entwürfe von Designerflaschen erstellen lassen, in denen die Produkte künftig angeboten werden sollen.

Form/Farbe. Ein Hersteller von Sportschuhen ist dazu übergegangen, das Gel, das für die Stoßdämpfung im Fersenbereich gedacht ist, durch ein farbiges „Fenster" im Absatz des Schuhs sichtbar zu machen.

Material. Ein Hersteller von Joghurtbechern prüft, ob entsprechend den Vorschriften des Kreislaufwirtschaftsgesetzes für den Verschluss der Joghurtbecher anstelle von Aluminiumfolie eher Kunststofffolie verwendet werden soll.

Qualitätsverbesserung. Eine Schuhfabrik produziert künftig nur noch Schuhe, deren Obermaterial und Sohle aus echtem Leder bestehen.

Qualitätsverschlechterung. Ein Fahrradproduzent stellt einen Teil seiner Fahrräder künftig nicht mehr mit hochwertigen 21-Gang-Schaltungen her, sondern nur noch in einer einfachen Ausführung mit 18 Gängen. Damit sollen der billiger anbietenden Konkurrenz Marktanteile abgenommen werden.

Markenbildung

Um die eigenen Produkte im Umfeld gleicher oder ähnlicher Produkte der Konkurrenz im Gedächtnis des Kunden zu verankern, wird häufig von der **Markenbildung** Gebrauch gemacht.

! Marken sind Kennzeichen für Waren oder Dienstleistungen eines Unternehmens und dienen der Unterscheidung der eigenen Produkte von denen anderer Unternehmen. Durch die Markierung wird aus einem Produkt ein Markenartikel.

Markenzeichen

© Südsalz GmbH

Bad Reichenhaller Salz

© dpa

McDonald's

© Knirps GmbH+Co.KG

Knirps

© Asbach GmbH

Asbach Uralt

Um einen **Markenartikel** handelt es sich, wenn ein Produkt folgende **Merkmale** aufweist:

- markiertes Fertigprodukt
- gleich bleibende bzw. verbesserte Qualität
- gleich bleibende Mengen
- gleich bleibende Aufmachung
- größerer Absatzraum (überall erhältlich: Ubiquität)
- Verbraucherwerbung.

Die **Markenbildung** ist für den Anbieter und den Kunden jeweils mit folgenden Nutzen verbunden:

Markennutzen	
für den Anbieter	**für den Kunden**
▪ deutliche Unterscheidung von Konkurrenz ▪ Absatzförderung ▪ Bevorzugung (Präferenzbildung) beim Kunden ▪ stärkere Verhandlungsposition beim Handel	▪ Vertrauen für bestimmte Qualität ▪ Image- oder Prestigefunktion ▪ leichte Identifikation mit dem Produkt ▪ Zeichen für Kompetenz des Anbieters

Gesetzliche Grundlage des Markenschutzes ist das **Markengesetz**. Eine Marke kann durch Eintragung beim **Deutschen Patent- und Markenamt** in München geschützt werden. Eine europäische Registrierung erfolgt gemäß Übereinkommen der EU Mitgliedstaaten durch das **Europäische Markenamt in Alicante**.

Bei der Festlegung eines **Markennamens** können nachstehende Aspekte von Bedeutung sein:

Aspekte bei der Festlegung eines Markennamens	Beispiele
1. Vermittlung des Produktnutzens	Knirps: kleiner Taschenschirm Du darfst: kalorienreduzierte Lebensmittel
2. Positives Produktimage	Securitas: Sicherheit Smart: Klein, wendig

Aspekte bei der Festlegung eines Markennamens	Beispiele
3. Leicht einprägsam, einfach auszusprechen	BMW: PKW Aurora: Mehl
4. Verwendungsmöglichkeit sofort ersichtlich	Meister Propper: Reinigungsmittel Nivea: Hautcreme
5. Produkttypisch	Blend-a-med: Zahnpasta Süße Werbung: Süßigkeiten

7.3.4 Produktdifferenzierung

Es gibt kaum ein Produkt, das hinsichtlich Aufmachung, Qualität, Technik usw. den Ansprüchen aller infrage kommenden Abnehmer gerecht wird. So hat z. B. jeder Autofahrer andere Wünsche hinsichtlich der Leistung eines Motors, der Innenausstattung oder des Fahrwerks eines Automobils. Um möglichst allen Wünschen gerecht zu werden, bieten viele Unternehmen ihre Produkte in verschiedenen Ausführungen an **(Produktdifferenzierung)**. Das Ziel der Produktdifferenzierung besteht darin, durch Aufspaltung eines am Markt bereits eingeführten Produktes (Marktsegmentierung) einen größeren Kundenkreis zu erreichen, um damit die Absatzchancen zu verbessern.

Produktdifferenzierung

- Ein Computerhersteller bietet seine Produkte in unterschiedlichen Festplattengrößen und mit verschiedenen Steckkarten an.
- Ein Automobilhersteller bietet verschiedene Automodelle an.
- Eine Schuhfabrik produziert Schuhe mit unterschiedlichen Sohlen.

7.3.5 Produktdiversifikation

Damit ein Unternehmen auf lange Sicht seine Stellung am Markt sichern kann, ist es häufig erforderlich, Produkte in das Produktionsprogramm aufzunehmen, die bisher lediglich von anderen Unternehmen produziert wurden **(Produktdiversifikation)**. Mit diesen produktpolitischen Maßnahmen ist die Schaffung „eines zweiten, dritten ... Beines“ beabsichtigt. Rückläufige Umsätze eines Produkts können so eventuell von steigenden Umsätzen anderer Produkte ausgeglichen werden.

Je nachdem, in welchem Zusammenhang das neu aufgenommene Produkt zum bisherigen Produktionsprogramm steht, lassen sich folgende Fälle unterscheiden:

- **Horizontale Diversifikation.** Das neu aufgenommene Produkt steht in irgendeinem Zusammenhang zu dem bisherigen Produktionsprogramm. Der Zusammenhang kann z. B. darin bestehen, dass mit dem vorhandenen technischen Wissen der Mitarbeiter oder mit den vorhandenen Maschinen das neue Produkt produziert werden kann. Häufig wird der gleiche Kundenkreis des Unternehmens mit dem neuen Produkt beliefert – die Wirtschaftsstufe, auf der das Unternehmen bisher tätig war, wird also nicht verlassen.

Horizontale Diversifikation eines Unternehmens aus dem Textil-Mietservice

Das Mietserviceprogramm der MEWA TEXTIL-MIETSERVICE MEISSENHEIM AG & CO. beinhaltet u. a. folgende Dienstleistungen

- MEWA Berufskleidung
- Mehrweg-Putztücher
- Mehrweg-Schutzbezüge
- Waschraumservice

Das Unternehmen nutzt den bestehenden Kundenkreis und bietet künftig folgende Produkte zusätzlich an (Horizontale Diversifikation): **Verbandskasten, Sicherheitsschuhe, Arbeitshandschuhe**.

- **Vertikale Diversifikation.** Erweitert ein Unternehmen sein Produktionsprogramm um Produkte aus vor- oder nachgelagerten Wirtschaftsstufen, so liegt **vertikale Diversifikation** vor. Ein Unternehmen betätigt sich in einer vorgelagerten Wirtschaftsstufe, wenn es Produkte, die bisher seine Zulieferer produziert haben, nunmehr selbst herstellt. Eine Ausdehnung auf nachgelagerte Wirtschaftsstufen ist gegeben, wenn ein Unternehmen Aufgaben im Produktions- oder Absatzbereich übernimmt, die bisher von seinen abnehmenden Unternehmen wahrgenommen wurden.
- **Laterale Diversifikation.** Wird das Produktionsprogramm um Produkte erweitert, die für das Unternehmen völlig neu sind und in keinem technischen oder wirtschaftlichen Zusammenhang mit den bisherigen Produkten stehen, so handelt es sich um **laterale Diversifikation**.

Produktdiversifikation

Horizontale Diversifikation: Ein Hersteller von Gemüsekonserven nimmt in sein Produktionsprogramm zusätzlich Wurst- und Fischkonserven auf.

Vertikale Diversifikation: Die Konservenfabrik baut künftig das Gemüse selbst an.

Laterale Diversifikation: Die Konservenfabrik erwirbt eine Bürstenfabrik.

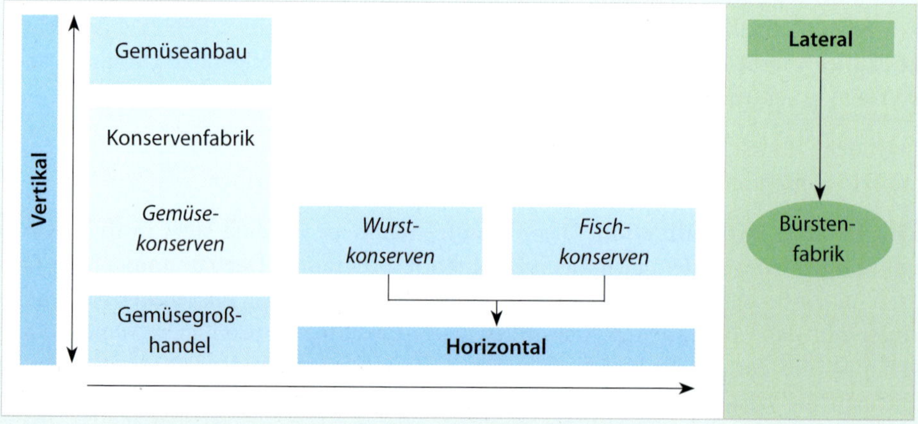

7.3.6 Produkteliminierung

Sind mit einem Produkt keine zufrieden stellenden Ergebnisse mehr zu erzielen, so bleibt häufig nur die Möglichkeit, dieses aus dem Produktionsprogramm herauszunehmen **(Produkteliminierung)**. Als mögliche Gründe für eine Produkteliminierung kommen infrage:

- Technische Überalterung (Konkurrenz bietet aktuellere Ausführungen an),
- Produkt entspricht nicht mehr den gesetzlichen Vorschriften,
- Produkt erwirtschaftet keine zufrieden stellenden Ergebnisse,
- Engpass in der Produktion.

Grundlage der Entscheidung, ob ein Produkt weiter produziert oder eliminiert wird, ist eine Aufspaltung der Kosten in deren fixen und variablen Bestandteile. Die fixen (festen) Kosten wie z. B. Miete sind von der Höhe der Produktion unabhängig. Sie fallen unabhängig davon an, ob viel oder wenig produziert wird. Die variablen Kosten hingegen (z. B. Materialkosten, Strom) sind von der Produktionsmenge abhängig. Auf der Grundlage dieser Information kann in folgenden Schritten vorgegangen werden:

❶ Der Marktpreis wird festgestellt oder ein durchsetzbarer Marktpreis wird festgelegt, der auch die Reaktion der Nachfrager berücksichtigt.

❷ Die bei dem festgestellten oder festgelegten Marktpreis mögliche Absatzmenge wird geschätzt.

❸ Die Erlöse werden ermittelt.

❹ Von den Erlösen werden die variablen Kosten abgezogen. Das Ergebnis ist der Deckungsbeitrag.

Deckungsbeitrag je Einheit = Marktpreis (Stückerlös) – variable Stückkosten
(db) (P) (k_v)

Der Deckungsbeitrags eines Produktes **(Produktdeckungsbeitrag)** ergibt sich aus der Rechnung Deckungsbeitrag je Stück × verkaufte Menge.

Produktdeckungsbeitrag = Deckungsbeitrag je Stück · verkaufte Menge
(db) (x)

Der Deckungsbeitrag aus der Gesamtproduktion **(Gesamtdeckungsbeitrag)** ist die Summe der Deckungsbeiträge aller Produkte. Gewinn entsteht dann, wenn der Gesamtdeckungsbeitrag größer ist als die fixen Kosten insgesamt.

Gesamtdeckungsbeitrag = Gesamterlös – gesamte variable Kosten
(DB) (E) (K_v)

Ein Produkt verbleibt im Produktionsprogramm bzw. wird neu aufgenommen, wenn der Produktdeckungsbeitrag positiv ist. Ist sein Deckungsbeitrag negativ, so wird es eliminiert.

Da die fixen Kosten auch dann anfallen, wenn das Unternehmen nichts produziert, spielen sie für die Entscheidung, ob ein Produkt eliminiert werden soll, zunächst keine Rolle.

Produkteliminierung

Ein Unternehmen produziert derzeit die Produkte A, B, C. Jedes Produkt ist am Zustandekommen des betrieblichen Ergebnisses wie folgt beteiligt:

Produkt	A	B	C
Absatzmenge pro Woche in Stück	500	300	250
Preis je Stück in EUR	100	150	200
variable Kosten pro Stück in EUR	110	120	150
Deckungsbeitrag je Stück in EUR	– 10	30	50
Deckungsbeitrag insgesamt in EUR	**– 5.000**	**9.00**	**12.500**

Weil die variablen Kosten je Stück (110 EUR) bei Produkt A dessen Stückpreis (100 EUR) übersteigen (negativer Deckungsbeitrag), wird das Produkt eliminiert.

Deckungsbeitragsrechnung der Karl Bauer KG, Pharmazeutische Werke

Die Karl Bauer KG produziert das Schlaf- und Beruhigungsmittel Baldripuran in flüssiger und in Tablettenform.

Fixe Kosten der Gesamtproduktion: 100.000,00 EUR.

Verkaufsmengen:

Baldripuran	flüssig	Tablette
	10.000 Stück	8.000 Stück

Die Geschäftsleitung prüft, ob unter den folgenden Annahmen das Produkt weiter produziert werden soll:

Deckungsbeitrag je Einheit (db):

	flüssig	Tablette
p	9,00 EUR	10,00 EUR
– kv	– 4,00 EUR	– 2,00 EUR
= db	**= 5,00 EUR**	**= 8,00 EUR**

Produktdeckungsbeitrag:

	flüssig	Tablette
E	90.000,00 EUR	80.000,00 EUR
– kv	– 40.000,00 EUR	– 16.000,00 EUR
= Produktdeckungsbeitrag	**= 50.000,00 EUR**	**= 64.000,00 EUR**

Gesamtdeckungsbeitrag (DB):

= Summe Produktdeckungsbeiträge 50.000,00 EUR + 64.000,00 EUR = **114.000,00 EUR**

Gewinn:

DB – K_{fix}	114.000,00 EUR 100.000,00 EUR
= Gewinn	**14.000,00 EUR**

Entscheidung: Weiterproduktion des Produkts, weil der Deckungsbeitrag positiv ist

7.3.7 Produktgestaltung und Verpackung

Im Rahmen der Produktgestaltung werden Eigenschaften des Produktes (z.B. Qualität, Form, Farbe, Verpackung) festgelegt und so kombiniert, dass das Produkt dem Käufer einen möglichst hohen Nutzen stiftet.

Neben dem eigentlichen **Grundnutzen** soll das Produkt auch einen **Zusatznutzen** stiften. Dazu werden die technisch-funktionalen Gebrauchseigenschaften eines Produkts beispielsweise durch ein besonderes **Produktdesign** (z. B. geschmackvolle Formen und Farben), durch die **Verpackungsgestaltung** und eine **Markierung** (= Markenname für das Produkt) ergänzt.

Grundnutzen und Zusatznutzen einer Tafel Schokolade

Der Grundnutzen einer Tafel Schokolade besteht darin, das Bedürfnis des Konsumenten nach Süßigkeiten zu stillen. Dieser Grundnutzen wird u. a. durch die zweckbezogenen Eigenschaften wie Zucker- bzw. Kakaoanteil zur Erzielung einer bestimmten Süße und durch die Größe der Schokoladentafel bestimmt. Neben diesem Grundnutzen, den jede Art von Schokolade stiftet, soll der Konsument aber einen Zusatznutzen, der sich in der besonderen Marke, der Verpackung, dem Design oder der besonderen Qualität ausdrückt, erfahren. Dieser Zusatznutzen soll zur Abgrenzung von Konkurrenzprodukten beitragen und die Kaufentscheidung der Konsumenten positiv beeinflussen. So ist beispielsweise die Schokoladenmarke Ritter Sport (= Markierung) aufgrund der Idee entstanden, eine Schokoladentafel zu produzieren, die trotz des Gewichts einer normalen Langtafel in jede Sportjackentasche passen sollte. Das ungewöhnliche Format des Schokoladenquadrats „Ritter Sport" wird von Verbrauchern mit dem Slogan „Quadratisch. Praktisch. Gut" in Verbindung gebracht.

Auch die **Verpackungsgestaltung** ist Bestandteil der Produktpolitik, sofern das Produkt in einer Verpackung geliefert wird. Dabei sind insbesondere die **Schutzfunktion** und die **Verkaufsfunktion** der Verpackung von Bedeutung:

- **Schutzfunktion bei Transport und Lagerung**

  Transport-, Stapel- und Lagerfähigkeit

- **Verkaufsfunktion**

  Insbesondere, wenn das Produkt in Selbstbedienungsläden verkauft wird, muss die Verpackung **Informationen** über das Produkt enthalten.

  Wenn für das Produkt ein exklusives Image angestrebt wird, muss die Verpackung entsprechend (hochwertig) gestaltet sein **(Unverwechselbarkeit)**.

  Die Verpackung muss eine einfache **Handhabung** und **Dosierbarkeit** des Produkts (z.B. Milch) ermöglichen.

  Die Verpackung soll auch positive **ökologische Eigenschaften** aufweisen (Umweltverträglichkeit, Recycelbarkeit, Mehrwegpackungen bei Getränken, Nachfüllpackungen bei Waschmitteln usw.)

Aufg. 7.3.1 bis 7.3.3 S. 407 f.

Zusammenfassende Übersicht zu 7.3: Produktpolitik

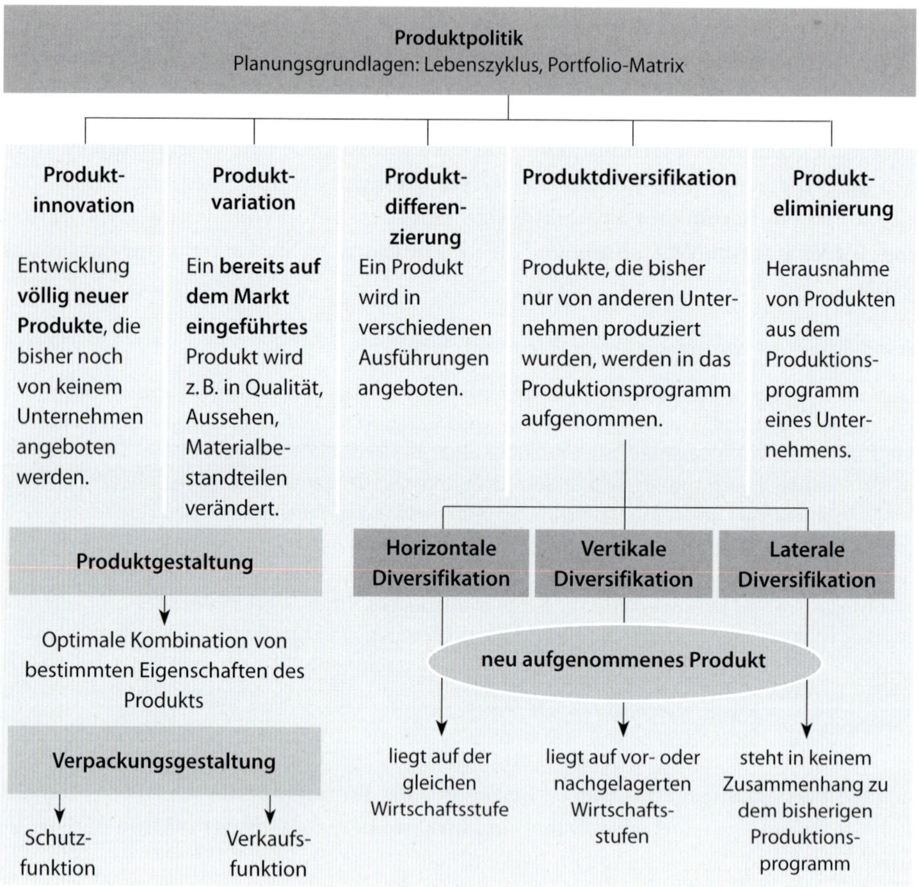

WIEDERHOLUNG DES GRUNDWISSENS

7.3 Produktpolitik

1. Nennen Sie Ziele, die mit Marketingmaßnahmen verfolgt werden.
2. Zählen Sie die fünf Bereiche der Produktpolitik eines Unternehmens auf und nennen Sie jeweils ein Beispiel.
3. Definieren Sie den Begriff „Marke“.
4. Nennen Sie drei Beispiele für Marken.
5. Erklären Sie, welche Merkmale ein Markenartikel aufweisen muss und welcher Nutzen sich für den Anbieter und den Käufer daraus ergibt.
6. Nennen Sie Aspekte, die bei der Festlegung eines Markennamens bedeutsam sind.
7. Zählen Sie Quellen auf, aus denen sich Produktideen gewinnen lassen.
8. Definieren Sie den Begriff „Produktinnovation“.
9. Bestimmen Sie die Produktverantwortung für ein Unternehmen nach den Vorschriften des Kreislaufwirtschaftsgesetzes.

10. Nennen Sie die beiden grundsätzlichen Möglichkeiten, die einem Unternehmen im Rahmen einer Produktvariation Verfügung stehen.
11. Nennen Sie Beispiele von Produktvariationen.
12. Definieren Sie den Begriff „Produktdifferenzierung" und erläutern Sie die damit verfolgte Zielsetzung.
13. Stellen Sie die verschiedenen Formen der Produktdiversifikation vergleichend gegenüber und nennen Sie jeweils ein Beispiel.
14. Geben Sie Gründe an, die ein Unternehmen veranlassen könnten, ein Produkt aus seinem Produktionsprogramm zu eliminieren.
15. Begründen Sie, unter welcher Voraussetzung allein die Deckung der variablen Kosten ausreicht, um ein Produkt im Produktionsprogramm zu belassen.
16. Definieren Sie den Begriff „Produktgestaltung".
17. Diskutieren Sie, welche Funktionen die Verpackungsgestaltung erfüllen muss.

AUFGABEN ZUM ERWERB UND ZUR KONTROLLE VON KOMPETENZEN

7.3 Produktpolitik

7.3.1 Produktpolitik eines Mühlenbetriebs

Der Mühlenbetrieb Rubin GmbH hat bisher nur Mehle in unterschiedlichen Ausführungen im Produktionsprogramm, die unter der Marke „Sonnenstern" verkauft werden. Im Rahmen einer Marktforschungsaktion hat die Geschäftsleitung u. a. folgende Informationen erhalten:

- wegen zunehmender Konkurrenz wird der Marktanteil bei der Weizenmehlsorte Type 802 sinken;
- es ist sinnvoll, das Sortiment um Backmischungen für Kuchen zu erweitern;
- die Profilierung der Marke „Sonnenstern" muss verbessert werden;
- durch Preissenkungen beim Vollkornmehl können die Absatzchancen verbessert werden.

1. Welche produktpolitische Maßnahme liegt vor, wenn Backmischungen für Kuchen in das Produktionsprogramm aufgenommen werden?
2. Nennen Sie zwei weitere Arten der Produktpolitik und bilden Sie dafür jeweils ein für den Mühlenbetrieb Rubin passendes Beispiel.

7.3.2 Produktpolitik: Produktinnovation – Produktvariation – Produktdifferenzierung – Produktdiversifikation – Produkteliminierung

Im Rahmen der Produktpolitik werden u. a. folgende Maßnahmen unterschieden:

a) **Produktinnovation:**	Entwicklung und Einführung völlig neuer Produkte und Techniken, die bisher noch von keinem anderen Unternehmen angeboten wurden (Marktneuheit).
b) **Produktvariation:**	Veränderung von Eigenschaften eines bereits auf dem Markt eingeführten Produkts (z. B. Qualität, Aussehen, Technik, Material o. ä.).
c) **Produktdifferenzierung:**	Aufspaltung eines bereits am Markt eingeführten Produkts in verschiedene Ausführungen.
d) **Produktdiversifikation:**	Aufnahme von neuen Produkten ins Produktionsprogramm, die bisher nur von anderen Unternehmen angeboten wurden.
■ **Horizontale Diversifikation:**	Erweiterung des Produktionsprogramms um Produkte, die in Zusammenhang mit den bisherigen Produkten stehen.
■ **Vertikale Diversifikation:**	Erweiterung des Produktionsprogramms um Produkte aus vor- oder nachgelagerten Wirtschaftsstufen.

- **Laterale Diversifikation:** Erweiterung des Produktionsprogramms um Produkte, die für das Unternehmen völlig neu sind und in keinem technischen oder wirtschaftlichen Zusammenhang mit den bisherigen Produkten stehen.

e) **Produkteliminierung:** Entfernung von Produkten aus dem Produktionsprogramm.

Ordnen Sie die folgenden Beispiele den produktpolitischen Maßnahmen a) bis e) zu.

1. Ein Motorradhersteller nimmt auch Musikinstrumente in sein Produktionsprogramm auf.
2. Ein Fahrradhersteller verkauft seine Produkte unter verschiedenen Namen und zu unterschiedlichen Preisen sowohl an den Fachhandel als auch an große Handelsketten.
3. Erstmals wird auf dem Automobilmarkt ein 3-Liter-Auto angeboten.
4. Ein Margarinehersteller bietet unterschiedliche Margarinesorten für den Brotaufstrich als Back- und Bratenfett und als Diät-Margarine an.
5. Ein Fernsehhersteller stellt die Produktion von Schwarz-Weiß-Geräten ein.
6. Ein Stahlunternehmen kauft ein Softwarehaus.
7. Eine Fleischkonservenfabrik betreibt eine Schweinemästerei.
8. Eine Bierbrauerei stellt auch alkoholfreie Erfrischungsgetränke her.
9. Eine Bank vermittelt auch Versicherungen.
10. Der Markenname eines Waschmittels wird nach einer Qualitätsverbesserung mit dem Zusatz „Super 2000“ versehen.
11. Eine Brauerei bietet ihr Bier in Fässern, in Mehrwegflaschen und in Dosen an.
12. Ein bestimmter Autotyp wird 2-türig und 4-türig angeboten.
13. Ein Buch wird als Leinenausgabe und als Taschenbuch angeboten.
14. Aufgrund gesetzlicher Vorschriften stellt ein Automobilwerk nur noch PKW mit geregeltem Katalysator her.
15. Ein Fußballclub verkauft auch Fan-Artikel.
16. Einem Batteriehersteller ist es gelungen, die Schadstoffe in den Batterien erheblich zu verringern.
17. Eine Papierfabrik nimmt auch Recyclingpapier in ihr Produktionsprogramm auf.
18. Der Markenname Coca-Cola wird durch den Namen Coke ergänzt.
19. Ein Arzneimittelhersteller bietet Medikamente mit den gleichen Wirkstoffen in Tabletten und in Tropfenform an.

7.3.3 Maßnahmen der Produktpolitik

Nachstehende Tabelle enthält einige Unternehmensziele sowie die im Rahmen der Produktpolitik eines Unternehmens möglichen Maßnahmen.

Ziele / Maßnahmen	Risikostreuung	Unternehmenswachstum	Erhaltung und Verbesserung der Wettbewerbssituation	Ansehen in der Öffentlichkeit
Produktinnovation				
Produktvariation				
Produktdifferenzierung				
Produktdiversifikation				
Produkteliminierung				

Geben Sie in den einzelnen Tabellenfeldern an, in wie weit die einzelnen Maßnahmen geeignet sind, die vorgegebenen Ziele zu erreichen. Bewerten Sie die Maßnahmen mit den Bewertungsziffern 1–4 (1: sehr gut geeignet; 2: geeignet; 3: weniger gut geeignet; 4: ungeeignet). Begründen Sie jeweils Ihre Bewertungsentscheidung.

7.4 Distributionspolitik

7.4.1 Aufgaben der Distributionspolitik

Eine noch so gute Absatzwerbung nützt nichts, wenn die Produkte eines Unternehmens die Abnehmer nicht erreichen. Mit der **Distributionspolitik** soll sichergestellt werden, dass die Produkte bzw. Leistungen eines Unternehmens beim Abnehmer zur richtigen Zeit, in mangelfreiem Zustand und in der erforderlichen Menge ankommen.

> **Die Distributionspolitik befasst sich mit den Entscheidungen, die erforderlich sind, um ein Produkt auf den Weg vom Produzenten zum Endverbraucher oder Verwender zu bringen.**

Im Rahmen der Distributionspolitik muss über zwei Problembereiche entschieden werden:

1. Auf welchem **Absatzweg** soll ein Produkt den Endverbraucher oder Verwender erreichen? In diesem Zusammenhang ist z. B. die Frage zu beantworten, ob der Vertrieb über den Groß- und/oder Einzelhandel erfolgen soll **(indirekter Absatz)** oder ob der Endverbraucher ohne Einschaltung des Handels direkt beliefert wird **(direkter Absatz)**.
2. Welche Transport- und Lagervorgänge sind zu wählen, damit die Produkte die Kunden rechtzeitig und möglichst kostengünstig erreichen **(physische Distribution oder Marketinglogistik)**? Aufg. 7.4.1 S. 419

Zusammenfassende Übersicht zu 7.4.1: Distributionspolitik

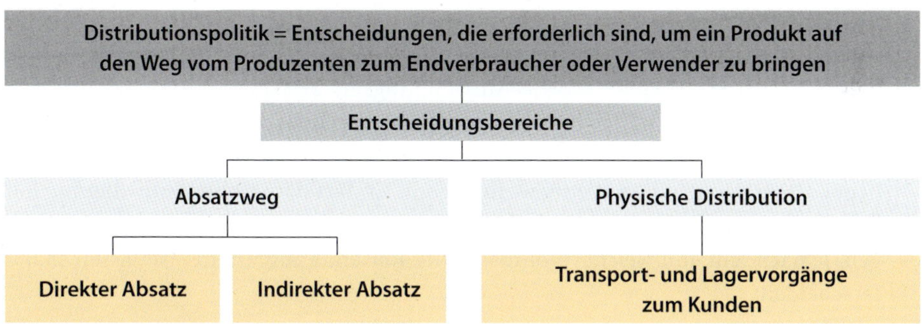

7.4.2 Absatzwege

Direkter Absatz

> **Direkter Absatz[1] liegt vor, wenn ein Unternehmen seine Produkte an die Endabnehmer ohne Einsatz des Handels vertreibt.**

Aufg. 7.4.2 S. 419

Der Absatz kann durch unternehmenseigene **Distributionsorgane** (z. B. Geschäftsleitung, Reisende, Niederlassungen) oder durch Inanspruchnahme von **Absatzhelfern** (Handelsvertreter, Kommissionäre und Makler) erfolgen. Absatzhelfer begleiten die Ware auf dem

1 Die Begriffe „direkter" und „indirekter" Absatz werden in der Literatur nicht einheitlich verwendet.

Weg vom Hersteller zum Endabnehmer. Im Gegensatz zu den auf dem indirekten Absatzweg tätigen **Absatzmittlern** (Groß- und Einzelhandelsunternehmen) werden sie selbst nicht Eigentümer der Ware.

Vom direkten Absatzweg macht vorwiegend die Investitionsgüterindustrie Gebrauch. Häufig sind die von ihr hergestellten Produkte technisch kompliziert und damit erklärungsbedürftig. Eine qualifizierte Beratung und Bedienerschulung ist vielfach nur durch das Fachpersonal des Herstellers selbst möglich. Im Dienstleistungsbereich spielt der Direktabsatz bei den Banken und Versicherungen eine große Rolle. Entscheiden sich Unternehmen aus der Konsumgüterindustrie für diesen Absatzweg, so geschieht dies meist deshalb, weil sich diese Unternehmen den Einfluss auf den Vertrieb ihrer Produkte selbst vorbehalten wollen.

Der Direktabsatz kann über **unternehmenseigene** oder **unternehmensexterne Absatzorgane** sowie über **Marktveranstaltungen** erfolgen.

- Unternehmenseigene Absatzorgane
  - **Geschäftsleitung**
    Eine Verkaufsabwicklung durch Mitglieder der Geschäftsleitung kommt häufig dann vor, wenn hochwertige Investitionsgüter vertrieben werden. Bei kleineren Unternehmen holt die Geschäftsleitung die Aufträge selbst ein, wenn die Kundenzahl überschaubar ist.
  - **Reisende**
    Der Reisende ist als Außendienstmitarbeiter bei einem Unternehmen fest angestellt. Damit ist er Handlungsgehilfe nach HGB. Als Angestellte eines Unternehmens erhalten Reisende ein Gehalt sowie Aufwendungsersatz (Spesen). Zur Schaffung von Leistungsanreizen wird das Grundgehalt (Fixum) häufig mit der Zahlung einer umsatzabhängigen Provision kombiniert. Da der Reisende Handlungsgehilfe ist, unterliegt er dem gesetzlichen Wettbewerbsverbot. Er darf damit ohne Einwilligung keine Geschäfte auf eigene oder fremde Rechnung im Handelszweig des Arbeitgebers tätigen. Je nachdem, mit welcher Vollmacht der Reisende ausgestattet ist, lassen sich unterscheiden:

    HGB § 59

    HGB §§ 59, 60

    Reisende mit Vermittlungsvollmacht
    Reisender und Industriebetrieb schließen einen Arbeitsvertrag, aus dem sich u. a. die Vollmacht zur **Vermittlung von Kaufverträgen** ableitet (Handlungsvollmacht als Artvollmacht). Der Reisende ist berechtigt, von den Kunden Bestellungen (Anträge) entgegenzunehmen, die er an seinen Arbeitgeber (Prinzipal) weiterleitet. Zur Entgegennahme von Zahlungen ist er nur berechtigt, wenn er dafür mit einer **Inkassovollmacht** ausgestattet ist.

    Reisende mit Abschlussvollmacht
    Anders als der Vermittlungsreisende ist der Abschlussreisende berechtigt, mit den Kunden **Kaufverträge abzuschließen**. Vertragspartner aus dem Verpflichtungsgeschäft sind z. B. Industriebetrieb und Kunde. Der Abschlussreisende schließt den Vertrag in fremdem Namen und auf fremde Rechnung ab.

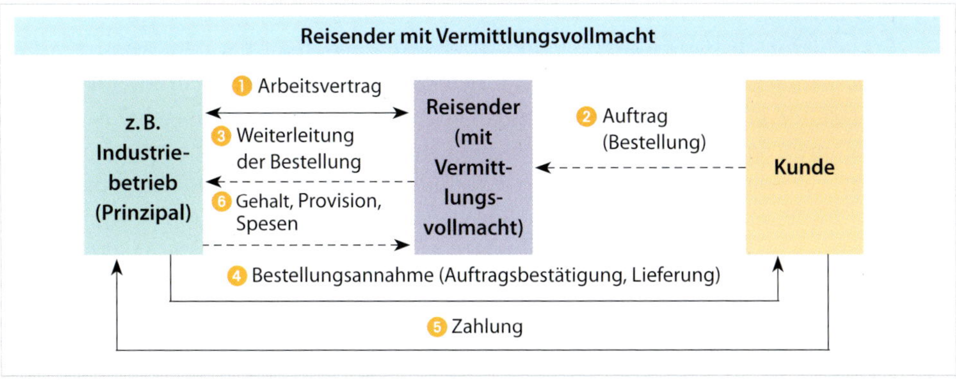

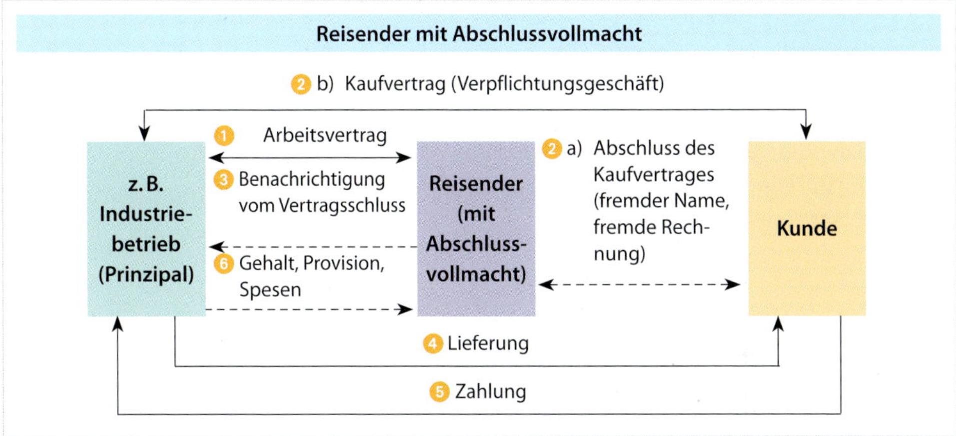

Verstoß eines Reisenden gegen das gesetzliche Wettbewerbsverbot

Der für einen Kosmetikhersteller tätige Reisende bietet den Friseursalons auch Produkte anderer Kosmetikhersteller an. Wegen des Verstoßes gegen das gesetzliche Wettbewerbsverbot ist der Reisende u. U. verpflichtet, Schadensersatz zu leisten (§ 61 HGB).

- **Verkaufsniederlassungen**
  Verkaufsniederlassungen sind aus rechtlicher und wirtschaftlicher Sicht Teile des Unternehmens. Hauptsächlich große Unternehmen wählen dieses Absatzorgan, um ihre Abnehmer in der richtigen Weise – möglichst in Kundennähe – beraten zu können.
- **Vertragshändler**
  Ein „quasi unternehmenseigenes“ Absatzorgan ist der Vertragshändler. Er schließt als *rechtlich selbstständiges Unternehmen* einen Vertrag mit dem Hersteller und verpflichtet sich, dessen Erzeugnisse nach einer von diesem vorgegebenen Marketingkonzeption zu vertreiben. Häufig übernimmt der Vertragshändler neben dem Verkauf noch Kundendienst- und Reparaturleistungen.

Direktes Absatzorgan „Vertragshändler“

Automobilhändler (BMW, Ford, VW u. a.) übernehmen den Verkauf der Automobile und Ersatzteile ihrer Vertragspartner – der Automobilhersteller. Zusätzlich führen Sie für ihre Kunden auch noch Reparaturleistungen durch.

– **Franchising**
Franchising (Konzessionsverkauf) ist ein Absatzsystem, bei dem zwei rechtlich selbstständige Unternehmen – **der Franchisegeber** und der **Franchisenehmer** – auf der Grundlage eines **Franchisevertrages** kooperieren. Der Franchisegeber ist ein Unternehmen, das durch seinen Firmen- oder Handelsnamen über einen großen – meist sogar weltweiten – Bekanntheitsgrad verfügt. Durch den Franchisingvertrag überträgt der Franchisegeber dem Franchisenehmer den Vertrieb seiner Produkte oder Dienstleistungen. Der Franchisenehmer darf dabei eine gemeinsame Marke, ein gemeinsames Symbol, ein gemeinsames Warenzeichen oder einen gemeinsamen Namen verwenden. Außenstehende gewinnen den Eindruck, dass es sich bei dem Betrieb des Franchisenehmers um eine Filiale des Franchisegebers handelt. Der Franchisenehmer räumt zwar dem Franchisegeber weitgehende Weisungs- und Kontrollrechte ein, jedoch ist der Franchisenehmer als rechtlich selbstständiges Unternehmen in eigenem Namen und auf eigene Rechnung tätig. Strategische, organisatorische sowie beschaffungs- und absatzpolitische Entscheidungen werden jedoch weitgehend auf der Grundlage des Franchisingvertrages vom Franchisegeber getroffen. Damit ist der unternehmerische Handlungsspielraum des Franchisenehmers zwar eingeschränkt, jedoch profitiert er von den Stärken eines bereits bewährten Konzepts. Der Franchisenehmer erfährt Unterstützung in der Betriebsorganisation, der Werbung und Verkaufsförderung, der Sortimentsplanung sowie im Nachweis von Beschaffungsmöglichkeiten zu entsprechenden Konditionen.

Die größten Franchise-Geber Deutschlands (Auszug)

	eigene Filialen	Franchise Betriebe	Gesamt
TUI Deutschland	490	860	1.350
Foto Quelle	5	1.300	1.305
Schülerhilfe	231	704	935
McDonald's	60	484	744
...			
Quick Schuh	0	424	424
Burger King	227	123	350
OBI			342

Franchising in Deutschland

Insgesamt gibt es derzeit in Deutschland ca. 1.075.000 Franchisegeber. Diese erzielten einen Umsatz von ca. 65 Mrd. EUR und beschäftigten 368.000 Arbeitnehmer. Durchschnittlich arbeiten bei einem Franchise-Nehmer 3,8 Voll- oder Teilzeitkräfte sowie 2,8 Aushilfen.
Für Europa wird geschätzt, dass ungefähr 10 % des Einzelhandelsumsatzes auf Franchise-Systeme entfallen. In den USA wird 1/3 des Einzelhandelsumsatzes über Franchisesysteme abgewickelt.

– **E-Commerce (= Electronic Commerce, Elektronischer Handel)**
Hierbei handelt es sich um Handelsaktivitäten über das Internet. Dabei werden per elektronischer Datenübertragung Geschäfte getätigt. Der Käufer packt ausgewählte Artikel in einen virtuellen Warenkorb und schließt dann die Bestellung online durch Klicken auf den Bezahlbutton ab. Die Bezahlung selbst erfolgt dann mittels Bezahldiensten oder auch konventionell per Überweisung. Vorteile des E-Commerce sind insbesondere die 24-Stunden Einkaufsmöglichkeit, die Flexibilität und Kosteneinsparungen, da Präsenzkosten (Filialen) und Vertriebskosten reduziert werden können.

- **Call Center**[1]
  Zunehmend gehen die Unternehmen dazu über, sich ihren Kunden gegenüber „serviceorientiert" zu präsentieren und telefonische Service-Zentralen **(Call Center)** einzurichten. Ein Call Center kann dabei alle Tätigkeiten von der Verkaufsanbahnung bis zur Verkaufsabwicklung übernehmen. So rufen z. B. die Mitarbeiter eines Call Centers, die im Direktverkauf tätig sind (Call Agents), ihre Kunden an und bieten ihnen ein Produkt oder eine Dienstleistung zum Kauf an. Häufig stellen Call Center im Auftrag von Unternehmen auch Produkte am Telefon vor und versuchen, einen Termin für einen Außendienstmitarbeiter zu vereinbaren.

  Telefonwerbung bei einem Verbraucher ist unzulässig, wenn diese ohne dessen Einwilligung erfolgt. Ein Werbeanruf ist aber zulässig, wenn der Angerufene vorher ausdrücklich erklärt hat, Werbeanrufe erhalten zu wollen. UWG § 7 (2) Nr. 2, § 20
  Wird gegen das Verbot unerlaubter Telefonwerbung verstoßen, so handelt es sich dabei um eine Ordnungswidrigkeit, die gegebenenfalls mit einem Bußgeld bis zu 50.000 EUR geahndet werden kann.

  Bei Werbeanrufen darf der Anrufer seine Rufnummer nicht unterdrücken, um seine Identität zu verschleiern. Solche Anrufe verstoßen gegen das Telekommunikationsgesetz (TKG) und können mit einer Geldbuße bis 10.000 EUR belegt werden.

■ **Unternehmensexterne Absatzorgane**

Entscheidet sich ein Unternehmen für den Einsatz **unternehmensexterner Vertriebsorgane**, so kommt diesen die Aufgabe zu, Kaufverträge abzuschließen oder zu vermitteln. Unternehmensexterne Absatzorgane sind rechtlich selbstständig und handeln daher in eigenem Namen.

- **Handelsvertreter** Gewo § 64
  Der Handelsvertreter ist als selbstständiger Gewerbetreibender damit betraut, für einen anderen Unternehmer **(fremder Name, fremde Rechnung)** Geschäfte zu vermitteln (Vermittlungsvertreter) oder in dessen Namen abzuschließen **(Abschlussvertreter)**.

  ! Selbstständig ist, wer im Wesentlichen frei seine Tätigkeit gestalten und seine Arbeitszeit bestimmen kann. HGB § 84

  Reisender und Handelsvertreter haben als Absatzhelfer die gleichen Aufgaben. Sie unterscheiden sich lediglich in ihrer Rechtsstellung: Der Reisende ist Angestellter eines Unternehmens und daher *unternehmensinternes Absatzorgan*. Der Handelsvertreter ist als selbstständiger Kaufmann *unternehmensexternes Absatzorgan*.

1 Ob ein Call Center zu den unternehmensinternen oder unternehmensexternen Absatzorganen zählt, ist vom Einzelfall abhängig. Häufig richten mittelständische Unternehmen kein unternehmenseigenes Call Center ein, sondern beauftragen mit den gewünschten Lösungen ein externes Unternehmen (z. B. Teledirekt).

Kostenvergleich: Reisender – Handelsvertreter

Aufg. 7.4.3 S. 420

Ein Unternehmen zahlt einem Reisenden ein Fixum von 2.000 EUR und eine Umsatzprovision in Höhe von 5 % des vermittelten Monatsumsatzes. Die gleichen Vertriebsaufgaben könnten von einem Handelsvertreter für eine Umsatzprovision in Höhe von 10 % übernommen werden. Wann wird sich das Unternehmen für den Reisenden, wann für einen Handelsvertreter entscheiden?

Rechnerische Lösung:

$$2.000 + 0{,}05\ x = 0{,}1\ x$$
$$0{,}05\ x = 2.000$$
$$x = 40.000$$

Grafische Lösung:

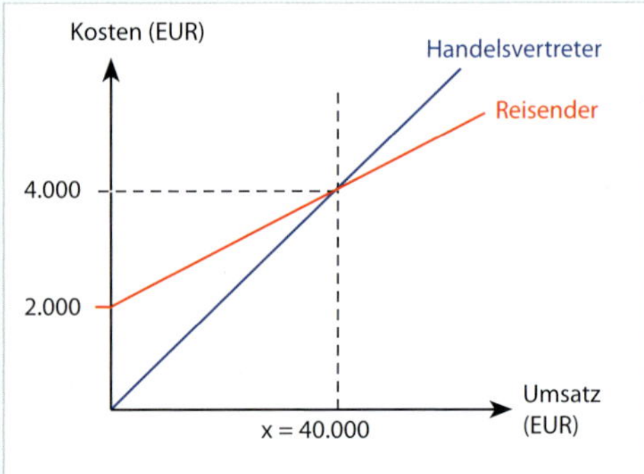

Ergebnis:
Bei einem Monatsumsatz von unter 40.000 EUR lohnt sich der Einsatz eines Handelsvertreters. Übersteigt der Umsatz den Betrag von 40.000 EUR, so ist der Einsatz eines Reisenden kostengünstiger.

Handelsvertreter mit Vermittlungsvollmacht

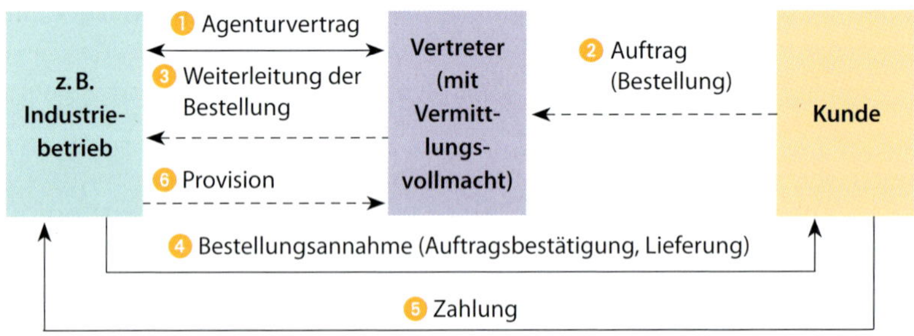

Handelsvertreter mit Abschlussvollmacht

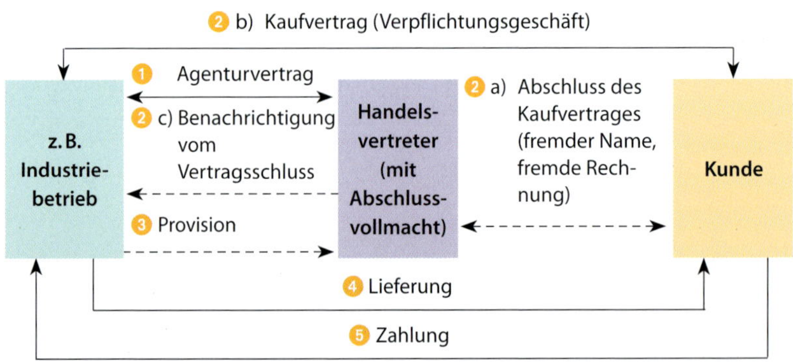

Auszug aus einem Agenturvertrag (Handelsvertretervertrag)

...

§ 3 Pflichten des Unternehmers

(1) Der Unternehmer hat dem Handelsvertreter die zur Ausübung seiner Tätigkeit erforderlichen Unterlagen wie Muster, Zeichnungen, Preislisten, Werbedrucksachen, Geschäftsbedingungen kostenlos zur Verfügung zu stellen. (2) Der Unternehmer hat den Handelsvertreter unverzüglich zu unterrichten, wenn er Geschäfte voraussichtlich nur in erheblich geringerem Umfange abschließen kann oder will, als der Handelsvertreter unter gewöhnlichen Umständen erwarten kann. (3) Der Unternehmer hat dem Handelsvertreter Kopien der mit Kunden geführten Korrespondenz zu überlassen.

Rechte und Pflichten des Handelsvertreters	
Rechte:	*Pflichten:*
▪ Recht auf Provision (§ 86b ff. HGB) ▪ Anspruch auf Aufwendungsersatz (§ 87d HGB) ▪ Ausgleichsanspruch nach Beendigung des Vertragsverhältnisses (§ 89b HGB) ▪ Recht auf Bereitstellung von Unterlagen (Muster, Zeichnungen etc.) (§ 86a HGB)	▪ Pflicht, Geschäfte zu vermitteln oder abzuschließen (Bemühungspflicht) (§ 86 (1) HGB) ▪ Benachrichtigungspflicht über vermittelte bzw. abgeschlossene Geschäfte (§ 86 (2) HGB) ▪ Schweigepflicht (§ 90 HGB) ▪ Sorgfaltspflicht (§ 86 (1) HGB)

HGB § 86 ff.

- Marktveranstaltungen

Marktveranstaltungen sind Einrichtungen, die dem Waren- und Informationsaustausch dienen.

Als Marktveranstaltungen gelten z. B. Messen, Ausstellungen, Börsen und Auktionen.

Messen sind Veranstaltungen mit Marktcharakter, auf denen normalerweise auf der Grundlage von Mustern für den Wiederverkauf oder für gewerbliche Verwendung verkauft wird.

Häufig dienen Messen auch dazu, die wirtschaftliche Leistungsfähigkeit und die Kultur eines Landes darzustellen.

Messen in der Bundesrepublik Deutschland

CEBIT (Computermesse)	Hannover
Hannovermesse	Hannover
Internationale Möbelmesse	Köln
Internationale Spielwarenmesse	Nürnberg
Internationale Lederwarenmesse	Offenbach

Ausstellungen sind Veranstaltungen, die sich aufklärend und werbend an die Allgemeinheit wenden.

Gewo § 65

Ausstellungen

Internationale Automobilausstellung (IAA)	Frankfurt
Internationale Funkausstellung	Berlin
Internationale Bootsausstellung	Berlin

Auch Ausstellungen können dem Verkauf dienen.

Indirekter Absatz

Indirekter Absatz liegt vor, wenn für die Distribution der Handel eingeschaltet wird.

Wesentliche Gründe für die Wahl des indirekten Absatzes:

- Handel verfügt bereits über ein Marketingkonzept
- Hersteller kann aus Kostengründen die weit verstreuten Endverbraucher nicht beliefern
- Produkte werden erst durch das Angebot im Sortimentsverbund des Handels verkäuflich
- Distribution über den Handel verringert die Anzahl der Kontakte zu den Abnehmern

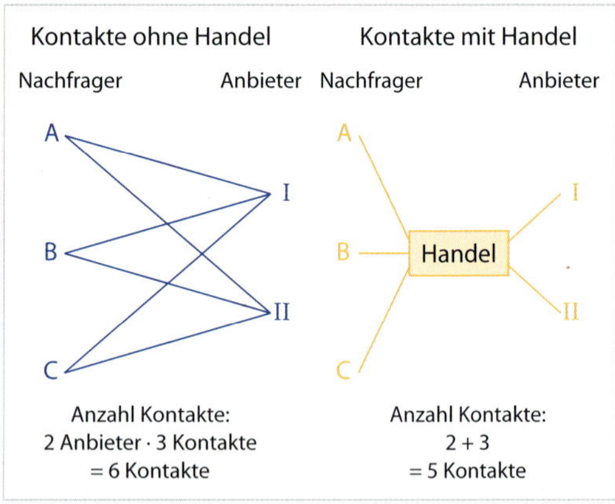

Ein Hersteller hat folgende vier Möglichkeiten, den Handel einzuschalten:

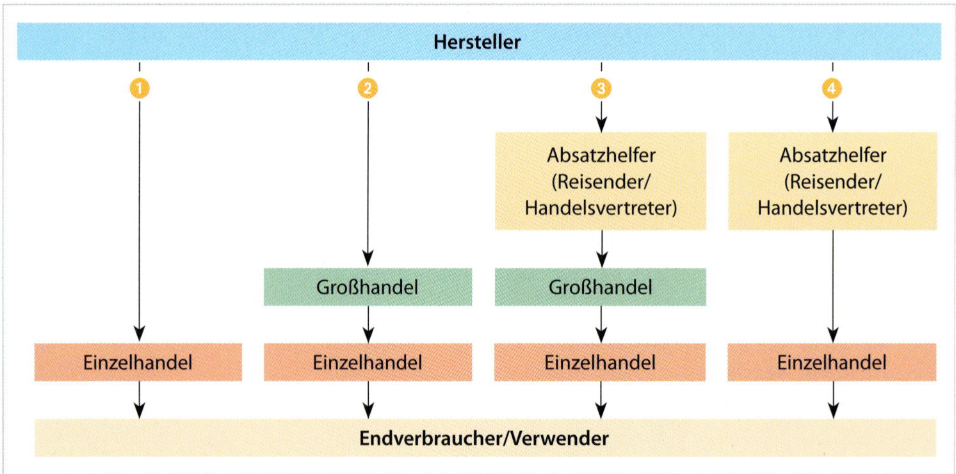

Der Handel übernimmt in der indirekten Absatzkette folgende wesentliche Funktionen:

- **Raumüberbrückung**
  Warenangebot durch Handelsbetriebe in Verwendernähe ermöglicht einfachen Einkauf.

- **Zeitüberbrückung**
  Die Lagerhaltung im Handel leistet einen Beitrag zur Überbrückung der Zeit, die zwischen Produktion und Verwendung eines Produktes liegt.
- **Sortimentsbildung**
  Der Handel wählt entsprechend den Bedürfnissen seiner Kunden verschiedene Produkte für sein Sortiment aus.
- **Kundenberatung**
  Das Verkaufspersonal in den Handelsbetrieben berät die Abnehmer beim Kauf.
- **Kundendienst**
  Eine Ware lässt sich häufig nur dann an den Endverbraucher verkaufen, wenn der Handel gleichzeitig die Möglichkeit einräumt, Service- oder Kundendienstleistungen in Anspruch zu nehmen.
- **Kreditfunktion**
  Häufig lassen sich erst durch die Einräumung von Zahlungszielen durch den Handel Kunden gewinnen.

Die Entscheidung, auf welchem Absatzweg die Produkte eines Industriebetriebs vertrieben werden, ist u. a. von den Vertriebskosten und den Produkteigenschaften abhängig. Teure Investitionsgüter wie z. B. Spezialmaschinen werden häufig erst nach genauen Vorgaben und Wünschen des Kunden hergestellt. Vielfach ist beim Einsatz solcher Produkte eine Beratung durch den Hersteller erforderlich, so dass für deren Vertrieb ausschließlich der direkte Absatzweg infrage kommt. Konsumgüter hingegen werden sowohl auf dem direkten wie auch indirekten Absatzweg vertrieben.

Funktionen des Handels

1. **Raumüberbrückung**
   In einem Verbrauchermarkt einer badischen Kleinstadt werden Waschmittel eines Herstellers angeboten, dessen Produktionsstandort in Hamburg ist.
2. **Zeitüberbrückung**
   Ein Obst- und Gemüsegroßhändler kauft seine Ware unmittelbar nach der Ernte ein, lagert sie entsprechend und verkauft je nach Nachfrage an den Einzelhandel.
3. **Sortimentsbildung**
   Das Einzelhandelsgeschäft „Raumausstattung Friesch“ bietet seinen Kunden u. a. Bodenbeläge, Gardinen, Accessoires – also alle Produkte zur Ausstattung von Wohn- und Geschäftsräumen – an.
4. **Beratung**
   Ein Elektrogeschäft berät einen Kunden beim Kauf einer Kaffeemaschine in deren Funktionen.
   Aufg. 7.4.4 S. 421
5. **Kundendienst**
   Ein Büromarkt verkauft u. a. Faxgeräte und führt gegebenenfalls auch erforderliche Reparaturen aus.
6. **Kreditfunktion**
   Ein Autohändler (kein Vertragshändler) führt in seinem Sortiment verschiedene Automarken. Damit er Käufer gewinnt, macht er seinen Kunden – je nach Bedarf – verschiedene Finanzierungsvorschläge.

Zusammenfassende Übersicht zu 7.4.2: Absatzwege

Absatzwege

- **Direkter Absatz**
  - Unternehmens-eigene Organe
    - Geschäftsleitung
    - Reisende
    - Verkaufsniederlassungen
    - Vertragshändler („quasi eigen")
    - Franchising
    - E-Commerce
    - Call-Center (auch unternehmensextern)
  - Unternehmens-externe Organe
    - Handelsvertreter
  - Markt-veranstaltungen
    - dienen dem Waren- und Informationstausch
      - Messen
      - Ausstellungen
- **Indirekter Absatz**
  - Einschaltung von Groß- und Einzelhandel

WIEDERHOLUNG DES GRUNDWISSENS

7.4 Distributionspolitik

1. Nennen Sie das Ziel der Distributionspolitik.
2. Erörtern Sie, mit welchen beiden Problembereichen sich distributionspolitische Entscheidungen befassen.
3. Grenzen Sie direkten von indirektem Absatz ab.
4. Diskutieren Sie, ob die Investitionsgüterindustrie eher den direkten oder den indirekten Absatzweg bevorzugt.
5. Nennen Sie die beiden Formen des direkten Absatzes.
6. Nennen Sie unternehmenseigene Absatzorgane.
7. Erläutern Sie, unter welchen Voraussetzungen ein Direktabsatz durch Mitglieder der Geschäftsleitung angebracht ist.
8. Unterscheiden Sie die Rechte eines Reisenden mit Vermittlungsvollmacht von den Rechten eines Reisenden mit Abschlussvollmacht.
9. Nennen Sie einen Vorteil, der mit dem Direktabsatz über Verkaufsniederlassungen verbunden ist.
10. Begründen Sie, weshalb der Vertragshändler – obwohl rechtlich selbstständig – den unternehmenseigenen Absatzorganen zugeordnet wird.
11. Erläutern Sie den Begriff „Franchising".
12. Nennen Sie Beispiele für Franchisesysteme aus Ihrem Erfahrungsbereich.
13. Beschreiben Sie, wie typischerweise ein Geschäft per E-Commerce abgewickelt wird.
14. Nennen Sie unternehmensexterne Absatzorgane.
15. Nennen Sie jeweils drei Rechte und drei Pflichten eines Handelsvertreters.
16. Definieren Sie den Begriff „Handelsvertreter" und vergleichen Sie Handelsvertreter mit Vermittlungsvollmacht und Handelsvertreter mit Abschlussvollmacht.
17. Messen und Ausstellungen sind Beispiele für Marktveranstaltungen. Erklären Sie die beiden Begriffe.
18. Nennen Sie Gründe, die für den indirekten Absatz sprechen.
19. Ein Hersteller setzt für den Vertrieb seiner Produkte häufig auf die Unterstützung durch den Handel. Beschreiben Sie zwei Möglichkeiten, wie der Handel eingeschaltet werden kann.
20. Nennen und beschreiben Sie die Funktionen, die der Handel in der indirekten Absatzkette übernimmt.

AUFGABEN ZUM ERWERB UND ZUR KONTROLLE VON KOMPETENZEN

7.4 Distributionspolitik

7.4.1 Entscheidungen über den Absatzweg

PDF

Welchen Absatzweg halten Sie bei nachstehenden Herstellern für zweckmäßig?

1. Winzer	Wein
2. Lederwarenfabrik	Handtaschen
3. Maschinenfabrik	CNC-gesteuerte Fräsmaschinen
4. Waschmittelhersteller	Waschmittel
5. Traktorenfabrik	Traktorrasenmäher

7.4.2 Absatz durch Reisende oder Handelsvertreter – Absatzkontrolle

Die Möbelschreinerei Storz will als neues Produkt das Sportgerät VELOBIL herstellen.

Nach der Phase der Produktgestaltung werden zu Testzwecken 50 Geräte hergestellt und im eigenen Möbelhaus verkauft, das an einer Bundesstraße steht.

Der Test führt zu einem positiven Ergebnis. Deshalb soll der Verkauf zunächst innerhalb eines begrenzten Absatzgebietes gestartet werden. **Storz** will wissen, wie viele Vertreter er für den Absatz des VELOBILS in dem geplanten Gebiet einsetzen müsste. Für die Entscheidungsfindung hat er folgende Informationen:

Gesamtumsatz des Betriebes pro Jahr in Mio. EUR	Anzahl der Betriebe	Erwünschte Besuchszahl je Betrieb im Jahr	Gesamtzahl der erforderlichen Vertreterbesuche
bis 0,50	93	6	
bis 0,75	32	15	
über 0,75	4	10	
	129		

Ein Vertreter, der gleichzeitig auch für andere Spielwaren- und Sportartikelhersteller arbeitet, könnte im Jahr ungefähr 600 Besuche bei Betrieben machen, die für den Verkauf des VELOBILS in Frage kommen. Ein Reisender, der ausschließlich für Storz tätig ist, könnte hingegen das Absatzgebiet alleine bearbeiten.

1. a) Stellen Sie fest, wie viele Vertreter zur Bearbeitung dieses Absatzgebietes notwendig wären.
   b) Wie erklären Sie sich, dass einige Betriebe sechs Mal, andere fünfzehn Mal besucht werden sollen?
2. Der Inhaber der Schreinerie, Herr Storz, rechnet anfangs mit einem monatlichen VELOBIL-Umsatz zwischen 11.000 EUR und 16.000 EUR.
   Storz überlegt sich, ob er einen reisenden Angestellten oder mehrere Vertreter auf Provisionsbasis für die Bearbeitung des Absatzgebietes einsetzen soll.
   Ein Reisender erhält ein Monatsgehalt von 2.000 EUR brutto, außerdem gleichbleibende Vertrauensspesen in Höhe von 800 EUR für die Reisekosten. Ein Vertreter erhält 20 % Provision vom Umsatz.
   a) Von welchem Monatsumsatz an lohnt sich der Einsatz eines Reisenden anstelle eines Handelsvertreters?
   b) Tragen Sie auf der senkrechten Achse eines Koordinatensystems die Kosten (1 cm = 500 EUR) und auf der waagerechten Achse die Umsätze (1 cm = 2.500 EUR) ein.
   Zeichnen Sie in das Schaubild die vom Umsatz unabhängigen Kosten des Reisenden in Höhe von 2.800 EUR und die umsatzabhängigen Kosten des Vertreters (bis zu Umsätzen von 25.000 EUR) ein.
   Prüfen Sie, ob die zeichnerische Lösung mit Ihrer rechnerischen übereinstimmt.
   c) Der Reisende verlangt anstelle seiner Vertrauensspesen von 800 EUR eine Umsatzprovision von 10 %.
   Zeichnen Sie in ein Koordinatensystem mit der gleichen Einteilung wie in Teilaufgabe 2 unter b) wiederum die Kosten des Reisenden und die Kosten des Vertreters ein.
   Bestimmen Sie aus der Zeichnung den Umsatz, bei dem sich unter diesen Bedingungen der Einsatz eines Reisenden zu lohnen beginnt.
   Kontrollieren Sie Ihre Lösung rechnerisch.

3. **Storz** übernimmt den Vertrieb eines weiteren Sportgerätes.
In der Absatzstatistik finden sich nach einigen Jahren folgende Zahlen:

	Velobil: Preis je Stück: 75 EUR			Sportgerät: Preis je Stück: 125 EUR			Velobil + Sportgerät		
Jahr	Absatz	Umsatz	Gewinn	Absatz	Umsatz	Gewinn	Gesamt-umsatz	Gesamt-gewinn	Gewinn in % des Umsatzes (Umsatz-Rentabilität)
1	3.000	225.000	75.000	2.000	250.000	25.000	475.000	100.000	21,05 %
2	2.900	217.500	72.500	2.500	312.500	31.250	530.000	103.750	19,58 %
3	2.800	210.000	70.000	3.000	375.000	37.500	585.000	107.500	18,38 %
4	2.700	202.500	67.500	3.500	437.500	43.750	640.000	111.250	17,38 %
5	2.600	195.000	65.000	4.000	500.000	50.000	695.000	115.000	16,55 %

Veränderung in %		Von Jahr			
		1 auf 2	2 auf 3	3 auf 4	4 auf 5
Velobil	Umsatz	– 3 1/3 %	– 3,45 %	– 3,57 %	– 3,70 %
	Gewinn	– 3 1/3 %	– 3,45 %	– 3,57 %	– 3,70 %
Sportgerät	Umsatz	+ 25 1/3 %	+ 20,00 %	+ 16 2/3 %	+ 14,28 %
	Gewinn	+ 25 1/3 %	+ 20,00 %	+ 16 2/3 %	+ 14,28 %
Gesamt-	Umsatz	+ 11,58 %	+ 10,38 %	+ 9,40 %	+ 8,59 %
	Gewinn	+ 3,75 %	+ 3,61 %	+ 3,49 %	+ 3,48 %

Wie erklären Sie sich die unterschiedliche Veränderung von Gesamtumsatz und Gesamtgewinn?

4. **Storz** führt diese Entwicklung auf den stärkeren Einsatz der Vertreter für das Sportgerät zurück.
   a) Wie erklären Sie sich dieses Verhalten der Vertreter?
   b) **Storz** schlägt seinen Vertretern aufgrund dieser Zahlen vor, die Vertreterprovision auf der Basis des mit dem Artikel zu erzielenden Gewinns zu berechnen. Erläutern Sie, warum Storz diesen Vorschlag unterbreitet.

7.4.3 Vergleich Reisender – Handelsvertreter

Ein Hersteller von Haushaltswaren erzielt im Verkaufsgebiet IV (Hessen) derzeit einen Umsatz in Höhe von monatlich 90.000 EUR. Im Außendienst sind ausschließlich selbstständige Handelsvertreter eingesetzt. Diese erhalten eine Umsatzprovision von 5 %.

Einem erfahrenen und von der Geschäftsleitung angesehenen Mitarbeiter aus dem Vertrieb müsste wegen einer anstehenden Umstrukturierungsmaßnahme gekündigt werden. Es wird deshalb überlegt, ob dieser künftig anstelle der Handelsvertreter im Verkaufsgebiet IV als Reisender eingesetzt werden soll. Das Unternehmen wäre bereit, ihm ein monatliches Fixum in Höhe von 2.000 EUR sowie eine Umsatzprovision von 3 % zu zahlen.

1. Ermitteln Sie rechnerisch, ob unter Kostengesichtspunkten der Einsatz von Reisenden sinnvoll ist.
2. Bei welchem Umsatz sind die Kosten für Reisende und Handelsvertreter gleich hoch?
3. Beurteilen Sie anhand der in nachstehender Entscheidungstabelle (Nutzwertanalyse) aufgeführten Kriterien, was außer dem Kostengesichtspunkt jeweils für den Einsatz von Reisenden oder Handelsvertretern spricht.

Beurteilungskriterien	Wichtigkeit W	Absatzmittler			
		Reisender		Handelsvertreter	
		B	G = W · B	B	G = W · B
Verkaufsfähigkeit					
Einsatzbereitschaft/Eigeninteresse					
Vertrautheit mit dem Produkt					
Kundenpflege/Kundenbetreuung					
Steuerung und Kontrolle durch das Unternehmen					
Flexibilität hinsichtlich der Einsatzmöglichkeiten					
Marktkenntnis/Marktbeobachtung					
Umfang des Sortiments/Vertrieb von Komplementärartikeln					
Betriebszugehörigkeit					
Summe					
Rang					

Vorgehensweise zur Erstellung einer Entscheidungsbewertungstabelle

1. Gewichten Sie in der Entscheidungsbewertungstabelle die einzelnen Beurteilungskriterien nach der Bedeutung (Wichtigkeit), die sie für die anstehende Entscheidung haben. Benutzen Sie dazu folgende Gewichtungstabelle:

   Hinweis:
   Es müssen nicht alle Punkte von 1 bis 5 vergeben werden. Beurteilungskriterien mit gleicher Wichtigkeit weisen gleiche Punktzahl auf.

Wichtigkeit	Gewichtungspunkte (W)
äußerst wichtig	5
sehr wichtig	4
wichtig	3
mäßig wichtig	2
unwichtig	1

2. Prüfen Sie die Eignung von Reisenden bzw. Handelsvertretern für den vorliegenden Fall, indem Sie in der Entscheidungsbewertungstabelle die Beurteilungskriterien für jede der beiden Alternativen mithilfe nebenstehender Tabelle bewerten (B).

Bewertung der Beurteilungskriterien beim Einsatz von Reisenden bzw. Handelsvertretern	Punkte (B)
sehr hoher Nutzen (sehr gut)	3
hoher Nutzen (gut)	2
geringer Nutzen (befriedigend)	1
kein Nutzen (unbefriedigend)	0

3. Bestimmen Sie für die beiden Alternativen (Reisende bzw. Handelsvertreter) den gewichteten Nutzen (G) aller Beurteilungskriterien, indem Sie die Wichtigkeit (W) und die Bewertung (B) für alle Beurteilungskriterien multiplizieren: $G = W \cdot B$
4. Welche Entscheidung würden Sie unter Berücksichtigung aller Gesichtspunkte treffen?

7.4.4 Distributionsentscheidung einer Winzergenossenschaft

Die Winzergenossenschaft Lindenhof eG produziert und vertreibt seit Jahrzehnten Weine der fränkischen Weingegend Rötelberg. Sie will ihre Marktstellung insbesondere bei den Rotweinen weiter ausbauen. In diesem Zusammenhang ist zu entscheiden, welche Absatzvermittler für die Gastronomiebetriebe der Region Südbayern eingesetzt werden sollen. Zur Diskussion stehen zwei Alternativen:

Alternative 1:

Ein Vertreter, der gleichzeitig auch andere alkoholische und nichtalkoholische Getränke anbietet, könnte im Jahr maximal 450 Besuche bei Kunden machen. Er enthält 20 % vom Umsatz als Provision.

Alternative 2:

Ein Reisender, der ausschließlich für die Winzergenossenschaft Lindenhof eG tätig ist, könnte das Absatzgebiet alleine bearbeiten. Er erhält ein Monatsgehalt von 2.000 EUR (13 Monatsgehälter im Jahr), 80 EUR monatliche Reisespesen und eine Provision in Höhe von 5 % vom Umsatz.

Für die Entscheidungsfindung stehen außerdem folgende Informationen zur Verfügung:

Gesamtumsatz der Gastronomiebetriebe In Tsd. EUR/Jahr	Anzahl der Betriebe	Erwünschte Besuchszahl je Betrieb pro Jahr	Gesamtzahl der erforderlichen Vertreterbesuche pro Jahr
Bis 25	46	6	
Bis 50	20	10	
Über 75	3	15	

1. Stellen Sie fest, wie viele Vertreter zur Bearbeitung des Absatzgebietes Südbayern notwendig sind.
2. Wie erklären Sie sich, dass einige Gastronomiebetriebe sechs Mal, andere fünfzehn Mal besucht werden sollen?
3. Weisen Sie rechnerisch nach, welche Alternative für die Winzergenossenschaft vorteilhafter ist.

7.5 Kontrahierungspolitik: Preise und Konditionen[1]

7.5.1 Marktorientierte Preisbildung

Voraussetzung für eine erfolgreiche Preispolitik ist die richtige Einschätzung der **Reaktion von Nachfragern und Konkurrenten** auf die preispolitischen Maßnahmen des Unternehmens.

Verhalten der Nachfrager

Aufg. 7.5.1 S. 433
Aufg. 7.5.2 S. 434

In den allermeisten Fällen reagieren Nachfrager auf eine Preissenkung mit einer Erhöhung, bei einer Preiserhöhung mit einer Verringerung der Nachfrage. Das Ausmaß der Reaktion ist jedoch bei verschiedenen Gütern ganz unterschiedlich. Die Reaktion der Nachfrager hängt u. a. davon ab, wie dringlich sie den Bedarf an diesem Gut empfinden, aber auch davon, ob Ersatzgüter zur Verfügung stehen. Das Ausmaß der mengenmäßigen Reaktion der Nachfrager auf Preisänderungen wird mit der **Preiselastizität der Nachfrage** gemessen.

Konkurrenzsituation

Der Spielraum, den ein Unternehmen bei preispolitischen Maßnahmen hat, ist von der Stellung des Unternehmens am Markt abhängig. In einem vereinfachten Schema werden drei Wettbewerbssituationen (Marktformen) unterschieden.

1 Kontrahierung (lat.): Abschluss eines Vertrages. Kontrahierungspolitik umfasst alle in einem Kaufvertrag vereinbarten Bedingungen, die den Preis beeinflussen, um den Absatz zu fördern (z. B. Höhe des Preises, Rabatte, Liefer- und Zahlungsbedingungen).

- **Polypol:** Auf der Seite des Angebots sind viele, relativ kleine Marktteilnehmer vorhanden. Dem stehen ebenfalls viele Nachfrager gegenüber.
- **Angebotsmonopol:** Ein großer Anbieter steht zahlreichen kleinen Nachfragern gegenüber.
- **Angebotsoligopol:** Auf dem Markt treten nur wenige große Anbieter, aber zahlreiche Nachfrager auf.

Die Situation eines reinen Angebotsmonopolisten ist selten. Am häufigsten kommen in der Realität die Marktformen des Polypols und des Oligopols vor.

Normalerweise verliert ein Polypolist nicht sofort alle Kunden, wenn er den Preis über den der Konkurrenz anhebt, da zwischen den **Polypolisten** nur ein **unvollkommener Wettbewerb** herrscht (Polypol auf dem unvollkommenen Markt). Er kann daher unter Berücksichtigung der Reaktion der Nachfrager in gewissem Rahmen Preispolitik betreiben. Allerdings muss er eine **obere Preisgrenze** beachten. Erhöht er den Preis über diese Grenze, verliert er nahezu alle Kunden an die Konkurrenz.

Preispolitik des Polypols bei unvollkommenen Wettbewerb

Die Pharma-Chemie GmbH stellt das Schmerzmittel Dolopyrin her, das auch zur Vorbeugung von Herzinfarkten verwendet wird. Der Markenname hat einen hohen Bekanntheitsgrad. Die Packung mit 24 Tabletten wird zum Preis von 9 EUR angeboten.

Seit das Patent zur Herstellung von Dolopyrin abgelaufen ist, werden die Tabletten von der Karl Bauer KG nach dem patentmäßig nicht mehr geschützten Rezept unter der noch unbekannten Markenbezeichnung Antidolor zum Preis von 6 EUR für den gleichen Packungsinhalt auf den Markt gebracht.

Die Pharma-Chemie ändert ihren Preis nicht und hat nur einen Absatzrückgang von 10 %. Ihr Gewinn wäre kleiner, wenn sie den Preis um 33.⅓ % gesenkt und damit den Absatzrückgang vermieden hätte.

Ein **Oligopolist** hat nicht nur mit der Reaktion der Nachfrage auf seine Preispolitik, sondern auch mit der seiner Konkurrenten zu rechnen. Die Preispolitik des Oligopolisten lässt sich kaum in einer festen Regel zusammenfassen. Es kann sein, dass einer der Oligopolisten versucht, mit ruinösem Wettbewerb die Konkurrenten vom Markt zu verdrängen, um eine Monopolstellung zu erringen. Dieser Versuch ist sehr risikoreich. Deshalb ist ein friedliches, abgestimmtes Verhalten viel häufiger. Einer der Oligopolisten wird als **Preisführer** anerkannt und alle anderen passen sich seiner Preisgestaltung an. Wenn kein Unternehmen eine eindeutige Vormachtstellung einnimmt, kann die Preisführerschaft auch wechseln. In wechselnder Reihenfolge wird dann ein Anbieter als Erster den Preis verändern und alle anderen passen sich dann an.

Preisführerschaft beim Oligopol

In einer Volkswirtschaft bieten vier große Mineralölkonzerne über eigene Tankstellennetze Benzin an. Regelmäßig ist folgendes Verhalten zu beobachten: Wenn die Gesellschaft A ihren Preis erhöht, kündigen die anderen Mineralölfirmen an, in den nächsten Tagen ihre Preise ebenfalls zu erhöhen. Die Gesellschaft A ist offensichtlich auf Grund ihrer Größe der „geborene“ Preisführer.

7.5.2 Kostenorientierte Preisbildung

Kostenrechnung als Entscheidungshilfe für die betriebliche Preispolitik

Aufg. 7.5.3 S. 435

In der Marktwirtschaft hat sich ein Unternehmen bei der Festlegung des Angebotspreises vor allem an der Marktsituation zu orientieren. Kann das Unternehmen bei vollkommenem Wettbewerb aus Kostengründen nicht zum jeweiligen Marktpreis anbieten, muss es Produktion und Absatz einstellen.

Auch wenn der Wettbewerb nicht vollkommen ist, z. B. weil die Nachfrager für das Produkt des Unternehmens Präferenzen empfinden, ist das Entscheidungsfeld für die Preispolitik eingegrenzt.

Bei der Entscheidung über den Preis, zu dem das Produkt auf dem Markt angeboten werden soll, sind die Kosten von ausschlaggebender Bedeutung. Entscheidend ist, ob der auf dem Markt durchsetzbare Preis die Produktionskosten deckt und zusätzlich einen positiven Beitrag zum Unternehmensgewinn erbringt. Mithilfe der Kostenrechnung wird deshalb eine Preisuntergrenze kalkuliert, die das Produkt auf dem Markt mindestens erbringen muss, wenn es in das Produktionsprogramm des Unternehmens aufgenommen werden soll.

Die Kostenrechnung ist Grundlage für die betriebliche Preispolitik.

Kalkulierter Preis und Nachfragemenge (Absatz)

Ein Pharmahersteller bringt das Nahrungsergänzungsmittel „Vitaquell" neu auf den Markt. Die Geschäftsleitung schätzt den möglichen Absatz auf 13.000 Flaschen. Variable Kosten je Flasche 3 EUR, fixe Kosten insgesamt 80.000 EUR. Die Selbstkostenkalkulation ergibt unter Berücksichtigung eines Gewinnzuschlags von 20 % den Betrag von 10,98 EUR. Das Unternehmen legt den Preis auf 11,00 EUR fest.

Bei diesem Preis konnten aber nur 9.000 Flaschen abgesetzt werden. Es entstand ein Verlust von 8.000 EUR.

Mit dem Ziel, die Gewinnzone zu erreichen, **erhöht das Unternehmen den Preis** auf 12,00 EUR. Der Absatz sinkt auf 7.000 Flaschen, der Verlust steigt auf 17.000 EUR.

Jetzt **senkt das Unternehmen den Preis** auf 6,00 EUR und erzielt einen Absatz von 30.000 Flaschen. Bei diesem Preis entsteht ein Gewinn von 10.000 EUR.

Kostenorientierte Preispolitik eines Einproduktunternehmens

Der kostenorientierte Angebotspreis kann auf einfache Weise festgestellt werden, wenn das Unternehmen nur eine Produktart herstellt **(Einproduktunternehmen)**. Alle im Betrieb anfallenden Kosten können zu einer Summe zusammengefasst auf den Kostenträger verrechnet werden. Die Gesamtkosten der Produktion geteilt durch die Produktmenge ergeben die Selbstkosten je Stück (Stückgesamtkosten). Wird auf die Selbstkosten der Gewinn zugeschlagen, den das Unternehmen anstrebt, ergibt sich der **kalkulierte Angebotspreis**.

Kalkulierter Preis = Selbstkosten + Gewinnzuschlag.

Produziert ein Unternehmen nur ein einziges Produkt, wird es langfristig nur anbieten, wenn der Marktpreis die Stückgesamtkosten deckt. Bei linearem Verlauf der Gesamtkosten erreicht das Unternehmen die Gewinnschwelle, wenn die Stückgesamtkosten so groß sind wie der Marktpreis.

Die Gesamtkosten setzen sich zusammen aus fixen und variablen Kosten. **Variable Kosten** ändern sich mit der Produktionsmenge, **fixe Kosten** bleiben bei einer Veränderung der Produktionsmenge konstant. Daraus ergibt sich ein Problem bei der Feststellung der Stückgesamtkosten. Die Kalkulation muss von einer geschätzten Absatzmenge ausgehen, auf die die fixen Gesamtkosten verteilt werden. Wird diese aus Vorsichtsgründen zu niedrig eingeschätzt, kann der Betrieb sich „aus dem Markt hinauskalkulieren". Umgekehrt kann der Betrieb sich mit einer optimistischen Einschätzung des möglichen Absatzes „in den Markt hineinkalkulieren".

Wegen der Unsicherheit über die bei der Kalkulation anzunehmende Absatzmenge müssen auch beim Einproduktunternehmen die Kostenarten in fixe und variable Bestandteile zerlegt werden.

Tabellarische und grafische Darstellung eines Kostenverlaufs

x (Stück)	K_f (EUR)	K_v (EUR)	K (EUR)	k (EUR)
1	50	10	60	60,00
2	50	20	70	35,00
3	50	30	80	26,67
4	50	40	90	22,50
5	50	50	100	20,00
6	50	60	110	18,33

x = Produktionsmenge; K_f = fixe Kosten insgesamt; K_v = variable Kosten insgesamt; K = Kosten insgesamt; k = Kosten je Produktionseinheit (Stückgesamtkosten)

Gewinnschwelle:

Bei dem Preis von 35,00 EUR bei einer Produktionsmenge von 2.

Bei dem Preis von 22,50 EUR bei der Produktionsmenge 4.

Kurzfristige Preisuntergrenze:

10 EUR (variable Kosten je Stück)

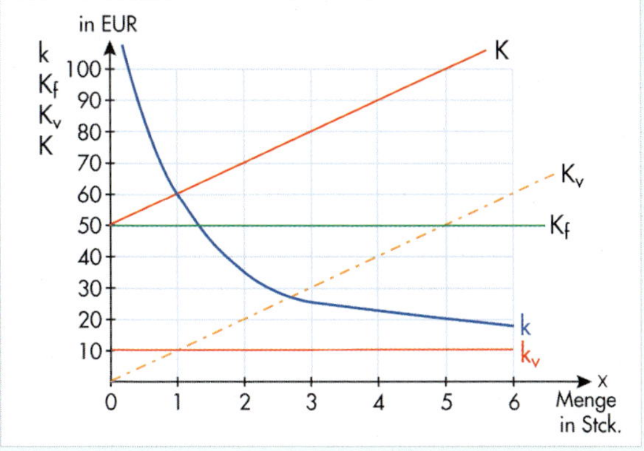

Ist die Produktionskapazität bereits eingerichtet, fallen die fixen Kosten auch dann an, wenn die Produktion völlig eingestellt wird. Sinkt in dieser Situation der Marktpreis unter den kalkulierten Angebotspreis, wird die produktpolitische Entscheidung des Unternehmens davon abhängen, ob in absehbarer Zukunft („kurzfristig") wieder mit einem Steigen des Marktpreises zu rechnen ist. **Kurzfristig** kann das Einproduktunternehmen sich mit einem Marktpreis zufrieden geben, der zumindest die variablen Kosten je Stück deckt, da die fixen Kosten auch bei völliger Einstellung der Produktion weiter anfallen würden.

Kostenorientierte Preispolitik eines Mehrproduktunternehmens

Stellt das Unternehmen mehrere Produktarten her **(Mehrproduktunternehmen)**, fallen fixe Kosten häufig für eine Produktgruppe gemeinsam an. In der Regel kann nicht festgestellt werden, welche Produktart wie viel fixe Kosten verursacht hat. Für Preisverhandlungen ist es von Vorteil, wenn die variablen Stückkosten jedes einzelnen Produktes und damit die kurzfristige Preisuntergrenze bekannt sind. Die Differenz aus erwartetem Preis und variablen Stückkosten wird häufig dafür benutzt, einem Kunden im Rahmen der **Rabattpolitik** Nachlässe zu gewähren, um den Auftrag zu erhalten.

Kostenorientierte Preispolitik eines Herstellers von Kosmetikartikeln

Ein Außendienstmitarbeiter erhält für die mit einer Kaufhauskette zu führenden Verkaufsverhandlungen von der Abteilung „Kostenrechnung/Kalkulation“ folgende Informationen:

	Rasierwasser	Eau de Cologne	Deospray
variable Stückkosten/ kurzfristige Preisuntergrenze	3,00 EUR	3,80 EUR	2,40 EUR
Preisvorstellung	5,00 EUR	4,50 EUR	5,00 EUR
maximaler Preisspielraum	2,00 EUR	0,70 EUR	2,60 EUR

7.5.3 Preisdifferenzierung und Konditionenpolitik

Preisdifferenzierung

Aufg. 7.5.4 S. 436

Auf Märkten mit unvollkommenem Wettbewerb können Unternehmen zur Vergrößerung ihres Gewinns Preisdifferenzierung betreiben. Diese Politik geht von der Erfahrung aus, dass die Gesamtnachfrage nach einem Gut sich aus verschiedenen Gruppen von Nachfragern (Marktsegmente) zusammensetzt, die auf Preisänderungen unterschiedlich reagieren.

Für die verschiedenen Käufergruppen besitzt das Produkt somit eine unterschiedliche Preiselastizität.

! **Preisdifferenzierung besteht darin, dass unterschiedlichen Käufergruppen das gleiche Produkt zu unterschiedlichen Preisen angeboten wird.**

Die Preisdifferenzierung kann nur erfolgreich sein, wenn es dem Anbieter gelingt, die aus der Aufspaltung des Gesamtmarkts entstandenen Teilmärkte (Marktsegmente) so zu trennen, dass die Käufergruppe aus dem Hochpreismarkt sich das Produkt nicht auch aus dem Niedrigpreismarkt beschaffen kann.

Arten der Preisdifferenzierung

- **Räumliche Preisdifferenzierung:**
  Verkauf von Waren/Erzeugnissen auf verschiedenen regional abgegrenzten Märkten zu unterschiedlichen Preisen.

Räumliche Preisdifferenzierung

Eine Automobilfabrik verlangt im Inland höhere Preise als im Ausland.

- **Persönliche Preisdifferenzierung:**
  Der Preis ist abhängig von der Person bzw. Personengruppe des Käufers.

Persönliche Preisdifferenzierung

Ärzte verlangen für Privatpatienten höhere Honorare als für Kassenpatienten. Ein Freizeitpark verlangt für Schüler niedrigere Eintrittspreise als für Erwachsene.

- **Zeitliche Preisdifferenzierung:**
  Zu verschiedenen Zeiten gelten unterschiedliche Preise.

Zeitliche Preisdifferenzierung

Je nach Tageszeit müssen in einer Tennishalle unterschiedliche Hallenmieten bezahlt werden.

- **Sachliche Preisdifferenzierung:**
  Der Preis ist abhängig vom Verwendungszweck des Produkts.

Sachliche Preisdifferenzierung

Ein Elektrizitätswerk hat unterschiedliche Tarife für Unternehmen und Privatkunden.

Konditionenpolitik

Die Kunden eines Industrie- oder Handelsbetriebs berücksichtigen bei einem Angebotsvergleich auch besondere Bedingungen und Leistungen des Lieferbetriebs, die in den Listenpreisen nicht unmittelbar zum Ausdruck kommen. Alle diese besonderen Bedingungen und Leistungen werden unter der Bezeichnung **„Konditionenpolitik"** zusammengefasst.

- Der **Rabatt** ist ein an bestimmte Bedingungen geknüpfter Nachlass auf den Listenpreis. Rabatt wird ohne Rücksicht auf den Zahlungszeitpunkt gewährt.

  Mengenrabatte sollen einen Anreiz zum Kauf größerer Mengen je Auftrag geben. Dadurch werden Bearbeitungskosten beim Verkäufer eingespart.

Mengenrabatt

Laser- und Kopierpapier:

ab	1 Pack	4,00 EUR
ab	5 Pack	3,50 EUR
ab	10 Pack	3,00 EUR
ab	20 Pack	2,50 EUR

  Der **Bonus** ist eine Variante des Mengenrabatts. Er wird dem Abnehmer am Ende einer Periode gewährt und ist abhängig von der gekauften Menge (Absatz) oder dem erreichten Umsatz (Preis mal Menge). Der Bonus enthält auch Elemente eines **Treuerabatts**.

Bonus

„Bei einem jährlichen Lieferwert von mindestens 50.000,00 EUR gewähren wir am Ende des Jahres eine Rückvergütung (Bonus) in Höhe von 15 %".

Wiederverkäuferrabatte werden gewährt, wenn der Industriebetrieb seine Produkte an den Groß- oder Einzelhandel zu empfohlenen Endverkaufspreisen liefert. Sie sollen die Kosten des Handelsbetriebs decken und einen angemessenen Gewinn enthalten.

Wiederverkäuferrabatt

Wiederverkäufer erhalten auf die Listenpreise einen Rabatt von 40 %.

- Der **Skonto** ist ein Preisnachlass, der bei Zahlung innerhalb einer gewissen Frist gewährt wird. Die Höhe des Preisvorteils ergibt sich für den Kunden bei Umrechnung des Skontosatzes in einen Jahreszinssatz.

Umrechnung des Skontosatzes in einen Jahreszinssatz

$$\text{Jahreszinssatz} = \frac{\text{Skontosatz} \cdot 360}{\text{Zahlungsziel} - \text{Skontoabzugsfrist}}$$

Skonto

Zahlungsziel 30 Tage. Bei Zahlung innerhalb 10 Tagen 3 % Skonto.

Berechnung des Jahreszinssatzes

$$\text{Jahreszinssatz} = \frac{3 \cdot 360}{30 - 10} = 54\,\%$$

- **Zahlungsfristen**, die der Lieferer ohne Skonto gewährt, haben ebenfalls Auswirkungen auf die Kaufentscheidung. Wird eine Vorauszahlung verlangt, wirkt sich die Zahlungsbedingung verteuernd aus, weil der Kunde u. U. von der Bank einen Kredit aufnehmen muss.
- Der Preis kann auch über **Lieferbedingungen** beeinflusst werden, z. B. mit der Regelung, wer die Transportkosten zu tragen hat.

Lieferbedingungen

Lieferung frei Haus (beim Angebotsvergleich sind keine Transportkosten zu berücksichtigen).
Umtauschrecht innerhalb 14 Tagen

- Bei der Auswahl des Lieferers werden neben dem Nettopreis, der sich aus dem Angebotsvergleich ergibt, auch besondere Serviceleistungen berücksichtigt. Um auf dem Markt Vorteile gegenüber den Konkurrenten zu erringen, werden solche **Kundendienstleistungen** zum Teil sogar kostenlos erbracht. Bei den Kunden entstehen Präferenzen für einen bestimmten Anbieter. Sie sind bereit, innerhalb gewisser Grenzen auch Preisunterschiede gegenüber konkurrierenden Anbietern zu akzeptieren.

Der Kundendienst kann durch Serviceleistungen im kaufmännischen und im technischen Bereich erfolgen. Kundendienstleistungen im **technischen Bereich** können Reparatur, Wartung, Inspektion, Ersatzteilversorgung, die Anleitung zum Gebrauch des verkauften Produkts oder die Produktionsberatung für die Verwendung der gelieferten Materialien betreffen.

Kundendienstleistung im technischen Bereich

Die Plastik AG stellt u. a. Folien für verschiedene Verwendungszecke her. Abnehmer sind überwiegend Industriebetriebe, die die Folien weiterverarbeiten. In der Plastik AG besteht eine eigene Abteilung „Anwendungsberatung". Chemieingenieure und Verfahrenstechniker stehen den Kunden zur umfassenden Beratung für die Auswahl der geeigneten Folien und ihre produktionstechnische Weiterverarbeitung zur Verfügung. In Sonderfällen wird die Entwicklung neuer, für den Kundenbedarf geeigneter Folien veranlasst.

Im **kaufmännischen Bereich** können Kundendienstleistungen u. a. in der Information und Beratung beim Kauf, in der Kreditbeschaffung für den Käufer oder in der Bereitstellung von besonderen Einkaufserleichterungen bestehen.

7.5.4 Preisstrategien

Unter einer Preisstrategie ist die mittel- bis längerfristige Festlegung von Preisen für ein Produkt im Zeitablauf zu verstehen.

Mit der Formulierung einer Preisstrategie bestimmt ein Unternehmen das Preisniveau bzw. den Preisrahmen, innerhalb dessen sich der Preis im Zeitablauf bewegen soll. Die Preisstrategie ist deshalb von maßgeblicher Bedeutung für den Marktauftritt und die Absatzchancen eines Unternehmens.

Die Preisstrategie dient der Erreichung bestimmter Unternehmensziele (z. B. Sicherung von Marktanteilen oder Umsatzmaximierung).

Exklusivpreispolitik (Hochpreisstrategie)

Verfolgt ein Unternehmen eine Exklusivpreispolitik (Hochpreisstrategie), so legt es auf Dauer einen im Vergleich zur Konkurrenz hohen Preis fest.

Die Exklusivpreispolitik ist nur dann erfolgreich, wenn das Produkt ein überdurchschnittlich hohes Qualitätsimage aufweist. Die hohe Produktqualität ist im Normalfall auch mit hohen Kosten verbunden, was potenziellen Kunden gegenüber häufig auch in der **Produkt-**

werbung besonders herausgestellt wird. Zusätzlich ist es erforderlich, für **Exklusivprodukte** besondere Vertriebskanäle (z. B. Fachgeschäfte mit entsprechender Beratung) zu wählen.

Preissenkungen für Exklusivprodukte können unter bestimmten Voraussetzungen zu einer kurzfristigen Gewinnsteigerung führen. Allerdings ist damit aber auch häufig die Gefahr verbunden, dass dem Produktimage (Exklusivität) geschadet wird und somit der Wert für die angestrebte Käuferschicht (Zielgruppe) verloren geht.

Exklusivprodukte

Automobile:	Mercedes S-Klasse, Porsche
Kosmetik, Parfüm:	Chanel, Dior
Uhren:	Cartier, Rolex
Zigarren:	Davidoff

Werbung eines Herstellers von Champagner für ein Exklusivpreisprodukt

2002

Champagne
Louis Roederer Cristal

Brut, in Etui

pro Flasche
198,00 EUR
EUR/Liter 264,00

inkl. 19 % MwSt. und zzgl. Versandkosten

Der legendäre Cristal von Louis Roederer ist laut Hugh Johnson „einer der köstlichsten Champagner überhaupt". Seit Zar Alexander II. seinen persönliche Cuvée in Kristallglasflaschen bestellte, ist der Cristal zum Symbol für Noblesse und Prestige geworden. Ein Champagner der absoluten Spitzenklasse, eine Ikone.

© Hanseatisches Wein- u. Sekt-Kontor

Promotionspreispolitik (Niedrigpreisstrategie)

! Verfolgt ein Unternehmen eine Promotionspreispolitik (Niedrigpreisstrategie), so beabsichtigt es, im Vergleich zur Konkurrenz am Markt dauernd mit niedrigeren Preisen aufzutreten.

Bei der Werbung werden die Preiswürdigkeit und die Preisgünstigkeit dieser Produkte besonders herausgestellt. Die Qualität ist an einem Mindeststandard orientiert.

Niedrigpreisprodukte

Discounter:	Aldi-Handelsgruppe (Werbung: „Dauerhaft billig")
Elektronik:	Saturn (Werbung: „Geiz ist geil")
Möbel:	Ikea
Brillen, Optik:	Fielmann

Aufgrund der niedrigen Preise werden hohe Verkaufszahlen erwartet, so dass sich trotz der geringen Stückdeckungsbeiträge (Verkaufspreis – variable Kosten bzw. Einstandspreis) ein hoher Gesamtdeckungsbeitrag einstellen sollte. Der Erfolg dieser Maßnahme ist aber entscheidend davon abhängig, wie die Käufer auf die Niedrigpreisstrategie reagieren (elastische bzw. unelastische Reaktion).

Abschöpfungspolitik (Skimmingstrategie)

> **Verfolgt ein Unternehmen die Abschöpfungspolitik (Skimmingstrategie), so wird ein neues Produkt zu einem vergleichsweise hohen Preis eingeführt. Mit zunehmender Markterschließung und aufkommender Konkurrenz wird der Preis im Zeitablauf schrittweise gesenkt.**

Mit der Anwendung der Skimmingstrategie ist beabsichtigt, die unterschiedliche Zahlungsbereitschaft der Kunden über den Zeitablauf hinweg abzuschöpfen. Diese Preisstrategie wird hauptsächlich in der Einführungs- und Wachstumsphase eines Produkts angewandt. Ist sie erfolgreich, so erzielt das Unternehmen kurzfristig hohe Gewinne. Die hohen Preise und damit verbundene hohe Gewinnaussichten können aber auch dazu führen, dass neue Wettbewerber auf den Markt kommen und damit die Chance, langfristig hohe Gewinne zu erzielen, wieder geringer wird.

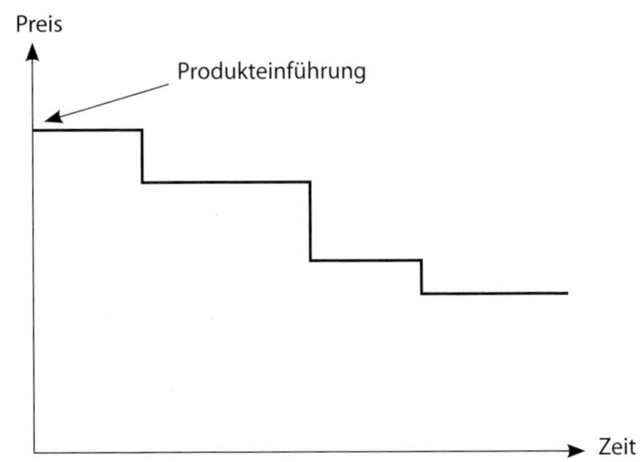

Preisgestaltung bei der Skimmingstrategie

Skimmingstrategie bei verschiedenen Produkten

Digitalkameras, Freizeitartikel (z. B. Snowboards, Kickboards), Mobilfunk-Telefone

Die Skimmingstrategie ist insbesondere bei der Markteinführung völlig neuartiger Produkte (Innovationen) und der Alleinstellung eines Unternehmens aussichtsreich.

Zusammenfassende Übersicht zu 7.5: Kontrahierungspolitik: Preise und Konditionen

Marktorientierte Preisbildung
berücksichtigt

- **Verhalten der Nachfrager**
- **Konkurrenzsituation**

Kostenorientierte Preisbildung		
Zweck der Preiskalkulation	Der kalkulierte Preis ist eine Entscheidungshilfe für die betriebliche Preispolitik und die Produktprogrammpolitik.	
Kalkulationssystem	Keine Aufteilung der Kosten in deren fixe und variable Bestandteile	Aufteilung der Kosten in fixe und variable Kosten
Kalkulationsregel	Kalkulierter Angebotspreis = Selbstkosten pro Stück + Gewinnzuschlag	Kalkulierter Angebotspreis = variable Stückkosten + fixe Stückkosten + Gewinnzuschlag
Probleme	▪ Geschätzte Nachfragemenge (Absatz) weicht von der tatsächlichen Nachfragemenge ab. Damit wird die Ergebnisrechnung in Bezug auf die einzelnen Produkte verfälscht. ▪ Beim Mehrproduktunternehmen: Aufteilung der fixen Kosten auf die einzelnen Produkte nicht möglich.	Aufteilung der Gesamtkosten in fixe und variable Kosten
Preisuntergrenze	nicht bestimmbar, da keine Aufteilung in fixe und variable Kosten	variable Stückkosten
Eignung als Hilfsmittel betrieblicher Preispolitik	nur bedingt geeignet, da kurzfristige Preisuntergrenze nicht bestimmbar	gut geeignet, da Preisspielraum bestimmbar

Preisdifferenzierung und Konditionenpolitik

- **Preisdifferenzierung**
  - räumliche
  - persönliche
  - zeitliche
  - sachliche
- **Konditionenpolitik**
  - Rabatte
    - Mengenrabatt
    - Treuerabatt
    - Wiederverkäuferrabatt
    - (Mengenrabatt und Treuerabatt:) Bonus
  - Skonto
  - Zahlungsfristen
  - Lieferbedingungen
  - Kundendienstleistungen
    - im kaufmännischen Bereich
    - im technischen Bereich

Preisstrategie
= mittel- bis längerfristige Festlegung von Preisen im Zeitablauf

Exklusivpreispolitik (Hochpreisstrategie)	Promotionspreispolitik (Niedrigpreisstrategie)	Abschöpfungspreispolitik (Skimmingstrategie)
Festlegung eines im Vergleich zur Konkurrenz dauerhaft hohen Preises	Festlegung eines im Vergleich zur Konkurrenz dauerhaft niedrigen Preises	Produkteinführung zu einem vergleichsweise hohen Preis, Preissenkung im Zeitablauf

WIEDERHOLUNG DES GRUNDWISSENS

7.5 Kontrahierungspolitik: Preise und Konditionen

1. Angebot und Nachfrage bestimmen den Preis. Normalerweise führen steigende Preise zu sinkender Nachfrage. Erklären Sie, weshalb dies zum Beispiel bei Grundnahrungsmitteln oder Benzin nicht immer zutrifft.
2. Nennen Sie alle Marktformen, die nach der Stellung des Unternehmens am Markt zu unterscheiden sind.
3. Beschreiben Sie jeweils die Voraussetzungen für das Vorliegen eines Monopols und eines Oligopols.
4. Ein Polypolist bietet auf einem Markt an, auf dem unvollkommener Wettbewerb besteht. Welche Daten hat er bei seiner Preispolitik zu beachten?
5. Beschreiben Sie, wie der Verkaufspreis eines Einproduktunternehmens kalkuliert wird, wenn alle Kosten gedeckt werden sollen.
6. Diskutieren Sie, ob ein Einproduktunternehmen kurzfristig auch einen Marktpreis akzeptieren kann, der lediglich die variablen Kosten deckt.
7. Angenommen, der Marktpreis eines Produktes sinkt.
   a) Bei welcher Preisuntergrenze wird ein Einproduktunternehmen die Produktion unter der Annahme einstellen, dass der Preis auf lange Sicht nicht mehr steigen wird?
   b) Bei welcher Preisuntergrenze wird ein Einproduktunternehmen die Produktion unter der Annahme einstellen, dass die Preissenkung nur von kurzer Dauer ist?
   c) Wie wird sich ein Mehrproduktunternehmen verhalten?
8. Begründen Sie, inwieweit die Kenntnis der variablen Stückkosten auch einen Vorteil bei Preisverhandlungen darstellt.
9. Ein Unternehmen gewährt Schülern und Studenten auf seine Produkte einen Sonderrabatt von 10 %. Erläutern Sie, welche konditionenpolitische Marketingmaßnahme hier zugrunde gelegt wurde.
10. Geben Sie an, welche Voraussetzungen für die in der vorhergehenden Aufgabe formulierte Situation vorhanden sein müssen.
11. Nennen Sie absatzpolitische Maßnahmen, die als Konditionenpolitik bezeichnet werden können.
12. Nennen Sie Arten des Rabatts.
13. Geben Sie eine Formel an, mit der ein Skontosatz in einen Jahreszinsfuß umgerechnet wird.
14. Nennen Sie Beispiele für Kundendienstleistungen im technischen und im kaufmännischen Bereich, die im Rahmen einer Konditionenpolitik eingesetzt werden können.
15. Prüfen und begründen Sie, für welche Art von Produkten die Skimmingpolitik eine sinnvolle Preisstrategie ist.
16. Beschreiben Sie drei Preisstrategien und nennen Sie Beispiele für deren Anwendung.

AUFGABEN ZUM ERWERB UND ZUR KONTROLLE VON KOMPETENZEN

7.5 Kontrahierungspolitik: Preise und Konditionen

7.5.1 Betriebliche Preispolitik bei vollständiger und unvollständiger Konkurrenz

1. Die Panther-Fahrzeugbau AG stellt Mofas mit Benzinmotor her. Auf dem Markt herrscht ein starker Wettbewerb. Wenn die Panther AG einen Preis fordern würde, der über dem Preis der Konkurrenz liegt, müsste sie damit rechnen, innerhalb kürzester Zeit ihren gesamten Absatz zu verlieren.

   Die Konkurrenz hat ein neues Modell auf den Markt gebracht, das jetzt mit Elektrostarter für den Benzinmotor und 3-Gang-Schaltung ausgestattet ist. Das neue Modell wird im Einzelhandel zu dem empfohlenen Verkaufspreis von 1.250 EUR angeboten. Um mitzuhalten, will die Panther AG ein Modell mit gleicher Ausstattung auf den Markt bringen.

Die Vorkalkulation ergibt folgende Daten: zusätzliche Fixkosten 250.000 EUR; variable Kosten je Stück (proportional) 450 EUR.

In Anpassung an den Preis der Konkurrenz soll das neue Modell zum Preis von 1.240 EUR auf den Markt kommen.

Die Panther AG vertreibt ihre Mofas ohne Einschaltung des Großhandels direkt an den Einzelhandel. Dem Einzelhandel müssen auf den empfohlenen Verkaufspreis 40 % Rabatt gewährt werden, damit er das Produkt in sein Sortiment aufnimmt.

Welche Absatzmenge muss überschritten werden, damit Gewinn erzielt wird?

2. Der Panther-Fahrzeugbau AG ist die Entwicklung einer neuartigen Batterie für Elektro-Mofas gelungen. Sie ist damit in der Lage, Elektro-Mofas herzustellen, die den auf dem Markt eingeführten Konkurrenzprodukten technisch deutlich überlegen sind.

Technische Merkmale der Batterie	Konkurrenzprodukt	Neuentwicklung der Panther AG
Gewicht	4,6 kg	3 kg
Reichweite	20 km	40 km
Ladezeit	2,5 Std.	1,5 Std.

Das Unternehmen will die Produktion von Elektro-Mofas aufnehmen. Die für die Produktion der Elektro-Mofas (jährlich) anfallenden Fixkosten werden auf 1.500.000 EUR geschätzt, die variablen Kosten je Stück (proportional) auf 500 EUR.

Der Einzelhandelsrabatt soll wie bei den Benzinmotor-Mofas 40 % betragen.

Im Rahmen der Absatzplanung werden in der Panther-Fahrzeugbau AG preispolitische Überlegungen angestellt. Eine Markterkundung hat ergeben, dass nach einer Einführungsphase mittelfristig folgender Zusammenhang zwischen dem Preis des Produkts und der Absatzmenge besteht:

empfohlener Einzelhandelsverkaufspreis (EUR)	2.167	2.083	2.000	1.917	1.833	1.750	1.667	1.583	1.500	1.417	1.333
Absatzmenge (Stück)	2.000	2.500	3.000	3.500	4.000	5.000	5.800	6.500	7.100	7.600	8.000

In der Geschäftsleitung des Unternehmens werden folgende Ansatzpunkte für die Preisfestlegung diskutiert:

A Orientierung an der Konkurrenz

Der Preis wird an den Preis für Elektro-Mofas angepasst, den die Konkurrenz gegenwärtig für ihr Produkt verlangt. Von dem neuen Produkt soll zunächst nur ein Modell auf den Markt gebracht werden (3-Gang-Schaltung, Rücktrittbremse). Für ein Modell mit dieser Ausstattung verlangt die Konkurrenz 1.300 EUR.

B Orientierung an den Kosten

Die Verkaufsleitung rechnet damit, auch bei intensiver Werbung im ersten Jahr nur 3.000 Stück an ökologisch motivierte Käufer verkaufen zu können, bei denen die Höhe des Preises keinen entscheidenden Grund für ihre Kaufentscheidung darstellt. Der Preis soll die (Voll-)Kosten bei dieser Produktionsmenge decken und eine Umsatzrendite von 20 % erbringen.

C Orientierung am Nachfrageverhalten

Es wird der Preis festgesetzt, der auf Grundlage der Nachfrageanalyse den höchsten Gewinn verspricht.

Beurteilen Sie die drei preispolitischen Konzeptionen.

Für Ihre Überlegungen können Sie die folgende Übersichtstabelle benutzen.

empfohlener Einzelhandelspreis (EUR) 1	Absatzmenge (Stück) 2	Fabrikabgabepreis (40 % Rabatt) (EUR) 3	fixe Kosten je Stück (EUR) 4	variable Kosten je Stück (EUR) 5	Gesamtkosten je Stück (EUR) 6	Stückgewinn (EUR) 7	Gesamtgewinn (EUR) 8
2.167	2.000	1.300	750,00	500	1.250,00	50,00	100.000
2.083	2.500	1.250	600,00	500	1.100,00	150,00	375.000
2.000	3.000	1.200	500,00	500	1.000,00	200,00	600.000
1.917	3.500	1.150	428,57	500	928,57	221,43	775.000
1.833	4.000	1.100	375,00	500	875,00	225,00	900.000
1.750	5.000	1.050	300,00	500	800,00	250,00	1.250.000
1.667	5.800	1.000	258,62	500	758,62	241,38	1.400.000
1.583	6.500	950	230,77	500	730,77	219,23	1.425.000
1.500	7.100	900	211,27	500	711,27	188,73	1.340.000
1.417	7.600	850	197,37	500	697,37	152,63	1.160.000
1.333	8.000	800	187,50	500	687,50	112,50	900.000

7.5.2 Preispolitik

Ein Unternehmen hat festgestellt, dass sich die Nachfrager für ein bestimmtes Produkt in Abhängigkeit vom Verkaufspreis wie folgt verhalten:

Verkaufspreis in EUR	absetzbare Stückzahl
20,00	4.000
15,00	8.000
12,50	11.000
10,00	13.000
7,50	15.000

Das Unternehmen will den Verkaufspreis so festsetzen, dass es den größtmöglichen Umsatz erzielt. Der derzeitige Verkaufspreis liegt bei 10,00 EUR.

1. Stellen Sie rechnerisch fest, ob das Unternehmen beim derzeitigen Verkaufspreis seinen maximalen Umsatz erreicht. Machen Sie gegebenenfalls einen Vorschlag, mit welchem Preis das vorgegebene Ziel zu erreichen ist.
2. Welche preispolitische Strategie schlagen Sie einem Unternehmen vor, dem die vom Preis abhängigen Absatzmengen nicht vorliegen und ein maximaler Umsatz erreicht werden soll?

7.5.3 Preispolitik – Kostendeckung

Ein Unternehmen produziert drei Produkte. Dafür fallen gemeinsame fixe Kosten in Höhe von 375.000,00 EUR pro Jahr an. Die Daten für die einzelnen Produkte sind nachstehender Übersicht zu entnehmen:

	variable Stückkosten	Absatzmenge pro Jahr	Marktpreis
Produkt A	2,50 EUR	20.000 Stück	15,00 EUR
Produkt B	3,00 EUR	15.000 Stück	10,00 EUR
Produkt C	5,00 EUR	5.000 Stück	20,00 EUR

Es wird geprüft, ob ein Produkt D neu in das Produktionsprogramm aufgenommen werden soll. Es wird damit gerechnet, dass von dem neuen Produkt bei einem Marktpreis von 20 EUR 10.000 Stück jährlich abgesetzt werden könnten. Die variablen Stückkosten werden auf 15 EUR geschätzt. Die Fixkosten bleiben dadurch unverändert.

1. Wie ist zu entscheiden, wenn die Aufnahme des Produktes in das Produktionsprogramm davon abhängig gemacht wird, dass jedes Produkt mit demselben prozentualen Anteil, den es an den Gesamterlösen hat, auch zur Deckung der Fixkosten beitragen soll?
2. Wie ist zu entscheiden, wenn auf Vollkostendeckung verzichtet wird und lediglich die variablen Kosten gedeckt werden sollen?
3. Welche Entscheidung würden Sie treffen? (rechnerische Begründung)

7.5.4 Bildung von Teilmärkten – Produktdifferenzierung – Preisstrategie

Die ROTTI AG ist ein traditionsreicher Süßwarenhersteller, der vor allem Lakritze in bisher sieben verschiedenen Geschmacksrichtungen anbietet. Die Lakritze besitzt ein hohes Qualitätsimage und wird unter renommiertem Markennamen mit bekannten Warenzeichen vertrieben.

Die Branchenentwicklung der letzten Jahre zeigt sich auch auf der Kölner Süßwarenmesse: Lakritze, die noch vor 50 Jahren als exklusive Süßigkeit galt, wird heute schon für weniger als 50 Cent pro 100 g verkauft. Die gleiche Menge Bonbons kostet im Schnitt zurzeit das Dreifache, wobei der Pro-Kopf-Verbrauch über sechs Kilogramm Zuckerwaren allgemein als nicht mehr steigerbar betrachtet wird.

Das Vordringen der Discounter und Lebensmittelhandelsriesen drückt auch auf diesem Markt die Preise. Da echte Innovationen selten sind, setzt die Branche auf Produkte mit Zusatznutzen, z. B. auf die Anreicherung mit Vitaminen und Mineralstoffen.

1. Die Verkaufsbemühungen der letzten 50 Jahre haben sich vom reinen Verkaufen hin zum Marketing entwickelt. Beschreiben Sie die Entwicklung vom Verkäufer- zum Käufermarkt.
2. Die ROTTI AG möchte sich mithilfe von „Marktsegmentierung“ (= Bildung von Teilmärkten) Verkaufsvorteile verschaffen.
   a) Welches Ziel verfolgt sie damit?
   b) Segmentieren Sie den Gesamtmarkt der ROTTI AG beispielhaft anhand eines selbstgewählten Kriteriums.
3. Der Vorstand der ROTTI AG hat erkannt, dass man im Lakritz-Markt kaum zusätzliche Umsätze erzielen kann und diskutiert verschiedene Vorschläge einer Diversifikation.
   a) Erklären Sie drei mögliche Ziele der Diversifikationsbemühungen.
   b) Ordnen Sie die folgenden Vorschläge den Diversifikationsarten horizontal, vertikal und lateral zu: Schokolade, Frühstücksflocken, Babynahrung, Verkaufsläden für eigene Produkte, Süßholzproduktion, Gummibonbons.
   c) Bei der Schokoladenproduktion wurden auch Produktdifferenzierungsmöglichkeiten besprochen. Machen Sie hierzu vier Vorschläge.
4. Die ROTTI AG hat sich entschlossen zusätzlich Fruchtgummibonbons in ihr Sortiment aufzunehmen und muss nun die Frage der Preisfestsetzung klären.
   Erklären und begründen Sie, welche Art der Preispolitik (preispolitische Strategie) Sie für die Einführung der neuen Produktgruppe wählen würden.
5. Es wird zunächst mit dem Absatz von 2 Tonnen des neuen Produktes pro Monat gerechnet. Dabei entstehen folgende Kosten: Rohstoffe: 2,00 EUR pro kg
   Fertigungslöhne: 10,00 EUR pro kg
   Fixkosten der Fertigung: 6.000 EUR im Monat
   a) Berechnen Sie die **kurzfristige** Preisuntergrenze für eine Verkaufsverpackung (100 g).
   b) Berechnen Sie die **langfristige** Preisuntergrenze für eine Verkaufsverpackung (100 g).
   c) In welcher Situation sind Kenntnisse über die kurzfristige Preisuntergrenze von Bedeutung?
6. Als weiteres Instrument der Preispolitik wird die Preisdifferenzierung diskutiert. Prüfen Sie die Arten der Preisdifferenzierung daraufhin, ob mit ihrer Hilfe zusätzliche Anreize für den Handel (= Kunde der ROTTI AG) geschaffen werden können.

7.5.5 Planspiel: Produktionsplanung und Preispolitik bei der MINIMAX GmbH
Strategiespiel STRATOLIGO: Anbieterverhalten beim Oligopol

Führen Sie in Ihrer Klasse die Planspiele MINIMAX und STRATOLIGO durch.
Die Planspielunterlagen sowie ein Auswertungsprogramm für den Spielleiter befinden sich auf der Begleit-CD.

7.6 Kommunikationspolitik

7.6.1 Aufgaben und Instrumente der Kommunikationspolitik

Die Kommunikationspolitik umfasst alle Maßnahmen, mit denen die (potenziellen) Kunden über das Unternehmen und dessen Produkte informiert, hinsichtlich einer positiven Beurteilung beeinflusst und zum Kauf angeregt werden sollen.

Instrumente der Kommunikationspolitik			
Absatzwerbung	**Verkaufsförderung** (Salespromotion)	**Öffentlichkeitsarbeit** (Public Relations)	**Sponsoring**
Gezielte Beeinflussung von Menschen und deren bewusster oder unbewusster Bedürfnisse, um auf Produkte aufmerksam zu machen und die potenziellen Nachfrager zum Kauf zu veranlassen.	▪ **Zielgruppe Absatzorgane:** Schulung, Verkaufstraining, Produktvorführung u. Ä. für Verkaufspersonal, Reisende, Vertreter, … ▪ **Zielgruppe Kunden:** Kundenzeitschriften, Proben, Produktvorführung, Preisausschreiben, …	Ein Unternehmen informiert die Öffentlichkeit über sich selbst, mit dem Ziel, um Vertrauen zu werben (Imagebildung).	Ein Unternehmen (Sponsor) stellt einem Gesponserten (z. B. Sportverein, bekannter Sportler) Geld oder Sachmittel zur Verfügung. Der Gesponserte muss eine für den Sponsor imagefördernde Gegenleistung (z. B. Firmenlogo auf dem Trikot) erbringen.

7.6.2 Öffentlichkeitsarbeit (Public Relations)

Public Relations sind alle Maßnahmen zur Pflege der Beziehungen zur Öffentlichkeit.

Auf diese Weise will es sein Bild (Image) pflegen – eventuell auch verbessern. Es wird also nicht für ein Produkt geworben, sondern für das Unternehmen selbst. Deshalb wird anstelle von Öffentlichkeitsarbeit häufig auch von **Meinungswerbung** gesprochen. Eine gute Öffentlichkeitsarbeit ist Voraussetzung dafür, dass andere Kommunikationsmittel besser greifen. Als **Public Relations**-Maßnahmen **(PR)** sind denkbar:

- Betriebsbesichtigungen,
- Tag der offenen Tür,
- finanzielle Unterstützung gemeinnütziger Organisationen,
- Vorträge über aktuelle Themen von allgemeinem Interesse,
- Pressekonferenzen über aktuelle Forschungsergebnisse,
- Berichte in Tageszeitungen und Zeitschriften,
- Herausgabe von Broschüren, Werks- und Kundenzeitschriften.

Öffentlichkeitsarbeit (Public Relations) verschiedener Unternehmen

Die Firma Aesculap AG stellt den Schülern von kaufmännischen Schulen auf Wunsch Klassensätze ihrer Geschäftsberichte zur Verfügung.

Die Deutsche Bank AG lädt zu einem kostenlosen Vortrag zum Thema „Erben und Vererben" in die Stadthalle einer Kleinstadt ein.

Papierhersteller Kohler GmbH erläutert einer Schulklasse im Rahmen einer Betriebsbesichtigung die ökologischen Ziele des Unternehmens.

7.6.3 Sponsoring

Sponsoring liegt vor, wenn ein Unternehmen als Förderer von Personen oder Organisationen auftritt und diesen Geld- oder Sachmittel zur Verfügung stellt.

Als Gegenleistung für seine Unterstützung will der Sponsor öffentlichkeitswirksam genannt werden, z. B. auf der Kleidung oder Ausrüstung. Sponsoring kommt in den Bereichen Sport, Kultur sowie in gemeinnützigen Einrichtungen vor.

Sponsoring

Die Volksbank einer nordbadischen Kleinstadt kauft für die örtliche Sozialstation einen Kleinwagen, mit dem das „Essen auf Rädern" zugefahren wird. In einem großen Bericht mit Bild wird in der örtlichen Tageszeitung über die Spende berichtet. Zusätzlich ist auf der Lackierung des Kleinwagens das Volksbankemblem angebracht.

7.6.4 Absatzwerbung

Werbeziele

Absatzwerbung ist die absichtliche und gesteuerte Beeinflussung von Menschen, damit diese sich im Sinne der Absatzziele des werbenden Unternehmens verhalten und zum Kauf veranlasst werden.

Ziele verschiedener Werbearten			
Einführungswerbung	**Expansionswerbung**	**Erhaltungswerbung**	**Erinnerungswerbung**
Bekanntmachung neuer Produkte (Bedürfnisweckung)	Vergrößerung des Marktanteils (Gewinnung neuer Kunden, Zusatzkäufe bisheriger Kunden)	Stabilisierung des bisherigen Marktanteils (Verhinderung von Kundenabwanderung zur Konkurrenz)	Ständige Bewusstmachung eines bereits eingeführten Produkts bei den Kunden

Werbegrundsätze

Werbemaßnahmen sind nur dann erfolgreich, wenn bei deren Durchführung bestimmte Grundsätze beachtet werden:

Werbegrundsätze				
Wirksamkeit	**Wahrheit**	**Klarheit**	**Wirtschaftlichkeit**	**Zielgruppenorientierung**
Werbeinhalt und Werbemittel müssen den Käufer in der beabsichtigten Weise beeinflussen (Farbe, Texte, Bilder, ...).	Die Werbung soll sachlich richtig informieren, nicht täuschen und nicht irreführen. Unwahre und irreführende Aussagen sind gesetzlich verboten.	Die Werbeaussagen müssen klar und leicht verständlich sein.	Die Kosten der Werbung sollen in einem vernünftigen Verhältnis zum Werbeerfolg stehen. Die Messung des Werbeerfolgs ist aber schwierig.	Die Werbung soll genau auf den Personenkreis (Zielgruppe), der umworben werden soll, abgestimmt sein.

Grundsatz der Werbewirksamkeit

Hinsichtlich der Wirksamkeit haben Werbepsychologen festgestellt, dass die Werbewirkungen dann besonders positiv sind, wenn die Werbemaßnahme die nebenstehenden Stufen durchläuft **(AIDA-Formel)**:

[A]ttention	⇒	Aufmerksamkeit wecken
[I]nterest	⇒	Interesse wecken
[D]esire	⇒	Kaufwunsch auslösen
[A]ction	⇒	Kaufhandlung erzeugen

Werbung nach der AIDA-Formel

Ein Hersteller von elektrischen Saftpressen will die einzelnen Stufen der AIDA-Formel mit folgenden Aktivitäten durchlaufen:

Stufe [A] : Die **Aufmerksamkeit** an der Saftpresse soll in dem Prospektentwurf durch den Hinweis erreicht werden: „Wie verbessere ich meine Gesundheit auf einfachstem Wege?"

Stufe [I] : Das **Interesse** der Kunden soll in eigens für Werbezwecke aufgebauten „Probierständen" in Einkaufsmärkten geweckt werden.

Stufe [D] : Zur Unterstützung des **Kaufwunsches** wird im Prospektentwurf auf den täglichen Vitaminbedarf des Menschen hingewiesen.

Stufe [A] : Die **Kaufhandlung** soll mit einer Einführungsaktion erreicht werden, bei der das Produkt mit 10 % unter Normalpreis angeboten wird.

Der **Erfolg einer Werbemaßnahme** wird zunächst nicht an erzielten Umsatzzuwächsen, steigenden Gewinnen oder höheren Marktanteilen gemessen. Für die Marketing-Abteilung eines werbenden Unternehmens ist es wichtiger, zu erfahren, welche Wirkungen eine nach der AIDA-Formel gestaltete Werbemaßnahme bei den Adressaten erzielt hat. Weil wirtschaftliche Größen bei dieser Bewer-

Außerökonomische (indirekte) Werbeerfolgskontrolle

Durch eine entsprechende Stichprobenerhebung mittels Fragebogen hat ein Unternehmen folgende Ergebnisse ermittelt:

Zielgruppe	280 Unternehmen
Aufmerksamkeit wurde erweckt bei	240 Unternehmen
Interesse gezeigt haben	220 Unternehmen
das Produkt kaufen wollten	180 Unternehmen
das Produkt gekauft haben	160 Unternehmen

tung keine Bedeutung haben, handelt es sich um eine **außerökonomische (indirekte) Werbeerfolgskontrolle**. Mit den ermittelten Ergebnissen können vor allem Erfahrungen für künftige Werbeaktionen gewonnen werden.

Anhand nachstehender Fragen lässt sich feststellen, ob und inwieweit die gewählten Maßnahmen werbetechnisch erfolgreich waren:

A Aufmerksamkeit wecken

Wie viel % der Personen aus der Zielgruppe sind durch die Werbung auf das Produkt aufmerksam geworden? **(Aufmerksamkeitsgrad)**

$$\text{Aufmerksamkeitsgrad} = \frac{\text{Zahl der von der Werbung Angesprochenen} \cdot 100}{\text{Zahl der Umworbenen (Zielgruppe)}}$$

$$\text{Aufmerksamkeitsgrad} = \frac{240 \cdot 100}{280} = 85{,}7\,\%$$

I Interesse wecken

interessieren sich für das beworbene Produkt? **(Interesseweckungsgrad)**

$$\text{Interesseweckungsgrad} = \frac{\text{Zahl der am Produkt Interessierten} \cdot 100}{\text{Zahl der Umworbenen (Zielgruppe)}}$$

$$\text{Interesseweckungsgrad} = \frac{220 \cdot 100}{280} = 78{,}6\,\%$$

D Kaufwunsch auslösen

haben den Wunsch, das Produkt zu kaufen? **(Bedürfnisweckungsgrad)**

$$\text{Bedürfnisweckungsgrad} = \frac{\text{Zahl der Personen mit Produktwunsch} \cdot 100}{\text{Zahl der Umworbenen (Zielgruppe)}}$$

$$\text{Bedürfnisweckungsgrad} = \frac{180 \cdot 100}{280} = 64{,}3\,\%$$

A Kaufhandlung erzeugen

haben das beworbene Produkt aufgrund der Werbemaßnahme tatsächlich gekauft? **(Kaufauslösungsgrad)**

$$\text{Kaufauslösungsgrad} = \frac{\text{Zahl der tatsächlichen Käufer} \cdot 100}{\text{Zahl der Umworbenen (Zielgruppe)}}$$

$$\text{Kaufauslösungsgrad} = \frac{160 \cdot 100}{280} = 57{,}1\,\%$$

- **Grundsatz der Wirtschaftlichkeit**
  Eine Werbemaßnahme ist von vornherein unwirtschaftlich, wenn deren Kosten genauso hoch oder höher sind als der damit erzielte Umsatzzuwachs. Das werbende Unternehmen muss nach dem Grundsatz der Wirtschaftlichkeit versuchen, ein angestrebtes Werbeziel mit den geringsten Kosten zu erreichen **(ökonomisches Prinzip)**. Ob und inwieweit das mit einer Werbemaßnahme gesetzte Ziel erreicht wurde, kann mithilfe der nachstehenden Formeln zur **Werbeerfolgskontrolle** ermittelt werden:

$$\text{Werbewirtschaftlichkeit} = \frac{\text{Umsatzzuwachs in EUR}}{\text{Werbekosten in EUR}}$$

Welchen Einfluss eine Werbemaßnahme auf den Gewinn eines Unternehmens hat, lässt sich anhand der Kennzahl für die Werbewirtschaftlichkeit nicht ermitteln.

$$\text{Marktanteil} = \frac{\text{Umsatz} \cdot 100}{\text{Gesamtumsatz des Marktes (Marktvolumen)}}$$

$$\text{oder} \quad \frac{\text{Absatz} \cdot 100}{\text{Gesamtabsatz des Marktes (Marktvolumen)}}$$

Wirtschaftlichkeit der Werbung

Ein Unternehmen erzielt mit einem seiner Produkte derzeit einen Umsatz von jährlich 6,8 Mio. EUR. Der Gesamtumsatz des Marktes beträgt 31 Mio. EUR. Dies entspricht einem Marktanteil von 21,9 %. Mithilfe von Werbemaßnahmen (Kosten 300.000,00 EUR) soll der Marktanteil erhöht werden. Nach Abschluss der Werbung hat sich der Umsatz auf 8 Mio. EUR erhöht, wobei der Gesamtumsatz des Marktes auf 38 Mio. EUR gestiegen ist.

Daraus lassen sich folgende Zahlen errechnen:

$$\text{Werbewirtschaftlichkeit} = \frac{1{,}2 \text{ Mio.}}{0{,}3 \text{ Mio.}} = 4$$

$$\text{Marktanteil} = \frac{8 \text{ Mio.} \cdot 100}{38 \text{ Mio.}} = 21{,}05\,\%$$

Ergebnis: Trotz hoher Werbewirtschaftlichkeit konnte das Werbeziel „Erhöhung des Marktanteils“ nicht erreicht werden.

- **Grundsatz der Wahrheit**

  In der Werbung dürfen keine Behauptungen enthalten sein, die für das umworbene Produkt bzw. das werbende Unternehmen nicht zutreffen. Vorschriften des **Gesetzes gegen den unlauteren Wettbewerb (UWG)** schaffen Rechtssicherheit über erlaubte bzw. unerlaubte Methoden der Werbung. Über die Verhaltensregeln in der Werbung wacht auch der **Deutsche Werberat**. Er wurde im Interesse einer freiwilligen Selbstkontrolle von der Deutschen Werbewirtschaft gegründet und kann bei Streitigkeiten neben den Gerichten angerufen werden.

  UWG § 1 ff.

  Die Werbung eines Unternehmens darf nicht sittenwidrig sein. **Verstöße gegen die guten Sitten** können mit Unterlassung und Schadenersatz geahndet werden. Wer **irreführende Angaben** insbesondere zur Beschaffenheit der Ware, deren Ursprung bzw. Herstellungsart etc. macht, kann auf Unterlassung in Anspruch genommen werden. Je nach Sachlage kann auch eine strafbare Handlung vorliegen, die mit Freiheitsstrafe oder Geldstrafe bestraft wird.

  Kein Verstoß gegen geltendes Recht liegt vor, wenn in der Werbung nachprüfbare und typische Eigenschaften (z. B. Funktionen eines Gerätes, Preise) eines Produktes mit dem eines Wettbewerbers verglichen werden **(vergleichende Werbung)**. Allerdings darf der Mitbewerber in einer vergleichenden Werbemaßnahme nicht herabgesetzt oder verunglimpft werden.

Sittenwidrige Werbung

Der Textilhersteller Benetton hat in Werbeanzeigen einen menschlichen Körperteil mit dem Stempelaufdruck „HIV-POSITIVE“ dargestellt. Diese Werbung wurde vom Bundesgerichtshof mit Urteil vom 06.07.1995 als sittenwidrig beanstandet, weil sie Gefühlsregungen des Mitleids und Schreckens für Werbezwecke nutzt.

Das Bundesverfassungsgericht hat mit Entscheidung vom 12.12.2000 dieses Urteil mit der Begründung aufgehoben, dass auch eine solche „Schockwerbung“ vom Grundrecht auf freie Meinungsäußerung geschützt sei. Jedoch dürfen „Ekel erregende, Furcht einflößende oder jugendgefährdende Bilder“ auch weiterhin nicht für Werbezwecke verwendet werden.

Irreführende Werbung

Ein Automobilhändler erklärt dem Käufer eines Gebrauchtwagens, dass der Benzinverbrauch wegen der elektronischen Einspritzung im Durchschnitt 6 l je 100 km beträgt. Wie sich später herausstellt, verbraucht das Fahrzeug trotz wirtschaftlichen Fahrens jedoch 8,5 l und verfügt darüber hinaus über keine elektronische Benzineinspritzung.

Vergleichende Werbung

Ein Verkäufer von beschreibbaren CDs wirbt: „Unsere Compact Disc ist um 10 % günstiger als die der Konkurrenz.“ Die auf den Verkaufspreis bezogene vergleichende Werbung ist zulässig.

- **Grundsatz der Klarheit**
  Damit mit einer Werbeaussage bei den Adressaten die gewünschte Wirkung erzielt wird, muss sie klar und leicht verständlich sein. Lange und schwer verständliche Werbebotschaften sind nicht einprägsam. Sie entsprechen daher nicht dem Werbegrundsatz „Klarheit“.

Werbemittel und Werbeträger

Der Inhalt einer Werbebotschaft kann den Adressaten über verschiedene **Werbemittel** vermittelt werden. Die Übertragung kann dabei auf visuellem Wege **(visuelle Werbemittel)**, akustisch **(akustische Werbemittel)** oder audiovisuell **(audiovisuelle Werbemittel)** erfolgen. Darüber hinaus gibt es noch eine ganze Reihe von Werbemitteln, die sich der obigen Einteilung nicht zuordnen lassen. Sie werden als **sonstige Werbemittel** zusammengefasst. Zusammen mit der Entscheidung über das geeignetste Werbemittel muss überlegt werden, welche Personen oder Dinge die Werbebotschaft an die Adressaten herantragen sollen **(Werbeträger oder Werbemedien)**.

Werbemittel		mögliche Werbeträger (Werbemedien)
visuelle Werbemittel	Anzeigen	Zeitungen, Zeitschriften, Illustrierte;
	Werbedrucke	Zeitungsbeilagen, Prospekte, Kataloge;
	Werbeplakate	Plakatwände, Säulen, Häuser;
	Werbebrief	Serienbrief, E-Mail persönlicher Brief;
akustische Werbemittel	Funkspots Gespräche	Radio, Verkaufsgespräche, Vorträge;
audiovisuelle Werbemittel	Fernsehspots Filme	Fernsehen; Kino, CD-ROMs;
sonstige Werbemittel	Werbegeschenke Kundendienst	Werbeverpackungen, Zugaben; werkseigene Wartung;

Werbearten

Arten der Werbung							
Zahl der Werbenden		Zahl der Umworbenen		Gegenstand der Werbung		Zielgruppe	
Alleinwerbung	Gemeinschaftswerbung	Einzelwerbung/ Direktwerbung	Massenwerbung	Produktwerbung	Firmenwerbung	Händlerwerbung	Verbraucherwerbung
Werbung für ein bestimmtes Handy	Werbung für Bodenseeäpfel	Werbebrief an bestimmte Haushalte	Werbeprospekt einer Lebensmittelkette	Werbung für ein Waschmittel	Werbung für ein Pharmaunternehmen	Werbe- und Informationsmaterial für Händler	Fernsehspot für ein bestimmtes Auto

- **Werbearten nach der Zahl der Werbenden**
  Abhängig davon, ob einzelne Personen bzw. Unternehmen oder eine Gruppe umworben wird, lassen sich folgende Werbearten unterscheiden:

  - **Alleinwerbung (Individualwerbung):** Die Werbemaßnahme betrifft die Produkte lediglich eines Unternehmens. Dabei kann das Unternehmen selbst bzw. dessen für die Werbung zuständige Abteilung oder eine Werbeagentur die Werbemaßnahme planen und durchführen.

  - **Kooperationswerbung:**
    Gemeinschaftswerbung: Mehrere Unternehmen werben gemeinsam für **gleiche** Produkte. Die Namen der werbenden Unternehmen werden im Einzelnen nicht genannt.
    Sammelwerbung: Wie bei der Gemeinschaftswerbung werben auch hier mehrere Unternehmen gemeinsam. Jedoch werden die Namen der werbenden Unternehmen in der Werbung selbst genannt.

Werbearten nach der Zahl der Werbenden

Alleinwerbung: Die Deutsche Telekom AG wirbt für ihre Handys.

Gemeinschaftswerbung: Die Besitzer der Obstplantagen am Bodensee werben gemeinsam für ihr Bodenseeobst.

Sammelwerbung: Am Neubau einer kaufmännischen Berufsschule ist folgende Tafel angebracht (Auszug):

Neubau des Berufsschulzentrums …

Planung:
Architektengruppe Schwarzwald/Hochrhein, ...

Durchführung:
Betonarbeiten: Bauunternehmung Karl Meurer, ...
Dachkonstruktion: ...

- **Werbearten nach der Zahl der Umworbenen**
  Nach der Zahl der Umworbenen lassen sich unterscheiden:

  - **Einzelwerbung (Direktwerbung):** Die Werbemaßnahme ist direkt an eine einzelne Person oder an ein einzelnes Unternehmen gerichtet (One-to-One-Werbung).

  - **Massenwerbung:** Die Werbemaßnahme ist an die Allgemeinheit insgesamt oder an eine Gruppe von Unternehmen bzw. Personen gerichtet.

Werbearten nach der Zahl der Umworbenen

Einzelwerbung: Die Außendienstmitarbeiter eines Herstellers von Staubsaugern suchen ausgewählte Haushalte persönlich auf und führen die Geräte vor. Weitere Beispiele: Werbebriefe, Werbung per E-Mail, Telefon oder Fax.

Massenwerbung: Eine Lebensmittelkette bewirbt samstags alle Haushalte in Bayern durch einen Prospekt mit den Angeboten für den folgenden Montag. Weitere Beispiele: Medienwerbung (Funk- und Fernsehwerbung, Werbeanzeigen, Beilagen in Zeitungen und Zeitschriften) und Außenwerbung (Plakatwerbung, Bandenwerbung in Stadien, Werbeaufschriften auf Omnibussen).

- **Besondere Werbearten**

  Als besondere Werbearten gelten **Product-Placements** (gezielte Einbringung von Markenprodukten in die Handlung von Filmen und literarischen Werken gegen entsprechende Bezahlung) und **Incentives** oder **Kaufanreize** (Geld- und Sachprämien, Veranstaltungen oder Reisen, die von Unternehmen eingesetzt werden, um Einzelpersonen – zum Beispiel Kunden, Mitarbeiter, Geschäftspartner und Politiker – zu beeinflussen, zu motivieren oder zu belohnen).

Besondere Werbearten

Produkt-Placements: Im James-Bond-Film „Im Angesicht des Todes“ wurde für Seiko-Uhren, Bogner-Wäsche, Koffer von LV, Bollinger-Champagner und Autos von Renault geworben.

Incentives: Ein Mitarbeiter einer Bank erhält als Belohnung für die Erreichung eines bestimmten Umsatzes von einer Fondsgesellschaft eine Eintrittskarte zu einem Formel-1-Rennen.

Werbeplanung

Aufg. 7.6.1 bis 7.6.3 S. 450 f.

Bei keiner Werbemaßnahme ist im Voraus genau abzusehen, ob sich die gewünschten Wirkungen einstellen. Mit der Erstellung eines **Werbeplanes** wird beabsichtigt, auf der Grundlage von Werbezielen Maßnahmen zur Werbedurchführung genauer zu bestimmen. Damit werden die Voraussetzungen für eine wirksame Werbekontrolle geschaffen. So können gegebenenfalls Korrekturen vorgenommen werden, falls abzusehen ist, dass die Vorgaben aus dem Werbeplan nicht zum gewünschten Ergebnis führen. Der Werbeplan gibt im Normalfall über folgende Fragen Auskunft:

Streukreis **Wen** soll die Werbung ansprechen (z. B. Verbraucher, Einzelhandel, Fachhandel, Handwerker, Berater)?

Werbeobjekte **Wofür** soll geworben werden (Werbung für ein einzelnes Produkt oder ein Sortiment – **Produktwerbung**; Werbung für ein ganzes Unternehmen – **Firmenwerbung**)?

Werbesubjekt **Wer** führt die Werbung durch (Unternehmen selbst, Werbeagentur)?

Werbeinhalt **Welche** Botschaft soll die Werbung vermitteln (Produktinformationen, Unternehmensinformationen)?

Werbeplan eines Herstellers von Gartengeräten

Streukreis:	Besitzer von Eigenheimen
Werbeobjekt:	Rasenmäher
Werbesubjekt:	Hersteller führt Werbung selbst durch
Werbeinhalt:	Produktinformationen
Werbemittel:	Prospekt
Streuzeit:	Frühjahr
Streugebiet:	Bayern
Werbeetat:	80.000 EUR

Werbemittel Über **welches** Medium – über welche Medienkombination – soll die Werbebotschaft vermittelt werden (Prospekt, Rundfunk, Fernsehen)? Grundsätzlich ist das Werbemittel zu wählen, das die Zielgruppe am treffendsten anspricht. Ein Kostenvergleich der Medien kann mithilfe der Formel über den **Tausenderpreis** vorgenommen werden. Das ist der Preis, der bezahlt werden muss, wenn das eingesetzte Werbemedium 1.000 Adressaten (Leser, Zuhörer, Zuschauer) erreichen soll.

Kosten ausgewählter Werbemittel als Grundlage für die Werbeplanung

	Sendezeit	Sendetage	EUR/Sekunde
Fernsehsender			
ZDF-Werbefernsehen	18:20 Uhr	Montag – Freitag	400 bis 500
DSF	19:45 Uhr	Montag – Freitag	39
Rundfunksender			
Südwestrundfunk (SWR 3)	7:00 Uhr – 8:00 Uhr	Montag – Freitag	85
Norddeutscher Rundfunk (NDR Plus)	7:00 Uhr – 8:00 Uhr	Montag – Freitag	111

	Erscheinungsweise	Leser (ca.)	Seitenpreis (schwarz/weiß) EUR
Tageszeitung			
Frankfurter Allgemeine Zeitung (FAZ)	täglich	1,1 Mio.	24.500
Zeitschrift			
Spiegel	wöchentlich	6,3 Mio.	25.000

$$\text{Tausenderpreis} = \frac{\text{Kosten des Werbemediums} \cdot 1.000}{\text{Zahl der Leser}}$$

Tausenderpreis für eine Seitenwerbung in der FAZ

$$\text{Tausenderpreis} = \frac{24.500 \cdot 1.000}{1{,}1\ \text{Mio.}} = 22{,}27\ \text{EUR}$$

Streuzeit: Zu **welchen Zeitpunkten** soll geworben werden? Bei Produkten, die saisonalen Schwankungen unterliegen, ist zu entscheiden, ob während der Saison (= **prozyklische Werbung**) oder außerhalb der Saison (= **antizyklische Werbung**) geworben werden soll.

Festlegung der Streuzeit einer Werbung

1. **eines Skiherstellers**
   Ein Hersteller von Skiern wirbt während der laufenden Skisaison von Oktober bis Januar für einen neu entwickelten Ski – Modell Race Carver X/80 (= prozyklische Werbung).
2. **eines Vermieters von Ferienwohnungen in Spanien**
   Ein Vermieter von Ferienwohnungen in Spanien wirbt außerhalb der Badesaison in der Zeit von Februar bis April (= antizyklische Werbung).

Streugebiet: **Auf welchen geografischen Raum** (Ort, Land) sollen sich die Werbemaßnahmen ziehen? Das Streugebiet ist jedoch keine feste Größe. Ist z. B. beabsichtigt, mit einer Werbemaßnahme einen Mitbewerber vom Markt zu verdrängen **(Expansionswerbung)**, so muss das bislang beworbene Streugebiet geändert werden.

Reichweite: **Zahl der umworbenen Personen** (= abhängig vom Streukreis und Streugebiet)

Expansionswerbung eines Anbieters von Internet-Software aus den USA

Um europäischen Anbietern Marktanteile abzunehmen, verschickt ein amerikanisches Softwarehaus an die ihm bekannten Internetnutzer eine kostenlose CD, die Software zur Internetnutzung (E-Mail, Voice-Mail, SMS-Nachrichten, Sport, Unterhaltung, Shopping, Spiele, Reise und mehr) enthält.

Werbeetat: **Welche finanziellen Mittel** stehen für Werbezwecke zur Verfügung?

Für die Festlegung der Höhe dieser Mittel sind folgende Methoden denkbar:

1. *Ausgabenorientierte Methode:* Zu Beginn der Werbeperiode steht ein bestimmter Betrag für Werbezwecke zur Verfügung. Die Höhe der zur Verfügung stehenden Mittel ist dabei abhängig vom Gewinn der Vorperiode.

2. *Prozentsatz-von...-Methode:* Die Höhe des Werbeetats wird als bestimmter Prozentsatz vom Umsatz oder Gewinn bestimmt.

3. *Konkurrenzorientierte Methode:* Der Werbeetat wird festgelegt in Abhängigkeit vom Werbeetat vergleichbarer Konkurrenzunternehmen.

4. *Ziel- und Aufgaben-Methode:* Der Werbeetat richtet sich nach den mit der Werbung verfolgten Zielen. Der finanzielle Spielraum des Unternehmens sowie die Konkurrenzsituation gehen als Nebenbedingungen in die Überlegungen ein.

Höhe der Werbeausgaben einer Brauerei

Ausgabenorientierte Methode
Um die Umsätze zu stabilisieren, wirbt eine Brauerei während verschiedener Sportsendungen im Fernsehen für ihr Bier (Erinnerungswerbung). Es wird jeden Monat – unabhängig vom erzielten Umsatz – ein zuvor festgelegter konstanter Betrag für die Werbung eingesetzt.

Prozentsatz-von...-Methode
Ein Hersteller von Schmuck bestimmt, dass im kommenden Geschäftsjahr für Werbung 2 % des Umsatzes aus dem vergangenen Geschäftsjahr eingesetzt werden sollen.

Konkurrenzorientierte Methode
Ein Hersteller modischer Damenkleidung ermittelt, welchen Betrag die Konkurrenz für Werbezwecke einsetzt. Der eigene Werbeetat beträgt dann 110 % des Etats der Konkurrenz.

Ziel- und Aufgaben-Methode
Für ein neu einzuführendes Produkt wird der Werbeetat in der Einführungsphase besonders hoch angesetzt.

7.6.5 Verkaufsförderung (Sales Promotion)

Die beste Werbung führt langfristig nicht zu dem gewünschten Ergebnis, wenn z. B. das Verkaufspersonal eines Unternehmens nicht in der Lage ist, dem Kunden eine qualifizierte Auskunft über die Eigenschaften eines Produktes zu geben oder wenn das Produkt im Verkaufsraum nicht entsprechend platziert ist.

> **Maßnahmen, die dazu dienen, die Werbung eines Unternehmens zu unterstützen und damit den Absatz direkt am Ort des Verkaufs zu fördern, werden als Verkaufsförderung (Sales Promotion) bezeichnet.**

Aufg. 7.6.4 S. 453

Während die Werbung die Aufgabe hat, Kunden an das Produkt heranzuführen, ist mit Maßnahmen zur Verkaufsförderung beabsichtigt, bei den Kunden den Kaufentschluss herbeizuführen.

Als Zielgruppen für Maßnahmen zur Verkaufsförderung kommen infrage:

- **Mitarbeiter im Außendienst (Außendienstpromotion)**
  Mit der Verkaufsförderung bei den Außendienstmitarbeitern wird das Ziel verfolgt, deren Leistungsfähigkeit zu steigern und ihre Verkaufsbemühungen zu unterstützen. Die Maßnahmen dienen damit in erster Linie dem **Reinverkauf** der Produkte in den Handel: Schulung von Außendienstmitarbeitern bei der Führung von Verkaufsgesprächen, optimale Ausstattung der Verkäufer mit entsprechenden Verkaufsunterlagen (Muster, Kataloge, Laptop etc.), fachliche Weiterbildung, Motivierung zu höheren Leistungen z. B. durch Gewährung von Prämien.
- **Handel (Händlerpromotion)**
  Wenn es dem Handel nicht gelingt, die Produkte an die Endabnehmer weiterzuverkaufen, stellt sich dauerhaft auch für den Hersteller kein zufrieden stellendes Ergebnis ein. Aus diesem Grunde sind Maßnahmen zur Verkaufsförderung häufig auch auf der Handelsstufe erforderlich. Sie fördern den **Rausverkauf**, d. h. den Verkauf an den Endabnehmer: Schulung des Verkaufspersonals der Absatzmittler beim Führen von Verkaufsgesprächen, fachliche Weiterbildung der Verkäufer, Vorschläge zur Produktplatzierung im Verkaufsraum, Bereitstellung von Display-Material (z. B. Ständer, Regale, Plakate), Kalkulationshilfen, Verkaufsveranstaltungen.

Maßnahmen zur Verkaufsförderung einer Molkerei

Eine Molkerei hat einen neuartigen probiotischen Joghurt entwickelt. Bei dessen regelmäßigem Verzehr werden die natürlichen Abwehrkräfte des Körpers unterstützt.

Das Unternehmen führt folgende Maßnahmen zur Verkaufsförderung durch:

1. Eigene Außendienstmitarbeiter
   In einem Schulungsseminar werden die Mitarbeiter in der Führung von Verkaufsgesprächen zu dem neuen Produkt geschult. Dabei werden den Verkäufern insbesondere die biologischen Wirkungszusammenhänge der in dem Joghurt enthaltenen Bestandteile vermittelt. Alle Mitarbeiter im Außendienst erhalten ein „Sales Manual“ mit Informationen zu den Bestandteilen (Eiweiß, Kohlenhydrate, Ballaststoffe etc.) des neuen Produkts. Für den Verkauf des neuen Produkts erhalten sie eine Umsatzprämie von 0,5 %.
2. Absatzmittler/Verbraucher
   Die Molkerei baut in verschiedenen Supermärkten Probierstände auf, an denen die Konsumenten kostenlose Joghurtproben erhalten können.

- **Verbraucher (Verbraucherpromotion)**
  Mit verbraucherorientierten Maßnahmen zur Verkaufsförderung wird das Ziel verfolgt, die Verbraucher in besonderer Weise auf das Produkt aufmerksam zu machen: Bedienungsanleitungen, Verteilung von Produktproben und Werbegeschenken, Zugaben, Preisausschreiben.

7.6.6 Sensation Marketing

> **!** **Unter dem Begriff Sensation Marketing werden kreative Formen des Marketings verstanden, die das Ziel haben, durch überraschende, begeisternde Werbung beim Konsumenten besondere Aufmerksamkeit (Werbesensationen) zu erreichen.**

In diesem Zusammenhang sind auch die Begriffe **Guerilla Marketing** und **virales Marketing** bedeutsam.

- **Guerilla Marketing**
  Guerilla-Marketing wird als die Kunst beschrieben, den von Werbung übersättigten Konsumenten größtmögliche Aufmerksamkeit durch unkonventionelles Marketing zu entlocken. Guerilla Marketing nutzt typischerweise nicht die klassischen Werbekanäle. Die Aktionen sind häufig einmalige Highlights, zeitlich begrenzt und daher selten wiederholbar.

  Ambush[1] Marketing als Unterform des Guerilla Marketings[2]

  Ziel dieses Marketinginstruments ist es, im Zusammenhang mit Sponsoring als Trittbrettfahrer von Kampagnen der Konkurrenz zu profitieren, ohne selbst Sponsor zu sein. Das bekannteste Beispiel stammt vom Sportartikelhersteller PUMA während der olympischen Spiele 1996 in Atlanta. Der britische Sprintstar Linford Christie durfte an seiner Sportkleidung kein Werbeemblem seines Sponsors PUMA tragen, da NIKE der Hauptsponsor der Spiele war. Daraufhin schickte PUMA den Sportler mit besonderen Kontaktlinsen zu den Pressekonferenzen. Diese Kontaktlinsen zeigten anstelle der Pupille das PUMA-Logo. Diese Bilder gingen daraufhin um die ganze Welt. Außerdem wurde der Puma bei mehreren Athleten als Tattoo auf der nackten Haut statt als Emblem auf der Sportkleidung platziert.

- **Virales Marketing**
  Virales Marketing (in Anlehnung den Begriff „Virus“) beschreibt die exponentielle Verbreitung von Werbebotschaften über das Internet. Die Kunden leiten die digitalisierten Informationen wiederum per E-Mail oder SMS an weitere potenzielle Kunden aus ihrem sozialen Umfeld weiter, die ihrerseits für eine Weiterverbreitung sorgen. Virales Marketing kommt insbesondere beim **Social Media Marketing** (SMM) zur Anwendung. Dabei handelt es sich um eine Form des Onlinemarketings, bei dem soziale Medien für Werbezwecke genutzt werden.

---

1 Ambush (engl.): Hinterhalt
2 Vgl. N. Drees, M. Jäckel, Guerilla-Marketing – Grundlagen, Instrumente und Beispiele, in: Deutsche Werbewissenschaftliche Gesellschaft e.V., Transfer, Werbeforschung und Praxis, Heft 2/2008, S. 31 ff.

„Supergeil" – Das Paradebeispiel des viralen Videos

Eine häufig genutzte Form des viralen Marketings ist beispielsweise ein auf YouTube bereitgestellter Video-Clip. Interessieren sich die Nutzer für ihn, wird er durch soziale Netzwerke wie Facebook immer wieder geteilt und so unter die Menschen gebracht. Ein bekanntes Beispiel ist das „Supergeil"-Video, in dem für den Lebensmittelhändler EDEKA geworben wird. Zentraler Punkt ist das laufend wiederholte Wort „supergeil", das es über die Weiterverbreitung dieses Clips tatsächlich dazu gebracht hat, „in aller Munde" zu gelangen.

Zusammenfassende Übersicht zu 7.6: Kommunikationspolitik

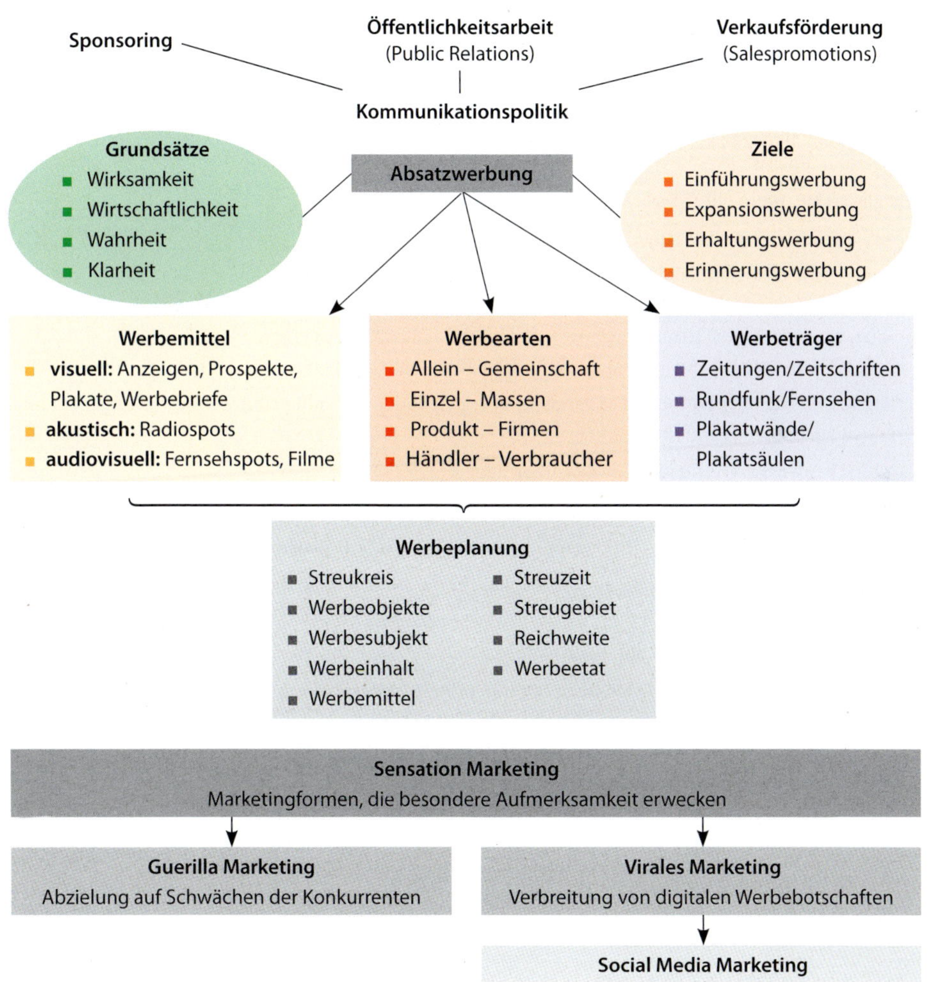

WIEDERHOLUNG DES GRUNDWISSENS

7.6 Kommunikationspolitik

1. Beschreiben Sie die Instrumente der Kommunikationspolitik und erklären Sie, welche Absicht ein Unternehmen mit dem Einsatz dieser Instrumente verfolgt.

2. Grenzen Sie Öffentlichkeitsarbeit von Werbung und Verkaufsförderung ab und nennen Sie Beispiele für die jeweiligen Maßnahmen.
3. Zahlreiche Unternehmen unterstützen Sportvereine oder karitative Einrichtungen mit Geld- oder Sachmitteln. Nennen Sie den Fachbegriff für derartige Maßnahmen und erklären Sie, welche Ziele Unternehmen damit verfolgen.
4. Nennen Sie Beispiele für Sponsoring.
5. Erklären Sie, was mit nachstehend aufgeführten Werbemaßnahmen jeweils beabsichtigt ist:
   - Einführungswerbung
   - Expansionswerbung
   - Erhaltungswerbung
   - Erinnerungswerbung.
6. Nennen Sie 4 Werbegrundsätze.
7. Erklären Sie, was unter der AIDA-Formel zu verstehen ist.
8. Geben Sie an, mit welchen Formeln sich der ökonomische und außerökonomische Werbeerfolg kontrollieren lässt.
9. Erklären Sie, wann eine Werbemaßnahme wirtschaftlich ist.
10. Nennen Sie Beispiele für sittenwidrige Werbung.
11. Prüfen Sie nachstehende Werbemaßnahmen auf deren Zulässigkeit.
    a) Durch Herausstellen einzelner Niedrigpreisartikel (ohne Kennzeichnung als Sonderangebot) wird ein preisgünstiges Gesamtangebot vorgetäuscht.
    b) Ein Kühlschrank ohne technische Spitzenausführung wird als „Luxusausführung“ gekennzeichnet.
12. Nehmen Sie Stellung zu folgender Aussage: „Vergleichende Werbung ist unter bestimmten Voraussetzungen zulässig“.
13. Unterscheiden Sie Werbemittel und Werbeträger.
14. Nennen Sie die Ihnen bekannten Werbeträger (Werbemedien).
15. Grenzen Sie Alleinwerbung und Kooperationswerbung von Einzelwerbung und Massenwerbung ab.
16. Beschreiben Sie, welche Inhalte ein Werbeplan für das neue E-Bike eines Fahrradherstellers enthalten sollte.
17. Zeigen Sie Verfahrensweisen auf, nach welchen sich die Höhe des Werbeetats festlegen lässt.
18. Nennen Sie Maßnahmen, wie bei nachstehendem Personenkreis Verkaufsförderung betrieben werden kann:
    a) Außendienstmitarbeiter (Außendienstpromotion)
    b) Händler (Händlerpromotion)
    c) Verbraucher (Verbraucherpromotion).
19. Erläutern Sie die Begriffe Sensation Marketing, virales Marketing und Social Media Marketing.

AUFGABEN ZUM ERWERB UND ZUR KONTROLLE VON KOMPETENZEN

7.6 Kommunikationspolitik

7.6.1 Werbeplanung – Werbemittel

Ein Hersteller von modischer Kinderkleidung hat entschieden, mittels Zeitschriftenwerbung seine Zielgruppen zu erreichen. Für die Werbung kommen insgesamt 4 Zeitschriften in Betracht. Seitenpreise und Auflagen sind nachstehender Tabelle zu entnehmen:

Zeitschrift	Seitenpreis in EUR	Auflage in Exemplaren
A	26.000	400.000
B	24.000	350.000
C	28.000	500.000
D	22.000	300.000

Es ist davon auszugehen, dass die gesamte Auflage verkauft und jedes Exemplar nur von einer Person gelesen wird.

1. Welches Werbemittel ist einzusetzen, wenn allein nach dem günstigsten Tausenderpreis entschieden wird?
2. Von den in Frage kommenden Zeitschriften ist bekannt, wie viel % der Leser weibliche Erwachsene sind. Im Einzelnen gelten folgende %-Sätze:
   Zeitschrift A: 60 % Zeitschrift C: 50 %
   Zeitschrift B: 70 % Zeitschrift D: 75 %
   Wie ist zu entscheiden, wenn lediglich erwachsene Leserinnen als Zielgruppe in Frage kommen?
3. Für die Zeitschriftenwerbung steht für das erste Quartal ein Werbeetat in Höhe von 200.000 EUR zur Verfügung. Aus Gründen der Streuung hat die Geschäftsleitung entschieden, die beiden Zeitschriften mit dem günstigsten zielgruppenspezifischen Tausenderpreis einzusetzen.
   Welche beiden Zeitschriften sind einzusetzen und in welcher Häufigkeit sollen die Werbeanzeigen geschaltet werden?

7.6.2 Werbeerfolgskontrolle – Wirtschaftlichkeit der Werbung

Ein Getränkehersteller hat vor einiger Zeit ein Pulver entwickelt, mit dem sich das künstliche Kaltgetränk „Sport agens" herstellen lässt. Das Getränk ist nach den Angaben des Herstellers geeignet, bei Sportlern die durch Schweiß verloren gegangenen Elektrolyte auszugleichen.

Ein von dem Hersteller beauftragtes Marktforschungsinstitut will feststellen, zu welchem Werbeerfolg eine eben durchgeführte Werbemaßnahme (Aufstellen von Displaymaterialien in ausgewählten Fitnesscentern) geführt hat. Für die Untersuchung werden deshalb eine Versuchsgruppe und eine Kontrollgruppe gebildet. Als Kontrollgruppe dienen jene Käufer, die das Pulver in Fitnesscentern gekauft haben, in denen nicht geworben wurde. Die Versuchsgruppe setzt sich aus den Käufern zusammen, die das Produkt in Fitnesscentern gekauft haben, in denen das Displaymaterial aufgestellt wurde.

Die Untersuchung brachte folgende Ergebnisse:

	monatlicher Absatz pro Besucher	
	Versuchsgruppe	**Kontrollgruppe**
Vor Beginn der Werbung	600 g	600 g
Nach Abschluss der Werbung	780 g	660 g
Änderungen	**180 g**	**60 g**

Der monatliche Absatz des Unternehmens ist im Betrachtungszeitraum von 8 t (13.333 Dosen) auf 10,2 t (17.000 Dosen) gestiegen.

Die Herstellung einer 600 g Dose verursacht variable Kosten in Höhe von 8 EUR.

1. Stellen Sie auf der Grundlage der vorliegenden Daten fest, welche Absatzsteigerung ursächlich auf die Werbemaßnahmen zurückzuführen ist.
2. Der Verkaufspreis für eine 600 g Dose beträgt 12,50 EUR. Die Werbemaßnahme hat Kosten in Höhe von 25.000,00 EUR verursacht. Berechnen Sie die Werbewirtschaftlichkeit.
3. Weisen Sie rechnerisch nach, ob auf der Grundlage der Kennzahl für die Werbewirtschaftlichkeit eine Aussage über die auf die Werbung zurückzuführende Entwicklung des Gewinnes gemacht werden kann.

7.6.3 Werbeetat – Auswahl von Werbeträgern – Zeitschriftenwerbung

PDF

Ein Waschmittelhersteller hat ein neues Feinwaschmittel auf den Markt gebracht. Dafür soll im kommenden Quartal intensiv geworben werden.

1. Im Folgenden ist das Ergebnis einer repräsentativen Umfrage wiedergegeben. Die Tabelle zeigt, anhand welcher Kriterien in Unternehmen üblicherweise die Höhe des Werbeetats ermittelt wird.

Wie die Praxis den Werbeetat ermittelt					
Kriterien für die Etatfestsetzung	**Häufigkeit der Verwendung**				
	ausschließlich %	vorwiegend %	manchmal %	selten %	gar nicht %
Prozent vom Umsatz	6	23	14	10	47
Prozent vom Gewinn/ Deckungsbeitrag	2	9	18	13	58
im Verhältnis zum Marktanteil	2	14	21	13	50
Höhe des Werbeetats der Konkurrenz	–	3	11	14	71
Marktziele, die mit der Werbung erreicht werden sollen	21	47	21	5	5
auf der Basis der verfügbaren finanziellen Mittel	18	35	20	5	22
andere Kriterien	5	8	12	4	71

Welche der genannten Kriterien erscheinen Ihnen am geeignetsten, um im vorliegenden Fall die Höhe des Werbeetats für das neue Feinwaschmittel festzulegen?

2. Die Höhe des Werbeetats für Anzeigenwerbung wird für das kommende Quartal auf 165.000 EUR festgelegt. Mit diesem Betrag soll wiederholt in mehreren Frauenzeitschriften und Illustrierten geworben werden. Es ist vorgesehen, die Anzeigen jeweils in drei aufeinander folgenden Ausgaben der ausgewählten Zeitschriften zu wiederholen. Für die in Frage kommenden Zeitschriften liegen folgende Daten vor:

Nr.	Zeitschrift	Preis für 1/1 Seite (vierfarbig) in EUR	Tausenderpreis (gesamte Leserschaft) in EUR[1]	Anteil der Zielgruppe (Hausfrauen) an der gesamten Leserschaft in %
1	Frauenjournal	13.000	81,25	90
2	Britta	38.000	118,75	80
3	Carmen	24.000	170,59	75
4	Heim und Haus	23.000	46,00	55
5	Neue Mode	17.500	54,69	70

Berechnen Sie für die einzelnen Zeitschriften die Gesamtzahl der Leser pro Ausgabe *(Rundung auf volle Tausend).*[1]

3. In welchen Zeitschriften sollen die drei Anzeigen jeweils erscheinen?
Legen Sie für Ihre Entscheidung den Preis für 1.000 Leserkontakte bezogen auf die Zielgruppe „Hausfrauen“ (= Tausenderpreis der Zielgruppe „Hausfrauen“) zugrunde.

4. Nach der Einführungsphase, die u. a. auch durch intensive Werbung in Funk und Fernsehen unterstützt wurde, hat das neue Feinwaschmittel bereits einen beachtlichen Marktanteil erreicht. Es soll jetzt darüber entschieden werden, ob die Anzeigenwerbung auch auf eine der überregionalen Boulevardzeitungen ausgedehnt werden soll. Dafür stehen die beiden Zeitungen A und B zur Auswahl:

1 $\text{Tausenderpreis} = \dfrac{\text{Preis pro Anzeigeseite} \times 1.000}{\text{Zahl der Leser pro Ausgabe}}$

Zeitung	tägliche Auflage (Stück)	Kosten für eine mehrtägige Werbekampagne (1/3 Seite schwarz/weiß)	Leser je Ausgabe	Anteil der Zielgruppe (Hausfrauen) an der gesamten Leserschaft
A	1 Mio.	120.000 EUR	2,5 Mio.	60 %
B	1 Mio.	100.000 EUR	2,2 Mio.	50 %

Wenn die Werbung in Zeitung A erfolgt, wird damit gerechnet, dass 40 % der möglichen Kunden (Hausfrauen) tatsächlich im nächsten Quartal ein Paket des Feinwaschmittels zusätzlich kaufen. Für Zeitung B wird dieser Anteil auf 50 % geschätzt.

Das Feinwaschmittel wird durchschnittlich zum Preis von 1,25 EUR je Paket an den Handel abgegeben. Die variablen Kosten je Stück betragen 0,50 EUR je Paket.

Weisen Sie in Form einer Tabelle nach folgendem Muster rechnerisch nach, ob sich die zusätzliche Anzeigenwerbung in einer der beiden Boulevardzeitungen im nächsten Quartal lohnt. Entscheiden Sie gegebenenfalls auch, ob die Anzeigen in Zeitung A oder in Zeitung B erscheinen sollen.

	Zeitung A	Zeitung B
Zahl der lesenden Hausfrauen		
zusätzliche Absatzmenge im nächsten Quartal		
zusätzlicher Umsatz im nächsten Quartal		
– zusätzliche variable Kosten im nächsten Quartal		
– zusätzliche Kosten für die Anzeigenwerbung im nächsten Quartal		
= zusätzlicher Deckungsbeitrag im nächsten Quartal		

7.6.4 Werbemaßnahmen – Salespromotion – Preisstrategie eines Herstellers von Konfitüren

Die Westermann GmbH, ein mittelständischer Hersteller von Konfitüren und Marmeladen, konnte in den letzten Jahren nur noch geringe Umsatzzuwächse erzielen. Auf Vorschlag eines Außendienstmitarbeiters wurde vor mehreren Monaten u. a. mit der Entwicklung eines neuartigen fettarmen, auch für Diabetiker geeigneten Brotaufstrichs auf Frucht-Kokos-Basis begonnen. Das Produkt wurde inzwischen zur Marktreife entwickelt und soll zunächst ausschließlich über Reformhäuser abgesetzt werden.

Das für die Entwicklung einer Marketingstrategie beauftragte Marktforschungsinstitut GEKA räumt einem solchen Produkt nur dann Erfolgsaussichten ein, wenn es mit einem klaren Gesundheitsimage im oberen Qualitäts- und Preissegment platziert wird. Unerlässlich seien außerdem die Unterstützung der Markteinführung durch Salespromotion-Maßnahmen und eine intensive zielgruppenorientierte Werbung.

1. Unterbreiten Sie der Westermann GmbH Vorschläge zur Gestaltung der Salespromotion-Maßnahmen.
2. Begründen Sie, auf welche vier Zielgruppen die Werbemaßnahmen in erster Linie ausgerichtet werden sollten.
3. Mit welchen Werbemitteln und -trägern lassen sich diese Zielgruppen mit möglichst geringen Streuverlusten erreichen?
4. Die endgültige Markteinführung wurde – in Abstimmung mit den Wiederverkäufern – mit einem zeitlich auf acht Wochen begrenzten „Probierpreis“ realisiert, der mit 1,98 EUR je 400 ml-Glas rund 20 % unter dem für später vorgesehenen Verkaufspreis von 2,48 EUR je Einheit lag.
   a) Welche Ziele verfolgte die Westermann GmbH mit dieser preispolitischen Strategie?
   b) Welche Risiken sind mit der Verfolgung dieser Strategie verbunden (zwei Angaben)?
   c) An welchen Kriterien kann sich die Westermann GmbH bei der Festsetzung des später regulären Verkaufspreises orientiert haben (vier Angaben)?
5. Ein potenzieller Großkunde aus dem Discount-Bereich wäre bei deutlichen Preiszugeständnissen bereit, das Produkt in sein Sortiment aufzunehmen. Unter welchen Voraussetzungen könnte die Westermann GmbH darauf eingehen?

7.7 Kombinierter Einsatz von Marketinginstrumenten

Aufg. 7.7.1 S. 456

Die einem Unternehmen zur Verfügung stehenden Marketinginstrumente können zur Erreichung eines bestimmten absatzpolitischen Zieles nicht beliebig eingesetzt werden. In der konkreten Situation müssen im Wesentlichen zwei grundsätzliche Fragen beantwortet werden:

1. **Welche Marketinginstrumente** (Produktpolitik, Preispolitik, Kommunikationspolitik, Distributionspolitik) sind geeignet, um ein vorgegebenes Ziel zu erreichen?
2. **Wie und in welchem Umfang** sollen die infrage kommenden Marketinginstrumente eingesetzt werden?

Marketingkonzeption der Däumler GmbH – Hersteller von Sport- und Fitnessartikeln

Produktpalette

Zielgruppen für die unterschiedlichen Produktlinien:
Sportler, Gesundheits- und Ernährungsbewusste, Schönheitsbewusste

Sportivdrink
künstliches Mineralkaltgetränk in den Aromen schwarze Johannisbeere, Pfirsich, Erdbeere

Sportbasics
Basisnahrung (Ergänzung zur Tagesnahrung) für den Sportler

Hometrainer
Heimfahrrad mit integriertem Pulsmesser und Kleincomputer

...

Kommunikationsmix

Werbung: Sportzeitschriften, Fachzeitschrift „Gesünder leben", Illustrierte, Stellwände in Fitnesscentern;
zusätzlich: Einsatz von Promotionsartikeln mit Werbeaufdrucken (T-Shirts, Trinkbecher, Handtücher)

Werbeetat für das lfd. Jahr: 580.000 EUR

Werbeaussagen: Vorstellung der gesamten Produktlinien für jeweils spezielle Zielgruppen

Werbeziel: Konsumenten zu den Handelspartnern leiten, die das Produkt mit entsprechender Beratung anbieten

Distribution

Die Däumler GmbH verfügt über eine bundesweite Vertriebsorganisation mit 32 Zentraldepots und 96 Regionallagern. Es ist geplant, in jedem Bundesland noch weitere Regionallager einzurichten.

Handelspartner: Einzelhandelsgeschäfte (vornehmlich Sportgeschäfte, Drogerien, Fitnesscenter); in Planung: „Gesundheitsmärkte", die in einem Franchisesystem als selbstständige Läden oder als „Shop in the Shop" in Kaufhäusern betrieben werden sollen.

Preispolitik

Auf Preisdifferenzierung wird verzichtet. Alle Produkte werden in einer gehobenen Preisklasse angeboten. Der gehobene Preis steht im Einklang mit dem angestrebten Produkt- und Firmenimage (kein Billiganbieter).

Die optimale Kombination der Marketinginstrumente, welche ein Unternehmen zur Erreichung seiner Marketingziele einsetzt, wird als Marketing-Mix bezeichnet.

In Abhängigkeit von den Marktbedingungen und den Zielen muss sich eine Unternehmung z. B. entscheiden, in welchem Umfang Werbung, Preispolitik, Garantiezusagen u. a. herangezogen werden. Innerhalb der einzelnen Instrumente stellt sich diese Frage ein zweites Mal. So ist z. B. bei dem Marketinginstrument Werbung zunächst zu entscheiden, ob und gegebenenfalls mit welchem Werbebudget geworben werden soll. Danach muss festgelegt werden, welche Werbeträger einzusetzen sind. Schließlich ist zu entscheiden, zu welchem Zeitpunkt diese jeweils eingesetzt werden.

Aufg. 7.7.2 S. 456

Welches die optimale Kombination der einzusetzenden Marketinginstrumente ist, lässt sich in den meisten Fällen nicht eindeutig beantworten. Einen Weg, eine allgemeingültige Lösung zu finden, gibt es nicht. Häufig lässt sich auch mit unterschiedlichen Kombinationen von Marketinginstrumenten ein angestrebtes Ergebnis erreichen. Die Veränderungen am Markt machen darüber hinaus eine fortlaufende Anpassung des Marketing-Mix erforderlich.

Zusammenfassende Übersicht zu 7.7: Kombinierter Einsatz von Marketinginstrumenten

Marketing-Mix
= optimale Kombination der Marketinginstrumente zur Erreichung von Marketingzielen

Produkt- und Produktprogrammpolitik
- Produktinnovation
- Produktvariation
- Produktdifferenzierung
- Produktdiversifikation
- Produkteliminierung

↓ **Produktmix**

Preispolitik
- Preis
- Preisdifferenzierung
- Rabatte
- Konditionen

↓ **Preismix**

Kommunikationspolitik
- Werbung
- Public Relations
- Sponsoring
- Salespromotions

↓ **Kommunikationsmix**

Distributionspolitik
- Direkter Absatz
- Indirekter Absatz

↓ **Distributionsmix**

↓ **Marketing-Mix**

WIEDERHOLUNG DES GRUNDWISSENS

7.7 Kombinierter Einsatz von Marketinginstrumenten

1. Erklären Sie, was unter dem Begriff „Marketing Mix“ zu verstehen ist.
2. Begründen Sie, weshalb die optimale Kombination der einzusetzenden Marketinginstrumente häufig nicht gefunden werden kann.

AUFGABEN ZUM ERWERB UND ZUR KONTROLLE VON KOMPETENZEN

7.7 Kombinierter Einsatz von Marketinginstrumenten

7.7.1 Marketinginstrumente – Marketingmix

Die Bierbrauerei „Heinzelmann e. K." in Mannheim braut die beiden Biersorten „Export" und „Pils", die in unterschiedliche Flaschen abgefüllt werden. Zusätzlich wurde vor fünf Jahren „Heinzelmann alkoholfrei" eingeführt. Der Umsatz aller Biersorten konnte in den letzten Jahren nicht gesteigert werden. Der Gründer und Chef des Unternehmens, Herr Heinzelmann senior, erleidet mit 82 Jahren einen Schwächeanfall. Sein Sohn, Herr Heinzelmann junior, übernimmt die Geschäfte und wird neuer Einzelunternehmer. Herr Heinzelmann junior möchte einiges an der Produktpalette ändern.

1. Nennen und erläutern Sie die jeweiligen Fachbegriffe für die folgenden Maßnahmen:
   a) Das unrentable „Heinzelmann alkoholfrei" soll aus der Produktpalette gestrichen werden.
   b) Ein völlig neues, munter machendes, neongelbes Disko-Bier mit Cola-Geschmack soll für die jüngere Zielgruppe entwickelt werden.
   c) Heinzelmann-Export und Heinzelmann-Pils sollen zukünftig auch als Diät-Bier auf den Markt kommen: „Heinzelmann light".
   d) Der Trend zu gesunden Bio-Produkten soll ausgenutzt werden. Herr Heinzelmann jun. kauft einen Öko-Bauernhof und plant, neben der Brauerei einen Öko-Supermarkt zu errichten.
2. Heinzelmann jun. liest in einem Zeitungsartikel von der großen Bedeutung des Marketing für ein Unternehmen. Der Artikel geht insbesondere auf das „Marketing-Mix" ein.
   a) Nennen Sie Elemente des Marketing-Mix (Marketinginstrumente).
   b) Geben Sie der Firma Heinzelmann eine Empfehlung für ein Marketing-Mix. Begründen Sie, welche zwei Elemente Sie besonders hervorheben würden.
   c) Beurteilen Sie die Bedeutung der Marktforschung im Zusammenhang mit Entscheidungen über das Marketing-Mix eines Unternehmens.
   d) Die Heinzelmann Brauerei möchte selbst Marktforschung betreiben. Sie werden gebeten, einen Fragebogen zu erstellen. Formulieren Sie hierzu vier geeignete Fragen.

7.7.2 Produktlebenszyklus – Einsatz der Marketinginstrumente

PDF

1. Die Zahlen der Tabelle (*vgl. Aufgabe 7.1.1 Produktlebenszyklus, Seite 393*) lassen den Einsatz eines bestimmten absatzpolitischen Instruments erkennen. Welche Gründe könnten das Unternehmen jeweils in den einzelnen Phasen veranlasst haben, diese absatzpolitische Maßnahme zu ergreifen?
2. Durch welche absatzpolitische Maßnahmen aus den Bereichen
   a) Produktpolitik und
   b) Werbepolitik

   könnte der in den einzelnen Phasen beeinflusst werden?
3. Wie könnten sich die unter 2. genannten Maßnahmen auf Kosten und Gewinn auswirken?

Selbsteinschätzung zum Kompetenzerwerb zu Lernbereich 7:

Marketingprozesse steuern und planen		
Nr.	**Kompetenzerwartung** **Ich kann ...**	**Noch Probleme? Kompetenzerwerb durch Bearbeitung folgender Kapitel und Aufgaben im Buch ...**
1	... die Marktsituation verschiedener Produkte eines Unternehmens analysieren.	Kap. 7.1 Aufgaben 7.1.1 und 7.1.2
2	... auf der Grundlage festgelegter Marketingziele Entscheidungen über Marketingmaßnahmen treffen.	Kap. 7.2 bis 7.7 Aufgaben 7.3.1 bis 7.3.3, 7.4.1 bis 7.4.4, 7.5.1 bis 7.5.4, 7.6.1 bis 7.6.4 und 7.7.1 und 7.7.2

8 Jahresabschluss

Kompetenzerwartungen und Gliederung zum Lernbereich 8

Lernbereich 8: Jahresabschlussarbeiten durchführen
Kapitel 8: Jahresabschluss

Kompetenzen:
- *Sich mithilfe des Jahresabschlusses über die Situation eines Unternehmens informieren*

8.1 Adressaten und deren Interesse am Jahresabschluss – Gesetzliche Grundlagen

8.2 Bestandteile des Jahresabschlusses von Kapitalgesellschaften

Kompetenzen:
- *Handelsrechtliche Bewertungsmaßstäbe berechnen und die Bewertung vorbereiten*

8.3 Grundsätze ordnungsmäßiger Bewertung (Bewertungsprinzipien nach dem Handelsgesetzbuch)

Kompetenzen:
- *Ausgewählte Positionen des Anlagevermögens nach HGB bewerten und dabei die Bewertungsgrundsätze des HGB sowie unternehmerische Zielsetzungen berücksichtigen*
- *Die zur Bewertung notwendigen Berechnungen und Buchungen durchführen*

8.4 Bewertung von Vermögensgegenständen des Anlagevermögens

Kompetenzen:
- *Ausgewählte Positionen des Umlaufvermögens nach HGB bewerten und dabei die Bewertungsgrundsätze des HGB berücksichtigen*
- *Die zur Bewertung notwendigen Berechnungen und Buchungen durchführen*

8.5 Bewertung von Vermögensgegenständen des Umlaufvermögens

Kompetenzen:
- *Rückstellungen für Altersversorgung als ausgewählte Positionen des Fremdkapitals bewerten*
- *Die zur Bewertung notwendigen Berechnungen und Buchungen durchführen*

8.6 Bewertung von Schulden

Kompetenzen:
- *Vorschläge zur Verwendung des Jahresüberschusses unter Berücksichtigung der gesetzlichen Regelungen des HGB und des AktG entwerfen und diskutieren*
- *Die unternehmerischen Interessen und die Interessen weiterer Anspruchsgruppen berücksichtigen und so bei der Entscheidung um einen fairen Interessensausgleich bemüht sein*

8.7 Gewinnverwendung und Eigenkapitalausweis einer AG

8.1 Adressaten und deren Interesse am Jahresabschluss – Gesetzliche Grundlagen

Der Jahresabschluss richtet sich an verschiedene Adressaten, die jeweils ein unterschiedliches Interesse an den Informationen haben, die einem Jahresabschluss zu entnehmen sind.

Adressaten des Jahresabschlusses

- Eigentümer (Kapitaleigner, Aktionäre)
- Gläubiger (Banken, Lieferer)
- Künftige Investoren (Kapitalanleger)
- Fiskus (Finanzbehörde)

Informationsbedürfnis der Eigentümer

Die **Eigentümer eines Unternehmens** (z. B. Aktionäre, Gesellschafter) haben in erster Linie ein Interesse, dem Jahresabschluss **Informationen zur Vermögens- und Gewinnsituation** für das zurückliegende Geschäftsjahr entnehmen zu können. Dem Jahresabschluss kommt deshalb die Aufgabe zu, die nach den Regeln ordnungsmäßiger Buchführung[1] erfassten Geschäftsvorfälle zu **dokumentieren (Dokumentationsfunktion des Jahresabschlusses)**. Damit auch zu einem späteren Zeitpunkt noch auf diese Informationen zurückgegriffen werden kann, müssen die Unterlagen geordnet aufbewahrt werden. Darüber hinaus soll der Jahresabschluss aber auch Informationen über **zu erwartende Ergebnisse (Erfolgspotenziale)** liefern.

HGB §§ 238–245

§§ 257–261

Kleinaktionäre sind im Normalfall an der jährlichen Ausschüttung eines möglichst hohen Gewinns interessiert. **Großaktionäre** hingegen sind eher an einer **langfristigen Sicherung der Unternehmenssubstanz** interessiert und damit nicht notwendigerweise an einer jährlich hohen Gewinnausschüttung.

> ! **Eigentümer eines Unternehmens sind insbesondere an Informationen zur Vermögens- und Gewinnsituation, die dem Jahresabschluss zu entnehmen sind, interessiert.**

Informationsbedürfnis der Gläubiger

Die Gläubiger (Lieferer, Banken) erwarten aus dem Jahresabschluss Informationen zur **wirtschaftlichen Lage** sowie zur **Zahlungsfähigkeit (Liquidität)** eines Unternehmens. Auf der Grundlage dieser Informationen entscheiden Sie über die Gewährung oder Verlängerung von Krediten. Vor dem Hintergrund einer möglichst problemlosen Tilgung eines Kredits durch den Schuldner sind die Gläubiger daran interessiert, dass die dem Jahresabschluss zu entnehmende Vermögens- und Gewinnsituation keinesfalls zu günstig ausgewiesen wird.

HGB § 130a
GmbHG § 64
AktG § 92

1 Bei den Grundsätzen ordnungsmäßiger Buchführung (GoB) handelt es sich um Regeln, nach denen Geschäftsvorfälle aufzuzeichnen und im Jahresabschluss darzustellen sind. Sie sind nicht in Gesetzen formuliert, sondern leiten sich aus den Gepflogenheiten ab, die sich im Laufe der Zeit hinsichtlich Buchführung und Jahresabschluss ergeben haben und von einem „ordentlichen und gewissenhaften Kaufmann“ zu beachten sind. Sie sind in gleicher Weise wie Gesetze rechtsverbindlich.

> **Kreditgeber entscheiden u. a. auf der Grundlage der Informationen aus dem Jahresabschluss über eine Kreditgewährung.**

Informationsbedürfnis der Investoren (Anleger)

Für die Anlageentscheidung von Kapitalanlegern ist bedeutsam, dass im Jahresabschluss Vermögen und Verbindlichkeiten **angemessen** dargestellt werden **(Fair Presentation)**. Eine eher vorsichtige Bewertung von Vermögen und Schulden trägt ihrem Informationsbedürfnis weniger Rechnung. Allerdings ist es auch im Interesse der Kapitalanleger, dass im Jahresabschluss ein **realistischer (also kein überhöhter)** Gewinn ausgewiesen wird.

Informationsbedürfnis der Finanzbehörde

Das im Jahresabschluss ausgewiesene Ergebnis ist für die Finanzbehörde Grundlage für die Erhebung von **Gewinnsteuern** (Einkommensteuer, Körperschaftsteuer, Gewerbesteuer). Aus steuerrechtlicher Sicht ist die Erfassung eines den **tatsächlichen Verhältnissen** entsprechenden Ergebnisses (Gewinn oder Verlust) sicherzustellen.

Handelsbilanz – Steuerbilanz

Damit alle Unternehmen den Jahresabschluss nach den gleichen Regeln aufstellen (z. B. einheitliche Gliederung von Bilanz und Gewinn- und Verlustrechnung, einheitliche Vorgehensweise zur Bewertung von Vermögen und Schulden) enthält das **Handelsgesetzbuch (HGB)** Vorschriften zur Erstellung eines Jahresabschlusses. Diese dienen vornehmlich dem Schutz der Interessen der **Eigentümer eines Unternehmens (Kapitaleignerprinzip, Aktionärsschutz, Teilhaberschutz)** und der Gläubiger (Gläubigerschutz). Darüber hinaus soll der Jahresabschluss auch Informationen über zu erwartende wirtschaftliche Ergebnisse (Erfolgspotenziale) liefern. Mit den gesetzlichen Regelungen soll u. a. erreicht werden, dass der Gewinn **nicht zu hoch** ausgewiesen wird. Ist ein zu hoch ausgewiesener Gewinn, der in Wirklichkeit nicht vorhanden ist, Grundlage der Ausschüttungsansprüche der Unternehmenseigner, so könnte das die Substanz eines Unternehmens gefährden.

> **Die auf der Grundlage handelsrechtlicher Vorschriften erstellte Bilanz ist die Handelsbilanz. Die gesetzlichen Grundlagen sind im Handelsgesetzbuch (HGB) enthalten.**

Die in den Wirtschaftsteilen von Zeitungen oder in Geschäftsberichten veröffentlichten Bilanzen von Kapitalgesellschaften (z. B. AG) sind Handelsbilanzen.

Grundlage für Besteuerung von Gewinnen

Der in der Gewinn- und Verlustrechnung ermittelte Gewinn ist **Grundlage der Besteuerung**. Zusätzlich zu den handelsrechtlichen Vorschriften enthält deshalb das **Einkommensteuergesetz (EStG)** eine Reihe ergänzender Vorschriften, die im Wesentlichen bewirken, dass der Gewinn eines Unternehmens **nicht zu niedrig** ausgewiesen wird.

> **Die für Zwecke der Besteuerung erstellte Bilanz ist die Steuerbilanz. Die gesetzlichen Grundlagen für deren Erstellung sind im Einkommensteuergesetz (EStG) enthalten.**

Kaufleute, die nach dem HGB buchführungspflichtig sind, müssen nicht nur eine **Handelsbilanz**, sondern zusätzlich eine **Steuerbilanz**[1] erstellen.

Zusammenfassende Übersicht zu 8.1: Adressaten und deren Interesse am Jahresabschluss – Gesetzliche Grundlagen

Adressaten

wünschen vornehmlich Informationen zur

Eigentümer (Kapitaleigner, Aktionäre)	Gläubiger (Banken, Lieferer)	Künftige Investoren (Kapitalanleger)	Fiskus (Finanzbehörde)
aktuellen Vermögens- und Gewinnsituation sowie zu den künftigen Ertragsaussichten	Zahlungsfähigkeit	angemessenen Darstellung (fair presentation) der Vermögens- und Gewinnsituation	Erhebung von Gewinnsteuern

Gesetzliche Grundlagen des Jahresabschlusses

Handelsrecht	Steuerrecht
Handelsgesetzbuch (HGB)	Einkommensteuergesetz (EStG)
Handelsbilanz	Steuerbilanz
■ Gläubigerschutz ■ Erhaltung der Unternehmenssubstanz (Teilhaberschutz, Aktionärssicherung, Kapitaleignerprinzip)	■ Grundlage der Besteuerung
Kein zu hoher Gewinnausweis	Kein zu niedriger Gewinnausweis (periodengerechter Gewinn)

Gegensätzliche Ziele (Handelsbilanz ↔ Steuerbilanz)

Aufgaben des Jahresabschlusses

Dokumentation	Information	Gewinnermittlung
Dokumentation der nach den Regeln ordnungsmäßiger Buchführung[1] erfassten Geschäftsvorfälle §§ 238–245 HGB; Pflicht zur Aufbewahrung der Unterlagen §§ 257–261 HGB	Selbstinformation für Eigentümer, Geschäftsleitung, Kontrollgremien §§ 238, 242, 264 HGB, § 170 AktG; Fremdinformation für Gläubiger, Staat, Öffentlichkeit; § 325 HGB, § 9 PublG	Feststellung des Gewinns nach Handelsrecht §§ 264 ff. HGB; Grundlage für die Gewinnverwendung §§ 266, 272 HGB, §§ 29, 42 GmbHG, §§ 58, 158 AktG; Feststellung des Gewinns nach Steuerrecht §§ 4–7 EStG Grundlage für die Besteuerung

1 Der Einfachheit halber wird im Zusammenhang mit der Erstellung von Jahresabschlüssen immer von Steuerbilanz und Handelsbilanz gesprochen. Gemeint ist damit immer der Jahresabschluss – also Bilanz und Gewinn- und Verlustrechnung.

WIEDERHOLUNG DES GRUNDWISSENS

8.1 Adressaten und deren Interesse am Jahresabschluss – Gesetzliche Grundlagen

1. Nennen Sie die Adressaten eines Jahresabschlusses.
2. Geben Sie an, welches Informationsbedürfnis am Jahresabschluss die einzelnen Adressaten jeweils haben.
3. Erläutern Sie den Begriff „Gläubigerschutz".
4. Erläutern Sie, welche Bedeutung der Jahresabschluss für die Besteuerung eines Unternehmens hat.
5. Erläutern Sie die Begriffe Handelsbilanz und Steuerbilanz.

8.2 Bestandteile des Jahresabschlusses von Kapitalgesellschaften

8.2.1 Überblick – Kapitalgesellschaften nach Größenklassen

Kapitalgesellschaften sind verpflichtet, einen umfangreicheren Jahresabschluss als buchführungspflichtige Einzelunternehmen und Personengesellschaften zu erstellen.

HGB § 267, § 267a

Der Umfang des Jahresabschlusses ist u. a. davon abhängig, ob die Kapitalgesellschaft als **kleinst, klein, mittelgroß oder groß** einzustufen ist. Für die Zuordnung zu einer bestimmten Größenklasse müssen **mindestens zwei der drei** nachstehenden Merkmale an zwei aufeinander folgenden Abschlussstichtagen erfüllt sein:

	Kleinste Kapitalgesellschaft	Kleine Kapitalgesellschaft	Mittelgroße Kapitalgesellschaft	Große Kapitalgesellschaft
Bilanzsumme (nach Abzug eines auf der Aktivseite ausgewiesenen Fehlbetrags)	≤ 350.000 EUR	≤ 6.000.000 EUR	> 6.000.000 EUR ≤ 20.000.000 EUR	> 20.000.000 EUR
Umsatzerlöse (in den zwölf Monaten vor dem Abschlussstichtag)	≤ 700.000 EUR	≤ 12.000.000 EUR	> 12.000.000 EUR 40.000.000 EUR	> 40.000.000 EUR
Arbeitnehmer (im Jahresdurchschnitt)	≤ 10 Arbeitnehmer	≤ 50 Arbeitnehmer	> 50 Arbeitnehmer ≤ 250 Arbeitnehmer	> 250 Arbeitnehmer

HGB § 267 (3), § 264d

Eine Kapitalgesellschaft gilt stets als **groß**, wenn sie einen **organisierten Markt** (z. B. Wertpapierbörse) durch von ihr ausgegebene Wertpapiere in Anspruch nimmt oder die Zulassung zum Börsenhandel beantragt hat.

Bestandteile des Jahresabschlusses						
§ 242 (3) HGB ■ **Buchführungspflichtige** ■ **Einzelunternehmen** ■ **Personengesellschaften**	Bilanz § 266 HGB[1]	GuV-Rechnung § 275 HGB[1]				
§ 267a HGB ■ **Kleinste Kapitalgesellschaften**	Bilanz § 266 HGB Gem. § 266 (1) S. 4 HGB verkürzte Bilanz möglich	GuV-Rechnung § 275 HGB Gem. § 275 (5) HGB verkürzte GuV-Rechnung möglich	Anhang § 284 ff. HGB Gem. § 264 (1) S. 5 HGB nicht erforderlich, wenn bestimmte Angaben unter der Bilanz ausgewiesen werden			
§ 264 (1) HGB ■ **Kleine Kapitalgesellschaften**	Bilanz § 266 HGB	GuV-Rechnung § 275 HGB	Anhang §§ 284 ff., § 326 (1) HGB			
§ 264 (1) S. 4, § 267 HGB ■ **Mittelgroße und große Kapitalgesellschaften**	Bilanz § 266 HGB	GuV-Rechnung § 275 HGB	Anhang §§ 284 ff. HGB	Lagebericht* § 289 HGB		
§ 264 (1) S. 2, § 264d HGB ■ **Kapitalmarktorientierte** ■ **Kapitalgesellschaften**[1]	Bilanz § 266 HGB	GuV-Rechnung § 275 HGB	Anhang §§ 284 ff. HGB	Lagebericht* § 289 HGB	Kapitalflussrechnung	Eigenkapitalspiegel

* Der Lagebericht gehört nicht zum Jahresabschluss im engeren Sinne.

Unabhängig von ihrer Größe müssen Kapitalgesellschaften ihren Jahresabschluss um einen **Anhang** erweitern. Davon sind Kleinstkapitalgesellschaften unter bestimmten Voraussetzungen ausgenommen. Der Anhang bildet mit der **Bilanz** und der **Gewinn- und Verlustrechnung** eine **Einheit**. Er enthält Erläuterungen zu den einzelnen Posten der Bilanz und der Gewinn- und Verlustrechnung. Insbesondere muss dort angegeben werden, wie die einzelnen Werte des Vermögens und der Schulden ermittelt wurden (Bewertungsmethoden). **Kapitalmarktorientierte Kapitalgesellschaften**[2] sind darüber hinaus noch verpflichtet, den Jahresabschluss um eine **Kapitalflussrechnung** und einen **Eigenkapitalspiegel** zu erweitern.

HGB § 284 (1)

HGB § 264d

Kapitalgesellschaften (außer Kleinstkapitalgesellschaften unter bestimmen Voraussetzungen) sind verpflichtet, ergänzend zur Bilanz und GuV-Rechnung in einem Anhang zu erläutern, wie die einzelnen Werte des Vermögens und der Schulden ermittelt wurden. Der Anhang ist bei diesen Gesellschaften Bestandteil des Jahresabschlusses. Kapitalmarktorientierte Kapitalgesellschaften erstellen zusätzlich noch eine Kapitalflussrechnung und einen Eigenkapitalspiegel.

1 Die Gliederungsvorschriften der §§ 266, 275 HGB sind nur für Kapitalgesellschaften verbindlich. Im Rahmen der Grundsätze ordnungsmäßiger Buchführung und Bilanzierung lehnen sich andere Unternehmen aber daran an.

2 Als kapitalmarktorientiert gelten alle Unternehmen und gegebenenfalls deren Tochtergesellschaften, deren Wertpapiere jeglicher Art auf einem organisierten Kapitalmarkt zugelassen sind.

8.2.2 Bilanz

Gliederung der Bilanz für große und mittelgroße Kapitalgesellschaften gem. § 266 HGB:

HGB § 266

Aufg. 8.2.1 S. 471

Aktiva	BILANZ Passiva
A. Anlagevermögen: **I. Immaterielle Vermögensgegenstände:** 1. Selbstgeschaffene gewerbliche Schutzrechte und ähnliche Rechte und Werte; 2. entgeltlich erworbene Konzessionen, gewerbliche Schutzrechte und ähnliche Rechte und Werte sowie Lizenzen an solchen Rechten und Werten; 3. Geschäfts- oder Firmenwert; 4. geleistete Anzahlungen; **II. Sachanlagen:** 1. Grundstücke, grundstücksgleiche Rechte und Bauten einschließlich der Bauten auf fremden Grundstücken; 2. technische Anlagen und Maschinen; 3. andere Anlagen, Betriebs- und Geschäftsausstattung; 4. geleistete Anzahlungen und Anlagen im Bau; **III. Finanzanlagen:** 1. Anteile an verbundenen Unternehmen; 2. Ausleihungen an verbundene Unternehmen; 3. Beteiligungen; 4. Ausleihungen an Unternehmen, mit denen ein Beteiligungsverhältnis besteht; 5. Wertpapiere des Anlagenvermögens; 6. sonstige Ausleihungen.	**A. Eigenkapital:** **I. Gezeichnetes Kapital;** **II. Kapitalrücklage;** **III. Gewinnrücklagen:** 1. gesetzliche Rücklage; 2. Rücklage für Anteile an einem herrschenden oder mehrheitlich beteiligten Unternehmen; 3. satzungsmäßige Rücklagen; 4. andere Gewinnrücklagen; **IV. Gewinnvortrag/Verlustvortrag;** **V. Jahresüberschuss/Jahresfehlbetrag.** **B. Rückstellungen:** 1. Rückstellungen für Pensionen und ähnliche Verpflichtungen; 2. Steuerrückstellungen; 3. sonstige Rückstellungen.
B. Umlaufvermögen: **I. Vorräte:** 1. Roh-, Hilfs- und Betriebsstoffe; 2. Unfertige Erzeugnisse, unfertige Leistungen; 3. fertige Erzeugnisse und Waren; 4. geleistete Anzahlungen. **II. Forderungen und sonstige Vermögensgegenstände:** 1. Forderungen aus Lieferungen und Leistungen; 2. Forderungen gegen verbundene Unternehmungen; 3. Forderungen gegen Unternehmen mit denen ein Beteiligungsverhältnis besteht; 4. Sonstige Vermögensgegenstände. **III. Wertpapiere:** 1. Anteile an verbundenen Unternehmen; 2. sonstige Wertpapiere. **IV. Kassenbestand, Bundesbankguthaben, Guthaben bei Kreditinstituten, Schecks.**	**C. Verbindlichkeiten:** 1. Anleihen, davon konvertibel; 2. Verbindlichkeiten gegenüber Kreditinstituten; 3. Erhaltene Anzahlungen auf Bestellungen; 4. Verbindlichkeiten aus Lieferungen und Leistungen; 5. Verbindlichkeiten aus der Annahme gezogener Wechsel und der Ausstellung eigener Wechsel; 6. Verbindlichkeiten gegenüber verbundenen Unternehmen; 7. Verbindlichkeiten gegenüber Unternehmen mit denen ein Beteiligungsverhältnis besteht; 8. sonstige Verbindlichkeiten, davon aus Steuern, davon im Rahmen der sozialen Sicherheit. **D. Rechnungsabgrenzungsposten.** **E. Passive latente Steuern.**
C. Rechnungsabgrenzungsposten. **D. Aktive latente Steuern.** **E. Aktiver Unterschiedsbetrag aus der Vermögensverrechnung.**	

Erläuterungen einzelner Bilanzpositionen:

Aktivseite

A. Anlagevermögen (= Vermögensgegenstände, die dazu bestimmt sind, dem Unternehmen langfristig zur Verfügung zu stehen)

I. 1. **Selbst geschaffene gewerbliche Schutzrechte etc.:** *z. B. selbst entwickeltes Patent*

I. 2. **entgeltlich erworbene Konzessionen, gewerbliche Schutzrechte etc:** *Rechte, die entgeltlich erworben wurden (z. B. Produktionsrechte in Form einer Lizenz).*

I. 3. **Geschäfts- oder Firmenwert:** *Betrag, der beim Kauf eines Unternehmens über den Substanzwert (tatsächliches Eigenkapital) hinaus bezahlt werden musste (= derivativer Firmenwert).*

III. 1. **Anteile an verbundenen Unternehmen:** *Anteile z. B. in Form von Aktien an einem verbundenen Unternehmen (vgl. § 271 (2) HGB). Wesentlich: die Anteile müssen dazu bestimmt sein, dauernd dem Geschäftsbetrieb zu dienen. Ist das nicht der Fall, dann müssen Anteile an einem verbundenen Unternehmen im Umlaufvermögen ausgewiesen werden (Vgl. Position B.III, 1.).*

III. 2. **Ausleihungen an verbundene Unternehmen:** *Wie bei den Anteilen muss es sich beim Schuldner um ein verbundenes Unternehmen gem. § 271 (2) HGB handeln. Zusätzliche Bedingung: Daueranlage (falls kurzfristige Ausleihung erfolgt Bilanzierung unter Pos. B III, 2 – Umlaufvermögen).*

III. 3. **Beteiligungen:** *Anteile an anderen Unternehmen, die dazu bestimmt sind, dem eigenen Geschäftsbetrieb im Rahmen einer dauerhaften Geschäftsverbindung zu dienen (vgl. § 271 (1) HGB).*

III. 5. **Wertpapiere des Anlagevermögens:** *Wertpapiere, die einer längerfristigen Kapitalanlage dienen (z. B. Bundesanleihen, Industrieobligationen, Aktien).*

B. Umlaufvermögen (= Vermögensgegenstände, die dazu bestimmt sind, dem Unternehmen nur kurzfristig zur Verfügung zu stehen)

III. 2. **sonstige Wertpapiere:** *z. B. Geldmarktpapiere.*

C. Rechnungsabgrenzungsposten

Aktive Rechnungsabgrenzungsposten: *Aufwendungen, die ein künftiges Geschäftsjahr betreffen, aber bereits im alten Geschäftsjahr zu Auszahlungen geführt haben (z. B. Miete für Januar des neuen Geschäftsjahres wird bereits im Dezember des alten Geschäftsjahres an den Vermieter überwiesen).*

D. Aktive latente Steuern: HGB § 274 (1)

Künftige Steuerentlastung aufgrund von unterschiedlichen Wertansätzen in Handels- und Steuerbilanz.

E. Aktiver Unterschiedsbetrag aus der Vermögensverrechnung:

Vermögensgegenstände zur Erfüllung von Schulden aus Altersvorsorgeverpflichtungen. Diese Vermögensgegenstände sind im Insolvenzfall dem Zugriff aller Gläubiger entzogen. Sie entstehen, wenn der Zeitwert dieser Vermögensgegenstände den Betrag der Schulden übersteigt (HGB § 246 (2) S. 2).

Passivseite

C. Verbindlichkeiten

1. **Anleihen, davon konvertibel:** *Anleihen = langfristige, am öffentlichen Kapitalmarkt aufgenommene Verbindlichkeiten (z. B. Schuldverschreibungen). Konvertible (austauschbare) Anleihen = Wandelschuldverschreibungen, bei denen den Gläubigern ein Umtausch- oder Bezugsrecht auf Aktien zusteht.*

D. Rechnungsabgrenzungsposten

Passive Rechnungsabgrenzungsposten: *Erträge, die ein künftiges Geschäftsjahr betreffen, aber bereits im alten Geschäftsjahr zu Einzahlungen geführt haben (z. B. Zinserträge, die erst im Januar des neuen Geschäftsjahres fällig sind, gehen bereits im Dezember des alten Geschäftsjahres ein).*

E. Passive latente Steuern:

HGB § 274 (1)

Künftige Steuerbelastung aufgrund von unterschiedlichen Wertansätzen in Handels- und Steuerbilanz.

HGB § 266 (1)

Kleinste und kleine Kapitalgesellschaften müssen nur eine **verkürzte Bilanz** aufstellen, die lediglich die mit Buchstaben und römischen Zahlen bezeichneten Posten aus obiger Bilanz enthält.

Anlagenspiegel

HGB § 268 (2)

Kapitalgesellschaften sind verpflichtet, in die Bilanz oder den Anhang einen Anlagenspiegel aufzunehmen, aus dem hervorgeht, wie sich die einzelnen Bilanzpositionen des Anlagevermögens vom Zeitpunkt der Anschaffung bis zum Ausscheiden entwickelt haben. Dadurch wird die Aussagefähigkeit des Jahresabschlusses verbessert.

> **!** **Der Anlagenspiegel zeigt, wie sich die einzelnen Bilanzpositionen des Anlagevermögens vom Zeitpunkt der Anschaffung bis zum Bilanzstichtag bzw. bis zum Ausscheiden entwickelt haben.**

8.2.3 Gewinn- und Verlustrechnung

HGB § 275

Kapitalgesellschaften sind verpflichtet, die Gewinn- und Verlustrechnung in **Staffelform** aufzustellen. Gegenüber der Kontoform hat die Staffelform den Vorteil größerer Übersichtlichkeit. Das Zustandekommen der einzelnen Ergebnisse (gewöhnliche Geschäftstätigkeit, außerordentliches Ergebnis, Jahresüberschuss) ist sofort erkennbar.

Demgegenüber können buchführungspflichtige **Einzelkaufleute** und **Personenhandelsgesellschaften** zwischen **Staffelform** und **Kontoform** wählen.

Gewinn- und Verlustrechnung in Kontoform

Zum 31.12. des Geschäftsjahres erstellt die Metallwarenfabrik AG folgende **interne** Gewinn- und Verlustrechnung (Kontoform):

Aufwendungen		**Interne Gewinn- und Verlustrechnung (in Tsd. EUR)**			**Erträge**
6000	Aufwendungen für Rohstoffe	17.000	5000	Umsatzerlöse	100.000
6020	Aufwendungen für Hilfsstoffe	4.000	5220	Bestandsveränderungen FE	2.950
6200	Löhne	24.000	5300	andere aktivierte	
6300	Gehälter	14.000		Eigenleistungen	7.000
6400	soziale Abgaben	15.000	5480	Erträge a.d. Auflösung	
6500	Abschreibungen auf			v. Rückstellungen	2.000
	Sachanlagen	13.000	5500	Erträge aus Beteiligungen	3.000
6710	Leasingaufwendungen	6.950			
6770	Rechts- und Beratungskosten	1.000			
6800	Aufwendungen für				
	Büromaterial	200			
6900	Versicherungsbeiträge	800			
7000	Betriebliche Steuern	2.000			
7500	Zinsaufwendungen	5.000			
7700	Gewerbesteuer	1.600			
7710	Körperschaftsteuer	1.800			
	Jahresüberschuss	**8.600**			
		114.950			114.950

Erläuterung: Der Jahresüberschuss vor Berücksichtigung der Körperschaft- und Gewerbesteuer beträgt 12.000 EUR (8.600 + 1.800 + 1.600). Dieser Betrag steht aber zur Ausschüttung an die Aktionäre nicht in vollem Umfang zur Verfügung, da die AG von diesem Betrag noch Körperschaftsteuer (15 %) und Gewerbesteuer abführen muss. Im Gegensatz zu den betrieblichen Steuern (z.B. Kfz-Steuer) handelt es sich bei diesen Steuern nicht um „abzugsfähige“ Steuern (Steuern mit Aufwandscharakter), sondern um vom Gewinn zu berechnende Steuern (= Gewinnsteuern).

Die Umwandlung der Kontenform in die Staffelform nach dem Gesamtkostenverfahren[1] führt zu folgendem Ergebnis:

1 Nach § 275 (1) HGB kann die Gewinn- und Verlustrechnung wahlweise nach dem Gesamtkostenverfahren und nach dem Umsatzkostenverfahren dargestellt werden. Die großen Kapitalgesellschaften verwenden vorwiegend das Umsatzkostenverfahren. Dieses ist aber nicht Gegenstand des Lehrplans.

HGB
§ 275 (2)

Aufg. 8.2.2 S. 471

Gewinn- und Verlustrechnung der Metallwarenfabrik AG in Staffelform (Gesamtkostenverfahren) nach § 275 (2) HGB (in Tsd. EUR)

1.	Umsatzerlöse (5000)		100.000	Ergebnis nach Steuern (↕ 1.–14.)
2.	Erhöhung oder Verminderung des Bestandes an fertigen und unfertigen Erzeugnissen (5220)	+	2.950	
3.	andere aktivierte Eigenleistungen (5300)	+	7.000	
4.	sonstige betriebliche Erträge (5480)[1]	+	2.000	
5.	Materialaufwand a) Aufwendungen für Roh-, Hilfs- und Betriebsstoffe (6000, 6020) b) Aufwendungen für bezogene Leistungen	 – 	 21.000 	
6.	Personalaufwand a) Löhne und Gehälter (6200, 6300) b) soziale Abgaben (6400)	 – –	 38.000 15.000	
7.	Abschreibungen a) auf immaterielle Vermögensgegenstände des Anlagevermögens und Sachanlagen (6500) b) auf Vermögensgegenstände des Umlaufvermögens	 – 	 13.000 	
8.	sonstige betriebliche Aufwendungen[1] (6710, 6770, 6800, 6900)	–	8.950	
9.	Erträge aus Beteiligungen (5500)	+	3.000	
10.	Erträge aus anderen Wertpapieren			
11.	sonstige Zinsen und ähnliche Erträge			
12.	Abschreibungen auf Finanzanlagen			
13.	Zinsen und ähnliche Aufwendungen (7500)	–	5.000	
14.	Steuern vom Einkommen und vom Ertrag (7700, 7710)	–	3.400	
15.	Ergebnis nach Steuern[2]	–	10.600	
16.	sonstige Steuern (7000)	–	2.000	
17.	Jahresüberschuss		**8.600**	

Hinweis: *Die Ziffern in Klammern geben die jeweiligen Kontennummern an.*

8.2.4 Anhang

Der Anhang hat die Aufgabe, bestimmte in der Bilanz und Gewinn- und Verlustrechnung ausgewiesene Positionen zu erläutern, um damit den Adressaten des Jahresabschlusses zusätzliche Informationen zur Vermögens- und Ertragslage der Kapitalgesellschaft zu verschaffen.

1 Die in den sonstigen betrieblichen Erträgen und sonstigen betrieblichen Aufwendungen enthaltenen außerordentlichen Aufwendungen und Erträge sind im Anhang anzugeben (§.285 Nr. 31 HGB). Aufwendungen und Erträge sind dann außerordentlich, wenn sie ungewöhnlich, selten und von einigem Gewicht sind.

2 Diese Postenbezeichnung ist irreführend, da es sich gerade nicht um ein Ergebnis **nach allen Steuern** handelt, sofern auch noch Beträge unter dem Posten „sonstige Steuern" ausgewiesen werden.

In den Anhang müssen z. B. folgende Angaben aufgenommen werden:

- Angaben zu einzelnen Posten der Bilanz oder Gewinn- und Verlustrechnung, für die ein **Bewertungswahlrecht** wahrgenommen wurde
- die angewandten Bilanzierungs- und Bewertungsmethoden (z. B. Abschreibungsmethode, Festlegung der Nutzungsdauer für abzuschreibende Vermögensgegenstände)
- die Grundlagen für die Umrechnung z. B. von Fremdwährungsverbindlichkeiten in Euro.

Angaben im Anhang: Bewertungswahlrecht bei Finanzanlagen

Im Anlagevermögen der Karlsruher Gaswerke GmbH sind u. a. 1.000 Aktien der E.ON AG enthalten, die im laufenden Geschäftsjahr zu einem Kurs von 28 EUR/Aktie gekauft wurden. Zum Ende des Geschäftsjahres wird diese Aktie an der Börse zu einem Kurs von 24 EUR/Aktie notiert.

Da die Karlsruher Gaswerke beabsichtigen, die Aktien für längere Zeit zu behalten, handelt es sich dabei um eine Finanzanlage, die im Anlagevermögen (Bilanzposition A III Nr. 5) ausgewiesen werden muss. Bei solchen Finanzanlagen haben die Karlsruher Gaswerke GmbH ein Wahlrecht, die Aktien entweder zu 28.000 EUR (Anschaffungskosten) oder zu 24.000 EUR (Wert am Bilanzstichtag) in der Bilanz auszuweisen, falls es sich lediglich um eine vorübergehende Wertminderung handelt. HGB § 266 (2) HGB § 253 (3) S. 4

Im Anhang muss erläutert werden, in welcher Weise von der Ausübung des Bewertungswahlrechts Gebrauch gemacht wurde.

Da aus der Bilanz nicht ersichtlich ist, wann (innerhalb welchen Zeitraums) die Verbindlichkeiten des Unternehmens fällig und wie diese gegebenenfalls gesichert sind, muss der Anhang auch Angaben enthalten über HGB § 285

- den Gesamtbetrag der Verbindlichkeiten mit einer Restlaufzeit von mehr als fünf Jahren und
- den Gesamtbetrag der Verbindlichkeiten, die durch Pfandrechte oder ähnliche Rechte gesichert sind.

8.2.5 Lagebericht

Mittelgroße und große Kapitalgesellschaften müssen **neben dem Jahresabschluss** noch einen Lagebericht aufstellen. Der **Lagebericht** enthält Angaben zum Geschäftsverlauf der Kapitalgesellschaft, wobei aber auf einzelne Positionen des Jahresabschlusses kein Bezug genommen wird. Das Ziel des Lageberichts besteht vielmehr in einer **umfassenden Gesamtwürdigung** des Unternehmens. HGB § 264 (1) S. 4 HGB § 289

! **Der Lagebericht ist nicht Bestandteil des Jahresabschlusses einer Kapitalgesellschaft.**

Auszug aus dem Lagebericht einer AG

Umsatz: Die Geschäftslage hat sich im Jahresverlauf deutlich verbessert, vor allem Asien kehrte auf den Wachstumspfad zurück. Es gelang uns, die Verkaufsmengen um 5,8 % zu steigern.

Ergebnis: Die Preisanhebungen zum Jahresende konnten die stark erhöhten Rohstoffkosten nicht ausgleichen: Der Druck auf die Gewinnspanne hielt an. Dennoch erzielten wir im Vergleich zum Vorjahr ein um 15,6 % höheres Ergebnis.

Lagebericht	
muss eingehen auf: ■ den Umfang und die Komplexität des Geschäftsverlaufs und dessen Analyse sowie auf die Lage der Kapitalgesellschaft ■ die voraussichtliche Entwicklung mit ihren Chancen und Risiken	**soll** eingehen auf: ■ Vorgänge von besonderer Bedeutung, die nach dem Schluss des Geschäftsjahres eingetreten sind ■ Maßnahmen zur Absicherung von Risiken (z. B. Preisänderungs-, Ausfall- und Liquiditätsrisiken) ■ Tätigkeiten in der Forschung und Entwicklung

Zusammenfassende Übersicht zu 8.2: Bestandteile des Jahresabschlusses von Kapitalgesellschaften

Bestandteile des Jahresabschlusses

für Kapitalgesellschaften
(§ 264 HGB)

↓ ↓ ↓

Bilanz (§ 266 HGB)	**Gewinn- und Verlustrechnung** (§ 275 HGB)	**Anhang** (§ 284 HGB) (Sonderregelung bei Kleinstkapitalgesellschaften § 264 (1) S. 5 HGB)

bei kapitalmarktorientierten Gesellschaften zusätzlich
(§ 264 HGB)

↓ ↓

Kapitalflussrechnung	**Eigenkapitalspiegel**

zusätzlich bei mittelgroßen und großen Kapitalgesellschaften:

Lagebericht

(nicht Bestandteil des Jahresabschlusses)

WIEDERHOLUNG DES GRUNDWISSENS

8.2 Bestandteile des Jahresabschlusses von Kapitalgesellschaften

1. Stellen Sie tabellarisch dar, wann eine Kapitalgesellschaft als kleinst, klein, mittelgroß oder groß einzustufen ist.
2. Überlegen Sie, unter welcher Voraussetzung eine Kapitalgesellschaft auch unabhängig der Kriterien Bilanzsumme, Umsatz und Zahl der Arbeitnehmer als groß einzustufen ist.
3. Nennen Sie die Bestandteile, aus denen sich der Jahresabschluss von kleinsten, kleinen, mittelgroßen, großen und kapitalmarktorientierten Kapitalgesellschaften zusammensetzt.
4. Beschreiben Sie, wie die Bilanz einer großen Kapitalgesellschaft aufgebaut ist.
5. Prüfen Sie, welche Erleichterungen bei der Aufstellung einer Bilanz für kleinste und kleine Kapitalgesellschaften gelten.
6. Nennen Sie die Informationen, die dem Anlagespiegel entnommen werden können.
7. Beschreiben Sie die Form, die Kapitalgesellschaften bei der Erstellung ihrer Gewinn- und Verlustrechnung beachten müssen.

8. Unterscheiden Sie zwischen dem Ergebnis nach Steuern und dem Jahresüberschuss.
9. Nennen Sie Beispiele für Angaben, die in den Anhang aufzunehmen sind.
10. Erklären Sie, welche Kapitalgesellschaften einen Lagebericht erstellen müssen und welche Informationen diesem entnommen werden können.

AUFGABEN ZUM ERWERB UND ZUR KONTROLLE VON KOMPETENZEN

8.2 Bestandteile des Jahresabschlusses von Kapitalgesellschaften

8.2.1 Bilanz einer Kapitalgesellschaft

Erstellen Sie aus den nachfolgenden Angaben die Bilanz einer Kapitalgesellschaft nach § 266 (1) Satz 3 HGB: PDF

	EUR
Vorräte	190.000
Gezeichnetes Kapital	200.000
Forderungen und sonstige Vermögensgegenstände	125.000
Gewinnrücklagen	25.000
Wertpapiere	40.000
Flüssige Mittel	28.000
Verbindlichkeiten gegenüber Kreditinstituten	173.000
Finanzanlagen	76.000
Immaterielle Vermögensgegenstände	17.500
Passive Rechnungsabgrenzungsposten	6.000
Kapitalrücklage	40.000
Jahresüberschuss	
Sonstige Verbindlichkeiten	21.000
Sachanlagen	222.500
Verbindlichkeiten aus Lieferungen und Leistungen	98.500
Rückstellungen	40.000
Aktive Rechnungsabgrenzungsposten	4.500

8.2.2 Erstellung einer Gewinn- und Verlustrechnung

Der Werkzeug- und Metallbau AG liegen für die Erstellung der Gewinn- und Verlustrechnung 20.. folgende Zahlen vor: PDF

	EUR
Verlustvortrag aus dem Vorjahr	5.000.000
Andere aktivierte Eigenleistungen	9.000.000
Umsatzerlöse	125.800.000
Verluste aus Anlageabgängen	9.000.000
Erträge aus Beteiligungen	12.000.000
Einstellung in die Gewinnrücklagen	8.000.000
Abschreibungen auf Sachanlagen	16.000.000
Aufwendungen für einen ungewöhnlichen Schadensfall	1.400.000
Löhne und Gehälter	50.000.000
Bestand an fertigen Erzeugnissen lt. Inventur	14.000.000
Bestand an unfertigen Erzeugnissen lt. Inventur	9.000.000
Zinsen und ähnliche Aufwendungen	4.000.000
Auflösung von Rückstellungen	1.600.000

HGB § 275 (1) u. (2)

	EUR
Körperschaftsteuer und Gewerbesteuer	18.000.000
Sonstige Steuern	1.000.000
Soziale Abgaben	12.000.000
Aufwendungen für Roh-, Hilfs- und Betriebsstoffe	28.000.000
Aufwendungen für bezogene Leistungen	2.400.000
Erhöhung des Bestandes an fertigen und unfertigen Erzeugnissen	12.000.000
Bestand an Pensionsrückstellungen	60.000.000

Stellen Sie die Gewinn- und Verlustrechnung nach dem Gesamtkostenverfahren auf und ermitteln Sie nach den handelsrechtlichen Gliederungsvorschriften

- das Ergebnis nach Steuern
- den Jahresüberschuss/Jahresfehlbetrag
- den Bilanzgewinn/Bilanzverlust.

8.3 Grundsätze ordnungsmäßiger Bewertung (Bewertungsprinzipien nach dem Handelsgesetzbuch)

8.3.1 Prinzip der kaufmännischen Vorsicht

Zu hoch bewertetes Vermögen bzw. zu niedrig bewertete Schulden sind gleichzeitig mit einem zu günstigen Ergebnisausweis verbunden.

Zusammenhang von Vermögensbewertung und Ergebnisausweis

Eine GmbH hat auf einen Pkw wegen falsch geschätzter Nutzungsdauer 8.400 EUR abgeschrieben. Die nach der tatsächlichen Nutzungsdauer sich ergebende Abschreibung beläuft sich auf 14.400 EUR.

Der Pkw wird in der Bilanz um 6.000 EUR zu hoch ausgewiesen. Der in der Gewinn- und Verlustrechnung ausgewiesene Abschreibungsaufwand ist um diesen Betrag zu niedrig. Demnach wird die Vermögens- und Ertragslage des Unternehmens zu günstig dargestellt.

Mögliche Folgen:

- Substanzverlust des Unternehmens, falls zu hoch ausgewiesener Gewinn Grundlage der Ausschüttungsansprüche der Unternehmenseigner ist.
- Gläubiger gewähren auf der Grundlage nicht vorhandener Vermögenswerte Kredite, die bei zutreffender Bewertung nicht gewährt worden wären.

HGB § 252 (1) Nr. 4

Insbesondere unter dem Gesichtspunkt des **Gläubigerschutzes** aber auch im Interesse der Erhaltung der **Unternehmenssubstanz** verlangt das **Prinzip der kaufmännischen Vorsicht**, dass die Vermögensgegenstände und die Verbindlichkeiten vorsichtig zu bewerten sind. Alle **vorhersehbaren Risiken und Verluste**, die bis zum Abschlussstichtag entstanden sind, müssen berücksichtigt werden.

! **Das Stichtagsprinzip besagt, dass das Vermögen und die Schulden grundsätzlich zu den zu einem bestimmten Abschlussstichtag geltenden Werten anzusetzen sind.**

Aber auch Risiken und Verluste, die zwischen dem Abschlussstichtag und dem Tag der Aufstellung der Bilanz bekannt werden, müssen bei der Bilanzerstellung berücksichtigt werden (Durchbrechung des Stichtagsprinzips). HGB § 252 (1) Nr. 4

Bewertung einer Kundenforderung bei Eröffnung eines Insolvenzverfahrens

Abschlussstichtag: 31.12.20X0 Bilanzerstellung: 31.03.20X1

Am 12.01.20X1 erhält eine Metallwarenfabrik die Nachricht, dass über das Vermögen eines Kunden das Insolvenzverfahren eröffnet wurde. Es ist davon auszugehen, dass die Kundenforderung in Höhe von 8.600 EUR vollständig ausfällt.

Obwohl diese Information erst nach dem Abschlussstichtag (31.12.20X0) eingeht, muss sie für die Bilanzerstellung noch berücksichtigt werden, weil davon auszugehen ist, dass die Zahlungsschwierigkeiten des Kunden bereits zum Zeitpunkt des Abschlussstichtages vorhanden waren.
Folge: Die Forderung muss abgeschrieben werden und darf in der Schlussbilanz nicht mehr als Vermögensgegenstand erscheinen.

! Das Stichtagsprinzip wird durchbrochen, wenn dem Unternehmen zwischen Abschlussstichtag und dem Tag der Bilanzerstellung Informationen zugehen, die im Rahmen einer vorsichtigen Bewertung zu berücksichtigen sind.

Aus der Beachtung des **Prinzips der kaufmännischen Vorsicht** lassen sich vier **Bewertungsprinzipien** ableiten:

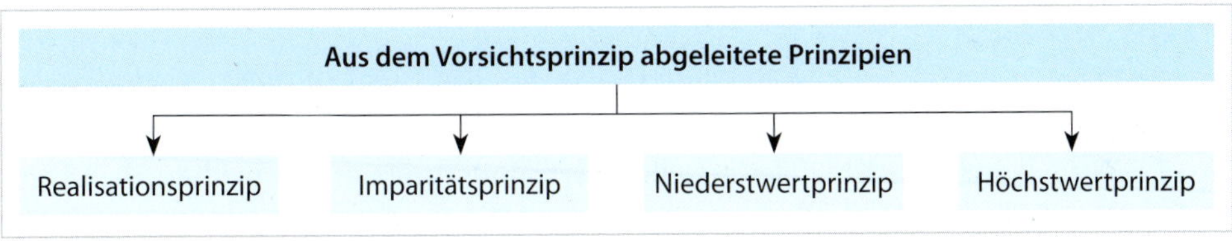

8.3.2 Realisations- und Imparitätsprinzip

Realisationsprinzip

Gewinne dürfen im Normalfall nur ausgewiesen werden, wenn sie z. B. durch einen tatsächlichen Verkauf von Vermögensgegenständen bis zum Abschlussstichtag bereits realisiert sind.

Nicht realisierte Gewinne

Wertpapiere, die vor einiger Zeit für 60.000 EUR gekauft wurden, haben am Abschlussstichtag einen Wert von 68.000 EUR. Der Unterschiedsbetrag von 8.000 EUR stellt einen noch nicht realisierten Gewinn dar, weil ein Verkauf noch nicht stattgefunden hat. Die Wertpapiere dürfen daher lediglich mit dem Betrag von 60.000 EUR in der Schlussbilanz berücksichtigt werden. HGB § 252 (1) Nr. 4

Imparitätsprinzip

Das **Imparitätsprinzip**[1] verlangt, dass nicht realisierte Gewinne und **drohende Verluste** jeweils anders behandelt werden müssen. Im Sinne einer vorsichtigen Bewertung müssen HGB § 252 (1) Nr. 4

1 Imparität *(lat.)*: Ungleichheit

drohende Verluste – anders als noch nicht realisierte Gewinne – auch dann schon berücksichtigt werden, wenn sie wahrscheinlich, aber noch gar nicht eingetreten sind.

Drohender Verlust

HGB § 253 (3) S. 3

Ein Kaufmann hat im Jahre 20X0 ein Grundstück für 200.000 EUR erworben. 20X3 erleidet das Grundstück eine erhebliche Werteinbuße, da in unmittelbarer Nähe eine Müllverbrennungsanlage gebaut wird. Das Grundstück lässt sich nach dem Bau der Müllverbrennungsanlage nur noch für 160.000 EUR verkaufen. Der sich abzeichnende Verlust in Höhe von 40.000 EUR muss ausgewiesen werden. Das Grundstück muss außerplanmäßig abgeschrieben werden, auch wenn es der Kaufmann in der Hoffnung auf einen späteren Wertzuwachs jetzt nicht verkaufen will.

8.3.3 Niederstwertprinzip

Aufg. 8.3.1 und 8.3.2 S. 478

! Das Niederstwertprinzip besagt, dass von zwei oder mehreren in Frage kommenden Werten der niedrigere Wert genommen werden muss (= strenges Niederstwertprinzip) oder genommen werden darf (= gemildertes Niederstwertprinzip).

Niederstwertprinzip	
Gemildertes Niederstwertprinzip	Strenges Niederstwertprinzip

Gemildertes Niederstwertprinzip

HGB § 253 (3) S. 4

Das gemilderte Niederstwertprinzip räumt Unternehmen ein **Wahlrecht** bei der Bewertung von **Finanzanlagen des Anlagevermögens** (z. B. dauerhafte Beteiligung an einer AG) ein, wenn eine am Abschlussstichtag festgestellte **Wertminderung** nur als **vorübergehend** einzustufen ist. In diesem Fall darf von zwei möglichen Werten der niedrigere Wert angesetzt werden (**Bewertungswahlrecht**). Will ein Unternehmen im Rahmen des ihm zustehenden Bewertungswahlrechts den niedrigeren Wert in der Bilanz ansetzen, so ist eine **außerplanmäßige** Abschreibung vorzunehmen. Bei allen anderen Formen des Anlagevermögens besteht bei vorübergehender Wertminderung kein Wahlrecht.

Dadurch soll die übermäßige Bildung stiller Rücklagen vermieden werden. Diese würden nämlich den Aktionären einer AG oder den Gesellschaftern einer GmbH als nicht ausschüttungsfähiger Gewinn vorenthalten (Anlegerschutz).

! Für die Bewertung von Finanzanlagen des Anlagevermögens gilt das gemilderte Niederstwertprinzip (Bewertungswahlrecht).

Aufg. 8.3.3 und 8.3.4 S. 478 f.

Strenges Niederstwertprinzip

HGB § 253 (4), § 253 (3) S. 3

Das **strenge Niederstwertprinzip** ist grundsätzlich für die **Bewertung des Umlaufvermögens** anzuwenden. Bei der Bewertung von Vermögensgegenständen des Anlagevermögens muss das strenge Niederstwertprinzip dagegen nur beachtet werden, wenn die eingetretene Wertminderung **von Dauer** ist.
Anhaltspunkt für eine dauernde Wertminderung ist, dass diese mehr als die Hälfte der Restnutzungsdauer oder länger als 5 Jahre anhält.

Tritt bei Vermögensgegenständen des Anlagevermögens eine dauernde Wertminderung ein, so muss eine außerplanmäßige Abschreibung vorgenommen werden. Bei einer vorübergehenden Wertminderung ist eine außerplanmäßige Abschreibung nur bei Finanzanlagen möglich (Wahlrecht).

Strenges Niederstwertprinzip: Wertminderungen bei Vermögensgegenständen des Umlaufvermögens

Zur vorübergehenden Kapitalanlage hat die Heilbronner Chemie GmbH im Oktober 20X0 3.000 Aktien der Erfurter Schuhfabrik AG zu 120 EUR/Stück erworben.
Hinweis: Anschaffungsnebenkosten wie z. B. Kaufspesen bleiben unberücksichtigt.

1. Zu welchem Betrag sind die Aktien in der Schlussbilanz des Geschäftsjahres 20X0 auszuweisen, wenn der Börsenkurs **am Abschlussstichtag** (31.12.)
   a) 140 EUR/Stück b) 110 EUR/Stück
   beträgt?
2. Zu Beginn des Monats Februar 20X1 veröffentlicht die Erfurter Schuhfabrik AG die Ergebnisse für das vierte Quartal des Geschäftsjahres 20X0. Daraufhin sinkt der Aktienkurs. Er beträgt am 8. Februar 20X1 (Tag der Bilanzerstellung) 115 EUR/Stück. Zu welchem Betrag sind die Aktien in der Schlussbilanz des Geschäftsjahres 20X0 in diesem Fall auszuweisen?

   Wie wird durch die Bewertung das Unternehmensergebnis jeweils beeinflusst?

Lösung: Für die Bewertung des Umlaufvermögens ist das strenge Niederstwertprinzip anzuwenden. Dies gilt auch dann, wenn die Wertminderung nur vorübergehend ist.

1. a) **Kurs am Abschlussstichtag ist auf 140 EUR/Stück gestiegen:**
   Bewertung zu den niedrigeren Anschaffungskosten (Wertobergrenze).
   3.000 Aktien à 120 EUR/Aktie = 360.000 EUR (= Bilanzansatz)
   Das Unternehmensergebnis wird nicht beeinflusst, da der Bilanzansatz den Anschaffungskosten entspricht.

   b) **Kurs am Abschlussstichtag ist auf 110 EUR/Stück gefallen:**
   Der Bewertung muss zwingend der niedrigere Börsenkurs zugrunde gelegt werden (Vorsichtsprinzip, strenges Niederstwertprinzip).
   3.000 Aktien à 110 EUR/Aktie = 330.000 EUR (= Bilanzansatz)
   Das Unternehmensergebnis wird negativ beeinflusst, da eine außerplanmäßige Abschreibung auf den niedrigeren Börsenpreis am Abschlussstichtag in Höhe von 30.000 EUR vorgenommen werden muss.

2. **Kurs am Tag der Bilanzerstellung (08. Febr. 20X1) ist auf 115 EUR/Stück gefallen, da Ende Januar 20X1 bekannt wurde, dass ein im Dezember 20X0 angenommener Großauftrag nur mit Verlust abgewickelt werden kann.**
   Obwohl sich der niedrigere Börsenkurs erst nach dem Abschlussstichtag eingestellt hat, stellt auch in diesem Fall der niedrigere Börsenkurs die Grundlage der Bewertung dar. Im Rahmen des Vorsichtsprinzips werden Verluste, die zwischen Abschlussstichtag und dem Tag der Bilanzerstellung eingetreten sind, bereits am Abschlussstichtag berücksichtigt (Verlustantizipation gem. § 252 (1) Nr. 4 HGB), wenn der Grund für deren Entstehung im alten Geschäftsjahr liegt. Das führt im vorliegenden Fall zu einer Durchbrechung des Stichtagsprinzips.
   3.000 Aktien à 115 EUR/Aktie = 345.000 EUR (= Bilanzansatz)
   Das Unternehmensergebnis wird negativ beeinflusst, da eine außerplanmäßige Abschreibung in Höhe von 15.000 EUR vorgenommen werden muss.

Im Unterschied zur Bewertung von Finanzanlagen des Anlagevermögens (gemildertes Niederstwertprinzip) gilt für das **Umlaufvermögen** auch bereits bei **vorübergehender Wertminderung** das **strenge Niederstwertprinzip**: Von zwei möglichen Werten (z. B. ursprüng- HGB § 253 (4) licher bzw. fortgeführte Anschaffungskosten, niedrigerer Börsen- oder Marktpreis am Abschlussstichtag) **muss immer der niedrigere** angesetzt werden.

HGB § 253 (1) S. 2

Für die Bewertung des Umlaufvermögens gilt das strenge Niederstwertprinzip: Von zwei infrage kommenden Werten (ursprüngliche oder fortgeführte Anschaffungskosten bzw. Tageswert) ist stets der niedrigere anzusetzen.

8.3.4 Höchstwertprinzip

HGB § 253 (4)

Die Beachtung des Vorsichtsprinzips führt bei der Bewertung von Verbindlichkeiten dazu, dass von zwei oder mehreren infrage kommenden Werten der jeweils höhere anzusetzen ist (**Höchstwertprinzip**). Außerdem sind Verbindlichkeiten zu ihrem **Erfüllungsbetrag**[1] anzusetzen.

Für die Bewertung von Verbindlichkeiten gilt das Höchstwertprinzip: Von zwei infrage kommenden Werten ist stets der höhere anzusetzen.

Höchstwertprinzip bei der Bewertung von Verbindlichkeiten

Die Firma Heinz Berger KG hat am 03. August d. J. bei einer amerikanischen Bank einen Kredit in Höhe von 30.000 US $ und einer Laufzeit von zwei Jahren aufgenommen. Anhand des am Tag der Kreditaufnahme geltenden Dollarkurses von 1,30 US $/EUR lässt sich eine Darlehensverbindlichkeit von 23.076,92 EUR errechnen (30.000 US $/1,30 US-$/EUR).
Aufgrund einer zum 31.12. d. J. eingetretenen Änderung des Dollarkurses auf 1,25 US $/EUR beträgt der Wert der Verbindlichkeit zum Ende des Geschäftsjahres umgerechnet 24.000 EUR.

Ergebnis: Die Verbindlichkeit muss nach dem Höchstwertprinzip bewertet werden. Die Beachtung dieses Prinzips führt in der Schlussbilanz zum 31.12. d. J. zu einem Wertansatz der Verbindlichkeiten in Höhe von 24.000 EUR.

HGB § 256 a

Das Höchstwertprinzip muss ausnahmsweise nicht eingehalten werden, wenn Verbindlichkeiten in fremder Währung (Fremdwährungsverbindlichkeiten) eine Restlaufzeit von einem Jahr oder weniger haben.

HGB § 249 (1)

Selbst dann, wenn Verbindlichkeiten nur dem Grunde nach feststehen, aber in der Höhe ungewiss sind, ist das Unternehmen verpflichtet, diese in der Bilanz als **Rückstellung** anzusetzen.

Die Notwendigkeit, **Rückstellungen** in der Bilanz auszuweisen, leitet sich aus dem **Vorsichtsprinzip** ab.

1 Der Begriff **„Erfüllungsbetrag"** umfasst auch den Begriff „Rückzahlungsbetrag": Darlehensverbindlichkeiten werden **zurückgezahlt**. Bei der Begleichung von Liefervebindlichkeiten handelt es sich jedoch um keine Rückzahlung, sondern um die **Erfüllung der Zahlungsverpflichtung** aus einem Kaufvertrag.

Zusammenfassende Übersicht zu 8.3: Grundsätze ordnungsmäßiger Bewertung (Bewertungsprinzipien nach dem Handelsgesetzbuch)

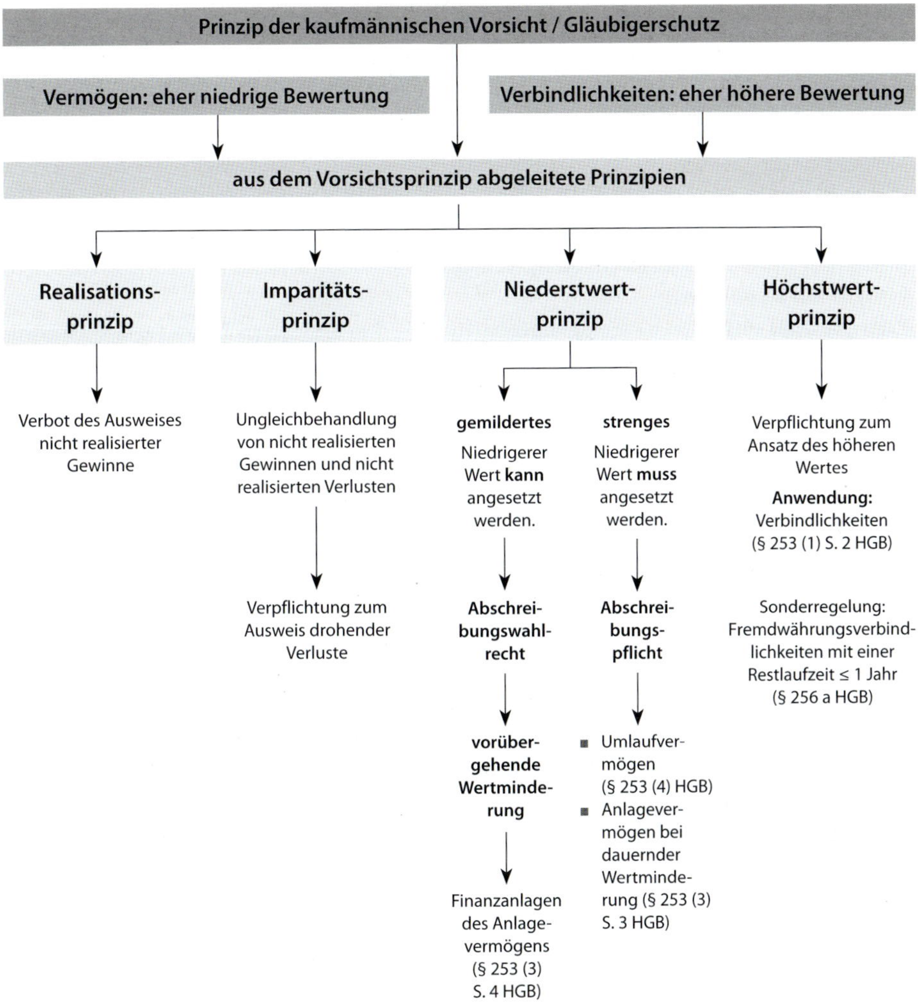

WIEDERHOLUNG DES GRUNDWISSENS

8.3 Grundsätze ordnungsmäßiger Bewertung (Bewertungsprinzipien nach dem Handelsgesetzbuch)

1. Begründen Sie, inwieweit zu hoch bewertetes Vermögen bzw. zu niedrig bewertete Schulden jeweils zu einem günstigeren oder ungünstigeren Ergebnisausweis führen.
2. Erläutern Sie das Stichtagsprinzip und nennen Sie ein Beispiel für dessen Durchbrechung.
3. Nennen Sie vier Prinzipien, die aus dem Vorsichtsprinzip abgeleitet werden.
4. Erläutern Sie anhand je eines Beispiels das Realisationsprinzip und das Imparitätsprinzip.
5. Erläutern Sie das strenge und das gemilderte Niederstwertprinzip.
6. Erklären Sie, wie Finanzanlagen des Anlagevermögens im Fall einer vorübergehenden Wertminderung bewertet werden können.
7. Zeigen Sie Fälle auf, in denen Vermögensgegenstände mit dem niedrigeren Zeitwert am Abschlussstichtag bewertet werden müssen.
8. Erklären Sie das „Höchstwertprinzip".

AUFGABEN ZUM ERWERB UND ZUR KONTROLLE VON KOMPETENZEN

8.3 Grundsätze ordnungsmäßiger Bewertung (Bewertungsprinzipien nach dem Handelsgesetzbuch)

8.3.1 Verstöße gegen Bewertungsprinzipien

Prüfen Sie, ob in nachstehenden Fällen ein Verstoß gegen die Bewertungsprinzipien vorliegt.

1. Wertpapiere des Umlaufvermögens wurden im Vorjahr mit den Anschaffungskosten in der Bilanz angesetzt. Da der Kurs in der Zwischenzeit um 20 % gestiegen ist, werden sie in der laufenden Schlussbilanz zum höheren Wert bewertet.
2. (HGB § 252 (1)) Über das Vermögen eines Großkunden wurde im laufenden Geschäftsjahr das Insolvenzverfahren eröffnet. Nach einer Information des Insolvenzverwalters ist damit zu rechnen, dass die gesamte Forderung verloren ist. Bis zum endgültigen Abschluss des Insolvenzverfahrens in ca. 2 Jahren wird die Forderung in Höhe von 240.000 EUR in der Bilanz ausgewiesen.

8.3.2 Bewertungsprinzipien – Vorsichtsprinzip

HGB § 249 (1)

Die Heidelberger Zementfabrik AG musste dringend erforderliche Instandhaltungsmaßnahmen an ihren technischen Anlagen, die eigentlich im Sommer während der Betriebsferien hätten durchgeführt werden sollen, verschieben. Im laufenden Geschäftsjahr musste darauf verzichtet werden, weil dem Serviceunternehmen versehentlich kein Auftrag erteilt wurde. Deshalb werden die erforderlichen Arbeiten erst im nächsten Geschäftsjahr durchgeführt. Die Kosten dieser Instandhaltungsmaßnahmen werden auf 150.000 EUR geschätzt. Erläutern Sie die Auswirkungen auf den Jahresabschluss des laufenden Jahres, wenn die Arbeiten voraussichtlich

1. im Februar des nächsten Jahres,
2. im Mai des nächsten Jahres durchgeführt werden.

8.3.3 Außerplanmäßige Abschreibung eines Unfallwagens

PDF

Ein Unternehmen hat im Januar 20X0 einen Pkw zum Nettopreis von 54.000 EUR angeschafft. Die betriebsgewöhnliche Nutzungsdauer beträgt sechs Jahre. Der Pkw wird linear abgeschrieben. Im Laufe des Jahres 20X1 wird der Pkw durch einen Unfall beschädigt. Nach Vornahme der Reparatur wird dessen Wert von einem Sachverständigen auf 30.000 EUR geschätzt.

Erstellen Sie den Abschreibungsplan.

8.3.4 Bewertung von Wertpapieren bei sinkendem Wert

Die Ehinger Schuhfabrik AG hat in der Bilanz des Jahres 20X0 folgende Kapitalanlagen zu bewerten:

Anlagevermögen (Pos. Finanzanlagen): Beteiligungen an der Offenbacher Lederwarenfabrik AG in Höhe von 360.000 EUR. Im Jahr 20X0 ist der Wert der Beteiligung dauerhaft um 20 % gesunken. HGB § 253 (3)

Umlaufvermögen (Pos. Wertpapiere): Aktien der Heidelberger Baumaschinenfabrik AG in Höhe von 68.000 EUR. Zum 31.12.20X0 beträgt der Wert dieser Aktien 64.000 EUR. Es ist davon auszugehen, dass die Wertminderung nur vorübergehend ist und der Kurs der Aktien im Laufe des Geschäftsjahres 20X1 wieder steigen wird.

1. Mit welchem Wert sind die Wertpapiere jeweils in der Bilanz der Schuhfabrik zum 31.12.20X0 anzusetzen?
2. Wie müsste bewertet werden, wenn davon auszugehen ist, dass die Wertminderung bei der Beteiligung nicht dauerhaft ist. HGB § 253 (3) S. 4

8.3.5 Bewertungsfragen im Zusammenhang mit einem Exportauftrag

Die Solar AG hat im Sommer 20X0 von einem Kunden aus den USA einen Exportauftrag über 500 Sonnenkollektoren zum Stückpreis von 2.500 US $ erhalten. Nach den vertraglichen Vereinbarungen sollen die Sonnenkollektoren im Februar 20X1 geliefert werden. Die Herstellungskosten je Stück betragen 2.150 EUR. Der Dollarkurs am 31.12.20X0 beträgt 1,25 US $/EUR. HGB § 249 (1)

Welche Auswirkungen hat der Vertragsschluss gegebenenfalls auf die Schlussbilanz des Geschäftsjahres 20X0?

8.4 Bewertung von Vermögensgegenständen des Anlagevermögens

8.4.1 Grundsätze zur Bewertung des Sachanlagevermögens

Die Bilanzposition „Sachanlagen“ enthält gemäß § 266 (2) HGB nachstehende Vermögensgegenstände: HGB § 266 (2)

1. Grundstücke, grundstücksgleiche Rechte und Bauten einschließlich der Bauten auf fremden Grundstücken
2. technische Anlagen und Maschinen
3. andere Anlagen, Betriebs- und Geschäftsausstattung

Unabhängig davon, ob Vermögensgegenstände einer Abnutzung unterliegen oder nicht, gilt für deren Bewertung folgende allgemeine Bewertungsvorschrift:

> ! **Vermögensgegenstände sind höchstens mit den Anschaffungs- oder Herstellungskosten, vermindert um Abschreibungen anzusetzen.** HGB § 253 (1)

Um einen **Anschaffungsvorgang** handelt es sich, wenn Vermögensgegenstände von einem Dritten (z. B. Lieferer) gekauft wurden. Privateinlagen (z. B. Privater Pkw wird in das Unternehmen eingebracht) eines Einzelunternehmers oder eines Gesellschafters einer Personengesellschaft werden ebenfalls als Anschaffungsvorgänge behandelt.

HGB
§ 255 (1)

Anschaffungskosten entstehen, wenn ein Unternehmen Mittel aufwendet, um einen Vermögensgegenstand zu erwerben und ihn in einen betriebsbereiten Zustand versetzt.

	Anschaffungspreis (Nettopreis ohne Umsatzsteuer)
+	**Anschaffungsnebenkosten**
–	**Anschaffungspreisminderungen**
=	**Anschaffungskosten**

Werden Vermögensgegenstände im Unternehmen selbst hergestellt (z. B. selbst erstellte Maschinen, Erzeugnisse) so müssen diese mit den **Herstellungskosten** bewertet werden.

Herstellungskosten[1] sind die Aufwendungen, die durch den Verbrauch von Gütern und die Inanspruchnahme von Diensten für die Herstellung eines Vermögensgegenstandes entstehen. Nachträgliche Herstellungskosten liegen vor, wenn ein bereits vorhandener Gegenstand erweitert oder verbessert wird.

HGB
§ 253 (3)

Da die Nutzung von Grundstücken grundsätzlich zeitlich nicht begrenzt ist, dürfen diese auch nicht planmäßig abgeschrieben werden. Technische Anlagen und Maschinen hingegen, sowie andere Anlagen oder Betriebs- und Geschäftsausstattung, unterliegen der Abnutzung und **müssen** ihrer Nutzungsdauer entsprechend **planmäßig** abgeschrieben werden. **Planmäßig** bedeutet, dass die Abschreibung nicht willkürlich erfolgt, sondern auf der Grundlage eines genauen Planes (z. B. linear, degressiv) berüht.

Anlagevermögen		
abnutzbar		**nicht abnutzbar**
beweglich Beispiele: Fahrzeuge, Maschinen	**unbeweglich** Beispiel: Gebäude	Beispiele: Grundstücke, langfristige Beteiligungen
planmäßige Abschreibung		**keine planmäßige Abschreibung**

1 In § 255 (1) und (2) HGB wird von Anschaffungs- bzw. Herstellungs**kosten** gesprochen. Diese **Kosten** werden ihrerseits wiederum als **Aufwendungen** definiert.
§ 255 (1) HGB: „Anschaffungskosten sind Aufwendungen, die geleistet werden, um einen Vermögensgegenstand zu erwerben und ihn in einen betriebsbereiten Zustand zu versetzen."
§ 255 (2) HGB: „Herstellungskosten sind die Aufwendungen, die durch den Verbrauch von Gütern und die Inanspruchnahme von Diensten für die Herstellung eines Vermögensgegenstandes ... entstehen." Bei diesen Größen handelt es sich aber weder um Kosten im Sinne der Kosten- und Leistungsrechnung noch um Aufwendungen im Sinne der GuV-Rechnung. Vielmehr sind damit **Vermögenswerte** gemeint, zu denen angeschaffte oder hergestellte Wirtschaftsgüter auf der Aktivseite der Bilanz ausgewiesen (= aktiviert) werden.

Zusammenfassende Übersicht zu 8.4.1: Grundsätze zur Bewertung des Sachanlagevermögens

Sachanlagen gem. § 266 (2) HGB:

1. Grundstücke, grundstücksgleiche Rechte und Bauten einschließlich der Bauten auf fremden Grundstücken
2. technische Anlagen und Maschinen
3. andere Anlagen, Betriebs- und Geschäftsausstattung

Wertansatz von Vermögensgegenständen gem. § 253 (1) HGB	
Anschaffungskosten (falls Anschaffungsvorgang)	**Herstellungskosten** (falls Herstellungsvorgang)

Anlagevermögen	
abnutzbar	**nicht abnutzbar**
↓ planmäßige Abschreibung	↓ keine planmäßige Abschreibung

WIEDERHOLUNG DES GRUNDWISSENS

8.4.1 Grundsätze zur Bewertung des Sachanlagevermögens

1. Erklären Sie, nach welchem Bewertungsprinzip Vermögensgegenstände bewertet werden müssen.
2. Unterscheiden Sie Anschaffungs- und Herstellungsvorgänge.
3. Legen Sie dar, worin sich die Bewertung von abnutzbarem und nicht abnutzbarem Anlagevermögen unterscheidet.

8.4.2 Bewertung unbebauter Grundstücke

Inhalt der Bilanzposition Grundstücke und grundstücksgleiche Rechte

Grundstücke sind rechtlich durch Vermessung abgegrenzte Teile der Erdoberfläche, die im **Grundbuch** jeweils als selbstständige Einheiten aufgezeichnet sind.

Grundstücksgleiche Rechte (wie z. B. Erbbaurechte, bestimmte dauernde Wohn- und Nutzungsrechte) sind dingliche Rechte, die bei der Bilanzierung wie Grundstücke behandelt werden.

Da die Nutzung unbebauter Grundstücke **zeitlich unbegrenzt** möglich ist, handelt es sich dabei um Vermögensgegenstände des **nicht abnutzbaren Anlagevermögens**. Anders als bei abnutzbaren Vermögensgegenständen ist bei Grundstücken eine **planmäßige Abschreibung** nicht möglich.

Zugangsbewertung

Zu dem Zeitpunkt, zu dem ein Unternehmen ein Grundstück erwirbt (**Zugangsbewertung**), ist dieses mit seinen **Anschaffungskosten** anzusetzen. Die Anschaffungskosten stellen auch für alle nachfolgenden Geschäftsjahre die **Bewertungsobergrenze** dar, über die nicht hinausgegangen werden darf. HGB § 253 (1)

HGB
§ 255 (1)

Aufg. 8.4.2.1 S. 485

Zu den Anschaffungskosten gehören alle Aufwendungen, die geleistet werden, um einen Vermögensgegenstand zu erwerben und ihn in einen betriebsbereiten Zustand zu versetzen.[1]

LA

Bewertungsobergrenze eines Betriebsgrundstücks (nicht abnutzbares Anlagevermögen)

In der DM-Eröffnungsbilanz (erste Bilanz nach Einführung der Deutschen Mark im Jahre 1948) der Zigarrenfabrik Strebler ist ein Betriebsgrundstück zu dessen Anschaffungskosten mit umgerechnet 6.000 EUR enthalten. Nach heutigen Preisverhältnissen könnte das Grundstück für 140.000 EUR verkauft werden. Das Grundstück darf trotz dieser Preisentwicklung **höchstens** zu den Anschaffungskosten von 6.000 EUR in der Bilanz ausgewiesen werden. Ein Bilanzansatz, der über diesen Wert hinausgeht, verstößt gegen das Verbot des Ausweises eines nicht realisierten Gewinnes. Der Gewinn aus dem Wertzuwachs wird erst realisiert, wenn das Grundstück zum aktuellen Preis verkauft wird.

Buchungssatz im Falle eines Verkaufs:

Konten	Soll/EUR	Haben/EUR
2800 Bank	140.000,00	
an 0500 Grundstücke		6.000,00
5460 Erträge aus dem Abgang von Gegenständen des Sachanlagevermögens		134.000,00

Im Jahr des Verkaufs ist der Gewinn aus der Veräußerung des Grundstücks realisiert und kann nach Abzug der Gewinnsteuern gegebenenfalls an die Anteilseigner des Unternehmens ausgeschüttet werden.

Im Zusammenhang mit der Anschaffung eines unbebauten Grundstücks fallen im Normalfall zusätzlich zum Kaufpreis folgende **Anschaffungsnebenkosten** an: Grunderwerbsteuer, Notariatskosten, Grundbuchkosten für Eintragung des Eigentumsübergangs, Vermessungskosten, Maklerprovision, Anschlüsse für Strom, Gas und Wasser.

Zugangsbewertung eines unbebauten Grundstücks

Die Helmut Grell AG in Würzburg hat im Hinblick auf eine beabsichtigte Produktionsverlagerung am 04. Oktober 2016 in Würzburg ein Grundstück (Bauerwartungsland) für 240.000 EUR gekauft. Im Zusammenhang mit dem Kauf sind folgende Kosten angefallen:

Grunderwerbsteuer	5 %
Notariatskosten	2.400 EUR + 19 % USt
Grundbucheintragung	1.200 EUR
Zinsen für ein Darlehen zur Finanzierung des Kaufs	800 EUR

Kaufpreis	240.000 EUR
+ Grunderwerbsteuer	12.000 EUR
+ Notariatskosten	2.400 EUR
+ Grundbucheintragung	1.200 EUR
= Anschaffungskosten	**255.600 EUR**

Bilanzansatz zum Zeitpunkt des Zugangs am 04. Okt. 20..: 255.600 EUR

EStG
§ 9b

Hinweis: *Die abzugsfähige Vorsteuer gehört nicht zu den Anschaffungskosten. Sie stellt einen eigenständigen Vermögensgegenstand (= Forderung gegenüber dem Finanzamt) dar. Die Zinsen sind nicht Bestandteil der Anschaffungskosten. Es handelt sich vielmehr um Kosten der Finanzierung, die den Wert des Grundstücks nicht beeinflussen.*

1 Zur Bedeutung der in dieser HGB-Definition enthaltenen Begriffe Kosten und Aufwendungen siehe die Erläuterung (Fußnote) auf S. 480.

Folgebewertung

Unbebaute Grundstücke zählen zum **nicht abnutzbaren Anlagevermögen**. Deshalb dürfen sie **nicht planmäßig abgeschrieben** werden. Liegen keine Erkenntnisse vor, die zum Ende eines Geschäftsjahres den Ansatz eines niedrigeren Wertes erforderlich machen, so wird der Wertansatz aus der **Zugangsbewertung** auch für die **Folgebewertung** zum Ende eines Geschäftsjahres unverändert übernommen.

Verliert ein Grundstück **voraussichtlich dauerhaft** an Wert[1], so **muss** eine **außerplanmäßige Abschreibung** vorgenommen werden **(Folgebewertung)**. HGB § 253 (3) S. 3

Bei einer voraussichtlich dauerhaften Wertminderung eines Grundstücks gilt das strenge Niederstwertprinzip: Das bedeutet, dass am Abschlussstichtag der zu diesem Zeitpunkt geltende Wert angesetzt werden muss, sofern dieser niedriger als die Anschaffungskosten ist (= Pflicht zu einer außerplanmäßigen Abschreibung).

Eine nur **vorübergehende** Wertminderung berechtigt hingegen nicht zur Vornahme einer außerplanmäßigen Abschreibung.

HGB § 253 (3) S. 3

Folgebewertung eines Grundstücks: außerplanmäßige Abschreibung

Wegen zahlreicher Einsprüche der Anwohner hat die Stadt Würzburg *(siehe Beispiel S. 482)* die Pläne zur Erschließung des geplanten Gewerbegebietes aufgegeben. Nach Begutachtung durch einen Sachverständigen wird daraufhin der Wert des Grundstücks einschließlich anteiliger Nebenkosten zum 31.12.20.. auf 160.000 EUR geschätzt.

Da es sich unter den gegebenen Bedingungen um eine dauerhafte **Wertminderung** handelt, **muss** die Helmut Grell AG zum 31.12.20.. eine **außerplanmäßige Abschreibung** vornehmen.

Aufg. 8.4.2.2 S. 485

Bilanzansatz für die Folgebewertung zum 31.12.20..: 160.000 EUR

Konten		Soll/EUR	Haben/EUR
6550	Außerplanmäßige Abschreibungen	95.600,00	
an	0500 Grundstücke		95.600,00

Außerplanmäßige Abschreibungen stellen Aufwand dar und führen daher zu einer Gewinnminderung.

Aufg. 8.4.2.3 S. 485

Außerplanmäßige Abschreibungen sind erforderlich, wenn Vermögensgegenstände des Anlagevermögens dauerhaft im Wert gemindert sind.

Fallen die Gründe, die zu einer außerplanmäßigen Abschreibung geführt haben, zu einem späteren Zeitpunkt weg, so darf der niedrigere Wertansatz nicht mehr beibehalten werden. In diesem Falle ist die vorgenommene außerplanmäßige Abschreibung ganz oder teilweise durch eine **Zuschreibung (Wertaufholung)** rückgängig zu machen. Dabei dürfen aber die Anschaffungs- oder Herstellungskosten nicht überschritten werden (Obergrenze). HGB § 253 (5) HGB § 253 (1)

Folgebewertung eines Grundstücks: Wegfall der Gründe für eine außerplanmäßige Abschreibung

Aufg. 8.4.2.4 S. 486

Im Januar des nächsten Jahres hat der Stadtrat der Stadt Konstanz (siehe Beispiel oben) ein Planungsbüro erneut mit der Erschließung des Gewerbegebietes beauftragt. Unter Einhaltung besonderer Schallschutzmaßnahmen ist damit zu rechnen, dass das Gewerbegebiet nunmehr wie geplant erschlossen werden kann. Der Wert des Grundstücks wird daher von einem Sachverständigen auf 280.000 EUR geschätzt.

1 Grundsätzlich ist von einer dauerhaften Wertminderung eines unbebauten Grundstücks auszugehen, wenn dessen Wert die Bewertungsobergrenze während eines erheblichen Teils der voraussichtlichen Verweildauer im Unternehmen nicht erreichen wird.

Da der Grund für die außerplanmäßige Abschreibung entfallen ist, **muss** die Helmut Grell AG zwingend eine Wertaufholung **höchstens** bis zu den **fortgeführten Anschaffungskosten** vornehmen. Im vorliegenden Fall sind die fortgeführten Anschaffungskosten identisch mit den **ursprünglichen Anschaffungskosten**, da Grundstücke nicht planmäßig abgeschrieben werden dürfen.

Bilanzansatz: 255.600 EUR (Anschaffungskosten)

Konten		Soll/EUR	Haben/EUR
0500	Grundstücke	95.600,00	
an	5440 sonstige betriebliche Erträge (Zuschreibungen)		95.600,00

Eine Zuschreibung (= außerplanmäßige Abschreibung wird rückgängig gemacht) stellt einen Ertrag dar und führt daher zu einer Erhöhung des ausgewiesenen Gewinns.

! Eine Zuschreibung (Wertaufholung) ist erforderlich, wenn der Grund für eine vorgenommene außerplanmäßige Abschreibung wegfällt.

Zusammenfassende Übersicht zu 8.4.2: Bewertung unbebauter Grundstücke

Grundstücke = nicht abnutzbares Sachanlagevermögen

Zugangsbewertung zum Zeitpunkt der Anschaffung →	**Anschaffungskosten (§§ 253 (1), 255 (1) HGB)** Anschaffungspreis (Grundstückspreis) + Anschaffungsnebenkosten (z. B. Notariatskosten, Grunderwerbsteuer) **= Anschaffungskosten**
Folgebewertung →	**Keine planmäßige Abschreibung, da nicht abnutzbares Anlagevermögen**
Zu einem Abschlussstichtag ist 1. keine **dauernde** Wertminderung eingetreten →	**Bilanzansatz = ursprüngliche Anschaffungskosten**
2. eine voraussichtlich **dauernde** Wertminderung eingetreten → ↓ Niedrigerer Wert **muss** angesetzt werden (§ 253 (3) S. 3 HGB). Eine nur vorübergehende Wertminderung darf dagegen bei **Sachanlagen nicht** berücksichtigt werden.	**Bilanzansatz = ursprüngliche Anschaffungskosten – außerplanmäßige Abschreibungen** ↓ **= strenges Niederstwertprinzip**
3. Bei ganzem oder teilweisem Wegfall der Gründe für die vorgenommene außerplanmäßige Abschreibung → ↓ **Zuschreibung (Wertaufholung)** erforderlich (§ 253 (5) HGB)	**Bilanzansatz =** **bei unbebauten Grundstücken: ursprüngliche Anschaffungskosten** **sonst: fortgeführte Anschaffungskosten**

WIEDERHOLUNG DES GRUNDWISSENS

8.4.2 Bewertung unbebauter Grundstücke

1. Unterscheiden Sie Grundstücke und grundstücksgleiche Rechte.
2. Erläutern Sie, nach welcher Regel die Zugangsbewertung von Grundstücken erfolgt.
3. Nennen Sie Beispiele für Anschaffungsnebenkosten beim Kauf eines unbebauten Grundstücks.
4. Erarbeiten Sie, wann bei der Folgebewertung eines unbebauten Grundstücks jeweils eine außerplanmäßige Abschreibung oder eine Zuschreibung erforderlich ist.

AUFGABEN ZUM ERWERB UND ZUR KONTROLLE VON KOMPETENZEN

8.4.2 Bewertung unbebauter Grundstücke

8.4.2.1 Anschaffungskosten eines Lagerplatzes

Egon Bauer ist Vorstand der Augsburger Ziegelei AG. Am 01.07. d. J. schloss er für die AG mit einem Gebäudenachbarn einen notariell beurkundeten Kaufvertrag über einen Geländestreifen, der als Lagerplatz genutzt werden soll. LA

Der Augsburger Ziegelei AG entstanden dafür folgende Ausgaben:

Barpreis	60.000 EUR
Grunderwerbsteuer 5 %	
Grundbuchkosten	100 EUR
Notariatskosten	200 EUR + 19 % USt
Maklerkosten	2.400 EUR + 19 % USt
Kosten für Prüfung der Bodenbeschaffenheit	1.200 EUR + 19 % USt
Kreditkosten infolge einer Darlehensaufnahme im Zusammenhang mit dem Grundstückskauf	900 EUR

Berechnen Sie die Anschaffungskosten des Grundstücks.

8.4.2.2 Anschaffungskosten eines unbebauten Grundstücks – Bewertung bei sinkendem Verkehrswert

Die Heizungsbau Helmut Weber GmbH kauft ein unbebautes Grundstück (6.000 m²), das in einem Gebiet liegt, das als Gewerbegebiet erschlossen werden soll. Als Kaufpreis wurden 25 EUR/m² vereinbart. Die Grunderwerbsteuer beträgt 5 %. An Notariats- und Nebenkosten fallen 2.200 EUR zzgl. 19 % USt an. HGB § 253 (3)

1. Berechnen Sie die Anschaffungskosten.
2. Wegen verschiedener Einsprüche von Anliegern kann das vorgesehene Gelände nicht als Gewerbegebiet ausgewiesen werden. Der Verkehrswert des Grundstücks sinkt auf 122.000 EUR. Mit welchem Wert ist das Grundstück zu bilanzieren?

8.4.2.3 Anschaffungskosten eines unbebauten Grundstücks – Bewertung bei steigenden Preisen

Die Ruckmich AG erwarb am 01. Oktober d. J. ein unbebautes Nachbargrundstück für insgesamt 240.000 EUR.

Im Zusammenhang mit dem Kauf des Grundstücks sind im Laufe des Jahres noch folgende Kosten angefallen:

Grunderwerbsteuer	5 %
Grundsteuer	200 EUR
Notariatskosten	1.800 EUR + 19 % USt
Grundbucheintragung	800 EUR
Zinsen für ein Darlehen zur Finanzierung des Kaufs	1.600 EUR
Kosten für ein Gutachten über die geologische Beschaffenheit des Grundstücks	2.400 EUR + 19 % USt

1. Ermitteln Sie die Anschaffungskosten des erworbenen Grundstücks.

HGB § 266 (2)

2. Unter welcher Bilanzposition ist das Grundstück in der Bilanz zum 31.12. d.J. zu bilanzieren?
3. Das erwähnte Gutachten ergab, dass das Grundstück insgesamt einen um 30.000 EUR höheren Wert hat. Beurteilen und begründen Sie, ob die Ruckmich AG diesen höheren Wert ansetzen könnte.

8.4.2.4 Bewertung eines Grundstücks – außerplanmäßige Abschreibung – Zuschreibung

Die Badische Caravan Center AG hat in unmittelbarer Nähe zur Autobahn am 18. Okt. 2012 ein Grundstück (Anschaffungskosten 380.000 EUR) erworben, das in naher Zukunft zur Ausstellung von Wohnwagen und Wohnmobilen genutzt werden soll. Das Unternehmen ist beim Kauf davon ausgegangen, dass das autobahnnahe Gebiet demnächst von der Stadt Lahr als Gewerbegebiet erschlossen wird. Nachdem die Pläne der Deutschen Bahn AG zum viergleisigen Ausbau der Rheintalstrecke bekannt geworden sind (November 2014), verfolgt die Stadt Lahr die weitere Erschließung des Gewerbegebietes nicht mehr. Es ist deshalb davon auszugehen, dass der Wert des Grundstücks dauerhaft auf 350.000 EUR gesunken ist.

HGB § 253 (3)

1. Mit welchem Betrag ist das Grundstück in der Bilanz zum 31.12.2014 auszuweisen und welche Auswirkungen ergeben sich auf das Ergebnis des Geschäftsjahres 2014?
2. Im Laufe des Jahres 2016 wird bekannt, dass die Deutsche Bahn AG ihre Ausbaupläne ändert. Der Stadtrat der Stadt Lahr beschließt daraufhin, das Gewerbegebiet wie ursprünglich geplant zu erschließen. Der Wert des Grundstücks wird von einem Sachverständigen nunmehr auf 420.000 EUR veranschlagt. Mit welchem Betrag ist das Grundstück in der Bilanz zum 31.12.2016 auszuweisen und welche Auswirkungen ergeben sich auf das Ergebnis des Jahres 2016?

HGB § 253 (5)

8.4.3 Bewertung des beweglichen Sachanlagevermögens

Bestandteile des beweglichen Sachanlagevermögens

Das bewegliche Sachanlagevermögen ist in nachstehenden Bilanzpositionen enthalten:

HGB § 266 (2)

Bewegliches Sachanlagevermögen § 266 (2) HGB

A. Anlagevermögen
...
II. Sachanlagen:
...
2. technische Anlagen und Maschinen
3. andere Anlagen, Betriebs- und Geschäftsausstattung
...

Die **technischen Anlagen und Maschinen** umfassen alle Betriebsvorrichtungen, die direkt der Herstellung dienen. Bei den **anderen Anlagen und Maschinen** handelt es sich um Vermögensgegenstände, die nicht unmittelbar der betrieblichen Leistungserstellung dienen.

Bewegliches Sachanlagevermögen eines Industriebetriebes

Technische Anlagen: Transportsysteme wie z. B. Fließbänder, Rohrleitungen, chemische Produktionsanlagen

Maschinen: Arbeitsbühnen, Transformatoren

Andere Anlagen: Fuhrpark, Gleisanlagen, Verteilungsanlagen

Betriebs- und Geschäftsausstattung: Büroausstattung, Einrichtungen der Werkstatt, der Labore und der Kantinen sowie Werkzeuge.

Zugangsbewertung

In Abhängigkeit davon, ob das bewegliche Sachanlagevermögen gekauft oder selbst hergestellt wird, ist es **beim Zugang** mit den **Anschaffungs- oder Herstellungskosten** zu bewerten. Die **Anschaffungs- oder Herstellungskosten** bilden die **Bewertungsobergrenze**, die bei keiner nachfolgenden Bewertung überschritten werden darf. HGB § 253 (1) HGB § 253 (1)

Anschaffungskosten eines Lkw

Aufg. 8.4.3.1 und 8.4.3.2 S. 491

LA

Ein Unternehmen kauft bei einem Händler einen Lkw für 140.000 EUR + 19 % USt. Für die Überführung werden 600 EUR + USt. in Rechnung gestellt. Die Zulassungsstelle berechnet 40 EUR Zulassungskosten. Für die Kennzeichen zahlt das Unternehmen bei einer Schilderwerkstatt 30 EUR + USt.

Die Rechnung an den Lkw-Händler wird mit 2 % Skontoabzug beglichen.

	Anschaffungspreis	140.000 EUR
+	Anschaffungsnebenkosten:	
	Überführung	600 EUR
	Zulassungskosten	40 EUR
	Kennzeichen	30 EUR
		140.670 EUR
–	Anschaffungspreisminderungen:	
	2 % Skonto von 140.000	2.800 EUR
=	Anschaffungskosten	137.870 EUR

Werden Vermögensgegenstände im Unternehmen selbst hergestellt (z. B. selbst erstellte Maschinen oder Anlagen), so müssen diese mit den **Herstellungskosten** bewertet werden. HGB § 255 (2)

Folgebewertung

Planmäßige Abschreibung

Das bewegliche Sachanlagevermögen unterliegt – anders als unbebaute Grundstücke – der **Abnutzung** und **muss** daher seiner Nutzungsdauer entsprechend **planmäßig** abgeschrieben werden. **Planmäßig** bedeutet, dass die Abschreibung nicht willkürlich erfolgt, sondern auf der Grundlage eines genauen Planes (z. B. linear, degressiv, nach Leistungseinheiten[1])[2]. Den Ausgangswert bilden die aktivierten **Anschaffungs- oder Herstellungskosten**.

Beginn der Abschreibung

Die Abschreibung beginnt

- bei angeschafften Anlagen mit dem Zeitpunkt der Lieferung bzw. mit Herstellung der Betriebsbereitschaft,
- bei selbst hergestellten Anlagen mit dem Zeitpunkt der Fertigstellung.

1 Bei der Abschreibung nach Leistungseinheiten wird die Höhe der Abschreibung aufgrund der tatsächlichen Inanspruchnahme (z. B. gefahrene Kilometer eines Pkw im Verhältnis zu der Gesamtleistung aufgrund der Angaben des Herstellers) berechnet.

2 In der Steuerbilanz ist derzeit grundsätzlich nur die lineare Abschreibung erlaubt (§ 7 (1) EStG). Zur Förderung der Wirtschaft (Konjunkturprogramm) wird gelegentlich auch die degressive Abschreibung zugelassen.

Für den Beginn der Abschreibung ist die **Vollendung** des Anschaffungs- oder Herstellungsvorgangs entscheidend und nicht der Beginn der tatsächlichen Nutzung. Abschreibungen auf Vermögensgegenstände, die im Laufe des Jahres angeschafft oder hergestellt wurden, werden im Jahr der Anschaffung oder Herstellung grundsätzlich **zeitanteilig** (pro rata temporis) auf Monatsbasis vorgenommen. Dabei ist eine Aufrundung auf volle Monate möglich.

Ende der Abschreibung

Die Abschreibung **endet** mit Einstellung der tatsächlichen Nutzung, möglicherweise also auch unterjährig während eines Geschäftsjahres. In gleicher Weise wie beim Abschreibungsbeginn wird auch in dem Geschäftsjahr, in welchem die Abschreibung endet, der Abschreibungsbetrag **zeitanteilig** ermittelt.

Die betriebsgewöhnliche oder voraussichtlich **Nutzungsdauer** eines Vermögensgegenstandes entspricht der Anzahl an Jahren, in denen gleiche oder ähnliche Anlagen nach den bisherigen Erfahrungen in dem betreffenden Betrieb genutzt wurden. Fehlen solche Erfahrungen, so können die für die Steuerbilanz geltenden **AfA[1]-Tabellen** auch in der Handelsbilanz zur Schätzung der Nutzungsdauer herangezogen werden. Alternativ können Herstellerangaben zur Schätzung der wirtschaftlichen Nutzungsdauer verwendet werden. Bei der Berechnung der Abschreibung ist ein **Schrottwert** zu berücksichtigen, wenn er im Vergleich zu den Anschaffungs- oder Herstellungskosten wesentlich ist (z. B. bei Seeschiffen). Die Anschaffungs- oder Herstellungskosten werden bei der Ermittlung der Bemessungsgrundlage für die Abschreibung um den Schrottwert gekürzt. Nur der verbleibende Restbetrag wird auf die voraussichtliche Nutzungsdauer verteilt.

Abschreibungsplan für einen Lkw

Die Horst Hellwig AG hat am 13. März 2009 einen Lkw zu Anschaffungskosten in Höhe von 108.000 EUR gekauft. Aus der AfA-Tabelle lässt sich für den Lkw eine betriebsgewöhnliche Nutzungsdauer von 9 Jahren ermitteln. Bei Anwendung der linearen Abschreibungsmethode ergibt sich folgender Abschreibungsverlauf:

Jahr	Abschreibung	Buchwert Ende des Jahres
2009	(12.000) · 10/12 = 10.000 EUR	98.000 EUR
2010	12.000 EUR	86.000 EUR
2011	12.000 EUR	74.000 EUR
2012	12.000 EUR	62.000 EUR
2013	12.000 EUR	50.000 EUR
2014	12.000 EUR	38.000 EUR
2015	12.000 EUR	26.000 EUR
2016	12.000 EUR	14.000 EUR
2017	12.000 EUR	2.000 EUR
2018	(12.000) · 2/12 = 2.000 EUR	0

Da der Lkw im März 2009 angeschafft wurde, darf im Jahr 2009 lediglich ein Betrag von 10.000 EUR abgeschrieben werden. Monatsgenaue Abschreibung (= Abschreibung pro rata temporis) bedeutet, dass der Abschreibungsbeginn durch den Monat der Anschaffung oder Herstellung bestimmt wird.

1 AfA = Absetzung für Abnutzung. Der im EStG verwendete Begriff „AfA" entspricht dem im HGB verwendeten Begriff „planmäßige Abschreibung".

Gemischte Abschreibung

Um eine planmäßige Abschreibung im **handelsrechtlichen Sinne** handelt es sich auch dann, wenn ein Unternehmen zunächst degressiv abschreibt und zu gegebener Zeit auf die lineare Abschreibung übergeht **(gemischte Abschreibung)**.

Außerplanmäßige Abschreibung

Sind Gründe bekannt, die neben der betriebsgewöhnlichen Abnutzung eine zusätzliche Wertminderung verursacht haben, so sind unter bestimmten Voraussetzungen weitere Abschreibungen **(außerplanmäßige Abschreibungen)** erforderlich. Im Falle einer außerplanmäßigen Abschreibung werden die Vermögensgegenstände mit dem (niedrigeren) Wert angesetzt, der ihnen am Abschlussstichtag beizulegen ist (Tageswert). Ob Vermögensgegenstände des Sachanlagevermögens außerplanmäßig abgeschrieben werden müssen, ist davon abhängig, ob die eingetretene Wertminderung nur vorübergehend oder von Dauer ist.[1]

! **Tritt bei einem Vermögensgegenstand des Sachanlagevermögens eine dauernde Wertminderung ein, so muss eine außerplanmäßige Abschreibung (Abwertung) vorgenommen werden.** HGB § 253 (3) S. 3

Planmäßige und außerplanmäßige Abschreibung bei Fahrzeugen

Bewertung eines Lkws bei vorübergehender Wertminderung

Die Ludwig Fleig GmbH hat im Januar 2017 einen Lkw zum Nettopreis von 144.000 EUR gekauft. Das Fahrzeug hat eine betriebsgewöhnliche Nutzungsdauer von 9 Jahren und soll linear abgeschrieben werden.

Wegen einer Konjunkturkrise sind die Preise für Lkws gesunken, so dass der Marktpreis für den Lkw zu Ende des zweiten Geschäftsjahres bei 100.000 EUR liegt. Es ist davon auszugehen, dass es sich hierbei um eine **vorübergehende** Wertminderung handelt.

Bewertung zum 31.12.2018

	Anschaffungskosten	144.000 EUR
–	planmäßige Abschreibung Jahr 2017	16.000 EUR
=	fortgeführte Anschaffungskosten zum 31.12.2017	128.000 EUR
–	planmäßige Abschreibung Jahr 2018	16.000 EUR
=	fortgeführte Anschaffungskosten 31.12.2018	112.000 EUR

HGB § 253 (3) S. 3

Der Lkw wird planmäßig abgeschrieben und erscheint mit den fortgeführten Anschaffungskosten in Höhe von 112.000 EUR in der Bilanz.

Da die Wertminderung nur **vorübergehend** ist, darf eine außerplanmäßige Abschreibung auf den niedrigeren Wert (Marktpreis 100.000 EUR) **nicht** vorgenommen werden.

1 Eine Wertminderung gilt üblicherweise als **vorübergehend**, wenn die zum Abschlussstichtag eingetretene Wertminderung voraussichtlich **weniger als die halbe Restnutzungsdauer** bestehen wird. Wenn also der Stichtagswert länger als die genannte Frist unter dem jeweiligen Buchwert liegt, so ist auf diesen **außerplanmäßig** abzuschreiben.

Aufg. 8.4.3.3 bis 8.4.3.5 S. 492 f.

Strenges Niederstwertprinzip: Dauernde Wertminderung bei Vermögensgegenständen des Anlagevermögens

Die Erwin Trotter GmbH hat am 26. Jan. 2017 einen Pkw zum Nettopreis von 42.000 EUR gekauft (betriebsgewöhnliche Nutzungsdauer 6 Jahre). Der Pkw wird linear abgeschrieben.

Aufgrund eines Verkehrsunfalls im September 2018 gilt das Fahrzeug als Unfallwagen, dessen Wert nach vorgenommener Reparatur von einem Sachverständigen zum 31.12.2018 auf 25.000 EUR geschätzt wird.

HGB § 253 (3) S. 3

	Anschaffungskosten	42.000 EUR
–	planmäßige Abschreibung Jahr 2017	7.000 EUR
=	fortgeführte Anschaffungskosten zum 31.12.2017	35.000 EUR
–	planmäßige Abschreibung Jahr 2018	7.000 EUR
–	außerplanmäßige Abschreibung Jahr 2018	3.000 EUR
=	Bilanzansatz am 31.12.2018	25.000 EUR

Ergebnis: Da die Wertminderung von Dauer ist, **muss** das Fahrzeug mit 25.000 EUR in der Schlussbilanz des Jahres 2018 ausgewiesen werden.

Zusammenfassende Übersicht zu 8.4.3: Bewertung des beweglichen Sachanlagevermögens

Bewegliches Sachanlagevermögen
(technische Anlagen und Maschinen, andere Anlagen, Betriebs- und Geschäftsausstattung)

Bewertung
Anschaffungs- oder Herstellungskosten (§ 253 (1), 255 (1), (2) HGB)

Zeitpunkt der Anschaffung oder Herstellung (Zugangsbewertung) →	**Anschaffungspreis** **+ Anschaffungsnebenkosten** **– Anschaffungspreisminderungen** **= ursprüngliche Anschaffungskosten**	**Kosten, die durch den Verbrauch von Gütern und die Inanspruchnahme von Diensten für die Herstellung eines Erzeugnisses entstehen** **= ursprüngliche Herstellungskosten**
Abschlussstichtag (Folgebewertung) →	**– planmäßige Abschreibung (§ 253 (1) HGB)** **= fortgeführte Anschaffungs- bzw. Herstellungskosten** **– außerplanmäßige Abschreibung (= Abwertung) bei voraussichtlich dauernder Wertminderung (§ 253 (3) S. 3 HGB)** **= Bilanzansatz**	

WIEDERHOLUNG DES GRUNDWISSENS

8.4.3 Bewertung des beweglichen Sachanlagevermögens

1. Nennen Sie die Bilanzpositionen, die bewegliches Sachanlagevermögen enthalten.
2. Ein Grundstück, das vor 20 Jahren für 200.000 EUR erworben wurde, hat heute laut Gutachten einen Marktwert von 500.000 EUR. Erläutern Sie, mit welchem Wert dieses Grundstück in der aktuellen Bilanz ausgewiesen werden muss.

3. Unterscheiden Sie Anschaffungs- und Herstellungskosten.
4. Unterscheiden Sie planmäßige und außerplanmäßige Abschreibungen.
5. Ein Reisender unseres Unternehmens hatte auf dem Weg zu einem Kunden einen Unfall. Der Geschäftswagen erfuhr einen Totalschaden. Legen Sie dar, wie dieser Vorgang buchhalterisch zu behandeln ist.

AUFGABEN ZUM ERWERB UND ZUR KONTROLLE VON KOMPETENZEN

8.4.3 Bewertung des beweglichen Sachanlagevermögens

8.4.3.1 Anschaffungskosten einer Stanzmaschine

Die Iris-Nadellager GmbH erhält folgende Rechnung (Auszug): LA

Chemnitz, 24. Nov. ...

Maschinenfabrik Meier GmbH

Rechnung

Wir lieferten Ihnen:

1 Stanzmaschine einschl. Bedienersoftware	260.000 EUR
– 10 % Rabatt	26.000 EUR
	234.000 EUR
+ Montage	12.000 EUR
Rechnungsbetrag (netto)	246.000 EUR
+ Umsatzsteuer 19 %	46.740 EUR
Rechnungsbetrag brutto	292.740 EUR

Zahlungsbedingungen: 30 Tage netto oder 14 Tage 2 % Skonto von 292.740 EUR

Im Zusammenhang mit der Investitionsentscheidung sind der Iris-Nadellager GmbH noch folgende Kosten entstanden:

für Wirtschaftlichkeitsberechnungen und Angebotsvergleich .... 800 EUR

für Besichtigung und Messebesuche .... 2.400 EUR

Berechnen Sie die Anschaffungskosten der Maschine, wenn die Rechnung
1. unter Ausnutzung des Zahlungsziels netto Kasse bezahlt wird,
2. unter Ausnutzung des Zahlungsziels und Skonto beglichen wird.

8.4.3.2 Anschaffungskosten einer Produktionsmaschine

Eine GmbH kauft eine Maschine zum Listenpreis von 238.000 EUR einschließlich 19 % Umsatzsteuer. Der Lieferant der Maschine gewährt der GmbH einen Rabatt von 5 % auf den Listenpreis. Da die GmbH sich bereit erklärt, den Rechnungsbetrag innerhalb einer Woche zu bezahlen, werden ihr auf den Zieleinkaufspreis außerdem noch 3 % Skonto eingeräumt.

Für den Transport der Maschine muss die GmbH 2.200 EUR zuzüglich 19 % Umsatzsteuer an Eingangsfrachten bezahlen. Weiterhin hält sie es für notwendig, eine Transportversicherung abzuschließen. Die entsprechende Versicherungsprämie beläuft sich auf 250 EUR. Der Betrag wird aber erst im folgenden Geschäftsjahr von der GmbH durch Banküberweisung beglichen. Die Maschine wird in der Fabrikhalle der GmbH auf einem eigens dafür gegossenen massiven Betonsockel montiert. Dabei fallen Materialkosten in Höhe von 3.200 EUR zuzüglich 19 % Umsatzsteuer und Lohnaufwand in Höhe von 4.000 EUR an.

An Feuerversicherungsprämie für die Maschine zahlt die AG im Voraus 800 EUR für einen Zeitraum von insgesamt 12 Monaten.

Berechnen Sie die Anschaffungskosten.

8.4.3.3 Bewertung einer Abkantmaschine bei technischer Neuentwicklung

In der Schlussbilanz zum 31.12.2015 der Bayerischen Leinenindustrie AG ist unter der Bilanzposition „technische Anlagen und Maschinen“ u. a. eine Wirkmaschine mit fortgeführten Anschaffungskosten in Höhe von 150.000 EUR enthalten. Die Maschine wurde am 06.04.2012 angeschafft, hat eine betriebsgewöhnliche Nutzungsdauer von 10 Jahren und wird linear abgeschrieben. Aufgrund technischer Neuentwicklungen vergleichbarer Maschinen ist das Preisniveau derartiger Maschinen um 30 % gesunken.

1. Berechnen Sie die Anschaffungskosten der Maschine.
2. Mit welchem Wert ist die Maschine in der Schlussbilanz für das Geschäftsjahr 2016 auszuweisen? HGB § 253 (S. 3

8.4.3.4 Bewertung eines Lkws bei gesunkenem Listenpreis

Die Augsburger Hammerwerke AG haben im Januar des Geschäftsjahres 2010 einen neuen Lkw (Nutzungsdauer 6 Jahre) gekauft. In der Schlussbilanz des Geschäftsjahres 2011 ist der Lkw unter der Bilanzposition „Andere Anlagen, Betriebs- und Geschäftsausstattung“ mit 55.200 EUR ausgewiesen. Die Augsburger Hammerwerke schreibt ihren Fuhrpark grundsätzlich linear ab. Zwischenzeitlich wird das gleiche Modell mit einem erheblich günstigeren Kraftstoffverbrauch produziert. Der Marktwert für vergleichbare Modelle der früheren Baureihe ist dadurch um 25 % gesunken.

1. Ermitteln Sie die jährlich vorzunehmende Abschreibung.
2. Berechnen Sie die Anschaffungskosten des Lkw.
3. Berechnen Sie den Bilanzansatz, mit dem der Lkw in die Schlussbilanz des Geschäftsjahres 2012 aufgenommen wird. HGB § 253 (

8.4.3.5 Bewertung eines Pkws nach Unfall

Eine Papierfabrik kauft zu Beginn des laufenden Geschäftsjahres einen Lieferwagen:

Listenpreis netto	33.000 EUR
Überführungskosten	600 EUR
	33.600 EUR
+ 19 % USt	6.384 EUR
Rechnungsbetrag	39.984 EUR

1. Berechnen Sie die Anschaffungskosten.
2. Berechnen Sie, wie hoch der Wertansatz des Pkws zu Beginn des dritten Geschäftsjahres bei linearer Abschreibung und einer Nutzungsdauer von 6 Jahren ist.
3. Ein Außendienstmitarbeiter verursacht während des dritten Nutzungsjahres einen selbstverschuldeten Unfall, wodurch bei dem Fahrzeug nach amtlicher Schätzung ein Wertverlust in Höhe von 3.000 EUR eintritt.
   Mit welchem Wert ist das Fahrzeug am Ende des dritten Geschäftsjahres zu bilanzieren?

8.4.4 Bewertung des Finanzanlagevermögens

Inhalt der Bilanzposition Finanzanlagen

HGB § 266 (2) Von den anderen Gegenständen des Anlagevermögens (immaterielle Vermögensgegenstände und Sachanlagen) unterscheiden sich Finanzanlagen insbesondere dadurch, dass mit dem darin investierten Kapital nicht im eigenen Unternehmen, sondern in fremden Unternehmen gearbeitet wird. Auch **Finanzanlagen** müssen dazu **bestimmt** sein, **dauernd dem Geschäftsbetrieb** zu dienen.

Nach der Untergliederung des § 266 (2) A. III handelt es sich bei den nachstehend aufgeführten Positionen um Finanzanlagevermögen:

Finanzanlagen gemäß § 266 (2) HGB

III. Finanzanlagen
1. Anteile an verbundenen Unternehmen,[1]
2. Ausleihungen an verbundene Unternehmen,
3. Beteiligungen,
4. Ausleihungen an Unternehmen, mit denen ein Beteiligungsverhältnis besteht,
5. Wertpapiere des Anlagevermögens,
6. sonstige Ausleihungen.

HGB § 271

Finanzanlagevermögen der Starnberger Textil AG

Anteile an verbundenen Unternehmen	Ausleihungen an verbundene Unternehmen	Beteiligungen *(Vgl. § 271 (1) S. 3 HGB)*
Die Starnberger Textil AG (Muttergesellschaft) ist am Grundkapital der Ansbacher Trikotagen AG (Tochtergesellschaft) mit 51 % beteiligt.	Die Starnberger Textil AG (Muttergesellschaft) gewährt der Ansbacher Trikotagen AG (Tochtergesellschaft) ein Darlehen in Höhe von 1 Mio. EUR.	Die Starnberger Textil AG ist am Grundkapital der Augsburger Maschinenfabrik AG mit 26 % beteiligt.

Wertpapiere des Anlagevermögens	Sonstige Ausleihungen
Die Starnberger Textil AG hat langfristig den Betrag von 100.000 EUR in Bundesanleihen und Industrieobligationen (fest verzinsliche Wertpapiere) angelegt.	Die Starnberger Textil AG hat ihrem Zulieferer Max Frisch e. K. ein langfristiges Darlehen in Höhe von 60.000 EUR gewährt.

Beteiligungen sind Anteile an anderen Unternehmen, die dazu bestimmt sind, dem eigenen Geschäftsbetrieb durch die Herstellung einer **dauerhaften Verbindung** zu dienen (z. B. Aktien als Anteile am Grundkapital einer AG, GmbH-Anteile oder Komplementär- oder Kommanditanteile an einer KG). Entscheidend für das Vorliegen einer **Beteiligung** ist die **Beteiligungsabsicht** und **nicht die Beteiligungshöhe**. Im Zweifel handelt es sich um eine Beteiligung, wenn ein **maßgeblicher Einfluss** auf ein Unternehmen ausgeübt wird. Ein solcher Einfluss wird ab einer Beteiligungsquote von 20 % vermutet. Besteht die Absicht einer Daueranlage nicht mehr oder wird sie nicht mehr vermutet, so sind bislang im Anlagevermögen ausgewiesene Wertpapiere künftig im Umlaufvermögen (Position B. III. § 266 (2) HGB) auszuweisen.

HGB § 271 (1)

Zugangsbewertung

Die Bewertung von Finanzanlagen erfolgt bei deren Zugang zu den **Anschaffungskosten**. Als Anschaffungsnebenkosten können bei Anteils- oder Beteiligungserwerben z. B. Notariatskosten, Provisionen oder Spesen anfallen.

HGB § 255 (1)

1 Verbundene Unternehmen sind solche Unternehmen, die als Mutter- oder Tochterunternehmen in einen Konzernabschluss einbezogen sind (§ 271 (2) HGB).

HGB § 255 (1)

Anschaffungskosten festverzinslicher Wertpapiere

Zur längerfristigen Anlage derzeit nicht benötigter flüssiger Mittel hat der Finanzvorstand der Klattmann AG entschieden, am 01. Okt. d. J. festverzinsliche Wertpapiere zu Anschaffungskosten von 50.000 EUR an der Börse zu kaufen.

Zugangsbewertung: 50.000 EUR (Anschaffungskosten)
Bilanzposition: A. III. 5: Wertpapiere des Anlagevermögens, da die Absicht einer langfristigen Kapitalanlage besteht.

Folgebewertung

HGB § 253 (3) S. 3, S.4 § 252 (1) Nr. 6

Bei der Folgebewertung von Vermögensgegenständen des Finanzanlagevermögens muss geprüft werden, ob eine gegebenenfalls eingetretene Wertminderung voraussichtlich dauerhaft oder nur vorübergehend ist. Handelt es sich um eine **dauernde Wertminderung**, so muss zwingend eine **außerplanmäßige Abschreibung** vorgenommen werden. Bei einer nur **vorübergehend eingetretenen Wertminderung** hingegen besteht unter Beachtung des Stetigkeitsprinzips ein **Bewertungswahlrecht (Abschreibungswahlrecht)**.

! **Bei Finanzanlagen können außerplanmäßige Abschreibungen auch bei einer nur vorübergehend eingetretenen Wertminderung vorgenommen werden (= gemildertes Niederstwertprinzip). Bei einer dauernden Wertminderung[1] hingegen besteht Abschreibungspflicht (= strenges Niederstwertprinzip).**

HGB § 253 (5)

Bestehen die Gründe für einen niedrigeren Wertansatz nach einer außerplanmäßig vorgenommenen Abschreibung nicht mehr, so darf dieser Wertansatz nicht mehr beibehalten werden. In diesem Fall ist eine **Zuschreibung** erforderlich (**Wertaufholungsgebot**). Die **Bewertungsobergrenze** ist festgelegt durch die **Anschaffungskosten**, die nicht überschritten werden dürfen.

Folgebewertung festverzinslicher Wertpapiere *(Fortsetzung des obigen Beispiels)*

HGB § 253 (3) S. 4

1. Zum 31.12. d. J. (Ende des Geschäftsjahres) ist der Börsenwert (Kurs) der Wertpapiere auf 49.600 EUR gesunken. Die Restlaufzeit beträgt noch 2 Jahre. Nach den Anleihebedingungen ist der Schuldner verpflichtet, den gesamten Anleihebetrag bereits in zwei Jahren (Restlaufzeit) in voller Höhe zurückzuzahlen. Deshalb handelt es sich bei dem zwischenzeitlich eingetretenen Kursrückgang um **keine dauerhafte** Wertminderung.

Aufg. 8.4.4.1 bis 8.4.4.3 S. 496

   Folgebewertung am 31.12. d. J.: Da die Wertminderung **nicht von Dauer** ist, besteht ein **Abwertungswahlrecht.**
   Bewertungsmöglichkeit 1: Anschaffungskosten **(50.000 EUR) oder**
   Bewertungsmöglichkeit 2: Niedriger Wert **(49.600 EUR)**

HGB § 253 (5) S. 1

HGB § 253 (1) S. 1

2. Zum 31.12. n. J. ist der Kurs auf 50.300 EUR gestiegen.
   Folgebewertung zum 31.12. n. J.: 50.000 EUR
   Gemäß § 253 (5) S. 1 ist die Klattmann AG zur Wertaufholung verpflichtet, da die Gründe für die außerplanmäßige Abschreibung nicht mehr bestehen. Da die Anschaffungskosten die **Bewertungsobergrenze** darstellen, dürfen die Wertpapiere höchstens mit 50.000 EUR bewertet werden.

1 Bei börsennotierten Aktien kann von einer dauernden Wertminderung ausgegangen werden, wenn der Kursverlust **am Bilanzstichtag** größer als 5 % ist (Bagatellgrenze).

Zusammenfassende Übersicht zu 8.4.4: Bewertung des Finanzanlagevermögens

Finanzanlagevermögen (z. B. Beteiligungen) = langfristige Anlage
Bilanzposition: A. III § 266 (2) HGB

Zeitpunkt der Anschaffung (Zugangsbewertung)

Anschaffungspreis
+ Anschaffungsnebenkosten (z. B. Spesen)
= Anschaffungskosten gem. § 255 (1) HGB

Abschlussstichtag (Folgebewertung)

Wertminderung voraussichtlich

dauernd
→ **strenges Niederstwertprinzip,**
d. h. Pflicht zu einer außerplanmäßigen Abschreibung (= Abwertung)
§ 253 (3) S. 3 HGB

vorübergehend
→ **gemildertes Niederstwertprinzip,**
d. h. keine Pflicht zu einer außerplanmäßigen Abschreibung
→ **Abschreibungswahlrecht**
§ 253 (3) S. 4 HGB

→ **bei Wegfall der Gründe für außerplanmäßige Abschreibung**
→ Pflicht zur **Zuschreibung** (Wertaufholung)
§ 253 (5) S. 1 HGB
Bewertungsobergrenze: Anschaffungskosten

Gesamtübersicht zu 8.4: Bewertung und Bewertungswahlrechte bei Vermögensgegenständen des Anlagevermögens

	Immaterielle Anlagen und Sachanlagen	**Finanzanlagevermögen**
Basiswert und Wertobergrenze	Anschaffungs- bzw. Herstellungskosten § 253 (1) HGB	
dauernde Wertminderung	Abwertungspflicht (strenges Niederstwertprinzip) gem. § 253 (3) HGB	
vorübergehende Wertminderung	Abwertungsverbot	Abwertungswahlrecht (gemildertes Niederstwertprinzip gem. § 253 (3) S. 4)
Wertsteigerungen	Zuschreibungsgebot § 253 (5) HGB	

WIEDERHOLUNG DES GRUNDWISSENS

8.4.4 Bewertung von Vermögensgegenständen des Anlagevermögens

1. Grenzen Sie anhand von Beispielen Finanzanlagen von Sachanlagen und immateriellen Vermögensgegenständen des Anlagevermögens ab.
2. Nennen Sie die Vorschriften, die bei der Zugangs- und Folgebewertung von Finanzanlagevermögen jeweils zu beachten sind.

AUFGABEN ZUM ERWERB UND ZUR KONTROLLE VON KOMPETENZEN

8.4.4 Bewertung von Vermögensgegenständen des Anlagevermögens

8.4.4.1 Bewertung einer Beteiligung

Die Würzburger Möbelfabrik AG hat in der Bilanz des Jahres 2014 im Anlagevermögen eine Beteiligung an der börsennotierten Holzbau AG in Höhe von 3.200.000 EUR ausgewiesen. Im Jahr 2015 sinkt der Wert der Beteiligung wegen drohender Zahlungsschwierigkeiten der Holzbau AG dauerhaft um 20 %.

HGB § 253 (3) S. 3

1. Begründen Sie, mit welchem Wert die Beteiligung in der Bilanz der Möbelfabrik zum 31.12.2015 anzusetzen ist.
2. Wie wäre Aufgabe 1 zu entscheiden, wenn davon auszugehen ist, dass die Wertminderung nicht dauerhaft ist?

8.4.4.2 Beteiligung eines Computerherstellers an einem Softwareunternehmen

Der Computerhersteller Compak AG hat im laufenden Geschäftsjahr Aktien der Frankfurter Software AG im Wert von 480.000 EUR gekauft. Die Compak AG verfügt nunmehr über 22 % des Grundkapitals der Software AG.

HGB § 266 (2)

1. In welcher Bilanzposition muss die Compak AG das Aktienpaket in ihrer Schlussbilanz ausweisen?
2. Da sich die von der Frankfurter Software AG hergestellten EDV-Programme zwischenzeitlich nicht mehr gut verkaufen lassen, ist der Aktienkurs stark gesunken, so dass das Aktienpaket nur noch einen Wert von 400.000 EUR aufweist.

HGB § 253 (3) S. 3

   a) Welche Bewertungsentscheidung ist unter den gegebenen Bedingungen zum 31.12. d. J. zu treffen?
   b) Im Laufe des neuen Geschäftsjahres haben die Softwareentwickler der Frankfurter Software AG neue Programme entwickelt. Daraufhin ist der Aktienkurs wieder gestiegen, so dass das Aktienpaket nunmehr einen Wert von 440.000 EUR aufweist.

      Welche Bewertungsentscheidung ist zu treffen, wenn die Compak AG in der Vergangenheit ihre Beteiligungen zum niedrigst möglichen Wert ausgewiesen hat?

8.4.4.3 Bewertung von Aktien des Anlagevermögens

In der Schlussbilanz des Jahres 2014 der Bayerischen Turbinen AG sind in der Bilanzposition „A. III. 5. Wertpapiere des Anlagevermögens“ 5.000 Stückaktien der Ravensburger Maschinenfabrik AG ausgewiesen. Die Aktien wurden am 05. Okt. 2014 zu 28,50 EUR/ Stück gekauft.

1. Welcher Betrag ist in der Handelsbilanz anzusetzen, wenn der Kurs am 31.12.2014 (Ende des Geschäftsjahres) auf 26,10 EUR gesunken und zu Beginn des Jahres 2015 wieder auf 29,10 EUR gestiegen ist?
2. Wie sind die Aktien in der Schlussbilanz des Jahres 2015 zu bewerten, wenn der Kurs am 31.12.2015 28,00 EUR beträgt und in der Bilanz für das Geschäftsjahr 2014 der niedrigere Wert angesetzt wurde?
3. Am 01. Februar 2016 veröffentlicht die Ulmer Maschinenfabrik AG die Ergebnisse für das vierte Quartal des Geschäftsjahres 2015. U. a. geht aus dem Quartalsbericht hervor, dass das Unternehmen mehrere Großaufträge nicht erhalten hat, weil die nach Kundenwünschen produzierten Maschinen von asiatischen Konkurrenzunternehmen zu einem erheblich günstigeren Preis angeboten werden. Daraufhin sinkt der Aktienkurs zum 10. Februar 2016 (Tag der Bilanzerstellung) auf 20 EUR/Aktie. Es ist davon auszugehen, dass es sich nicht nur um einen vorübergehenden Kurseinbruch handelt.

   Zu welchem Betrag sind die Aktien in der Schlussbilanz des Geschäftsjahres 2015 auszuweisen?

8.5 Bewertung von Vermögensgegenständen des Umlaufvermögens

8.5.1 Grundsätze zur Bewertung des Umlaufvermögens

Anders als das Anlagevermögen ist das Umlaufvermögen nicht dazu bestimmt, längerfristig in einem Unternehmen zu verbleiben. Was im Einzelnen dem Umlaufvermögen zuzuordnen ist regelt § 266 (2) HGB. Nach dieser Vorschrift gliedert sich das Umlaufvermögen wie folgt: HGB § 266 (2)

I. Vorräte (z. B. Roh-, Hilfs- und Betriebsstoffe, fertige und unfertige Erzeugnisse, Waren)

II. Forderungen und sonstige Vermögensgegenstände (z. B. Forderungen aus Lieferungen und Leistungen, sonstige Forderungen)

III. Wertpapiere (z. B. Aktien als kurzfristige Kapitalanlage)

IV. Kassenbestand, Bundesbankguthaben, Guthaben bei Kreditinstituten, Schecks

Wie für alle anderen Vermögensgegenstände gilt auch für das **Umlaufvermögen**, dass dieses **höchstens** mit den **Anschaffungs- oder Herstellungskosten** anzusetzen ist. Ist der **Börsen- oder Marktpreis niedriger**, so **muss nach Handelsrecht** dieser **niedrigere Wert** angesetzt werden. Dies gilt auch dann, wenn die Wertminderung voraussichtlich nur vorübergehend ist. Das dieser Vorschrift zugrunde liegende Bewertungsprinzip, dass von zwei in Frage kommenden Wertansätzen (Anschaffungskosten – Börsen- oder Marktpreis) **zwingend** der niedrigere anzusetzen ist, wird als **strenges Niederstwertprinzip** bezeichnet. HGB § 252 (1) § 253 (4)

Übersteigt hingegen der Börsen- oder Marktpreis die Anschaffungs- oder Herstellungskosten (nicht realisierter Gewinn), so dürfen höchstens die Anschaffungs- oder Herstellungskosten angesetzt werden.

! **Für die Bewertung des Umlaufvermögens gilt das strenge Niederstwertprinzip: Von zwei in Frage kommenden Werten (fortgeführte Anschaffungskosten bzw. Tageswert) ist stets der niedrigere anzusetzen.**

8.5.2 Bewertung von Roh-, Hilfs- und Betriebsstoffen

Nach den Vorschriften des HGB ist der Kaufmann verpflichtet, den Wert **jedes einzelnen Vermögensgegenstandes** zu ermitteln **(Grundsatz der Einzelbewertung)**. Beim Vorratsvermögen gilt das z. B. für **Fremdbauteile** und **Vorprodukte** (z. B. Türschlösser und Griffe in einer Möbelfabrik). Dieser Grundsatz kann bei anderen Arten von Vorratsvermögen aus praktischen Gründen nicht immer eingehalten werden. Deshalb erlaubt das Handelsrecht für gleichartige Vermögensgegenstände des Vorratsvermögens eine Bewertungsvereinfachung.

Bewertungsvereinfachung bei der Bewertung von Vorräten

Die Bewertungsvereinfachung dient dazu, die nicht mehr – oder nur noch mit großem Aufwand – ermittelbaren **Anschaffungs- oder Herstellungskosten** des zu bewertenden Endbestandes näherungsweise (fiktiv) zu bestimmen. HGB § 240 (1), § 240 (3), (4)

Schwierigkeiten bei der Bewertung des Vorratsvermögens bei Einzelbewertung

Aufg. 8.5.1 und 8.5.2 S. 504

Ein Industrieunternehmen hat während des laufenden Geschäftsjahres Heizöl einkauft.

04. Jan.:	5.000 l à 0,54 EUR/l	09. Sept.:	6.000 l à 0,51 EUR/l
16. März:	8.000 l à 0,53 EUR/l	15. Nov.:	9.000 l à 0,50 EUR/l

Endbestand lt. Inventur am 31.12. d. J.: 3.000 l

Eine Einzelbewertung des Heizöls ist aus praktischen Gründen nicht möglich, da nicht mehr festgestellt werden kann, aus welcher Lieferung das zum Abschlussstichtag noch vorhandene Heizöl stammt.

Bewertung nach der Durchschnittsmethode

Nachdem der gewogene Durchschnittspreis stellvertretend für die Anschaffungskosten ermittelt wurde, ist zu prüfen, ob dieser höher oder niedriger ist als der Börsen- oder Marktpreis zum Abschlussstichtag. Da für die Bewertung des Umlaufvermögens das strenge Niederstwertprinzip gilt, ist jeweils der niedrigere Wert Grundlage des Bilanzansatzes.

Gewogener Durchschnittspreis von Heizöl

Aus obigem Beispiel lässt sich für das Heizöl folgender gewogener Durchschnittspreis errechnen:

04. Jan.	5.000 l à 0,54 EUR/l	2.700 EUR
16. März	8.000 l à 0,53 EUR/l	4.240 EUR
09. Sept.	6.000 l à 0,51 EUR/l	3.060 EUR
15. Nov.	9.000 l à 0,50 EUR/l	4.500 EUR
insgesamt	**28.000 l**	**14.500 EUR**

$$\text{Gewogener Durchschnittspreis} = \frac{14.500 \text{ EUR}}{281.000 \text{ l}} = 0{,}52 \text{ EUR/l}$$

Bewertungsmöglichkeiten nach dem gewogenen Durchschnittspreis:

Fall 1: Marktpreis > gewogener Durchschnittspreis

Wertansatz: gewogener Durchschnittspreis

Fall 2: Marktpreis < gewogener Durchschnittspreis

Wertansatz Marktpreis

Bewertung von Heizöl nach dem gewogenen Durchschnittspreis

Endbestand am 31.12.: 3.000 l

a) Bewertung, wenn der Marktpreis am 31.12. 0,53 EUR/l beträgt:
   Gewogener Durchschnitt: 3.000 l à 0,52 EUR/l = 1.560 EUR
   Tageswert: 3.000 l à 0,53 EUR/l = 1.590 EUR
   Wertansatz: 1.560 EUR (strenges Niederstwertprinzip)

b) Bewertung, wenn der Marktpreis am 31.12. 0,50 EUR/l beträgt:
   Gewogener Durchschnitt: 3.000 l à 0,52 EUR/l = 1.560 EUR
   Tageswert: 3.000 l à 0,50 EUR/l = 1.500 EUR
   Wertansatz: 1.500 EUR (strenges Niederstwertprinzip)

8.5.3 Bewertung von Forderungen aus Lieferungen und Leistungen

Arten von Forderungen und deren Bewertung

Hinsichtlich der Sicherheit des Zahlungseingangs lassen sich drei Arten von Forderungen unterscheiden:

1 Einwandfreie (vollwertige) Forderungen

Eine Forderung gilt als **einwandfrei**, wenn keine Erkenntnisse vorliegen, die an deren Zahlungseingang zweifeln lassen. Einwandfreie Forderungen sind mit den **Anschaffungskosten** zu bewerten. Bei Forderungen aus Warenlieferungen entspricht dies dem im Kaufvertrag vereinbarten Kaufpreis. Eine Abschreibung ist nicht erforderlich. HGB § 253 (1)

Einwandfreie Forderungen

Die Karlsberger Druckmaschinen AG liefert am 06.12.d.J. ihrem langjährigen Kunden – Druckerei Stein OHG – eine Druckmaschine für netto 120.000 EUR zuzüglich 19 % Umsatzsteuer. Die Druckerei Stein OHG hat bislang ihre Rechnungen immer pünktlich beglichen.

Buchung am 06.12.d.J.:

Konten		Soll/EUR	Haben/EUR
2400	Ford. Debitor Stein	142.800,00	
an	500 Umsatzerlöse		120.000,00
	480 Umsatzsteuer		22.800,00

Bewertung 31.12.d.J.: 142.800 EUR, da keine Informationen vorliegen, die am Zahlungseingang zweifeln lassen.

2 Zweifelhafte (dubiose) Forderungen

Eine Forderung gilt als **zweifelhaft**, wenn Informationen vorliegen, die darauf hindeuten, dass die Forderung nicht oder nur zum Teil beglichen wird. In diesem Fall ist die Forderung mit ihrem **wahrscheinlichen Eingangswert** anzusetzen. Dieser Wert ist durch eine gewissenhafte Schätzung zu ermitteln. HGB § 253 (4)

Da Forderungen zum Umlaufvermögen gehören, besteht wegen des **strengen Niederstwertprinzips** eine Verpflichtung zur Abschreibung.

Zweifelhafte Forderungen

Die Karlsberger Druckmaschinen AG erhält am 03. März d. J. die Nachricht, dass die Druckerei Stein ihre Zahlungsverpflichtungen erst nach mehrmaligem Mahnen erfüllt. Es ist damit zu rechnen, dass in naher Zukunft ein Insolvenzverfahren eröffnet wird.

Buchung am 03.03.d. J.:

Konten		Soll/EUR	Haben/EUR
2410	zweifelhafte Ford. Debitor Stein	142.800,00	
an	2400 Ford. Debitor Stein[1]		142.800,00

1 Die Umbuchung auf das Konto zweifelhafte Forderungen kann auch entfallen, weil in der zu veröffentlichenden Jahresbilanz die einwandfreien und zweifelhaften Forderungen nicht getrennt ausgewiesen werden müssen. Außerdem kann die Zweifelhaftigkeit einer Forderung problemlos auf dem entsprechenden Debitorenkonto vermerkt werden.

Nach vorsichtiger Schätzung ist damit zu rechnen, dass lediglich noch 20 % der Forderung eingehen.

Der Rest ist verloren. Buchung am 31.12. d. J.:
Abschreibung der Nettoforderung mit 80 % (voraussichtlicher Ausfall)

Konten		Soll/EUR	Haben/EUR
6951	Abschreib. a. Ford. wg. Uneinbringlichkeit	96.000,00	
an	2410 zweifelhafte Ford. Debitor Stein		96.000,00

Bilanzansatz: am 31.12. d. J.: 46.800 EUR (142.800 EUR – 96.000 EUR)

Hinweis: Eine Korrektur der Umsatzsteuer darf unter den gegebenen Umständen noch nicht vorgenommen werden (siehe Hinweis unten unter „❸ Uneinbringliche Forderungen“).

❸ Uneinbringliche Forderungen

Eine Forderung ist uneinbringlich, wenn über das Vermögen eines Unternehmens das Insolvenzverfahren eröffnet wird. Spätestens zu diesem Zeitpunkt werden die an den Schuldner gerichteten Forderungen unbeschadet einer möglichen Insolvenzquote in voller Höhe uneinbringlich.

R 223 UStR, Absatz 5 zu § 17 (2) Nr. 1 Satz 1 UStG

UStG § 17 (2)

Im Unterschied zu den anderen abschreibungspflichtigen Vermögensgegenständen (z. B. Gebäude, Fuhrpark, Geschäftsausstattung) ist im Forderungsbetrag auch **Umsatzsteuer** enthalten. Dem Finanzamt schuldet der Lieferer jedoch nur die Umsatzsteuer, die er von seinem Kunden auch tatsächlich erhält. Wurde die volle Umsatzsteuer bereits an das Finanzamt überwiesen, so wird im Fall eines Forderungsausfalls die zu viel bezahlte Umsatzsteuer wieder erstattet. Deshalb ist bei einem erwarteten oder eingetretenen Forderungsausfall die Abschreibung immer **vom Nettowert** vorzunehmen. Gleichzeitig macht ein Forderungsausfall eine **Korrektur der Umsatzsteuer** erforderlich, weil die Umsatzsteuer zu hoch angesetzt wurde.

Buchungen bei einem Insolvenzverfahren

Am 06.07.16 wird das Insolvenzverfahren bei der Druckerei Stein eröffnet. Es ist damit zu rechnen, dass – wie bereits im vergangenen Geschäftsjahr geschätzt – 80 % der Forderung verloren sein werden.

Buchungen am 06.07.16: Korrektur der Umsatzsteuer in voller Höhe, da das Insolvenzverfahren eröffnet wurde.

Konten		Soll/EUR	Haben/EUR
480	Umsatzsteuer	22.800,00	
an	2410 zweifelhafte Forderung Debitor Stein		22.800,00

Am 19.12.16 wird das Insolvenzverfahren mangels Masse abgelehnt. Damit ist die gesamte Forderung verloren.

Buchung am 19.12.16 (spätestens am 31.12.16):

Konten		Soll/EUR	Haben/EUR
6951	Abschreibung auf Forderung wegen Uneinbringlichkeit	24.000,00	
an	2410 zweifelhafte Forderung Debitor Stein		24.000,00

Bilanzansatz zum 31.12.16: kein Bilanzansatz, da Forderung vollständig verloren.

Geht von einer wegen Uneinbringlichkeit abgeschriebenen Forderung unerwartet ein Betrag ein, so lebt die in diesem Betrag enthaltene Umsatzsteuerschuld wieder auf. Der Nettobetrag ist auf dem Konto **5.490 Periodenfremde Erträge** zu buchen.

Eingang einer uneinbringlichen Forderung

Wider Erwarten geht aus der vollständig abgeschriebenen Forderung (s. o.) am 04.03.17 der Betrag von 238 EUR auf dem Bankkonto der Karlsberger Druckmaschinen AG ein.

Buchung am 04.03.17:

Konten		Soll/EUR	Haben/EUR
2800	Bank	238,00	
an	5490 Periodenfremde Erträge		200,00
	4800 Umsatzsteuer		38,00

Die Umsatzsteuer lebt für den eingegangenen Teilbetrag wieder auf.

Verfahren der Forderungsbewertung

Einzelbewertung

§ 252 (1) Nr. 3 HGB verlangt, dass die am Abschlussstichtag vorhandenen Vermögensgegenstände **einzeln** zu bewerten sind. Bezogen auf die Forderungen bedeutet dies, dass ein Kaufmann verpflichtet ist, bei jeder einzelnen Forderung zu prüfen, inwieweit sie mit einem **Ausfallrisiko** behaftet ist. Gegebenenfalls ist die Forderung im Bilanzausweis durch eine entsprechende Abschreibung zu berichtigen (Einzelwertberichtigung).

HGB § 252 (1) Nr. 3

HGB § 253 (4) S. 1

Einzelbewertung von Forderungen

Der Buchhalter der Karlsberger Druckmaschinen AG prüft zum Ende des Geschäftsjahres die einzelnen Forderungen anhand der Debitorenbuchhaltung. Beim Kunden Kilger stellt er fest, dass dessen Forderungen im laufenden Geschäftsjahr nur nach mehrmaligen Mahnungen – in einem Falle sogar erst nach gerichtlichem Mahnverfahren – beglichen wurden. Über eine Bankauskunft erfährt er, dass Kilger zwischenzeitlich seine Zahlungen ganz eingestellt hat. Es wird erwartet, dass über das Vermögen der Firma Kilger im neuen Geschäftsjahr ein Insolvenzverfahren eröffnet wird. Nach Auskunft der Bank ist nach vorsichtiger Schätzung mit einem Zahlungseingang in Höhe von 50 % der ursprünglichen Forderung zu rechnen.

Die zweifelhaft gewordene Forderung an den Kunden Kilger lässt sich einzeln bewerten. Sie ist mit 50 % vom Nettowert abzuschreiben.

Pauschalbewertung

Trotz noch so gewissenhafter Einzelbewertung kommt es häufig vor, dass im laufenden Geschäftsjahr Ausfälle von als einwandfrei eingestuften Forderungen des vergangenen Geschäftsjahres eintreten. Das Prinzip der Vorsicht verlangt, dass dieses **Ausfallrisiko (allgemeines Kreditrisiko)**, das auf Forderungen lastet, aufwandsmäßig jenem Geschäftsjahr zuzurechnen ist, in welchem die Lieferung stattfand. Da zum Zeitpunkt der Bilanzerstellung nicht alle risikobehafteten Forderungen **einzeln bekannt sind**, können dafür auch keine entsprechenden Abschreibungen vorgenommen werden. Deshalb können diese Forderungen nur auf der Grundlage betrieblicher Erfahrungswerte **pauschal** bewertet werden. Zur Erfassung des allgemeinen Kreditrisikos wird ein bestimmter Prozentsatz (i. d. R.

2 % –.5 %) von der Gesamtsumme der Forderungen abzüglich der einzeln wertberichtigten Forderungen abgeschrieben.

Buchungstechnisch ist der geschätzte Ausfall aus dem allgemeinen Kreditrisiko dem Konto **368 Pauschalwertberichtigungen zu Forderungen** zu entnehmen. Die entsprechende Gegenbuchung wird auf dem Konto **6953 Einstellung in die Pauschalwertberichtigung** (Abschreibungskonto) vorgenommen.

Pauschalbewertung von Forderungen

Der ausgewiesene Gesamtbestand der Forderungen der Karlsberger Druckmaschinen AG beträgt zum Ende des laufenden Geschäftsjahres 2.142.000 EUR. In diesem Betrag sind einzeln wertberichtigte (abgeschriebene) Forderungen in Höhe von insgesamt 107.100 EUR enthalten. Es soll erstmals das allgemeine Kreditrisiko durch eine Pauschalwertberichtigung erfasst werden. Die geschätzte Ausfallquote wird auf 2 % veranschlagt.

	Gesamtbestand der Forderungen	2.142.000 EUR
–	davon einzeln wertberichtigt	107.100 EUR
=	Forderungen mit allg. Kreditrisiko	2.034.900 EUR
–	19 % Umsatzsteuer	324.900 EUR
=	Nettobetrag der Forderungen mit allg. Kreditrisiko	1.710.000 EUR

davon 2 % Ausfallquote = 34.200 EUR

Buchung am 31.12. d. J.

Konten		Soll/EUR	Haben/EUR
6953	Einstellung in die Pauschalwertberichtigung	34.200,00	
an	368 Pauschalwertberichtigung auf Forderungen		34.200,00

Bilanzauszug:

.....

B. Umlaufvermögen

I. Vorräte

......

Aufg. 8.5.3 bis 8.5.5 S. 505

	II. Forderungen aus Lieferungen und Leistungen	*2.142.000 EUR*
–	*Wertberichtigungen allg. Kreditrisiko*	*34.200 EUR*
–	*Wertberichtigungen spezielles Kreditrisiko*	*107.100 EUR*
	Nettobetrag	*2.000.700 EUR*

Zusammenfassende Übersicht zu 8.5: Bewertung von Vermögensgegenständen des Umlaufvermögens

Umlaufvermögen

Vermögensgegenstände des Umlaufvermögens

I. Vorräte (z. B. Roh-, Hilfs- und Betriebsstoffe, fertige und unfertige Erzeugnisse, Waren)
II. Forderungen und sonstige Vermögensgegenstände (z. B. Forderungen aus Lieferungen und Leistungen, sonstige Forderungen)
III. Wertpapiere (z. B. Aktien als kurzfristige Kapitalanlage)
IV. Kassenbestand, Bundesbankguthaben, Guthaben bei Kreditinstituten, Schecks

Bewertung von Vermögensgegenständen des Umlaufvermögens

Zugangsbewertung		Folgebewertung	
Roh-, Hilfs- und Betriebsstoffe, Fertigteile, Waren, Forderungen	**Anschaffungskosten** §§ 253 (1), 255 (1) HGB **Anschaffungskosten =** Anschaffungspreis + Anschaffungsnebenkosten – Anschaffungspreisminderungen	**Tageswert Abschlussstichtag < AHK** (außerplanmäßige Abschreibung zwingend) ↓ Niedrigerer Tageswert	**Tageswert Abschlussstichtag > AHK** ↓ Niedrigere AHK
		strenges Niederstwertprinzip § 253 (3) HGB	
	↑ Zeitpunkt der Anschaffung oder Herstellung (Zugangsbewertung)	↑ Abschlussstichtag (Folgebewertung)	

Besonderheiten bei der Bewertung des Vorratsvermögens

↓

Grundsatz der Einzelbewertung muss nicht eingehalten werden

↓

Bewertungsvereinfachung

Gewogene Durchschnittspreise

Bewertung von Forderungen aus Lieferungen und Leistungen

Arten von Forderungen aus Lieferungen und Leistungen

Einwandfreie Forderungen	Zweifelhafte Forderungen	Uneinbringliche Forderungen
Kunden erfüllen ihre Zahlungsverpflichtungen in voller Höhe	Zahlungsfähigkeit der Kunden ist unsicher, es wird erwartet, dass ein Teil oder die ganze Forderung ausfällt	Kunden sind zahlungsunfähig ■ Forderungen damit uneinbringlich
↓	↓	↓
Bewertung zum Nennbetrag	Bewertung mit Betrag des wahrscheinlichem Zahlungseingangs (teilweise Abschreibung)	Kein Bilanzansatz (vollständige Abschreibung)

Verfahren der Forderungsbewertung

Einzelbewertung	Pauschalbewertung
Bewertung des Ausfallrisikos jeder einzelnen Forderung (§ 252 (1) Nr. 3 HGB)	Bewertung des anonymen Ausfallrisikos auf Grund von Erfahrungen aus der Vergangenheit

WIEDERHOLUNG DES GRUNDWISSENS

8.5 Bewertung von Vermögensgegenständen des Umlaufvermögens

1. Unterscheiden Sie Vermögensgegenstände des Anlage- und Umlaufvermögens.
2. Ein Unternehmen erwarb im August 10.000 Liter Öl zu 5.000,00 EUR. Am 31.12. waren davon noch 2.400 Liter im Tank. Zwischenzeitlich stieg der Ölpreis um 20 %. Begründen Sie, mit welchem Wert das Öl im Umlaufvermögen anzusetzen ist.
3. Erläutern Sie die Voraussetzungen für eine Bewertungsvereinfachung bei der Bewertung von Vorräten.
4. Begründen Sie, wie bei der Bewertung von Vorräten zu verfahren ist, wenn
   a) der Marktpreis höher ist als der gewogene Durchschnittspreis,
   b) der Marktpreis niedriger ist als der gewogene Durchschnittspreis.
5. Unterscheiden Sie einwandfreie, zweifelhafte und uneinbringliche Forderungen.
6. Unterscheiden Sie Einzel- und Pauschalbewertung.
7. Nennen Sie die Voraussetzung für die Korrektur der Umsatzsteuer, wenn eine Forderung abgeschrieben werden muss.

AUFGABEN ZUM ERWERB UND ZUR KONTROLLE VON KOMPETENZEN

8.5 Bewertung von Vermögensgegenständen des Umlaufvermögens

8.5.1 Bestandsbewertung von Rohstoffen

Die Lagerkartei für Rohstoffe wies im vergangenen Jahr die folgenden Bewegungen aus:

Datum	Vorgang	Stück	Preis je Stück in EUR
02.01.	Anfangsbestand	4.000	68,00
15.03.	Kauf	3.000	66,00
13.04.	Verbrauch	4.000	
15.06.	Kauf	6.000	65,00
18.07.	Verbrauch	2.000	
20.09.	Kauf	1.000	76,00
20.10.	Kauf	4.000	78,00
25.11.	Verbrauch	6.000	
31.12.	Der Endbestand entspricht dem Buchbestand.		

Zum Bilanzstichtag betrug der Marktpreis 69,50 EUR.
Mit welchem Wert ist der Endbestand am 31.12. zu bewerten, wenn die Methode des gewogenen Durchschnitts angewendet wird?

8.5.2 Verbrauchs- und Bestandsbewertung von Rohstoffen

Nach den Aufzeichnungen aus der Lagerbuchhaltung hat sich der Bestand eines Rohstoffs im laufenden Geschäftsjahr wie folgt entwickelt:

Anfangsbestand	01.01.	200 Stück à 40 EUR
Zugang	28.01.	210 Stück à 42 EUR
Abgang	16.03.	100 Stück

Zugang	16.07.	250 Stück à 38 EUR
Zugang	16.10.	150 Stück à 41 EUR
Abgang	26.11.	120 Stück

Zum Bilanzstichtag beträgt der Marktpreis 41,50 EUR.
Mit welchem Wert ist der Endbestand am 31.12. zu bewerten, wenn die Methode des gewogenen Durchschnitts angewendet wird?

8.5.3 Einzelwertberichtigungen – Pauschalwertberichtigungen

Der Forderungsbestand eines Industriebetriebes beträgt zum 31.12. d. J. 476.000 EUR. Die Forderung gegenüber dem Kunden Heinz Rau in Höhe von 30.940 EUR (brutto) gilt wegen eines beantragten Insolvenzverfahrens als zweifelhaft. Der Ausfall der Forderung wird auf ca. 70 % geschätzt.

Berechnen Sie

1. die Höhe der Einzelwertberichtigung sowie
2. die Pauschalwertberichtigung (Wertberichtigungssatz: 2 %)

8.5.4 Buchung und Bewertung von Forderungen aus Lieferungen und Leistungen

Am 19. Febr. d. J. erhält das Ziegelwerk Henke GmbH die Nachricht, dass über das Vermögen ihres Kunden Lücker e.K. das Insolvenzverfahren eröffnet wurde. Die Forderung gegen Lücker beträgt 95.200 EUR einschl. 19 % USt.

Am 18. Dez. d. J. geht ein erneutes Schreiben des Insolvenzverwalters ein, aus dem hervorgeht, dass die Eröffnung des Insolvenzverfahrens mangels Masse abgelehnt wurde.

Welche Buchungen sind am 19. Februar und am 18. Dezember erforderlich?

8.5.5 Pauschalwertberichtigungen auf Forderungen

Der ausgewiesene Gesamtbestand der Forderungen der Ansbacher Turbinen AG beträgt zum Ende des laufenden Geschäftsjahres 4.284.000 EUR. In diesem Betrag sind einzeln wertberichtigte (abgeschriebene) Forderungen in Höhe von insgesamt 214.200 EUR enthalten. In der Jahresbilanz des vorausgegangenen Geschäftsjahres wurde eine Pauschalwertberichtigung auf Forderungen in Höhe von 60.000 EUR ausgewiesen.

Das allgemeine Kreditrisiko aus dem Forderungsbestand des laufenden Jahres wird nach vorsichtiger Schätzung auf 2 % veranschlagt.

1. Berechnen Sie den Betrag, der im laufenden Geschäftsjahr in die Pauschalwertberichtigung auf Forderungen einzustellen ist.
2. Bilden Sie den Buchungssatz zur Einstellung in die Pauschalwertberichtigung.
3. Erstellen Sie einen Bilanzauszug zum Ausweis der Forderungen der Heilbronner Turbinen AG.

8.6 Bewertung von Schulden

8.6.1 Grundsätze zur Bewertung von Schulden

Die Schulden eines Unternehmens sowie dessen Eigenkapital sind der Passivseite einer Bilanz zu entnehmen.

Gemäß § 266 (3) HGB enthält die Passivseite einer Bilanz folgende Bilanzpositionen:

HGB § 266 (3)

A. Eigenkapital
B. Rückstellungen
C. Verbindlichkeiten
D. Rechnungsabgrenzungsposten
E. Passive latente Steuern

Verbindlichkeiten

1. *Verbindlichkeiten gegenüber Kreditinstituten:*
   Überziehungskredit, Darlehen, Kontokorrentkredit
2. *erhaltene Anzahlungen auf Bestellungen*
   Eine Schiffswerft verlangt vor Produktionsbeginn von ihren Kunden grundsätzlich eine Anzahlung.
   Im Laufe des Produktionsfortschritts werden weitere Zahlungen vereinbart. Bei den erhaltenen Anzahlungen handelt es sich um Verbindlichkeiten den Kunden gegenüber.
3. *Verbindlichkeiten aus Lieferungen und Leistungen:*
   - Verbindlichkeiten aus der Lieferung von Roh-, Hilfs- oder Betriebsstoffen (Lieferungen);
   - Verbindlichkeiten aus erbrachten Leistungen wie z. B. Reparaturen, Beratungen

HGB § 253 (1) S. 2

Das **Vorsichtsprinzip** muss im Normalfall auch bei der Bewertung von Verbindlichkeiten beachtet werden (Ausnahme: Verbindlichkeiten in fremder Währung mit einer Restlaufzeit ≤ 1 Jahr). Wenn zur Ermittlung der Höhe der Verbindlichkeiten unterschiedliche Möglichkeiten bestehen, muss demzufolge immer der **höhere Wert** angesetzt werden **(Höchstwertprinzip)**.

Außerdem schreibt § 253 (1) S. 2 HGB vor, dass **Verbindlichkeiten zum Erfüllungsbetrag**[1] anzusetzen sind.

! **Für die Bewertung der Verbindlichkeiten im Normalfall gilt das Höchstwertprinzip. Von zwei möglichen Beträgen ist immer der höhere Wert anzusetzen.**

Zusammenfassende Übersicht zu 8.6.1: Grundsätze zur Bewertung von Schulden

Schulden/Verbindlichkeiten

↓

Grundsatz: Bewertung zum Betrag

↓

Höchstwertprinzip: Von zwei möglichen Werten muss der höhere genommen werden (§ 253 (1) S. 2 HGB)

8.6.2 Rückstellungen

Bei manchen **Aufwendungen**, die dem laufenden Geschäftsjahr zuzurechnen sind, steht zwar zum Ende des Geschäftsjahres fest, dass erst in Zukunft entsprechende **Zahlungsverpflichtungen** anfallen werden. Allerdings sind die **Höhe** des Aufwands bzw. der Zahlungsverpflichtung sowie der **Fälligkeitstermin** der Zahlung noch nicht genau bekannt. Wenn solche Informationen bei der Erstellung des Jahresabschlusses nicht berücksichtigt werden,

1 § 253 (1) S. 2 HGB schreibt vor, dass Verbindlichkeiten zu ihrem Erfüllungsbetrag angesetzt werden müssen. Dieser Begriff ist umfassender als der Begriff Rückzahlungsbetrag: Darlehensverbindlichkeiten werden zurückgezahlt(Rückzahlungsbetrag). Liefererverbindlichkeiten werden dagegen nicht zurückgezahlt, sondern erfüllt (Erfüllungsbetrag). Im Zusammenhang mit Darlehensverbindlichkeiten wird im Folgenden von Rückzahlungsbetrag gesprochen.

würde die Vermögens- und Ertragslage des Unternehmens für das laufende Jahr zu günstig dargestellt werden.

Wegen der Pflicht zur **periodengerechten Erfolgsermittlung** muss in solchen Fällen **geschätzt** werden, in welcher **Höhe voraussichtlich Aufwendungen** entstehen. Für solche Aufwendungen, deren Höhe sich am Bilanzstichtag nicht genau bestimmen lässt, müssen **Rückstellungen** gebildet werden. Dabei kann es sich z. B. um eine zukünftige Zahlungsverpflichtung[1] handeln.

> **!** **Rückstellungen werden auf der Passivseite der Bilanz ausgewiesen. Sie ergeben sich aus Aufwendungen, die dem laufenden Geschäftsjahr zuzurechnen sind, deren Höhe und/oder Fälligkeit am Bilanzstichtag aber noch nicht genau feststeht.**

Rückstellungen stellen in der Bilanz somit eine besondere Art von **Fremdkapital** dar. Deshalb werden sie auf der **Passivseite der Bilanz** (vor der Bilanzposition *Verbindlichkeiten*) ausgewiesen. HGB § 266 (3)

Anlässe für die Bildung von Rückstellungen

Das **Handelsrecht** schreibt die Bildung von Rückstellungen u. a. für folgende Zwecke **zwingend** vor (**Passivierungspflicht**): HGB § 249 (1) Satz 1, 2

Passivierungspflicht

- Ungewisse Verbindlichkeiten (z. B. Pensionszusagen, Zahlungsverpflichtungen aus noch nicht abgeschlossenen Gerichtsprozessen, Gewerbesteuernachzahlungen).
- Drohende Verluste aus schwebenden Geschäften (z. B. unerwartete Erhöhung der Materialkosten für noch herzustellende Produkte, für die aber mit dem Käufer bereits ein Festpreis vereinbart wurde).
- Unterlassene Aufwendungen für Instandsetzung, die in den ersten drei Monaten des neuen Geschäftsjahres nachgeholt werden.
- Abraumbeseitigung, die im folgenden Geschäftsjahr nachgeholt wird.
- Gewährleistungen ohne rechtliche Verpflichtung (Kulanzleistungen).

Für alle anderen Zwecke ist die Bildung von Rückstellungen verboten **(Passivierungsverbot)**. HGB § 249 (2)

Rückstellungen für ungewisse Verbindlichkeiten

- Zahlung einer betrieblichen Altersrente (Pensionszahlungen) an ausgeschiedene Mitarbeiter: Der Grund für eine mögliche Zahlung liegt im Arbeitsvertrag oder Tarifvertrag. Die Höhe der tatsächlich zu erbringenden Zahlung hängt davon ab, wie lange die ausgeschiedenen Mitarbeiter leben. Für die Schätzung der Rückstellung werden die amtlichen Sterbetafeln zu Grund gelegt. Diese orientieren sich an der durchschnittlichen Lebenserwartung.
- Zahlungsverpflichtungen aufgrund schwebender Prozesse.
- Zu erwartende Steuernachzahlungen für Gewerbesteuer.

1 **In der Bilanz ausgewiesene** Rückstellungen stellen nicht immer gleichzeitig auch **Verbindlichkeiten im rechtlichen Sinne** (z. B. Zahlungsverpflichtung aus einem Vertrag) dar.

Bewertung von Rückstellungen für Altersversorgung (Pensionsrückstellungen)

HGB § 253 (1), S. 2 HGB § 253 (2), S. 1

Die Rückstellungen für Verpflichtungen aus einer zugesagten Altersversorgung (Pensionsrückstellungen) sind *„mit dem nach vernünftiger kaufmännischer Beurteilung notwendigen Erfüllungsbetrag"* anzusetzen. Wegen der in der Regel erst viel später fällig werdenden Zahlungsverpflichtungen ist eine Abzinsung vorzunehmen. Für die Berechnung des Abzinsungssatzes ist der durchschnittliche Marktzinssatz der vergangenen sieben Geschäftsjahre zugrunde zu legen.[1]

Problem: *Wegen des andauernden Niedrigzinsniveaus ist der maßgebliche Durchschnittszinssatz in den letzten Jahren stark gesunken. Das hat zur Folge, dass für die Absicherung der zugesagten Altersversorgung eine wesentlich höhere Rückstellung benötigt wird. Dieser Nachteil des Niedrigzinsumfelds soll für die Unternehmen abgemildert werden, indem der Zeitraum für die Berechnung des Durchschnittszinssatzes von 7 auf 10 Jahre verlängert wird. Damit wird der für die Abzinsung maßgeblich durchschnittliche Marktzinssatz etwas steigen. Als Folge davon werden die zu bildenden Rückstellungen etwas sinken.*

Bewertung und Buchung einer Pensionsrückstellung

Die Alpha-GmbH beschließt, ihren beiden 45-jährigen Geschäftsführern eine Altersversorgung zu gewähren. Die GmbH verpflichtet sich, den Geschäftsführern nach Erreichen des 65. Lebensjahres (Renteneintrittsalter) eine monatliche Rente in Höhe von 50 % des laufenden Monatsgehaltes zu zahlen. Ein Rentensachverständiger schätzt, dass bei Abzinsung dieser Verpflichtung mit dem vorgeschriebenen Durchschnittszinssatz 20 Jahre lang jährlich ein Betrag von 25.000 EUR zurückgestellt werden muss.

Die Rückstellung in Höhe von 25.000 EUR im ersten Jahr würde bei dem zugrunde zulegenden durchschnittlichen Marktzinssatz während der Laufzeit von 20 Jahren auf 45.000 EUR anwachsen. Der Erfüllungsbetrag der Rückstellung im ersten Jahr beträgt somit 45.000 EUR und der Barwert 25.000 EUR.

Bei Bildung der Rückstellung ist in der Bilanz der jeweilige Barwert der Rückstellung auszuweisen. In Höhe der Differenz zwischen Barwert und Erfüllungsbetrag liegt ein Abzinsungsertrag vor.

Konten	Soll/EUR	Haben/EUR
Personalaufwand	45.000,00	
an Rückstellungen für Pensionen und ähnliche Verpflichtungen		25.000,00
an Zinserträge		20.000,00

HGB § 277 (5) S. 1

An jedem nachfolgenden Bilanzstichtag muss die Rückstellung – solange sie noch nicht verbraucht ist – den tatsächlichen Verhältnissen angepasst werden. Da sich sowohl die Restlaufzeiten und üblicherweise auch der Abzinsungssatz jährlich ändern, kann bei der Folgebewertung der Bilanzansatz des Vorjahres nicht übernommen werden. Die Erträge aus der Abzinsung des Erfüllungsbetrages sind in der GuV unter dem Posten „Sonstige Zinsen und ähnliche Erträge" auszuweisen.

1 Die Abzinsungssätze gem. § 253 Abs. 2 HGB werden von der Deutschen Bundesbank veröffentlicht. https://www.bundesbank.de Suchwort: Abzinsungszinssätze
Im Oktober 2016 betrug der Abzinsungssatz bei einem 7-jährigen Jahresdurchschnitt und einer Restlaufzeit der Zahlungsverpflichtung von 20 Jahren 3,44 %.

Zusammenfassende Übersicht zu 8.6: Bewertung von Schulden

Schulden in der Schlussbilanz eines Unternehmens gem. § 266 (3) HGB:

B. Rückstellungen: — Höhe und/oder Fälligkeit ungewiss

...

C. Verbindlichkeiten:

...

2. Verbindlichkeiten gegenüber Kreditinstituten

...

4. Verbindlichkeiten aus Lieferungen und Leistungen

...

4.6 ...

(2. und 4.: Höhe und Fälligkeit ergeben sich aus den Vertragsvereinbarungen)

Erstbewertung von Schulden (HGB § 253 (1) S. 3)	
Rückstellungen	Erfüllungsbetrag nach vernünftiger kaufmännischer Beurteilung
Verbindlichkeiten	Erfüllungsbetrag

WIEDERHOLUNG DES GRUNDWISSENS

8.6 Bewertung von Schulden

1. Nennen Sie Beispiele für Verbindlichkeiten gegenüber Kreditinstituten.
2. Nennen Sie Beispiele für Verbindlichkeiten aus Lieferungen und Leistungen.
3. Erläutern Sie den Begriff „Erfüllungsbetrag".
4. Ein Industrieunternehmen ist in eine gerichtliche Auseinandersetzung mit einem Lieferer verstrickt. Am 31.12. sind nach Auskunft des Rechtsanwalts Anwaltskosten in Höhe von 20.000,00 EUR zu erwarten. Erstellen Sie den Buchungssatz für die zu bildende Rückstellung..

AUFGABEN ZUM ERWERB UND ZUR KONTROLLE VON KOMPETENZEN

8.6 Bewertung von Schulden

Aufgaben im Zusammenhang mit der Bildung und Auflösung von Rückstellungen siehe Kapitel 4.15

8.7 Gewinnverwendung und Eigenkapitalausweis einer AG

Abweichend von der Anordnung der Lehrplaninhalte wird das Thema „Gewinnverwendung und Eigenkapitalausweis einer AG" im Zusammenhang mit der Gewinnverwendung im Rahmen der Selbstfinanzierung einer Aktiengesellschaft in Kap. 9.3 behandelt.

Selbsteinschätzung zum Kompetenzerwerb zu Lernbereich 8:

Jahresabschlussarbeiten durchführen		
Nr.	**Kompetenzerwartung** **Ich kann ...**	**Noch Probleme? Kompetenzerwerb durch Bearbeitung folgender Kapitel und Aufgaben im Buch ...**
1	... mich mithilfe des Jahresabschlusses über die Situation eines Unternehmens informieren.	Kap. 8.1 und 8.2 Aufgaben 8.2.1 und 8.2.2
2	... handelsrechtliche Bewertungsmaßstäbe berechnen und die Bewertung vorbereiten.	Kap. 8.3 Aufgaben 8.3.1 bis 8.3.5
3	... ausgewählte Positionen des Anlagevermögens nach HGB bewerten und dabei die Bewertungsgrundsätze des HGB sowie unternehmerische Zielsetzungen berücksichtigen. ... die zur Bewertung notwendigen Berechnungen und Buchungen durchführen.	Kap. 8.4 Aufgaben 8.4.2.1 bis 8.4.2.4
4	... ausgewählte Positionen des Umlaufvermögens nach HGB bewerten und dabei die Bewertungsgrundsätze des HGB berücksichtigen. ... die zur Bewertung notwendigen Berechnungen und Buchungen durchführen.	Kap. 8.5 Aufgaben 8.5.1 bis 8.,5.5
5	... Rückstellungen für Altersversorgung als ausgewählte Positionen des Fremdkapitals bewerten. ... die zur Bewertung notwendigen Berechnungen und Buchungen durchführen.	Kap. 8.6 Aufgaben siehe Lernbereich 4 Kapitel 4.15
6	... Vorschläge zur Verwendung des Jahresüberschusses unter Berücksichtigung der gesetzlichen Regelungen des HGB und des AktG entwerfen und diskutieren. ... die unternehmerischen Interessen und die Interessen weiterer Anspruchsgruppen berücksichtigen und so bei der Entscheidung um einen fairen Interessensausgleich bemüht sein.	Kap. 9.3 Aufgaben siehe Lernbereich 9 Kapitel 9.3

Jahrgangsstufe 12

Lernbereich 9: Finanzierungs- und Investitionsvorgänge analysieren, liquide Mittel beschaffen und Investitionen tätigen

9 Finanzierung und Investition

Kompetenzerwartungen und Gliederung zum Lernbereich 9

Lernbereich 9: Finanzierungs- und Investitionsvorgänge analysieren, liquide Mittel beschaffen und Investitionen tätigen
Kapitel 9: Finanzierung und Investition

Kompetenzen:
- *Finanzierungsmöglichkeiten im Hinblick auf die Erreichung finanzwirtschaftlicher Ziele der Unternehmung diskutieren und eine begründete Finanzierungsentscheidung treffen*

9.1 Finanzierungsformen und finanzwirtschaftliche Ziele im Überblick
9.2 Bestandteile des Jahresabschlusses von Kapitalgesellschaften
9.3 Beteiligungsfinanzierung am Beispiel einer AG: Kapitalerhöhung gegen Einlagen
9.4 Fremdfinanzierung
9.5 Finanzierung aus freigesetztem Kapital
9.6 Finanzierungs- und Investierungsvorgänge in der Bilanz: Bewegungsbilanz

Kompetenzen:
- *Unterschiedliche Investitionsanlässe identifizieren und die Notwendigkeit von Investitionen für ein Unternehmen identifizieren*

9.7 Investitionsarten und Investitionsrechnung im Überblick

Kompetenzen:
- *Sich für geeignete statische Investitionsrechenverfahren entscheiden, um anstehende Investitionsalternativen zu beurteilen und dabei auch Risikogesichtspunkte und nicht quantifizierbare Einflussgrößen berücksichtigen*

9.8 Statische Verfahren der Investitionsrechnung
9.9 Investitionsentscheidungen unter Unsicherheit – Berücksichtigung nicht quantifizierbarer Einflussgrößen

9.1 Finanzierungsformen und finanzwirtschaftliche Ziele im Überblick

Kapital im betriebswirtschaftlichen Sinne sind alle Geldmittel (Geldkapital), Produktionsmittel (Sachkapital) und Rechte (z. B. Patente, Lizenzen), die einem Unternehmen zur Verfügung stehen. Wird das Kapital von (Mit-)Eigentümern des Unternehmens zur Verfügung gestellt, handelt es sich um **Eigenkapital**. Wird das Kapital von Gläubigern des Unternehmens zur Verfügung gestellt, handelt es sich um **Fremdkapital**.

! Finanzierung ist die Beschaffung des für betriebliche Vorgänge (z. B. Leistungserstellung, Unternehmensgründung) benötigten Kapitals (finanzielle Mittel, Sachgüter, Rechte). Die Passivseite der Bilanz gibt Auskunft über die Herkunft des Kapitals.

! Investition ist die Anlage des im Rahmen der Finanzierung beschafften Kapitals in Betriebsvermögen. Die Aktivseite der Bilanz gibt Auskunft über die Verwendung des Kapitals.

Die verschiedenen Formen der Finanzierung lassen sich anhand der folgenden beiden Kriterien unterscheiden:

- **Woher kommen die finanziellen Mittel?**
- **Welche Rechtsstellung zum Unternehmen hat derjenige, der die finanziellen Mittel zur Verfügung stellt (Kapitalgeber)?**

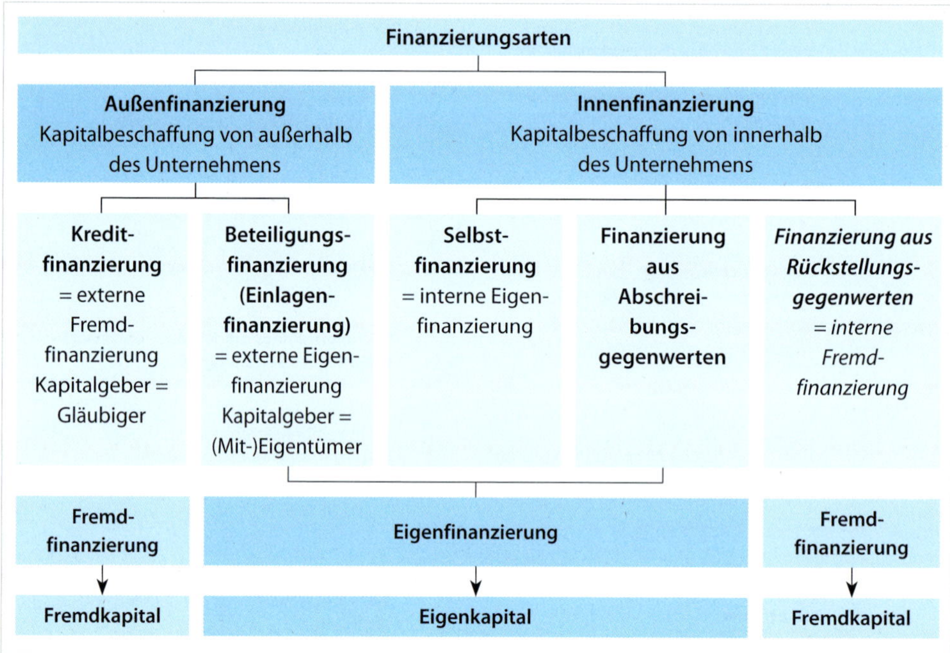

Außenfinanzierung – Innenfinanzierung

Außenfinanzierung	Innenfinanzierung
Die Finanzierungsmittel werden dem Unternehmen von außen in Form von Beteiligungen (Kapitaleinlagen) oder Krediten zugeführt.	Bei der Innenfinanzierung werden die Finanzierungsmittel vom Unternehmen selbst in Form von Umsatzerlösen erwirtschaftet.

Eigenfinanzierung

externe Eigenfinanzierung	interne Eigenfinanzierung	
Beteiligungsfinanzierung (Einlagenfinanzierung)	**Selbstfinanzierung**	**Finanzierung aus Abschreibungsgegenwerten**
Dem Unternehmen werden Finanzierungsmittel in Form von Eigenkapital durch Kapitaleinlagen zugeführt. Dabei kann es sich um Geldeinlagen, Sacheinlagen oder Rechte handeln. Die Kapitalgeber erwerben Beteiligungsrechte (z. B. Mitwirkungsrechte, Gewinnanspruch)	Die Finanzierungsmittel werden vom Unternehmen selbst durch Nichtausschüttung (= Einbehaltung) von Gewinnen beschafft (= Gewinnthesaurierung[1]) und führen zu einer Erhöhung des in der Bilanz offen ausgewiesenen Eigenkapitals (= offene Selbstfinanzierung).[2]	Da die Aufwendungen für Abschreibungen, die in der gegenwärtigen Periode den Gewinn mindern und dadurch eine Gewinnausschüttung verhindern, erst bei der Ersatzbeschaffung in einer späteren Periode zu Ausgaben führen, können diese Mittel unter bestimmten Umständen zwischenzeitlich zur Finanzierung anderweitiger Investitionen dienen.

Fremdfinanzierung

Kreditfinanzierung
Dem Unternehmen werden Finanzierungsmittel von außen in Form von Fremdkapital zugeführt. Die Kapitalgeber erwerben Gläubigerrechte (z. B. Rückzahlungsanspruch, Verzinsung)

Außenfinanzierung

Bei der **Außenfinanzierung** ist der Finanzierungsvorgang leicht nachvollziehbar, da sich **Zeitpunkt, Höhe** und **Zweck** der Finanzierung i. d. R. eindeutig feststellen lassen.

Arten der Außenfinanzierung

1. **Außenfinanzierung in Form der Beteiligungsfinanzierung:** Einlage eines OHG-Gesellschafters am 10. Mai in Höhe von 50.000 EUR (= Finanzierung). Es ist beabsichtigt, die Mittel zum Kauf eines Lieferwagens zu verwenden (= Investierung).
2. **Außenfinanzierung in Form der Kreditfinanzierung:** Auszahlung eines Darlehens durch die Bank in Höhe von 200.000 EUR am 07. Juli (= Finanzierung). Dieser Betrag wird zur Bezahlung eines neu erworbenen Grundstücks verwendet (= Investierung).

Innenfinanzierung in Form der Selbstfinanzierung

Bei der **Innenfinanzierung** ist der Finanzierungsvorgang wesentlich schwieriger nachzuvollziehen, da **Zeitpunkt, Höhe** und **Zweck** der Finanzierung häufig nicht genau feststellbar sind.

1 thesaurieren *(gr.)*: [Geld, Wertsachen] horten; hier: Gewinne nicht an die Eigentümer ausschütten, sondern im Unternehmen zurückbehalten.
2 Die Behandlung der verdeckten Selbstfinanzierung durch Unterbewertung von Vermögensgegenständen und Überbewertung von Schulden ist im Lehrplan nicht vorgesehen.

Innenfinanzierung in Form der Selbstfinanzierung
(= Finanzierung aus einbehaltenen Gewinnen)

Für das Verständnis des Finanzierungsvorgangs muss man sich klar machen, dass der Gewinn nicht zu einem bestimmten Zeitpunkt, sondern durch den laufenden Geschäftsbetrieb während des gesamten Geschäftsjahres anfällt. Der Gewinn ist also keine Bestandsgröße, sondern eine Stromgröße. Voraussetzung für die Finanzierung aus einbehaltenen Gewinnen ist in jedem Fall, dass der Gewinn dazu geführt hat, dass dem Unternehmen über die Umsatzerlöse Geldmittel in entsprechender Höhe von außen zugeflossen sind. Diese dem Gewinn entsprechenden Geldmittel werden aber normalerweise schon während des Geschäftsjahres für Anschaffungen, Schuldentilgung oder – bei Einzelunternehmen und Personengesellschaften – für Privatentnahmen verwendet. Es ist also nicht in jedem Fall zutreffend, dass am Ende des Geschäftsjahres dem Gewinn entsprechende Einzahlungsüberschüsse als liquide Mittel für Investitionszwecke (oder zur Ausschüttung an die Eigentümer) zur Verfügung stehen. Wie das folgende Beispiel zeigt, weicht zudem die Höhe des Gewinns von den erzielten Einzahlungsüberschüssen ab, wenn solche Erträge und Aufwendungen die Gewinnhöhe beeinflusst haben, die nicht mit Einzahlungen und Auszahlungen verbunden (= nicht liquiditätswirksam) sind.

Selbstfinanzierung: Unterschied zwischen Gewinn und Geldmitteln

! **Gewinn ist nicht gleichbedeutend mit Einzahlungsüberschüssen. Gewinn und Geldmittel (Bankguthaben, Kassenbestand) dürfen nicht gleichgesetzt und miteinander verwechselt werden.**

! **Voraussetzung für jede Form der Innenfinanzierung ist, dass das Unternehmen Einzahlungsüberschüsse erzielt. Dazu müssen ihm über die Umsatzerlöse Geldmittel zufließen. Deren Höhe muss über den Umfang der Aufwendungen, die mit Auszahlungen verbunden sind (z. B. Materialaufwand, Lohnaufwand), hinausgehen.**

Auszug aus der Gewinn- und Verlustrechnung der Franz Maurer KG zum 31.12. .. (in EUR)

Aufwendungen			**Erträge**
Aufw. f. Roh-, Hilfs-, Betriebsstoffe	4.200.000	Umsatzerlöse	18.000.000
Löhne und Gehälter	6.400.000	Bestandserhöhungen an fertigen Erzeugnissen	3.000.000
Abschreibungen	3.200.000		
sonstige Aufwendungen	4.000.000		
Gewinn	3.200.000		
	21.000.000		21.000.000

Annahmen: Außer den Abschreibungen waren alle anderen Aufwendungen in vollem Umfang auszahlungswirksam, d. h. sie haben zu einem Abfluss an flüssigen Mitteln geführt. Die Umsatzerlöse haben nach den vorliegenden Aufzeichnungen lediglich zu 90 % zu einem Zufluss an flüssigen Mitteln (= Einzahlungen) geführt, da die Kunden das eingeräumte Zahlungsziel ausnutzen und in entsprechender Höhe Forderungen entstanden sind. Die als Erträge erfassten Bestandserhöhungen an fertigen Erzeugnissen waren ebenfalls nicht mit einer Einzahlung verbunden.

	Einzahlungswirksame Erträge (90 % der Umsatzerlöse)	16.200.000 EUR
–	auszahlungswirksame Aufwendungen	14.600.000 EUR
=	Einzahlungsüberschuss (= verfügbare Mittel für Selbstfinanzierung)	1.600.000 EUR

Ergebnis: Obwohl ein Gewinn in Höhe von 3.200.000 EUR erzielt wurde, standen für das Geschäftsjahr im Rahmen der Selbstfinanzierung lediglich Geldmittel in Höhe von 1.600.000 EUR zur Verfügung.

Ein Maß für den möglichen Umfang der Innenfinanzierung stellt der **Cashflow** als Kennzahl für den Einzahlungsüberschuss dar.

Art der Finanzierung und finanzwirtschaftliche Ziele

Die Art der Finanzierung hat Auswirkungen auf die finanzwirtschaftlichen Ziele.

Finanzwirtschaftliche Ziele			
Liquidität	Unabhängigkeit	Rentabilität	Sicherheit

Liquidität

Unter Liquidität ist die Fähigkeit eines Unternehmens zu verstehen, seinen Zahlungsverpflichtungen fristgerecht nachkommen zu können. Es handelt sich dabei nicht um ein eigenständiges Hauptziel, sondern um eine Nebenbedingung, die jederzeit erfüllt sein muss. Andernfalls droht dem Unternehmen die Insolvenz (= Zahlungsunfähigkeit) und damit die Auflösung.

Unabhängigkeit

Die finanzielle Unabhängigkeit bezieht sich auf die Entscheidungsfreiheit der Unternehmenseigentümer. Mit zunehmender Fremdfinanzierung nimmt diese Entscheidungsfreiheit ab. Möglicherweise müssen dem Gläubiger für eine Kreditgewährung Vermögensgegenstände (z.B. Grundstücke, Maschinen) als Sicherheiten angeboten werden, so dass die Verfügungsmöglichkeiten über diese Vermögensgegenstände eingeschränkt wird. Es ist auch möglich, dass sich die Fremdkapitalgeber ein Mitsprache- oder Kontrollrecht vorbehalten.

Bei zunehmender Fremdfinanzierung nimmt die Unabhängigkeit ab.

Rentabilität

Die Zielsetzung eines Unternehmens, eine hohe (Eigenkapital-)rentabilität zu erzielen, kann mit den Zielen Sicherheit, Unabhängigkeit und Liquidität in Konflikt stehen.

$$\text{Eigenkapitalrentabilität} = \frac{\text{Gewinn}}{\text{Eigenkapital}} \cdot 100$$

Die Zielsetzung einer hohen Rentabilität geht i. d. R. mit einem höheren Risiko und somit mit geringerer Sicherheit einher.

Je höher die Eigenkapitalrentabilität, desto höher das Risiko und desto geringer die Sicherheit.

Eine hohe Liquidität mindert dagegen die Rentabilität, da die flüssigen Mittel nicht rentabel im Unternehmen investiert sind und als Bankguthaben keine oder nur geringe Zinserträge erbringen. Allerdings muss die Liquidität immer Vorrang vor der Rentabilität haben, da andernfalls Zahlungsunfähigkeit droht.

> **„So viel Rentabilität wie möglich und so viel Liquidität wie nötig."**

Bei zunehmender Fremdfinanzierung steigen zwar die Zinsaufwendungen, so dass der Gewinn geschmälert wird. Trotzdem kann aber die Eigenkapitalrentabilität steigen. Das ist dann der Fall, wenn mit dem zunehmendem Fremdkapital (= abnehmender Eigenkapitalanteil) eine über die Fremdkapitalzinsen hinausgehende Rendite erzielt wird. In diesem Fall steigt der Zähler des Bruchs (= Gewinn) stärker als der Nenner (= Eigenkapital). Das führt zu einer höheren Eigenkapitalrentabilität **(Leverage-Effekt)**.

> **Bei zusätzlichem Einsatz von Fremdkapital anstelle von Eigenkapital kann die Eigenkapitalrentabilität steigen.**

Sicherheit

Mit zunehmender Fremdfinanzierung nimmt das Risiko zu und damit die Sicherheit ab. Eine zunehmende Fremdfinanzierung lässt das Insolvenzrisiko wegen der termingerecht zu leistenden Zins- und Tilgungszahlungen steigen. Die Weiterführung des Unternehmens kann von der Verlängerung von Krediten durch die Fremdkapitalgeber abhängen. Andernfalls kann eine Insolvenz durch Überschuldung eintreten.

> **Bei zunehmender Fremdfinanzierung nimmt die Sicherheit ab.**

Zusammenfassende Übersicht zu 9.1: Finanzierungsformen und finanzwirtschaftliche Ziele im Überblick

Woher? / Wer?	Außenfinanzierung	Innenfinanzierung
Eigentümer (Eigenfinanzierung)	Beteiligungsfinanzierung (Einlagenfinanzierung)	Selbstfinanzierung
		Finanzierung aus Abschreibungsgegenwerten
Gläubiger (Fremdfinanzierung)	Kreditfinanzierung	Finanzierung aus Rückstellungsgegenwerten

Finanzwirtschaftliche Ziele			
Liquidität	Unabhängigkeit	Rentabilität	Sicherheit

Ziele werden durch die Art der Finanzierung beeinflusst.
Ziele stehen teilweise miteinander in Konflikt.

WIEDERHOLUNG DES GRUNDWISSENS

9.1 Finanzierungsformen und finanzwirtschaftliche Ziele im Überblick

1. Unterscheiden Sie Finanzierungsformen nach der Herkunft der finanziellen Mittel.
2. Unterscheiden Sie Finanzierungsformen nach der Rechtsstellung der Kapitalgeber.
3. Begründen Sie, warum Gewinn nicht gleichbedeutend mit Geldmitteln ist.
4. Erläutern Sie, woher die Finanzierungsmittel bei der Innenfinanzierung stammen.
5. Unterscheiden Sie vier finanzwirtschaftliche Ziele.
6. Nennen Sie Zielkonflikte zwischen einzelnen finanzwirtschaftlichen Zielen.
7. Nennen Sie Beispiele dafür, dass finanzwirtschaftliche Ziele durch die Art der Finanzierung beeinflusst werden.

9.2 Offene Selbstfinanzierung am Beispiel einer Aktiengesellschaft

9.2.1 Zusammenhang zwischen Jahresüberschuss und Gewinnrücklagen einer AG

Die **offene Selbstfinanzierung** ist eine Form der **Innen- und Eigenfinanzierung**. Sie erfolgt aus eigener Kraft des Unternehmens und erhöht das in der Bilanz ausgewiesene **Eigenkapital**.

Aufg. 9.2.1 S. 530

LA

HGB § 275

Wenn eine AG Geldmittel, die dem in der GuV ausgewiesenen Jahresüberschuss entsprechen, ganz oder teilweise zurückbehält und nicht an die Aktionäre ausschüttet, liegt eine Selbstfinanzierung vor.

Gewinnrücklagen

Bei Einzelunternehmen und Personengesellschaften werden die als Eigenkapital im Unternehmen verbleibenden Gewinnanteile dem Eigenkapitalkonto bzw. den Kapitalkonten der Gesellschafter gutgeschrieben. Da aber bei Aktiengesellschaften über das in der Bilanz ausgewiesene **gezeichnete Kapital (Grundkapital)**[1] Aktien ausgegeben wurden, kann sich diese Größe durch die Einbehaltung von Gewinnen nicht verändern. Vielmehr müssen die nach **Ausgleich** eines **Verlustvortrags** aus dem Vorjahr einbehaltenen Gewinnanteile in der Bilanzposition **Gewinnrücklagen** erfasst und gesondert ausgewiesen werden. Die Gewinnrücklagen sind ebenso wie das **gezeichnete Kapital** Bestandteil des **Eigenkapitals** einer AG.

Der zur Selbstfinanzierung einbehaltene Teil des Jahresüberschusses der AG wird in der Bilanzposition Gewinnrücklagen erfasst. Die Gewinnrücklagen sind Teil des Eigenkapitals einer AG. Rücklagenbildung bedeutet also Erhöhung des Eigenkapitals.

1 Der in der Satzung (= Gesellschaftsvertrag der AG) festgelegte Kapitalbetrag wird im **AktG** als **Grundkapital** bezeichnet. Das **HGB**, das für **alle Kapitalgesellschaften** gilt, verwendet dagegen für den Ausweis des entsprechenden Kapitals in der Bilanz den Begriff **gezeichnetes Kapital**. In einer AG-Bilanz findet sich daher nicht der Begriff Grundkapital, sondern gezeichnetes Kapital. Beide Begriffe werden aber bezogen auf die AG gleichbedeutend verwendet.

AktG § 150 (1), (2) § 58 (2), (3) Im Gegensatz zu Einzelunternehmen, Personengesellschaften und anderen Kapitalgesellschaften (z. B. GmbH) kann der Jahresüberschuss einer AG nicht ohne weiteres ausgeschüttet werden. Es bestehen vielmehr gesetzliche Vorschriften, die in bestimmten Fällen eine Zurückbehaltung von Teilen des Jahresüberschusses erzwingen (= erzwungene Selbstfinanzierung). Darüber hinaus können durch Beschluss von Vorstand und Aufsichtsrat einerseits sowie Hauptversammlung andererseits freiwillig weitere Teile des Jahresüberschusses HGB § 266 einbehalten werden (= freiwillige Selbstfinanzierung). Dementsprechend werden die **Gewinnrücklagen** u. a. in die **gesetzliche Rücklage** und **andere Gewinnrücklagen** eingeteilt.

> **!** **Die Bildung von Gewinnrücklagen ist bei der AG teilweise gesetzlich erzwungen (gesetzliche Gewinnrücklage) und teilweise freiwillig (andere Gewinnrücklagen).**

Bilanzgewinn und Gewinnvortrag

Der Teil des Jahresüberschusses der nicht zur Bildung von Gewinnrücklagen verwendet wird, stellt den **Bilanzgewinn** dar. Er kann – falls die Hauptversammlung dies beschließt – als **Dividende** an die Aktionäre ausgeschüttet werden. Häufig wird als Dividende je Aktie der sich aus dem Bilanzgewinn ergebende höchstmögliche „runde Ausschüttungsbetrag" (= auf volle 10 Cent gerundeter Betrag, z. B. 6,50 EUR je Aktie) berechnet. Da der Bilanzgewinn dann in den meisten Fällen nicht ohne Rest durch die Gesamtdividende teilbar ist, bleibt normalerweise ein kleiner Rest übrig, der als **Gewinnvortrag** auf das neue Jahr übertragen wird. Der Teil des Jahresüberschusses, der den **Gewinnrücklagen** zugeführt oder als **Gewinnvortrag** ausgewiesen wird, dient der **Selbstfinanzierung** der AG.

> **!** **Neben den Teilen des Jahresüberschusses, die dem Ausgleich eines Verlustvortrags aus dem Vorjahr dienen oder den Gewinnrücklagen zugeführt werden, leistet auch der Gewinnvortrag einen Beitrag zur offenen Selbstfinanzierung der AG.**

Zusammenhang zwischen Jahresüberschuss und Eigenkapital einer AG

Zusammenhang zwischen Jahresüberschuss und Eigenkapital einer AG

Aufgliederung des Jahresüberschusses einer AG gem. AktG § 158		**Gliederung des Eigenkapitals einer AG nach vollständiger Gewinnverwendung gem. HGB §§ 266, 268 (1)**		
	Jahr 01 EUR		*Jahr 00 EUR*	Jahr 01 EUR
Jahresüberschuss/Jahresfehlbetrag	1.000.000	A. Eigenkapital		
+ Gewinnvortrag/Verlustvortrag aus dem Vorjahr	0	I. Gezeichnetes Kapital	*26.000.000*	26.000.000
+ Entnahme aus der Kapital- und Gewinnrücklage	0 ←	II. Kapitalrücklage	*500.000*	500.000
– Einstellungen in Gewinnrücklagen		III. Gewinnrücklagen		
a) in die gesetzliche Rücklage	50.000 →	1. gesetzliche Rücklage	*1.200.000*	**1.250.000**
b) ...	0	2. ...		
c) ...	0	3. ...		
d) in andere Gewinnrücklagen	475.000 →	4. andere Gewinnrückl.	*600.00*	**1.075.000**
= Bilanzgewinn/Bilanzverlust	475.000			
– Dividende	468.000			
= Gewinnvortrag für das nächste Jahr	7.000 →	IV. Gewinnvortrag/Verlustvortrag	*0*	**7.000**
		Summe Eigenkapital	*28.300.000*	**28.832.00**

durch Selbstfinanzierung entstanden

Zusammenhang zwischen Jahresüberschuss und Eigenkapital einer AG

Die Höhe der offenen Selbstfinanzierung für das Jahr 01 entspricht der Erhöhung des Eigenkapitals. Sie beträgt im vorliegenden Fall 532.000 EUR und ergibt sich wie folgt:

	Zuführung zur gesetzlichen Rücklage	50.000 EUR
+	Zuführung zu anderen Gewinnrücklagen	475.000 EUR
=	Erhöhung der Rücklagen	525.000 EUR
+	Gewinnvortrag im Jahr 01	7.000 EUR
=	offene Selbstfinanzierung im Jahr 01	532.000 EUR
+	Dividende	468.000 EUR
=	Jahresüberschuss	1.000.000 EUR

Die als Teil des Eigenkapitals ausgewiesenen Kapitalrücklagen werden vornehmlich im Zusammenhang mit der Aktienausgabe einer AG (= Beteiligungsfinanzierung) gebildet.

HGB § 272 (2)

Gewinnrücklagen sind der veränderliche Teil des Eigenkapitals einer Kapitalgesellschaft, der durch die Einbehaltung von Teilen des Jahresüberschusses entsteht. An den in der Bilanz ausgewiesenen Gewinnrücklagen lässt sich der Umfang der offenen Selbstfinanzierung einer Kapitalgesellschaft erkennen.

9.2.2 Offene Selbstfinanzierung einer AG durch Bildung gesetzlicher und freiwilliger Gewinnrücklagen

Gesetzliche Gewinnrücklage: Gesetzlich erzwungene Selbstfinanzierung

Aufg. 9.2.2 S. 531

AktG § 150 (1), (2)

Das Aktiengesetz schreibt die Bildung einer gesetzlichen Rücklage zwingend vor (**= gesetzlich erzwungene Selbstfinanzierung**). Dabei gilt folgende Vorgehensweise:

1. **Bemessungsgrundlage**, von der die Höhe der Gewinnrücklage berechnet wird: **Jahresüberschuss abzüglich** – sofern vorhanden – **eines Verlustvortrags** aus dem Vorjahr.
2. Anzuwendender **Prozentsatz**: **5 %** (= ein Zwanzigstel).
3. **Dauer** der Rücklagenbildung: **Bis die Summe aus Kapitalrücklage und gesetzlicher Rücklage 10 % des Grundkapitals** oder einen in der Satzung bestimmten höheren Prozentsatz **erreicht hat**.

AktG § 150 Gesetzliche Rücklage, Kapitalrücklage

(1) In der Bilanz des nach den §§ 242, 264 des Handelsgesetzbuchs aufzustellenden Jahresabschlusses ist eine gesetzliche Rücklage zu bilden.

(2) In diese ist der zwanzigste Teil des um einen Verlustvortrag aus dem Vorjahr geminderten Jahresüberschusses einzustellen, bis die gesetzliche Rücklage und die Kapitalrücklagen ... zusammen den zehnten oder den in der Satzung bestimmten höheren Teils des Grundkapitals erreichen.

Wenn kein Jahresüberschuss vorhanden ist oder der Verlustvortrag aus dem Vorjahr den Jahresüberschuss übersteigt, kann folglich keine Gewinnrücklage gebildet werden.

Gesetzliche Rücklagen bei einer AG

Das Eigenkapital der Solar AG setzt sich zu Anfang des Jahres 01 wie folgt zusammen:

I.	Gezeichnetes Kapital	20.000.000 EUR
II.	Kapitalrücklage	500.000 EUR
III.	Gewinnrücklagen	
	1. gesetzliche Rücklage	1.200.000 EUR
	2. andere Gewinnrücklagen	600.000 EUR

Im Jahr 01 wurde ein Jahresüberschuss von 1.000.000 EUR erwirtschaftet.

Problem 1: Welcher Betrag muss der gesetzlichen Rücklage zugeführt werden, wenn aus dem Vorjahr ein Gewinnvortrag in Höhe von 10.000 EUR vorliegt?

Berechnung der gesetzlichen Rücklage für das Jahr 01

Berechnung der an 10 % des Grundkapitals fehlenden Rücklage

	10 % des Grundkapitals		2.000.000 EUR
–	bereits vorhandene		
	gesetzliche Rücklage	1.200.000 EUR	
	Kapitalrücklage	500.000 EUR	1.700.000 EUR
=	an 10 % des Grundkapitals fehlender Betrag		300.000 EUR

Berechnung des Betrags, der im Jahr 01 der gesetzlichen Rücklage zugeführt werden muss

	Jahresüberschuss	1.000.000 EUR
–	Verlustvortrag aus dem Vorjahr	0 EUR
=	bereinigter Jahresüberschuss	1.000.000 EUR
	davon 5 %	50.000 EUR

Ergebnis: Im Jahr 01 müssen der gesetzlichen Rücklage 50.000 EUR zugeführt werden.

Problem 2: Welcher Betrag muss der gesetzlichen Rücklage zugeführt werden, wenn aus dem Vorjahr ein Verlustvortrag in Höhe von 500.000 EUR vorliegt?

Berechnung des Betrags, der im Jahr 01 der gesetzlichen Rücklage zugeführt werden muss

	Jahresüberschuss	1.000.000 EUR
–	Verlustvortrag aus dem Vorjahr	500.000 EUR
=	bereinigter Jahresüberschuss	500.000 EUR
	davon 5 % Einstellung in die gesetzliche Rücklage	25.000 EUR

Ergebnis: Im Jahr 01 müssen der gesetzlichen Rücklage 25.000 EUR zugeführt werden.

Solange die Summe aus Kapitalrücklage und gesetzlicher Rücklage weniger als 10 % des Grundkapitals beträgt, müssen 5 % des Jahresüberschusses der gesetzlichen Rücklage zugeführt werden. Liegt ein Verlustvortrags aus dem Vorjahr vor, muss der Jahresüberschuss zuvor um diesen Betrag verringert werden.

Beim Ausgleich eines Verlustvortrags und bei der Zuführung zur gesetzlichen Rücklage handelt es sich um eine gesetzlich erzwungene Selbstfinanzierung.

Andere Gewinnrücklagen: Freiwillig vorgenommene Selbstfinanzierung

Im Normalfall stellen Vorstand und Aufsichtsrat den Jahresabschluss fest[1,2]. In diesem Fall können diese beiden Organe weitere Teile des Jahresüberschusses, der nach Zuführung zur gesetzlichen Rücklage übrig bleibt, freiwillig den anderen Gewinnrücklagen zuführen. Dabei gilt folgende Vorgehensweise: AktG § 172 § 58 (2)

1. Vom **Jahresüberschuss** werden ein eventuell vorhandener **Verlustvortrag** aus dem Vorjahr sowie die eventuell in die **gesetzliche Rücklage** einzustellenden Beträge abgezogen.
2. Vom Rest können **Vorstand und Aufsichtsrat höchstens die Hälfte** in andere Gewinnrücklagen einstellen.
3. Diese Möglichkeit ist unabhängig von der bereits erreichten Höhe der sonstigen Gewinnrücklagen.

AktG § 58 Verwendung des Jahresüberschusses

(2) Stellen Vorstand und Aufsichtsrat den Jahresabschluss fest, so können sie einen Teil des Jahresüberschusses, höchstens jedoch die Hälfte, in andere Gewinnrücklagen einstellen.

(1) ... Dabei sind Beträge, die in die gesetzliche Rücklage einzustellen sind, und ein Verlustvortrag vorab vom Jahresüberschuss abzuziehen.

! Vorstand und Aufsichtsrat können von dem Jahresüberschuss, der nach Abzug eines Verlustvortrags und nach Zuführung zur gesetzlichen Rücklage übrig bleibt, höchstens die Hälfte in andere Gewinnrücklagen einstellen.

Der nach Einstellung durch Vorstand und Aufsichtsrat in die anderen Gewinnrücklagen verbleibende Betrag wird um einen eventuell vorhandenen **Gewinnvortrag** aus dem Vorjahr erhöht und als **Bilanzgewinn** ausgewiesen. Die Hauptversammlung entscheidet, ob und ggf. in welcher Höhe weitere Teile des Bilanzgewinns in die **anderen Gewinnrücklagen** eingestellt oder als **Gewinnvortrag** für das nächste Jahr in der AG belassen werden. In beiden Fällen liegt eine zusätzliche **Selbstfinanzierung** vor.

AktG § 58 Verwendung des Jahresüberschusses

(3) Die Hauptversammlung kann im Beschluss über die Verwendung des Bilanzgewinns weitere Beträge in Gewinnrücklagen einstellen oder als Gewinn vortragen.

! Über die Verwendung des Bilanzgewinns entscheidet die im folgenden Geschäftsjahr einzuberufende Hauptversammlung. Diese kann auf eine (vollständige) Ausschüttung des Bilanzgewinns als Dividende verzichten und weitere Teile in die anderen Gewinnrücklagen einstellen oder als Gewinn für das neue Geschäftsjahr vortragen.

1 Während mit dem Begriff „Aufstellung des Jahresabschlusses" die vorbereitenden Jahresabschlussarbeiten bis zur Beschlussfassung gemeint sind, bedeutet „Feststellung des Jahresabschlusses" die rechtsverbindliche Festlegung.

2 Die Fälle, in denen die Satzung etwas anderes bestimmt (AktG § 58 Abs. 1), werden hier nicht behandelt, da die Behandlung der Besonderheiten von Satzungsbestimmungen im Lehrplan nicht vorgesehen ist.

Andere Gewinnrücklagen bei einer AG

Problem 3: Welchen Betrag können Vorstand und Aufsichtsrat gem. AktG § 58 (2) höchstens in die anderen Gewinnrücklagen einstellen, wenn aus dem Vorjahr ein Verlustvortrag in Höhe von 500.000 EUR vorliegt?

	Jahresüberschuss	1.000.000 EUR
–	Verlustvortrag aus dem Vorjahr	500.000 EUR
=	bereinigter Jahresüberschuss	500.000 EUR
–	davon 5 % Einstellung in die gesetzliche Rücklage	25.000 EUR
=	Restbetrag	475.000 EUR
–	davon maximal 50 % Einstellung in andere Gewinnrücklagen	237.500 EUR
=	Bilanzgewinn	237.500 EUR

Ergebnis: Vorstand und Aufsichtsrat können höchstens 237.500 EUR den anderen Gewinnrücklagen gem. AktG § 58 (2) zuführen. Die Hauptversammlung kann darüber beschließen, ob und in welchem Umfang der Bilanzgewinn in Höhe von 237.500 EUR als Dividende ausgeschüttet oder zur Selbstfinanzierung der AG verwendet werden soll. Im letzteren Fall können entsprechende Teile des Bilanzgewinns den anderen Gewinnrücklagen zugeführt oder als Gewinnvortrag für das nächste Jahr ausgewiesen werden.

Problem 4: Welchen Betrag können Vorstand und Aufsichtsrat gem. AktG § 58 (2) höchstens in die anderen Gewinnrücklagen einstellen, wenn aus dem Vorjahr ein Gewinnvortrag in Höhe von 10.000 EUR vorliegt?

	Jahresüberschuss	1.000.000 EUR
–	Verlustvortrag aus dem Vorjahr	0 EUR
=	bereinigter Jahresüberschuss	1.000.000 EUR
–	davon 5 % Einstellung in die gesetzliche Rücklage	50.000 EUR
=	Restbetrag	950.000 EUR
–	davon maximal 50 % Einstellung in andere Gewinnrücklagen	475.000 EUR
=	Restbetrag	475.000 EUR
+	Gewinnvortrag aus dem Vorjahr	10.000 EUR
=	Bilanzgewinn	485.000 EUR

Ergebnis: Vorstand und Aufsichtsrat können höchstens 475.000 EUR den anderen Gewinnrücklagen gem. AktG § 58 (2) zuführen. Die Hauptversammlung entscheidet über die Verwendung des Bilanzgewinns in Höhe von 485.000 EUR (Dividende oder andere Gewinnrücklagen bzw. Gewinnvortrag).

Auflösung von Rücklagen

Aufg. 9.2.3 S. 531

AktG §§ 172, 173 § 58 (3)

AktG § 150 (2), (3)

Grundsätzlich können die in früheren Jahren gebildeten Gewinnrücklagen nachträglich wieder aufgelöst werden. Diese Befugnis steht in der Regel dem Vorstand mit Billigung des Aufsichtsrates zu (Ausnahme: § 173 AktG). Sie bezieht sich auch auf solche Gewinnrücklagen, die durch Beschluss der Hauptversammlung gebildet wurden. Die Auflösung von Gewinnrücklagen bedeutet, dass die in vergangenen Jahren vorgenommene Selbstfinanzierung wieder rückgängig gemacht wird. Bei den **anderen Gewinnrücklagen** ist dies i. d. R. problemlos möglich. Auf diese Weise lässt sich in Jahren, in denen nur ein geringer Jahresüberschuss oder sogar ein Jahresfehlbetrag erzielt wurde, trotzdem ein Bilanzgewinn ausweisen und eine angemessene Dividende zahlen (Dividendenoptik). Die Möglichkeit zur Auflösung der **gesetzlichen Rücklage** ist dagegen durch das Aktiengesetz sehr eingeschränkt und nur in bestimmten Fällen zum Ausgleich eines Jahresfehlbetrages oder eines Verlustvortrags zulässig.

> **!** **Grundsätzlich können in früheren Jahren gebildete Gewinnrücklagen wieder aufgelöst werden. Die Auflösung der gesetzlichen Rücklage ist allerdings nur unter bestimmten Voraussetzungen zum Ausgleich eines Jahresfehlbetrages oder eines Verlustvortrags möglich.**

Die aus der Auflösung von Gewinnrücklagen stammenden Beträge werden als „Entnahmen aus Gewinnrücklagen" bei der Gewinnverwendung wie ein Gewinn des laufenden Jahres behandelt.

Ausweis eines Bilanzgewinns durch Auflösung von Rücklagen

Für den Fall, dass im laufenden Jahr ein Jahresfehlbetrag von 100.000 EUR und im letzten Jahr ein Jahresfehlbetrag von 50.000 EUR erwirtschaftet wurde, kann entsprechend nebenstehender Tabelle durch Auflösung von Gewinnrücklagen trotzdem ein Bilanzgewinn ausgewiesen und eine Dividende gezahlt werden.

	Jahresfehlbetrag	**– 100.000 EUR**
–	Verlustvortrag aus dem Vorjahr	– 50.000 EUR
=	neuer Fehlbetrag	– 150.000 EUR
+	Entnahme aus Gewinnrücklagen	300.000 EUR
=	**Bilanzgewinn**	**150.000 EUR**

9.2.3 Feststellung des Jahresabschlusses und Gewinnverwendung einer AG im Gesamtzusammenhang

Aufg. 9.2.4 S. 532

HGB § 264 (1)	HGB §§ 316 ff.	AktG § 170	AktG §§ 171 ff.	AktG §§ 174, 175
Vorstand stellt Jahresabschluss auf und legt ihn innerhalb von 3 Monaten nach Ende des Geschäftsjahres vor.	Die von der Hauptversammlung bestimmten Wirtschaftsprüfer erstellen einen Prüfbericht.	Vorlage beim Aufsichtsrat Vorstand macht einen Vorschlag zur Gewinnverwendung.	Aufsichtsrat prüft die Unterlagen. Stimmt er zu, sind Jahresabschluss und Bilanzgewinn festgestellt.[1] Die Hauptversammlung ist daran gebunden.	Vorstand beruft in den ersten 8 Monaten des neuen Geschäftsjahres die Hauptversammlung ein.

Zeit →

Bei der Bemessungsgrundlage für die Berechnung der gesetzlichen Rücklage und der anderen Gewinnrücklagen wird zwar ein möglicherweise vorhandener **Verlustvortrag abgezogen**, ein **Gewinnvortrag aber nicht** hinzugezählt. Das liegt daran, dass der Gewinnvortrag bereits im vorherigen Jahr Teil des Jahresüberschusses und damit Teil der Bemessungsgrundlage für die Berechnung der Gewinnrücklagen war.

1 Wenn der Aufsichtsrat die Zustimmung zum Jahresabschluss verweigert, stellt die Hauptversammlung den Jahresabschluss fest. Dies gilt auch, wenn die Satzung eine solche Regelung vorschreibt. Die Behandlung dieser Fälle ist im Lehrplan nicht vorgesehen.

Gewinnverwendungstabelle einer AG *(ohne Auflösung von Rücklagen)*

	Jahresüberschuss aus GuV	1.000.000 EUR
–	**evtl. Verlustvortrag aus dem Vorjahr**	0 EUR
=	**bereinigter Jahresüberschuss**	1.000.000 EUR
–	**davon evtl. 5 % für gesetzliche Rücklage**	50.000 EUR
=	**Restbetrag**	950.000 EUR
–	**davon maximal 50 % für andere Gewinnrücklagen**	475.000 EUR
=	**Restbetrag**	475.000 EUR
+	**evtl. Gewinnvortrag aus dem Vorjahr**	10.000 EUR
=	**Bilanzgewinn**	485.000 EUR
–	**davon evtl. weitere Beträge für andere Gewinnrücklagen**	0 EUR
=	**Betrag für Dividendenausschüttung**	485.000 EUR
–	**„runder" Ausschüttungsbetrag z. B. 4,50 EUR je Aktie bei 100.000 Aktien**	450.000 EUR
=	**Gewinnvortrag für das nächste Jahr**	35.000 EUR

AktG § 150 schreibt vor:

Wenn die Summe aus gesetzlicher Rücklage und Kapitalrücklage kleiner als 10 % des Grundkapitals ist, müssen 5 % des bereinigten JÜ in die gesetzliche Rücklage eingestellt werden.

AktG § 58 (2) schreibt vor:

Aus dem Rest können Vorstand und Aufsichtsrat bis zu 50 % in die anderen Gewinnrücklagen einstellen.

AktG § 58 (3) schreibt vor:

Die Hauptversammlung kann mit einfacher Mehrheit weitere Beträge in die anderen Gewinnrücklagen einstellen oder als Gewinnvortrag verwenden.

9.2.4 Einfluss der Gewinnverwendung auf den Jahresabschluss der AG

AktG § 158

Je nachdem, ob die Gewinnverwendung bei der Aufstellung des Jahresabschlusses bereits berücksichtigt wird oder nicht, haben Bilanz und (gem. AktG § 158 erweiterte) GuV einer AG ein unterschiedliches Aussehen. Dabei sind folgende drei Möglichkeiten zu unterscheiden:

Jahresabschluss

- vor der Gewinnverwendung
- nach teilweiser Gewinnverwendung
- nach vollständiger Gewinnverwendung

Jahresabschluss vor Gewinnverwendung

Der Jahresüberschuss beträgt 1.000.000 EUR. Vor der Gewinnverwendung wird dieser Betrag gem. HGB § 266 in der Bilanzposition Jahresüberschuss als Teil des Eigenkapitals ausgewiesen.

Gewinn- und Verlustrechnung HGB § 275 (2) in EUR	Jahr 01
Erträge	15.000.000
– Aufwendungen	14.000.000
Jahresüberschuss	**1.000.000** →

Gliederung des Eigenkapitals einer AG vor Gewinnverwendung gem. HGB § 266 in EUR	Jahr 01
A. Eigenkapital	
I. Gezeichnetes Kapital	20.000.000
II. Kapitalrücklage	500.000
III. Gewinnrücklage	
1. gesetzliche Rücklagen	1.200.000
2. ...	
3. ...	
4. andere Gewinnrücklagen	600.000
IV. Gewinnvortrag/Verlustvortrag	10.000
V. Jahresüberschuss	**1.000.000**
Summe Eigenkapital	**23.310.000**

HGB §§ 266, 272 (2)

Jahresabschluss nach teilweiser Gewinnverwendung

Gem. HGB § 268 (1) kann der Jahresabschluss auch unter Berücksichtigung der teilweisen oder vollständigen Gewinnverwendung aufgestellt werden. Gem. AktG § 158 (1) ist die GuV entsprechend zu ergänzen.

Gewinn- und Verlustrechnung HGB § 275 (2), AktG § 158 (1) in EUR	Jahr 01
Erträge	15.000.000
– Aufwendungen	14.000.000
= Jahresüberschuss	1.000.000
+ Gewinnvortrag aus dem Vorjahr	10.000
– Einstellung in Gewinnrücklagen	
a) in die gesetzliche Rücklage	50.000 →
b) –	
c) –	
d) in die anderen Gewinnrücklagen →	475.000
Bilanzgewinn	**485.000** →

Gliederung des Eigenkapitals einer AG nach teilweiser Gewinnverwendung gem. HGB § 266, 268 (1) in EUR	Jahr 01
A. Eigenkapital	
I. Gezeichnetes Kapital	20.000.000
II. Kapitalrücklage	500.000
III. Gewinnrücklage	
1. gesetzliche Rücklagen	1.250.000
2. ...	
3. ...	
4. andere Gewinnrücklagen	1.075.000
IV. Bilanzgewinn	**485.000**
Summe Eigenkapital	**23.310.000**

HGB § 268 (1)

AktG § 158 (1)

Jahresabschluss nach vollständiger Gewinnverwendung

Gewinn- und Verlustrechnung HGB § 275 (2), AktG § 158 (1) in EUR	Jahr 01
Erträge	15.000.000
– Aufwendungen	14.000.000
= Jahresüberschuss	1.000.000
+ Gewinnvortrag aus dem Vorjahr	10.000
– Einstellung in Gewinnrücklagen	
a) in die gesetzliche Rücklage	50.000 →
b)	
c)	
d) in die anderen Gewinnrücklagen	475.000 →
– auszuschüttende Dividende	450.000
Gewinnvortrag	**35.000**

HGB § 268 (1)

AktG § 158 (1)

Gliederung des Eigenkapitals und Veränderung des Fremdkapitals einer AG nach vollständiger Gewinnverwendung gem. HGB § 266, 268 (1) in EUR	Jahr 01
A. Eigenkapital	
I. Gezeichnetes Kapital	20.000.000
II. Kapitalrücklage	500.000
III. Gewinnrücklage	
1. gesetzliche Rücklagen	1.250.000
2. ...	
3. ...	
4. andere Gewinnrücklagen	1.075.000
IV. Gewinnvortrag	**35.000**
Summe Eigenkapital	**22.860.000**
B. Verbindlichkeiten	
1.	
2. sonstige Verbindlichkeiten	**450.000**

Die Dividendenzahlung stellt für die AG einen Abfluss von liquiden Mittel dar. Diese Mittel können nicht zur Selbstfinanzierung verwendet werden. Solange die beschlossene Dividende noch nicht ausgezahlt ist, handelt es sich um eine Verbindlichkeit der AG gegenüber ihren Aktionären, die auf der Passivseite der Bilanz ausgewiesen wird.

9.2.5 Interessenkonflikte bei der Gewinnverwendung einer AG: Maximaler und minimaler Bilanzgewinn

Aufg. 9.2.5 S. 533

Durch Einstellung von Teilen des Jahresüberschusses in die Gewinnrücklagen entsteht ein Interessenkonflikt zwischen der Geschäftsleitung und den Gläubigern der AG einerseits und den Aktionären andererseits.

Interessen der Geschäftsleitung, der Gläubiger und der Großaktionäre	Interessen der (Klein-)Aktionäre
möglichst hohe Selbstfinanzierung zur Erhöhung des Eigenkapitals als Haftungsgrundlage und zur Stärkung der Finanzkraft Folgen: ■ kein Liquiditätsabfluss ■ keine Finanzierungskosten z. B. für Fremd- oder Beteiligungsfinanzierung ■ unbefristet verfügbares Kapital ■ Kreditwürdigkeit steigt ■ Wert des Unternehmens steigt: Möglicherweise Kurssteigerung	Auszahlung einer Dividende als Verzinsung der Kapitalanlage in Aktien. Folgen: ■ positive Stimmung der Aktionäre ■ Aktie wird möglicherweise wegen Dividendenzahlung attraktiv (Kurssteigerung)

Das Aktiengesetz versucht einen Kompromiss zwischen den häufig entgegengesetzten Interessen von Gläubigern/Geschäftsleitung und Aktionären zu finden. Einerseits wird der Dividendenanspruch der Aktionäre ausdrücklich betont. Die Hauptversammlung kann darüber beschließen, welcher Teil des Bilanzgewinns als Dividende an die Aktionäre ausgeschüttet werden soll. Andererseits wird bis zu einem bestimmten Grad eine Selbstfinanzierung gesetzlich erzwungen und die Auflösung gesetzlicher Rücklagen zur Gewinnausschüttung verhindert. AktG § 58 (4) § 174 AktG § 150 (1), (2) § 150 (3), (4)

Konflikt zwischen Bildung von Gewinnrücklagen und Dividende

Das Eigenkapital der Solar AG setzt sich zu Anfang des Jahres 01 wie folgt zusammen:

I. Gezeichnetes Kapital	20.000.000 EUR
II. Kapitalrücklage	500.000 EUR
III. Gewinnrücklagen	
1. gesetzliche Rücklage	1.200.000 EUR
2. andere Gewinnrücklagen	600.000 EUR
IV. Gewinnvortrag	10.000 EUR

Im Jahr 01 wurde ein Jahresüberschuss von 1.000.000 EUR erwirtschaftet.
Es wurden 100.000 Stückaktien ausgegeben.

Problem 1: Welchen Bilanzgewinn **müssen** Vorstand und Aufsichtsrat **mindestens** ausweisen? Wie hoch ist in diesem Fall die diesjährige

a) gesetzlich erzwungene offene Selbstfinanzierung
b) freiwillig vorgenommene offene Selbstfinanzierung
c) offene Selbstfinanzierung insgesamt?

	Jahresüberschuss	1.000.000 EUR
–	Verlustvortrag aus dem Vorjahr	0 EUR
=	bereinigter Jahresüberschuss	1.000.000 EUR
–	davon 5 % Einstellung in die gesetzliche Rücklage	50.000 EUR
	Restbetrag I	950.000 EUR
–	davon maximal 50 % Einstellung in andere Gewinnrücklagen	475.000 EUR
	Restbetrag II	475.000 EUR
+	Gewinnvortrag aus dem Vorjahr	10.000 EUR
	(minimaler) Bilanzgewinn	485.000 EUR
–	maximale Dividendenausschüttung: 4,80 EUR je Aktie (auf volle 10 Cent gerundeter Betrag)	480.000 EUR
	Gewinnvortrag	5.000 EUR

Offene Selbstfinanzierung im Jahr 01:

a) gesetzlich erzwungene offene Selbstfinanzierung: Einstellung in gesetzliche Rücklage		50.000 EUR
b) freiwillig vorgenommene offene Selbstfinanzierung:		470.000 EUR
Einstellung in andere Gewinnrücklagen	*475.000 EUR*	
– Gewinnvortrag aus dem Vorjahr (= Teil der offenen SF des Vorjahres)	*10.000 EUR*	
+ diesjähriger Gewinnvortrag (Jahr 01)	*5.000 EUR*	
c) diesjährige offene Selbstfinanzierung (Jahr 01) insgesamt		520.000 EUR

Der Ausgleich eines Verlustvortrags und die Zuführung zur gesetzlichen Rücklage stellen eine gesetzlich erzwungene offene Selbstfinanzierung dar. Die Zuführung zu den anderen Gewinnrücklagen und der Gewinnvortrag für das nächste Jahr stellen eine freiwillig vorgenommene offene Selbstfinanzierung dar.

Offene Selbstfinanzierung = Jahresüberschuss – Dividende
Je höher die Dividende, desto geringer die Selbstfinanzierung.

Konflikt zwischen Bildung von Gewinnrücklagen und Dividende *(Fortsetzung)*

Problem 2: Welchen Bilanzgewinn **können** Vorstand und Aufsichtsrat **höchstens** ausweisen? Wie hoch ist in diesem Fall die diesjährige

a) gesetzlich erzwungene offene Selbstfinanzierung
b) freiwillig vorgenommene offene Selbstfinanzierung
c) offene Selbstfinanzierung insgesamt?

	Jahresüberschuss	1.000.000 EUR
–	Verlustvortrag aus dem Vorjahr	0 EUR
=	bereinigter Jahresüberschuss	1.000.000 EUR
–	davon 5 % Einstellung in gesetzliche Rücklagen	50.000 EUR
	Restbetrag	950.000 EUR
+	Entnahme aus den anderen Gewinnrücklagen	600.000 EUR
+	Gewinnvortrag aus dem Vorjahr	10.000 EUR
	(maximaler) Bilanzgewinn	1.560.000 EUR
–	maximale Dividendenausschüttung: 15,60 EUR je Aktie (auf volle 10 Cent gerundeter Betrag)	1.560.000 EUR
	Gewinnvortrag	0 EUR

Offene Selbstfinanzierung im Jahr 01:

a) gesetzlich erzwungene offene Selbstfinanzierung:		
Einstellung in gesetzliche Rücklage		50.000 EUR
b) freiwillig vorgenommene offene Selbstfinanzierung:		
Einstellung in andere Gewinnrücklagen		0 EUR
Gewinnvortrag		0 EUR
c) offene Selbstfinanzierung im laufenden Jahr insgesamt		50.000 EUR
Entnahme aus anderen Gewinnrücklagen	*600.000 EUR*	
Gewinnvortrag aus dem Vorjahr (= Teil der offenen SF des Vorjahres)	*10.000 EUR*	
Selbstfinanzierung aus früheren Jahren wird rückgängig gemacht		*(–) 610.000 EUR*
= Verringerung der Selbstfinanzierung insgesamt		(–) 560.000 EUR

Zusammenfassende Übersicht zu 9.2: Offene Selbstfinanzierung am Beispiel einer Aktiengesellschaft

Offene Selbstfinanzierung = Einbehaltung von Gewinnen

Bildung von Gewinnrücklagen (= Teil des Eigenkapitals)

gesetzliche Rücklage = gesetzlich erzwungene Selbstfinanzierung	**andere (freiwillige) Rücklagen** = freiwillig vorgenommene Selbstfinanzierung
AktG § 150 (1), (2) 5 % des (um einen eventuell vorhandenen Verlustvortrag verminderten) Jahresüberschusses bis die Summe aus gesetzlicher Rücklage und Kapitalrücklage 10 % des Grundkapitals erreicht hat	AktG § 58 (2): Vorstand und Aufsichtsrat können nach Einstellung in die gesetzliche Rücklage vom Rest bis zu 50 % in andere (freiwillige) Gewinnrücklagen einstellen. AktG § 58 (3): Die Hauptversammlung kann vom Bilanzgewinn weitere Beträge in andere (freiwillige) Gewinnrücklagen einstellen
Auflösung der gesetzlichen Rücklage nur unter bestimmten Voraussetzungen möglich AktG § 150 (2), (3)	Auflösung freiwilliger Gewinnrücklagen i. d. R. problemlos möglich

Verwendung des Jahresüberschusses

	Jahresüberschuss (JÜ)	
–	Verlustvortrag aus dem Vorjahr	
=	bereinigter Jahresüberschuss: Basis für Einstellung in die gesetzliche Rücklage	
+	Entnahme aus Rücklagen	
–	Einstellung in gesetzliche Rücklage	AktG § 150
=	Restbetrag: Basis für Einstellung in andere Gewinnrücklagen	
–	Einstellung in andere Gewinnrücklagen	AktG § 58 (2)
=	Restbetrag	
+	Gewinnvortrag aus Vorjahr	
=	Bilanzgewinn	
–	Einstellung weiterer Beträge in andere Gewinnrücklagen durch HV	AktG § 58 (3)
=	verfügbare Dividende	
–	ausgezahlte Dividende	
=	Gewinnvortrag/Verlustvortrag	

Aufstellung des Jahresabschlusses

vor der Gewinnverwendung	**nach teilweiser Gewinnverwendung**	**nach vollständiger Gewinnverwendung**
Eigenkapitalpositionen: Gewinn-/Verlustvortrag Vorjahr Jahresüberschuss/Jahresfehlbetrag aktuelles Jahr	Eigenkapitalposition: Bilanzgewinn	Eigenkapitalposition: Gewinn-/Verlustvortrag nächstes Jahr Fremdkapitalposition: sonst. Verbindlichkeit (noch auszuzahlende Dividende)

Interessenkonflikte bei der Gewinnverwendung

Bildung von Gewinnrücklagen (= offene Selbstfinanzierung)	Kompromiss durch AktG gesetzlich erzwungene offene Selbstfinanzierung	Dividendenzahlung
Geschäftsführung/Gläubiger	← freiwillige offene Selbstfinanzierung → maximaler/minimaler Bilanzgewinn	Aktionäre

WIEDERHOLUNG DES GRUNDWISSENS

9.2. Offene Selbstfinanzierung am Beispiel einer Aktiengesellschaft

1. Erläutern Sie, wodurch sich die offene Selbstfinanzierung einer AG von der eines Einzelunternehmens oder einer Personengesellschaft unterscheidet.
2. Geben Sie an, wie Gewinnrücklagen zustande kommen und welche Rückschlüsse sich aus der Höhe der Gewinnrücklagen ziehen lassen.
3. Unterscheiden Sie zwischen Rücklagen von Rückstellungen.
4. Beschreiben Sie die im Aktiengesetz vorgesehene Vorgehensweise zur Bildung einer gesetzlichen Gewinnrücklage.
5. Vergleichen Sie die Bemessungsgrundlage für die Bildung der gesetzlichen Gewinnrücklage mit der für die Bildung anderer Gewinnrücklagen durch Vorstand und Aufsichtsrat.
6. Beschreiben Sie die im Aktiengesetz vorgesehene Vorgehensweise zur Bildung freiwilliger Gewinnrücklagen (andere Gewinnrücklagen) durch Vorstand und Aufsichtsrat.
7. Erläutern Sie, wie durch Beschluss der Hauptversammlung zur offenen Selbstfinanzierung einer AG beigetragen werden kann.
8. Zeigen Sie die Auswirkungen auf, die sich durch die Auflösung von Gewinnrücklagen ergeben.
9. Nennen Sie die Schritte von der Aufstellung des Jahresabschlusses durch den Vorstand bis zur Entscheidung durch die Hauptversammlung.
10. Erläutern Sie, wie entsteht ein Gewinnvortrag für das nächste Jahr entsteht.
11. Begründen Sie, warum bei der Bemessungsgrundlage für die Gewinnrücklagen nur ein Verlustvortrag, nicht aber ein Gewinnvortrag berücksichtigt wird.
12. Zeigen Sie auf, anhand welcher Bilanzpositionen sich erkennen lässt, ob der Jahresabschluss vor, nach teilweiser oder nach vollständiger Gewinnverwendung aufgestellt wurde.
13. Zeigen Sie auf, wie eine von der Hauptversammlung beschlossene, aber noch nicht ausgezahlte Dividende in der Bilanz ausgewiesen wird.
14. Beschreiben Sie den Zusammenhang, der zwischen der Höhe der Dividende und der Höhe der offenen Selbstfinanzierung besteht.
15. Erläutern Sie, worin der mögliche Interessenkonflikt zwischen Geschäftsleitung und Gläubigern einer AG einerseits und den Aktionären andererseits besteht.
16. Zeigen Sie auf, durch welche Regelungen des AktG wird versucht, einen Kompromiss zwischen den unterschiedlichen Interessen zu schaffen.

AUFGABEN ZUM ERWERB UND ZUR KONTROLLE VON KOMPETENZEN

9.2 Offene Selbstfinanzierung am Beispiel einer Aktiengesellschaft

LA

9.2.1 Jahresabschluss und Gewinnverwendung einer AG

Für die CHEMIE AG liegt zum 31.12. .. folgende verkürzte Bilanz vor:

Aktiva		Passiva	
A. Anlagevermögen	17.090.000	A. Eigenkapital	
B. Umlaufvermögen	8.500.000	I. gez. Kapital	10.800.000
		II. Kapitalrücklage	720.000
		III. Gewinnrücklagen	
		1. gesetzl. Rücklage	340.000
		2. andere Gewinnrücklage	1.210.000
		IV. Gewinnvortrag	20.000
		V. Jahresüberschuss	900.000
		B. Verbindlichkeiten	11.600.000
	25.590.000		25.259.000

PDF

Das gezeichnete Kapital ist in 900.000 Stückaktien aufgeteilt.

HGB §§ 264, 316

AktG § 170 ff.

1. Beschreiben Sie anhand von HGB und AktG den Weg der Jahresabschlusserstellung und -feststellung in fünf Schritten. Gehen Sie auch auf die rechtliche Konsequenz der Feststellung des Jahresabschlusses ein.
2. Angenommen, der Aufsichtsrat verweigert seine Zustimmung zu dem vom Vorstand vorgelegten Jahresabschluss. Wie ist in diesem Fall zu verfahren?
3. Vorstand und Aufsichtsrat haben den Jahresabschluss festgestellt.

   AktG § 173 (1)

   a) Berechnen Sie die höchstmögliche Dividende (auf volle 10 Cent gerundet), wenn Vorstand und Aufsichtsrat einen möglichst hohen Betrag in die Rücklagen einstellen.

   Hinweis: Die gesetzliche Rücklage wird nur bis zu dem Betrag aufgefüllt, bis sie zusammen mit der Kapitalrücklage genau 10 % des Grundkapitals beträgt.

   b) Welcher Zweck wird mit der Rücklagenbildung verfolgt?
   c) Prüfen Sie, ob und ggf. unter welchen Voraussetzungen Gewinnrücklagen wieder aufgelöst werden können.
4. Stellen Sie die Zusammensetzung des Eigenkapitals der CHEMIE AG nach teilweiser und vollständiger Verwendung des Jahresüberschusses dar, wenn die Hauptversammlung die Ausschüttung der in Aufg. 3 ermittelten Dividende beschließt. §§ 150 (2), 58 (2) § 150 (3)
5. Wie hoch ist im vorliegenden Fall die aus dem Jahresüberschuss des laufenden Jahres vorgenommene
   a) gesetzlich erzwungene Selbstfinanzierung
   b) freiwillige Selbstfinanzierung
   c) Selbstfinanzierung insgesamt?

9.2.2 Jahresüberschuss und offene Selbstfinanzierung

Gliederung des Eigenkapitals der Sanus AG nach vollständiger Gewinnverwendung (in EUR)		
	Jahr 00	**Jahr 01**
A. Eigenkapital		
I. Gezeichnetes Kapital	*10.000.000*	10.000.000
II. Kapitalrücklage	*500.000*	500.000
III. Gewinnrücklagen		
1. gesetzliche Rücklage	*500.000*	500.000
4. andere Gewinnrücklagen	*600.000*	1.150.000
IV. Gewinnvortrag	*10.000*	2.000
Summe Eigenkapital	11.510.000	12.052.000

Das Eigenkapital der Sanus AG hat sich vom Jahr 00 zum Jahr 01 durch offene Selbstfinanzierung in der nebenstehenden Form verändert.

1. Wie hoch waren Jahresüberschuss und Bilanzgewinn im Jahr 01, wenn der Dividendensatz 4,5 % (bezogen auf das gezeichnete Kapital) betrug?
2. Wie hoch war die offene Selbstfinanzierung im Jahr 01?

9.2.3 Jahresfehlbetrag – Auflösung von Rücklagen

Für die MABA AG liegen am Ende des laufenden Geschäftsjahres folgende Daten vor:

I.	Gezeichnetes Kapital	23.000.000 EUR
II.	Kapitalrücklage	3.000.000 EUR

III. Gewinnrücklagen
  1. gesetzliche Rücklage 1.000.000 EUR
  2. andere Gewinnrücklagen 17.000.000 EUR
IV. Verlustvortrag aus dem Vorjahr 2.700.000 EUR

1. Welchen Dividendenbetrag je Aktie mit Nennwert 5,00 EUR (auf glatte 10 Cent gerundet) könnte die Maschinenbau AG höchstens ausschütten, wenn im laufenden Jahr ein Jahresüberschuss von 12 Mio. EUR erwirtschaftet worden wäre?
2. Angenommen, es wurde ein Jahresfehlbetrag in Höhe von 6 Mio. EUR erwirtschaftet.
   a) Welche Rücklagen könnten im vorliegenden Fall aufgelöst werden, um trotz des Jahresfehlbetrags eine Dividendenausschüttung zu ermöglichen?
   b) Welchen Dividendenbetrag je Aktie mit Nennwert 5,00 EUR könnte die MABA AG in diesem Fall höchstens ausschütten?

AktG § 150 (4)

3. Unter welchen Voraussetzungen könnte sowohl der Jahresfehlbetrag als auch der Verlustvortrag ausgeglichen werden, ohne Beträge aus den anderen Gewinnrücklagen zu entnehmen?

9.2.4 Gewinnverwendung einer AG

Die Buchhaltung des Maschinenherstellers WEMA AG weist folgende Zahlen aus:

PDF

Gezeichnetes Kapital	80.000.000 EUR
Kapitalrücklage	1.500.000 EUR
gesetzliche Rücklage	4.500.000 EUR
andere Gewinnrücklagen	2.000.000 EUR
Gewinnvortrag aus dem Vorjahr	100.000 EUR
Jahresüberschuss/Jahresfehlbetrag	15.100.000 EUR

1. Vorstand und Aufsichtsrat stellen den Jahresabschluss nach § 172 (1) AktG fest. Die Einstellung in die gesetzliche Rücklage erfolgt nach § 150 (2) AktG. Der von Vorstand und Aufsichtsrat erstellte Jahresabschluss wird im Geschäftsbericht der AG veröffentlicht und der Hauptversammlung vorgelegt. Das Grundkapital ist in 16.000.000 Stückaktien aufgeteilt.
   a) Bestimmen Sie für den Fall einer auf volle 10 Cent gerundeten Dividende auf der Basis des Jahresüberschusses des laufenden Geschäftsjahres die
      - Untergrenze der offenen Selbstfinanzierung
      - Obergrenze der offenen Selbstfinanzierung, soweit Vorstand und Aufsichtsrat darüber beschließen
      - Obergrenze der offenen Selbstfinanzierung, soweit die Zustimmung der Hauptversammlung hierfür erforderlich ist.
   b) Vorstand und Aufsichtsrat haben den anderen Gewinnrücklagen den gesetzlich höchstmöglichen Betrag (AktG § 58 Abs. 2 Satz 1) zugeführt. Die Geschäftsleitung will die Aktionäre auf der Hauptversammlung zusätzlich zu einem Dividendenverzicht bewegen.
      Wie hoch wäre die Selbstfinanzierung, wenn nur eine Dividende von 5 % ausgeschüttet würde?
   c) Was spricht gegen die maximale Ausschöpfung der offenen Selbstfinanzierung durch Vorstand und Aufsichtsrat?
   d) Vorstand und Aufsichtsrat haben den anderen Gewinnrücklagen den gesetzlich höchstmöglichen Betrag (AktG § 58 Abs. 2 Satz 1) zugeführt. Die Hauptversammlung beschließt, dass die höchstmögliche Dividende zur Ausschüttung kommt (glatter Prozentsatz).
      Wie hoch ist die auszuschüttende Dividende und wie stellt sich das Eigenkapital der AG nach vollständiger Gewinnverwendung dar?
2. Welche Änderungen gegenüber der Ausgangssituation von 1d) würden sich jeweils in folgenden Fällen ergeben?
   a) Es liegt kein Gewinnvortrag, sondern ein Verlustvortrag aus dem Vorjahr in Höhe von 100.000 EUR vor.
   b) Kapitalrücklagen und gesetzliche Rücklage betragen zusammen 8 Mio. EUR.
   c) Die Hauptversammlung beschließt gem. AktG § 58 Abs. 3, den Bilanzgewinn in voller Höhe den Gewinnrücklagen zuzuführen.

9.2.5 Rücklagenbildung – Bilanzgewinn – Interessenkonflikte

Die Helix AG weist zum 31.12. .. vor der Gewinnermittlung für das laufende Jahr folgendes Eigenkapital aus:

I. Gezeichnetes Kapital	5.000.000 EUR
II. Kapitalrücklage	100.000 EUR
III. Gewinnrücklagen	
1. gesetzliche Rücklage	80.000 EUR
2. andere Gewinnrücklagen	500.000 EUR
IV. Verlustvortrag	– 10.000 EUR
V. Jahresüberschuss	900.000 EUR

Der Nennwert einer Aktie beträgt 5,00 EUR.

1. Angenommen, Vorstand und Aufsichtsrat möchten auf der Basis des diesjährigen Jahresüberschusses einen maximalen Bilanzgewinn ausweisen (keine Auflösung von anderen Gewinnrücklagen).
   a) Wie hoch wäre der Bilanzgewinn?
   b) Wie hoch wäre die höchstmögliche Dividende je Aktie, wenn die Dividende einen glatten Prozentsatz des Grundkapitals ergeben soll?
   c) Wie hoch wäre in diesem Fall die aus dem Jahresüberschuss des laufenden Jahres vorgenommenen
      - gesetzlich erzwungene Selbstfinanzierung
      - freiwillig veranlasste Selbstfinanzierung
      - gesamte offene Selbstfinanzierung?
   d) Wie hoch wäre in diesem Fall der durch offene Selbstfinanzierung entstandene Teil des Eigenkapitals (in % des Eigenkapitals)
2. Angenommen, Vorstand und Aufsichtsrat möchten den minimalen Bilanzgewinn ausweisen.
   a) Wie hoch wäre der Bilanzgewinn?
   b) Wie hoch wäre die höchstmögliche Dividende je Aktie, wenn die Dividende einen glatten Prozentsatz des Grundkapitals ergeben soll?
   c) Wie hoch wäre in diesem Fall die aus dem Jahresüberschuss des laufenden Jahres vorgenommene
      - gesetzlich erzwungene Selbstfinanzierung
      - freiwillig veranlasste Selbstfinanzierung
      - gesamte offene Selbstfinanzierung?
   d) Wie hoch wäre in diesem Fall der durch Selbstfinanzierung entstandene Teil des Eigenkapitals (in % des gesamten Eigenkapitals)?
   e) Prüfen Sie, ob und ggf. in welcher Höhe durch Beschluss der Hauptversammlung noch zusätzlich zur Selbstfinanzierung beigetragen werden kann.
3. Durch Einstellung von Teilen des Jahresüberschusses in die Gewinnrücklagen entsteht ein Interessenkonflikt zwischen verschiedenen Gruppen.
   a) Prüfen Sie, wie sich die Rücklagenbildung auf folgende Größen auswirkt und für welche Gruppe eine positive Entwicklung dieser Größen jeweils von Bedeutung ist:
      - Kreditwürdigkeit
      - Eigenkapitalrentabilität
      - Liquidität
      - Dividende
      - Unternehmenswachstum
   b) Erläutern Sie diesen Interessenkonflikt am vorliegenden Beispiel, indem Sie die Interessen unterschiedlicher Gruppen gegenüberstellen.

9.3 Beteiligungsfinanzierung am Beispiel einer AG: Kapitalerhöhung gegen Einlagen

9.3.1 Rechtliche Grundlagen der Kapitalerhöhung gegen Einlagen

AktG § 182–191

Eine AG hat die Möglichkeit, sich durch die Ausgabe **junger (neuer) Aktien** zusätzliches Eigenkapital zu beschaffen (= **Kapitalerhöhung gegen Einlagen**).

Dieser Vorgang wird auch als **ordentliche Kapitalerhöhung** bezeichnet.

AktG § 9 § 8 (3) § 182 Abs. 1 S. 5

Durch die Ausgabe zusätzlicher Aktien ändert sich das in der **Satzung** eingetragene **Grundkapital** der AG. Das macht eine **Satzungsänderung** nötig. Diese setzt wiederum einen **Beschluss der Hauptversammlung** mit einer Dreiviertelmehrheit des bei der Beschlussfassung vertretenen Grundkapitals voraus. Setzt sich das Grundkapital aus verschiedenen Aktienarten zusammen, bedarf es der Dreiviertelmehrheit für jede Aktienart. Der Beschluss der Hauptversammlung wird ins Handelsregister eingetragen.

Der Verkaufspreis der jungen Aktien darf bei **Nennbetragsaktien** nicht unter deren Nennwert liegen. Bei Stückaktien darf der auf eine Aktie entfallende Anteil am Grundkapital (= fiktiver Nennwert) einen Euro nicht unterschreiten. Gibt die Gesellschaft **Stückaktien** aus, muss sich die Zahl der Aktien im selben Verhältnis wie das Grundkapital erhöhen. Dadurch ist gewährleistet, dass der fiktive Nennwert der Stückaktien vor und nach der Kapitalerhöhung gleich ist.

AktG § 183

Statt Geldeinlagen ist auch eine Kapitalerhöhung mit Sacheinlagen (z. B. Grundstücke, Patente) möglich.

9.3.2 Emissionsverfahren[1]

Aufg. 9.3.1 S. 540

LA

Die Ausgabe von Wertpapieren wird als Emission bezeichnet. Bei dem Unternehmen, welches die Wertpapiere ausgibt, handelt es sich um den Emittenten.

Rolle der Banken bei der Aktienausgabe

Die Emission von Wertpapieren erfolgt in den meisten Fällen unter Mitwirkung von Banken, die die Beratung, Vorbereitung und Unterbringung (Platzierung[2]) der Wertpapiere übernehmen (= Fremdemission). Schaltet der Emittent mehrere Banken bei der Ausgabe von Wertpapieren ein, bilden diese ein **Emissionskonsortium**.

Bei einem Emissionskonsortium handelt es sich um eine zeitlich begrenzte Zusammenarbeit mehrerer Banken zur Durchführung eines bestimmten Emissionsgeschäftes.

Innerhalb eines Konsortiums übernimmt in der Regel eine Bank (bei großen Emissionskonsortien u. U. auch mehrere Banken) die Führungsrolle als **Konsortialführer.**

1 Emission *(lat.)*: Ausgabe (von Wertpapieren), emittere *(lat.)*: hinausschicken
2 platzieren *(franz.)*: an einen bestimmten Platz bringen; in der Kaufmannssprache: Wertpapiere unterbringen

Die Möglichkeiten der Unterbringung (Platzierung) der jungen Aktien hängen maßgeblich davon ab, wie viele junge Aktien zu welchem Preis (= Emissionskurs) am Kapitalmarkt verkauft werden sollen. Die Zahl der im Rahmen der Kapitalerhöhung auszugebenden jungen Aktien wird durch den Hauptversammlungsbeschluss bestimmt. Der **Ausgabekurs** muss dagegen in Abhängigkeit von den Absatzmöglichkeiten am Kapitalmarkt festgelegt werden. In welchem Umfang der AG Finanzierungsmittel durch die Kapitalerhöhung zufließen, ergibt sich daher erst, wenn die Emission abgeschlossen ist und festgestellt werden kann, zu welchem Kurs wie viele Aktien verkauft wurden.

Unter- und Obergrenze des Emissionskurses

Die **Untergrenze** des Emissionskurses ist gesetzlich festgelegt, da Aktien nicht unter ihrem (fiktiven) Nennwert ausgegeben werden dürfen. Die **Obergrenze** des Emissionskurses bildet zwangsläufig der Börsenkurs der alten Aktien zum Zeitpunkt der Kapitalerhöhung. Kein Kapitalanleger würde nämlich junge Aktien zu einem höheren Preis kaufen, als er für die gleichwertigen alten Aktien derzeit an der Börse bezahlen muss.

AktG §§ 8(3) 9, 182 (1), S. 5

Die **Bestimmung des Emissionskurses** stellt ein wichtiges **Entscheidungsproblem** dar. Der Emittent bevorzugt wegen des möglichst großen Zuflusses an Finanzierungsmitteln einen hohen Emissionskurs. Für die Anleger ist der Kauf junger Aktien dagegen umso attraktiver, je geringer der Emissionskurs ist. Außerdem spielen auch die Interessen der beteiligten Banken an einer erfolgreichen Unterbringung der jungen Aktien eine Rolle.

Bookbuilding-Verfahren

Die Festlegung des Emissionskurses erfolgt inzwischen in den meisten Fällen nach dem **Bookbuilding-Verfahren**. Beim Bookbuilding-Verfahren orientiert sich die Festlegung des Emissionskurses vorrangig an der Nachfrage der Kapitalanleger.

In einer ersten Phase erkunden die Konsortialbanken vorab das Interesse möglicher (Groß-)Anleger an den jungen Aktien. In Anlehnung an deren unverbindliche Preisangebote wird eine **Preisspanne** festgelegt und öffentlich bekannt gegeben. Danach haben alle interessierten Anleger innerhalb einer **Zeichnungsfrist** (z. B. 10 Tage) die Möglichkeit, ihre Kaufaufträge abzugeben. Diese Kaufaufträge beinhalten einen Preis (der innerhalb der Preisspanne liegen muss) und die gewünschte Anzahl an jungen Aktien, die der Anleger zu dem von ihm genannten Preis erwerben möchte. Am Ende dieser Phase wird aus den vorliegenden Zeichnungswünschen ein Emissionspreis festgelegt. Alle unter diesem Emissionspreis abgegebenen Gebote werden von der Aktienvergabe ausgeschlossen. Anleger, die bereit gewesen wären, einen höheren Preis als den endgültigen **Emissionspreis** zu zahlen, erhalten die jungen Aktien nun zum günstigeren Emissionspreis. Sollte die vorgesehene Menge der auszugebenden jungen Aktien dabei überschritten werden (= Nachfrageüberhang durch **Überzeichnung**), muss die tatsächliche Zuteilung vom Emissionskonsortium festgelegt oder die Anzahl der auszugebenden Aktien erhöht werden.

! **Beim Bookbuilding-Verfahren werden die möglichen Aktienkäufer unmittelbar in die Ermittlung des Emissionskurses einbezogen. Sie können Kaufangebote für die jungen Aktien zu einem von ihnen innerhalb einer vorgegebenen Preisspanne bestimmten Preis abgeben.**

9.3.3 Finanzierungswirkungen

Kapitalerhöhung durch Ausgabe von Nennwertaktien

Kapitalerhöhung bei Ausgabe von Nennwertaktien

Für die **Alpha-AG** gilt vor einer Kapitalerhöhung gegen Einlagen folgende vereinfachte Bilanz:

Zusammengefasste Bilanz der Alpha-AG vor der Kapitalerhöhung (in EUR)

Aktiva		**Passiva**	
A. Anlagevermögen	7.000.000	**A. Eigenkapital**	
		I. Gezeichnetes Kapital	2.000.000
		II. Kapitalrücklage	100.000
B. Umlaufvermögen		III. Gewinnrücklagen	
1. Vorräte	1.500.000	1. gesetzliche Rücklage	150.000
2. Forderungen	1.000.000	2. andere Gewinnrücklagen	750.000
3. liquide Mittel (Bank, Kasse)	500.000	**B. Fremdkapital**	7.000.000
	10.000.000		10.000.000

Das Grundkapital der **Alpha-AG** in Höhe von 2 Mio. EUR ist in 400.000 Aktien mit einem Nennwert von 5,00 EUR je Aktie aufgeteilt. Die Hauptversammlung hat beschlossen, eine Kapitalerhöhung gegen Einlagen vorzunehmen. Das Grundkapital soll durch die Ausgabe von 100.000 jungen Aktien mit einem Nennwert von 5,00 EUR je Stück um 500.000 EUR erhöht werden. Der Ausgabekurs beträgt 7,50 EUR je Aktie. Der Kurs der alten Aktien liegt bei 10,00 EUR. Bei erfolgreicher Durchführung der Kapitalerhöhung ergeben sich für die **Alpha-AG** folgende Finanzierungswirkungen (ohne Berücksichtigung von Emissionskosten):

gesamter Mittelzufluss: 100.000 Aktien · 7,50 EUR je Stück = 750.000 EUR

Der Mittelzufluss schlägt sich zunächst auf der Aktivseite der Bilanz im Umlaufvermögen als zusätzliche liquide Mittel (Bankguthaben) nieder. Auf der Passivseite teilt sich der Betrag von 750.000 EUR im Rahmen des Eigenkapitals wie folgt auf:

Erhöhung des Grundkapitals:	100.000 Aktien · 5,00 EUR Nennwert je Stück	= 500.000 EUR
+ Erhöhung der Kapitalrücklage:	100.000 Aktien · 2,50 EUR Agio (Aufgeld) je Stück	= 250.000 EUR
= gesamte Erhöhung des Eigenkapitals	100.000 Aktien · 7,50 EUR je Stück	= 750.000 EUR

In Höhe der Summe der Nennbeträge aller ausgegebenen jungen Aktien erhöht sich das **Grundkapital** der AG (hier: 500.000 EUR). Der Teil der zugeflossenen Mittel, der über die Erhöhung des Grundkapitals hinausgeht (= Agio), schlägt sich in der Bilanzposition **Kapitalrücklage** nieder (hier: 250.000 EUR). Die Kapitalrücklage ist Teil des Eigenkapitals. In dieser Position werden Beträge erfasst, die nicht aus Gewinnen der AG stammen, sondern auf **Zuzahlungen der Kapitalgeber** zurückzuführen sind.

HGB § 272 (2)

! **Der Betrag, um den der Ausgabekurs den Nennwert übersteigt, wird als Agio (Aufgeld) bezeichnet.**

! **Die Kapitalrücklage ist Teil des Eigenkapitals. Sie umfasst Beträge, die der AG über das Grundkapital hinaus durch die Eigentümer von außen zufließen. Dies sind z.B. Beträge, die bei der Ausgabe von Aktien über den Nennbetrag hinaus erzielt werden.**

Bilanzveränderungen und Bilanzkurs

Durch die Kapitalerhöhung gegen Einlagen ergeben sich für die Alpha-AG folgende Bilanzveränderungen:

Zusammengefasste Bilanz der Alpha-AG nach der Kapitalerhöhung (in EUR)

Aktiva		Passiva	
A. Anlagevermögen	7.000.000	**A. Eigenkapital**	
		I. Gezeichnetes Kapital	2.500.000
		II. Kapitalrücklage	350.000
B. Umlaufvermögen		III. Gewinnrücklagen	
1. Vorräte	1.500.000	1. gesetzliche Rücklage	150.000
2. Forderungen	1.000.000	2. andere Gewinnrücklagen	750.000
3. liquide Mittel (Bank, Kasse)	1.250.000	**B. Fremdkapital**	7.000.000
	10.750.000		10.750.000

Das Verhältnis des in der Bilanz ausgewiesenen Eigenkapitals zum Grundkapital wird als Bilanzkurs bezeichnet (= Eigenkapital in % des Grundkapitals). Er kann auch als das auf *eine* Aktie entfallende Eigenkapital angegeben werden.

$$\text{Bilanzkurs in \%} = \frac{\text{bilanziertes Eigenkapital} \cdot 100}{\text{Grundkapital}}$$

oder

$$\text{Bilanzkurs (EK je Aktie)} = \frac{\text{bilanziertes Eigenkapital}}{\text{Zahl der Aktien}}$$

Der Bilanzkurs einer Aktie gibt den „inneren Wert" der Aktie an, aus dem sich ablesen lässt, wie viele in der Bilanz ausgewiesene (= offene) Rücklagen auf eine Aktie entfallen. Der Börsenkurs ist in der Regel wesentlich höher als der Bilanzkurs, da beim Bilanzkurs die (vermuteten) stillen Rücklagen nicht berücksichtigt sind.

Bilanzkurs vor der Kapitalerhöhung	*Bilanzkurs nach der Kapitalerhöhung*
$\text{Bilanzkurs} = \frac{3.000.000}{2.000.000} \cdot 100 = 150\,\%$	$\text{Bilanzkurs} = \frac{3.750.000}{2.500.000} \cdot 100 = 150\,\%$

Der Bilanzkurs einer Aktie mit 5 EUR Nennwert beträgt im vorliegenden Fall vor und nach der Kapitalerhöhung 7,50 EUR, d. h. jede Aktie ist mit 2,50 EUR an den Rücklagen beteiligt. Im vorliegenden Fall ist der Bilanzkurs nach der Kapitalerhöhung (ausnahmsweise) genauso hoch wie vor der Kapitalerhöhung. Das ist dadurch bedingt, dass der Ausgabekurs der jungen Aktien (7,50 EUR) genau dem bisherigen Bilanzkurs (150 % von 5,00 EUR) entspricht. Je nach Höhe des Ausgabekurses ist der Bilanzkurs nach der Kapitalerhöhung normalerweise höher oder niedriger als vorher.

Kapitalerhöhung durch Ausgabe von Stückaktien

Wenn das Grundkapital einer AG nicht in Nennwertaktien, sondern in Stückaktien (nennwertlose Aktien) zerlegt ist, ergeben sich bei einer Kapitalerhöhung folgende Auswirkungen:

Aufg. 9.3.2 und 9.3.3 S. 541

Kapitalerhöhung durch Ausgabe von Stückaktien

Für die **Xenos-AG** gilt vor einer Kapitalerhöhung gegen Einlagen folgende vereinfachte Bilanz:

Zusammengefasste Bilanz der Xenos-AG vor der Kapitalerhöhung (in EUR)

Aktiva		Passiva	
A. Anlagevermögen	9.000.000	**A. Eigenkapital**	
		I. Gezeichnetes Kapital	4.000.000
		II. Kapitalrücklage	200.000
B. Umlaufvermögen		III. Gewinnrücklagen	
1. Vorräte	1.500.000	1. gesetzliche Rücklage	200.000
2. Forderungen	1.000.000	2. andere Gewinnrücklagen	600.000
3. liquide Mittel (Bank, Kasse)	500.000	**B. Fremdkapital**	7.000.000
	12.000.000		12.000.000

Kapitalerhöhung durch Ausgabe von Stückaktien

Das Grundkapital der **Xenos-AG** in Höhe von 4 Mio. EUR ist in 2 Mio. Stückaktien aufgeteilt. Der fiktive Nennwert je Aktie beträgt somit 2,00 EUR (4 Mio. EUR Grundkapital/2 Mio. Stückaktien). Die Hauptversammlung der **Xenos-AG** hat eine Erhöhung des Grundkapitals gegen Einlagen um 1 Mio. EUR beschlossen. Das bedeutet eine Kapitalerhöhung im Verhältnis 4 : 1. Da die Zahl der Aktien im selben Verhältnis wie das Grundkapital erhöht werden muss, müssen 500.000 junge Aktien ausgegeben werden. Nach der Kapitalerhöhung beträgt dann der fiktive Nennwert je Aktie nach wie vor 2,00 EUR (5 Mio. EUR Grundkapital/2,5 Mio. Aktien). Bei einem Ausgabekurs von 3,00 EUR und einem Kurs der alten Aktien von 4,00 EUR ergeben sich für die **Xenos-AG** folgende Finanzierungswirkungen (ohne Berücksichtigung von Emissionskosten):

gesamter Mittelzufluss: 500.000 Aktien · 3,00 EUR je Stück = 1.500.000 EUR

Der Mittelzufluss schlägt sich zunächst auf der Aktivseite der Bilanz im Umlaufvermögen als zusätzliche liquide Mittel (Bankguthaben) nieder. Auf der Passivseite teilt sich der Betrag von 1,5 Mio. EUR im Rahmen des Eigenkapitals wie folgt auf:

Erhöhung des Grundkapitals:	500.000 Aktien · 2,00 EUR fikt. Nennwert je Stück	= 1.000.000 EUR
+ Erhöhung der Kapitalrücklage:	500.000 Aktien · 1,00 EUR Agio (Aufgeld) je Stück	= 50.000 EUR
= gesamte Erhöhung des Eigenkapitals	500.000 Aktien · 3,00 EUR je Stück	= 1.500.000 EUR

Zusammengefasste Bilanz der Xenos-AG vor der Kapitalerhöhung (in EUR)

Aktiva		Passiva	
A. Anlagevermögen	9.000.000	**A. Eigenkapital**	
		I. Gezeichnetes Kapital	5.000.000
		II. Kapitalrücklage	700.000
B. Umlaufvermögen		III. Gewinnrücklagen	
1. Vorräte	1.500.000	1. gesetzliche Rücklage	200.000
2. Forderungen	1.000.000	2. andere Gewinnrücklagen	600.000
3. liquide Mittel (Bank, Kasse)	2.000.000	**B. Fremdkapital**	7.000.000
	13.500.000		13.500.000

AktG § 182 (1) S. 5

Bei der Ausgabe von Stückaktien muss die Zahl der Stückaktien im selben Verhältnis wie das Grundkapital erhöht werden.

Bilanzkurs

Bilanzkurs vor der Kapitalerhöhung	*Bilanzkurs nach der Kapitalerhöhung*
$\text{Bilanzkurs} = \frac{5.000.000}{4.000.000} \cdot 100 = 125\,\%$	$\text{Bilanzkurs} = \frac{6.500.000}{5.000.000} \cdot 100 = 130\,\%$

Der Bilanzkurs einer Aktie mit einem fiktiven Nennwert von 2 EUR beträgt im vorliegenden Fall vor der Kapitalerhöhung 2,50 EUR und nach der Kapitalerhöhung 2,60 EUR. Vor der Kapitalerhöhung war jede Aktie mit 0,50 EUR und nach der Kapitalerhöhung mit 0,60 EUR an den Rücklagen beteiligt. Da der Ausgabekurs der jungen Aktien (3,00 EUR) über dem Bilanzkurs lag, sind die Rücklagen im Verhältnis zum Grundkapital stärker gestiegen. Der Bilanzkurs hat sich erhöht.

9.3.4 Vor- und Nachteile der Beteiligungsfinanzierung einer AG

Im Vergleich zu einer Kreditfinanzierung ergeben sich für die Beteiligungsfinanzierung einer AG u. a. folgende Vor- und Nachteile:

Vorteile der Beteiligungsfinanzierung	Nachteile der Beteiligungsfinanzierung
▪ Vergrößerung der Eigenkapital- und damit der Haftungsbasis ▪ verbesserte Chancen der Fremdkapitalbeschaffung durch Verbesserung der Kreditwürdigkeit ▪ keine Rückzahlungspflichten ▪ Im Falle eines Jahresfehlbetrages besteht kein Dividendenanspruch der Aktionäre (allerdings ist eine Auflösung von Gewinnrücklagen möglich).	▪ Mitspracherecht der Aktionäre ▪ Bei schlechter Kapitalmarktsituation kann die Eigenkapitalbeschaffung schwierig sein.

Zusammenfassende Übersicht zu 9.3: Beteiligungsfinanzierung am Beispiel einer AG: Kapitalerhöhung gegen Einlagen

Kapitalerhöhung gegen Einlagen

= Eigenkapitalbeschaffung durch Ausgabe junger Aktien

↓

Voraussetzung: Beschluss der HV mit ¾-Mehrheit des vertretenen Grundkapitals
AktG § 182

Bei Stückaktien: Zahl der Aktien muss im selben Verhältnis wie das Grundkapital erhöht werden.
AktG § 182 (1) S. 5

Emissionsverfahren

↓

Emissionskonsortium (Banken)

Interessen der AG →	Festsetzung des Emissionskurses	← Interessen der Aktionäre
Untergrenze: (fiktiver) Nennwert	Bookbuilding-Verfahren	Obergrenze: Börsenkurs

Finanzierungswirkungen	
Zahl der jungen Aktien · (fiktiver) Nennwert ⟶	Grundkapitalerhöhung
Zahl der jungen Aktien · Agio ⟶	Erhöhung der Kapitalrücklage
Zahl der jungen Aktien · Emissionskurs ⟶ = Zufluss von Finanzierungsmittel	Eigenkapitalerhöhung

WIEDERHOLUNG DES GRUNDWISSENS

9.3 Beteiligungsfinanzierung am Beispiel einer AG: Kapitalerhöhung gegen Einlagen

1. Nennen Sie die rechtlichen Voraussetzungen, die für eine Kapitalerhöhung gegen Einlagen erfüllt sein müssen?
2. Nennen Sie die Untergrenze für den Verkaufspreis von jungen Aktien.
3. Beschreiben Sie die Aufgaben eines Emissionskonsortiums.
4. Geben Sie an, was unter dem Emissionskurs zu verstehen ist.
5. Geben Sie die Größe an, die die Obergrenze für den Emissionskurs bildet.
6. Zeigen Sie die verschiedenen Interessen der Emittent und die Aktionäre bei der Festlegung des Emissionskurses auf.
7. Erläutern Sie das Bookbuilding-Verfahren zur Ermittlung des Emissionskurses.
8. Erläutern Sie, was unter den Begriffen Über pari Emission und Agio zu verstehen ist.
9. Erläutern Sie, wie die Bilanzposition „Kapitalrücklage" bei einer AG zustandekommen.
10. Zeigen Sie auf, welche Bilanzpositionen auf der Passivseite sich bei einer Über-pari-Emission im Zusammenhang mit einer Kapitalerhöhung gegen Einlagen ändern.
11. Erklären Sie, welche Vorschrift bei der Ausgabe von Stückaktien für die Zahl der Aktien im Zusammenhang mit einer Kapitalerhöhung gegen Einlagen gilt.
12. Nennen Sie Vor- und Nachteile einer Beteiligungsfinanzierung der AG im Vergleich zu einer Kreditfinanzierung

AUFGABEN ZUM ERWERB UND ZUR KONTROLLE VON KOMPETENZEN

9.3 Beteiligungsfinanzierung am Beispiel einer AG: Kapitalerhöhung gegen Einlagen

9.3.1 Kapitalerhöhung gegen Einlagen – Festlegung des Ausgabekurses

LA

Zur Erschließung eines Gewerbegebietes wurde die Würzburger-Technologiepark AG gegründet und mit einem Grundkapital von 120 Mio. EUR in das Handelsregister eingetragen. Das Grundkapital ist auf 6 Mio. Stückaktien aufgeteilt. Am Grundkapital der AG sind die Franken-Bank AG mit 65 Mio. EUR und die Gesellschaft zur Technologieförderung Regio Ostbayern mbH mit 47 Mio. EUR beteiligt. Der Rest der Aktien wurde von den Grundstückseigentümern des Gewerbegebietes Hans und Jakob Dreisamtäler zu gleichen Teilen übernommen.

1. Berechnen Sie,
   a) den fiktiven Nennwert einer Stückaktie,
   b) wie viele Aktien der AG Hans Dreisamtäler besitzt.
2. Die Aktie wird zum amtlichen Börsenhandel zugelassen. Nach einiger Zeit wird deutlich, dass das Kapital der AG für das ehrgeizige Projekt eines Technologieparks nicht ausreicht. Die Finanzierungslücke von 19,2 Mio. EUR soll durch eine Kapitalerhöhung gegen Einlagen geschlossen werden. Dazu wird das Grundkapital um 10 % erhöht. Emissionskosten in Höhe von 600.000 EUR sollen ebenfalls durch die Kapitalerhöhung gedeckt werden. Der Kurs der alten Aktie liegt bei 40,50 EUR.

a) Zählen Sie Gesichtspunkte auf, die bei der Festlegung des Ausgabekurses berücksichtigt werden müssen.
b) Stellen Sie für den vorliegenden Fall vorliegenden Fall die (theoretische) Ober- und Untergrenze für den Ausgabekurs gegenüber.
c) Ermitteln Sie, zu welchem Kurs die jungen Aktien im vorliegenden Fall mindestens ausgegeben werden müssen, um den Finanzbedarf zu decken?

3. Ein Bankenkonsortium übernimmt alle aus der Kapitalerhöhung stammenden Aktien. Der Ausgabekurs soll im Bookbuilding-Verfahren ermittelt werden.
   a) Beschreiben Sie die Aufgabe, die dem Bankenkonsortium bei der Kapitalerhöhung zukommt.
   b) Begründen Sie, warum für die Ausgabe der jungen Aktien kein fester Ausgabekurs festgelegt wurde.
   c) Nachdem alle interessierten Kapitalanleger ihr Kaufangebot abgegeben haben, wird der Ausgabekurs je junge Stückaktie auf 35,00 EUR festgelegt. Ermitteln Sie den rechnerischen Mittelkurs der Aktie nach der Kapitalerhöhung.

9.3.2 Kapitalerhöhung gegen Einlagen – Änderung der Bilanz

Vom Baumaschinenhersteller BAUMA AG liegt zum 31.12. .. folgende verkürzte Bilanz vor.

Aktiva	**Bilanz zum** 31.12.20.. (Angaben in EUR)		**Passiva**
verschiedene Aktivposten	6.118.000	Gezeichnetes Kapital	3.600.000
liquide Mittel	860.000	Kapitalrücklage	800.000
		gesetzliche Rücklage	300.000
		andere Gewinnrücklagen	778.000
		übrige Passiva	1.500.000
Summe	6.978.000	Summe	6.978.000

Das Grundkapital ist in 600.000 Stückaktien aufgeteilt.
Um die Produktionskapazitäten der weltweit gestiegenen Nachfrage anpassen zu können, soll eine Kapitalerhöhung gegen Einlagen zur Finanzierung einer Erweiterungsinvestition vorgenommen werden.

1. Der Vorstand schlägt in der Hauptversammlung vor, das Grundkapital auf 4.200.000 EUR zu erhöhen.
   a) Ermitteln Sie das Verhältnis der vorgeschlagenen Kapitalerhöhung.
   b) In der Hauptversammlung sind 3 Mio. EUR Grundkapital vertreten. Wie viel Stimmen müssen mindestens für die Kapitalerhöhung abgegeben werden?
   c) Wie viele Aktien müssen neu ausgegeben werden?
2. Ein Bankenkonsortium übernimmt alle aus der Kapitalerhöhung stammenden Aktien. Der Ausgabekurs soll im Bookbuilding-Verfahren ermittelt werden.
   Nachdem alle interessierten Kapitalanleger ihr Kaufangebot abgegeben haben, wird der Ausgabekurs je junge Stückaktie auf 11,50 EUR festgelegt.
   a) Ermitteln Sie den gesamten Mittelzufluss (ohne Berücksichtigung von Emissionskosten) und das Agio.
   b) Stellen Sie die Bilanz nach der Kapitalerhöhung dar (ohne Berücksichtigung von Emissionskosten).
   c) Ermitteln Sie den Bilanzkurs vor und nach der Kapitalerhöhung. Was sagt das Ergebnis aus?
   d) Prüfen Sie für den vorliegenden Fall, ob und ggf. für welche Zwecke eine Auflösung von Kapitalrücklagen möglich ist.

9.3.3 AG: Kapitalerhöhung gegen Einlagen

Die FAMA AG hat sich auf die Produktion von Spezialmaschinen im Fahrzeugbau spezialisiert. Der Vorstand möchte in der nächsten Hauptversammlung die Grundlagen schaffen, um in den kommenden fünf Jahren die Expansion im europäischen und außereuropäischen Ausland finanzieren zu können.

Der Kapitalbedarf für die geplante Expansion beträgt 129 Mio. EUR.

Bilanzauszug der FAMA AG zum 31.12.2016:

A.	Eigenkapital	
I.	Gezeichnetes Kapital	388.800.000 EUR
II.	Kapitalrücklage	32.400.000 EUR

III. Gewinnrücklagen
1.gesetzliche Rücklage 10.500.000 EUR
2.andere Gewinnrücklagen 5.000.000 EUR
IV. Bilanzgewinn 12.960.000 EUR

Das Grundkapital ist in Aktien zu 6 EUR Nennwert gestückelt. Die alten Aktien werden derzeit an der Börse mit 10 EUR gehandelt.

1. Berechnen Sie, wie hoch die Erhöhung des Grundkapitals sein muss, wenn die jungen Aktien zum Kurs von 8 EUR ausgegeben werden sollen. Die Emissionskosten belaufen sich auf 600.000 EUR.
2. Ermitteln Sie die Veränderungen der Bilanzpositionen, die sich durch die Kapitalerhöhung ergeben.
3. Wie hoch ist die Dividende (in Prozent und in EURO je Aktie) vor der Kapitalerhöhung, wenn der Bilanzgewinn in voller Höhe ausgeschüttet wird?
4. Für das kommende Geschäftsjahr plant die Unternehmensleitung eine Dividende von 7 % auszuschütten.
   a) Wie hoch muss der zu erwirtschaftende Jahresüberschuss nach der Kapitalerhöhung sein, wenn nach Einstellung in die gesetzliche Rücklage 50 % des verbleibenden Jahresüberschusses in die anderen Gewinnrücklagen eingestellt werden sollen und der Rest für die Gewinnausschüttung zur Verfügung steht?
   b) Prüfen Sie, ob und in welcher maximalen Höhe im nächsten Jahr durch Auflösung von Rücklagen eine Dividende ausgeschüttet werden könnte, wenn der Jahresüberschuss 0 EUR beträgt.

9.4 Fremdfinanzierung

9.4.1 Kontokorrentkredit

Wesen

Der Kontokorrentkredit ist ein Kredit, den der Kreditnehmer durch Verfügungen über sein Kontokorrentkonto bis zu einer festgesetzten Kreditgrenze (Limit) in Anspruch nehmen kann.

Aufg. 9.4.1 S. 551

Nicht alle Zahlungen, die ein Unternehmen zu leisten hat, lassen sich hinsichtlich Höhe und Fälligkeit genau planen. Daher kann mit der Bank eine Kreditvereinbarung über einen Verfügungsrahmen **(Kreditlimit)** getroffen werden.

Der Kreditnehmer kann bei entsprechenden Vertragsvereinbarungen durch Barabhebungen und Überweisungen bis zum eingeräumten Kreditlimit über das Konto verfügen. Obwohl die meisten Unternehmen das Limit häufig über längere Zeit beanspruchen, zählt der **Kontokorrentkredit** zu den kurzfristigen Krediten, weil er kurzfristig kündbar ist. Ein Unternehmen hat so die Möglichkeit, Verpflichtungen aus finanziellen Spitzenbelastungen (z. B. Lohn- und Gehaltszahlungen, Steuervorauszahlungen) nachkommen zu können. Darüber hinaus können Lieferantenrechnungen unter Ausnutzung von Skonto auch dann beglichen werden, wenn keine eigenen Liquiditätsreserven vorhanden sind. Regelungen über das Kontokorrentverhältnis finden sich im HGB.

BGB § 488 (3)

Kontokorrentkredit im Zeitablauf

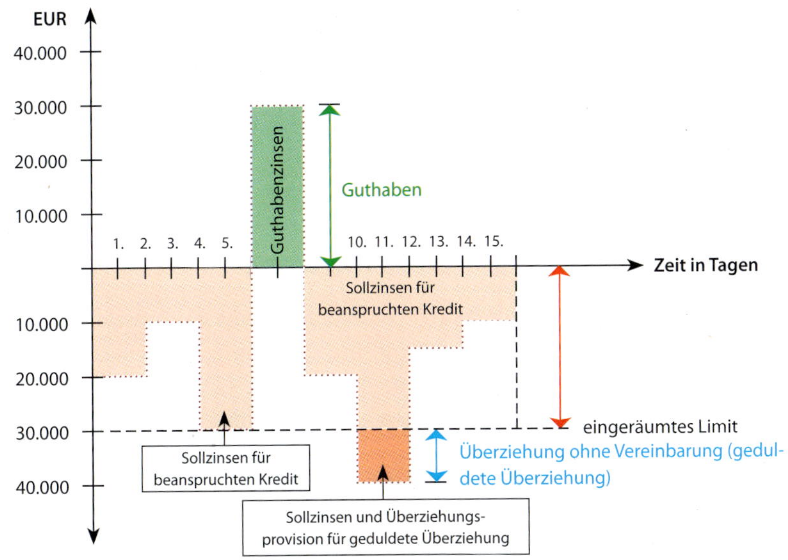

Kreditinstitute rechnen **Kontokorrentkonten für Firmenkunden** monatlich ab.

Für die Kreditgewährung und Kontoführung werden dem Kunden in Rechnung gestellt:

1. Kreditkosten:

Sollzinsen: Berechnung vom tatsächlich in Anspruch genommenen Kredit

Überziehungsprovision: Wird zusätzlich zu den Sollzinsen in Rechnung gestellt

- bei Überziehung des Kontos ohne Kreditvereinbarung,
- bei Überziehung des eingeräumten Kreditlimits,
- bei Beanspruchung des Kredits über die vereinbarte Laufzeit hinaus.

Manche Kreditinstitute verwenden anstelle des Begriffs Überziehungsprovision auch den Begriff Überziehungszinsen.

2. Kosten für Kontoführung:

- Grundpreis für die Kontoführung,
- Entgelte für Buchungsposten,
- Entgelte für Kontoauszüge,
- Portoauslagen.

Wird einem Privatkunden – also nicht einem Firmenkunden – ein Kontokorrentkredit eingeräumt, so handelt es sich um einen Dispositionskredit.

Kontokorrentkredit im Privatkundengeschäft der Banken		
Dispositionskredit = eingeräumter Überziehungskredit	**Geduldeter Überziehungskredit** = ohne vorherige Vereinbarung in Anspruch genommener Kredit	**Wertpapierkredit** = Kredit, der zum Kauf von Wertpapieren gewährt wird

9.4.2 Rechtliche und wirtschaftliche Merkmale von Darlehen

Darlehen sind eine Grundform der mittel- und langfristigen **Fremdfinanzierung**. Da das Kapital von außen beschafft wird, sind sie gleichzeitig eine Form der Außenfinanzierung. Üblicherweise werden Darlehen von **Banken** vergeben. Bankdarlehen stellen eine der wichtigsten Finanzierungsquellen für kleinere und mittelständische Unternehmen dar.

BGB
§ 488 ff.
§ 607 ff.

Rechtlich ist ein Darlehen ein Vertrag, durch den der Darlehensgeber verpflichtet wird, dem Darlehensnehmer einen bestimmten Geldbetrag (Gelddarlehensvertrag) oder eine vereinbarte Sache (Sachdarlehensvertrag) zur Verfügung zu stellen.

Beim Gelddarlehen überlässt der Darlehensgeber (Gläubiger) dem Darlehensnehmer (Schuldner) einen bestimmten Geldbetrag für einen festgelegten Zeitraum. Der Darlehensnehmer ist verpflichtet, dem Darlehensgeber das Darlehen zum vereinbarten Termin zurückzuzahlen. Für die Überlassung des Darlehens kann der Darlehensgeber dem Darlehensnehmer Zinsen berechnen.

Die Begriffe (Geld-)**Darlehen** und **Kredit** werden meistens gleichbedeutend benutzt. Allerdings gibt es auch Kredite, die im rechtlichen Sinne kein Darlehen darstellen (z. B. Diskontkredit).

Hinsichtlich der Darlehensrückzahlung (Tilgungsform) lassen sich folgende Darlehen unterscheiden:

Darlehen nach der Form der Tilgung		
Festdarlehen (Fälligkeitsdarlehen)	**Abzahlungsdarlehen (Ratentilgungsdarlehen)**	**Annuitätendarlehen**
Die gesamte Darlehensschuld wird am Ende der Laufzeit in einem Betrag getilgt (z. B. „Rückzahlung in voller Höhe am 31.10...“). Während der Laufzeit sind lediglich die Zinsen zu den vereinbarten Terminen (z. B. vierteljährlich) zu zahlen. Die Zinszahlungen ändern sich während der Laufzeit nicht, da die Restschuld nicht sinkt.	Die Darlehensschuld wird in gleich bleibenden Raten zu den vereinbarten Terminen (z. B. vierteljährlich) getilgt. Da dadurch die Restschuld laufend sinkt und die Zinsen nur von der jeweiligen Restschuld ermittelt werden, sinken die Zinszahlungen nach jeder Tilgung.	Regelmäßige Zahlung (z. B. vierteljährlich) eines **gleich bleibenden** Betrages (Annuität), der **sowohl die Tilgung als auch die Zinsen** umfasst. Daraus ergibt sich folgende Wirkung: Durch die Verringerung der Restschuld wird im Laufe der Zeit der Zinsanteil an der gleich bleibenden Annuität immer kleiner, während der Tilgungsanteil in gleichem Umfang steigt.

Darlehnsvertrag zwischen Einzelhändler Peter Vogt e.K. und der Volksbank Mannheim

Aufg. 9.4.2 S. 551

LA

Darlehensvertrag

Zur bankinternen Bearbeitung

Nr.

Darlehensnehmer (Name, Anschrift, Geburtsdatum)	Bank
Peter Vogt e.K. Lange Rötterstr. 14a 68167 Mannheim geb.: 16. Sept. 1949	Volksbank Mannheim-Seckenheim

Darlehensnehmer und Bank schließen folgenden Vertrag:

1 Höhe des Darlehens:
Die Bank stellt dem Darlehensnehmer ein Darlehen zur Verfügung in Höhe von EUR [44.000]

2 Verwendungszweck:

Erweiterung des Warensortiments

3 Konditionen:
3.1 Verzinsung: Das Darlehen ist ab dem Tag der Auszahlung mit [9] % jährlich zu verzinsen.

Dieser Zinssatz ist [x] variabel [ ] festgeschrieben bis zum. [ ]

Wird ein variabler Zinssatz vereinbart, so erfolgt die Zinsanpassung entsprechend dem nachstehend beschriebenen Verfahren:

Die Anpassung des Sollzinssatzes richtet sich nach einer Veränderung des 3-Monats-Euribor[1] (Referenzzinssatz gemäß § 675g (3) Satz 2 BGB). Maßgeblich ist der am 30.12. d. J. ermittelte Referenzwert. Die Entwicklung des Referenzwertes wird die Volksbank regelmäßig vierteljährlich zum 30. d. M. überprüfen. Hat sich zu diesem Zeitpunkt der Referenzwert um mehr als 0,01 Prozentpunkte gegenüber seinem maßgeblichen Wert bei Vertragsschluss bzw. der letzten Anpassung des Sollzinssatzes verändert, sinkt oder steigt der Sollzinssatz um ebenso viele Prozentpunkte zum 1. des Folgemonats. Der Darlehensnehmer wird vierteljährlich über den geänderten Sollzinssatz unterrichtet.

[x] Die Zinsen werden aus dem jeweiligen Darlehenssaldo berechnet.

Die Zinsen werden berechnet aus dem Darlehenssaldo jeweils zum [ ] [ ]; ersten auf die vollständige Auszahlung folgenden Stichtag werden die Zinsen aus dem jeweiligen Darlehenssaldo berechnet.

Die Zinsen sind fällig am [letzten Tag] eines jeden

[ ] Monats [x] Kalendervierteljahres [ ] Kalenderhalbjahres [ ] Kalenderjahres

3.2 Auszahlung: Das Darlehen wird zu einem Auszahlungskurs [98] % ausgezahlt.

Das Disagio wird verrechnet auf einen Zeitraum von [ ] und beträgt EUR [880]

Es ist fällig: [x] in voller Höhe bei Auszahlung des Darlehens oder eines ersten Teilbetrages [ ] anteilig bei jeder Teilauszahlung [ ] unabhängig vom Tag der Auszahlung am [ ]

3.3 Bearbeitungsgebühr: Die einmalige, sofort fällige, nicht laufzeitabhängige Bearbeitungsgebühr beträgt [0,5] % vom Darlehensbetrag[2]. EUR [ ]

4 Nebenleistungen:
[ ] Jährlicher Verwaltungskostenbeitrag EUR [ ]

[x] Bereitstellungsprovision von [1/2] % pro [Monat] auf den ab [1.10.d.J.] nicht zur Auszahlung kommenden Betrag bis zur vollen Auszahlung jeweils fällig mit den Zinsen.

---

1 Der EURIBOR (Euro InterBank Offered Rate) ist ein Referenzzinssatz für den Handel mit Termingeldern in Euro im Interbankengeschäft (Geschäfte der Banken untereinander)

2 Im Gegensatz zu Krediten an Unternehmen sind Bearbeitungsgebühren bei Verbraucherkrediten nicht zulässig.

5 Darlehensrückzahlung: Das Darlehen ist wie folgt zurückzuzahlen:

5.1 ☐ in voller Höhe am ______

5.2 ☒ in Raten von EUR 5.500 jeweils fällig am Quartalsende erstmals am 31.12.d.J.

Daneben sind in den Fällen 5.1 und 5.2 die Zinsen und Kosten zu den in 3.1 vereinbarten Fälligkeitsterminen zu zahlen.

5.3 ☐ in Höhe von ______% jährlich vom ursprünglichen Darlehensbetrag zzgl. der durch Tilgung ersparten Zinsen. Demnach beträgt die Leistungsrate aus Zins, Tilgung und Kosten z.Zt. EUR ______.

jeweils fällig am ______, erstmals am ______

in gleichbleibenden Raten.

5.4 ☐ für Zins und Tilgung sowie anfallende Kosten von EUR ______

jeweils fällig am ______, erstmals am ______ mit vorrangiger Verrechnung auf Zinsen und Kosten.

Bei Zinsänderungen können die Leistungsraten in den Fällen von 5.3 und 5.4 entsprechend geändert werden. Die neuen Leistungsraten wird die Bank dem Darlehensnehmer mitteilen.

Soweit nichts anderes vereinbart wurde, werden die fälligen Beträge (z. B. Zinsen oder Leistungsraten) dem

Girokonto Nr. 7.82276.08 belastet.

6 Sicherheiten: Alle der Bank zustehenden Sicherheiten sichern alle bestehenden, künftigen und bedingten Ansprüche der Bank aus der Geschäftsverbindung mit dem Darlehensnehmer, soweit nicht im Einzelfall außerhalb dieses Vertrages etwas anderes vereinbart ist; dies gilt auch für hier nicht aufgeführte und aufgrund der Allgemeinen Geschäftsbedingungen haftende Sicherheiten.
Zusätzlich stellt der Darlehensnehmer der Bank mit gesonderten Vereinbarungen noch folgende Sicherheiten:

Selbstschuldnerische Bürgschaft des Kaufmanns Lothar Karle (Lieferant des Drogeriemarktes Peter Vogt) in Düsseldorf.

Bei einer Verschlechterung oder erheblichen Gefährdung der Vermögenslage des Darlehensnehmers, eines Mithaftenden oder eines Bürgen oder bei einer Veränderung des Sicherungswerts der im Vertrag vorgesehenen zu bestellenden Sicherheiten, durch die das Risiko der ordnungsgemäßen Rückführung des Darlehens gegenüber dem Zustand bei Vertragsabschluss nicht unwesentlich erhöht wird, kann die Bank vom Darlehensnehmer die Bestellung zusätzlicher geeigneter Sicherheiten nach ihrer Wahl verlangen, auch wenn bisher keine Bestellung von Sicherheiten vereinbart war. Das gleiche gilt, wenn die Angaben über die Vermögensverhältnisse des Darlehensnehmers, eines Mithaftenden oder eines Bürgen sich nachträglich als unrichtig herausstellen. Das Darlehen kann erst in Anspruch genommen werden, wenn sämtliche Bedingungen erfüllt sind, die vorgesehenen Sicherheiten bestellt werden und die Bank deren Ordnungsmäßigkeit geprüft hat.

7 Weitere Darlehensbedingungen:

Ergänzend gelten die **Allgemeinen Darlehensbedingungen** (ADB) und die **Allgemeinen Geschäftsbedingungen** (ASGB) der Bank. Die ADB sind beigefügt. Die AGB können in den Geschäftsräumen der Bank eingesehen werden; auf Verlangen werden sie ausgehändigt.

Ort, Datum	Ort, Datum
Mannheim, 18. Sept.	Mannheim, 18. Sept. ....
Darlehensnehmer	Bank
Peter Vogt	Volksbank Mannheim-Seckenheim

9.4.3 Abzahlungsdarlehen mit konstanten Tilgungsraten (Ratentilgungsdarlehen)

Merkmale

Bei dieser Tilgungsform wird die Darlehensschuld in stets gleichen Beträgen getilgt. Da die Restschuld nach jeder Tilgung sinkt, sinken auch die von der jeweiligen Restschuld zu zahlenden Zinsen. Dadurch sinkt die Höhe der zu den vereinbarten Terminen an die Bank zu zahlenden Summe aus Tilgung und Zinsen.

> **!** **Bei einem Abzahlungsdarlehen (Ratentilgungsdarlehen) erbringt der Darlehensnehmer eine jährlich fallende Leistung. Während die Höhe der Tilgungsraten gleich bleibt, sinken wegen der fallenden Restschuld die jährlichen Zinsen.**

Tilgungsplan

Tilgungsplan (Beiträge in EUR)

Beispiel: Für den Kauf einer Maschine gewährt die Hausbank der Ökotex GmbH zum 01.01. … ein Darlehen zu folgenden Bedingungen:

Darlehenssumme: 100.000 EUR
Zinssatz: 10 %
Laufzeit: 5 Jahre
Auszahlung: 100 %
Zins- und Tilgungszahlungen: jährlich am Jahresende
Tilgung: in fünf gleichen Raten fällig jeweils am Jahresende

Jahr	Darlehensschuld am Jahresanfang	Zinsen 10 %	Tilgung	Schuldendienst (Liquiditätsbelastung)	Restschuld am Jahresende
1	100.000	10.000	20.000	30.000	80.000
2	80.000	8.000	20.000	28.000	60.000
3	60.000	6.000	20.000	26.000	40.000
4	40.000	4.000	20.000	24.000	20.000
5	20.000	2.000	20.000	22.000	0
Σ		**30.000**	**100.000**	**130.000**	

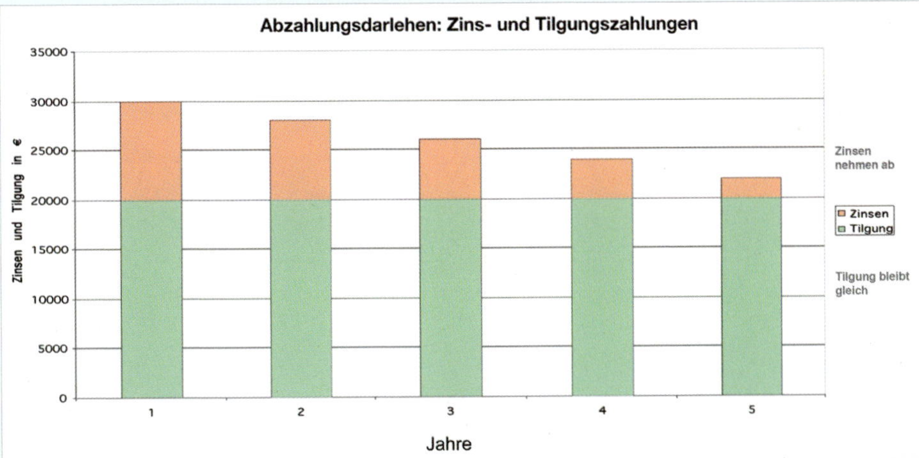

9.4.4 Annuitätendarlehen

Merkmale

Bei dieser Tilgungsform wird die regelmäßige Zahlung eines **gleich bleibenden Betrages** (= **Annuität**) vereinbart. Dieser Betrag umfasst sowohl die Zins- als auch die Tilgungszahlungen. Da die Restschuld nach jeder Tilgung sinkt, sinken auch die von der jeweiligen Restschuld zu zahlenden Zinsen. Der Anteil der Zinsen an der gleich bleibenden Annuität nimmt somit im Zeitablauf ab. Gleichzeitig steigt in gleichem Umfang der Tilgungsanteil.

Aufg. 9.4.3 S. 551

Bei einem Annuitätendarlehen erbringt der Darlehensnehmer regelmäßig eine (z. B. monatlich, vierteljährlich) gleich bleibende Leistung (Annuität), die sich aus Zins- und Tilgungsanteil zusammensetzt. Wegen der fallenden Restschuld sinkt der auf die Zinsen entfallende Teil der Annuität, während der Tilgungsanteil in gleichem Umfang steigt.

Tilgungsplan

Tilgungsplan (Beiträge in EUR)

Beispiel: Für den Kauf einer Maschine gewährt die Hausbank der Ökotex GmbH zum 01.01. .. ein Darlehen zu folgenden Bedingungen:

Darlehenssumme: 100.000 EUR
Zinssatz: 10 %
Laufzeit: 5 Jahre

Auszahlung: 100 %
Zins- und Tilgungszahlungen: jährlich am Jahresende
Tilgung: Gleichbleibende Rate aus Zins und Tilgung (Annuität): 26.379,35 EUR. Die durch Tilgung ersparten Zinsen dienen der weiteren Tilgung.

Jahr	Darlehens-schuld am Jahresanfang	Zinsen 10 %	Tilgung	Schuldendienst (Liquiditäts-belastung)	Restschuld am Jahresende
1	100.000,00	10.000,00	16.379,75	26.379,75	83.620,25
2	83.620,25	8.362,03	18.017,72	26.379,75	65.602,53
3	65.602,53	6.560,25	19.819,50	26.379,75	45.783,03
4	45.783,03	4.578,30	21.801,45	26.379,75	23.981,58
5	23.981,58	2.398,16	23.981,58	26.379,74	0,00
Σ		**31.898,74**	**100.000,00**	**131.898,74**	

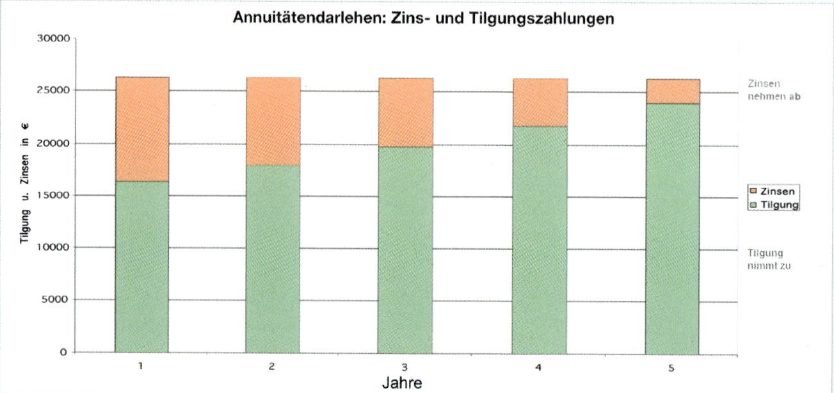

Die Höhe der Annuität wird mit der aus der Rentenrechnung abgeleiteten **Annuitätenformel** ermittelt[1]:

A: Annuität K: Anfangsdarlehen

$$A = K \cdot \frac{q^n \cdot (q-1)}{q^n-1} = 100.000 \cdot \frac{1{,}1^5 \cdot (1{,}1-1)}{1{,}1^5-1} = 100.000 \cdot \frac{0{,}161051}{0{,}61051}$$

$$= 100.000 \cdot 0{,}263797 = 26.378{,}75 \text{ EUR}$$

P: Zinssatz n: Laufzeit in Jahren $q = 1 + (p/100)$ Annuitätenfaktor[2]: $\frac{q^n \cdot (q-1)}{q^n-1}$

Ist nicht die Laufzeit, sondern die Anfangstilgung bekannt, lässt sich Annuität wie folgt berechnen: Beträgt z. B. die Anfangstilgung 20 % und der Zinssatz 10 %, so ergibt sich eine Annuität von 30 %. Für eine Darlehenssumme von 100.000 EUR würde sich folgender Tilgungsplan ergeben:

Jahr	Darlehens-schuld am Jahresanfang	Zinsen 10 %	Tilgung	Schuldendienst (Liquiditäts-belastung)	Restschuld am Jahresende
1	100.000	10.000	20.000	30.000	80.000
2	80.000	8.000	22.000	30.000	58.000
3	58.000	5.800	24.200	30.000	33.800
4	33.800	3.380	26.620	30.000	7.180
5	7.180	718	7.180	7.898	0
Σ		**27.898**	**100.000**	**127.898**	

Aufg. 9.4.4 und 9.4.5 S. 552

9.4.5 Vergleich zwischen Darlehensfinanzierung und Beteiligungsfinanzierung

Aus Sicht eines Unternehmens können sich bei einer Darlehensfinanzierung gegenüber einer Beteiligungsfinanzierung folgende Vor- und Nachteile ergeben:

Vor- und Nachteile einer langfristigen Fremdfinanzierung (Bankdarlehen)

Vorteile	Nachteile
Kein (rechtlich durchsetzbares) Mitspracherecht des Fremdkapitalgebers (Bank).	Möglicherweise große Abhängigkeit von Gläubigern (z. B. Hausbank).
Zinsen schmälern den Gewinn und damit die gewinnabhängigen Steuern.	Zins- und Tilgungszahlungen fallen auch bei ungünstiger Ertrags- und Liquiditätslage an.
Bei hoher Gewinnausschüttung sind die Zinszahlungen möglicherweise geringer als eine entsprechende Dividendenzahlung (= geringerer Liquiditätsabfluss).	Bei niedriger Gewinnausschüttung sind die Zinszahlungen möglicherweise höher als eine entsprechende Dividendenzahlung (= höherer Liquiditätsabfluss). Dividendenzahlung kann ausgesetzt werden.
Fremdkapital ist rückzahlbar und kann durch anderes (Fremd-)kapital ersetzt werden.	Kapital steht nur befristet zur Verfügung und muss verzinst und getilgt werden. Risiko überraschender Kündigung und/oder Zinserhöhung. Problem der Anschlussfinanzierung.
	Kreditwürdigkeit erforderlich. Verwendung von Vermögensgegenständen zur Kreditsicherung

1 Die Annuität lässt sich auch mithilfe der finanzmathematischen Funktionen eines Taschenrechners ermitteln. Die Vorgehensweise wird im Anhang beschrieben.

2. Eine Tabelle mit entsprechenden Annuitätenfaktoren ist im Anhang abgedruckt.

Zusammenfassende Übersicht zu 9.4: Finanzierung

Kontokorrentkredit im Vergleich zu anderen Darlehnsarten		
	Kontokorrentkredit	**Darlehen mit planmäßiger Tilgung**
Kredit-höhe	Kredit, der bis zur vereinbarten Höhe in Anspruch genommen werden kann. Tatsächliche Kredithöhe kann sich täglich ändern.	Fester Darlehensbetrag (Kreditsumme), der ggf. unter Abzug eines Disagios ausbezahlt wird.
Zweck	Anpassung des Kredits an einen sich ständig ändernden Kreditbedarf im Rahmen des laufenden Zahlungsverkehrs	Verwendung des Kredits für einen bestimmten Zweck (z. B. Anschaffung einer Maschine)
Lauf-zeit	kurzfristig kündbarer Kredit, der aber durch laufende Verlängerung zu einem langfristigen Kredit werden kann	in der Regel zeitlich befristeter Kredit (mittel- oder langfristig)
Til-gung	schwankender Kreditbetrag ohne regelmäßige Tilgung	Tilgung entsprechend dem vereinbarten Tilgungsplan
Zinssatz	wesentlich höherer Zinssatz als beim Darlehen mit Tilgungsvereinbarung, da die Bank ständig Liquidität in nicht genau planbarer Höhe bereithalten muss; zusätzlich: Überziehungsprovision bei Überschreiten des Kreditlimits	niedrigerer Zinssatz als beim Kontokorrentkredit, da Liquiditätsbedarf und -rückfluss für die Bank gut kalkulierbar

Darlehensformen nach Art der Tilgung	
Abzahlungsdarlehen	**Annuitätendarlehen**
▪ jährlich gleiche Tilgungsbeträge ▪ jährlich fallende Zinszahlungen wegen der abnehmenden Restschuld ▪ fallende Jahresleistung bestehend aus Zins- und Tilgungsanteil	▪ jährlich fallende Zinszahlungen wegen der abnehmenden Restschuld ▪ jährlich steigende Tilgungszahlungen in Höhe der ersparten Zinsen ▪ gleich bleibende Jahresleistung (Annuität) bestehend aus Zins- und Tilgungsanteil
Liquiditätsbelastung insgesamt etwas niedriger als beim Annuitätendarlehen	**Liquiditätsbelastung insgesamt etwas höher als beim Abzahlungsdarlehen**
Liquiditätsbelastung in allen Jahren leicht fallend	**Liquiditätsbelastung in allen Jahren gleich (Annuität)**

WIEDERHOLUNG DES GRUNDWISSENS

1. Zeigen Sie die Unterschiede zwischen einem Kontokorrentkredit und anderen Darlehensarten auf.
2. Kontokorrentkredite sind sehr teuer. Begründen Sie, warum Unternehmen trotzdem solche Kredite beantragen und geben Sie an, welche Kosten in diesem Zusammenhang anfallen.
3. Begründen Sie, warum der Zinssatz für einen Kontokorrentkredit wesentlich höher als für ein Darlehen mit planmäßiger Tilgung ist.
4. Nennen Sie wesentliche Inhalte eines Darlehensvertrages.
5. Unterscheiden Sie Darlehensarten nach der Form der Tilgung.

6. Stellen Sie die Unterschiede zwischen Abzahlungsdarlehen, Festdarlehen und Annuitätendarlehen gegenüber.
7. Erläutern Sie, wie die Höhe der Annuität ermittelt wird, wenn die Anfangstilgung bekannt ist.
8. Vergleichen Sie Abzahlungs- und Annuitätendarlehen hinsichtlich der Liquiditätsbelastung. Worauf sind die Unterschiede zurückzuführen?
9. Nennen Sie Vor- und Nachteile der Darlehensfinanzierung gegenüber einer Eigenfinanzierung.

AUFGABEN ZUM ERWERB UND ZUR KONTROLLE VON KOMPETENZEN

9.4.1 Kontokorrentkredit

Für den von einem Unternehmen aufgenommenen Kontokorrentkredit, dessen Verlauf auf S. 543 abgebildet ist, gelten folgende Konditionen:

Sollzinssatz: 12 % Überziehungsprovision: 3 % Habenzinssatz: 0,5 %

1. Ermitteln Sie die Zinsbelastung für den dargestellten Zeitraum (30/360-Tage-Methode).
2. Das Unternehmen erhält die Rechnung eines Lieferers über 38.200 EUR (einschl. USt), die folgende Zahlungsbedingungen aufweist: Zahlbar innerhalb von 30 Tagen netto Kasse oder innerhalb von 10 Tagen mit 2 % Skonto. Es wird überlegt, ob der Kontokorrentkredit zu den o. g. Konditionen in Anspruch genommen werden soll, um die Rechnung unter Abzug von Skonto begleichen zu können. Der Kontokorrentkredit ist während dieser Zeit im Durchschnitt bereits mit 10.000 EUR beansprucht.
   Wie soll sich das Unternehmen entscheiden?
3. Begründen Sie, warum der Zinssatz für Kontokorrentkredite erheblich über dem für andere Arten von Bankkrediten in Rechnung gestellten Zinssatz liegt.

9.4.2 Analyse eines Darlehensvertrags

LA

PDF

Analysieren Sie den zwischen Einzelhändler Peter Vogt e.K. und der Volksbank Mannheim abgeschlossenen Darlehensvertrag *(Abb. S. 545 u. 546)*, indem Sie folgende Fragen beantworten:

1. Wie hoch ist der Darlehensbetrag?
2. Weshalb wurde eine Darlehenssumme von 44.000,00 EUR vereinbart, obwohl lediglich Waren im Wert von ca. 42.900,00 EUR gekauft werden sollen? *(vgl. die Punkte 1, 3.2 und 3.3 des Darlehensvertrags)*. Was bedeutet die Vereinbarung eines Auszahlungskurses von 98 % (siehe Ziffer 3.2)
3. Wie lang ist die Laufzeit des Darlehens?
4. Mit welchem Betrag belastet die Bank das Konto von Herrn Vogt am 31.12. des ersten Jahres, wenn er das Darlehen ab dem 01.10. in Anspruch genommen hat?
5. Welche Überlegungen können für die Entscheidung der Höhe der Tilgung und damit der Laufzeit ausschlaggebend gewesen sein?
6. Um welche Tilgungsart handelt es sich im vorliegenden Fall?
7. Welchen Tilgungsarten entsprechen die Vereinbarungen unter den Punkten 5.1 und 5.3 des Darlehensvertrags?
8. Was ist unter einem variablen Zins *(vgl. Punkt 3.1 des Darlehensvertrags)* zu verstehen und in welchem Fall ist eine solche Vereinbarung für den Darlehensnehmer vorteilhaft?

9.4.3 Tilgungsplan für ein Annuitätendarlehen

PDF

Die Heizungsbau Vollmer OHG erhält von ihrer Hausbank folgendes Kreditangebot:

Darlehen:	3.500.000 EUR	Zinssatz:	7,5 %
Laufzeit:	5 Jahre	jährliche Annuität:	865.076,51 EUR

Erstellen Sie einen Tilgungsplan für die gesamte Laufzeit.

9.4.4 Abzahlungsdarlehen und Annuitätendarlehen im Vergleich

PDF

Die Erweiterung ihres Fuhrparks möchte ein Unternehmen durch ein Darlehen finanzieren. Dazu liegen folgende Angebote vor:

Bank A: Darlehenssumme: 200.000 EUR, Auszahlung: 100 %, Zinssatz: 10 %, Laufzeit: 5 Jahre, Tilgung: 5 gleiche Jahresraten

Bank B: Darlehenssumme: 200.000 EUR, Auszahlung: 100 %, Zinssatz: 10 %, Laufzeit: 5 Jahre, Annuität: 52.759,50 EUR

1. Überprüfen Sie die von Bank B angegebene Annuität mithilfe des Annuitätenfaktors:

$$\frac{q^n \cdot (q-1)}{q^n - 1} \qquad q = 1 + \frac{p}{100}$$

2. Ermitteln Sie für beide Darlehensformen tabellarisch die Zins- und Tilgungsbeträge für die einzelnen Jahre.
3. Ermitteln Sie für beide Darlehensformen die sich insgesamt ergebende Liquiditätsbelastung. Worauf ist der Unterschied zurückzuführen?
4. Stellen Sie die Zins- und Tilgungsentwicklung für beide Darlehensformen grafisch dar.
5. Für welche Darlehensform soll sich das Unternehmen entscheiden? Begründen Sie Ihre Aussage.
6. Prüfen Sie, ob sich die Entscheidung von 5. ändern würde, wenn folgende steuerlichen Auswirkungen berücksichtigt werden:
   - Die Zinsaufwendungen wirken sich in voller Höhe gewinnmindernd aus.
   - Der Gewinnsteuersatz beträgt 30 %.

9.4.5 Darlehensfinanzierung

PDF

Die Baustoffe Dittmer OHG benötigt für eine Erweiterungsinvestition einen Betrag in Höhe von 100.000 EUR, der über ein Bankdarlehen finanziert werden soll. Gesellschafter Dittmer hat bei drei Banken Darlehensangebote eingeholt und will entscheiden, mit welcher Bank er einen Darlehensvertrag abschließen soll.

	Sparkasse	Deutsche Bank	Volksbank
Darlehensbetrag	100.000 EUR	100.000 EUR	100.000 EUR
Auszahlung	96.500 EUR	98 %	100 %
Disagio (Damnum)	3.500 EUR	2 %	–
Laufzeit	10 Jahre	10 Jahre	10 Jahre
Tilgungsvereinbarung	Fälligkeitsdarlehen	Ratentilgung (Beginn: Ende 1. Jahr)	Annuitätentilgung (Beginn: Ende 1. Jahr) Annuität: 15.037,66 EUR
Zinssatz (nominal)	7 %	8 %	8,2 %

1. Erstellen Sie für die drei Angebote jeweils eine Tabelle nach folgendem Muster:

Jahr	Darlehensschuld (Anfang des Jahres) [EUR]	Zinsen 7 % [EUR]	Tilgung [EUR]	Schuldendienst (Zins + Tilgung) [EUR]	Restschuld am Ende des Jahres [EUR]
...					
...					

2. Welches Angebot ist zu wählen, wenn als Entscheidungskriterium
   a) die geringste Gesamtbelastung,
   b) die geringste Zinsbelastung aus der gesamten Laufzeit (Zinssumme) gewählt wird?
3. Begründen Sie, welche endgültige Darlehensentscheidung unter den gegebenen Bedingungen getroffen werden sollte.

9.5 Finanzierung aus freigesetztem Kapital

9.5.1 Finanzierung aus Vermögensumschichtung

Verfügt ein Unternehmen z. B. über hohe Wertpapierbestände, so kann es sich über eine teilweise oder vollständige Veräußerung von Wertpapieren flüssige Mittel beschaffen. Diese wiederum können zur Finanzierung z. B. von Anlageinvestitionen verwendet werden. Der beschriebene Finanzierungsvorgang hat lediglich Auswirkungen auf der Aktivseite der Bilanz. Dort kommt es zu einer Änderung der Vermögensstruktur (Vermögensumschichtung).

Eine Finanzierung aus Vermögensumschichtung ist nur dann möglich, wenn in einem Unternehmen Vermögensteile vorhanden sind, die zur Aufrechterhaltung der Betriebsbereitschaft nicht unbedingt erforderlich sind.

Sale-and-lease-back

Eine besondere Form der Vermögensumschichtung besteht im sogenannten **Sale-and-lease-back**-Verfahren. Dabei verkauft ein Unternehmen Vermögensgegenstände (z. B. Immobilien) an einen Leasinggeber und least diese Gegenstände zur weiteren Nutzung zurück.

9.5.2 Finanzierung aus Abschreibungsgegenwerten

Finanzierungswirkung von Abschreibungen

Gelingt es einem Unternehmen, seine Produkte mindestens zu den Selbstkosten zu verkaufen, so können die über die Umsatzerlöse zugeflossenen Mittel zur Deckung von Aufwendungen verwendet werden, die im Zusammenhang mit der Herstellung des Produkts unmittelbar zu **Ausgaben** geführt haben (z. B. Löhne, Materialkosten, Strom usw.). Jedoch sind nicht alle in die Selbstkosten eingerechneten Aufwendungen auch **ausgabenwirksam**. So stellen die **Abschreibungen** zwar Aufwendungen einer bestimmten Periode dar, führen aber nicht unmittelbar zu Ausgaben. Ausgaben sind zum Zeitpunkt der Anschaffung des Vermögensgegenstandes angefallen.

Das Unternehmen kann über die zugeflossenen liquiden Mittel aus den **Abschreibungserlösen** so lange verfügen, bis eine Ersatzbeschaffung der abgeschriebenen Vermögensgegenstände erforderlich wird. Bis zu diesem Zeitpunkt können die Abschreibungserlöse zur Finanzierung weiterer Investitionen verwendet werden.

Finanzierung aus Abschreibungsgegenwerten

Der Gewinn- und Verlustrechnung (vereinfacht) eines Handwerksbetriebes sind nachstehende Informationen zu entnehmen.

Zusammengefasste (vereinfachte) Gewinn- und Verlustrechnung (Zahlen in Tsd. EUR)

Abschreibungen	300	Umsatzerlöse	1.600
sonstige Aufwendungen (z. B) Löhne, Materialkosten, Energie)	800		
Gewinn	**500**		
	1.600		1.600

Unter der Voraussetzung, dass der erzielte Gewinn in vollem Umfang an die Unternehmenseigner ausgeschüttet wird und alle sonstigen Aufwendungen zu Ausgaben geführt haben, stehen dem Unternehmen folgende Finanzierungsmittel aus freigesetztem Kapital (Abschreibungsfinanzierung) zur Verfügung:

Einnahmen-Ausgaben-Rechnung (Zahlen in Tsd. EUR)

Einnahmen		**Ausgaben**	
aus Umsatzerlösen	1.600	sonst. Aufwend.	800
		Gewinnausschüttung	500
		Überschuss (aus Abschreibungen)	**300**
	1.600		1.600

Ergebnis: Da es sich bei den Abschreibungen um Aufwand handelt, der im laufenden Geschäftsjahr **nicht mit Ausgaben verbunden** ist, stehen dem Unternehmen in Höhe des Abschreibungsaufwands entsprechende Mittel zur Verfügung. Wäre in der GuV-Rechnung kein Abschreibungsaufwand enthalten, so wäre auch der ausgewiesene Gewinn entsprechend höher. Ein höherer Gewinn wiederum führt zu einer Belastung mit Ertragssteuern und evtl. zu Gewinnausschüttungen an die Eigentümer eines Unternehmens. Das Unternehmen kann demnach in Höhe des in der GuV-Rechnung ausgewiesenen Abschreibungsaufwands die Mittel bis zum Zeitpunkt der Ersatzbeschaffung des abgeschriebenen Vermögensgegenstandes zu anderen Finanzierungszwecken verwenden. Diese Art der Finanzierung wird auch als **Abschreibungsfinanzierung** bezeichnet.

Abschreibungskreislauf

Die Übersicht auf der folgenden Seite zeigt die Zusammenhänge zwischen bilanziellen und kalkulatorischen Abschreibungen und die damit zusammenhängenden Finanzierungseffekte in Form eines Abschreibungskreislaufs.

Bei Anschaffung eines Anlagegutes (z. B. Maschine) fallen Anschaffungskosten in Höhe von 100.000 EUR an. Unter der Annahme, dass die Wiederbeschaffungskosten den derzeitigen Anschaffungskosten entsprechen, ergeben sich bei linearer Abschreibung über eine Nutzungsdauer von 5 Jahren bilanzielle und kalkulatorische Abschreibungen in Höhe von 20.000 EUR pro Jahr. Bei einer Produktionsmenge von 2.000 Stück gehen die kalkulatorischen Abschreibungen mit 10,00 EUR je Stück in die Selbstkosten ein. Beträgt der Verkaufspreis 100,00 EUR, ergeben sich

Umsatzerlöse in Höhe von 200.000 EUR (2.000 Stück · 100,00 EUR). Darin sind Gegenwerte für die in den Selbstkosten enthaltenen kalkulatorischen Abschreibungen in Höhe von insgesamt 20.000 EUR (2.000 Stück · 10,00 EUR) enthalten. Die Umsatzerlöse werden auf der Ertragsseite der GuV-Rechnung ausgewiesen. Am Ende des Geschäftsjahres werden die bilanziellen Abschreibungen in Höhe von 20.000 EUR erfasst. Dadurch ergibt sich einerseits beim Anlagevermögen eine Minderung des Wertes der Maschine von bisher 100.000 EUR auf 80.000 EUR und andererseits ein Abschreibungsaufwand, der auf der Aufwandsseite der GuV ausgewiesen wird. Im Gegensatz zu den meisten anderen Aufwandsarten ist dieser Abschreibungsaufwand in Höhe von 20.000 EUR nicht mit einem Liquiditätsabfluss verbunden. Durch diesen Abschreibungsaufwand wird der Gewinn um 20.000 EUR gemindert. Somit müssen für diesen Betrag keine Gewinnsteuern entrichtet werden. Außerdem wird dadurch eine Gewinnausschüttung verhindert, die andernfalls möglicherweise vorgenommen worden wäre. Durch die Wirkung der bilanziellen Abschreibungen als Ausschüttungssperre werden somit diese 20.000 EUR vor einer Versteuerung und Ausschüttung bewahrt. Unter der Voraussetzung, dass dem Unternehmen Geldmittel in entsprechender Höhe zur Verfügung stehen (= Teil des Umlaufvermögens), können diese für Finanzierungszwecke verwendet werden. Da sich gleichzeitig der Wert des Anlagevermögens um diesen Betrag verringert hat, liegt in dieser Höhe eine Vermögensumschichtung von Anlage- in Umlaufvermögen vor (= **Kapitalfreisetzungseffekt**).

Aufg. 9.5.1 S. 562

LA

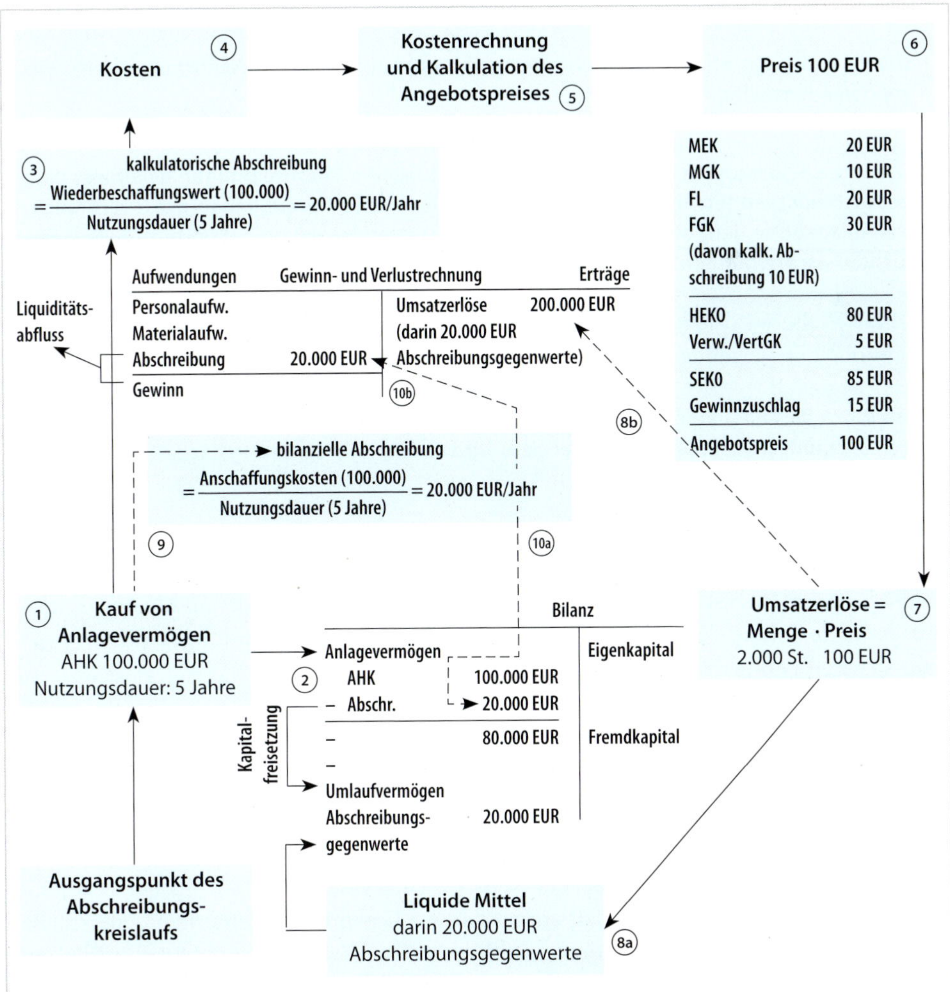

Am vorliegenden Beispiel lässt sich auch zeigen, dass es für den Finanzierungseffekt der Abschreibungen in erster Linie auf die bilanziellen und nicht auf die kalkulatorischen Abschreibungen ankommt. Unter der Voraussetzung, dass die gesamten Umsatzerlöse neben den liquiditätswirksamen Aufwendungen mindestens auch die bilanziellen Abschreibungen decken (d. h. Umsatzerlöse > Aufwendungen), tritt der Finanzierungseffekt nämlich auch dann ein, wenn die Abschreibungsgegenwerte (noch) nicht über den Markt „verdient" wurden und daher nicht in liquider Form vorliegen. Das ist beispielsweise dann der Fall, wenn

- das Unternehmen bei der Ermittlung der Selbstkosten keine kalkulatorische Abschreibung berücksichtigt oder
- die Erzeugnisse, bei deren Selbstkosten die kalkulatorischen Abschreibungen zwar berücksichtigt wurden, als Halb- oder Fertigerzeugnisse auf Lager liegen und noch nicht verkauft sind.

In beiden Fällen verbleiben bei entsprechend hohen Umsatzerlösen trotzdem Zahlungsmittel in Höhe der bilanziellen Abschreibungen im Unternehmen, die ohne diese Abschreibungen als Gewinn ausgewiesen, besteuert und möglicherweise ausgeschüttet worden wären.

> ! **Der Finanzierungseffekt der Abschreibungen beruht auf den als Ausschüttungssperre wirkenden bilanziellen Abschreibungen.**

> ! **Die in die Selbstkosten einkalkulierten kalkulatorischen Abschreibungen bewirken, dass bei kostendeckenden Absatzpreisen der Gegenwert der im Produktionsprozess verbrauchten Anlagegüter dem Unternehmen über die Umsatzerlöse in liquider Form zufließt („verdiente Abschreibungen").**

Auf diese Weise wird fortlaufend Anlagevermögen in Umlaufvermögen (liquide Mittel) umgewandelt (= Vermögensumschichtung, Uminvestierung, **Kapitalfreisetzung**).

> ! **Die durch die kalkulatorischen Abschreibungen bewirkte Umwandlung von Anlagevermögen in liquide Mittel (= Umlaufvermögen) wird als Kapitalfreisetzung bezeichnet.**

9.5.3 Finanzierung aus Rückstellungsgegenwerten

Die Bildung von Rückstellungen führt zu einer Verrechnung von Aufwand in der Gewinn- und Verlustrechnung des laufenden Geschäftsjahres. Diese Aufwendungen führen erst in einer späteren Periode zu Ausgaben.

> ! **Wesentlich für die Finanzierungswirkung von Rückstellungen ist, dass die damit einhergehenden Aufwendungen nicht in derselben Periode liquiditätswirksam werden, da ihnen keine entsprechenden Ausgaben gegenüberstehen.**

Da der Aufwand zu einer Gewinnminderung führt, werden auf diese Weise Mittel an das Unternehmen gebunden, die andernfalls als Gewinn erscheinen und in Form von Gewinnsteuern und möglicherweise als ausgeschüttete Gewinne das Unternehmen verlassen würden. Bis zur Auszahlung für ihren eigentlichen Zweck können diese Mittel (= Rückstellungsgegenwerte) für Finanzierungszwecke verwendet werden.

> **!** **Die mit der Bildung von Rückstellungen einhergehenden Aufwendungen wirken als Ausschüttungssperre, indem sie liquide Mittel, die andernfalls als Gewinn auszuweisen wären, vorläufig vor einer Besteuerung und Ausschüttung bewahren.**

Die **Finanzierung aus Rückstellungsgegenwerten** ist eine Form der **Fremdfinanzierung**, bei der **keine Zinszahlungen** anfallen. Unter Finanzierungsgesichtspunkten haben die **Pensionsrückstellungen**[1] die größte Bedeutung. Aufg. 9.5.2 S. 563

Pensionszusagen stellen eine im Arbeits- oder Tarifvertrag geregelte vertragliche Verpflichtung des Unternehmens dar, seinen ausgeschiedenen Mitarbeitern eine Betriebsrente o. Ä. zu zahlen. Die späteren Zahlungsansprüche der Mitarbeiter werden während ihrer Betriebszugehörigkeit in Form von Pensionsrückstellungen angesammelt. Während der aktiven Tätigkeit der Mitarbeiter im Unternehmen entstehen somit für das Unternehmen zusätzliche Personalaufwendungen, die aber erst nach dem Ausscheiden der Mitarbeiter zu Auszahlungen werden. Bei Pensionsrückstellungen handelt sich um Fremdkapital, das aber nicht von außen zugeführt wird. Die Mittel stammen vielmehr aus dem Umsatzprozess, sofern die Umsatzerlöse hoch genug sind, um die als Aufwand verrechneten Beträge zu decken.

Ob und in welcher Höhe sich in einer bestimmten Periode die verfügbaren finanziellen Mittel eines Unternehmens durch die Bildung von Pensionsrückstellungen erhöhen, hängt u. a. von der Antwort auf folgende Fragen ab:

Ist die Zuführung zu den Pensionsrückstellungen größer als die laufenden Pensionszahlungen an bereits ausgeschiedene Mitarbeiter?	**Erwirtschaftet das Unternehmen einen Gewinn oder einen Verlust?**	**Wird der Gewinn einbehalten (= offene Selbstfinanzierung) oder ausgeschüttet?**

1. Voraussetzung für die Erhöhung der verfügbaren finanziellen Mittel durch Pensionsrückstellungen ist, dass die auf die Zuführung zu den Pensionsrückstellungen entfallenden Personalaufwendungen höher sind als die in derselben Periode anfallenden Pensionszahlungen an bereits ausgeschiedene Mitarbeiter. Andernfalls fließen mehr liquide Mittel ab, als durch die Bildung der Rückstellungen einbehalten werden.
2. Ein Finanzierungseffekt tritt nicht ein, wenn das Unternehmen bereits ohne Berücksichtigung der Pensionsrückstellungen einen Verlust erwirtschaftet. In diesem Fall erhöht sich durch den zusätzlichen Personalaufwand lediglich der Verlust. Es kommt weder zu einer Minderung von Gewinnsteuern noch zu einer Zurückbehaltung solcher liquiden Mittel, die andernfalls als Gewinn ausgewiesen und möglicherweise ausgeschüttet worden wären.
3. Wenn ein Unternehmen ohnehin seinen Gewinn im Rahmen der offenen Selbstfinanzierung in voller Höhe einbehält, verbleiben durch die Bildung von Pensionsrückstellungen lediglich zusätzliche finanzielle Mittel in Höhe der ersparten Gewinnsteuern im Unternehmen. Ohne die Pensionsrückstellungen wären die entsprechenden Beträge als zusätzlicher Gewinn ausgewiesen worden und hätten versteuert werden müssen.

---

1 Der Begriff Pension bezeichnet eigentlich eine Altersversorgung, die vom Staat an Beamte im Pensionsalter geleistet wird. Im vorliegenden Zusammenhang wird dieser Begriff aber im Sinne von betrieblichen Zahlungen zur Altersversorgung (Betriebsrente o. Ä.) verwendet.

❹ Wenn ein Unternehmen seinen Gewinn in vollem Umfang ausschüttet, verbleiben durch die Bildung von Pensionsrückstellungen finanzielle Mittel in Höhe der Pensionsrückstellungen im Unternehmen. Ohne die Pensionsrückstellungen wären in diesem Fall Beträge in gleicher Höhe als zusätzlicher Gewinn ausgeschüttet und als Gewinnsteuern abgeführt worden.

! Die Höhe des Finanzierungseffektes von Pensionsrückstellungen hängt u.a. von der Höhe der Pensionszahlungen, der Gewinn-/Verlustsituation des Unternehmens und der Gewinnverwendung ab.

9.5.4 Bildung stiller Rücklagen – Stille Selbstfinanzierung

! Eine stille Selbstfinanzierung liegt vor, wenn der tatsächlich erzielte Gewinn größer ist als der in der GuV-Rechnung ausgewiesene Gewinn und ein Mittelabfluss in Höhe des tatsächlich erzielten Gewinns verhindert wird.

Entstehung stiller Rücklagen

Stille Rücklagen entstehen durch **Bewertungsspielräume**, die das Handels- und Steuerrecht zulassen. Dabei ergeben sich insbesondere folgende Möglichkeiten:[1]

Aktivposten werden in der Bilanz zu niedrig ausgewiesen	Passivposten werden in der Bilanz[1] zu hoch ausgewiesen
(1) **Unterbewertung von Vermögensgegenständen durch** ▪ bilanzielle Abschreibungen, die die tatsächliche Wertminderung übersteigen (bilanzielle Abschreibungen > kalkulatorische Abschreibungen) ▪ zu niedrigen Ansatz der Herstellungskosten von Lagerbeständen an Halb- und Fertigerzeugnissen ▪ Unterbewertung von Vorräten und Forderungen (2) **Nichtaktivierung von geringwertigen Wirtschaftsgütern** (GWG) EStG § 6 (2)	(1) **Überbewertung von Verbindlichkeiten durch** ▪ zu hoch geschätzte Rückstellungen
Stille Rücklagen aufgrund der Unterbewertung von Aktivposten führen zu einer Verringerung der Bilanzsumme (Bilanzverkürzung). Sie erscheinen nicht in der Bilanz.	Stille Rücklagen aufgrund der Überbewertung von Passivposten sind im Fremdkapital „versteckt". Sie führen dazu, dass bei unveränderter Bilanzsumme das Fremdkapital zu hoch und das Eigenkapital zu niedrig ausgewiesen werden.

1 Seit Inkrafttreten des Bilanzrechtsmodernisierungsgesetzes 2009 sieht das HGB keine Bilanzierungs- oder Bewertungswahlrechte bei Schulden mehr vor. Stille Rücklagen durch eine Überbewertung von Schulden können seitdem nur noch durch zu hoch geschätzte Rückstellungen für ungewisse Verbindlichkeiten (vgl. S. 507) entstehen.

!

Stille Rücklagen entstehen dadurch, dass

- **Vermögensgegenstände oder aktive Rechnungsabgrenzungsposten nicht aktiviert oder unterbewertet werden und/oder**
- **Schulden oder passive Rechnungsabgrenzungsposten überbewertet werden.**

Abschreibung

1 Nach HGB § 253 (3) **müssen** abnutzbare Gegenstände des Anlagevermögens planmäßig abgeschrieben werden. Es besteht aber ein **Wahlrecht** zwischen verschiedenen planmäßigen Abschreibungsverfahren (z. B. lineare oder degressive Abschreibung).

Eine Maschinenfabrik hat eine neue Produktionsanlage mit einer betriebsgewöhnlichen Nutzungsdauer von 10 Jahren angeschafft. Die Anschaffungskosten betrugen 100.000 EUR. Es stehen die lineare oder die degressive Abschreibung ($2^1/_2$-faches des linearen Satzes) zur Auswahl.

Lineare Abschreibung (10 % vom AW)		**Degressive Abschreibung (25 % vom RW)**	
Buchungssatz (1. Jahr):		**Buchungssatz** (1. Jahr):	
Abschreibungen	10.000 EUR	Abschreibungen	25.000 EUR
an Betriebs- und Geschäftsausstattung	10.000 EUR	an Betriebs- und Geschäftsausstattung	25.000 EUR
Restwert der Maschine nach dem 1. Jahr:	90.000 EUR	Restwert der Maschine nach dem 1. Jahr:	75.000 EUR
ausgewiesener Gewinn sinkt um	10.000 EUR	ausgewiesener Gewinn sinkt um	25.000 EUR
		stille Rücklage	**15.000 EUR**

Außerplanmäßige Abschreibungen auf Finanzanlagen bei vorübergehender Wertminderung

2 Nach HGB § 253 (3) S. 4 **können** Finanzanlagen bei nicht dauerhafter Wertminderung außerplanmäßig abgeschrieben werden.

Eine Maschinenfabrik hält eine auf Dauer angelegte Beteiligung an einem anderen Unternehmen in Form eines Aktienpakets. Bisheriger Börsenpreis des Aktienpakets: 2,5 Mio. EUR. Durch einen allgemeinen Kurssturz an der Börse, der nach Einschätzung von Experten als vorübergehend einzuschätzen ist, beträgt der Wert des Aktienpakets am Bilanzstichtag nur 2,3 Mio. EUR.

Bewertungswahlrecht wird nicht ausgeübt.	**Bewertungswahlrecht wird ausgeübt.**	
keine Buchung	**Buchungssatz:**	
	Abschreibungen auf Finanzanl.	200.000 EUR
	an Finanzanlagen	200.000 EUR
Die Finanzanlagen werden mit dem bisherigen Wert in Höhe von 2,5 Mio. EUR in der Bilanz ausgewiesen.	Die Finanzanlagen werden mit ausgewiesen.	2,3 Mio. EUR
	Aufwendungen steigen um	200.000 EUR
	ausgewiesener Gewinn sinkt um	200.000 EUR
	stille Rücklage:	**200.000 EUR**

Auflösung stiller Rücklagen

Die Bildung stiller Rücklagen bewirkt, dass Gewinne in Höhe dieser Rücklagen nicht ausgewiesen und damit deren Besteuerung und Ausschüttung verhindert werden. Allerdings wird dieser „versteckte" Gewinn zu einem späteren Zeitpunkt sichtbar, wenn die **stillen Rücklagen** aufgelöst werden.

Aufg. 9.5.3 S. 564

Bei degressiver Abschreibung sind die Abschreibungsbeträge am Anfang höher und am Ende niedriger als bei linearer Abschreibung. Für den ausgewiesenen Gewinn gilt somit die umgekehrte Entwicklung. Er ist bei degressiver Abschreibung am Anfang niedriger und am Ende höher als bei linearer Abschreibung. Die durch die degressive (= überhöhte) Abschreibung anfänglich entstandene stille Rücklage wird also aufgrund der fallenden Abschreibungsbeträge und des damit einhergehenden Anstiegs des ausgewiesenen Gewinns im Laufe der Nutzungsdauer nach und nach aufgelöst. Auch wenn ein unterbewerteter Vermögensgegenstand zu einem höheren Wert als dem Buchwert verkauft wird, kommt es zu einer Auflösung stiller Rücklagen.

Bei überhöhten Rückstellungen erfolgt die Auflösung der dadurch entstandenen stillen Rücklage dann, wenn der Grund für die Bildung der Rückstellung weggefallen ist und die Rückstellung Gewinn erhöhend aufgelöst werden muss (= Erträge aus der Auflösung oder Herabsetzung von Rückstellungen). Die bei einer Überbewertung von Währungsverbindlichkeiten durch zu niedrige Wechselkurse entstehenden stillen Rücklagen werden bei Bezahlung der Verbindlichkeiten aufgelöst, da aufgrund des tatsächlich höheren Wechselkurses ein geringerer Euro-Betrag zur Begleichung dieser Verbindlichkeit zu zahlen ist als bisher angenommen.

Zum Zeitpunkt der **Auflösung der stillen Rücklagen** muss der bis dahin „versteckte“ Gewinn nachträglich versteuert werden. Durch die Bildung stiller Rücklagen ergibt sich somit eine Verlagerung des Zeitpunkts der Steuerzahlung auf einen späteren Termin. Dies wirkt sich für das Unternehmen wie ein zinsloser Kredit aus. Wenn der Steuersatz unverändert bleibt und das Unternehmen keinen Verlust erzielt, ergibt sich aber **keine endgültige Steuerersparnis**, sondern lediglich ein Zinsvorteil aufgrund der späteren Steuerzahlung.

Aufg. 9.5.4, 9.5.5 und 9.5.6 S. 564

! **Die stille Selbstfinanzierung durch nicht ausgewiesene Gewinne führt bei unverändertem Steuersatz in der Regel nicht zu einer endgültigen Steuerersparnis, sondern nur zu einer Verschiebung des Zeitpunkts der Steuerzahlung. Dadurch ergibt sich für das Unternehmen ein Zinsvorteil.**

Zusammenfassende Übersicht zu 9.5: Finanzierung aus freigesetztem Kapital

	Finanzierung aus Vermögensumschichtung
	↓
Finanzierung (Mittelbeschaffung)	Veräußerung von Vermögensgegenständen (z. B. Wertpapieren)
	↓
Investition (Mittelverwendung)	Anschaffung von Anlagen

Finanzierung aus Abschreibungsgegenwerten

Rückstellungen
(= Erfassung von Wertminderungen des abnutzbaren Anlagevermögens)

bilanzielle Abschreibungen = gewinnmindernder Aufwand	**kalkulatorische Abschreibungen** = Teil der Selbstkosten
Aufwand, der nicht liquiditätswirksam ist	„verdiente" Abschreibungen (Zufluss über die Umsatzerlöse in liquider Form)
Ausschüttungssperre	**Kapitalfreisetzung** (Umwandlung von Anlage- in Umlaufvermögen)

Abschreibungskreislauf

Finanzierungseffekte

Finanzierung aus Rückstellungsgegenwerten

Rückstellungen

Aufwand, der erst später liquiditätswirksam wird

Ausschüttungssperre

Voraussetzungen für Finanzierungswirkung von Pensionsrückstellungen

Pensionszahlungen < Pensionsrückstellungen	**Durch Pensionsrückstellungen bedingter Personalaufwand führt nicht zu einer Erhöhung eines Verlusts.**

Stille Rücklagen

Aktivposten werden in der Bilanz zu niedrig ausgewiesen. **Unterbewertung von Aktiva**	Passivposten werden in der Bilanz zu hoch ausgewiesen. **Überbewertung von Passiva**

Nicht offen ausgewiesene Gewinne

Stille Selbstfinanzierung

Bei Auflösung der stillen Rücklagen wird der „versteckte" Gewinn sichtbar.

WIEDERHOLUNG DES GRUNDWISSENS

1. Beschreiben Sie die Finanzierung aus Vermögensumschichtung.
2. Begründen Sie, warum die Finanzierung aus Vermögensumschichtung zur Innenfinanzierung zählt.
3. Erläutern Sie, warum Abschreibungsaufwendungen nicht ausgabenwirksam sind.
4. Beschreiben Sie die Wirkung bilanzieller Abschreibungen als Ausschüttungssperre.
5. Beschreiben Sie den Abschreibungskreislauf auf S. 555.
6. Stellen Sie dar, wie der Finanzierungseffekt
   a) von Abschreibungen
   b) von Rückstellungen
   zustande kommt.
7. Erläutern Sie die Aussage: „Die Finanzierung aus Rückstellungsgegenwerten ist eine Form der Fremdfinanzierung, bei der keine Zinszahlungen anfallen."
8. Erläutern Sie, was unter Pensionsrückstellungen zu verstehen ist.
9. Erläutern Sie, warum die Personalaufwendungen im Zusammenhang mit Pensionsrückstellungen als Ausschüttungssperre wirken.
10. Erläutern Sie, wovon das Ausmaß des Finanzierungseffekts von Pensionsrückstellungen abhängt.
11. Zeigen sie auf, wie stille Rücklagen entstehen können.
12. Beschreiben Sie, wie sich stille Rücklagen, die im Zusammenhang mit Aktivposten entstehen, auf die Bilanz auswirken.
13. Beschreiben Sie, wie sich stille Rücklagen, die im Zusammenhang mit Passivposten entstehen, auf die Bilanz auswirken.
14. Zeigen Sie auf, wie es im Zusammenhang mit Abschreibungen zu einer stillen Selbstfinanzierung kommen kann.
15. Nennen Sie Beispiele, wie und wann stille Rücklagen aufgelöst werden.
16. Beurteilen Sie, wie sich die Auflösung stiller Rücklagen auf die Zahlung von Gewinnsteuern auswirkt.
17. Nennen Sie Vor- und Nachteile der stillen Selbstfinanzierung gegenüber der offenen Selbstfinanzierung.

AUFGABEN ZUM ERWERB UND ZUR KONTROLLE VON KOMPETENZEN

9.5.1 Kapitalfreisetzungseffekt – Kreislauf der Abschreibungen

LA

Für den Holz verarbeitenden Handwerksbetrieb Rebmann GmbH liegt zum Ende des Jahres 01 folgende zusammengefasste GuV-Rechnung vor.

Aufwendungen	zusammengefasste GuV-Rechnung (in EUR)		Erträge
Materialaufwand	260.000	Umsatzerlöse	900.000
Personalaufwand	240.000		
Abschreibungen	110.000		
sonst. betriebliche Aufwendungen	90.000		
Gewinn	200.000		
	900.000		**900.000**

Handwerkerrechnungen sind grundsätzlich sofort nach Erhalt zahlbar. Aus diesem Grund sind die Umsatzerlöse des Jahres 01 bereits in voller Höhe als liquide Mittel zugeflossen. Kundenforderungen gibt es daher nicht. Andererseits begleicht die Rebmann GmbH ihre Liefererrechnung sowie die Rechnungen für andere bezogene Leistungen ebenfalls sofort nach Erhalt, so dass im Jahr 01 liquide Mittel in entsprechender Höhe abgeflossen sind.

1. In welcher Höhe waren im Jahr 01 liquide Mittel nötig, um die sich aus den Aufwendungen ergebenden Zahlungsverpflichtungen begleichen zu können?
2. Die Rebmann GmbH plant die Anschaffung einer neuen Maschine im Wert von 80.000 EUR. Es soll aber weder eine Fremdfinanzierung noch eine Beteiligungsfinanzierung (Einlagenfinanzierung) vorgenommen werden. Prüfen Sie anhand der vorliegenden GuV-Rechnung, ob die Finanzierung der Maschine trotzdem gesichert ist, wenn der Gewinn
   - in vollem Umfang einbehalten wird.
   - in vollem Umfang ausgeschüttet wird
3. Die Rebmann GmbH plant für das nächste Jahr die Anschaffung einer neuen Maschine zur Holzbearbeitung. Die Anschaffungskosten belaufen sich auf 100.000 EUR. Die betriebsgewöhnliche Nutzungsdauer lt. AfA-Tabelle und die voraussichtliche tatsächliche Nutzungsdauer betragen 14 Jahre. Die Preise, die die Rebmann GmbH ihren Kunden in Rechnung stellt, sind so kalkuliert, dass nicht nur alle Kosten gedeckt werden, sondern darüber hinaus noch ein angemessener Gewinn erzielt wird.

   Ermitteln Sie – unter Zuhilfenahme der Abb. auf S. 555 – für die folgenden beiden Fälle, in welcher Höhe durch die neue Maschine im ersten Jahr jeweils
   - Aufwendungen
   - Erträge
   - Kosten
   - liquide Mittel aus Abschreibungsgegenwerten

   angefallen sind.
   - Bilanzielle und kalkulatorische Abschreibungen werden vom Anschaffungswert berechnet.
   - Die kalkulatorischen Abschreibungen werden vom Wiederbeschaffungswert, der auf 120.000 EUR geschätzt wird, berechnet.
4. Erläutern Sie, worin der Kapitalfreisetzungseffekt besteht. In welcher Höhe ist im ersten Jahr eine Kapitalfreisetzung entstanden?
5. Die kalkulatorischen Abschreibungen werden weiterhin von den Wiederbeschaffungskosten berechnet. Der Gewinn im ersten Nutzungsjahr der neuen Maschine soll in voller Höhe ausgeschüttet werden.

   In welcher Höhe stünden der Rebmann GmbH danach noch liquide Mittel aus den Abschreibungsgegenwerten zur Verfügung?
6. Beurteilen Sie, ob es bei der Finanzierung aus Abschreibungsrückflüssen in erster Linie auf die bilanziellen oder auf die kalkulatorischen Abschreibungen ankommt. Prüfen Sie dazu, welche Folgen sich jeweils ergeben würden, wenn die Rebmann GmbH
   - auf die Berücksichtigung der kalkulatorischen Abschreibungen
   - (verbotenerweise) auf die Berücksichtigung der bilanziellen Abschreibungen

   verzichten würde.

9.5.2 Finanzierungswirkungen von Pensionsrückstellungen

Eine GmbH weist vor Zuführung zu den Pensionsrückstellungen einen Gewinn von 100.000 EUR aus. Der Gewinnsteuersatz beträgt 30 %. Es wird eine Pensionsrückstellung in Höhe von 40.000 EUR gebildet. Es fallen in dieser Periode noch keine Zahlungen für Betriebsrenten an. PDF

1. Ermitteln Sie die Höhe der Selbstfinanzierung ohne Berücksichtigung der Pensionsrückstellung, wenn der Gewinn
   a) in voller Höhe an die Gesellschafter ausgeschüttet
   b) in voller Höhe einbehalten

   wird.
2. Ermitteln Sie die Höhe der Innenfinanzierung (Selbstfinanzierung und Finanzierung aus Rückstellungsgegenwerten) unter Berücksichtigung der Pensionsrückstellung, wenn der Gewinn
   a) in voller Höhe an die Gesellschafter ausgeschüttet
   b) in voller Höhe einbehalten

   wird. Vergleichen Sie die Ergebnisse mit den Lösungen in 1 a) und 1 b).
3. Ermitteln Sie die Finanzierungswirkung der Pensionsrückstellung, indem Sie die Höhe des Finanzierungsvolumens von 2 a) und 2 b) vergleichen. Erläutern Sie das Ergebnis.

9.5.3 Entstehung und Auflösung stiller Rücklagen durch Abschreibungen

PDF

Ein Metall verarbeitender Betrieb hat eine neue Maschine mit Anschaffungskosten von 100.000 EUR gekauft. Für die bilanzielle Abschreibung kann lt. AfA-Tabelle eine betriebsgewöhnliche Nutzungsdauer von acht Jahren unterstellt werden. In Wirklichkeit ist aber eine Nutzungsdauer von zehn Jahren zu erwarten.

1. Stellen Sie die bilanziellen und kalkulatorischen Abschreibungen einerseits sowie die sich daraus ergebenen bilanziellen und kalkulatorischen Restwerte andererseits für die gesamte Nutzungsdauer in einer Tabelle gegenüber. Die Abschreibung erfolgt in beiden Fällen linear.
2. Der ausgewiesene Gewinn weicht von dem Gewinn, der sich bei Berücksichtigung der tatsächlichen Nutzungsdauer der Maschine ergeben würde, ab. Worauf ist diese Abweichung zurückzuführen und wie hoch ist sie in den einzelnen Jahren?
3. In welcher Gesamthöhe entstehen stille Rücklagen und wie werden diese aufgelöst?
4. Erläutern Sie, worin im vorliegenden Fall die stille Selbstfinanzierung besteht.

9.5.4 Auswirkung von stillen Rücklagen bei Verkauf eines Kfz

In einer GmbH wird ein Kombiwagen, dessen Anschaffungskosten 36.000 EUR betrugen, nach 2-jähriger Nutzung für 25.000 EUR verkauft. Die betriebsgewöhnliche und tatsächliche Nutzungsdauer wurde mit 6 Jahren angesetzt. Bilanziell wurde das Fahrzeug degressiv mit 20 % abgeschrieben. Die tatsächliche Wertentwicklung würde durch eine lineare Abschreibung widergespiegelt.

1. In welcher Höhe ergeben sich für die beiden Nutzungsjahre stille Rücklagen und wodurch wird deren Höhe sichtbar?
2. Prüfen Sie, wie hoch die stillen Rücklagen gewesen wären, wenn das Fahrzeug linear abgeschrieben worden wäre. Erläutern Sie den Unterschied zu 1 und geben Sie für beide Fälle den Betrag an, mit dem sich der Verkauf auf den Jahresüberschuss auswirkt.

9.5.5 Stille Rücklagen durch überhöhte Rückstellungen

Ein Unternehmen der Baubranche hat nach Reklamationen des Auftraggebers im letzten Jahr Rückstellungen für Garantieleistungen in Höhe von 200.000 EUR für ein bestimmtes Bauprojekt gebildet. Die Begutachtung führt im laufenden Jahr zu dem Ergebnis, dass die Reparatur- und Nachbesserungsarbeiten voraussichtlich 180.000 EUR kosten werden. In dieser Höhe wird das Bauunternehmen tatsächlich auch in Anspruch genommen.

1. Ermitteln sie die Höhe der stillen Rücklagen und zeigen Sie, wie diese aufgelöst werden.
2. Welche Finanzierungswirkungen hat dieser Vorgang bei dem Unternehmen ausgelöst, wenn der Gewinnsteuersatz 30 % beträgt?

9.5.6 Finanzierung durch stille Rücklagen

Ein Bauunternehmen hat seit seinem Bestehen erhebliche Rücklagen in Form von unterbewerteten Aktiva und überbewerteten Passiva gebildet. Im Zusammenhang mit der Finanzierungsentscheidung für ein umfangreiches Investitionsprogramm schlägt ein Mitglied der Geschäftsleitung vor, auf die stillen Rücklagen zurückzugreifen. Es besteht aber Unklarheit, wie eine solche Finanzierung aus stillen Rücklagen erfolgen kann.

Erläutern Sie für den vorliegenden Fall, wie und unter welchen Voraussetzungen eine solche Finanzierung möglich ist.

9.6 Finanzierungs- und Investierungsvorgänge in der Bilanz: Bewegungsbilanz

Alle Finanzierungs- und Investierungsvorgänge eines Unternehmens haben Auswirkungen auf dessen Bilanz. Im Normalfall müssen die Mittel für eine geplante Investition zunächst von dem Eigentümer/den Eigentümern eines Unternehmens oder von einem Gläubiger (z. B. Bank) beschafft werden. In diesem Fall führt der Mittelzufluss auf der Aktivseite der Bilanz zu einer Erhöhung des Umlaufvermögens und schlägt sich in der Bilanzposition „Flüssige Mittel" nieder. Auf der Passivseite kommt es – abhängig davon, wer die Mittel zur Verfügung stellt – zu einer Erhöhung des Eigen- oder Fremdkapitals.

Sind die für die geplante Investition erforderlichen Mittel bereits im Unternehmen vorhanden, so führt die Investition lediglich zu Veränderungen auf der Aktivseite der Bilanz: Die flüssigen Mittel nehmen ab, eine andere Bilanzposition (z. B. Maschinen) nimmt zu (Aktivtausch). Auswirkungen auf der Passivseite ergeben sich in diesem Fall nicht.

Auswirkungen von Finanzierungs- und Investierungsvorgängen auf die Bilanz

Ein Unternehmer zahlt im Rahmen einer Unternehmensgründung aus seinem Privatvermögen 100.000 EUR auf das betriebliche Bankkonto ein. Seine Bank gewährt ihm einen langfristigen Kredit in Höhe von 30.000 EUR.

Bilanz nach der Finanzierung (EUR)			
Bankguthaben	130.000	Eigenkapital	100.000
		Langfristige Verbindlichkeiten	30.000
	130.000		**130.000**

Ein Teil des Bankguthabens wird zum Kauf folgender Vermögensgegenstände verwendet:
Maschine: 50.000 EUR
Rohstoffe: 20.000 EUR

Bilanz nach der Investierung (EUR)			
Maschinen	50.000	Eigenkapital	100.000
Rohstoffe	20.000	Langfristige Verbindlichkeiten	30.000
Bankguthaben	60.000		
	130.000		**130.000**

Bewegungsbilanz

Bei der Aufstellung einer Bewegungsbilanz werden die Bilanzen von zwei aufeinanderfolgenden gegenübergestellt. Aus den Differenzen der einzelnen Bilanzpositionen lässt sich die Herkunft und die Verwendung der Finanzierungsmittel des vergangenen Jahres erkennen. Die Bewegungsbilanz ist ein Instrument zur Beurteilung von Finanzierungsvorgängen in einem Unternehmen.

Aufg. 9.6.1 S. 567

LA

Bilanz der Alpha GmbH (in Tsd. EUR)

Aktiva	Jahr 01	Jahr 02	Differenz	Passiva	Jahr 01	Jahr 02	Differenz
Sachanlagen	1.430	1.400	30	Gez. Kapital	1.500	1.350	150
Finanzanlagen	220	200	20	Gewinnrücklagen	300	250	50
Anlagevermögen	**1.650**	**1.600**	**50**	**Eigenkapital**	**1.800**	**1.600**	**200**
Vorräte	1.100	1.500	- 400	Rückstellungen	105	85	20
Forderungen	550	400	150	Langfr. Verb.	1.000	950	50
Flüssige Mittel	250	175	75	Kurzfr. Verb.	645	1.040	- 395
Umlaufvermögen	**1.900**	**2.075**	**- 175**	**Fremdkapital**	**1.750**	**2.075**	**- 325**
Gesamtvermögen	**3.350**	**3.675**	**- 125**	**Gesamtkapital**	**3.550**	**3.675**	**- 125**

Bewegungsbilanz der Alpha GmbH (in Tsd. EUR)

Mittelverwendung			Mittelherkunft	
I. Zunahme Aktiva			**I. Zunahme Passiva**	
1. Investitionen im Anlagevermögen			1. Eigenkapital	
Sachanlagen	30		Gez. Kapital	50
Finanzanlagen	20	50	Gewinnrücklagen	150
2. Investitionen im Umlaufvermögen			2. Fremdkapital	
Forderungen	150			
Flüssige Mittel	75	225	Langfr. Verb.	65
II. Abnahme Passiva			**II. Abnahme Aktiva**	
Rückzahlung kurzfr. Verb.	390	390	Vorräte	400
Summe		**665**	**Summe**	**665**

Die Zunahme der Aktiva und die Abnahme der Passiva stellen eine Mittelverwendung dar.

Die Abnahme der Aktiva und die Zunahme der Passiva zeigen die Mittelherkunft.

Mittelherkunft der Alpha-GmbH

Dem Unternehmen sind im vergangenen Jahr Mittel in Höhe von 665.000 EUR zugeflossen. Davon entfallen 265.000 EUR auf die Zunahme von Passiva (Gezeichnetes Kapital, Gewinnrücklagen und langfristiges Fremdkapital) und 400.000 EUR auf die Abnahme von Aktiva (Abbau von Vorräten).

Mittelverwendung der Alpha GmbH

Aufg. 9.6.2 S. 568

Das Unternehmen hat im vergangenen Jahr Mittel in Höhe von 665.000 EUR verwendet (investiert). Davon entfallen 275.000 EUR auf die Zunahme von Aktiva (Erwerb von Sach- und Finanzanlagen, Finanzierung noch nicht eingezogener Forderungen, zusätzliche Liquidität) und 390.000 EUR auf die Abnahme von Passiva (Rückzahlung kurzfristiger Verbindlichkeiten).

Die Summen der Mittelherkunft und der Mittelverwendung müssen gleich hoch sein.

! **Mittelherkunft = Mittelverwendung**
Abnahme Aktiva + Zunahme Passiva = Zunahme Aktiva + Abnahme Passiva

Zusammenfassende Übersicht zu 9.6:
Finanzierungs- und Investierungsvorgänge in der Bilanz: Bewegungsbilanz

	Aktiva	Passiva	
Investitions-bereich →	**Grundstücke, Gebäude, Vorräte**	**Eigenkapital**	**Kapital-bereich**
Zahlungs-bereich →	**flüssige Mittel (Kasse, Bankguthaben)**	**Fremdkapital**	
	↑ **Mittelverwendung, Investierung** Aktivseite gibt Auskunft, ob und wie Geld- und Sachkapital im Anlage- oder Umlaufvermögen gebunden ist	↑ **Mittelherkunft, Finanzierung** Passivseite gibt Auskunft, aus welchen Quellen die Mittel kommen	

Bewegungsbilanz

Mittelverwendung	**Mittelherkunft**
I. Zunahme Aktiva	**I. Zunahme Passiva**
II. Abnahme Passiva	**II. Abnahme Aktiva**

WIEDERHOLUNG DES GRUNDWISSENS

9.6 Finanzierungs- und Investierungsvorgänge in der Bilanz: Bewegungsbilanz

1. Stellen Sie die Auswirkungen einer Mittelbeschaffung auf die Bilanz dar.
2. Stellen Sie dar, welche Auswirkungen sich ergeben, wenn bereits vorhandene Mittel für Investitionen verwendet werden.
3. Beschreiben Sie, wie eine Bewegungsbilanz erstellt wird und welche Informationen sie liefert.
4. Geben Sie die Grundgleichung einer Bewegungsbilanz an.

AUFGABEN ZUM ERWERB UND ZUR KONTROLLE VON KOMPETENZEN

9.6 Finanzierungs- und Investierungsvorgänge in der Bilanz: Bewegungsbilanz

9.6.1 Finanzierung – Investierung

In nachstehender Bilanz sind zusammengefasst die Zahlen zweier Geschäftsjahre wiedergegeben: LA

Aktiva **zusammengefasste Bilanz einer AG (in Mio. EUR)** **Passiva**

	Vorjahr	lfd. Jahr		Vorjahr	lfd. Jahr
Anlagevermögen:			**Eigenkapital:**		
Sachanlagen	28,0	39,0	I. gezeichnetes Kapital	10,0	14,0
Beteiligungen	2,0	3,0	II. Kapitalrücklage	2,0	2,8
			III. Gewinnrücklagen:		
Umlaufvermögen	12,0	17,0	gesetzliche Rücklage	1,0	1,2
Vorräte	2,0	3,0	andere Gewinnrücklagen	3,0	4,0
flüssige Mittel			**Fremdkapital**	28,0	40,0
	44,0	62,0		44,0	62,0

1. Stellen Sie aufgrund vorhergehender Zahlen in einer Übersicht nach folgendem Muster fest,
   - in welcher Höhe finanzielle Mittel aufgebracht und woher diese Mittel beschafft wurden (= Firmierung)
   - wofür die Mittel verwendet wurden.

Mittelverwendung	**vereinfachte Bewegungsbilanz**		**Mittelherkunft**
Zunahme Anlagevermögen:		**Mittelbeschaffung von außen:**	
Sachanlagen	....	1. durch Anteilseigner	....
Beteiligungen	....	2. durch Dritte (Gläubiger)	....
Zunahme Umlaufvermögen			
Vorräte	....	**Mittelbeschaffung von innen:**	....
flüssige Mittel	....		
	==========		==========

MUSTER

2. In welcher Höhe wurden die aufgebrachten Mittel für Investitionen verwendet?
3. Der Gewinn- und Verlustrechnung des Unternehmens ist zu entnehmen, dass die Abschreibungen auf das Sachanlagevermögen im laufenden Geschäftsjahr 2 Mio. EUR betrugen.

   Wie hoch waren im abgelaufenen Geschäftsjahr
   - die Bruttoanlageinvestitionen
   - die Vorratsinvestitionen
   - die Finanzinvestitionen
   - die Nettoinvestitionen?

9.6.2 Finanzwirtschaftliche Bewegungsbilanz (Finanzierungsbild) – Rücklagenpolitik – Arten der Finanzierung

Für den Lagebericht zum Jahresabschluss einer Aktiengesellschaft soll der Abschnitt Finanzierung vorbereitet werden. Folgende Daten stehen zur Verfügung (in Mio. EUR):

AKTIVA	Jahr 1	Jahr 2	Mittel-herkunft	Mittel-verwendung
I. Anlagevermögen				
Unbebaute Grundstücke	100	100		
Gebäude	800	750		
Betriebseinrichtungen	1.600	1.350		
Finanzanlagen	2.500	3.000		
II. Umlaufvermögen				
Vorräte	1.200	1.300		
Forderungen	1.800	2.100		
Flüssige Mittel	500	700		
Bilanzsumme	8.500	9.300		
PASSIVA				
Gezeichnetes Kapital	1.700	2.000		
Gewinnrücklagen	2.100	2.300		
Rückstellungen	1.800	1.600		
Verbindlichkeiten	2.750	3.200		
Bilanzgewinn	150	200		
Bilanzsumme	8.500	9.300		

MUSTER

Abschreibungen im Jahr 2:
- auf Gebäude 10
- auf Betriebseinrichtungen 190

Es ist davon auszugehen, dass die Aktionäre in beiden Jahren auf eine Ausschüttung des Bilanzgewinns verzichten.

1. a) Stellen Sie für jede Position fest, ob die Veränderung von Jahr 1 auf Jahr 2 eine Mittelherkunft oder eine Mittelverwendung anzeigt.

b) Weisen Sie durch Erstellung einer Bewegungsbilanz nach folgender Struktur nach, dass die Summen aus Mittelverwendung und Mittelherkunft einander entsprechen.

Mittelverwendung	**Bewegungsbilanz** **Mittelherkunft**
Vermehrung der Aktiva Verminderung der Passiva	Verminderung der Aktiva Vermehrung der Passiva

2. Gliedern Sie die Summe der Mittelherkunft in
   - Beteiligungsfinanzierung,
   - offene Selbstfinanzierung,
   - Fremdfinanzierung und
   - Finanzierung durch Umschichtung.
3. Nehmen Sie zu der Behauptung Stellung, dass Rücklagenbildung als Finanzierungsinstrument der Grundkapitalerhöhung vorzuziehen sei, weil sie nicht mit Dividendenanspruch verbunden ist.
4. Die unbebauten Grundstücke wurden auf Grund zwingender gesetzlicher Bewertungsvorschriften mit 100 Mio. EUR bilanziert, obwohl der Tageswert schon seit langem 140 Mio. EUR beträgt.
   Wie ändert sich bei Berücksichtigung dieses Sachverhalts die Gesamtsumme der Mittelherkunft und welcher Finanzierungart ist die Differenz zuzuordnen?
5. Wie beurteilen Sie eine Unternehmenspolitik, die auch ohne gesetzlichen Zwang Vermögensgegenstände bewusst wegen der damit verbundenen Finanzierungswirkung unter ihrem tatsächlichen Wert ansetzt?

9.7 Investitionsarten und Investitionsrechnung im Überblick

Investitionsarten

! Eine Investition liegt vor, wenn das im Rahmen der Finanzierung beschaffte Kapital in betrieblichem Vermögen angelegt wird. Die Aktivseite der Bilanz gibt Auskunft über die Verwendung des Kapitals (= Investition).

Die verschiedenen Formen von Investitionen lassen sich wie folgt unterscheiden:

Investitionsarten

Sachinvestitionen	**Finanzinvestitionen**
Kapitalanlage in Wirtschaftsgütern, die am Leistungsprozess einer Unternehmung direkt beteiligt sind, z. B. Maschinen, Gebäude, Grundstücke, Werkzeuge, Vorräte	Kapitalanlagen im Finanzanlagevermögen eines Unternehmens in Form von Beteiligungen (z. B. Aktien), Forderungen (z. B. gewährte Darlehen, festverzinsliche Wertpapiere)

Sachinvestitionen lassen sich folgendermaßen weiter untergliedern:

Sachinvestitionen			
	laufende Investitionen		
Gründungsinvestitionen (einmalig) = Anfangsinvestition bei der Gründung eines Unternehmens	**Erweiterungsinvestitionen**	**Rationalisierungsinvestitionen**	**Ersatzinvestitionen**
	Anschaffung von Wirtschaftsgütern zur Ausweitung der Produktionskapazität	Anschaffung technisch verbesserter Wirtschaftsgüter mit dem Ziel, die Leistungsfähigkeit zu erhöhen	Ersatz von abgenutzten Wirtschaftsgütern durch neue gleichartige mit dem Ziel, die Leistungsfähigkeit zu erhalten

Bruttoinvestitionen Summe aller in einer Periode vorgenommenen Investitionen	
Nettoinvestitionen	**Ersatzinvestitionen**

Nur **Nettoinvestitionen** erhöhen die Produktionskapazität, weil sie über die bloße Ersatzbeschaffung hinausgehen.

> **!** **Nettoinvestition = Bruttoinvestition – Ersatzinvestition**

Investitionsrechnungsverfahren

> **!** **Die Investitionsrechnung soll zeigen, ob geplante Investitionen unter rechnerischen Gesichtspunkten vorteilhaft sind. Sie liefert die Grundlage für betriebliche Investitionsentscheidungen.**

Statische Investitionsrechnung	Dynamische Investitionsrechnung
Es werden nur die Daten einer Periode in die Betrachtung einbezogen.	**Es werden die Daten mehrerer künftiger Perioden in die Betrachtung einbezogen.**
▪ Kostenvergleichsrechnung ▪ Gewinnvergleichsrechnung ▪ Rentabilitätsvergleichsrechnung ▪ Statische Amortisationsrechnung	▪ Kapitalwertmethode ▪ Methode des internen Zinssatzes ▪ Annuitätenmethode

Im Folgenden werden nur die Verfahren der statischen Investitionsrechnung beispielhaft behandelt.

Zusammenfassende Übersicht zu 9.7: Investitionsarten und Investitionsrechnung im Überblick

Investitionsarten	
Sachinvestitionen	Finanzinvestitionen

Gründungs-investitionen	Laufende Investitionen		
	Erweiterungs-investitionen	Rationalisierungs-investitionen	Ersatz-investitionen

Bruttoinvestitionen	
Nettoinvestitionen	Ersatzinvestitionen

Investitionsrechenverfahren	
Statische Investitionsrechnung	**Dynamische Investitionsrechnung**
▪ Kostenvergleichsrechnung ▪ Gewinnvergleichsrechnung ▪ Rentabilitätsvergleichrechnung ▪ Amortisationsrechnung	▪ Kapitalwertmethode ▪ Methode des internen Zinssatzes ▪ Annuitätenmethode

9.8 Statische Verfahren der Investitionsrechnung

9.8.1 Kostenvergleichsrechnung

Die Kostenvergleichsrechnung stellt die Kosten verschiedener Investitionsobjekte einander gegenüber. Auswahlkriterium für die Vorteilhaftigkeit einer bestimmten Investitionsalternative sind die anfallenden Kosten. Diejenige Investitionsalternative, die die geringeren Kosten verursacht, ist die vorteilhaftere.

Ermittlung der entscheidungsrelevanten Kosten

In den Kostenvergleich werden üblicherweise die **Kapitalkosten** und die **Betriebskosten** einer Investition einbezogen.

Zu den **Kapitalkosten** gehören insbesondere die **kalkulatorischen Abschreibungen** und die **kalkulatorischen Zinsen**.

Kalkulatorische Abschreibungen

In der Investitionsrechnung werden die kalkulatorischen Abschreibungen im Normalfall **linear** vom **Anschaffungswert** und nicht vom Wiederbeschaffungswert berechnet. Falls sich ein **Restwert** ergibt, muss dieser vom **Anschaffungswert abgezogen** werden, da während der Nutzungsdauer lediglich eine Wertminderung in Höhe der Differenz zwischen Anschaffungs- und Restwert eintritt.

!

$$\text{Abschreibung} = \frac{\text{Anschaffungswert} - \text{Restwert}}{\text{Nutzungsdauer}}$$

AW: 100.000 EUR tatsächliche ND: 10 Jahre
RW: 10.000 EUR

$$\text{Abschreibung pro Jahr} = \frac{100.000 - 10.000}{10} = \mathbf{9.000\ EUR}$$

Kalkulatorische Zinsen

Für das im Investitionsobjekt gebundene Kapital werden **kalkulatorische Zinsen** ermittelt. Durch diese Zinskosten wird der entgangene Zinsertrag berücksichtigt, der erzielt worden wäre, wenn das Kapital – statt es zu investieren – Zins bringend angelegt worden wäre **(= Alternativkosten, Opportunitätskosten)**.

Das am Anfang investierte Kapital (z. B. 100.000 EUR) verringert sich während der Nutzungsdauer (z. B. 10 Jahre) aufgrund der Wertminderung (Abschreibung: 10.000 EUR pro Jahr) stetig. Am Ende der Nutzungsdauer ist es auf null oder auf einen sich möglicherweise ergebenden Restwert gesunken. In Höhe der Abschreibungen wird jährlich Kapital freigesetzt (= Desinvestition), da die Gegenwerte für die in die Preise einkalkulierten Abschreibungen über die Umsatzerlöse als liquide Mittel zurückfließen. Nur der jeweilige Restwert stellt dann noch gebundenes Kapital dar. Die kalkulatorischen Zinsen werden daher üblicherweise auf der Basis des während der Nutzungsdauer **durchschnittlich gebundenen Kapitals** nach der Formel **(Anfangsbestand + Endbestand)/2** berechnet.

$$\text{Zinsen} = \frac{(\text{Anschaffungswert} + \text{Restwert})}{2} \cdot \text{Zinssatz}/100$$

AW: 100.000 EUR
RW: 10.000 EUR
Zinssatz: 10 %

$$\text{Zinsen pro Jahr} = \frac{100.000 + 10.000}{2} \cdot 0{,}1 = \mathbf{5.500\ EUR}$$

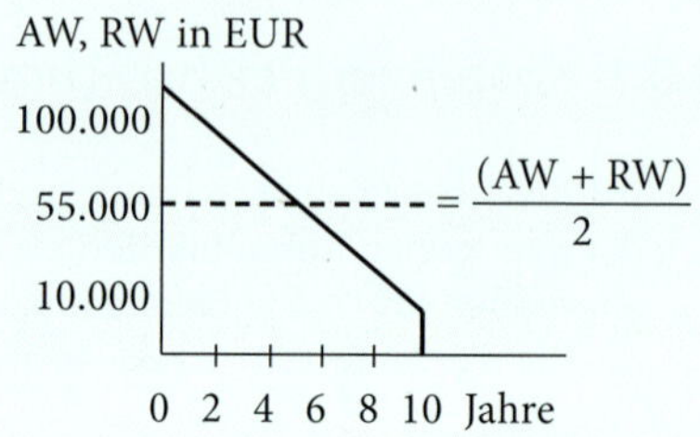

Alle übrigen im Zusammenhang mit der Investition anfallenden Kosten werden den **Betriebskosten** zugerechnet. **Kapital- und Betriebskosten** lassen sich wie folgt in **fixe und variable Kosten** aufteilen:

Ermittlung der für eine Investitionsentscheidung relevanten Kosten bei Metallbau GmbH:

Ermittlung der für eine Investitionsentscheidung relevanten Kosten:
Produktionsanlage (Investitionsobjekt I) zur Herstellung von bisher fremdbezogenen Metallteilen

Anschaffungswert:	100.000 EUR
Produktionsmenge:	20.000 Stück/Jahr
Nutzungsdauer:	10 Jahre
Zinssatz:	10 %
Restwert:	0 EUR

Kosten	insgesamt EUR	fixe Kosten EUR	variable Kosten EUR
Kapitalkosten pro Jahr			
▪ kalkulatorische Abschreibungen	10.000	10.000	
▪ kalkulatorische Zinsen	5.000	5.000	
Betriebskosten pro Jahr (bei 20.000 St.)			
▪ Gehälter	10.000	10.000	
▪ Löhne	110.000		110.000
▪ Materialverbrauch	200.000		200.000
▪ Instandhaltung	2.000	2.000	
▪ Raumkosten	1.000	1.000	
▪ Energieverbrauch	5.500		5.500
▪ sonstige Kosten	12.500	2.000	10.500
Gesamtkosten (K_g)	**356.000**	**30.000**	**326.000**
Stückkosten (k_g) bei 20.000 Stück/Jahr	**17,80**	**1,50**	**16,30**

Ziel ist die Herleitung einer **Kostenfunktion** folgender Art:

!

$$K_g = K_f + k_v \cdot x$$

Für den vorliegenden Fall ergibt sich folgende Kostenfunktion: $K_g = 30.000 + 16{,}30 \cdot x$

Vergleich von Investitionsalternativen – Kritische Produktionsmenge

Ein Vergleich zwischen zwei Investitionsalternativen kann sich auf die Gesamtkosten K_g (= Kostenvergleich pro Periode) oder auf die Stückkosten k_g (= Kostenvergleich pro Leistungseinheit) beziehen. Aufg. 9.8.1 S. 583

	Anlage I		Anlage II	
Anschaffungswert (EUR)	100.000		200.000	
Nutzungsdauer (Jahre)	10		10	
Restwert (EUR)	0		0	
voraussichtliche tatsächliche Auslastung (Stück/Jahr)	20.000		20.000	
Zinssatz in %	10		10	
Kapitalkosten				
Abschreibungen pro Jahr (EUR)	10.000		20.000	
Zinsen vom Ø gebundenen Kapital (EUR)	5.000		10.000	
sonstige **fixe Betriebskosten** (EUR)	15.000		17.000	
fixe Kosten		30.000		47.000
variable Betriebskosten (EUR)		326.000		295.000

	Anlage I	Anlage II
Gesamtkosten (EUR)	**356.000**	**342.000**
Kostendifferenz Gesamtkosten (EUR)	**14.000**	
Stückkosten (EUR)	356.000/20.000 = **17,80**	342.000/20.000 = **17,10**
Kostendifferenz Stückkosten (EUR)	**0,70**	
variable Stückkosten (EUR)	326.000/20.000 = **16,30**	295.000/20.000 = **14,75**
Kostenfunktion	$K_gI = 30.000 + 16,30 \cdot x$	$K_gII = 47.000 + 14,75 \cdot x$

Ergebnis: Die Anlage II verursacht bei einer jährlichen Produktionsmenge von 20.000 Stück um 14.000 EUR geringere Kosten pro Jahr. Sie ist daher unter Kostengesichtspunkten der Anlage I vorzuziehen.

Beim Vergleich zweier Investitionsalternativen auf der Basis der Kostenvergleichsrechnung gilt als Entscheidungskriterium:

Aufg. 9.8.2 und 9.8.3 S. 584

Entscheidungskriterium: $KI \lesseqgtr KII$

$$K_gI = K_gII$$
$$K_fI + k_vII \cdot x = K_fII + k_vII \cdot x$$
$$k_vI \cdot x - k_vII \cdot x = K_fII - K_fI$$

Kritische Menge x_0:

$$x_0 = \frac{K_fII - K_fI}{k_vI - k_vII}$$

Berechnung der kritischen Menge

$$30.000 + 16,30\ X = 47.000 + 14,75\ X$$
$$16,30\ X - 14,75\ X = 47.000 - 30.000$$

$$x_0 = \frac{47.000 - 30.000}{16,30 - 14,75} = \frac{17.000}{1,55} = 10.968 \text{ Stück}$$

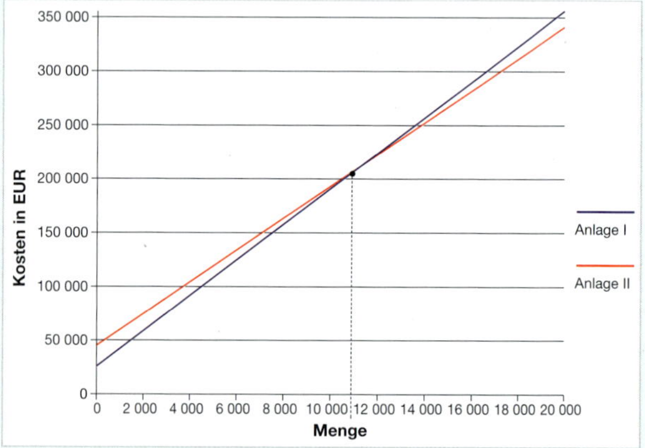

Ergebnis: Bis zu einer Produktionsmenge von 10.967 Stück ist die Anlage I kostengünstiger. Das ist dadurch bedingt, dass bei Anlage I niedrigere Fixkosten und höhere variable Kosten anfallen als bei Anlage II. Ab einer Produktionsmenge von 10.969 Stück wird die Anlage II aufgrund der Fixkostendegression (= abnehmender Fixkostenanteil je Stück) kostengünstiger. Die kritische Menge (Übergangsmenge) liegt im Schnittpunkt der beiden Kostenkurven. Die Kosten kurve K_gI beginnt wegen der geringeren Fixkosten (30.000 EUR) bei einem niedrigeren Y-Achsenabschnitt als die Kostenkurve K_gII (Fixkosten: 47.000 EUR). Da die Kostenkurve K_gI aber wegen der höheren variablen Stückkosten (k_vI = 16,30 EUR) eine größere Steigung als die Kostenkurve K_gII hat (k_vII = 14,75 EUR), ergibt sich ein Schnittpunkt zwischen beiden Kurven. Bei der entsprechenden Produktionsmenge von 10.968 Stück sind die Kosten beider Anlagen gleich hoch.

Wenn die voraussichtliche **tatsächliche Produktionsmenge** pro Jahr bei verschiedenen Investitionsobjekten unterschiedlich hoch ist (= ungleiche Auslastung), ist nur ein Kostenvergleich je Stück sinnvoll. Von besonderer Bedeutung ist die Frage, **ab welcher Produktionsmenge** die Anlage II günstiger als die Anlage I ist (= kritische Produktionsmenge, Übergangsmenge). Dafür muss die Menge bestimmt werden, bei der die Kosten beider Anlagen gleich sind.

Beurteilung der Kostenvergleichsrechnung

Die Kostenvergleichsrechnung ist ein in der Praxis weit verbreitetes und relativ leicht anwendbares Investitionsrechnungsverfahren. Sie kann eine grobe Grundlage für Investitionsentscheidungen liefern, zeichnet sich aber durch folgende Nachteile aus:

Nachteile der Kostenvergleichsrechnung

- Kurzfristigkeit des Kostenvergleichs: Die Kostenentwicklung (z. B. Entwicklung der Lohn- und Energiekosten) im Zeitablauf bleibt unberücksichtigt.
- Die Auflösung der Kosten in fixe und variable Bestandteile ist nicht immer einfach und genau.
- Erträge aus der Investition bleiben unberücksichtigt. Daher bleiben sowohl Erlöse als auch Gewinne außer acht.
- Kapitaleinsatz und dessen Rentabilität werden nicht berücksichtigt. Qualitäts- und Preisunterschiede zwischen den mit den alternativen Anlagen hergestellten Erzeugnissen bleiben ebenfalls unberücksichtigt.
- Ein ggf. nach Ende der Investitionsdauer anfallender Restwert der Anlage wird nur bei der Ermittlung von Zinsen und Abschreibung, nicht aber als Erlös berücksichtigt.

Zusammenfassende Übersicht zu 9.8.1: Kostenvergleichsrechnung

Entscheidungsrelevante Kosten		
Kapitalkosten		**Betriebskosten**
kalkulatorische Abschreibungen	**kalkulatorische Zinsen**	▪ Löhne, Gehälter, Personalnebenkosten ▪ Materialverbrauch ▪ Instandhaltung ▪ Raumkosten ▪ Energieverbrauch ▪ …
linear vom Anschaffungswert (ggf. abzüglich Restwert) (AW – RW)/ND	vom Ø gebundenen Kapital (AW + RW)/2	
fixe Kosten		**variable Kosten**

$$K_g = K_f + k_v \cdot x$$

Entscheidungskriterium bei Vergleich von zwei Investitionsalternativen:

$$KI \lesseqgtr KII$$

kritische Menge: $K_g I = K_g II \rightarrow x_0 = (K_f II - K_f I)/(k_v I - k_v II)$

Probleme der Kostenvergleichsrechnung

- Künftige Kostenentwicklung wird nicht berücksichtigt.
- Erträge, Erlöse, Gewinn, Rentabilität werden nicht berücksichtigt.
- Kapitaleinsatz wird nur indirekt durch die Abschreibungen berücksichtigt.
- kurzfristiger Vergleich: Ein Jahr ist u. U. nicht repräsentativ.
- Aufteilung in fixe und variable Kosten schwierig.

9.8.2 Gewinnvergleichsrechnung

Werden zusätzlich zu den Kosten auch noch die Erlöse bei der Investitionsrechnung berücksichtigt, so handelt es sich um eine Gewinnvergleichsrechnung.

Diese Methode wird vorwiegend angewandt, wenn die zur Auswahl stehenden Investitionsobjekte

- unterschiedliche Kapazitäten (= quantitative Leistungsfähigkeit) aufweisen und/oder
- sich mit den produzierten Erzeugnissen unterschiedliche Preise (= qualitative Leistungsfähigkeit) erzielen lassen.

Nach der Gewinnvergleichsrechnung erhält das Investitionsprojekt den Vorzug, das den größten Gewinn bringt.

Investitionsrechnung nach der Kostenvergleichsrechnung und der Gewinnvergleichsrechnung

Ein Hersteller von hochwertigen Sport- und Freizeitartikeln beabsichtigt, die Produktion von Fitnessgeräten aufzunehmen. Da dieses Erzeugnis mit den vorhandenen Produktionsanlagen nicht produziert werden kann, soll über die Einrichtung einer neuen Fertigungsanlage entschieden werden. Nachstehend beschriebene Alternativen stehen zur Wahl:

	Gesamte Anschaffungskosten (Gebäude, Maschinen) [EUR]	Fixkosten pro Jahr [EUR]	Variable Kosten pro Stück [EUR]	Geplante Produktionsmenge pro Jahr [EUR]	geschätzter Verkaufspreis [EUR]
Alternative I	12 Mio.	1.500.000	57	30.000	145
Alternative II	16 Mio.	2.700.000	45	30.000	180

Kostenvergleichsrechnung:

	Alternative I	Alternative II
Fixkosten pro Jahr	1.500.000 EUR	2.700.000 EUR
Variable Kosten für 30.000 Stück	1.710.000 EUR	1.350.000 EUR
Jährliche Gesamtkosten	3.210.000 EUR	4.050.000 EUR

Ergebnis: Entscheidung für **Alternative I**, da geringere Kosten entstehen.

Gewinnvergleichsrechnung:

Aufg.9.8.5 S. 585

	Alternative I	Alternative II
Jährliche Umsatzerlöse	4.350.000 EUR	5.400.000 EUR
Jährliche Gesamtkosten	3.210.000 EUR	4.050.000 EUR
Gewinn	1.140.000 EUR	1.350.000 EUR

Ergebnis: Entscheidung für **Alternative II**, da ein höherer Gewinn entsteht.

Zusammenfassende Übersicht zu 9.8.2: Gewinnvergleichsrechnung

Gewinnvergleichsrechnung

berücksichtigt Kosten und Erlöse

↓

wird hauptsächlich angewandt:
- wenn Kapazitäten der zur Auswahl stehenden Investitionsobjekte unterschiedlich sind, und/oder
- wenn sich die produzierten Erzeugnisse zu unterschiedlichen Preisen verkaufen lassen

↓

Entscheidungsregel:
Bevorzugt wird das Investitionsobjekt, mit dem sich der größte Gewinn erzielen lässt.

9.8.3 Rentabilitätsvergleichsrechnung

Die Gewinnvergleichsrechnung untersucht jeweils den absoluten Gewinn verschiedener Investitionsobjekte unabhängig von der Höhe des Kapitaleinsatzes. Ist die Kapitalbindung bei den einzelnen Investitionsobjekten unterschiedlich hoch, so stellen die Ergebnisse der Gewinnvergleichsrechnung für eine Investitionsentscheidung keine geeignete Grundlage dar. Eine gleichzeitige Berücksichtigung von Kapitaleinsatz und Gewinn eines Investitionsvorhabens erfolgt in der **Rentabilitätsrechnung**. Mit ihrer Hilfe wird die Rentabilität des in alternativen Investitionsobjekten durchschnittlich eingesetzten Kapitals wie folgt errechnet:

!

$$\textbf{Rentabilität eines Investitionsobjektes} = \frac{\textbf{Gewinn} \cdot \textbf{100}}{\textbf{durchschnittlicher Kapitaleinsatz}}$$

Der Gewinn errechnet sich dabei aus der Differenz der mit der Investition voraussichtlich erzielbaren Erträge und der Kosten. Weil das im Investitionsobjekt gebundene Kapital über die Umsatzerlöse schrittweise zurückfließt und das Unternehmen z. B. über erzielte Gewinne verfügen kann, sind die Anschaffungskosten einer Maschine nicht über die gesamte Nutzungsdauer gebunden. Deshalb wird bei der Rentabilitätsrechnung lediglich der durchschnittliche Kapitaleinsatz (= Anschaffungskosten/2) zugrunde gelegt.

!

Nach der Rentabilitätsvergleichsrechnung erhält das Investitionsprojekt mit der höchsten Rentabilität den Vorzug.

Entscheidung für ein Investitionsobjekt nach der Rentabilitätsvergleichsrechnung

Für obige Investitionsentscheidung ergibt sich nach der Rentabilitätsvergleichsrechnung folgendes Ergebnis:

Rentabilitätsvergleichsrechnung:

Aufg. 9.8.5
S. 585

	Alternative I	Alternative II
Gewinn	1.140.000 EUR	1.350.000 EUR
Durchschnittlicher Kapitaleinsatz	6.000.000 EUR (12 Mio. EUR/2)	8.000.000 EUR (16 Mio. EUR/2)
Rentabilität	**19 %**	**16,9 %**

Ergebnis: Entscheidung für **Alternative I**, da die Rentabilität höher ist als bei Alternative II.

Zusammenfassende Übersicht zu 9.8.3: Rentabilitätsvergleichsrechnung

Rentabilitätsvergleichsrechnung

berücksichtigt Gewinn (= Erlöse – Kosten) und Kapitaleinsatz

↓

Entscheidungsregel: Bevorzugt wird das Investitionsobjekt, mit dem sich die größte Rentabilität erzielen lässt.

9.8.4 Amortisationsrechnung

Ziel der Amortisationsrechnung

Im Rahmen der Amortisationsrechnung wird festgestellt, in welchem **Zeitraum** sich eine Investition amortisiert[1], d. h. wie lange es dauert, bis die ursprünglichen **Investitionsausgaben** durch daraus künftig folgende **Einzahlungsüberschüsse** (Einzahlungen – Auszahlungen) gedeckt sind **(= Zeitraum des Kapitalrückflusses)**[2]. Der entsprechende Zeitraum wird als **Amortisationszeit** oder **Wiedergewinnungszeit** bezeichnet. Je kürzer die Amortisationszeit ist, desto geringer erscheint das Investitionsrisiko. Deshalb sollen die Ausgaben für die Investition in möglichst kurzer Zeit durch Einzahlungsüberschüsse aus der Investition ausgeglichen werden.

! **Die Amortisationszeit ist der Zeitraum, innerhalb dessen das für die Investition eingesetzte Kapital (Investitionsausgaben) über die künftigen Einzahlungsüberschüsse, die durch die Investition entstehen, zurückgeflossen ist. Diejenige Investitionsalternative mit der geringeren Amortisationszeit ist die vorteilhaftere.**

Amortisationszeit für eine Einzelinvestition

Bei der Amortisationsrechnung stehen die finanzwirtschaftlichen Größen **Einzahlungen** und **Auszahlungen** im Mittelpunkt. Als Anschaffungsauszahlung der Investition (= Kapi-

1 amortir *(franz.)*: tilgen
2 Die Amortisationsrechnung wird daher auch als Kapitalrückflussrechnung, Payback-Rechnung oder Pay-off-Rechnung bezeichnet.

taleinsatz) werden die **Anschaffungskosten** eines Investitionsobjektes herangezogen. Da bei den statischen Verfahren der Investitionsrechnung aber keine künftigen Zahlungsströme, sondern nur Kosten und Leistungen berücksichtigt werden, müssen die Einzahlungsüberschüsse der Investition auf indirektem Wege ermittelt werden. Ausgangspunkt ist der jährliche Gewinn einer Investition, der sich aus der Differenz zwischen den mit der Investition einhergehenden Umsatzerlösen und den dabei entstandenen Kosten ergibt: G = E – K. Dieser Gewinn muss in Einzahlungsüberschüsse umgerechnet werden.

Kapitalrückfluss bei einer Erweiterungsinvestition

In einem Kunststoff verarbeitenden Betrieb wird für eine Erweiterungsinvestition mit einem Kapitaleinsatz von 1,4 Mio. EUR gerechnet. Durch die Investition steigt der Umsatz voraussichtlich um 800.000 EUR jährlich. Die jährliche Abschreibung für das Investitionsobjekt beträgt 280.000 EUR. Die übrigen mit der Investition verbundenen Kosten (Löhne, Strom, Materialverbrauch) werden auf 440.000 EUR pro Jahr geschätzt

Kosten	Gewinnermittlung für eine Erweiterungsinvestition			Leistungen
Sonstige Kosten (z. B. Löhne, Material) = jährliche Auszahlungen aus der Investition		440.000 EUR	Umsatzerlöse	800.000 EUR
Einzahlungsüberschuss 360.000 EUR	Abschreibungen	280.000 EUR	= jährliche Einzahlungen aus der Investition	
	Gewinn	80.000 EUR		
Summe		800.000 EUR	Summe	800.000 EUR

Ergebnis: Von den aus der Erweiterungsinvestition erzielten Umsatzerlösen in Höhe von 800.000 EUR pro Jahr stehen nach Abzug der ausgabewirksamen Kosten (440.000 EUR pro Jahr) Mittel in Höhe von 360.000 EUR/Jahr zur Verfügung.

Es wird unterstellt, dass alle **Umsatzerlöse** der Investition zu **Einzahlungen** führen. Von diesen Einzahlungen eines Jahres werden alle mit der Investition einhergehenden **auszahlungwirksamen Kosten** dieses Jahres abgezogen. Die sich daraus ergebende Differenz entspricht der Summe aus den **Abschreibungen** des Investitionsobjekts (= nicht auszahlungswirksame Kosten) und dem durch die Investition entstehenden **Gewinn** (= Beitrag zum Betriebsergebnis). Bei der Berechnung des Gewinns wurden auch die nichtausgabewirksamen Kosten von den Erlösen abgezogen. Für die Ermittlung des Einzahlungsüberschusses müssen daher genau diese Kosten wieder zum Gewinn hinzugerechnet werden.

Unter der Annahme, dass die Summe aus Gewinn und Abschreibungen jährlich gleich bleibt (= konstanter Jahresgewinn und lineare Abschreibung) wird der entsprechende Jahresbetrag als **durchschnittlicher Kapitalrückfluss pro Jahr** angesehen (**Durchschnittsrechnung**).

Die Amortisationszeit (t_W)[1] einer Investition ergibt sich unter diesen Voraussetzungen wie folgt:

$$\text{Amortisationszeit } (t_w) = \frac{\text{Anschaffungswert (Kapitaleinsatz)}}{\text{Ø Gewinn pro Jahr + jährl. Abschreibung}} = \frac{\text{Anschaffungswert (Kapitaleinsatz)}}{\text{Ø Kapitalrückfluss pro Jahr}}$$

1 t steht für tempus *(lat.)*: Zeit; **w** steht für Wiedergewinnung

Wird auch ein **Restwert** (RW) des Investitionsobjektes berücksichtigt, muss in der obigen Formel der Anschaffungswert (AW) um den Restwert vermindert werden, da nur der Differenzbetrag zu amortisieren ist (zu amortisierender Investitionsbetrag = AW – RW). Auch die Abschreibungen sind dann lediglich vom Differenzbetrag zwischen Anschaffungs- und Restwert zu berechnen.

Bei einer Entscheidung über eine **Einzelinvestition** gilt jedes Investitionsobjekt als vorteilhaft, das die von der Geschäftsleitung vorgegebene maximale Amortisationszeit $t_{W\ max}$ nicht überschreitet.

! **Entscheidungskriterium: $t_W \leq t_{W\ max}$**

Vergleich von Investitionsalternativen

Aufg. 9.8.6 S. 586

Bei einem Vergleich zwischen zwei Investitionsalternativen I und II ist das Investitionsobjekt mit der kürzeren Amortisationszeit (t_W) das vorteilhaftere.

! **Entscheidungskriterium: $t_W I \lesseqgtr t_W II$**

Die Anschaffung einer neuen Kunststoffpresse in einem Kunststoff verarbeitenden Betrieb soll sich nach Vorgaben der Geschäftsleitung spätestens in 2,5 Jahren (= $t_{W\ max}$) amortisieren. Es stehen zwei Investitionsalternativen zur Auswahl:

	Anlage I	Anlage II
Anschaffungswert (EUR)	90.000	140.000
Restwert (EUR)	0	0
Nutzungsdauer (Jahre)	6	8
Gewinn pro Jahr (EUR)	28.000	38.000

Die Abschreibungen und Rückflussbeträge ergeben sich wie folgt:

	Anlage I		Anlage II	
Gewinn pro Jahr (EUR)		28.000		38.000
Abschreibung pro Jahr (EUR)	90.000 EUR/ 6 Jahre	15.000	140.000 EUR/ 8 Jahre	17.500
Ø Kapitalrückfluss		43.000		55.500

Daraus ergeben sich folgende Amortisationszeiten:

	Anlage I	Anlage II
Amortisationszeit	$t_W I = \frac{90.000}{43.000} = 2{,}09$ Jahre	$t_W II = \frac{140.000}{55.500} = 2{,}5$ Jahre

Ergebnis: Die Anlage I ist der Anlage II vorzuziehen, da sie eine um 0,41 Jahre kürzere Amortisationszeit aufweist und die Vorgaben der Geschäftsleitung (Amortisationszeit $t_{W\ max} \leq 2{,}5$ Jahre) erfüllt.

Amortisationszeit für eine Rationalisierungsinvestition

Aufg. 9.8.7 S. 586

Eine Investition zum Ersatz einer noch funktionsfähigen Anlage (= **Rationalisierungsinvestition**) kann mithilfe der Amortisationsrechnung wie folgt beurteilt werden: Unter der Annahme, dass die Erlöse der alten und der neuen Anlage gleich groß sind, lässt sich die Vorteilhaftigkeit der neuen Anlage durch die jährliche **Auszahlungsminderung**, die sich im Vergleich zur alten Anlage ergibt, ausdrücken. Anstatt für beide Anlagen den jährlichen Kapitalrückfluss zu ermitteln und diesen zu vergleichen, können vereinfachend die bei der neuen Anlage eingesparten Kosten und die gegenüber der alten Anlage zusätzlich anfallende Abschreibung als Auszahlungsminderung zugrunde gelegt werden.

	alte Anlage		neue Anlage		Differenz
Erlöse pro Jahr in EUR	50.000		50.000		0
– Gesamtkosten pro Jahr in EUR	30.000		20.000		(–) 10.000
davon Abschreibung		*3.000*		*5.000*	
= Gewinn pro Jahr in EUR	20.000		30.000		(+) 10.000
+ Abschreibung	3.000		5.000		(+) 2.000
= Kapitalrückfluss pro Jahr in EUR	**23.000**		**35.000**		**(+) 12.000**

Der jährliche Kapitalrückfluss ist bei der neuen Anlage um 12.000 EUR höher. Wird der Vorteil der neuen Anlage nicht an der Höhe des Kapitalrückflusses, sondern an der Höhe der Auszahlungsminderung gemessen, ergibt sich folgende vereinfachte Berechnung, die aber zum selben Ergebnis führt:

	alte Anlage	**neue Anlage**	**Kosteneinsparung durch neue Anlage**	**zusätzliche Abschreibung durch neue Anlage**
Gesamtkosten pro Jahr (EUR)	30.000	20.000	10.000	
Abschreibung pro Jahr (EUR)	3.000	5.000		2.000
Auszahlungsminderung pro Jahr (EUR)			**12.000**	

Bei Anschaffung der neuen Anlage ergibt sich eine jährliche Auszahlungsminderung in Höhe von 12.000 EUR.

Es lässt sich berechnen, wie lange es dauert, bis der mit der neuen Maschine verbundene Kapitaleinsatz durch die Auszahlungsminderung amortisiert wurde. Ist auch ein Liquidationserlös, der sich möglicherweise beim Verkauf der alten Anlage ergibt, zu berücksichtigen, wird der Anschaffungswert der neuen Anlage (AW) um den Restwert der alten Anlage (RW) vermindert, da nur der Differenzbetrag (= zusätzlicher Kapitaleinsatz) zu amortisieren ist.

!

$$\textbf{Amortisationszeit bei Rationalisierungs-Investition } (t_w) = \frac{\text{Anschaffungswert}_{neu} - \text{Restwert}_{alt}}{\text{Kosteneinsparung + zusätzliche Abschreibung}} = \frac{\text{zusätzlicher Kapitaleinsatz}}{\text{Ø jährliche Auszahlungsminderung}}$$

Die Anschaffungsausgaben für die neue Anlage (siehe Bsp. oben) betragen 50.000 EUR. Die Nutzungsdauer beträgt 10 Jahre, so dass sich eine jährliche Abschreibung von 5.000 EUR ergibt. Die jährliche Kostenersparnis gegenüber der bisherigen Anlage beläuft sich auf 10.000 EUR. Die jährliche Abschreibung der alten Anlage beträgt 3.000 EUR. Für die alte Anlage kann mit einem Liquidationserlös von 2.000 EUR gerechnet werden.

$$(t_w) = \frac{50.000 - 2.000}{10.000 + (5.000 - 3.000)} = \frac{48.000}{12.000} = 4 \text{ Jahre}$$

Ergebnis: Das neue Investitionsobjekt hat sich nach 4 Jahren amortisiert.

Bei Beurteilung einer Rationalisierungsinvestition auf der Basis der Amortisationsrechnung gilt die Regel:

> **Eine Altanlage wird nur dann ausgetauscht, wenn sich die Neuanlage aufgrund der geringeren Auszahlungen innerhalb der gewünschten maximalen Amortisationszeit $t_{W\,max}$ bezahlt macht (amortisiert). Entscheidungskrtiterium: $t_w \leq t_{w\,max}$.**

Beurteilung der Amortisationsrechnung

Die Amortisationsrechnung wird in der Praxis häufig zusätzlich zu den Ergebnissen anderer Investitionsrechnungsverfahren als Entscheidungsgrundlage herangezogen.

Vorteile	Nachteile
■ einfache und praxisnahe Anwendungsmöglichkeit ■ Ermöglicht, das Risiko von Fehlinvestitionen einzuschätzen und zu verringern (insbesondere bei großer Unsicherheit der entscheidungsrelevanten Daten). ■ Gibt bei Fremdfinanzierung Anhaltspunkte, für welchen Zeitraum Finanzierungsmittel bereit stehen müssen.	■ Schätzung zukünftiger Kapitalrückflüsse schwierig ■ Zurechenbarkeit der Erlöse bzw. Gewinne auf ein bestimmtes Investitionsobjekt oft nicht genau möglich ■ Investitionen mit kurzer Laufzeit erscheinen gegenüber solchen mit langer Laufzeit als vorteilhafter (Nichtberücksichtigung unterschiedlicher Nutzungsdauern). ■ Oft wird die gewünschte Amortisationszeit ($t_{W\,max}$) willkürlich und zu kurz festgelegt. Eine Investition mit langer t_W kann aber **insgesamt** höhere Rückflüsse erbringen als bei niedriger t_W. ■ Gibt keine Auskunft über die Rentabilität. ■ Trotz gleicher t_W können Investitionen unterschiedliche Vorteilhaftigkeit haben.

Zusammenfassende Übersicht zu 9.8.4: Amortisationsrechnung

Ermittlung der Amortisationszeit (Wiedergewinnungszeit)

↓

Umrechnung von Erlösen und Kosten in Einzahlungen und Auszahlungen

Einzahlungsüberschuss = Ø Gewinn + nicht ausgabewirksame Kosten = Ø Kapitalrückfluss

$$\textbf{Amortisationszeit } t_w = \frac{\textbf{Anschaffungswert (Kapitaleinsatz)}}{\textbf{Ø Kapitalrückfluss pro Jahr}}$$

Vergleich von Investitionsalternativen Entscheidungskriterium $t_w\,I \lesseqgtr t_w\,II$

Einzelinvestition	Rationalisierungsinvestition
Entscheidungskriterium $t_W \leq t_{W\,max}$	$\text{Amortisationszeit } t_W = \frac{\text{zusätzlicher Kapitaleinsatz (Anschaffungswert}_{neu} - \text{Restwert}_{alt})}{\text{Ø Auszahlungsminderung pro Jahr}}$ Entscheidungskriterium: $t_w \leq t_{w\,max}$

Probleme der statischen Amortisationsrechnung

- Schätzung der künftigen Kapitalrückflüsse schwierig
- Zurechenbarkeit von Erlösen und Gewinnen auf ein Investitionsobjekt schwierig
- Gewünschte Amortisationszeit $t_{w\,max}$ wird oft willkürlich und zu kurz festgelegt.
- Rentabilität nicht berücksichtigt. Eine Investition kann trotz kurzer Amortisationszeit unrentabel sein.
- Investitionen mit kurzer Laufzeit werden gegenüber Investitionen mit langer Laufzeit (u. U. ungerechtfertigt) begünstigt.

Zusammenfassende Übersicht zu 9.8: Statische Verfahren der Investitionsrechnung

Entscheidungsregel:	Kostenvergleichsrechnung	Gewinnvergleichsrechnung	Rentabilitätsvergleichsrechnung	Amortisationsrechnung
Realisiert wird das Investitionsvorhaben, das →	mit den **geringsten Kosten** verbunden ist.	den **größten Gewinn** bringt.	zur **höchsten Rentabilität** führt.	die vorgegebene **maximale Amortisationszeit** nicht überschreitet.

WIEDERHOLUNG DES GRUNDWISSENS

9.8 Statische Verfahren der Investitionsrechnung

1. Nennen Sie Beispiele für Kapitalkosten und Betriebskosten.
2. Erläutern Sie, wie die kalkulatorischen Abschreibungen berechnet werden.
3. Erläutern Sie, wie die kalkulatorischen Zinsen berechnet werden.
4. Stellen Sie die Kostenfunktion auf, die aus den entscheidungsrelevanten Kosten eines Investitionsobjektes hergeleitet werden muss.
5. Nennen Sie das Entscheidungskriterium beim Vergleich zweier Investitionsalternativen.
6. Erklären Sie, was unter der "kritischen Produktionsmenge" zu verstehen ist und wie diese ermittelt wird.
7. Nennen Sie Vor- und Nachteile der Kostenvergleichsrechnung.
8. Zeigen Sie die Unterschiede zwischen einer Kostenvergleichsrechnung und einer Gewinnvergleichsrechnung auf.
9. Erläutern Sie, wie die Rentabilität eines Investitionsobjekts ermittelt wird.
10. Nennen Sie die Entscheidungsregel bei Anwendung der Rentabilitätsvergleichsrechnung.
11. Beschreiben Sie das Ziel der Amortisationsrechnung.
12. Zeigen Sie, wie die Einzahlungsüberschüsse (Kapitalrückfluss) pro Jahr und die Amortisationszeit ermittelt werden.
13. Zeigen Sie auf, wie die Amortisationszeit bei einer Rationalisierungsinvestition ermittelt wird.
14. Nennen Sie Vor- und Nachteile der Amortisationsrechnung.

AUFGABEN ZUM ERWERB UND ZUR KONTROLLE VON KOMPETENZEN

9.8 Statistische Verfahren der Investitionsrechnung

9.8.1 Vergleich von zwei Investitionsalternativen – Kritische Menge

In einem Metall verarbeitenden Betrieb steht die Anschaffung einer neuen Maschine zur Herstellung von Drehteilen an. Folgende beiden Investitionsalternativen stehen zur Wahl: PDF

	Anlage I	Anlage II
Anschaffungswert (EUR)	180.000	240.000
Restwert (EUR)	0	0
Nutzungsdauer (Jahre)	8	8
Auslastung (Stück pro Jahr)	40.000	40.000
Zinssatz (%)	10	10
Raumkosten (EUR pro Jahr)	2.000	2.000
Instandhaltung (EUR pro Jahr)	2.200	2.500
Gehälter (EUR pro Jahr)	8.000	9.000
Löhne (EUR pro Jahr)	70.000	40.000
Material (EUR pro Jahr)	140.000	128.000
Energie (EUR pro Jahr)	7.700	11.200
sonstige fixe Betriebskosten (EUR pro Jahr)	3.000	4.500
sonstige variable Betriebskosten (EUR pro Jahr)	3.100	2.400

1. Bestimmen Sie die kostengünstigere Maschine bei einer Jahresproduktion von 40.000 Drehteilen.
2. Berechnen Sie die kritische Produktionsmenge (Übergangsmenge).

9.8.2 Vergleich Eigenfertigung – Fremdbezug

PDF

Die Feintechnik GmbH hat bisher bestimmte Metallteile von einem Zulieferer zum Stückpreis von 15,00 EUR bezogen. Der Lieferer hat eine Preiserhöhung auf 20,00 EUR je Stück angekündigt. Das veranlasst die Geschäftsführung, Überlegungen zur Eigenfertigung anstelle des bisherigen Fremdbezugs anzustellen. Dazu stehen zwei Produktionsanlagen zur Auswahl.

	Halbautomat	Vollautomat
Kapazität pro Jahr in Stück	10.000	10.000
Anschaffungswert in EUR	60.000	200.000
Restwert in EUR	0	0
Nutzungsdauer in Jahren	10	10
Fixkosten pro Jahr (außer Abschreibungen und kalk. Zinsen) EUR	2.000	5.000
Lohnkosten je Stück in EUR	7,00	0,50
Materialkosten je Stück in EUR	3,00	2,00
Kalkulationszinssatz in %	10	10

1. Ermitteln Sie die Gesamtkosten und die Kosten je Stück bei einem Jahresbedarf von 2.000 Stück für die Fälle Fremdbezug, Halbautomat und Vollautomat.
2. Ermitteln sie die kritischen Mengen für die drei Alternativen. Für welche Alternative soll sich die Feintechnik GmbH entscheiden, wenn mit einem Anstieg des Jahresbedarfs gerechnet wird?
3. Stellen Sie die kritischen Mengen für die drei Alternativen in einem Koordinatensystem grafisch dar.

9.8.3 Kostenvergleichsrechnung bei unterschiedlicher Auslastung

PDF

Ein Transportunternehmen möchte einen neuen LKW anschaffen. Wegen der unterschiedlichen Ausstattung und Einsatzmöglichkeiten ist die jährliche Kilometerleistung der beiden in Frage kommenden Fahrzeuge unterschiedlich.

1. Nennen Sie Beispiele für variable und fixe Kosten, die für einen LKW anfallen.
2. Warum ist im vorliegenden Fall ein Vergleich anhand der Gesamtkosten pro Jahr nicht aussagekräftig?
3. Ermitteln Sie, welcher LKW kostengünstiger ist.

	Lkw I	Lkw II
Anschaffungswert (EUR)	480.000	540.000
Nutzungsdauer (Jahre)	8	8
Restwert am Ende der Nutzungsdauer (EUR)	180.000	140.000
jährliche Kilometerleistung	250.000	200.000
Kalkulationszinssatz in %	10	10
variable Kosten je km (EUR)	1,75	1,70
fixe Kosten pro Jahr (ohne Abschreibungen und Zinsen) EUR	67.500	60.000

9.8.4 Kosten- und Gewinnvergleichsrechnung

Eine Armaturenfabrik beabsichtigt, zur Herstellung von Zulieferteilen eine neue Maschine anzuschaffen. Für die Entscheidung stehen folgende Alternativen zur Auswahl:

PDF

	Maschine I	Maschine II	Maschine III
Anschaffungskosten in EUR	240.000	200.000	160.000
Betriebsgewöhnliche Nutzungsdauer (Jahre)	10	10	10
Produktionsmenge (Stück/Jahr)	40.000	40.000	40.000
Kalkulatorische Zinsen	12.000	10.000	8.000
Gehälter (EUR/Jahr)	30.000	30.000	30.000
Löhne (EUR/Jahr)	164.000	176.000	210.000
Material (EUR/Jahr)	280.000	280.000	280.000

1. Ermitteln Sie mithilfe der Kostenvergleichsrechnung, welche Maschine bei einer jährlichen Auslastung von 40.000 Stück angeschafft werden sollte.
2. Treffen Sie eine Entscheidung, wenn damit zu rechnen ist, dass die jährliche Auslastung lediglich bei 16.000 Stück liegt?
3. Die auf Maschine I und III gefertigten Erzeugnisse lassen sich für 29,00 EUR/Stück verkaufen. Die auf Maschine II gefertigten Erzeugnisse können wegen der höheren Präzision für 30,40 EUR verkauft werden. Welche Maschine sollte unter Einbeziehung der Erlöse angeschafft werden, wenn davon auszugehen ist, dass 20.000 Stück abgesetzt werden können?

9.8.5 Kostenvergleichsrechnung – Rentabilitätsvergleichsrechnung

Die Ehret Metallverarbeitung AG, Blaubeuren, stellt Dreh- und Stanzteile für die Möbelindustrie her. Auf Grund positiver Geschäftsentwicklung beschließt der Vorstand, eine neue CNC-Drehmaschine anzuschaffen.

PDF

1. Zur Auswahl stehen zwei CNC-Drehmaschinen der Schlitter GmbH. Die Daten für die beiden Maschinen sind nachstehenden Übersichten zu entnehmen:

Hersteller	Schlitter Werkzeuge GmbH, 20012 Hamburg	
Maschinentyp	**Numturn 620**	**CNC-Drehmaschine**
Technische Daten		
Antrieb	Spindelmotorleistung	7,5 kW
Antrieb	X-Achse	2,4 Nm
Antrieb	y-Achse	4,9 Nm
jährliche Leistung	Maximal	150.000 Stück
Verkaufsdaten		
Lieferzeit	Sofort	
Preis netto	80.000 EUR	
Installation	im Preis enthalten	
Lieferung	Frei Haus	

Hersteller	Schlitter Werkzeuge GmbH, 20012 Hamburg	
Maschinentyp	**Numturn 4.600**	**CNC-Drehautomat**
Technische Daten		
Antrieb	Spindelmotorleistung	10,5 kW
Antrieb	X-Achse	3,4 Nm
Antrieb	y-Achse	6,4 Nm
jährliche Leistung	Maximal	160.000 Stück
Verkaufsdaten		
Lieferzeit	Sofort	
Preis netto	140.000 EUR	
Installation	4.000 EUR	
Lieferung	Frei Haus	

	Numturn 620 CNC-Drehmaschine	Numturn 4.600	Bemerkungen
Nutzungsdauer	8 Jahre	6 Jahre	Abschreibung linear
Kalkulatorische Zinsen	8 %	8 %	vom durchschnittl. eingesetzten Kapital
Löhne und Energie	80.000 EUR	50.000 EUR	bei maximaler Leistung pro Jahr
Sonstige variable Kosten	10.000 EUR	14.000 EUR	bei maximaler Leistung pro Jahr
Materialkosten	030 EUR/Stück	0,30 EUR/Stück	pro Stück
Erwarteter Absatz für das kommende Jahr: 80.000 bis 100.000 Stück			
Verkaufspreis 1,20 EUR/Stück			

1. Treffen Sie eine Investitionsentscheidung auf der Grundlage einer Kostenvergleichsrechnung.
2. Die Geschäftsleitung erwartet eine Verzinsung von 8 % des eingesetzten Kapitals. Prüfen Sie rechnerisch, ob die gewünschte Rentabilität mit der Maschine Numturn 4.600 erreicht wird, wenn 100.000 Stück pro Jahr abgesetzt werden können.

9.8.6 Vergleich von zwei Investitionsalternativen anhand der Amortisationszeit

In einer Maschinenfabrik stehen zwei Investitionsobjekte zur Auswahl. Die Geschäftsleitung erwartet eine Amortisation innerhalb von drei Jahren. Die kalkulatorischen Zinsen stimmen mit den durch die Anschaffung anfallenden Zinsaufwendungen für das notwendige Fremdkapital überein und beeinflussen die Investitionsentscheidung daher nicht.

	Anlage I	Anlage II
Anschaffungswert (EUR)	205.000	270.000
Nutzungsdauer (Jahre)	6	8
Restwert (EUR)	10.000	15.000
Gewinn pro Jahr (EUR)	42.000	48.000

1. Begründen Sie, warum die Abschreibungen bei der Berechnung der Amortisationszeit berücksichtigt werden müssen.
2. Ermitteln Sie die Amortisationszeit für beide Investitionsobjekte und treffen Sie eine Entscheidung.

9.8.7 Beurteilung einer Rationalisierungsinvestition anhand der Amortisationsrechnung

Ein Holz verarbeitender Betrieb plant eine Rationalisierungsinvestition. Der Anschaffungswert für die neue Anlage beläuft sich auf 540.000 EUR. Es wird von einer 10-jährigen Nutzungsdauer ausgegangen. Die jährliche Kosteneinsparung beträgt 104.000 EUR. Die alte Anlage mit einer Restnutzungsdauer von vier Jahren und einer jährlichen Abschreibung von 30.000 EUR würde derzeit einen Liquidationserlös von 100.000 EUR erbringen.

Die neue Anlage soll sich nach Möglichkeit innerhalb der Restnutzungsdauer der alten Anlage amortisiert haben. Prüfen Sie, ob diese vorgegebene Amortisationszeit erreicht werden kann.

9.9 Investitionsentscheidungen unter Unsicherheit – Berücksichtigung nicht quantifizierbarer Einflussgrößen

Bei Investitionsrechenverfahren wird häufig davon ausgegangen, das die entscheidungsrelevanten Größen (z. B. Erlöse und Kosten, Zinssatz) für die gesamte Dauer der Investition bekannt sind. In Wirklichkeit sind aber Vorhersagen über die Entwicklung dieser Größen teilweise mit erheblichen Unsicherheiten behaftet.

Entscheidungen unter Unsicherheit liegen dann vor, wenn zukünftige Entwicklungen (z. B. Höhe und Zeitpunkt der Zahlungsströme im Zusammenhang mit Investitionen) nicht mit Sicherheit vorausgesagt werden können.

Die Auswirkungen, die sich bei der Auswahl einer der zur Verfügung stehenden Investitionsalternativen ergeben, sind also nicht vollständig bekannt. Investitionsentscheidungen lassen sich hinsichtlich Sicherheit und Unsicherheit wie folgt gliedern:

Sicherheit Alle Zahlungsströme werden als sicher gegeben angesehen.	**Unsicherheit** Die Zahlungsströme werden nicht als gegeben betrachtet.	
	Ungewissheit Dem Entscheidungsträger sind nur die von seiner Entscheidung abhängigen möglichen Folgen bekannt. Er kann jedoch keine Aussage über die Wahrscheinlichkeiten treffen, mit denen diese eintreten werden.	**Risiko** Dem Entscheidungsträger sind bezüglich der von seiner Entscheidung abhängigen Folgen (z. B. künftige Zahlungsströme) die Eintrittswahrscheinlichkeiten entweder objektiv (wie beim Lotto) oder subjektiv (aufgrund von Schätzungen oder von Vergangenheitswerten) bekannt.
	ohne Berücksichtigung von Eintrittswahrscheinlichkeiten	**mit Berücksichtigung von Eintrittswahrscheinlichkeiten**

Entscheidungen unter Ungewissheit liegen dann vor, wenn keine Wahrscheinlichkeiten hinsichtlich des Eintretens möglicher Folgen berücksichtigt werden können.

Entscheidungen unter Risiko liegen dann vor, wenn Wahrscheinlichkeiten hinsichtlich des Eintretens möglicher Folgen berücksichtigt werden können.

Sowohl für Entscheidungen unter Ungewissheit als auch für Entscheidungen unter Risiko liegen verschiedene (mathematische) Verfahren zur Problemlösung vor (z. B. Korrekturverfahren mit Risikozu- und -abschlägen, Sensitivitätsanalyse, Entscheidungsbaumverfahren, Regel der maximalen Erwartungswerte).

Um auch nicht zahlenmäßig erfassbare Einflussfaktoren bei Investitionsentscheidungen zu berücksichtigen (z. B. Serviceleistungen des Herstellers, ökologische Auswirkungen) bietet sich die Erstellung einer **Entscheidungsbewertungstabelle** (Scoring-Tabelle) an, wie sie bereits bei der Liefererauswahl im Zusammenhang mit der Materialbeschaffung beschrieben wurde.

Zusammenfassende Übersicht zu 9.9: Investitionsentscheidungen unter Unsicherheit – Berücksichtigung nicht quantifizierbarer Einflussgrößen

Unsicherheit
künftige Entwicklungen können nicht mit Sicherheit vorausgesagt werden

Ungewissheit	**Risiko**
ohne Berücksichtigung von Wahrscheinlichkeiten	mit Berücksichtigung von Wahrscheinlichkeiten
Lösungsverfahren	**Lösungsverfahren**
Korrekturverfahren mit Risikozu- und -abschlägen Sensitivitätsanalyse	Entscheidungsbaumverfahren Regel des maximalen Erwartungswertes

Berücksichtigung von nicht quantifizierbaren Einflussfaktoren
↓
Entscheidungsbewertungstabelle

Selbsteinschätzung zum Kompetenzerwerb zu Lernbereich 9:

Jahresabschlussarbeiten durchführen		
Nr.	**Kompetenzerwartung** **Ich kann …**	**Noch Probleme? Kompetenzerwerb durch Bearbeitung folgender Kapitel und Aufgaben im Buch …**
1	... Finanzierungsmöglichkeiten im Hinblick auf die Erreichung finanzwirtschaftlicher Ziele der Unternehmung diskutieren und eine begründete Finanzierungsentscheidung treffen.	Kap. 9.1 bis 9.5 Aufgaben 9.2.1 bis 9.2.5, 9.3.1 bis 9.3.3, 9.4.1 bis 9.4.5, 9.5.1 bis 9.5.6
2	Kompetenzen: ... unterschiedliche Investitionsanlässe identifizieren und die Notwendigkeit von Investitionen für ein Unternehmen identifizieren.	Kap. 9.6 und 9.7 Aufgaben 9.6.1 und 9.6.2
3	... mich für geeignete statische Investitionsrechenverfahren entscheiden, um anstehende Investitionsalternativen zu beurteilen und dabei auch Risikogesichtspunkte und nicht quantifizierbare Einflussgrößen berücksichtigen.	Kap. 9.8 und 9.9 Aufgaben 9.8.1 bis 9.8.7

Sachwortverzeichnis

N

O

P

Q

R

S

T

U

V

W

Z

Buchungsregeln in der doppelten Buchführung

Arten von Konten

Bestandskonten

Ergebniskonten

Soll = *linke* Seite eines Kontos
Haben = *rechte* Seite eines Kontos

Aktivkonten

z. B.

- Maschinen
- Fuhrpark
- Forderungen aus LuL
- Kasse
- Bank(-guthaben)

Passivkonten

z. B.

- Eigenkapital
- Darlehen
- Verbindlichkeiten aus LuL

Aufwandskonten

z. B.

- Warenaufwendungen
- Lohnaufwendungen
- Energieaufwendungen

Ertragskonten

z. B.

- Umsatzerlöse aus ...
- Zinserträge

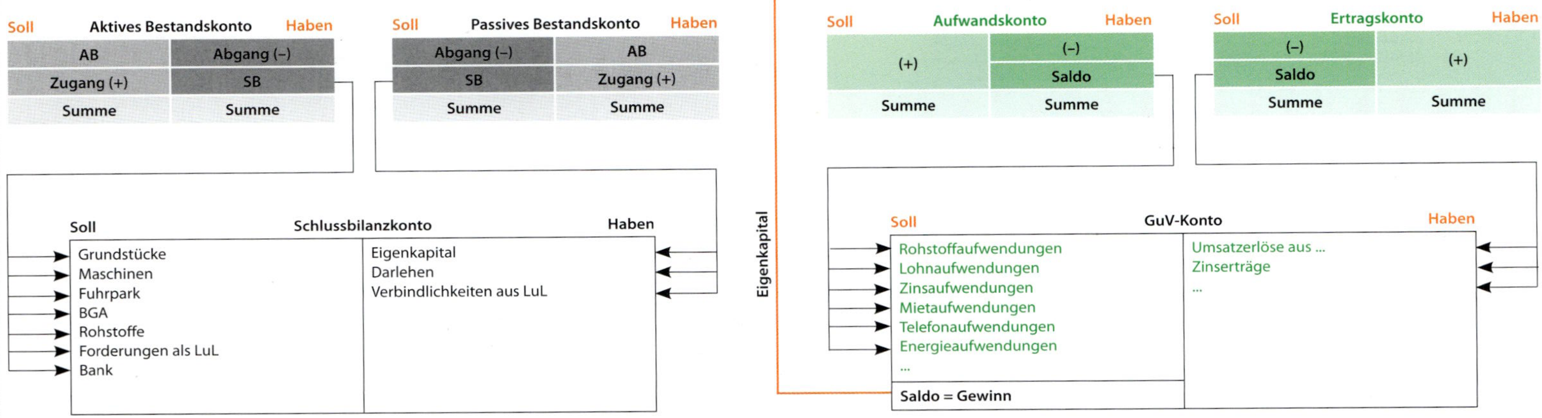

- **Jeder Geschäftsvorfall betrifft (mindestens) zwei Konten.**
- **Es gibt bei jedem Geschäftsvorfall (mindestens) eine Sollbuchung und (mindestens) eine Habenbuchung.**
- **Die Summe der Beträge aus den Sollbuchungen ist betragsmäßig genauso groß wie die Summe der Beträge aus den Habenbuchungen.**
- **Buchungssatz (Buchungsanweisung): zuerst werden die Konten im Soll angegeben, dann die Konten im Haben.**